Laravel
Up & Running

처음부터 제대로 배우는 라라벨

| 표지 설명 |

표지 그림은 영양의 일종인 겜스복(gemsbok, 학명 *Oryx gazella*)입니다. 남아프리카 사막 지역인 보츠와나, 짐바브웨, 나미비아 등에서 서식하며, 이들 국가의 상징으로도 쓰입니다. 어깨높이 약 170cm, 무게는 113kg에서 177kg 정도에 이릅니다. 몸 빛깔은 엷은 회색 혹은 갈색이고, 얼굴에는 희고 검은 무늬가 있으며 꼬리는 검은색입니다. 얼굴의 검은 무늬는 턱에서 목 아랫부분까지 내려갑니다. 겜스복의 곧은 뿔은 주로 방어 무기로 사용되며 평균 80cm 정도까지 자랍니다. 많은 문화권에서 겜스복의 뿔을 매우 매력적으로 생각했으며, 중세 영국에서는 겜스복의 뿔이 유니콘의 뿔로 알려지기도 했습니다. 이 뿔 때문에 겜스복을 사냥하려는 경우가 많지만, 개체 수는 남아프리카 지역에서 대체로 안정적으로 유지됩니다. 1969년에는 뉴멕시코주 남부 지역에 전해졌고 현재 개체 수는 3000마리 정도입니다. 겜스복은 사막 지역에서 잘 적응하고 살 수 있는 특성을 지녔는데, 1년 동안 거의 물을 먹지 않고도 살아남을 수 있습니다. 좀체 숨을 헐떡이거나 땀을 흘리는 법이 없으며, 더운 날에는 평상시보다 몇 도 높게 체온을 유지할 수 있습니다. 야생에서 수명은 18년 정도입니다.

오라일리 표지의 동물들은 대부분 멸종 위기종입니다. 이 동물들은 모두 우리에게 중요합니다. 이들을 돕고 싶다면 animals.oreilly.com을 방문해주세요. 표지 그림은 『Riverside Natural History』에서 가져왔고, 캐런 몽고메리가 채색했습니다.

처음부터 제대로 배우는 라라벨

모던 PHP 애플리케이션 개발을 위한 최적의 프레임워크

초판 1쇄 발행 2020년 12월 4일

지은이 맷 스타우퍼 / **옮긴이** 이현석, 안정수 / **베타리더** 김재동, 김종운, 정광섭, 주영익 / **펴낸이** 김태헌
펴낸곳 한빛미디어(주) / **주소** 서울시 서대문구 연희로2길 62 한빛미디어(주) IT출판부
전화 02-325-5544 / **팩스** 02-336-7124
등록 1999년 6월 24일 제25100-2017-000058호 / **ISBN** 979-11-6224-368-8 93000

총괄 전정아 / **책임편집** 이상복 / **기획·편집** 윤나리
디자인 표지·내지 김연정 전산편집 이경숙
영업 김형진, 김진불, 조유미 / **마케팅** 박상용, 송경석, 조수현, 이행은, 고광일 / **제작** 박성우, 김정우

이 책에 대한 의견이나 오탈자 및 잘못된 내용에 대한 수정 정보는 한빛미디어(주)의 홈페이지나 아래 이메일로 알려주십시오. 잘못된 책은 구입하신 서점에서 교환해드립니다. 책값은 뒤표지에 표시되어 있습니다.

한빛미디어 홈페이지 www.hanbit.co.kr / 이메일 ask@hanbit.co.kr

지금 하지 않으면 할 수 없는 일이 있습니다.
책으로 펴내고 싶은 아이디어나 원고를 메일(writer@hanbit.co.kr)로 보내주세요.
한빛미디어(주)는 여러분의 소중한 경험과 지식을 기다리고 있습니다.

Laravel
Up & Running
처음부터 제대로 배우는 라라벨

O'REILLY® 한빛미디어 Hanbit Media, Inc.

추천사

지난 1년 동안 회원 수가 14만 명 정도인 커뮤니티 사이트를 라라벨 기반으로 탈바꿈했고, 그 과정에서 라라벨의 웬만한 기능은 활용해봤다고 생각했다. 하지만 이 책을 읽으며 전에는 몰랐던 기능을 알게 되었고 서비스에 새롭게 적용해볼 수 있었다. 이 책은 라라벨의 기능, 구조, 원리를 버전에 따른 차이점과 함께 잘 설명한다. 라라벨을 처음 접하는 초심자부터 라라벨의 '숲과 나무'를 모두 살펴보고 싶은 숙련자에게 모두 추천한다.

_**김재동**, 인디스쿨 기술연구팀장

기존에 라라벨 코리아에서 매뉴얼 번역을 진행하며 느꼈던 아쉬움이 해결되는 책입니다. 매뉴얼상에서는 표현하지 못했던 기능의 의미와 활용 방법 등을 더욱 자세히 살펴볼 수 있습니다. 라라벨 5.6버전부터 8버전의 차이에 대한 설명이 추가되어 있어 구버전을 유지 보수하는 사람부터 신버전으로 시작하려는 사람 모두에게 도움이 됩니다.

_**김종운**, 라라벨 코리아 운영자

국내 라라벨 사용자가 많이 증가했고 커뮤니티도 활성화되었지만 발전하는 라라벨에 대응하는 도서 출간이 되지 않아 늘 안타까운 마음이었습니다. 국내에서 라라벨 커뮤니티를 만들고 이끌어온 두 분께서 훌륭한 서적을 번역해주셔서 이제 그간의 갈증이 해소될 것이라 생각합니다.

_**정광섭**, 『쉽게 배우는 라라벨 5 프로그래밍』 저자

지은이 · 옮긴이 소개

지은이 **맷 스타우퍼**Matt Stauffer

개발자이자 교사. 타이튼Tighten의 기술 부문 이사다. 블로그(mattstauffer.com)를 운영하며 라라벨 팟캐스트와 〈Five-Minute Geek Show(5분 긱 쇼)〉를 진행한다.

옮긴이 **이현석**smartbosslee@gmail.com

모던 PHP 유저 그룹 모임을 통해 라라벨을 알게 됐다. 이후 블로그, 뉴스레터, 강의 등을 통해서 라라벨 관련 지식을 꾸준히 공유하고 있다. 현재는 메쉬코리아에서 라라벨로 백엔드 애플리케이션을 개발한다. 『바쁜 팀장님 대신 알려주는 신입 PHP 개발자 안내서』(업투데이트북스, 2018)를 집필했고 『클린 아키텍처 인 PHP』(leanpub, 2019)를 번역했다.

옮긴이 **안정수**staringstar@gmail.com

숭실대학교를 졸업하고 여러 회사를 거쳐 현재는 카카오에서 블로그 플랫폼을 개발하는 12년 차 개발자다. 레거시 PHP 애플리케이션의 모더나이징 작업을 진행하면서 라라벨 프레임워크를 처음 접했다. 라라벨 한국어 매뉴얼을 업로드하며 라라벨 코리아(laravel.kr)를 운영한다.

라라벨은 전 세계에서 널리 사랑받는 웹 프레임워크다. 라라벨은 이 책을 번역하기 시작할 시점에도 이미 인기가 많았는데, 그 사이에 인기가 더욱 높아져서 깃허브에서 별을 가장 많이 받은 웹 프레임워크 소스 코드 리포지터리가 되기도 했다. 여러분이 이 책에 관심을 가진 이유도 아마 라라벨의 높은 인기 때문일 것이다.

2015년에 'XECon'에서 라라벨 학습 전략에 대해 발표해달라는 요청을 받고 'Learning Laravel'이라는 제목으로 발표를 한 적이 있다. 내용의 핵심은 처음부터 잘하려고 하다가는 시작도 못 할 수 있으니 되도록 최소한으로 배우고 일단 써먹어보라는 것이었다. 이후로 5년이나 지났다. 하지만 이 전략은 아직도 유효하다. 라라벨은 여전히 시작하긴 쉽고 잘하긴 어렵다.

일단 라라벨을 시작하는 데 성공했다면, 한 번은 제대로 학습할 필요가 있다. 프로그램을 작성하는 방법에 정답은 없다지만, 라라벨이 사용하는 개념과 제공하는 기능, 도구를 잘 이해하고 활용하면 더 나은 구조로 더 생산성 높은 개발을 할 수 있다.

이 책은 라라벨을 제대로 활용하기 위해 탄탄한 기본기를 갖추고자 하는 이들을 위해 쓰여졌다. 온라인 튜토리얼들은 사용 방법을 익히는 데 그쳐 개념 설명이 부족하고, 공식 매뉴얼은 기반 지식까지 설명할 만큼 충분히 친절하지 않다. 이 책은 그 둘이 제공하지 못하는 부분을 훌륭히 채워준다.

번역하면서 어려운 개념을 쉽게 설명하는 저자의 능력에 연신 감탄했다. 이 감동을 여러분이 조금이라도 느낀다면 그보다 더 큰 보람이 없을 것이다.

번역하는 1년 사이에 라라벨 버전이 6에서 8로 올라갔다. 저자가 버전 변화에 크게 영향을 받지 않도록 집필한 덕분에, 이 책을 읽고 활용하는 데 큰 문제는 없다. 그래도 최신 내용을 최대한 담아내고자 노력했고, 라라벨 6, 7, 8과 관련된 내용을 책 전반에 걸쳐 추가했다. 번역서에 추가한 내용이 독자 여러분에게 유익하기를 바란다.

내게 라라벨의 존재를 처음 알려준 사람이 공동 번역자인 안정수 님이다. 공동 번역 제안에 응해주시어 감사했고 함께 작업할 수 있어서 영광이었다. 정수 님이 독자들의 이해를 돕기 위해

끊임없이 고민해주신 덕에 훨씬 더 좋은 책이 될 수 있었다. 편집자 윤나리 님께도 감사드린다. 나리 님의 손을 거쳐 나온 원고를 보고 '이래서 편집자가 있어야 하는구나' 하고 느꼈다.

아내의 배려와 장인, 장모님의 헌신적인 도움이 없었다면 이 책은 세상에 나올 수 없었을 것이다. 이 지면을 빌어 진심으로 감사하고 사랑한다는 말을 전한다.

_ 이현석

2013년 라라벨을 처음 마주했던 순간이 떠오른다. 당시 회사의 레거시 PHP 프로젝트를 효율적으로 개선하기 위해서 프레임워크를 찾던 중 눈에 들어온 것이 라라벨이었다. 이후 라라벨의 매력에 빠져 각종 발표와 번역을 진행하며 지금까지 인연을 이어오고 있다.

공부를 위해 매뉴얼 번역 작업을 시작했었는데, 라라벨 코리아(laravel.kr) 사이트를 어느덧 햇수로 6년 넘게 운영해오고 있다. 처음에는 혼자서 하루에 한 문단씩 번역했었는데, 이제는 오픈 소스 커뮤니티 구성원들의 기여 덕분에 빠른 속도로 꾸준히 업데이트하며 유지하고 있다.

라라벨을 통해서 사람들과 인연을 맺고 교류하며 많은 것을 배웠다. 이들의 도움에 보답하고 내가 깨달은 것을 공유하고자 이 책을 번역하게 되었다. 원서를 읽으면 읽을수록 기본기를 탄탄하게 다지고, 프레임워크를 잘 사용하기 위해서 꼭 필요한 책이라는 생각이 들었다. 라라벨을 더 잘 사용하고자 하는 사람들에게 꼭 권하고 싶은 책이다.

1년여간 번역을 하면서 이현석 님과 함께 더 좋은 번역이란 무엇인지 고민에 고민을 거듭했다. 원문이 전달하고자 하는 내용을 흐리지 않으면서도 어색하지 않게 옮기려고 노력했지만, 일부분은 부족함이 느껴질 수도 있다. 다시 한번 꼼꼼히 살펴주신 윤나리 님께 감사드린다.

끝으로 좋은 기회를 만들어주신 한빛미디어와 번역을 위해서 주말도 기꺼이 양보해준 아내 한지혜와 사랑하는 딸 채윤이, 그리고 항상 응원해주시는 양가 부모님께 감사의 인사를 전한다.

_안정수

이 책을 나의 가족에게 바칩니다.

미아, 나의 어여쁜 공주이자 기쁨과 에너지의 원천

말라히, 나의 작은 왕자이자 모험가이자 공감자

테레바, 내게 영감을 주고 격려해주며, 내가 더 나은 사람이 되게 하는 내 사랑.

이 책에 대하여

필자가 라라벨을 시작하게 된 계기는 다른 사람들과 비슷하다. PHP를 수년간 써왔지만, 레일즈^{Rails}나 다른 모던 웹 프레임워크의 강력함을 좇아가던 중이었다. 특히 레일즈는 활발한 사용자 커뮤니티, 프레임워크가 제공하는 기본 사양과 유연성의 조화, 미리 패키징된 공통 코드를 쉽게 사용하게 하는 루비 젬^{Ruby Gems}이라는 큰 장점을 가지고 있었다.

PHP의 배에서 선뜻 뛰어내리지 못하던 중 라라벨을 발견했다. 반가웠다. 라라벨은 필자가 레일즈에서 매력을 느꼈던 모든 요소를 제공했지만, 레일즈의 단순한 복제품은 아니었다. 라라벨은 믿기 힘들 정도로 좋은 매뉴얼과 따뜻한 커뮤니티를 가졌고, 많은 언어와 프레임워크의 영향을 깔끔하게 수용한 혁신적인 프레임워크였다.

이후로 필자는 블로그, 팟캐스트, 콘퍼런스 발표로 라라벨 학습 여정을 꾸준히 공유했다. 라라벨로 본업과 사이드프로젝트용 애플리케이션 수십 개를 만들었고, 온라인과 오프라인에서 수천 명의 라라벨 개발자를 만났다. 필자가 사용하는 개발 도구가 수없이 많지만, 솔직히 말해서 명령줄에 `laravel new projectName`을 칠 때가 가장 행복하다.

책의 특징

이 책은 유일무이한 라라벨 책은 아니다. 모든 코드를 한 줄 한 줄 다루거나, 모든 구현 패턴을 다루는 책을 만들 생각은 없다. 새로운 버전의 라라벨이 나오면 더는 유효하지 않은 그런 종류의 책이 되길 원하지 않는다. 이 책의 주된 목적은 높은 수준의 개요와 구체적인 사례를 제공해 개발자가 어떤 기능과 하위시스템을 가진 라라벨 코드에서든 작업할 수 있도록 필요한 것을 학습하게 하는 것이다. 매뉴얼을 그대로 보여주는 대신, 라라벨의 기반이 되는 개념을 이해하도록 돕고 싶다.

라라벨은 강력하고 유연한 PHP 프레임워크다. 라라벨은 번창하는 커뮤니티와 다양한 도구 생태계를 가지고 있고, 이는 많은 이들에게 매력으로 다가간다. 이 책은 이미 웹사이트와 웹 애플리케이션을 어떻게 만드는지 알고 있지만, 라라벨로는 어떻게 하면 더 잘 만들 수 있는지 배우고 싶은 개발자를 위한 것이다.

라라벨 매뉴얼이 사이트[1]에 잘 정리되어 있으니, 필자가 다루는 특정 주제를 더 알고 싶다면 매뉴얼을 참고해보길 바란다.

이 책은 라라벨의 개요와 구체적인 사용법 사이에서 균형을 잘 이루고 있으므로, 다 읽고 나면 라라벨로 전체 애플리케이션을 밑바닥부터 작성하는 데 편안함을 느끼게 될 것이다. 필자가 목표한 바를 잘 해냈다면, 여러분은 라라벨을 써보고 싶은 마음에 들뜰 것이다.

대상 독자

이 책은 독자가 객체지향 프로그래밍의 기본 지식과 PHP(혹은 최소한 C 계열 언어의 일반 문법), 모델-뷰-컨트롤러$^{model-view-controller}$(MVC) 패턴과 템플릿에 대한 기본 개념을 알고 있다고 가정한다. 만약 여러분이 웹사이트를 한 번도 만들어본 적이 없다면 어려움을 겪을 수 있다. 하지만 기본적인 프로그래밍 경험이 있다면, 라라벨에 대해 아무것도 몰라도 된다. 'Hello, world!'부터 시작해 여러분이 알아야 할 모든 것을 다룬다.

라라벨은 모든 운영체제에서 작동한다. 하지만 책에 리눅스와 맥OS에서 실행하기 가장 쉬운 배시^{bash} 명령어가 조금 나온다. 윈도우 사용자는 이러한 명령어와 모던 PHP 개발을 사용하기가 어려울 수 있다. 하지만 홈스테드(리눅스 가상 머신) 사용 방법 안내를 잘 따라오면, 홈스테드에서 모든 명령어를 사용할 수 있다.

책의 구성

이 책은 라라벨로 첫 웹 애플리케이션을 만들려는 사람을 독자로 가정하고 집필했다. 가능한 한 애플리케이션 개발 과정을 시간 순서대로 따라가며 필요한 내용을 제공하려고 노력했다. 그래서 전반부에서는 시작에 필요한 기초적인 요소를 다루고, 후반부에서는 좀 더 어렵고 난해한 기능을 다룬다.

---

1 https://laravel.com/docs, 한국어 번역본: https://laravel.kr/docs

이 책은 장별로 필요한 내용을 골라서 읽어도 괜찮다. 다만 프레임워크가 생소한 사람을 위해 각 장을 구조화하려고 노력했으므로, 처음부터 시작해 끝까지 읽는 게 합리적이다. 또한 각 장을 '테스트'와 '마치며' 두 부분으로 마무리하려고 노력했다. 이 부분에서는 기능들을 어떻게 테스트하는지 알려주고, 다룬 내용을 요약 정리한다.

2판에 관하여

이 책의 초판은 2016년 11월에 출간되었고 라라벨 5.1에서 5.3을 다뤘다. 이번 2판은 5.4에서 5.8까지를 포괄하며 라라벨 더스크와 호라이즌, 1판의 17개 장에선 다루지 않았던 커뮤니티 자료와 핵심적이진 않은 라라벨 패키지를 다루는 18장을 추가했다.

번역서에 관하여

원서를 우리말로 번역하는 중에 라라벨이 8버전까지 업데이트되어 국내 독자를 위해 최신 버전의 라라벨과 관련된 내용을 추가했다. 번역서는 라라벨 5.5~8을 포괄하며, 원서 2판에 있던 라라벨 5.5 미만의 내용은 삭제했다.

번역서의 모든 예제는 라라벨 8을 기준으로 다듬었다. 따라서 예제를 직접 실행해보기 위해서는 라라벨 8이 요구하는 PHP 버전과 확장 기능이 필요하다. 자세한 개발 환경 구성은 2장을 참고하자.

이 책에서는 유닉스, 리눅스, 맥 OS 환경을 기본 개발 환경으로 모든 실습을 진행한다. 윈도우 환경에서도 실행이 불가능한 것은 아니지만, 윈도우 환경에서 잘 구동하게 하기 위해서는 많은 설정을 직접 수정하고 경고를 해결해야 한다. 윈도우 사용자를 위한 홈스테드 사용법 역시 2장에서 간단히 안내한다.

초판 감사의 말

멋진 아내 테레바의 자애로운 도움과 아들 말라히의 이해("아빠 글 쓰는 중이야, 친구!")가 없었다면 이 책은 나오지 못했을 것이다. 그리고 본인은 잘 몰랐겠지만, 딸 미아가 책을 쓰는 동안 내내 곁에 있었다. 이 책을 가족 모두에게 바친다. 매우 많은 날, 긴 저녁 시간과 주말을 가족과 떨어져 스타벅스에서 보냈다. 내 삶을 멋지게 만들어준 가족들의 지지와 그들의 존재에 대해 이보다 더 감사할 수 없다.

타이튼 식구들 모두가 이 책을 쓰는 내내 지지와 격려를 보내주었다. 심지어 여러 동료가 코드 예제를 편집해주고(탁월한 편집자 키스 다미아니Keith Damiani), 어려운 부분을 도와줬다(컬렉션 파이프라인의 왕 애덤 워선Adam Wathan). 타이튼에서 함께 일하는 동료 댄 시즈Dan Sheetz는 집필 때문에 근무 시간을 많이 비워도 묵묵히 지켜봐줄 만큼 자애로웠고, 그저 도와주고 격려해줄 따름이었다. 그리고 운영 매니저인 데이브 히킹Dave Hicking은 집필 기간 동안 일정과 업무를 조정해주었다.

테일러 오트웰Taylor Otwell이 라라벨을 만든 덕분에 많은 직업이 생겨났고, 많은 개발자가 자신의 삶을 사랑할 수 있게 되었다. 테일러는 감사와 존경을 받을 만한 사람이다. 그는 개발자의 행복에 초점을 두고, 개발자들이 서로 공감하며 격려하는 커뮤니티를 만들기 위해 노력했다. 용기를 복돋아주며, 도전 의식을 심어주는 친절한 친구가 되어준 일에 감사를 표한다. 테일러, 당신은 최고입니다.

최고의 강사인 제프리 웨이Jeffrey Way에게 고맙다. 그는 내게 처음 라라벨을 소개해준 사람이며, 지금도 매일 더 많은 이에게 라라벨을 소개하고 있다. 그는 내가 기꺼이 친구라고 부를 수 있는 정말 멋진 사람이다.

초기부터 콘퍼런스 발표자로서의 가치를 알아봐주고 강의 자리를 마련해준 예스 다미코Jess D'Amico, 숀 매쿨Shawn McCool, 이언 랜즈맨Ian Landsman과 테일러에게 감사하다. 초기부터 라라벨의 많은 것들을 쉽게 배우게 해준 데일 리스Dayle Rees 덕도 크다.

라라벨과 관련된 블로그 포스트를 쓰는 데 시간과 노력을 들인 모든 사람, 특히 초기에 공헌한 에릭 반스Eric Barnes, 크리스 피다오Chris Fidao, 맷 마후가Matt Machuga, 제이슨 루이스Jason Lewis, 라이언 타블라다Ryan Tablada, 드리스 핀츠Dries Vints, 마크 서가이Mark Surguy를 비롯한 수많은 분께 감사하다.

그리고 수년간 소통하고 지내온 트위터, IRC, 슬랙의 모든 커뮤니티 친구들에게 감사하다. 모든 이들의 이름을 거론하고 싶지만, 누구라도 빠뜨리면 크게 서운해할 것 같아 하지 않겠다. 여러분 모두가 멋지다. 여러분과 정기적으로 교류할 수 있어 영광이다.

오라일리 편집자인 앨리 맥도널드Ally MacDonald와 기술 편집자인 키스 다미아니, 마이클 디린다Michael Dyrynda, 애덤 페어홈Adam Fairholm, 마일스 히선Myles Hyson에게 감사하다.

그리고 물론 책을 쓰는 과정에서 직간접적으로 도와준 나머지 가족과 친구들, 즉 나의 부모와 형제자매들, 게인즈빌 커뮤니티, 여타 기업주와 작가들, 콘퍼런스 연사들, DCB에 감사하다. 마지막으로 스타벅스 바리스타들에게 고맙다는 말을 남긴다.

2판 감사의 말

2판도 초판과 매우 비슷해서, 초판에서 했던 감사의 말이 여전히 유효하다. 하지만 이번에 새로 도움받은 분들이 있다. 타테 페나란다Tate Penaranda, 안디 스비크Andy Swick, 무함마드 사이드Mohamed Said, 서맨사 가이츠Samantha Geitz가 기술 교정을 봐주었다. 그리고 얼리셔 영Alicia Young이 새로운 오라일리 편집자가 됐다. 그녀는 지난 1년간 내 인생과 라라벨 커뮤니티에 많은 변화가 있었음에도 계속 작업을 하도록 나를 지탱해주었다. 아틀라스 팀의 맷 해커Matt Hacker는 놀랄 만큼 어려운 __() 메서드 포매팅을 포함한, 모든 아스키독AsciiDoc 포매팅 관련 질문에 대답해줬다.

그리고 나의 연구 보조인 윌부르 포웨리Wilbur Powery의 도움이 없었다면 2판을 쓰지 못했을 것이다. 윌부르는 기꺼이 유의미한 지난 변경 내역과 풀 요청, 그리고 발표들 수년치를 추려서 각 기능이 책의 현재 구조와 일치하는지 맞춰봐주었다. 그리고 책에 있는 모든 예제 코드를 라라벨 5.7(나중엔 5.8)에서 테스트해주었다. 덕분에 나는 제한된 시간과 에너지를 새로운 내용과 업데이트된 부분을 작성하는 데에 집중해서 사용할 수 있었다.

내 딸 미아도 이제 엄마의 배에서 나왔다. 그녀의 즐거움, 에너지, 사랑, 귀여움, 모험 정신이 내 새로운 영감의 원천이 됐다.

_맷 스타우퍼

CONTENTS

CHAPTER **1 왜 라라벨인가**

CONTENTS

CHAPTER 3 라우팅 및 컨트롤러

CONTENTS

CHAPTER 4 블레이드 템플릿

CONTENTS

CHAPTER 6 프런트엔드 컴포넌트

CONTENTS

CHAPTER **7** 사용자 데이터의 조회 및 처리

CHAPTER **8** 아티즌과 팅커

CONTENTS

CHAPTER 10 요청, 응답, 미들웨어

CONTENTS

CHAPTER 11 컨테이너

CHAPTER **12 테스트**

CONTENTS

CHAPTER 13 API 작성하기

CONTENTS

CHAPTER **15** 메일과 알림

CONTENTS

CHAPTER 16 큐, 잡, 이벤트, 브로드캐스팅, 스케줄러

CHAPTER 17 헬퍼와 컬렉션

CONTENTS

CHAPTER 18 라라벨 생태계

## CHAPTER 1

왜 라라벨인가

오늘날 개발자가 선택할 수 있는 프레임워크는 수십 가지, 컴포넌트와 라이브러리는 수천 가지가 넘는다. 수많은 선택지가 수시로 생겨나다 보니 프레임워크 하나를 배울 때마다, 그 프레임워크를 대체할 만한 더 나아 보이는 프레임워크 셋이 새로 만들어진다는 우스갯소리가 있다.

과거 프레임워크가 존재하지 않던 시절에는 코드를 작성하는 방법이 지금과 많이 달랐다. 프레임워크나 라이브러리가 충분히 제공되지 않았기 때문에, 개발자는 애플리케이션의 고유한 비즈니스 로직뿐만 아니라 오늘날의 프레임워크가 제공하는 사용자 인증 처리, 사용자 입력 값 검증, 데이터베이스 접근, 템플릿 기능과 같은 코드를 직접 구현해야만 했다.

요즘은 프레임워크에서 과거에 개발자가 직접 구현하던 기능들이 기본으로 제공된다. 기능을 하나하나 개발하던 수고는 줄었지만, 수많은 프레임워크 중에서 어떤 것을 선택해야 할지 고민하는 새로운 수고가 생겼다. 등산할 때는 '산이 단지 눈앞에 있어서' 오르는 것이 타당한 이유가 될 수 있지만, 특정한 프레임워크를 사용하기로 결정할 때는 좀 더 납득할 만한 이유가 필요하다.

라라벨 프레임워크를 왜 사용해야 할까?

1.1 프레임워크의 장점

먼저 프레임워크를 사용하는 것에 어떤 장점이 있는지 생각해보자. PHP 개발자가 개별 컴포넌트나 패키지를 활용하면 좋은 이유는 간단하다. 특정 패키지를 사용한다는 것은 누군가가 책임지고 관리하는 독립된 코드를 이용하는 것과 같다. 아마 패키지 개발자는 자신이 개발한 기능에 대해 누구보다 깊이 이해하고 많은 고민을 하며 코드를 작성했을 것이다. 누군가 공들여 만들어놓은 패키지를 활용하는 것은 당연히 도움이 된다.

라라벨(그리고 심포니, 루멘Lumen, 슬림Slim)과 같은 프레임워크는 오랜 기간 많은 사람의 요구 사항을 해결하고 다양한 피드백을 수용하며 개발됐다. 이런 프레임워크는 웹 애플리케이션을 개발할 때 필요한 공통적인 기능들을 제공하고, 이 기능들이 다른 서드파티 패키지와 **잘 연결되도록** 설정 파일을 통한 관리, 서비스 공급자, 규격화된 디렉터리 구조, 애플리케이션 부트스트랩을 잘 패키징해서 제공한다. 따라서 프레임워크를 사용하면 잘 구조화된 기능을 사용하는 셈이다. 게다가 프레임워크를 만든 이가 기능들끼리 어떻게 결합되어야 하는지 구조에 대한 고민을 미리 해두었기 때문에, 개발자가 이런 복잡한 고민을 하지 않아도 잘 작동하는 웹 애플리케이션을 충분히 만들 수 있다.

1.1.1 프레임워크를 사용하지 않는다면

프레임워크 없이 웹 애플리케이션을 만든다고 가정해보자. 어디서부터 시작해야 할까? 아마 HTTP 요청을 라우팅해야 할 테니, HTTP 요청과 응답을 구현한 라이브러리를 확인하고 그중에서 하나를 골라야 할 것이다. 그런 다음 라우터를 선택해야 한다. 라우터 설정 파일을 어떻게 만들어야 할지 결정해야 한다. 문법은 어떻게 해야 할까? 파일은 어느 디렉터리에 저장해야 할까? 컨트롤러는 또 어떻게 만들어야 할까? 로딩은 어떻게 해야 할까? 컨트롤러와 그 밖의 의존성dependency을 해결하기 위해서 의존성 주입 컨테이너container를 사용하고 싶을 수도 있다. 그런데 컨테이너는 어떤 라이브러리를 사용해야 할까?

여러분이 시간을 들여서 이 모든 질문에 대한 답을 찾고 개발을 해서 성공적으로 애플리케이션을 만들었다고 가정해보자. 이 애플리케이션은 다른(아마도 나중에 팀에 합류하게 될) 개발자에게 어떻게 보여질까? 여러분이 관리하는 서비스에서 2~3개 혹은 그 이상의 애플리케이션을 관리해야 하고 저마다 고유한 스타일로 작성된 코드를 가지고 있다면, 각 애플리케이션에서 컨트롤러가 어디에 있는지 라우팅 문법이 어떤지 일일이 기억해야 할지도 모른다. 서비스 규모가 커지고 관리해야 할 애플리케이션이 늘어나면 유지 보수하기는 점점 어려워질 것이다.

1.1.2 프레임워크가 가져다주는 일관성과 유연성

프레임워크를 사용한다는 것은 요구 사항을 만족하는 라이브러리 중 어떤 것을 쓰고, 어떻게 설정해야 하는지에 대해 프레임워크 제작자가 제안하는 최적의 해답을 사용하는 것과 같다. 이 책에서 사용하는 라이브러리는 이미 제작자가 오랜 시간 여러 상황을 고려하여 개선한 코드로 짜여 있고, 대개는 개발자가 직접 코드를 작성하는 것보다 나은 방법으로 문제를 해결해준다. 또한 각각의 라이브러리들을 서로 유기적으로 사용할 수 있도록 프레임워크에서 최적의 구조를 설계했으므로, 연결에 대한 고민을 하지 않아도 된다. 게다가 프레임워크는 프로젝트 개발자가 이해해야 하는 코드의 양을 줄일 수 있는 관례(컨벤션)를 제공한다. 예를 들어 한 프로젝트에서 라라벨의 라우팅이 작동하는 원리를 이해하면, 라라벨을 기반으로 한 다른 프로젝트에서는 라우팅이 어떻게 작동하는지 새롭게 이해할 필요가 없다.

프레임워크를 선택할 때 사람들이 가장 고려하는 사항 중 하나는 애플리케이션에 어떤 것을 추가할지 말지 '선택'할 수 있는 기능이 프레임워크에 있는지의 여부다. 훌륭한 프레임워크라면 깔끔하고 탄탄한 기능을 제공할 뿐만 아니라, 기능들이 유기적으로 동작하는 구조와 관례를 제공하면서도 자유롭게 커스터마이징하는 방법을 지원해야 한다. 그래야만 개발자가 프로젝트의 고유한 요구 사항을 손쉽게 구현할 수 있기 때문이다. 앞으로 설명하겠지만 라라벨 프레임워크는 이런 기능을 잘 제공한다.

1.2 웹과 PHP 프레임워크의 짧은 역사

'왜 라라벨인가?'라는 질문에 답하기 위해 라라벨의 역사를 먼저 알아보자. 라라벨이 인기를 얻기 전 PHP와 다른 웹 개발 영역에는 다양한 프레임워크가 있었다. 짧게 살펴보자.

1.2.1 루비 온 레일즈

2004년 데이비드 하이네마이어 한손David Heinemeier Hansson이 첫 번째 루비 온 레일즈Ruby on Rails 버전을 릴리스했는데, 웹 애플리케이션을 개발할 때 반복되는 코드를 줄여주는 특징을 가지고 있었다. 이런 특징 덕분에 이후 레일즈의 영향을 받지 않은 웹 프레임워크를 찾기 어려울 만큼 인기를 끌었다. 레일즈 프레임워크를 배우기 위해서 루비 언어를 배우는 개발자가 늘어날 정도였다. 레일즈는 MVC, RESTful JSON API, CoCconvention over configuration, 액티브레코드activerecord 및 여러 기능을 제공했는데, 이런 기능들은 웹 개발자가 빠르게 애플리케이션을 개발하도록 돕는 여러 도구와 관례를 유행시켰다.

CoC란?

'설정 대신 관례'라는 뜻의 소프트웨어의 설계 패러다임이다. 어떤 기능을 사용하기 위해서 세세하게 설정하기보다 관례에 따른 방식으로 코드를 작성하는 것을 의미한다. 관례에서 벗어나는 경우에만 추가적인 작업이 필요하므로 적은 코드로 원하는 기능을 쉽게 사용할 수 있다. 다만 개발자가 이런 관례를 정확히 알고 있어야 동작 원리를 이해할 수 있고, 관례를 벗어나는 코드를 작성할 때는 프레임워크가 지원하던 기능을 직접 세세하게 설정해줘야 한다는 불편함도 있다. 그래도 생산성을 높인다는 장점 때문에 많은 프레임워크에서 CoC 패러다임을 채택한다.

1.2.2 PHP 프레임워크의 도래

레일즈 프레임워크의 빠른 개발 속도와 생산성의 장점이 명확했으므로, 이후에 등장한 많은 PHP 프레임워크가 레일즈의 장점을 모방한 형태를 띠게 됐다.

2005년 CakePHP를 시작으로, 심포니Symfony, 코드이그나이터CodeIgniter, 젠드 프레임워크Zend Framework, 코하나Kohana(코드이그나이터의 포크fork)가 출현했다. Yii는 2008년, Aura와 슬림은 2010년에 시작됐고, 2011년에는 FuelPHP와 라라벨이 출현했다. 특히 라라벨 프레임워크는 당시에 유행하던 코드이그나이터를 대체하는 새로운 트렌드로 떠올랐다.

다양한 프레임워크 중 일부는 레일즈 프레임워크와 유사한 형태를 지향하며 객체 관계 매핑object-relational mapping(ORM), MVC 구조, 빠른 개발 생산성을 위한 지원 기능에 중점을 두었다. 반면에 심포니와 젠드 같은 프레임워크는 엔터프라이즈 디자인 패턴과 전자상거래에 중점을 두었다.

1.2.3 코드이그나이터의 장점과 단점

초기에 등장한 PHP 프레임워크 중에서 CakePHP와 코드이그나이터는 레일즈에서 많은 영감을 받은 프레임워크다. 코드이그나이터는 빠르게 성장하여 2010년에는 독립적인 PHP 프레임워크 중에서 가장 인기 있는 프레임워크가 됐다.

코드이그나이터는 이해하기 쉽고 사용하기 쉬우며, 잘 정리된 문서와 강력한 커뮤니티를 자랑했다. 이러한 장점 덕분에 많은 개발자가 코드이그나이터를 사용했다. 그러나 초기 성장 이후 프레임워크 생태계가 성장하면서 복잡한 설정 없이 바로 사용 가능한 PHP 도구들이 발전하여 개발 편의성이 향상되는 트렌드가 나타났는데, 코드이그나이터는 이런 흐름을 잘 수용하지 못하고 현대적인 기술[1]과 패턴을 적용하는 데 뒤처지는 모습을 보였다.

코드이그나이터는 다른 프레임워크와 달리 오픈 소스 커뮤니티나 여러 회사가 모인 재단 같은 관리 주체가 아니라 한 회사에서 관리했다.[2] 이 때문인지는 몰라도 PHP 5.3의 새로운 기능인 네임스페이스 도입과 깃허브Github로의 소스 이동 및 이후 컴포저Composer로의 전환이 아주 늦게 진행됐다. 2010년 테일러 오트웰이 이런 코드이그나이터에 불편함을 느껴 자신만의 프레임워크를 작성하기 시작한 것이 바로 라라벨이다.

1.2.4 라라벨 1, 2, 3

라라벨 1의 첫 번째 베타 버전은 2011년 6월에 릴리스됐는데, 모든 코드는 처음부터 완전히 새롭게 작성됐다. 여기에는 커스텀 ORM(엘로퀀트Eloquent), (루비 시나트라Sinatra에서 영감을 얻은) 클로저 기반의 라우팅, 확장 기능을 위한 모듈 시스템, 입력 폼과 유효성 검증, 인증 등을 위한 헬퍼 함수 기능이 들어 있었다.

초기 라라벨은 버전 업그레이드가 빠르게 진행되어 2011년 11월에 라라벨 2가, 2012년 2월에 라라벨 3이 릴리스됐다. 이 두 릴리스에서 컨트롤러, 유닛 테스트, 명령줄 도구, IoC 컨테이너, 엘로퀀트 연관관계relationship, 마이그레이션 기능이 추가됐다.

---

1 옮긴이_ 모던 PHP라는 컴포저를 기반으로 한 새로운 패러다임
2 옮긴이_ 현재는 운영 주체가 변경됐다.

1.2.5 라라벨 4

라라벨 3에서는 모듈 단위의 기능을 사용하는 자체적인 번들 기능이 존재했다. 그런데 이 시기 PHP 생태계에서는 (지금은 누구나 사용하는) PHP 패키지 매니저인 컴포저가 등장하여 업계의 실질적인 표준으로 자리매김하고 있었다. 테일러 오트웰은 라라벨을 컴포저를 기반으로 한 컴포넌트의 집합의 형태로 다시 작성하는 것이 좋겠다고 판단하여 프레임워크를 완전히 다시 작성해 새로운 버전으로 내놓았다.

2013년 5월 라라벨 4를 코드명 **일루미네이트**Illuminate로 릴리스했다. 주요 코드를 개발자가 직접 다운로드해서 연결했던 이전 버전과 달리 라라벨 4는 컴포저를 사용해 심포니[3]와 일루미네이트 컴포넌트를 조합하는 방식으로 기능을 제공했다.

라라벨 4에는 큐queue 기능, 메일 컴포넌트, 퍼사드facade, 데이터베이스 시딩(초기 데이터 구성) 기능이 추가됐다. 그리고 라라벨은 이때부터 심포니 컴포넌트와 밀접하게 연결됐기 때문에, 심포니가 6개월 간격으로 릴리스되는 일정을 따라 즉각적이지는 않지만 곧바로 릴리스를 따라가는 미러링 개발 일정으로 라라벨도 릴리스될 것이라고 발표했다.

1.2.6 라라벨 5

2014년 11월에 라라벨 4.3이 출시될 예정이었지만, 주요 변경 사항의 중요도가 메이저 릴리스에 적합하다고 여겨져 2015년 2월에 라라벨 4.3이 아닌 라라벨 5로 릴리스됐다.

라라벨 5에는 보기 좋게 개선된 디렉터리 구조, 폼form 및 HTML 헬퍼의 제거, contract 인터페이스 소개, 새로운 뷰, 소셜 미디어 인증을 위한 소셜라이트Socialite, 애셋 컴파일을 위한 엘릭서Elixir, 크론cron을 단순화한 스케줄러, 환경 관리를 위한 dotenv, 폼 HTTP 요청 구분 기능, 그리고 새로운 REPLread-eval-print-loop(사용자의 입력 값을 받아 데이터를 처리하고 결과를 출력하는 환경) 기능이 포함됐다.

----

3 PHP 웹 프레임워크의 하나로 다른 사람이 사용할 수 있도록 재사용 가능한 PHP 컴포넌트의 집합으로 이루어져 있다.

1.2.7 라라벨 6 LTS

2019년 8월 라라벨 5.9가 릴리스될 예정이었지만, 버전 관리 방식을 시맨틱 버저닝^{semantic} versioning(semver)으로 변경하면서 라라벨 버전을 6으로 릴리스했다. 이 버전부터 기존에 제공하던 문자열 및 배열을 처리하는 헬퍼 함수가 제거되고 퍼사드를 사용하는 방식으로 변경됐다. 시맨틱 버저닝을 도입함으로써 이전 버전보다 메이저, 마이너 릴리스가 더 잦아졌다. 라라벨 6은 장기 지원^{long term support}(LTS) 버전으로 다른 버전보다 안정적이다. 보안패치 기간을 포함하여 2022년 9월 3일까지 지원된다.

1.2.8 라라벨 7

2020년 3월 라라벨 7이 릴리스됐다. 라라벨 6부터 도입된 시맨틱 버저닝 릴리스 스케줄에 따라서 6개월에 한 번씩 메이저 버전이 릴리스됐다. 라라벨 7에서는 싱글 페이지 애플리케이션^{single-page application}(SPA)을 위한 좀 더 가벼운 인증 시스템과 라우팅 캐싱 속도 향상, 블레이드 컴포넌트 태그, CORS 기능 향상이 포함됐다. 라라벨 7은 LTS가 아니므로 보안패치 지원 기간을 포함하여 2021년 3월 3일까지 지원된다.

1.2.9 라라벨 8

2020년 9월 8일 라라벨 8이 릴리스됐다. 라라벨 8에서는 라라벨 젯스트림^{Jetstream} 추가, 유지 보수 모드(공사 중 모드), 모델 팩토리와 시더, 시간당 접속 제한 기능 개선, 테일윈드^{Tailwind} 페이지네이션 기본 적용 등의 변경 사항이 적용됐다. 라라벨 8은 2021년 9월 8일까지 지원된다.

1.3 라라벨 프레임워크만의 장점

PHP 프레임워크와 라라벨의 릴리스 버전에 대해서 짧게 알아보았다. 그렇다면 다른 PHP 프레임워크와 다른 라라벨의 장점은 무엇일까? 라라벨이 오늘날 가장 인기 있는 PHP 프레임워크가 된 이유는 무엇일까? 라라벨이 내부적으로 심포니 컴포넌트를 기반으로 하는데, 굳이 왜 라라벨을 사용해야 할까? 라라벨을 특별하게 만드는 것이 무엇인지 이야기해보자.

1.3.1 라라벨의 철학

먼저 라라벨 프레임워크에 대한 소개 자료와 매뉴얼을 살펴보면, 테일러 오트웰이 추구하는 라라벨의 철학을 엿볼 수 있다. 테일러 오트웰은 라라벨을 소개할 때 illuminate(빛을 비추다)와 spark(불꽃) 같은 빛과 관련된 단어를 사용했다. 이뿐만 아니라 artisan(장인), elegant(품격 있는), rapid(빠른), wrap speed(매우 빠른 속도) 같은 단어를 사용했는데, 이런 표현들은 기존의 다른 프레임워크에서는 잘 사용하지 않는 표현으로 라라벨이 추구하는 가치가 기존의 것들과 다름을 보여준다. 여러분은 이런 단어를 보면 어떤 생각이 드는가?

다른 프레임워크를 표현하는 말을 보면 '실용적', '쉬운 문법', '비즈니스에 적합한'과 같은 표현이 많다. 라라벨은 테일러의 표현을 빌려 'artisan(징인)'이라는 표현을 쓴다. 이는 실용적인 가치와 대조되는 느낌을 주기도 하지만, 라라벨이 이를 사용하는 개발자를 위한 가치를 추구한다는 점에서는 적절한 표현이다.

여기에서 알 수 있는 라라벨 프레임워크가 추구하는 가치 중 하나는 라라벨을 사용하여 애플리케이션을 만드는 개발자, 즉 장인 정신을 발휘하는 제작자를 위한다는 것이다. 2011년 스택익스체인지에 올린 테일러 오트웰의 질문(http://bit.ly/2dT5kmS)에서 이런 생각의 시초를 엿볼 수 있는데, 그는 코드를 읽는 더 나은 경험을 위해서 "때때로 나는 코드를 '아름다워 보이게' 하기 위해 고민하느라 엄청난 시간을 보낸다"라고 말했다. 또한 테일러는 개발자가 아이디어를 쉽고 빠르게 실현하도록 돕는 일과 더 좋은 제품을 만들도록 불필요한 작업을 제거해주는 일의 가치에 대해 자주 이야기하곤 했다. 이러한 가치를 달성하기 위해서 라라벨 프레임워크는 애플리케이션을 제작하는 개발자에게 필요한 도구를 준비하고, 코드를 쉽게 작성할 수 있는 기반을 마련해준다. 이는 유지 보수가 용이하고, 지속 가능하며, 우수한 품질의 코드를 생산하게 한다.

라라벨은 배우기 쉽고, 작성하기 간단하며, 문법 구조가 쉽고 코드 가독성이 좋다. 이 모든 것이 개발자의 행복을 위한 것이며, 간단하고 깔끔하며 오래 지속 가능한 코드를 작성하게 한다. 다른 프레임워크도 개발자가 행복하길 바란다고 말할 것이다. 하지만 라라벨은 개발자의 행복을 부가적인 게 아닌 **주요** 관심사로 삼았고, 고유한 스타일과 의사 결정 과정에 반영했다. 다른 프레임워크가 주로 아키텍처적 순수성을 지향하거나 기업용 개발 팀을 위한 목표 및 가치와의 호환성을 지향하는 동안, 라라벨은 개발자 개인에 관심을 가졌다. 라라벨로 아키텍처적으로 순수한 애플리케이션이나 기업용 애플리케이션을 만들 수 없다는 뜻이 아니다. 라라벨은 이를 위해 코드의 가독성과 이해하기 쉬운 점 등을 희생하지 않는다는 뜻이다.

1.3.2 라라벨은 어떻게 개발자를 행복하게 만드는가?

개발자를 행복하게 하고 싶다고 이야기하는 것과 실제로 이를 실행하는 것은 별개의 문제다. 실행을 하려면 프레임워크에서 '무엇'이 개발자를 행복 또는 불행하게 하는지 고민해야 하기 때문이다. 라라벨에는 개발자를 행복하게 하는 특징이 있다.

첫째, 라라벨은 **빠른** 애플리케이션 개발을 가능하게 하는 프레임워크다. 배우기 쉬운 프레임워크로 새로운 애플리케이션을 시작해서 이를 배포하기까지의 단계를 최소화하는 데 중점을 둔다. 라라벨을 사용하면 데이터베이스 작업부터, 사용자 인증, 큐 기능, 이메일, 캐싱에 이르기까지 웹 애플리케이션을 만드는 데 필요한 일반적인 작업을 모두 쉽게 구현할 수 있다. 라라벨의 컴포넌트가 기능적으로도 훌륭하지만, 이 컴포넌트들은 일관된 API와 예측 가능한 구조로 되어 있다. 여러분이 새로운 애플리케이션을 라라벨로 작성한다면, 어느새 '음... 이렇게 하면 금방 되네'라고 생각하게 될 것이다.

그리고 애플리케이션을 만들기 위한 프레임워크에서 끝나지 않고, 작성한 애플리케이션을 운영하기 위한 지원 도구를 제공한다. 로컬 개발 환경을 구축할 때는 홈스테드[Homestead]와 발렛[Valet]을, 서버 관리에는 포지[Forge]를, 향상된 배포에는 엔보이어[Envoyer]를 사용한다. 추가적으로 유용한 패키지가 몇 개 더 있는데, 결제나 구독 서비스를 위한 캐셔[Cashier], 웹소켓[WebSocket]을 위한 에코[Echo], 검색 기능을 제공하는 스카우트[Scout], API 인증을 위한 패스포트[Passport], 프런트엔드 테스팅을 위한 더스크[Dusk], 소셜 로그인을 위한 소셜라이트, 큐 기능의 모니터링을 위한 호라이즌[Horizon], 관리자 기능을 만들기 위한 노바[Nova], 서비스형 소프트웨어[software as a service] (SaaS)를 위한 스파크[Spark] 패키지가 있다. 라라벨은 개발과 운영에서 반복 작업을 줄여주고 개발자가 핵심적인 업무를 수행하게 도와준다.

둘째, 라라벨은 CoC 디자인 패러다임을 따른다. 라라벨은 기본 설정 값을 사용할 때는 다른 프레임워크를 사용하는 것보다 훨씬 적은 작업만 하면 된다. 이 관례에 따른 설정 구성을 그대로 사용하면, 라라벨을 기반으로 한 프로젝트는 다른 PHP 프레임워크보다 구축하는 시간이 적다.

라라벨은 단순함이 강점이다. 하지만 필요하다면 의존성 주입, 목킹[mocking], 데이터 매핑 패턴, 리포지터리, CQRS[command query responsibility segregation] 패턴 및 복잡한 아키텍처 패턴을 그대로 사용할 수 있다. 다른 프레임워크는 이런 디자인 패턴과 구조를 사용하도록 권장하는 반면, 라라벨은 글로벌 헬퍼, 퍼사드 패턴, 액티브레코드와 같은 가장 간단한 구현부터 시작한다. 덕분에 개발자는 복잡한 환경에서도 유용성을 해치지 않으면서 요구 사항을 해결하는 애플리케이션을 작성할 수 있다.

라라벨이 여타 PHP 프레임워크와 다르게 흥미로운 근본적인 이유는 테일러 및 프레임워크를 발전시키는 데 공헌한 커뮤니티 구성원이 자바보다 루비 온 레일즈와 함수형 프로그래밍에서 더 많은 영감을 얻었다는 점이다. 모던 PHP에는 '자바스러운' 특성을 많이 수용하여 상세함과 복잡함을 요구하는 강력한 흐름이 있다. 하지만 반대로 라라벨은 유연하고, 역동적이며, 간단한 코드만으로 언어의 기능을 작동하는 경향이 있다.

1.3.3 라라벨 커뮤니티

이 책에서 라라벨 커뮤니티와 관련된 이야기를 처음 접한다면, 여러분은 앞으로 활발한 커뮤니티의 진면목을 보게 될 것이다. 라라벨 프레임워크를 둘러싸고 형성된 커뮤니티는 라라벨의 성장과 성공에 크게 기여했다. 제프리 웨이Jeffrey Way의 라라캐스트Laracast 비디오 튜토리얼, 라라벨 뉴스Laravel News(https://laravel-news.com), 슬랙, IRC, 디스코드Discord 채널들, 트위터리안, 블로거, 팟캐스트 운영자들, 마지막으로 매년 열리는 콘퍼런스 라라콘Laracon에 이르기까지 라라벨은 역동적이고 활기찬 커뮤니티를 가지고 있다. 놀랍게도 이런 활발한 커뮤니티는 저절로 생겨난 것이 아니다.

테일러는 초창기부터 성공적인 오픈 소스 프로젝트에는 잘 정비된 문서와 친근한 커뮤니티가 필요하다는 것을 잘 알고 있었다. 그래서 매뉴얼을 준비하고, 커뮤니티를 활발하게 하려고 노력했다. 그 결과 현재 이 두 가지는 라라벨 프레임워크를 선택하는 데 도움을 주는 특징이 됐다. 테일러는 팟캐스트 인터뷰에서 커뮤니티에 대한 그의 생각을 다음과 같이 이야기했다.

> "라라벨 초창기에 나는 '모든 사람은 자신이 무엇인가의 일부가 되고 싶어 한다'는 생각을 했다. 소속감을 느끼고 싶어 하고 좋은 사람들로 이루어진 그룹에 속하고 싶어 하는 것은 인간의 자연스런 본능이다. 이런 감정은 웹 프레임워크에 개성을 주입하고, 개인이 커뮤니티와 함께 성장하게 함으로써 자랄 수 있다."
>
> – 테일러 오트웰, 팟캐스트 인터뷰에서

1.4 라라벨의 작동 방식

지금까지 이야기한 것이 너무 추상적이라고 느낀다면 [예제 1-1]을 보면서 라라벨이 어떻게 작동하는지 간단히 살펴보자.

예제 1-1 routes/web.php 파일의 Hello, World 출력 코드

```php
<?php

Route::get('/', function () {
    return 'Hello, World!';
});
```

라라벨 애플리케이션에서 작성하는 가장 간단한 코드는 방문자가 특정 경로로 접속할 때 대응할 라우트와 해당 라우트가 보여줄 결과를 정의하는 것이다. 여러분의 컴퓨터에 라라벨 애플리케이션을 설치하고 [예제 1-1]과 같은 라우트를 정의한 다음 **public** 디렉터리를 기준으로 웹 서버를 구동하면 [그림 1-1]과 같은 출력 화면을 볼 수 있다.

Hello, World!

그림 1-1 라라벨로 'Hello, World!'를 출력한 화면

컨트롤러를 사용한 코드는 다음과 같은 형태가 된다.

예제 1-2 컨트롤러로 표현한 Hello, World 출력 코드

```php
// routes/web.php 파일
<?php

use App\Http\Controllers\WelcomeController;

Route::get('/', [WelcomeController::class, 'index']);
```

```php
// app/Http/Controllers/WelcomeController.php 파일
<?php

namespace App\Http\Controllers;

class WelcomeController extends Controller
{
    public function index()
    {
        return 'Hello, World!';
    }
}
```

Hello, World!를 데이터베이스에 저장하고 출력하는 예제는 다음과 같은 형태다.

예제 1-3 데이터베이스에 저장하고 출력한 Hello, World 출력 코드

```php
// routes/web.php 파일
<?php

use App\Models\Greeting

Route::get('create-greeting', function () {
    $greeting = new Greeting();
    $greeting->body = 'Hello, World!';
    $greeting->save();
});

Route::get('first-greeting', function () {
    return Greeting::first()->body;
});


// app/Models/Greeting.php 파일
<?php

namespace App;

use Illuminate\Database\Eloquent\Model;

class Greeting extends Model
{
```

```
        //
    }

    // database/migrations/2015_07_19_010000_create_greetings_table.php 파일
    <?php

    use Illuminate\Database\Schema\Blueprint;
    use Illuminate\Database\Migrations\Migration;

    class CreateGreetingsTable extends Migration
    {
        public function up()
        {
            Schema::create('greetings', function (Blueprint $table) {
                $table->bigIncrements('id');
                $table->string('body');
                $table->timestamps();
            });
        }

        public function down()
        {
            Schema::dropIfExists('greetings');
        }
    }
```

[예제 1-3]이 조금 복잡해 보인다면 지금은 깊이 생각하지 말고 건너뛰어도 좋다. 일단 여기서
는 코드 몇 줄로 데이터베이스를 마이그레이션하고 모델을 설정해서 내용을 조회할 수 있다는
걸 알아두자. 그것도 아주 간단하게 말이다.

1.5 왜 라라벨일까?

결론적으로 라라벨은 활발한 커뮤니티와 함께 현대적인 코딩 표준을 사용하며, 코드 낭비 없이
아이디어를 실현하도록 지원하는 막강한 생태계를 제공한다. 현재 가장 인기 있는 PHP 프레
임워크가 바로 라라벨이다. 그렇지만 무엇보다도 개발자를 행복하게 하려는 철학을 가진 프레
임워크라면 충분히 배워볼 만한 가치가 있지 않을까? 이 책을 읽는 여러분과 앞으로 라라벨과
함께하게 될 많은 개발자 모두 행복할 자격이 있다. 이제 라라벨을 사용해보자.

## CHAPTER 2

라라벨 개발 환경 구성하기

W3TECHS(https://w3techs.com/technologies/details/pl-php)에 따르면 전 세계 웹 사이트의 약 80%가 PHP로 만들어졌다고 한다. PHP가 성공한 이유는 거의 **모든** 웹 서버에서 복잡한 설정 없이 바로 PHP를 구동할 수 있었기 때문이다. PHP는 웹사이트를 제작하려는 사람들이 먼저 시도해볼 만한 언어가 됐고, 초기 웹 생태계에서 빠르게 저변을 확대했다. 하지만 오늘날 모던 PHP 도구들은 과거 웹 서버보다 더 엄격한 사항을 요구한다. 단순히 구동되는 것을 넘어서 특정 PHP 버전과 확장 기능을 필수로 요구한다.

모던 PHP의 요구 사항을 만족하면서 라라벨을 기반으로 프로젝트를 개발하려면 시스템 요구 사항을 정확하게 파악하고 개발 환경을 준비해야 한다. 그리고 개발 환경의 코드가 실제 원격 서버의 코드와 일관되도록 환경을 구성해야 한다. 이런 환경을 직접 구성하려면 상당히 고된 작업들이 필요하지만, 다행히도 라라벨의 생태계에서는 이를 돕는 몇 가지 도구를 지원한다.

2.1 시스템 요구 사항

이 장에서 다루는 내용은 윈도우 환경에서도 실행이 불가능한 것은 아니지만, 윈도우 환경에서 잘 구동하게 하기 위해서는 많은 설정을 직접 수정하고, 경고를 해결해야 한다. 이런 부분은 윈도우 사용자에게 맡긴다. 책에서는 유닉스, 리눅스, 맥OS 환경을 기본 개발 환경으로 모든 실습을 한다.

로컬 컴퓨터에 PHP와 그 외의 도구들을 설치해서 웹사이트를 구동하든, 베이그런트Vagrant나 도커Docker를 사용하여 가상 환경을 구성하든, MAMP/WAMP/XAMPP와 같은 툴을 사용하든, 라라벨을 사용해 웹 개발 환경을 구성하려면 다음 환경을 준비해야 한다.

표 2-1 라라벨 버전과 PHP 버전 호환

라라벨 버전	PHP 버전
8.x	7.3 이상
7.x	7.2.5 이상
6.x	7.2.0 이상
5.6 ~ 5.8	7.1.3 이상
5.5	7.0.0 이상

표 2-2 PHP 익스텐션(확장 기능) 필요 사항

라라벨 버전	PHP 확장
공통	OpenSSL, PDO, Mbstring, Tokenizer
6.x ~ 8.x	XML, Ctype, JSON, BCMath, Fileinfo
5.7 ~ 5.8	XML, Ctype, JSON, BCMath
5.6	XML, Ctype, JSON
5.3 ~ 5.5	XML

2.2 컴포저

여러분이 어떤 시스템에서 개발하든지와 관계없이 컴포저를 글로벌로 설치해야 한다. 컴포저가 생소한가? 간략하게 설명하면 컴포저는 모던 PHP 개발의 토대가 되는 도구다. Node.js의 NPMnode package manager, 루비의 루비젬과 같은 PHP의 의존성 관리 도구다. 또한 NPM과 같이 테스팅, 로컬 스크립트 로딩, 추가 스크립트 설치 기능도 있다. 라라벨을 설치하고 업데이트하거나, 외부 의존 패키지들을 설치하는 데 컴포저가 필요하다.

2.3 로컬 개발 환경

프로젝트 개발 환경을 구성할 때, 더 익숙하거나 간편한 설치 툴을 알고 있다면 이를 이용해 개발 환경을 구성해도 된다. 만약 시스템에 MAMP, WAMP, XAMPP가 이미 설치되어 있다면, 라라벨을 실행하는 데 전혀 문제가 없다. 라라벨을 실행하기 위한 PHP 버전과 확장 기능이 준비됐다면 PHP 내장 웹 서버 기능을 실행해 라라벨을 바로 구동할 수도 있다. 실제로 필요한 것은 단순히 PHP를 실행하는 기능 하나다. 이를 준비하는 것은 여러분의 몫이다.

> **ATTENTION_** 이 책의 모든 예제는 라라벨 8을 기준으로 한다. 예제 실행을 위해 자신의 컴퓨터에 직접 개발 환경을 준비하고자 하는 사람은 라라벨 8이 요구하는 PHP 버전과 PHP 익스텐션을 준비해야 한다. 라라벨 8의 시스템 요구 사항은 2.1절 '시스템 요구사항'에서 확인할 수 있다.

각자 편한 방법으로 개발 환경을 구성해도 되지만, 라라벨이 제공하는 발렛과 홈스테드라는 로컬 개발 환경 구성 도구를 사용할 수도 있다. 둘 중에 어느 것을 골라야 할지 잘 모르겠다면, 일단 발렛을 사용한 뒤 홈스테드에 대해서는 나중에 알아보는 것이 좋다. 두 도구 모두 유용하므로 둘 다 알아두는 것이 가장 좋다.

2.3.1 라라벨 발렛

PHP 내장 웹 서버를 사용할 때 가장 간단한 옵션은 **로컬 호스트** 도메인으로 프로젝트 웹사이트를 띄우는 것이다. 라라벨 프로젝트 루트 디렉터리에서 `php -S localhost:8000 -t public`을 실행하면 PHP 내장 웹 서버가 `http://localhost:8000`으로 접속하는 웹사이트를 띄워준다. 애플리케이션이 제대로 설정되어 있다면 `php artisan serve` 아티즌 명령어로 더 손쉽게 사이트를 띄울 수도 있다.

각각의 개발 프로젝트 웹사이트에 별도로 개발 도메인을 지정하려면, 직접 시스템의 호스트 파일을 수정하거나 `dnsmasq`(`https://en.wikipedia.org/wiki/Dnsmasq`)와 같은 툴을 사용해야 한다. 발렛을 사용하면 이런 작업을 좀 더 간단하게 처리할 수 있다.

맥 OS 사용자는(윈도우와 리눅스용 비공식 포크[fork]도 있다) 발렛을 사용하면 애플리케이션 디렉터리를 도메인에 일일이 연결하지 않아도 된다. 발렛은 `dnsmasq`와 여타 PHP 스크립트를 설치해서 `laravel new myapp && open myapp.test`가 가능하게, 즉 라라벨 설치를 마치고 곧바로 브라우저에서 **디렉터리.test**로 접속해서 바로 화면을 확인하게 해준다. 발렛을 사용하려면 문서를 참고해 홈브루^{Homebrew}로 몇 가지 도구를 설치해야 하는데, 설치 방법부터 애플리케이션을 서비스하기까지 복잡한 단계는 거의 없고 아주 간단하다.

매뉴얼(`https://laravel.kr/docs/valet`)에서 설치 방법을 확인하고 발렛을 설치하자. 그 다음에 브라우저에서 확인할 개발 프로젝트가 1개 이상 들어 있는 디렉터리를 지정하자. 필자는 ~/Sites 디렉터리에서 `valet park`를 실행했고 이 디렉터리에서 개발 중인 모든 라라벨 애플리케이션 프로젝트를 넣어두었다. 이제 브라우저에서 프로젝트 디렉터리 이름 뒤에 `.test`를 붙이는 것만으로 해당 프로젝트 사이트를 확인할 수 있다.

`valet park`를 사용하면 지정한 디렉터리 안에 들어 있는 모든 하위 디렉터리를 {디렉터리이름.test} 형태로 접속할 수 있다. 하나의 디렉터리만 확인하려면 `valet link`를, 현재 디렉터리에 연결된 사이트에 바로 접속하려면 `valet open`을, 발렛 사이트를 HTTPS로 접속하려면 `valet secure`를 사용한다. ngrok 터널링 기능을 사용해서 다른 사용자에게 프로젝트 사이트를 공유하려면 `valet share` 명령어를 사용한다.

2.3.2 라라벨 홈스테드

홈스테드는 개발 환경을 구성하기 위해서 가상머신을 사용하여 환경을 설정하는 도구다. 홈스테드는 버추얼박스^{VirtualBox}, VM웨어^{VMware}와 같은 가상화 소프트웨어의 머신 관리 도구인 베이그런트 위에서 작동한다. 따라서 홈스테드를 사용하려면 버추얼박스와 같은 가상화 소프트웨어, 가상화 머신 관리 도구인 베이그런트를 설치한다. 홈스테드는 라라벨 개발 환경에 꼭 맞춘 최적의 가상 머신 이미지를 미리 준비해 제공한다. 이 가상 머신은 많은 라라벨 사이트가 운영되는 가장 공통적이고 실제 환경에 근접한 환경을 반영해놓았다. 윈도우 환경이라면 홈스테드가 로컬 개발 환경을 구성하는 데 가장 편리한 선택지가 될 수 있다.

가상화 소프트웨어를 설치하고 베이그런트를 준비했다면 `vagrant box add laravel/homestead`를 실행하여 홈스테드 박스를 추가한다. 그다음에 `git clone https://github.com/laravel/homestead.git ~/Homestead`를 실행하여 홈스테드를 설치하고 초기화하면 준비가 끝난다. 홈스테드는 업데이트가 잦은 편이니 더 정확한 내용은 매뉴얼(`https://laravel.kr/docs/homestead`)을 참고하자. 문서에서 홈스테드의 작동 방법과 설정 방법을 확인할 수 있다.

2.4 라라벨 프로젝트 생성하기

라라벨 프로젝트를 생성하는 방법은 두 가지다. 모두 명령줄에서 실행해야 한다. 첫 번째 방법은 (컴포저를 이용해서) 글로벌로 설치한 라라벨 인스톨러를 사용하는 것이고, 두 번째는 컴포저의 **create-project** 기능을 사용하는 방법이다.

자세한 내용은 라라벨 설치 매뉴얼(**https://laravel.kr/docs/installation**)에서 확인하자. 필자가 권장하는 것은 라라벨 인스톨러를 사용하는 방법이다.

2.4.1 라라벨 인스톨러를 사용해서 라라벨 프로젝트 설치하기

컴포저를 글로벌로 설치했다면 다음 명령어를 사용해 라라벨 인스톨러Laravel Installer를 설치하자.

```
composer global require "laravel/installer"
```

라라벨 인스톨러를 설치하면 다음 명령어로 새 라라벨 프로젝트를 아주 쉽게 시작할 수 있다.

```
laravel new projectName
```

이 명령어를 실행하면 현재 디렉터리에 프로젝트 이름과 동일한 하위 디렉터리를 생성하고, 디렉터리 안에 필요한 라라벨 프로젝트 파일이 설치된다.

라라벨 8부터는 **--jet**을 덧붙이면 젯스트림을 적용한 라라벨을 생성할 수 있다.

----

1 https://vessel.shippingdocker.com

```
laravel new projectName --jet
```

젯스트림은 웹 애플리케이션을 만들 때 보편적으로 필요한 기능을 신속하게 만들어주는 패키지다. 위 명령어로 라라벨을 설치하면 로그인, 회원가입, 이메일 인증, 2단계 인증, 세션 관리, 생텀을 이용한 API 지원, 팀 관리 기능 등이 포함된 라라벨 프로젝트 파일이 설치된다. 젯스트림은 테일윈드 CSS를 사용하고 라이브와이어^{Livewire}나 이너셔^{Inertia} 둘 중 하나를 선택해서 사용할 수 있다. 테일윈드 CSS, 라이브와이어, 이너셔는 2019년부터 라라벨 생태계에서 큰 인기를 얻고 있는 스택이다. 이들에 익숙하다면 젯스트림을 활용하여 초기 개발 속도를 더욱 높일 수 있을 것이다. 자세한 사용 방법은 패키지 깃허브 페이지(`https://github.com/laravel/jetstream`)에서 확인하자.

2.4.2 컴포저의 create-project 기능을 사용해서 라라벨 프로젝트 설치하기

컴포저는 새 프로젝트를 생성할 때 create-project라는 명령어 기능을 제공한다. 이 기능을 사용해 새 라라벨 프로젝트를 생성하려면 다음 명령어를 실행한다.

```
composer create-project laravel/laravel projectName
```

라라벨 인스톨러와 마찬가지로 이 명령어도 현재 디렉터리에 프로젝트 이름과 동일한 하위 디렉터리를 생성한다. 그리고 디렉터리 안에 필요한 라라벨 프로젝트 파일이 설치된다.

2.5 라라벨 디렉터리 구조

새 라라벨 프로젝트를 설치한 뒤 새로 생성된 디렉터리를 살펴보면 다음과 같은 파일들과 하위 디렉터리를 볼 수 있다.

```
app/
bootstrap/
config/
database/
```

```
public/
resources/
routes/
storage/
tests/
vendor/
.editorconfig
.env
.env.example
.gitattributes
.gitignore
artisan
composer.json
composer.lock
package.json
phpunit.xml
readme.md
server.php
webpack.mix.js
```

이제 이 파일들을 하나씩 살펴보자.

2.5.1 디렉터리

루트 디렉터리는 기본적으로 다음의 디렉터리를 포함한다.

app

실제 애플리케이션이 구성되는 디렉터리로, 모델, 컨트롤러, 각종 명령어와 구현하고자 하는 비즈니스 도메인 코드가 저장된다.

bootstrap

라라벨 프레임워크가 실행될 때 부팅에 필요한 파일이 들어 있다.

config

설정 파일들이 들어 있다.

database

데이터베이스 마이그레이션, 시딩, 팩토링 파일이 저장되는 곳이다.

public

웹 서버가 사이트를 구동하기 위해서 지정하는 위치다. 이 디렉터리에는 부트스트래핑 과정이 진행되고 모든 요청이 적절하게 라우트에 연결되도록 프런트 컨트롤링을 담당하는 `index.php` 파일이 있다. 여기에는 각종 이미지, CSS, 자바스크립트, 다운로드 파일과 같은 공개 파일이 있다.

resources

기타 스크립트 파일, 뷰 템플릿, 다국어 지원을 위한 언어 파일, 그리고 필요한 경우 CSS 빌드를 위한 Sass/Less 파일이 들어 있다.

routes

모든 URL 라우팅을 정의하는 파일이 있다. HTTP 라우팅과 아티즌 명령어를 위한 '콘솔 라우팅' 파일들이 들어 있다.

storage

캐시 파일, 로그, 기타 시스템 빌드 파일이 들어 있다.

tests

유닛 테스트와 통합 테스트를 위한 테스트 파일이 들어 있다.

vendor

컴포저가 의존 파일을 설치하는 곳이다. 이 디렉터리는 버전 관리 시스템에 포함시키지 않도록 `git ignore` 처리가 되어 있다. 배포 과정에 컴포저가 필요한 파일은 직접 설치하기를 권장하기 때문이다.

2.5.2 파일

루트 디렉터리에는 다음 파일들도 존재한다.

.editorconfig

라라벨 프로젝트 개발에서 사용하는 IDE 또는 텍스트 에디터에서 참고하는 코딩 표준 스타일을 알려주는 파일이다(예를 들어, 들여쓰기, 문자셋, 공백 처리 방식 등). 라라벨 5.5 이상의 프로젝트에서 볼 수 있다.

.env와 .env.example

환경 변수를 지정하는 파일이다. 구동 환경마다 환경 변수 값이 달라질 수 있으므로 버전 관리에 포함하지 않는다. .env.example은 예제 파일이므로, 이를 복사해서 각 구동 환경에 맞는 값을 채워 넣어야 한다.

.gitignore와 .gitattributes

깃 설정 파일이다.

artisan

명령줄에서 아티즌 명령어를 실행하는 파일이다(자세한 내용은 8장 참조).

composer.json과 composer.lock

컴포저 설정 파일이다. composer.json은 사용자가 편집하는 파일이고 composer.lock은 자동으로 생성되는 파일이다. 이 파일은 프로젝트가 어떻게 구성되어 있고 어떤 의존성을 가지는지 대한 정보를 갖는다.

package.json

composer.json과 같이 프런트엔드 파일들과 의존성을 나타내는 파일이다. NPM에 어떤 자바스크립트 의존성이 필요한지 정보를 제공한다.

phpunit.xml

라라벨이 테스팅에서 사용하는 PHPUnit의 설정 파일이다.

readme.md

라라벨에 대한 기본적인 소개가 든 마크다운 형식의 파일이다.

server.php

라라벨 애플리케이션을 미리 확인할 수 있는 간단한 백업 서버 파일이다.

webpack.mix.js

믹스^{Mix}를 위한 설정 파일로, 엘릭서^{Elixir}를 사용하면 이 파일 대신 `gulpfile.js`가 생긴다. 자바스크립트 빌드를 위해서 프런트엔드 파일을 컴파일하고 처리하는 방법을 제공한다.

2.6 설정

라라벨 애플리케이션의 핵심적인 설정(데이터베이스 연결, 큐 설정, 메일 설정 등)은 `config` 디렉터리에 들어 있다. 각 설정 파일은 PHP 배열을 반환하는데, 배열의 값은 파일명과 배열 키를 점(.)으로 구분하는 방식으로 액세스한다. 따라서 다음과 같은 내용으로 `config/services.php`를 생성해보자.

```php
// config/services.php
<?php
return [
    'sparkpost' => [
        'secret' => 'abcdefg',
    ],
];
```

그럼 `config('services.sparkpost.secret')`를 사용해서 설정 값에 접근할 수 있다. `.env` 파일은 구동 환경에 따라서 설정 값이 달라야 하고 버전 관리 시스템에 커밋하여 관리되지 않는 값들을 저장한다. 개발 환경과 실제 서버의 구동 환경에 따라서 각기 다른 Bugsnag API 키를 사용한다고 가정해보자. .env에서 값을 가져오려면 다음과 같이 설정한다.

```php
// config/services.php
<?php
return [
    'bugsnag' => [
        'api_key' => env('BUGSNAG_API_KEY'),
    ],
];
```

env() 헬퍼 함수는 .env 파일에서 전달된 키에 해당하는 값을 가져온다. 이제 이 키를 .env 파일과 .env.example 파일에 추가한다.

```
# In .env
BUGSNAG_API_KEY=oinfp9813410942

# In .env.example
BUGSNAG_API_KEY=
```

.env 파일에는 이미 프레임워크에서 필요로 하는 데이터베이스 설정, 메일 드라이버와 같은 다수의 구동 환경에 따라 달라지는 변수들이 정의되어 있다.

TIP 설정 파일 밖에서 env() 헬퍼 함수 사용하기

라라벨에는 캐싱과 최적화 기능이 존재하는데, 설정 파일 밖에서 env() 헬퍼 함수를 호출하는 경우에는 이를 사용할 수 없다.

구동 환경에 따른 환경 변수 값을 가져오는 가장 좋은 방법은 직접 값을 가져오지 말고, 설정 파일에 값을 만드는 것이다. 해당 설정 항목이 환경 변수를 읽어들이고, 애플리케이션 내부에서는 이 설정 값을 참조하게 구성하자.

```php
// config/services.php
return [
    'bugsnag' => [
        'key' => env('BUGSNAG_API_KEY'),
    ],
];

// 컨트롤러의 코드
$bugsnag = new Bugsnag(config('services.bugsnag.key'));
```

2.6.1 .env 파일

.env 파일의 기본 내용을 간단히 살펴보자. 정확한 키는 현재 라라벨 프로젝트의 버전에 따라
조금씩 달라질 수 있다. [예제 2-1]은 라라벨 8에서의 모습이다.

예제 2-1 라라벨 8에서 기본적인 .env 파일의 내용

```
APP_NAME=Laravel
APP_ENV=local
APP_KEY=
APP_DEBUG=true
APP_URL=http://localhost

LOG_CHANNEL=stack

DB_CONNECTION=mysql
DB_HOST=127.0.0.1
DB_PORT=3306
DB_DATABASE=laravel
DB_USERNAME=root
DB_PASSWORD=

BROADCAST_DRIVER=log
CACHE_DRIVER=file
QUEUE_CONNECTION=sync
SESSION_DRIVER=file
SESSION_LIFETIME=120

REDIS_HOST=127.0.0.1
REDIS_PASSWORD=null
REDIS_PORT=6379

MAIL_MAILER=smtp
MAIL_HOST=smtp.mailtrap.io
MAIL_PORT=2525
MAIL_USERNAME=null
MAIL_PASSWORD=null
MAIL_ENCRYPTION=null
MAIL_FROM_ADDRESS=null
MAIL_FROM_NAME="${APP_NAME}"

AWS_ACCESS_KEY_ID=
AWS_SECRET_ACCESS_KEY=
```

```
AWS_DEFAULT_REGION=us-east-1
AWS_BUCKET=

PUSHER_APP_ID=
PUSHER_APP_KEY=
PUSHER_APP_SECRET=
PUSHER_APP_CLUSTER=mt1

MIX_PUSHER_APP_KEY="${PUSHER_APP_KEY}"
MIX_PUSHER_APP_CLUSTER="${PUSHER_APP_CLUSTER}"
```

위 파일의 내용 중 일부는 여러 서비스(푸셔Pusher, 레디스, DB, 메일)와 관련된 인증 정보이므로, 일일이 설명하지는 않는다. 다음은 중요하게 알아두어야 할 변수들이다.

APP_KEY

무작위로 생성되는 문자열로, 데이터를 암호화하는 데 사용된다. 이 값이 빈 채로 애플리케이션을 실행하면 "No application encryption key has been specified"라는 에러 메시지가 출력된다. 콘솔에서 php artisan key:generate 명령어를 실행하면 이 값이 자동으로 생성된다.

APP_DEBUG

이 값은 불리언boolean 값으로 로컬 개발 환경이나 스테이지 환경에서 에러 디버깅 정보를 출력하는 옵션을 활성화한다. 실제 서비스를 운영하는 환경에서는 **절대** 활성화하지 말자.

인증 정보를 제외한 나머지 설정들(BROADCAST_DRIVER, QUEUE_CONNECTION 등)은 외부 서비스에 의존하지 않도록 기본값이 활용되므로 애플리케이션 시작에는 문제가 없다.

처음 라라벨 프로젝트를 시작할 때에는 데이터베이스 설정만 변경하면 될 것이다. 필자는 발렛을 사용하므로 DB_DATABASE는 프로젝트 이름, DB_USERNAME은 root로, DB_PASSWORD는 빈 문자열로 바꾼다.

```
DB_DATABASE=myProject
DB_USERNAME=root
DB_PASSWORD=
```

그러고 나서 필자가 즐겨쓰는 MySQL 클라이언트를 이용해서 프로젝트명과 같은 이름의 데이터베이스를 생성한다. 이러면 모든 준비가 끝난다.

2.7 라라벨 애플리케이션 구동하기

이제 라라벨의 기본적인 설치 과정을 수행했다. 이제 `git init`을 실행하고 `git add` 명령어로 설치한 파일을 커밋하자. 이제 코딩을 시작할 준비가 끝났다. 다음의 명령어를 실행하고 브라우저에서 프로젝트의 웹사이트를 바로 확인할 수 있나.

```
laravel new myProject && cd myProject && php artisan serve
```

또는 발렛을 사용한다면 다음과 같이 프로젝트의 웹사이트를 바로 확인할 수 있다.

```
laravel new myProject && cd myProject && valet open
```

새 프로젝트를 시작하기 위해서 입력한 명령어를 다시 정리해보면 다음과 같다.

```
laravel new myProject
cd myProject
git init
git add .
git commit -m "프로젝트 시작"
```

필자는 모든 사이트를 ~/Sites 디렉터리에 저장한다. 이 디렉터리는 기본적으로 발렛이 참조하는 디렉터리로 설정되므로, 여기에 프로젝트를 저장한다면 추가적인 작업 없이 바로 브라우저에서 **myProject.test** 주소로 접근할 수 있다. 데이터베이스 연결이 필요하다면 **.env** 파일을 수정하여 데이터베이스 연결과 관련된 변수 값 설정을 진행하자. 발렛을 사용하지 않더라도 설치된 프로젝트 디렉터리에서 **php artisan serve**를 입력하여 프로젝트 사이트(기본적으로 **http://127.0.0.1:8000**)에 접근할 수 있다.

3.3 라우트 그룹

종종 라우트 여러 개가 동일하게 로그인된 사용자만 접근 가능하도록 제한할 필요가 있다. 그리고 라우트 여러 개가 동일한 URL 세그먼트 기반의 주소를 가지는 경우도 있다. 또 라우트 여러 개에 연결되는 컨트롤러가 동일한 네임스페이스를 기반으로 하는 경우도 있다. 이런 라우트를 정의할 때 매번 동일한 설정을 입력하는 것은 소모적이고 지루한 일이다. 게다가 동일한 코드를 계속 반복해서 라우트를 정의하면 전체 라우트 파일을 읽기가 어려워지고, 애플리케이션의 구조를 알아보기도 힘들다.

라우트 그룹 기능을 사용하면 여러 라우트를 그룹으로 묶어준다. 그룹으로 묶으면 공유하고자 하는 설정을 한 번에 적용하여 개별 라우트에 중복적으로 입력하는 불편함이 줄어든다. 또한 라우트 그룹을 사용하면 동료 개발자(그리고 미래의 자신)에게 더 나은 가독성을 제공하므로 코드를 유지 보수하는 데에도 도움이 된다.

여러 라우트를 그룹으로 묶으려면 [예제 3-10]처럼 다른 라우트를 정의한 코드를 감싸는 라우트를 정의한다. 즉 중첩된 형태의 라우트가 바로 라우트 그룹이다. 아래 코드를 해석하자면 라우트를 정의할 때 클로저를 전달하고, 이 클로저 안에서 그룹으로 묶고자 하는 각각의 라우트를 정의하는 것이다.

예제 3-10 라우트 그룹 정의하기

```
Route::group(function () {
    Route::get('hello', function () {
        return 'Hello';
    });
    Route::get('world', function () {
        return 'World';
    });
});
```

기본적으로 라우트 그룹은 실제로는 내부의 정의된 라우트를 변경하거나 코드를 실행하지 않는다. 위의 예제의 결과는 라우트를 개별적으로 정의한 것과 차이가 없다.

3.3.1 미들웨어

라우트 그룹을 사용하는 가장 일반적인 경우는 여러 라우트를 묶어 한 번에 미들웨어를 적용할 때다. 10장에서 자세히 다루겠지만, 미들웨어는 사용자 인증을 확인하거나 로그인하지 않은 방문자가 특정 경로로 접근하지 못하게 하는 데 사용한다.

[예제 3-11]에서는 dashboard 라우트와 account 라우트를 감싸는 라우트 그룹을 생성했다. 이 라우트 그룹에는 auth 미들웨어가 적용된다. auth 미들웨어는 로그인한 사용자만 라우트 2개에 접근할 수 있게 한다.

예제 3-11 로그인한 사용자만 접근하게 지정한 라우트 그룹

```
Route::middleware('auth')->group(function() {
    Route::get('dashboard', function () {
        return view('dashboard');
    });
    Route::get('account', function () {
        return view('account');
    });
});
```

컨트롤러에 미들웨어 적용하기

라우트를 정의할 때 미들웨어를 적용하는 것보다 컨트롤러에서 미들웨어를 추가하는 게 더 명확하고 직관적일 수 있다. 컨트롤러에서 미들웨어를 적용하려면 컨트롤러의 생성자에서 middleware() 메서드를 호출한다. middleware() 메서드에 전달하는 문자열은 미들웨어의 이름이고 추가적으로 only(), except() 메서드를 체이닝하여 미들웨어를 적용할 범위를 지정할 수 있다.

```
class DashboardController extends Controller
{
    public function __construct()
    {
        $this->middleware('auth');

        $this->middleware('admin-auth')
            ->only('editUsers');
```

```
        $this->middleware('team-member')
             ->except('editUsers');
    }
}
```

만약 미들웨어를 지정할 때 only() 메서드나 except() 메서드를 많이 사용한다면 새로운 컨트롤러를 만들어 라우트를 분리하는 것을 고려해보는 것이 좋다.

시간당 접속 제한하기

외부에 노출되는 API를 제공하는 경우 특정 라우트에 한해서 주어진 시간 동안 제한된 횟수만 접근하게 하는 기능이 필요하다. 이 기능을 **시간당 접속 제한**rate limiting이라고 하고 이를 처리하는 미들웨어가 **스로틀**throttle 미들웨어다. [예제 3-12]는 라우트나 라우트 그룹에 스로틀 미들웨어를 설정하는 예시다.

예제 3-12 특정 라우트를 스로틀 미들웨어로 접속 제한하기

```
Route::middleware(['throttle:uploads'])->group(function () {
    Route::post('/photos, function () {
        //
    });
});
```

예제에서는 uploads라는 이름의 접속 제한 규칙을 사용한다.

접속 제한 규칙은 주로 RouteServiceProvider에 RateLimiter 퍼사드의 for 메서드를 이용해서 정의한다.

```
use Illuminate\Cache\RateLimiting\Limit;
use Illuminate\Support\Facades\RateLimiter;

RateLimiter::for('uplaods', function (Request $request) {
    return Limit::perMinute(1000);
});
```

Limit 퍼사드가 제공하는 메서드를 사용하여 좀 더 세세한 설정을 할 수 있다.

- perMinute(): 분당 최대 접속 가능 횟수를 지정한다.
- response(): 클로저를 이용해서 커스텀 응답을 내보낼 수 있다. 이 메서드를 사용하지 않으면 429 HTTP 상태 코드를 가진 기본 응답이 반환된다.
- none(): 시간당 접속 제한을 해제한다.
- by(): 특정 값을 기준으로 접속을 제한한다. 예를 들어 IP 등을 기준으로 삼을 수 있다.

다소 억지스럽지만 Limit 퍼사드의 기능을 조합하면 다음과 같이 규칙을 정의할 수도 있다.

```
RateLimiter::for(
    'uploads',
    function (Request $request) {
        return $request->user()->vipCustomer()
            ? Limit::none()
            : Limit::perMinute(100)->by($request->ip())
                ->response(
                    function () {
                        return response('커스텀 응답…', 429);
                    }
                );
    }
);
```

콜백으로 넘겨받은 HTTP 요청 객체를 활용해서 VIP 고객이면 접속 제한을 적용하지 않고, VIP 고객이 아니면 IP당 1분에 최대 100회까지 접속 가능하며 이를 초과하는 경우 커스텀 응답을 반환한다.

배열 형태로 여러 접속 제한 규칙을 적용할 수 있고, 이 경우 앞선 규칙부터 순서대로 적용된다.

```
RateLimiter::for('login', function (Request $request) {
    return [
        Limit::perMinute(500),
        Limit::perMinute(3)->by($request->input('email')),
    ];
});
```

ATTENTION_ 접속 제한 규칙을 자유롭게 추가할 수 있는 기능은 라라벨 8부터 도입됐다. 라라벨 8 이전 버전에서는 접속 제한 규칙을 직접 정의하지 않고 라라벨이 제공하는 기능을 사용한다. 스로틀 미들웨어에 접속 제한 규칙 이름을 지정하는 대신, 첫 번째 인자에는 사용자가 시도할 수 있는 최대 횟수를, 두 번째 인자에는 제한 횟수가 재설정되기까지 시간을 분 단위로 지정한다.

```
Route::middleware('auth:api', 'throttle:60,1')->group(function () {
    Route::get('/profile', function () {
        //
    });
});
```

3.3.2 라우트의 공통 URL 경로 처리

애플리케이션의 여러 페이지 중에서 대시보드를 이루는 페이지들의 URL이 항상 '/dashboard'라는 접두사prefix로 시작한다고 가정해보자. 모든 라우트에 개별적으로 '/dashboard'를 붙이는 대신에 라우트 그룹 기능을 사용할 수 있다. 다음 예제를 보자.

예제 3-13 라우트 그룹으로 URL에 접두사 붙이기

```
Route::prefix('dashboard')->group(function () {
    Route::get('/', function () {
        // URL '/dashboard'를 처리하는 로직
    });
    Route::get('users', function () {
        // URL '/dashboard/users'를 처리하는 로직
    });
});
```

이렇게 하면 접두사를 붙인 그룹에 있는 '/' 라우트의 URL은 '/dashboard'가 된다.

3.3.3 모든 라우트 매칭 실패 시 대체 라우트 정의

사용자가 요청한 URL이 라우트 파일에 정의된 어떠한 라우트에도 해당하지 않을 때에는 어떤 화면 또는 응답을 보여주어야 할까? 라라벨에는 이런 경우 사용할 수 있는 대체 라우트^{fallback route} 기능이 있다. 대체 라우트는 다음과 같이 정의한다.

```
Route::fallback(function () {
    //
});
```

라라벨 5.6 이전에서는 다음과 같이 정의해야 한다.

```
Route::any('{anything}','CatchAllController')->where('anything', '*');
```

3.3.4 서브도메인 라우트

하나의 애플리케이션에서 서비스하는 도메인이 여러 개인 경우도 있다. 이 경우 각각의 도메인에 따라서 라우트가 다르게 적용되어야 한다면 서브도메인 라우트 기능을 사용할 수 있다. 서브도메인 라우팅은 라우트 그룹에 접두사를 붙이는 것과 비슷하지만, URL 접두사 대신 동일한 서브도메인인 경우에만 라우트가 작동하게 하는 기능이다. 다음 예제처럼 서브도메인을 표시할 수 있다.

예제 3-14 서브도메인 라우팅

```
Route::domain('api.myapp.com')->group(function () {
    Route::get('/', function () {
        //
    });
});
```

[예제 3-15]와 같이 서브도메인을 인자로 받을 수 있도록 라우트를 정의할 수도 있다. 주로 멀티테넌시를 지원하는 경우에 이런 방식으로 라우트를 정의한다(예를 들어 티스토리를 생각해보자. 티스토리 블로그는 `{blogName}.tistory.com`와 같이 각기 다른 서브도메인으로 구성되어 있다).

```
Route::domain('{account}.myapp.com')->group(function () {
    Route::get('/', function ($account) {
        //
    });
    Route::get('users/{id}', function ($account, $id) {
        //
    });
});
```

서브도메인 그룹으로 묶여진 라우트에서는 라우트 파라미터를 인자로 받을 때 {account}를 메서드의 첫 번째 인자로 전달받는다는 점을 주의하자.

3.3.5 공통 네임스페이스 접두사 지정하기

그룹 기능을 이용해 서브도메인의 라우트를 묶거나, URL 접두사를 구성할 때, 라우트와 연결하는 컨트롤러는 대부분 동일한 PHP 네임스페이스를 가지는 경우가 많다. 대시보드 예제를 생각해보면, 모든 대시보드 라우트에 연결되는 컨트롤러는 Dashboard 네임스페이스를 가질 것이다. [예제 3-16]과 같이 라우트 그룹 기능의 네임스페이스 지정 기능을 사용하면 "Dashboard/UserController@index"와 "Dashboard/PurchaseController@index"같이 길어지는 컨트롤러 참조 문자열을 짧게 표시할 수 있다.

예제 3-16 라우트 그룹의 네임스페이스 지정하기

```
use App\Http\Controllers\UserController;

// App\Http\Controllers\UserController
Route::get('/', [UserController::class, 'index']);

Route::namespace('App\Http\Controllers\Dashboard)->group(function () {
    // App\Http\Controllers\Dashboard\PurchaseController
    Route::get('dashboard/purchases', 'PurchaseController@index');
});
```

3.3.6 이름 접두사 지정하기

앞서 라우트에 이름을 지정하면 URL을 표시할 때 편리하다는 점을 알아보았다. 만약 URL이 'users/comments/5'라면 라우트의 이름은 일반적으로 'users.comments.show'와 같이 지정한다. 여기에서 라우트 그룹 기능을 사용한다면 'users.comments' 리소스 아래에 있는 모든 라우트를 그룹으로 묶어서 표시할 수 있다.

그룹 기능을 사용하면 라우트의 이름에 사용할 접두사를 정의할 수 있다. 라우트 그룹으로 묶을 때 name() 메서드를 사용하면 그룹에 소속된 모든 라우트의 이름에 동일한 접두사가 붙는다. [예제 3-17]는 'comments.'라는 접두사가 붙은 그룹 라우트에 다시 'users.'라는 접두사를 붙인 것을 볼 수 있다.

예제 3-17 라우트 그룹의 이름 접두사 지정하기

```
Route::name('users.')->prefix('users')->group(function () {
    Route::name('comments.')->prefix('comments')->group(function () {
        Route::get('{id}', function () {
        // 결과적으로 이 라우트는 /users/comments/{id}의 URL 링크를 갖는
        // 'users.comments.show'라는 이름의 라우트로 등록된다.
        })->name('show');
    });
});
```

3.4 서명된 라우트

애플리케이션을 작성할 때 회원가입이나 알림 기능이 필요하다고 가정해보자. 많은 애플리케이션에서 비밀번호 재설정, 초대 수락 등의 작업을 처리하기 위한 일회성 알림(주로 이메일)을 보내며, 알림의 내용에 링크를 삽입한다. 예를 들어 소셜 서비스에서 특정 그룹에 초대하기 위한 초대 이메일을 보낸다고 가정해보자.

링크를 만들 때 다음 세 가지 방법을 생각해볼 수 있다.

1 누구나 접속 가능한 URL을 만들되, 초대받은 사용자 외에 다른 사용자는 접근하지 않기를 바라는 방법
2 로그인한 사용자만 접속 가능한 URL을 만들고, 로그인하지 않은 사용자는 로그인 페이지로 이동시키는 방법

(하지만 사용자 대부분이 비로그인 상태일 가능성이 높다)

3 http://myapp.com/invitations/5816/678?signature=030ab0ef6a8237bd86a8b8과 같이 링크에 서명을 추가하여 로그인 여부와 관계없이 이메일에서 초대를 받은 사용자가 링크를 클릭했다는 것을 증명하는 방법

가장 간단한 마지막 방법이 바로 **서명된 URL**signed URL 기능이다 (라라벨 5.6.12에서 추가됐다). 이 기능을 사용하면 일회성 인증을 위한 서명된 링크를 생성할 수 있다. 이 링크는 기본적인 라우트 URL에 서명을 추가하여 해당 URL이 특정 사용자만 접근하도록 제한한다. 따라서 원하는 사용자만 해당 정보에 접근하는 것을 보장한다.

3.4.1 라우트에 서명 추가하기

라우트에 서명을 추가하려면 반드시 이름이 지정되어 있어야 한다.

```
Route::get('invitations/{invitation}/{group}', InvitationController::class)
    ->name('invitations');
```

이 라우트의 일반적인 URL을 생성하려면 route() 헬퍼 함수를 사용한다. 또는 URL 퍼사드를 이용하여 URL::route('invitations', ['invitation' => 5816, 'group' => 678])을 사용할 수도 있다. 서명된 URL을 생성하려면 route() 메서드 대신에 signedRoute() 메서드를 사용한다. 서명된 URL에 유효기간을 설정하려면 temporarySignedRoute() 메서드를 사용한다.

```
// 일반 URL 링크 생성하기
URL::route('invitations', ['invitation' => 5816, 'group' => 678]);

// 서명된 링크 생성하기
URL::signedRoute('invitations', ['invitation' => 5816, 'group' => 678]);

// 유효 기간이 있는 서명된 링크 생성하기
URL::temporarySignedRoute(
    'invitations',
    now()->addHours(4),
    ['invitation' => 5816, 'group' => 678]
);
```

TIP now() 헬퍼 함수 사용하기

now() 헬퍼 함수는 Carbon::now()와 동일하다. 함수를 실행하면 현재 시간을 나타내는 Carbon 객체가 반환된다. Carbon이 익숙하지 않다면, 라라벨에서 사용하는 날짜 관련 라이브러리라고 이해하면 된다.

3.4.2 서명이 확인된 경우에만 라우트에 접근하도록 수정하기

이제 서명된 라우트의 URL을 생성했으니, 서명이 확인되지 않은 접근을 막아야 한다. 가장 쉬운 방법은 라우트에 signed 미들웨어를 적용하는 것이다.

```
Route::get('invitations/{invitation}/{group}', InvitationController::class)
    ->name('invitations')
    ->middleware('signed');
```

ATTENTION_ 서명이 확인된 경우의 라우트 접근을 테스트할 때에는 .env 파일에 정의된 APP_URL과 브라우저의 URL이 다르면 인증이 정상적으로 통과되지 않는다.

미들웨어를 적용하는 방법 대신에 Request 객체에서 hasValidSignature() 메서드를 호출하여 수동으로 유효성을 검사할 수도 있다.

```
class InvitationController
{
    public function __invoke(Invitation $invitation, $group, Request $request)
    {
        if (! $request->hasValidSignature()) {
            abort(403);
        }

        //
    }
}
```

NOTE_ __invoke 메서드를 사용한 방식은 3.6.5절 '단일 액션 컨트롤러'에서 더 자세히 설명한다.

3.5 뷰

지금까지 살펴본 라우트 예제 중에서 view('account')와 같은 코드가 작성된 경우가 있다. 이 코드는 앞서 [그림 3-1]에서 확인한 MVC 패턴에서 뷰^{view}를 나타내는 코드다. 그럼 뷰란 무엇일까? 뷰는 사용자의 응답이 어떻게 보여져야 하는지 결정하는 파일이다. 대부분의 결과는 HTML 형식이지만 JSON, XML, 이메일과 같은 형식의 뷰 파일을 만들 수 있다.

라라벨에는 뷰 파일로 사용할 수 있는 두 가지 포맷이 존재하는데, 하나는 순수한 PHP 파일로 PHP 엔진이 렌더링하는 about.php 같은 파일이고, 다른 하나는 블레이드 엔진이 렌더링하는 about.blade.php 같은 블레이드 파일이다(블레이드 템플릿은 4장에서 자세히 다룬다).

> **NOTE_ 뷰를 로딩하는 세 가지 방법**
>
> 뷰를 로딩하는 방법은 세 가지가 있는데 지금까지 view() 헬퍼 함수를 볼 수 있었다. 헬퍼 함수 외에도 View::make() 메서드도 같은 역할을 수행하고 Illuminate\Contracts\View\Factory를 클래스에 직접 주입해서 사용할 수도 있다. 클래스를 주입하는 방법을 사용할 때는 라라벨 버전에 따라(라라벨 5 또는 6) 타입이 다르므로, 매뉴얼의 Contracts 부분을 참고하기 바란다.

일단 view() 헬퍼 함수로 뷰를 로딩한 뒤에는 [예제 3-18]과 같이 컨트롤러에서 바로 반환한다. 단 아래의 예제는 뷰가 렌더링하는 데 추가적인 변수를 필요로 하지 않는 경우다.

예제 3-18 간단한 view() 사용법

```
Route::get('/', function () {
    return view('home');
});
```

이 코드는 resources 디렉터리의 views/home.blade.php 또는 views/home.php 파일을 찾는다. 그다음에 파일 안에 있는 PHP 코드나 템플릿 문법을 파싱하여 그 결과를 반환한다. 결과가 반환되면 응답을 위한 스택에 전달됐다가 최종적으로 사용자에게 반환된다.

하지만 변수가 필요하다면 어떻게 해야 할까? 다음 예제를 확인해보자.

```
Route::get('tasks', function () {
    return view('tasks.index')
        ->with('tasks', Task::all());
});
```

이 클로저는 resource 디렉터리에서 views/tasks/index.blade.php 파일이나 views/tasks/index.php 파일을 찾는다. 그다음에 Task::all() 메서드의 결과 값을 'tasks'라는 이름의 변수로 전달한다. Task::all() 메서드는 엘로퀀트 데이터베이스 쿼리로 5장에서 자세히 다룬다. 지금은 단순히 tasks라는 변수에 담겨진 배열이라고 생각해도 된다.

엘로퀀트 훑어보기

5장에서 라라벨의 엘로퀀트, 데이터베이스 접근, 쿼리 빌더 기능을 더 상세하게 살펴본다. 여기서는 간단히 몇 가지만 소개한다.

엘로퀀트는 라라벨의 액티브레코드 데이터베이스 ORM이다. Post 클래스(모델)와 posts 데이터베이스 테이블을 손쉽게 연결하고, Post::all()과 같은 형태로 모든 데이터를 조회하는 기능을 제공한다.

쿼리 빌더는 Post::where('active', true)->get()이나 DB::table('users')->all()과 같은 호출을 가능하게 하는 툴이다. 각 메서드를 체이닝하여 쿼리를 만들 수 있다.

3.5.1 Route::view()를 사용하여 라우트에서 바로 뷰 반환하기

뷰를 렌더링할 때 데이터를 전달할 필요가 없는 경우도 아주 많아서, 라우트를 정의할 때 클로저나 컨트롤러 메서드를 거치지 않고도 바로 뷰로 연결하는 기능이 있다. 다음 예제를 보자.

예제 3-20 Route::view() 메서드

```
// resources/views/welcome.blade.php 뷰 파일을 바로 렌더링하여 반환한다.
Route::view('/', 'welcome');

// 간단한 데이터를 바로 Route::view()에 전달한다.
Route::view('/', 'welcome', ['User' => 'Michael']);
```

3.5.2 뷰 컴포저를 사용하여 모든 뷰에서 변수 공유하기

때때로 매번 같은 변수를 반복해서 뷰에 전달하기가 번거로운 경우가 있다. 예를 들어 사이트 헤더 부분에 공지 사항을 노출하는 경우를 생각해보자. 공지 사항을 표시하는 변수는 사이트의 모든 뷰 파일 또는 특정 서브 뷰에 사용하는 변수인데 매번 반복해서 뷰에 전달해야 한다. 이를 좀 더 쉽게 해결하기 위해서 다음 코드와 같이 특정 변수를 모든 템플릿 또는 특정 템플릿과 공유할 수 있다.

```
view()->share('variableName', 'variableValue');
```

더 자세한 내용은 4.4절 '뷰 컴포저와 서비스 주입'에서 다룬다.

3.6 컨트롤러

앞서 여러 차례 컨트롤러에 대해서 이야기했지만, 대부분의 라우트 예제는 클로저로 되어 있다. MVC 패턴에서 컨트롤러는 본질적으로 하나 이상의 라우트 로직을 한곳에 모아놓은 클래스다. 특히 컨트롤러는 애플리케이션이 전통적인 CRUD와 같은 형태로 설계된 경우 유사한 라우트를 묶어주는 역할을 한다. 이때 컨트롤러는 특정 리소스에서 수행할 수 있는 모든 액션을 처리하도록 작성한다.

> **NOTE_ CRUD는 무엇인가?**
>
> CRUD는 웹 애플리케이션이 가장 일반적으로 제공하는 네 가지 기본 작업인 리소스의 생성create, 조회read, 수정update, 삭제delete를 의미한다. 새 블로그 글을 작성하고, 읽고, 수정하고, 삭제하는 걸 예로 들 수 있다.

컨트롤러는 애플리케이션의 주요 로직을 구현하는 곳이라고 생각하기 쉽다. 하지만 컨트롤러는 HTTP 요청을 각각의 처리 로직으로 유도하는 교통경찰이라고 생각하는 편이 더 낫다. 애플리케이션의 기능을 실행하는 방법은 HTTP 요청을 처리하는 것 외에도 크론 잡cron job을 실행하거나, 아티즌 명령어를 실행하는 방법, 큐 작업 등 여러 가지다. 따라서 컨트롤러에서 많은 로직을 처리하지 않는 편이 좋다. 즉, 컨트롤러의 핵심 역할은 HTTP 요청을 받아 애플리케이션의 다른 로직에 전달하도록 제어하는 것이다(그래서 이름도 컨트롤러, 즉 '제어자'다).

자, 이제 컨트롤러를 생성해보자. 가장 쉬운 방법은 아티즌 명령어를 사용하는 방법이다. 명령줄에서 다음 명령어를 실행해보자.

```
php artisan make:controller TaskController
```

위 명령어를 실행하면 app/Http/Controllers 디렉터리에 TaskController.php 파일이 생성된다. 파일 안에는 다음과 같은 코드가 들어 있다.

예제 3-21 생성된 컨트롤러

```php
<?php

namespace App\Http\Controllers;

use Illuminate\Http\Request;

class TaskController extends Controller
{
    //
}
```

이 파일을 수정하여 [예제 3-22]와 같이 만들어보자. `index()` 메서드를 새로 추가하고 간단한 문자열을 반환하자.

```php
<?php

namespace App\Http\Controllers;

class TaskController extends Controller
{
    public function index()
    {
        return 'Hello, World!';
    }
}
```

그다음에 이 컨트롤러의 index() 메서드와 연결되는 라우트를 [예제 3-23]과 같이 작성해 보자.

예제 3-23 컨트롤러를 위한 라우트 예시

```php
// routes/web.php
<?php

use App\Http\Controllers\TaskController;

Route::get('/', [TaskController::class, 'index']);
```

이제 브라우저로 '/' 경로로 접속하면 Hello world!라는 문자열을 확인할 수 있다.

일반적인 컨트롤러에서는 [예제 3-24]와 같은 형태를 띠는데, 이는 [예제 3-19]의 클로저와 동일한 기능을 수행한다.

예제 3-24 일반적인 컨트롤러 메서드

```php
// TaskController.php
...
public function index()
{
    return view('tasks.index')
        ->with('tasks', Task::all());
}
```

이 컨트롤러 메서드는 resource 디렉터리에서 views/tasks/index.blade.php 파일이나 views/tasks/index.php 파일을 찾는다. 그다음 Task::all() 메서드의 결과 값을 'tasks'라는 이름의 변수로 전달한다.

3.6.1 사용자 입력 값 조회

컨트롤러 메서드에서 사용자가 입력한 값을 전달받아 처리하는 경우를 살펴보자. 여기서는 몇 가지 새로운 개념을 소개하니 예제를 통해 알아보자. 먼저 아래 예제와 같이 정의한 라우트가 있다고 하자.

예제 3-25 기본적인 컨트롤러 액션을 바인딩한 라우트

```php
// routes/web.php

use App\Http\Controllers\TaskController;

Route::get('tasks/create', [TaskController::class, 'create']);
Route::post('tasks', [TaskController::class, 'store']);
```

tasks/create URL로 접근하는 GET 액션과(새로운 할 일을 등록하기 위한 입력 폼 화면), tasks/로 접근하는 POST 액션(입력 폼에 값을 넣어 실제로 저장하는 액션을 처리)을 정의한 것을 볼 수 있다. 컨트롤러의 create() 메서드가 입력 폼을 보여준다는 것을 예상할 수 있으므로, [예제 3-26]의 store() 메서드를 확인해보자.

예제 3-26 컨트롤러 메서드에서 사용자의 입력 값을 획득하는 경우

```php
// TaskController.php
...
public function store()
{
    Task::create(request()->only(['title', 'description']));

    return redirect('tasks');
}
```

이 예제에서는 엘로퀀트 모델과 redirect() 헬퍼 함수를 사용했는데, 이는 나중에 더 자세히 다루니, 일단은 사용자의 입력 값을 어떻게 얻을 수 있는지 이야기해보자.

여기서는 request() 헬퍼 함수를 사용하여 HTTP 요청 객체를 획득했다(자세한 내용은 뒤에서 다룬다). 그리고 이 객체에 only() 메서드를 호출하여 사용자가 입력한 title과 description 값을 가져온다.

그다음 이 데이터를 Task 모델의 create() 메서드에 전달하여 title(제목)과 description (내용)의 값을 갖는 새로운 Task 인스턴스를 생성한다. 마지막으로 모든 할 일을 확인할 수 있는 페이지로 리다이렉트한다.

위의 코드는 추상화된 여러 레이어로 연결되어 있어 당장은 이해하기 어렵다(뒤에서 관련 내용을 다시 다루니 걱정하지 말자). 지금은 only() 메서드를 사용하여 사용자의 요청을 나타내는 Request 객체에 들어 있는 폼 입력 값에서 값을 가져온다는 것만 이해하고 넘어가자. POST가 아니더라도 Request 객체에서 all()과 get() 메서드를 사용하여 값을 가져올 수 있다. 가져올 수 있는 데이터는 사용자가 전달하는 모든 값으로 쿼리 스트링, POST 데이터도 가져올 수 있다. 위에서는 사용자가 할 일(Task)을 추가하는 페이지에서 제목(title)과 내용 (description)을 채워 넣었다고 가정했다.

하나 덧붙이자면 request()->only()는 사용자의 입력 값을 배열로 반환한다.

```
request()->only(['title', 'description']);
// returns:
[
    'title' => '이전 페이지에서 사용자가 입력한 제목',
    'description' => '이전 페이지에서 사용자가 입력한 내용',
]
```

그리고 Task::create()는 배열을 전달받아 새로운 Task 인스턴스를 생성한다.

```
Task::create([
    'title' => '우유 사기',
    'description' => '유통기한 꼭 확인하기!',
]);
```

이 두 가지를 결합하여 사용자가 입력한 제목과 내용 값을 기반으로 새로운 할 일(Task)을 만든다.

3.6.2 컨트롤러에 의존 객체 인스턴스 주입하기

라라벨의 퍼사드와 글로벌 헬퍼 함수는 라라벨이 제공하는 클래스에 대한 간단한 인터페이스를 제공한다. 이를 이용하면 현재의 요청, 사용자 입력, 세션, 캐시 등에 대한 정보를 손쉽게 얻을 수 있다.

하지만 클래스에 의존성을 주입하는 방식으로 처리하고 싶거나, 퍼사드나 헬퍼 함수가 없는 코드를 작성하려면, 컨트롤러에 이런 클래스들의 인스턴스를 가져오는 방법을 찾아야 한다.

여기서 필요한 것이 라라벨의 서비스 컨테이너 개념이다. 이 개념이 낯설다면 지금 라라벨이 무슨 마법을 부리는 게 아닌가 하는 생각이 들 수도 있다. 서비스 컨테이너가 실제로 어떻게 작동하는지 알고 싶다면 11장으로 넘어가도 좋다.

간단히 말하면, 생성자 메서드 포함해 모든 컨트롤러 메서드는 컨테이너에서 의존성이 해결된다. 즉, 컨테이너가 타입힌트^{typehint}된 의존 객체의 인스턴스를 자동으로 주입해준다.

> **NOTE_ PHP에서의 타입힌트**
>
> PHP에서 타입힌트는 클래스 또는 인터페이스의 이름을 메서드의 변수 앞에 표시하는 방식을 말한다.
>
> ```
> public function __construct(Logger $logger) {}
> ```
>
> 이 타입힌트는 전달받는 변수가 반드시 **Logger** 타입의 클래스나 인터페이스여야 함을 PHP에 전한다.

더 쉬운 예를 생각해보자. 글로벌 헬퍼 함수를 사용하는 대신 Request 객체의 인스턴스를 가져오려면 어떻게 해야 할까? [예제 3-27]처럼 메서드의 파라미터에 Illuminate\Http\Request를 타입힌트하면 된다.

```
// TaskController.php
...
public function store(\Illuminate\Http\Request $request)
{
    Task::create($request->only(['title', 'description']));

    return redirect('tasks');
}
```

예제에서 store() 메서드에 전달될 파라미터를 정의했고, 타입힌트를 통해서 라라벨이 어떤 클래스를 주입해야 하는지 명시했다. 라라벨이 자동으로 의존 객체의 인스턴스를 주입하므로 store() 메서드 안에서 Request 객체를 가져오기 위해 다른 작업을 할 필요가 없다. 명시적인 바인딩이나 다른 어떤 것도 필요 없다. 주입받은 $request 변수를 사용하면 된다.

[예제 3-26]과 [예제 3-27]을 비교하면 알 수 있듯이 request() 헬퍼 함수와 Request 객체는 동일하게 동작한다.

3.6.3 리소스 컨트롤러

때때로 컨트롤러를 작성할 때 메서드의 이름을 무엇으로 할지 고민될 때가 있다. 다행히 라라벨은 전통적인 REST/CRUD 컨트롤러(라라벨에서는 **리소스 컨트롤러**라고 한다)의 모든 라우트에 대한 관례를 갖고 있다. 아티즌 명령어를 사용하여 컨트롤러를 생성할 때 이 관례가 적용된다. 이 관례를 이용하면 별다른 설정 없이 간편하게 리소스 컨트롤러를 위한 라우트를 정의할 수 있다.

라라벨이 지원하는 리소스 컨트롤러를 생성하려면 명령줄에 다음 명령어를 입력해보자.

```
php artisan make:controller TasksController --resource
```

이제 app/Http/Controllers/TasksController.php 파일을 확인해보자. 몇몇 메서드에 이미 내용이 채워진 것을 알 수 있다. 각각의 메서드가 의미하는 바를 살펴보자.

라라벨 리소스 컨트롤러의 메서드

- index(): 리소스 목록을 반환한다.
- create(): 리소스 생성을 위한 입력 폼 페이지를 출력한다.
- store(Request $request): 리소스 생성을 처리한다.
- show($id): 리소스 조회 페이지를 출력한다.
- edit($id): 리소스 수정을 위한 수정 폼 페이지를 출력한다.
- update(Request $request, $id): 리소스 수정을 처리한다.
- destroy($id): 리소스를 삭제한다.

[표 3-1]를 다시 살펴보자. HTTP 메서드, URL, 컨트롤러의 메서드 이름, 라라벨 리소스 컨트롤러에서 생성된 각각의 기본적인 메서드 이름을 볼 수 있다.

리소스 컨트롤러 연결하기

리소스 컨트롤러를 생성하면 기본적으로 제공되는 메서드는 라라벨의 관례를 따른다. 이 메서드와 연결하기 위해서 라우트를 일일이 정의할 필요는 없다. **리소스 컨트롤러 바인딩**^{resource controller} binding이라는 기능을 사용할 수 있기 때문이다. 다음 예제를 보자.

예제 3-28 리소스 컨트롤러 연결하기

```
// routes/web.php

use App\Http\Controllers\TaskController;

Route::resource('tasks', TaskController::class);
```

이렇게 하면 이 리소스에 대해서 [표 3-1]과 같이 모든 라우트가 지정된 컨트롤러의 메서드에 자동으로 연결된다. 또한 관례에 따라 이 라우트의 이름이 지어진다. 예를 들어 TasksController의 index() 메서드에 해당하는 라우트의 이름은 tasks.index가 된다.

> **TIP** artisan route:list
>
> 현재 애플리케이션에서 어떤 라우트가 정의되어 있는지 궁금하다면, 명령줄에서 php artisan route:list 를 실행해보자. 모든 라우트 목록이 [그림 3-2]와 같이 출력된다.

```
mattstauffer at Cassim in ~/Sites/book-up-and-running
o php artisan route:list

| Domain | Method    | URI             | Name         | Action                                         | Middleware     |
|        | GET|HEAD  | /               |              | Closure                                        | web            |
|        | GET|HEAD  | api/user        |              | Closure                                        | api,auth:api   |
|        | GET|HEAD  | dogs            | dogs.index   | App\Http\Controllers\DogsController@index      | web            |
|        | POST      | dogs            | dogs.store   | App\Http\Controllers\DogsController@store      | web            |
|        | GET|HEAD  | dogs/create     | dogs.create  | App\Http\Controllers\DogsController@create     | web            |
|        | GET|HEAD  | dogs/{dog}      | dogs.show    | App\Http\Controllers\DogsController@show       | web            |
|        | PUT|PATCH | dogs/{dog}      | dogs.update  | App\Http\Controllers\DogsController@update     | web            |
|        | DELETE    | dogs/{dog}      | dogs.destroy | App\Http\Controllers\DogsController@destroy    | web            |
|        | GET|HEAD  | dogs/{dog}/edit | dogs.edit    | App\Http\Controllers\DogsController@edit       | web            |
```

그림 3-2 artisan rotue:list 실행 결과

3.6.4 API 리소스 컨트롤러

RESTful API를 만들 때 리소스에 대한 액션 목록은 HTML을 사용할 때의 리소스 컨트롤러와 다를 수 있다. 예를 들어 리소스의 생성을 처리하기 위한 POST 요청을 API로 보낼 수 있지만, API에서 입력 폼을 위한 화면을 보여줄 필요는 없기 때문이다.

라라벨 5.6에서 **API 리소스 컨트롤러**API resource controller를 생성하는 새 기능이 추가됐다. 기본적으로 리소스 컨트롤러와 동일하지만, 생성 화면과 수정 화면을 보여주는 액션은 제외한다. 컨트롤러를 생성할 때 --api 플래그를 추가해 생성한다.

```
php artisan make:controller TaskController --api
```

API 리소스 컨트롤러 연결하기

API 리소스 컨트롤러를 연결하기 위해서는 [예제 3-29]처럼 resource() 메서드 대신에 apiResource() 메서드를 사용한다.

예제 3-29 API 리소스 컨트롤러 바인딩

```
// routes/api.php

use App\Http\Controllers\TaskController;

Route::apiResource('tasks', TaskController::class);
```

3.6.5 단일 액션 컨트롤러

애플리케이션에서 컨트롤러가 단 하나의 라우트만 처리해야 하는 경우도 있다. 하나의 라우트만을 처리하는 컨트롤러의 메서드는 어떻게 이름을 지어야 할까? 이런 경우 메서드 이름을 고민할 필요 없이 컨트롤러와 라우트를 연결할 방법이 있다. 바로 PHP의 매직 메서드 __invoke()를 사용하는 것이다.

PHP의 매직 메서드인 __invoke()는 클래스 인스턴스에 '호출을 위임'하여 함수처럼 처리하는 메서드다. **단일 액션 컨트롤러**single action controller는 이 메서드를 사용하여 라우트와 연결된다. 다음 예제를 보자.

예제 3-30 __invoke() 메서드를 사용하는 방법

```php
// \App\Http\Controllers\UpdateUserAvatar.php
public function __invoke(User $user)
{
    // 사용자의 아바타 이미지를 변경한다.
}

// routes/web.php
use App\Http\Controllers\UpdateUserAvatar;

Route::post('users/{user}/update-avatar', UpdateUserAvatar::class);
```

3.7 라우트 모델 바인딩

일반적인 라우팅에서 가장 흔하게 볼 수 있는 패턴은 [예제 3-31]처럼 라우트 파라미터로 정의된 ID를 전달받아 모델을 조회하는 데 사용하는 것이다.

예제 3-31 개별 라우트에서 리소스 획득하기

```php
Route::get('conferences/{id}', function ($id) {
    $conference = Conference::findOrFail($id);
});
```

라라벨은 이 패턴을 단순화한 **라우트 모델 바인딩**route model binding이라는 기능을 제공한다. 이 기능을 사용하면 특정 파라미터의 이름(여기서는 {conference})을 정의했을 때, ID 값 **대신** 데이터베이스에서 조회한 엘로퀀트 모델을 전달받을 수 있다.

라우트 모델 바인딩에는 두 종류가 있는데, 묵시적 바인딩과 명시적 바인딩이다. 하나씩 알아보자.

3.7.1 묵시적 라우트 모델 바인딩

라우트 모델 바인딩을 사용하는 가장 간단한 방법은 라우트의 파라미터를 모델의 고유한 이름(즉, $id 대신 $conference)으로 지정하고, 클로저나 컨트롤러 메서드에 그 파라미터를 타입힌트해서 같은 변수명으로 사용하는 것이다. 설명보다 코드를 보는 것이 이해하기 쉽다. 다음 예제를 보자.

예제 3-32 묵시적 라우트 모델 바인딩 사용하기

```
Route::get('conferences/{conference}', function (Conference $conference) {
    return view('conferences.show')->with('conference', $conference);
});
```

라우트 파라미터의 이름({conference})과 클로저의 파라미터의 이름($conference)이 동일하고, 클로저의 파라미터가 Conference 모델(Conference $conference)로 타입힌트되므로, 라라벨은 이를 라우트 모델 바인딩으로 인식한다. 이 라우트에 접근할 때마다 애플리케이션은 URL의 {conference} 부분에 어떤 값이 들어오더라도 이 값을 ID로 인식하여 Conference 모델을 조회하는 데 사용한다. 그 결과 Conference 모델의 인스턴스가 클로저에 전달된다.

라우트 모델 바인딩에서 사용되는 엘로퀀트 모델 키 변경

URL 세그먼트(라우트 파라미터)를 통해 엘로퀀트 모델이 검색될 때에는 기본적으로 엘로퀀트 모델의 기본 키primary key(ID)를 사용한다. 이때 사용하는 모델의 키(칼럼)를 변경하려면, [예제 3-33]과 같이 라우트를 정의할 때 라우트 파라미터 뒤에 모델을 조회할 키를 지정한다.

예제 **3-33** 라우트 모델 바인딩에서 사용되는 엘로퀀트 모델 키 지정

```
use App\Models\Post;

Route::get('posts/{post:slug}', function (Post $post) {
    return $post;
}
```

이제 posts/{hot-news}와 같은 URL로 접근하면 ID 칼럼 대신 slug 키(칼럼)를 사용해 Post 모델을 조회한다.

묵시적 바인딩에서 엘로퀀트 모델을 여러 개 사용할 때의 범위 지정

하나의 라우트를 정의할 때 엘로퀀트 모델 바인딩이 여러 개 필요한 경우를 생각해보자. 이때 엘로퀀트 모델 2개가 부모와 자식 연관관계로 맺어져 있다면, 자식 모델을 조회할 때 쿼리의 범위를 지정하길 원할 수 있다. 라우트에서 라우트 모델 바인딩을 위한 엘로퀀트 모델 키를 지정하면서, 엘로퀀트 모델 여러 개의 바인딩을 정의한다면 라라벨은 두 모델 사이의 연관관계를 사용하여 자식 모델을 조회한다. 다음 예제를 보자.

예제 **3-34** 엘로퀀트 모델을 여러 개 바인딩하면서 연관관계의 쿼리 범위를 지정하는 경우

```
use App\Models\Post;
use App\Models\User;

Route::get('users/{user}/posts/{post:slug}', function (User $user, Post $post) {

    // $user는 다음의 쿼리를 수행한 결과이다.
    // {user}는 URL 세그먼트 값이다.
    // User::find({user})->first();

    // $post는 다음의 쿼리를 수행한 결과이다.
    // {slug}는 URL 세그먼트 값이다.
    // User::find({user})->posts()->where('slug', {slug})->first();

    return $post;
}
```

앞의 코드는 User 모델과 Post 모델의 연관관계를 정의한 posts() 메서드가 User 모델에 정의되어 있다고 가정한다. 그리고 라우트를 정의할 때 엘로퀀트 모델을 조회하기 위한 키가 지정되어 있지 않은 경우에는 연관관계를 추정한 범위 지정이 동작하지 않는다.

TIP **라라벨 7 이전에서의 모델 바인딩을 위한 엘로퀀트 모델 키 변경**

라라벨 7 이전에서는 라우트에서 모델 바인딩에서 사용되는 엘로퀀트 모델 키를 지정할 수 없다. 따라서 이 기능을 활용한 엘로퀀트 모델을 여러 개 바인딩할 때 연관관계의 쿼리 범위를 지정하는 기능도 사용할 수 없다. 라라벨 7 이전에서는 엘로퀀트 모델 키를 지정하려면 모델에 getRouteKeyName() 메서드를 추가하여 사용할 칼럼명을 반환하면 된다.

```
public function getRouteKeyName()
{
    return 'slug';
}
```

3.7.2 명시적 라우트 모델 바인딩

묵시적 라우트 모델 바인딩을 사용하는 대신, 어떤 라우트 파라미터를 모델 바인딩에 사용할지 명시적으로 정의할 수 있다. 명시적으로 라우트 모델 바인딩을 설정하려면, [예제 3-35]와 같이 App\Providers\RouteServiceProvider의 boot 메서드에 코드를 추가한다.

예제 3-35 라우트 모델 바인딩 추가하기

```
public function boot()
{
    // 실행되기 전에 부모 객체의 boot 실행
    parent::boot();

    // 모델 바인딩 추가
    Route::model('event', Conference::class);
}
```

[예제 3-36]과 같이 라우트 파라미터의 이름이 {event}인 경우에는 라우트 리졸버가 URL 파라미터의 ID 값을 기준으로 Conference 클래스 인스턴스를 반환한다.

```
Route::get('events/{event}', function (Conference $event) {
    return view('events.show')->with('event', $event);
});
```

3.8 라우트 캐싱

라라벨 애플리케이션이 로딩될 때, 라우트 파일에 정의한 라우트를 하나하나 등록한다. 이 과정은 짧게는 몇십 밀리초에서 길게는 몇백 밀리초까지 소모된다. 이 라우트 등록 시간을 최대한 줄이고 싶다면, 라우트 캐싱 기능을 사용하자.

명령줄에서 `php artisan route:cache`를 실행하면 등록된 모든 라우트가 직렬화되어 캐시 파일로 저장된다. 캐시 파일이 생성되면 요청을 처리할 때 라우트 파일을 등록하는 시간이 줄어들어 응답을 처리하는 속도가 빨라진다. 생성된 라우트 캐시 파일을 삭제하려면 `php artisan route:clear`를 실행한다.

> **ATTENTION_** 라라벨 8 이전에서는 라우트 캐싱을 사용할 때 제약 조건이 있다. 모든 라우트는 클로저를 사용한 등록이 아닌 컨트롤러, 리다이렉트 뷰, 리소스 라우트 중 하나를 사용하여 등록해야 한다. 클로저로 등록한 라우트가 남아 있다면 캐시 파일을 생성하지 못하고 에러가 발생한다.

라우트 캐싱을 활성화하면 라라벨은 실제 라우트 파일들을 확인하는 대신 캐싱된 파일을 참고한다. 따라서 라라벨 애플리케이션의 로딩 시간이 줄어든다. 라우트 캐싱이 언제나 좋은 것만은 아니다. 라우트 캐싱을 사용하면 라우트 파일의 내용을 수정하더라도 이 내용이 애플리케이션에 반영되지 않기 때문이다. 라우트 파일의 코드를 수정하고 나서 매번 `route:cache`를 실행해야만 애플리케이션에 변경 사항이 적용된다. 개발 중인 프로젝트에서 매번 라우트 캐싱을 갱신하는 건 여간 귀찮은 일이 아니며, 실제로 변경된 라우트가 잘 적용되는지 혼란스러울 수도 있다.

따라서 권장하는 것은 깃을 활용할 때 라우트 캐시 파일을 무시하도록 설정하는 것이다. 그다음 실제 운영 서버에 애플리케이션을 배포할 때 (깃의 `post-deploy hook`이나, `Forge` 배포 명령이나, 또 다른 배포 시스템을 사용하여) `php artisan route:cache`를 실행해서 라우트를 캐싱하자. 이 방법을 사용하면 개발 환경에서 혼란을 겪지 않아도 되고, 운영 서버에서는 라우트 캐싱 기능의 효과를 누릴 수 있다.

3.9 폼 메서드 스푸핑

기본적으로 HTML 폼은 GET과 POST만 허용하므로 경우에 따라 폼에서 보내는 HTTP 메서드를 수동으로 정의해야 할 때가 있다. PUT, DELETE 같은 다른 메서드를 사용하려면, 이를 직접 지정해야 한다.

3.9.1 라라벨에서 HTTP 메서드

앞서 살펴본 것과 같이 라우트를 정의할 때 라우트가 매칭될 HTTP 메서드를 정의할 수 있다. 여기에는 `Route::get()`, `Route::post()`, `Route::any()`, `Route::match()`, `Route::patch()`, `Route::put()`, `Route::delete()`가 있다.

그런데 웹브라우저를 통해서 GET 이외의 요청을 보내려면 어떻게 해야 할까? 먼저 HTML 폼의 메서드 속성이 HTTP 메서드를 결정한다. 폼의 메서드가 "GET"으로 되어 있다면, 사용자가 전송 버튼을 클릭하면 GET 요청이 전달되고, 폼의 메서드가 "POST"라면 POST 요청이 전달된다.

자바스크립트 프레임워크에서는 DELETE나 PATCH와 같은 다른 유형의 요청을 보내는 것이 훨씬 쉽다. 하지만 라라벨에서 HTML 폼을 GET이나 POST가 아닌 방식으로 요청을 보내고자 한다면, HTTP **폼 메서드 스푸핑**form method spoofing(원래의 값이 아닌 다른 것으로 속이는) 기법을 사용해야 한다.

즉, HTML 폼에서는 POST 요청을 보내는 것처럼 보이지만, 정의한 라우트와 매칭되기 위해서 PATCH 또는 DELETE와 같이 처리하라고 정의하는 동작이 필요하다는 뜻이다.

3.9.2 HTML 폼에서 HTTP 메서드 스푸핑

라라벨 애플리케이션에 현재 전달하는 폼의 메서드가 겉으로 보기에는 POST지만 실제로는 POST가 아니라고 알려주기 위해서 _method라는 숨겨진 변수에 "PUT", "PATCH", "DELETE"와 같은 값을 추가한다. 그러면 라라벨은 이 값을 사용해 "PUT", "PATCH", "DELETE" HTTP 메서드로 취급하여 라우트를 식별한다.

[예제 3-37]과 같이 작성한 코드에서는 라라벨이 요청을 "DELETE" 메서드로 인식하므로 Route::delete()로 정의된 라우트와 매칭되고, Route::post()로 정의된 라우트와는 매칭되지 않는다.

예제 3-37 폼 메서드 스푸핑

```
<form action="/tasks/5" method="POST">
    // 직접 _method hidden 타입을 추가하거나
    <input type="hidden" name="_method" value="DELETE">
    // @method 지시어를 사용하여 정의할 수 있다.
    @method('DELETE')
</form>
```

3.10 CSRF 보호

[예제 3-37]과 같은 코드를 사용하여 라라벨의 폼을 전송하면 TokenMismatchException이 발생할 것이다. 그 이유는 CSRF 토큰이 맞지 않기 때문인데 기본적으로 라라벨은 '읽기 전용' 라우트(GET, HEAD, OPTIONS를 사용하는 라우트)를 제외한 모든 라우트를 토큰을 이용해서 **교차 사이트 요청 위조**^{cross site request forgery}(CSRF) 공격으로부터 보호한다. 토큰은 각 요청마다 _token이라는 이름의 입력 값으로 넘겨받는다. 이 토큰은 매번 세션을 시작할 때 생성되는데, 읽기 전용 HTTP 요청이 아닌 경우에는 이 세션의 토큰 값과 전달받은 토큰 값을 비교한다. 따라서 [예제 3-37]이 올바르게 동작하려면 _token 값을 추가해야 한다.

CSRF 오류를 해결하기 위해서는 두 가지 방법이 있다. 첫 번째는 HTML 폼에서 _token 입력 값을 추가하는 것이다. 다음 예제를 보자.

예제 3-38 CSRF 토큰

```
<form action="/tasks/5" method="POST">
    // PHP 코드로 csrf_field() 헬퍼 함수를 호출하거나
    <?php echo csrf_field(); ?>
    // 직접 _token 타입을 추가하거나
    <input type="hidden" name="_token" value="<?php echo csrf_token(); ?>">
    // @csrf 지시어를 사용하여 정의할 수 있다.
    @csrf
</form>
```

TIP 라라벨 5.6 이전에서 csrf 헬퍼 함수 사용하기

라라벨 5.6 이전에서는 @csrf라는 지시어를 사용할 수 없다. 대신 csrf_field() 헬퍼 함수를 사용하자.

자바스크립트 애플리케이션에서는 약간 더 많은 작업이 필요하다. 가장 일반적인 해결책은 모든 페이지의 <meta> 태그에 다음과 같이 토큰을 설정하는 것이다.

```
<meta name="csrf-token" content="<?php echo csrf_token(); ?>" id="token">
```

<meta> 태그에 토큰을 저장하면 이를 HTTP 헤더에 쉽게 바인딩할 수 있다. [예제 3-39]와 같이 자바스크립트 프레임워크의 모든 요청에 이 헤더 값을 글로벌하게 등록할 수 있다.

예제 **3-39** CSRF를 위해 헤더에 글로벌 바인딩하기

```javascript
// jQuery:
$.ajaxSetup({
    headers: {
        'X-CSRF-TOKEN': $('meta[name="csrf-token"]').attr('content')
    }
});

// Axios: 자동으로 쿠키에서 값을 조회하므로 별도로 처리할 필요 없음
```

라라벨은 모든 요청에서 **X-CSRF-TOKEN** 값을 확인하고(Axios에서는 **X-XSRF-TOKEN**), 유효한 토큰이 있으면 CSRF 보호가 잘 수행되고 있다고 인식한다.

라라벨을 설치하고 Vue 기본 부트스트랩으로 작업하는 경우라면, 이 예제에서와 같이 CSRF 문법을 적용할 필요가 없다. 이미 이 기능이 포함되어 있기 때문이다.

3.11 리다이렉트

지금까지는 라우트를 정의할 때 컨트롤러나 뷰를 반환하는 구조에 대해서만 이야기했다. 하지만 이외에도 브라우저에 다른 응답을 반환하는 몇 가지 경우가 더 있다.

그중 하나가 바로 리다이렉트^{redirect}다. 앞서 다른 예제([예제 3-26]과 [예제 3-27])에서 이미 몇 개의 리다이렉트 코드를 보았다. 리다이렉트란 말 그대로 브라우저에게 다른 URL로 접속하라고 다시 지시하는 것을 말한다. 리다이렉트 응답을 만드는 방법은 두 가지가 있는데, **redirect()** 글로벌 헬퍼 함수를 사용하는 방법과 **Redirect** 퍼사드를 사용하는 방법이다. 이 책에서는 주로 글로벌 헬퍼 함수를 사용한다. 두 가지 방법 모두 내부적으로는 **Illuminate\ Http\RedirectResponse** 인스턴스를 생성하고 이 인스턴스의 메서드를 호출한다. [예제 3-40]에서 리다이렉트 응답 객체를 반환하는 몇 가지 방법을 살펴보자.

예제 **3-40** 리다이렉트를 수행하는 여러 방법

```php
// 글로벌 헬퍼 함수를 사용하여 리다이렉트 응답 객체를 생성하는 방법
Route::get('redirect-with-helper', function () {
```

```
    return redirect()->to('login');
});

// 글로벌 헬퍼 함수를 짧게 활용하는 방법
Route::get('redirect-with-helper-shortcut', function () {
    return redirect('login');
});

// 퍼사드를 사용하여 리다이렉트 응답 객체를 생성하는 방법
Route::get('redirect-with-facade', function () {
    return Redirect::to('login');
});

// Route::redirect() 메서드를 사용하는 방법
Route::redirect('redirect-by-route', 'login');
```

redirect() 헬퍼 함수와 Redirect 퍼사드는 동일한 메서드를 제공한다. 약간 차이가 있다면, 헬퍼 함수에서는 메서드를 체이닝하는 대신 직접 파라미터를 전달할 수 있는데, 이렇게 사용하면 to() 메서드를 사용하지 않아도 된다.

그리고 Route::redirect() 메서드에는 세 번째 파라미터로 상태 코드(HTTP 응답 상태 코드)를 전달할 수도 있는데 생략해도 작동에는 문제가 없다. 세 번째 파라미터를 생략하면 기본값으로는 HTTP 302 상태 코드가 반환된다.

3.11.1 redirect()–〉to() 메서드

to() 메서드는 다음과 같이 정의되어 있다.

```
function to($to = null, $status = 302, $headers = [], $secure = null)
```

$to 변수의 값은 유효한 URL이어야 하고 $status는 HTTP 상태 코드다(기본값은 302). $headers는 리다이렉트를 통해 반환할 때 추가하고자 하는 HTTP 헤더이고, $secure는 HTTP, HTTPS를 재지정할 수 있다(기본값은 현재의 HTTP 요청의 스키마를 따른다). [예제 3-41]은 to() 메서드를 사용하는 간단한 예제다.

```
Route::get('redirect', function () {
    return redirect()->to('home');

    // 또는 동일한 동작을 다음과 같이 사용할 수도 있다.

    return redirect('home');

    // URL /home으로 리다이렉트 하라는 의미가 된다.
});
```

3.11.2 redirect()→route() 메서드

route() 메서드는 to() 메서드와 동일하지만, 개별적인 URL 경로를 가리키는 것이 아니라 라우트의 이름을 가리킨다. 다음 예제를 보자.

예제 3-42 redirect()->route()

```
Route::get('redirect', function () {
    return redirect()->route('conferences.index');
});
```

일부 라우트를 이름으로 지칭할 때 라우트 파라미터가 필요한 경우가 있다. 따라서 route() 메서드는 라우트 파라미터를 두 번째 파라미터로 전달받을 수 있다.

```
function route($to = null, $parameters = [], $status = 302, $headers = [])
```

라우트 파라미터가 필요한 경우는 [예제 3-43]과 같이 사용할 수 있다.

예제 3-43 redirect()->route()에 파라미터 전달하기

```
Route::get('redirect', function () {
    return redirect()->route('conferences.show', ['conference' => 99]);
});
```

3.11.3 redirect()->back() 메서드

라라벨은 세션 기능(편리한 내장 기능이다)을 사용해 사용자가 이전에 방문한 페이지가 어디인지 기억해둔다. 이 기능 덕분에 redirect()->back() 메서드를 사용할 수 있다. back() 메서드를 사용하면 사용자를 이전에 방문했던 페이지로 리다이렉트시킬 수 있다. 이 메서드는 back()이라는 글로벌 헬퍼 함수도 제공한다.

3.11.4 기타 리다이렉트 메서드

이 밖에도 자주 사용되지는 않지만 사용 가능한 여러 리다이렉트 메서드가 있다.

- home()
  이름이 home으로 지정된 라우트로 리다이렉트한다.

- refresh()
  현재 페이지로 다시 접속하도록 리다이렉트한다.

- away()
  기본적인 URL 유효성 검사를 수행하지 않고 외부의 URL로 리다이렉트한다.

- secure()
  보안 파라미터가 "true"로 설정된 to() 메서드와 같다.

- action()
  문자열(redirect()->action('MyController@myMethod') 또는 튜플(redirect()->action([MyController::class, 'myMethod'])) 방식으로 컨트롤러 메서드를 가리키는 라우트로 리다이렉트할 수 있다.

- guest()
  인증 시스템에 의해서 내부적으로 사용된다(9장에서 다룬다). 사용자가 인증되지 않은 상태로 페이지에 접근하면 해당 경로를 저장해둔 상태에서 인증을 위한 페이지로 (일반적으로 로그인 페이지로) 리다이렉트한다.

- intended()
  이 메서드 또한 인증 시스템의 의해서 내부적으로 사용되는데, 사용자 인증(예를 들어 로그인)이 확인되면 guest() 메서드에 의해서 저장해두었던 페이지로 리다이렉트한다.

3.11.5 redirect()->with() 메서드

with() 메서드는 redirect() 메서드에서 호출할 수 있는 다른 메서드와 유사한 구조로 되어 있지만 리다이렉트하고자 하는 위치를 지정하는 용도가 아니라, 리다이렉트된 페이지에서 필요한 데이터를 정의한다는 점에서 차이가 있다. 사용자별로 리다이렉트한 페이지에서 표시할 추가적인 데이터가 필요할 때 직접 세션에서 값을 가지고 올 수 있지만 with() 메서드를 사용할 수도 있다. 일반적으로 [예제 3-44]와 같이 with() 메서드에는 키/값으로 구성된 배열을 전달하거나, 직접 키와 값을 전달할 수도 있다. 이렇게 하면 다음 페이지를 로딩하기 위해서 세션에 with() 메서드에 전달된 데이터를 저장한다.

예제 3-44 데이터를 가지고 리다이렉트하기

```
Route::get('redirect-with-key-value', function () {
    return redirect('dashboard')
        ->with('error', true);
});

Route::get('redirect-with-array', function () {
    return redirect('dashboard')
        ->with(['error' => true, 'message' => 'Whoops!']);
});
```

> **NOTE_ 리다이렉트에서 메서드 체이닝하기**
>
> [예제 3-44]와 같이 대부분의 **Redirect** 퍼사드의 메서드 호출은 다른 퍼사드와 같이 메서드 체이닝을 지원한다. 이를 플루언트 메서드 체이닝^{fluent method chaining}이라고 한다(5.4절 '쿼리 빌더' 참조).

[예제 3-45]에서와 같이 사용자의 입력 값을 세션에 저장하고 리다이렉트하는 데 withInput() 메서드를 사용할 수도 있다. 이는 사용자의 입력 값의 유효성 검증에 실패한 경우에 자주 사용하게 되는데, 사용자를 다시 입력 페이지로 돌아가게 해서 입력 폼을 채우는 데 사용한다.

예제 3-45 사용자 입력 값을 세션에 저장하고 리다이렉트하기

```
Route::get('form', function () {
    return view('form');
});
```

```
Route::post('form', function () {
    return redirect('form')
        ->withInput()
        ->with(['error' => true, 'message' => 'Whoops!']);
});
```

입력 폼을 표시하는 페이지에서는 old() 헬퍼 함수를 사용하면 withInput() 메서드를 사용해서 세션에 저장된 입력 값을 얻을 수 있다. old() 헬퍼는 다음과 같이 이전의 모든 입력 값을 old()로 가져오거나, 특정 키의 값만을 가져올 수 있다. 그리고 해당 값이 없는 경우 두 번째 파라미터로 전달받은 기본값을 반환한다. 이 헬퍼는 주로 HTML 뷰에서 자주 찾아볼 수 있는데, **생성** 입력 폼이나 **수정** 입력 폼에서 자주 사용한다.

```
<input name="username" value="<?=
    old('username', 'Default username instructions here');
?>">
```

잠시 입력 값 검증^{validation}에 대해서 살펴보면, 리다이렉트 응답에 에러를 전달할 수 있는 withErrors()라는 유용한 메서드가 있다. 이 메서드에는 에러에 대한 정보를 담은 **제공자**를 전달해야 한다. 제공자는 에러에 대한 문자열이나 배열이 될 수 있다. 일반적으로는 Illuminate Validator 인스턴스가 많이 사용된다. 더 자세한 내용은 10장에서 다루지만 간단하게 [예제 3-46]에서 확인해보자.

예제 3-46 에러를 포함한 리다이렉트

```
Route::post('form', function (Illuminate\Http\Request $request) {
    $validator = Validator::make($request->all(), $this->validationRules);

    if ($validator->fails()) {
        return back()
            ->withErrors($validator)
            ->withInput();
    }
});
```

withErrors() 메서드는 자동으로 리다이렉트하는 뷰와 $errors 변수를 공유할 수 있게 해,

에러를 원하는 대로 처리할 수 있다.

> **TIP** **Requests 객체에서 validate() 메서드 호출하기**
>
> [예제 3-46] 코드를 더 가독성이 좋은 방향으로 개선할 수는 없을까? 7.4절 '유효성 검증'에 validate() 코드를 개선하는 방법이 있으니 참고하자.

3.12 요청 중단하기

라우트를 처리할 때 뷰와 리다이렉트를 반환하는 것 외에 요청의 처리를 중단하는 방법이 있다. abort(), abort_if(), abort_unless() 헬퍼 함수는 코드 어디서나 호출 가능하다. 세 가지 메서드 모두 필요시에 HTTP 상태 코드, 응답에 포함될 메시지, 헤더 배열을 파라미터로 전달할 수 있다.

abort_if() 메서드와 abort_unless() 메서드는 [예제 3-47]에서 볼 수 있듯이 첫 번째 인자로 true 또는 false를 결정하는 조건식을 인자로 받고 조건의 결과에 따라서 현재의 HTTP 요청 처리를 중단할지 말지를 결정한다.

예제 3-47 403 Forbidden(권한 없음) 중단 처리

```
Route::post('something-you-cant-do', function (Illuminate\Http\Request $request) {
    abort(403, '접속 권한이 없습니다!');
    abort_unless($request->has('magicToken'), 403);
    abort_if($request->user()->isBanned, 403);
});
```

3.13 커스텀 응답

뷰의 결과를 반환하거나, 리다이렉트하거나, 요청 처리를 중단하는 것 외에도 사용자에게 응답을 전달하는 방법이 있다. 리다이렉션과 비슷하게 response() 헬퍼 함수나 Response 퍼사드 메서드를 실행하는 방법이다.

3.13.1 response()->make() 메서드

사용자에게 반환할 HTTP 응답을 직접 작성하려면, response()->make()의 첫 번째 파라미터로 데이터를 전달한다(예를 들어 return response()->make('Hello, World!')). 여기서도 두 번째 파라미터는 HTTP 상태 코드이고, 세 번째 파라미터는 헤더 배열이다.

3.13.2 response()->json(), response()->jsonp() 메서드

JSON으로 인코딩된 HTTP 응답을 직접 작성하려면, JSON으로 변환 가능한 콘텐츠(배열, 컬렉션 등)를 json() 메서드에 전달한다(예를 들어 response()->json(User::all())). 콘텐츠를 json_encode 함수로 처리하고 필요한 헤더 값을 붙인다는 점을 제외하면 make() 메서드와 사용법이 동일하다.

3.13.3 response()->download(), response()->streamDownload(), response()->file() 메서드

사용자가 파일을 다운로드받을 수 있게 하려면 SplFileInfo 인스턴스나 파일명을 문자열 형태로 download() 메서드에 전달한다. 두 번째 파라미터는 옵션 값으로 어떤 파일명으로 저장할지 결정할 수 있다. 예를 들어 response()->download('file501751.pdf', 'myFile.pdf')와 같이 메서드를 호출했다면, file501751.pdf라는 파일을 myFile.pdf라는 이름으로 저장한다.

PDF나 이미지 파일과 같은 파일을 브라우저에서 바로 표시하기를 원한다면 response->download() 메서드 대신에 동일한 파라미터를 받을 수 있는 response->file() 메서드를 호출한다.

최근에는 파일을 별도의 스토리지에 저장하는 구조로 애플리케이션을 구성하는 경우도 많은데, 파일을 다운로드할 때 애플리케이션 서버의 디스크를 거치지 않고, 외부 서비스에서 곧바로 다운로드하게 하려면 response()->streamDownload() 메서드로 다운로드를 스트리밍으로 처리한다. 이 메서드는 파일의 내용을 출력하는 클로저를 파라미터로 전달받는다. 클로저 외에 두 번째 파라미터로 저장될 때 사용할 파일명과 옵션 값으로 응답에서 사용할 헤더를 배열로 전달할 수 있다. 다음 예제를 확인하자.

```
return response()->streamDownload(function () {
    echo DocumentService::file('myFile')->getContent();
}, 'myFile.pdf');
```

3.14 CORS 처리

때로는 출처가 다른 도메인, 프로토콜, 포트에서 요청하는 현재 애플리케이션의 리소스 접근을 허용하는 게 필요한 경우가 있다. 다른 출처[origin]에서 웹 애플리케이션의 리소스에 접근하려 할 때 이를 대한 접근 권한을 부여하는 기능을 **교차 출처 리소스 공유**[cross origin resource sharing](CORS)라고 한다. 기본적으로 권한이 승인되지 않으면 정상적으로 접근할 수 없기 때문에, 접근을 처리할 때 추가적인 작업이 필요하다. 라라벨 7에서 도입된 CORS 설정 기능과 HandleCors 미들웨어를 사용하면 이를 더 손쉽게 처리할 수 있다.

먼저 config 디렉터리에서 cors.php 파일을 살펴보자.

```php
'paths' => ['api/*'],

'allowed_methods' => ['*'],

'allowed_origins' => ['*'],

'allowed_origins_patterns' => [],

'allowed_headers' => ['*'],

'exposed_headers' => [],

'max_age' => 0,

'supports_credentials' => false,
```

클라이언트에서 CORS 접근 권한을 확인하기 위해서 HTTP OPTION 요청을 보냈을 때 HandleCors 미들웨어는 이 설정 파일의 내용을 기준으로 응답을 처리한다. 요청의 헤더에는 Access-

Control-Request-Method 속성이 들어 있어야 한다.

허용되지 않은 접근인 경우에는 'Not allowed in CORS policy'라는 메시지와 함께 403 응답을 반환한다.

TIP **라라벨 7 이전에서 CORS 설정과 HandleCors 미들웨어 사용**

CORS 설정과 HandleCors 미들웨어는 라라벨 7에서 도입되었다. 라라벨 7 이전에서는 https://github.com/fruitcake/laravel-cors를 방문하여 직접 의존성을 추가하고 cors.php 설정 파일을 생성 후 미들웨어에 HandleCors 클래스를 수동으로 추가하면 라라벨 7과 동일한 방식으로 사용 가능하다.

3.15 테스트

다른 언어 사용자 사이에서 테스트라 하면 일반적으로 컨트롤러 메서드의 유닛 테스트를 지칭한다. 하지만 라라벨(그리고 대부분의 PHP 커뮤니티)에서는 보통 **애플리케이션 테스트**에 의존하여 라우트의 동작을 테스트하는 것을 말한다. 예를 들어 **POST** 라우트가 정상적으로 작동하는지 확인하려면 [예제 3-49]와 같이 테스트를 작성한다.

예제 3-49 간단한 POST 라우트 테스트 작성하기

```
// tests/Feature/AssignmentTest.php
public function test_post_creates_new_assignment()
{
    $this->post('/assignments', [
        'title' => 'My great assignment',
    ]);

    $this->assertDatabaseHas('assignments', [
        'title' => 'My great assignment',
    ]);
}
```

이 테스트 코드에서는 컨트롤러의 메서드를 직접 호출하지는 않는다. 하지만 이 라우트의 목표인 애플리케이션이 **POST** 요청을 받아 중요한 데이터를 데이터베이스에 저장하는 것을 확인할 수 있다.

비슷한 문법을 사용하여 라우트를 방문하고 응답 페이지에 특정 문자열이 들어 있는지 확인하거나, 특정 버튼을 클릭하여 결과를 수행하는지도 확인할 수 있다. 다음 예제를 보자.

예제 3-50 간단한 GET 라우트 테스트 작성하기

```php
// AssignmentTest.php
public function test_list_page_shows_all_assignments()
{
    $assignment = Assignment::create([
        'title' => 'My great assignment',
    ]);

    $this->get('/assignments')
        ->assertSee('My great assignment');
}
```

3.16 마치며

라라벨의 라우트는 routes/web.php과 routes/api.php 파일에 정의된다. 각각의 라우트를 정의할 때 어떤 URL로 접근하는지 결정할 수 있다. 어떤 세그먼트가 고정 값이고 어떤 세그먼트가 파라미터로 처리되어야 하는지, 어떤 HTTP 메서드를 사용하여 해당 라우트에 접근하는지 정의할 수 있다. 필요한 경우 모델 바인딩 기능으로 엘로퀀트 모델 인스턴스를 바로 컨트롤러에 전달할 수도 있다. 또한 미들웨어를 적용하거나, 그룹으로 묶어서 라우트를 정의할 수도 있다.

라우트에 연결되는 클로저나 컨트롤러 메서드에서 반환하는 응답을 통해서 라라벨이 사용자에게 보여주고자 하는 내용이 무엇인지 결정할 수 있다. 간단한 문자열부터 뷰의 렌더링 결과, JSON으로 된 데이터, 리다이렉션을 통한 페이지 이동 등을 처리한다.

라라벨은 라우팅과 관련된 일련의 작업을 처리하고 구조를 단순화하기 위해서 여러 편의 기능을 제공한다. 리소스 컨트롤러, API 리소스 컨트롤러, 라우트 모델 바인딩, 폼 메서드 스푸핑 기능이 있다.

출처가 다른 클라이언트에서 요청하는 CORS 요청을 처리하기 위해서 `cors.php` 설정을 사용하면 더 편리하게 CORS 접근 권한 응답을 반환할 수 있다.

## CHAPTER 4

블레이드 템플릿

다른 백엔드 프로그래밍 언어와 비교하면 PHP는 언어 자체가 템플릿으로 작동하도록 만들어졌다. 이 때문에 렌더링을 위한 템플릿 파일 안에 비즈니스 로직과 렌더링 로직이 섞여 있어도 아무런 문제없이 렌더링된 결과를 확인할 수 있다. 하지만 이렇게 템플릿 코드 안에 비즈니스 로직을 추가하는 코딩 방식은 소스 코드를 복잡하게 만들어 전체 구조를 알아보기 힘들게 하고 유지 보수를 어렵게 한다. 그래서 대부분의 현대적인 프레임워크에서는 별도의 템플릿 엔진을 사용해 템플릿 코드와 비즈니스 로직을 명확하게 분리하도록 가이드한다.

라라벨은 .NET의 레이저Razor 엔진에서 영감을 얻어 개발된 **블레이드**Blade라는 템플릿 엔진을 제공한다. 블레이드는 간결한 문법, 낮은 학습 비용, 강력하고 직관적인 상속 모델, 쉬운 확장성을 자랑한다. 다음 예제로 블레이드를 간단히 살펴보자.

예제 4-1 블레이드 예제

```
<h1>{{ $group->title }}</h1>
{!! $group->heroImageHtml() !!}

@forelse ($users as $user)
    • {{ $user->first_name }} {{ $user->last_name }}<br>
@empty
    이 그룹에 사용자가 없습니다.
@endforelse
```

[예제 4-1]에서 볼 수 있듯이 블레이드는 중괄호를 사용해서 출력하고, @를 접두사로 붙여서 사용하는 **지시어**directive라는 커스텀 태그 문법을 가지고 있다. 지시어는 모든 제어 구조, 상속, 커스텀 기능을 구현하는 데 사용한다.

블레이드는 문법이 간결해 다른 템플릿 엔진보다 깔끔한 코드를 작성할 수 있다. 상속 구조를 중첩해서 표현하거나, 복잡한 조건문, 재귀문이 필요할 때도 지시어를 사용해 템플릿 안에서 손쉽게 처리할 수 있다. 블레이드는 라라벨의 다른 멋진 기능처럼 복잡한 애플리케이션의 요구 사항을 쉽고 간편하게 구현한 템플릿 엔진이다.

블레이드 템플릿 엔진의 특징 중 하나는 블레이드의 문법이 PHP 코드로 컴파일되어 캐싱된 다는 점이다. 즉 템플릿을 사용한다고 속도가 느려지지 않는다. 또한 블레이드 템플릿 안에서 PHP 문법을 그대로 사용할 수도 있다. 가능하면 템플릿에서 PHP 문법 코드를 작성하지 않기를 권한다. 하지만 꼭 필요하다면 가볍게 테스트할 때 편리하게 사용할 수 있다. 블레이드 템플릿 엔진에서 제공하는 지시어나 사용자가 확장한 커스텀 블레이드 지시어로 처리할 수 없는 일이라면, 별도의 코드로 분리하여 처리하는 것이 좋다.

블레이드 템플릿 파일은 resources/views 디렉터리 아래에 작성한다. views라는 디렉터리 이름에서 알 수 있듯이 화면을 출력하기 위한 역할을 수행하므로 블레이드 템플릿 파일을 지칭할 때에는 템플릿 파일, 블레이드 파일이라고도 한다. 하지만 MVC 구조의 화면을 담당하므로 뷰 파일이라고도 지칭한다. 라라벨을 설치하면 welcome.blade.php 파일이 들어 있는데 이 파일에서 간단한 블레이드 템플릿의 지시어 문법을 확인할 수 있다.

> **NOTE_ 라라벨에서 트위그 템플릿 엔진 사용하기**
>
> 라라벨은 내부적으로 심포니 프레임워크의 일부 기능들을 사용한다. 심포니 프레임워크를 경험해보았고, 심포니에서 제공하는 트위그Twig 템플릿 엔진을 사용해본 사람이라면 블레이드 엔진 대신 트위그 템플릿 엔진을 사용하기를 원할 수도 있다. 다른 많은 심포니 기반 프레임워크와 달리 라라벨은 기본적으로 트위그 템플릿을 사용하지 않는다. 하지만 트위그를 꼭 사용하려면, 블레이드 템플릿 대신 트위그 템플릿을 사용하게 연결해주는 트위그 브릿지Twig Bridge 패키지(http://bit.ly/2U8dFt0)를 활용하자. 단, 공식 패키지가 아니므로 버전 호환성에 주의하자.

4.1 데이터 출력

[예제 4-1]에서 본 것처럼 블레이드에서 2개의 중괄호 {{와 }}는 출력하고자 하는 PHP 구문을 감싸는 데 사용한다. {{ $variable }}은 PHP의 <?= $variable ?>와 비슷하다.

같지 않고 **비슷하다**고 하는 이유는 이 둘 사이에 한 가지 차이점이 있기 때문이다. 다른 템플릿 엔진을 사용해보았다면 이미 알고 있을 수도 있는데, 블레이드 엔진은 어떤 값을 출력할 때 기본적으로 PHP의 htmlentities() 내장 함수를 호출한 결과를 출력한다. 이는 모든 출력에 이스케이프 처리를 추가하여 사용자가 입력한 값이 그대로 출력되지 않는다는 것을 의미한다. 사용자가 입력한 코드에 악의적인 스크립트가 들어 있을 수 있으므로 다른 방문자가 위험한 코드에 노출되는 것을 방지하기 때문이다. 결과적으로 {{ $variable }}은 기능면에서는 <?=htmlentities($variable)?>와 동일하다. 만약 PHP 구문을 이스케이프 처리 없이 그대로 출력하길 원한다면 {{와 }}대신 {!!와 !!}를 사용한다.

프런트엔드 템플릿 엔진을 사용할 때의 {{와 }}

블레이드의 ({{ }}) 문법은 많은 자바스크립트 프레임워크의 출력 구문과 유사하다. 자바스크립트 템플릿으로 많이 사용되는 핸들바 템플릿의 경우에도 템플릿 문법에서 {{와 }}를 활용한다. 그렇다면 블레이드 문법 안에서 핸들바를 작성해야 할 때는 이를 어떻게 처리할까?

이런 경우를 대비해 블레이드 엔진은 @로 시작하는 {{를 무시하도록 설계됐다. 따라서 다음의 예제 중 첫 번째는 변수 값이 출력되지만, 두 번째는 문법 그대로 출력된다.

```
// 블레이드가 파싱 처리한다. 따라서 화면에서는 $bladeVariable 변수
// 값이 출력된다.
{{ $bladeVariable }}

// @가 붙으면 화면에 "{{ handlebarsVariable }}"이 그대로 출력된다.
@{{ handlebarsVariable }}
```

@verbatim 지시어를 사용하면 더 큰 범위를 감싸서 그대로 출력한다(https://laravel.kr/docs/blade#blade-and-javascript-frameworks).

4.2 제어 구조

블레이드 엔진에서 사용하는 조건문, 반복문과 같은 제어 구조는 PHP와 동일한 문법 구조를 가지고 있어서 의미를 이해하기 쉽다. 제어 구조를 위한 지시어들은 컴파일 후 PHP 코드로 변환된다.

문법 구조는 PHP와 같지만, 블레이드에는 몇 가지 편리한 기능이 더 있다. 이 덕분에 블레이드 지시어를 사용한 제어 구조는 알아보기가 더 쉽다.

4.2.1 조건문

먼저 논리 구조를 표현하는 조건문을 살펴보자.

@if

블레이드의 `@if ($condition)` 구문은 `<?php if ($condition): ?>`로 컴파일되고, `@else`, `@elseif`, `@endif`는 PHP 문법과 동일하게 컴파일된다. 다음 예제를 확인해보자.

예제 4-2 @if, @else, @elsif, @endif

```
@if (count($talks) === 1)
    1개의 대화 메시지가 있습니다.
@elseif (count($talks) === 0)
    아무런 대화 메시지가 없습니다.
@else
    {{ count($talks) }} 개의 대화 메시지가 있습니다.
@endif
```

[예제 4-2]처럼 `@if`와 나머지 지시어는 기본적인 PHP의 조건문과 동일하게, 원하는 방식으로 여러 가지를 혼합해 사용할 수 있다. 특별할 것이 없다. 말 그대로 `@if ($condition)`는 PHP에서의 if 조건문 그대로 변환된다.

@unless와 @endunless

@unless는 PHP에서 없는 기능을 나타내는 지시어다. @unless는 @if의 정반대의 조건문을 나타내는데, @unless ($condition)은 <?php if (!$condition): ?>와 같다. 다음 예제를 보자.

예제 4-3 @unless와 @endunless

```
@unless ($user->hasPaid())
    결제 탭으로 전환하여 결제를 완료할 수 있습니다.
@endunless
```

4.2.2 반복문

이번에는 반복문을 살펴보자.

@for, @foreach, @while

블레이드의 @for, @foreach, @while 지시어는 PHP에서와 동일하게 작동한다. 다음 세 가지 예제를 살펴보자.

예제 4-4 @for와 @endfor

```
@for ($i = 0; $i < $talk->slotsCount(); $i++)
    숫자 {{ $i }}<br>
@endfor
```

예제 4-5 @foreach와 @endforeach

```
@foreach ($talks as $talk)
    • {{ $talk->title }} ({{ $talk->length }} 분)<br>
@endforeach
```

예제 4-6 @while과 @endwhile

```
@while ($item = array_pop($items))
    {{ $item->orSomething() }}<br>
@endwhile
```

@forelse와 @endforelse

@forelse는 기본적으로는 @foreach와 동일하지만, 반복문을 실행하기 위해서 전달받은 객체가 빈 경우에 대체 코드(fallback)를 지정할 수 있다. 앞서 [예제 4-1]에서 어떻게 동작하는지 살펴보았다. 다음의 또 다른 예제를 살펴보자.

예제 4-7 @forelse

```
@forelse ($talks as $talk)
    {{-- $talks가 비어 있지 않은 경우 아래 코드 실행 --}}
    • {{ $talk->title }} ({{ $talk->length }} 분 )<br>
@empty
    {{-- $talks가 빈 경우 아래 메시지 출력 --}}
    확인된 대화 내용이 없습니다.
@endforelse
```

@foreach와 @forelse 안에서 사용할 수 있는 $loop 변수

@foreach와 @forelse 지시어는 PHP foreach 반복문에서는 제공하지 않는 추가 기능을 제공한다. 바로 $loop 변수의 사용이다. @foreach와 @forelse 반복문에서 다음의 속성값을 가지는 stdClass 객체를 $loop라는 이름으로 사용한다.

- index
  반복문 안에서 현재 아이템의 인덱스(0을 기본으로 하며 index 0은 첫 번째 아이템이다)

- iteration
  반복문 안에서 현재 아이템의 인덱스(1을 기본으로 하며 iteration 1은 첫 번째 아이템이다)

- remaining
  반복문 안에 남아 있는 아이템의 개수

- count
  반복문 안에 있는 전체 아이템의 개수

- first
  반복문 안에서 현재 처리하는 아이템이 첫 번째 아이템인지 여부(true/false)

- last
  반복문 안에서 현재 처리하는 아이템이 마지막 아이템인지 여부(true/false)

- even
  반복문 안에서 현재 처리하는 아이템이 짝수 번째 아이템인지 여부(true/false)

- odd
  반복문 안에서 현재 처리하는 아이템이 홀수 번째 아이템인지 여부(true/false)

- depth
  반복문이 중첩되어 있을 때, 얼마나 깊이 있는지 계층을 나타내는 값(첫 번째 반복문은 1, 그 안에 중첩된 두 번째 반복문은 2가 된다)

- parent
  반복문이 중첩되어 있을 때 상위 @foreach 반복문에 대한 참조. 중첩되지 않았다면 null이다.

다음은 사용 예시다.

```
<ul>
@foreach ($pages as $page)
    <li>{{ $loop->iteration }}: {{ $page->title }}
        @if ($page->hasChildren())
        <ul>
        @foreach ($page->children() as $child)
            <li>{{ $loop->parent->iteration }}
                .{{ $loop->iteration }}:
                {{ $child->title }}</li>
        @endforeach
        </ul>
        @endif
    </li>
@endforeach
</ul>
```

4.2.3 주석

블레이드 템플릿 안에서 주석은 {{--와 --}} 문법을 사용한다. 다만 HTML 주석과는 다르게 렌더링될 때 처리되지 않으므로 응답 결과 HTML에는 포함되지 않는다.

```
{{-- 여기에 작성한 코드는 HTML 결과에 포함되지 않는다 --}}
```

4.3 템플릿 상속

블레이드의 가장 큰 특징 중 하나가 바로 템플릿 상속 기능이다. 템플릿 상속은 뷰 레이아웃을 정의하여 이를 확장하고, 일부를 수정하거나, 뷰 템플릿 안에 뷰 템플릿을 포함할 수 있는 중첩된 구조를 정의할 수 있는 기능이다. 블레이드의 상속 구조를 살펴보자.

4.3.1 @section/@show와 @yield로 섹션 정의하기

우선 최상단에 있는 뷰 레이아웃을 정의해보자. 다음 예제는 페이지별로 각기 다른 내용으로 채울 수 있게 만든 master 레이아웃을 정의한 것이다.

예제 4-8 블레이드 레이아웃

```
<!-- resources/views/layouts/master.blade.php -->
<html>
    <head>
        <title> 웹사이트 | @yield('title', 'Home Page')</title>
    </head>
    <body>
        <div class="container">
            @yield('content')
        </div>
        @section('footerScripts')
            <script src="app.js"></script>
        @show
    </body>
</html>
```

레이아웃의 코드는 일반적인 HTML과 비슷하게 보이지만, 자세히 보면 `@yield('title')`과 `@yield('content')`라는 지시어를 사용했고, 아래쪽에 `@section('footerScripts')` 지시어를 사용했다. `@yield('content')`는 단독으로 사용했고 `@yield('title', 'Home Page')`는 기본값을 정의한 것이다. `@section`은 `@show` 지시어와 함께 사용했는데 그 사이에 실제 내용이 들어가는 구조로 이루어져 있다.

이 코드의 지시어는 다른 문법 구조를 가지는 것처럼 보이지만, **본질적으로 세 기능은 모두 동일하다**. 모두 나중에 상속받은 자식 템플릿에서 해당 영역을 재정의할 수 있도록 이름이 지정되어 있고(첫 번째 파라미터가 정의된 이름이다), 각각의 고유한 영역(섹션)을 가지고 있으며, 이 섹션의 내용이 지정되지 않을 경우 어떤 작동을 할지 정의되어 있다. `@yield('title')`은 자식 템플릿에서 상속되지 않으면 `'Home Page'`라는 문자열을 기본으로 출력하고, `@yield('content')`는 별도의 작업을 수행하지 않는다. `@section('footerScripts')`는 나중에 상속되지 않으면 `@show` 지시어와 사이에 있는 `<script src="app.js"></script>`를 출력한다.

그렇다면 `@yield`와 `@section`은 어떻게 다를까? `@yield('content')`에는 기본값이 정의되지 않았다. 하지만 `@yield('title', 'Home Page')`에는 두 번째 인자로 상속되지 않을 때 출력할 `'Home Page'` 같은 문자열을 지정했다. 만약 자식 템플릿에서 내용을 재정의한다면, `'Home Page'`라는 기본값에는 접근할 수 없다. 그렇지만 `@section`/`@show` 지시어에서는 자식 템플릿에서 이를 재정의하더라도 기본값으로 정의된 내용을 `@parent`라는 지시어로 접근할 수 있다. 다시 말해 `@yield`는 자식 템플릿에서 기본값에 접근할 수 없고, `@section`/`@show`는 자식 템플릿에서 기본값에 접근할 수 있다.

이제 master 레이아웃을 정의했으니 이를 상속받은 새로운 템플릿 파일을 다음과 같이 작성해보자.

예제 4-9 블레이드 레이아웃 확장하기

```
<!-- resources/views/dashboard.blade.php -->
@extends('layouts.master')

@section('title', 'Dashboard')

@section('content')
```

```
    애플리케이션 대시보드에 오신 것을 환영합니다.
@endsection

@section('footerScripts')
    @parent
    <script src="dashboard.js"></script>
@endsection
```

> **NOTE_ @show 대 @endsection**
>
> [예제 4-8]에서는 @section/@show를 사용했지만, [예제 4-9]에서는 @section/@endsection을 사용했다. 이 둘의 차이점을 알아보자.
>
> 부모 템플릿에서 해당 영역을 확장하도록 지정하려면 @show를, 자식 템플릿에서 해당 영역을 어떤 내용으로 출력할지 결정하려면 @endsection을 사용한다.

이 자식 템플릿에서 상속을 위해서 사용하는 몇 가지 지시어를 살펴보자.

@extends

[예제 4-9]에서 @extends('layouts.master')라는 지시어는 템플릿 파일이 그 자체로 렌더링되지 않고 layouts.master라는 템플릿을 **상속**한다는 것을 의미한다. 이 템플릿 파일은 독자적으로 사용되는 것이 아니라, 부모 템플릿에 정의된 각 섹션(영역)에 채워질 내용을 재정의한다는 뜻이다. @extends라는 지시어를 사용한 것은 템플릿 파일을 HTML 페이지라고 인식하기보다는, 다른 섹션에 채워질 내용을 담은 바구니와 같이 본다는 의미다. 그리고 이 지시어의 파라미터 'layouts.master'는 상속할 부모 템플릿 파일이 /views/layouts/master.blade.php라는 것을 알려준다.

템플릿을 상속할 때는 한 번에 하나의 템플릿 파일을 상속받아 확장할 수 있고, @extends 지시어는 파일의 첫 번째 줄에 정의되어야 한다.

@section과 @endsection

지시어 @section('title', 'Dashboard')는 부모 템플릿의 title이라는 섹션에 Dashboard라는 문자열을 출력한다. 출력해야 할 내용이 짧아서 @section과 @endsection 대신 축약 형태를 사용했다. 축약형으로 사용하면 두 번째 파라미터로 전달받은 내용이 부모 템플릿에 출력된다. @endsection 없이 @section을 정의하는 것이 헷갈린다면 축약형 말고 정상적인 형태로 사용하는 게 낫다.

지시어 @section('content')는 축약형을 사용하지 않고 @endsection을 써서 출력할 내용을 정의했다. @section('content')와 @endsection 사이가 출력할 내용이다. 주의할 점은 부모 템플릿에서는 @section/@show를 사용해 영역을 정의하고, 자식 템플릿에서는 @section과 @endsection(혹은 동일한 의미로 사용되는 @stop을 쓴다)을 사용해 출력할 내용을 정의한다는 점이다. @show 지시어는 부모 템플릿에서 섹션을 정의할 때 사용한다. 혼동하지 말자.

@parent

마지막으로 @section('footScripts')를 살펴보자. 하단에 출력할 스크립트를 위한 영역을 정의한 일반적인 섹션 정의 구문이다.

하지만 부모 템플릿인 master.blade.php 파일 안에 해당 영역에 대한 기본값을 이미 지정해두었다는 것을 기억하자. 따라서 여기서는 두 가지 선택지가 있다. 출력할 내용을 **새롭게 지정**overwrite하거나 기존 기본값에 내용을 **추가**하는 것이다.

내용을 추가한다는 것은 무슨 말일까? [예제 4-9]를 보면 @parent 지시어를 사용해 부모 템플릿에서 정의한 기본값을 출력하고 자식 템플릿에서의 내용을 추가했다는 것을 알 수 있다. @parent 지시어를 사용하지 않으면 부모 템플릿에서 정의한 내용을 그대로 덮어 쓴다.

4.3.2 다른 템플릿 포함하기

기본적인 상속에 대해서 알아보았으니 몇 가지 다른 방법을 더 알아보자.

@include

만약 특정 템플릿 안에 다른 템플릿의 내용을 끼워 넣고 싶다면 어떻게 해야 할까? 먼저 특정 상황을 생각해보자. 사이트의 여러 페이지에서 사용할 수 있는 회원가입 버튼이 있고, 이 버튼의 내용을 나타내는 템플릿을 정의했다고 가정해보자. 각각의 페이지에서 이 버튼에 나타날 문자를 매번 다르게 설정하려면 어떻게 해야 할까? 다음 예제를 보자.

예제 4-10 @include를 사용해 개별 템플릿을 포함하는 방법

```
<!-- resources/views/home.blade.php -->
<div class="content" data-page-name="{{ $pageName }}">
    <p> 지금 바로 웹사이트에 가입하세요!</p>

    @include('sign-up-button', ['text' => 여기를 클릭하세요])
</div>

<!-- resources/views/sign-up-button.blade.php -->
<a class="button button--callout" data-page-name="{{ $pageName }}">
    <i class="exclamation-icon"></i> {{ $text }}
</a>
```

@include 지시어를 사용하면 다른 템플릿의 내용을 가져올 수 있다. 필요하다면, 해당 템플릿에서 활용할 수 있는 데이터를 전달할 수도 있다. 데이터를 전달 할 때에는 @include 지시어의 두 번째 파라미터로 필요한 데이터를 명시적^{explicitly}으로 전달할 수도 있지만, 개별 템플릿을 포함하는 상위 템플릿 안에서 정의된 변수 값을 그대로 참조할 수도 있다. ([예제 4-10]의 $pageNum 변수의 경우) 어떤 방식이든 원하는 방식을 사용할 수 있지만, 가급적이면 필요한 데이터는 명시적으로 전달하는 것이 좋다.

@include 지시어 외에도 @includeIf, @includeWhen, @includeFirst 지시어를 사용해 조건에 따라 개별 템플릿을 포함할 수 있다. [예제 4-11]을 살펴보자.

예제 4-11 조건에 따라 개별 템플릿을 포함하기

```
{{-- 해당 템플릿 파일이 있다면 포함하기 --}}
@includeIf('sidebars.admin', ['some' => 'data'])

{{-- 전달된 조건 값이 참인 경우에 해당 템플릿 파일을 포함하기 --}}
@includeWhen($user->isAdmin(), 'sidebars.admin', ['some' => 'data'])

{{-- 주어진 템플릿 배열 값에서 템플릿 파일이 존재하는지 확인하고 존재하는 첫 번째
템플릿을 포함하기 --}}
@includeFirst(['customs.header', 'header'], ['some' => 'data'])
```

@each

반복문 안에서 배열이나 컬렉션에 들어 있는 내용의 일부를 출력하는 경우를 생각해보자. 일부 영역을 다른 템플릿을 사용하여 표시하려면 어떻게 해야 할까? 예를 들어 사이트의 특정 페이지에 사이드바를 표시하기 위해서 각각 다른 이름의 모듈을 표시하는 템플릿을 사용한다고 가정해보자. 이런 경우에 @each라는 지시어를 사용한다. 다음 예제에서 살펴보자.

예제 4-12 @each 지시어를 사용해서 반복문에서 템플릿 사용하기

```
<!-- resources/views/sidebar.blade.php -->
<div class="sidebar">
    @each('partials.module', $modules, 'module', 'partials.empty-module')
</div>

<!-- resources/views/partials/module.blade.php -->
<div class="sidebar-module">
    <h1>{{ $module->title }}</h1>
</div>

<!-- resources/views/partials/empty-module.blade.php -->
<div class="sidebar-module">
    No modules :(
</div>
```

@each 지시어의 문법을 살펴보자. 첫 번째 파라미터는 개별 템플릿 파일명이고 두 번째 파라미터는 반복문을 구성하는 배열이나 컬렉션 변수다. 세 번째 파라미터는 반복문 안에서 사용하는 변수의 이름이다(위 예제에서는 $modules라는 배열 아이템이 $module이라는 변수로 개별 템플릿에 전달된다). 네 번째 파라미터는 반복하고자 하는 배열 혹은 컬렉션이 비어 있을 때 표시할 내용을 가진 개별 템플릿 파일명을 전달한다(예제에서는 $modules 변수가 빈 경우에 출력할 empty-module.blade.php라는 템플릿 파일의 내용이 출력된다). 네 번째 파라미터는 선택 사항으로, 값을 전달하지 않아도 된다.

4.3.3 스택 사용하기

블레이드에서 템플릿을 여러 개 포함할 때 관리상 난제가 있다. 하위 템플릿에서 상위 템플릿의 특정 영역에 각기 다른 내용을 추가하기가 어렵다는 점이다. 흔히 하위 템플릿에서 필요한

CSS나 자바스크립트 파일을 추가할 때 문제가 발생한다. 어떤 기업의 채용 사이트를 예로 들어보자.

전체적인 레이아웃을 구성하는 최상위 레이아웃 템플릿 파일이 존재하고 이 템플릿에서는 <head> 태그에 전체 레이아웃을 표시하는 CSS 파일을 로딩했다. 이후에 '채용 공고' 목록을 나타내는 하위 페이지 템플릿에서 목록의 스타일을 표시하기 위한 CSS 파일을 <head> 영역에 추가하기를 원할 수 있다. 또 다른 페이지인 '지원하기' 페이지 템플릿에서는 입력 폼을 표시하는 CSS 파일을 추가하기를 원할 수 있다. 이 모든 상황을 고려하여 <head> 영역에 CSS 파일을 로딩하는 영역을 구성하기는 까다로울 뿐 아니라 가능하더라도 템플릿이 복잡해지기 쉽다.

블레이드에서 제공하는 **스택**stack 기능은 이런 상황에 알맞게 사용하도록 고안됐다. 상위 템플릿에서 특정 스택의 위치를 정의하는 지시어를 사용하자. 그리고 내용을 추가하려는 하위 템플릿에서 @push/@endpush 지시어를 사용해 내용들을 **밀어 넣기만** 하면 최종적으로 HTML이 렌더링되는 과정에서 밀어 넣은 내용이 스택 영역에 출력된다. @prepend/@endprepend 지시어를 사용해서 스택에 내용이 들어 있더라도 앞쪽에 추가할 수도 있다. 다음 예제를 보자.

예제 4-13 블레이드의 스택 기능 사용하기

```
<!-- resources/views/layouts/app.blade.php -->
<html>
<head><!-- 헤더 부분 --></head>
<body>
    <!-- 페이지의 다른 부분 -->
    <script src="/css/global.css"></script>
    <!-- 필요한 스크립트가 추가되어 출력됨 -->
    @stack('scripts')
</body>
</html>

<!-- resources/views/jobs.blade.php -->
@extends('layouts.app')

@push('scripts')
    <!-- 스택 영역에 노출할 job.css 파일을 추가함 (하단에 추가) -->
    <script src="/css/jobs.css"></script>
@endpush

<!-- resources/views/jobs/apply.blade.php -->
```

```
@extends('jobs')

@prepend('scripts')
    <!-- 스택 영역에 노출할 jobs--apply.css 파일을 추가함 (상단에 추가) -->
    <script src="/css/jobs--apply.css"></script>
@endprepend
```

[예제 4-13]은 다음 HTML과 같이 출력된다.

```
<html>
<head><!-- 헤더 부분 --></head>
<body>
    <!-- 페이지의 다른 부분 -->
    <script src="/css/global.css"></script>
    <!-- 필요한 스크립트가 추가되어 출력됨 -->
    <script src="/css/jobs--apply.css"></script>
    <script src="/css/jobs.css"></script>
</body>
</html>
```

4.3.4 컴포넌트와 슬롯 사용하기

컴포넌트component와 **슬롯**slot은 템플릿과 템플릿 사이에 데이터를 전달하는 또 다른 방법이다. 컴포넌트는 개별 템플릿의 내용을 데이터로 전달하여 변수처럼 취급하는 기능이고, 슬롯은 이 컴포넌트를 출력하는 영역을 지정한다. 먼저 사용자 액션을 처리할 때 발생하는 오류, 경고를 표시하는 모달 화면을 구성하는 [예제 4-14]를 살펴보자.

예제 4-14 사용자 오류를 표시하는 모달

```
<!-- resources/views/partials/modal.blade.php -->
<div class="modal">
    <div>{{ $body }}</div>
    <div class="close button etc">...</div>
</div>

<!-- 다른 템플릿 파일 -->
@include('partials.modal', [
```

```
        'body' => '<p> 비밀번호가 유효하지 않습니다. 비밀번호는 다음과 같은 형식이어야
    합니다. : [...]</p><p><a href="#">...</a></p>'
    ])
```

이 예제에서 모달로 표시하고자 하는 내용을 변수로 전달하기에는 내용이 너무 많다. 예제의
@include 지시어 대신 컴포넌트와 슬롯을 활용해보자. 컴포넌트는 하나의 큰 내용을 정의하
고, 슬롯은 컴포넌트로 정의한 내용을 명시적으로 출력하도록 영역을 지정한다. 컴포넌트와 슬
롯을 사용하기 위해 [예제 4-14]의 코드를 어떻게 변경했는지 살펴보자.

예제 4-15 컴포넌트와 슬롯을 사용해 리팩터링한 코드

```
<!-- resources/views/partials/modal.blade.php -->
<div class="modal">
    <div>{{ $slot }}</div>
    <div class="close button etc">...</div>
</div>

<!-- 다른 템플릿 파일 -->
@component('partials.modal')
    <p>비밀번호가 유효하지 않습니다. 비밀번호는 다음과 같은 형식이어야 합니다.:
[...]</p>

    <p><a href="#">...</a></p>
@endcomponent
```

예제를 보면 @component, @endcomponent 지시어를 사용해 특정 HTML을 통째로 감싼다.
그리고 이 템플릿 파일에서 불러오는 modal 템플릿에서는 이 내용을 $slot이라는 변수로 사
용한다. 즉 @component, @endcomponent 지시어로 감싸진 HTML이 통째로 $slot 변수 값으
로 출력된다는 것을 의미한다.

다중 슬롯

앞서 살펴본 것은 @component/@endcomponent 지시어 사이에 넣은 내용을 **기본** 슬롯
인 $slot 변수에 전달하는 방법이다. 하지만 컴포넌트로 정의한 내용을 꼭 기본 슬롯 변수
인 $slot 변수명으로만 사용할 수 있는 것은 아니다. 더 많은 변수를 지정할 수 있다. [예제
4-16]과 [예제 4-17]에서 제목과 내용을 구분하는 모달을 살펴보자.

예제 4-16 2개의 변수를 가지고 있는 모달 템플릿

```
<!-- resources/views/partials/modal.blade.php -->
<div class="modal">
    <div class="modal-header">{{ $title }}</div>
    <div>{{ $slot }}</div>
    <div class="close button etc">...</div></div>
```

모달 템플릿을 정의했으니 컴포넌트로 슬롯에 채워질 내용을 정의해야 한다. 이때, 기본 변수명인 $slot 이외의 $title의 값도 정의하려면 [예제 4-17]처럼 컴포넌트 사이에 @slot 지시어를 사용해 특정 내용을 지정된 이름으로 전달하고 나머지는 기본값으로 전달한다.

예제 4-17 2개 이상의 슬롯을 컴포넌트에 전달하기

```
@component('partials.modal')
    @slot('title')
        비밀번호 유효 검사 실패.
    @endslot

    <p>비밀번호가 유효하지 않습니다. 비밀번호는 다음과 같은 형식이어야 합니다.
[...]</p>

    <p><a href="#">...</a></p>
@endcomponent
```

컴포넌트 기능을 사용할 때 항상 슬롯으로 출력할 내용을 작성해야 하는 것은 아니다. 슬롯으로 만들기에는 적당하지 않다고 생각되는 값은 변수를 전달하듯이 정의할 수도 있다. [예제 4-18]에서 보는 것처럼 @component 지시어의 두 번째 파라미터로 배열을 전달하면 @include 지시어에서 했던 것과 동일하게 필요한 값을 정의할 수 있다.

예제 4-18 컴포넌트 지시어에서 슬롯 없이 데이터를 전달하는 방법

```
@component('partials.modal', ['class' => 'danger'])
    ...
@endcomponent
```

컴포넌트에 별칭을 추가하여 사용하기

이 밖에도 컴포넌트를 사용할 수 있는 독특한 기능이 있다. 바로 별칭을 추가하는 것이다. Blade 퍼사드의 component() 메서드를 호출하여 별칭을 등록할 수 있는데(주로 AppServiceProvider의 boot() 메서드 안에 등록한다), 첫 번째 인자로 컴포넌트로 만들 템플릿 파일명을, 두 번째 인자로 이 컴포넌트에 추가할 별칭을 전달한다. 다음 예제를 보자.

예제 4-19 컴포넌트의 별칭 붙이기

```
// AppServiceProvider@boot
Blade::component('partials.modal', 'modal');

<!--템플릿 파일(라라벨6)에서의 사용-->
@modal
    모달에서 노출할 콘텐츠
@endmodal

<!--템플릿 파일(라라벨7)에서의 사용-->
<x-modal>
    모달에서 노출할 콘텐츠
</x-modal>
```

ATTENTION_ 퍼사드를 임포트할 때 주의 사항

[예제 4-19]의 AppServiceProvider에서와 같이 네임스페이스가 지정된 파일 안에서 Blade 퍼사드를 사용하려면 퍼사드를 임포트해야 한다. 자세한 내용은 이 책 후반부에서 다루겠지만, 지금 알아둘 것은 네임스페이스가 지정된 파일 안에서 퍼사드를 사용할 때 퍼사드 클래스를 찾을 수 없다는 에러를 볼 수 있다는 것이다. 그 이유는 퍼사드는 일반적인 네임스페이스를 가지는 클래스가 아니지만 라라벨이 이를 루트 네임스페이스에서 사용 가능하도록 만들어주기 때문이다. 일단 지금은 에러를 해결하는 데에 초점을 맞추자. 'use Blade'와 같이 루트 네임스페이스의 퍼사드를 임포트하지 말고 'use Illuminate\Support\Facades\Blade'와 같이 변경하면 오류 없이 정상적으로 작동할 것이다.

4.3.5 컴포넌트 태그 사용하기

라라벨 7부터는 컴포넌트를 등록하기 위해서 별도의 클래스를 사용할 수 있다. 다음과 같이 make:component 명령어를 사용하여 경고창을 띄우는 컴포넌트 클래스와 이를 위한 뷰 템플릿 파일을 동시에 생성할 수 있다.

```
php artisan make:component Alert
```

아티즌 명령어를 실행하면 app/View/Components 디렉터리에 Alert.php 파일이 생성되고, resources/views/components 디렉터리에 alert.blade.php 파일이 생성된다.

생성된 컴포넌트 클래스는 따로 등록 과정을 거치지 않아도 바로 사용할 수 있다. 다음 예제를 보자.

예제 4-20 명령어로 생성한 컴포넌트 뷰 템플릿 사용

```
<!-- resources/views/components/alert.blade.php -->
<div class="alert alert-danger">
    {{ $slot }}
</div>

<!-- 다른 템플릿 파일에서의 사용 -->
<x-alert>
    주의 사항을 확인하십시오.
</x-alert>
```

컴포넌트에 데이터 전달하기

컴포넌트 클래스를 사용할 때 추가로 데이터를 전달하려면 태그의 속성을 사용하여 데이터를 전달할 수 있다. 만약 고정 값이 아닌 변수 값을 전달하려면 콜론(:)을 붙여서 표현해야 한다.

```
<x-alert type="error" :message="$message"/>
```

그다음 Alert 클래스를 수정하여 컴포넌트에서 필요한 데이터를 생성자에서 전달받도록 수정해야 한다.

예제 4-21 데이터를 전달받는 컴포넌트 클래스

```php
<?php

namespace App\View\Components;

use Illuminate\View\Component;

class Alert extends Component
{
    public $type;
    public $message;

    public function __construct($type, $message)
    {
        $this->type = $type;
        $this->message = $message;
    }

    public function render()
    {
        return view('components.alert');
    }
}
```

그다음 전달받은 데이터를 사용하도록 뷰 템플릿을 수정한다.

```php
<div class="alert alert-{{ $type }}">
    {{ $message }}
</div>
```

클래스의 생성자에서 전달받지 않는 컴포넌트 태그의 속성값은 $attributes 값으로 사용할 수 있다.

예제 4-22 컴포넌트의 태그 $attributes 속성

```php
<!-- resources/views/components/alert.blade.php -->
<div class="alert alert-{{ $type }}" {{ $attributes }} >
    {{ $message }}
</div>
```

```
<!-- 다른 템플릿 파일에서의 사용 ->
<x-alert type="error" :message="$message" id="alertId" name="alertName">
</x-alert>

<!-- 출력 결과 ->
<div class="alert alert-error" id="alertId" name="alertName" >
    주의 사항을 확인하십시오.
</div>
```

인라인 뷰 컴포넌트 생성

매우 작은 컴포넌트를 생성하는 경우 클래스와 템플릿 파일을 각기 관리하는 것이 번거로울 수 있다. 이런 경우에는 컴포넌트 클래스에서 바로 템플릿의 내용을 반환하는 인라인 컴포넌트를 생성할 수 있다. 인라인 컴포넌트를 생성하기 위해서는 아티즌 명령어에 --inline이라는 옵션을 추가한다.

```
php artisan make:component Alert --inline
```

예제 4-23 인라인 컴포넌트 클래스에서 템플릿 문법을 그대로 반환하는 방법

```
<!-- app/View/Components/Alert.php -->
...
public function render()
{
    return <<<'blade'
        <div class="alert alert-danger">
            {{ $slot }}
        </div>
    blade;
}
```

ATTENTION_ 라라벨 7 미만에서 컴포넌트 클래스와 컴포넌트 태그 사용

뷰 컴포넌트를 클래스로 생성하여 태그 형태로 사용하는 기능은 라라벨 7부터 사용 가능하다. [예제 4-19]에서 표기했듯이 라라벨 7 미만에서는 태그가 아니라 지시어 형태로 사용해야 컴포넌트가 원하는 대로 작동한다. 마찬가지 이유로 인라인 뷰 컴포넌트 기능도 라라벨 7 미만에서는 사용이 불가능하다.

동적 컴포넌트

컴포넌트를 쓰긴 하는데 런타임이 되서야 어떤 컴포넌트를 쓸지 정해지는 경우가 있다. dynamic-component라는 컴포넌트를 사용하면 런타임 변수나 값에 기반해서 컴포넌트를 렌더링할 수 있다. 이 기능은 라라벨 8부터 사용할 수 있다.

```
<x-dynamic-component :component="$componentName" class="mt-4" />
```

4.4 뷰 컴포저와 서비스 주입

작성한 블레이드 템플릿 파일에 필요한 데이터를 전달하기 위해서는 컨트롤러나 라우트와 연결하는 클로저에서 데이터를 전달해야 한다. 이때에는 view() 함수를 사용한다. 앞서 3장에서 라우트를 정의할 때 화면의 렌더링 결과를 얻기 위해 데이터를 전달하는 간단한 방법을 알아보았다. 다음 예제를 보자.

예제 4-24 뷰 함수를 사용해 데이터를 전달하는 간단한 방법

```
Route::get('passing-data-to-views', function () {
    return view('dashboard')
        ->with('key', 'value');
});
```

여러 뷰-템플릿에서 항상 동일한 데이터를 필요로 하는 경우가 있다. 예를 들어 사이트의 왼쪽 사이드바에 항상 최근 글 목록을 보여준다고 가정해보자. 모든 컨트롤러에서 매번 글 데이터를 조회한 뒤 전달하는 일을 반복해야 한다. 또 다른 예로 배너와 같이 사이트의 헤더 영역에 반복해서 데이터를 노출하는 경우도 있다. 이 경우 현재 화면의 본문에서 보여줄 핵심 콘텐츠는 아니지만, 부가적인 데이터를 보여주기 위해 매번 추가적인 작업이 필요하다. 이런 반복적인 작업을 피할 수 있는 방법은 없을까?

4.4.1 뷰 컴포저를 사용해 데이터 연결하기

다행히 라라벨에는 이런 상황에 사용할 수 있는 기능이 있다. 바로 **뷰 컴포저**^{view composer}다. 이 기능을 사용하면 개별 뷰 템플릿 파일이 로딩될 때 필요한 데이터를 정의할 수 있고, 라우트나 컨트롤러에서 데이터를 넘겨주지 않아도 데이터를 불러올 수 있다.

사이트의 모든 페이지에 출력되는 사이드바가 있다고 하자. 이를 표현하기 위한 템플릿 파일은 `partials.sidebar (resources/views/partials/sidebar.blade.php)`이고, 모든 페이지에서 이 파일을 포함한다. 사이드바는 가장 최근에 발행된 글의 목록을 보여준다. 사이드바는 모든 페이지에서 표시되어야 하므로, 일반적으로는 [예제 4–25]와 같이 모든 라우트에서 뷰를 로딩할 때마다 필요한 최신 글 목록 데이터를 전달해야 한다.

예제 4-25 모든 라우트에서 사이드바 데이터 전달하기

```
Route::get('home', function () {
    return view('home')
        ->with('posts', Post::recent());
});

Route::get('about', function () {
    return view('about')
        ->with('posts', Post::recent());
});
```

그런데 이 방식은 무척이나 번거롭다. 뷰 컴포저의 기능을 이용하여 데이터를 공유하는 방법을 알아보자. 몇 가지 방법 중에서 간단한 것부터 살펴본다.

변수를 전역에서 사용할 수 있도록 공유하기

먼저 첫 번째 방법은 모든 뷰에서 특정 변수를 사용할 수 있도록 전역으로 공유하는 방법이다. 다음 예제를 보자.

예제 4-26 변수를 전역으로 공유하기

```
// 서비스 공급자의 boot 메서드
public function boot()
{
    ...
    view()->share('recentPosts', Post::recent());
}
```

먼저 뷰 김포지의 기능을 사용하려면 서비스 공급자의 boot() 메서드가 가장 적당하다. 서비스 공급자를 사용하면 모든 페이지가 로딩될 때마다 변수를 뷰에 연결하는 작업이 수행된다. 뷰 컴포저를 위한 별도의 ViewComposerServiceProvider 파일을 생성할 수도 있지만, 지금은 일단 App\Providers\AppServiceProvider 파일의 boot() 메서드 안에 해당 코드를 작성한다(서비스 공급자는 11장에서 상세히 다룬다).

view()->share() 메서드를 사용하면 모든 뷰에서 등록한 변수를 사용할 수 있다(여기서는 recentPost 변수다). 하지만 뷰 컴포저 기능을 사용해 모든 변수를 전역으로 등록하기에는 지나친 경우가 있다. 이런 경우를 위해서 특정 뷰에서만 뷰 컴포저를 사용하도록 정의할 수 있다.

특정 뷰에서 사용할 변수를 클로저로 등록하기

다음은 클로저를 기반으로한 뷰 컴포저 기능으로, 등록한 변수를 특정 뷰에서만 사용하도록 지정한 것이다.

예제 4-27 클로저를 사용해 특정 뷰에 변수를 공유하기

```
view()->composer('partials.sidebar', function ($view) {
    $view->with('recentPosts', Post::recent());
});
```

이렇게 하면 지정된 이름의 뷰에서만([예제 4-27]에서는 'partials.sidebar') 공유하기로 등록한 데이터를 사용할 수 있다. view()->composer() 메서드에는 첫 번째 파라미터로 지정할 뷰의 이름을, 두 번째 파라미터로 클로저를 전달한다. 클로저는 $view를 변수로 전달받아 $view->with()와 같이 호출할 수 있는데 여기에 뷰에 공유할 변수를 연결한다.

여러 뷰에서 사용할 변수를 클로저로 등록하기

뷰 컴포저로 연결하려는 뷰가 여럿인 경우 하나의 뷰 이름을 전달하는 대신 배열을 전달하면 여러 뷰에 클로저로 등록한 변수를 공유할 수 있다. 또한 특정 디렉터리 아래에 있는 모든 뷰에서 뷰 컴포저 기능으로 변수를 공유하려면 '*' 표시를 사용한다.

```
view()->composer(
    ['partials.header', 'partials.footer'],
    function ($view) {
        $view->with('recentPosts', Post::recent());
    }
);

view()->composer('partials.*', function ($view) {
    $view->with('recentPosts', Post::recent());
});
```

특정한 뷰에서 지정한 변수를 사용하도록 클래스로 등록하기

마지막으로 가장 복잡하지만 가장 유연한 방식으로 뷰 컴포저를 사용 방법은 변수의 등록을 맡는 별도의 클래스 파일을 만드는 것이다.

먼저 뷰 컴포저 기능을 담당하는 클래스를 만들자. 뷰 컴포저 클래스를 만들기 위해 특별히 사전에 정의된 위치는 없으니, App\Http 디렉터리 아래 ViewComposers 디렉터리를 만들고 [예제 4-28]과 같이 RecentPostsComposer 클래스를 만든다.

예제 4-28 뷰 컴포저 클래스 파일

```php
<?php

namespace App\Http\ViewComposers;

use App\Models\Post;
use Illuminate\Contracts\View\View;

class RecentPostsComposer
{
```

```
    public function compose(View $view)
    {
        $view->with('recentPosts', Post::recent());
    }
}
```

이 뷰 컴포저 클래스 파일의 역할은 compose() 메서드를 실행하는 것이다. 이 메서드 안에서 Post 모델의 recent() 메서드 실행 결과를 'recentPosts'라는 변수로 연결한다.

뷰 컴포저의 다른 공유 기능과 같이, 이 뷰 컴포저 클래스도 어디에선가 등록 과정을 거쳐야 한다. 앞서 말했듯이 ViewComposerServiceProvider와 같은 파일을 만들어도 되지만, 일단 App\Providers\AppServiceProvider 파일의 boot() 메서드 안에서 이 클래스를 등록하자. 다음 예제를 보자.

예제 4-29 생성한 뷰 컴포저 클래스 등록하기

```
public function boot()
{
    view()->composer(
        'partials.sidebar',
        \App\Http\ViewComposers\RecentPostsComposer::class
    );
}
```

이렇게 별도의 클래스를 생성하여 뷰와 변수를 연결하는 방법은 클로저를 기반으로한 뷰 컴포저 사용 방법과 기능적으로 동일하지만, 클로저를 변수로 전달하는 대신 클래스명을 전달한다는 차이가 있다. 이제 블레이드 엔진이 partials.sidebar 뷰를 렌더링할 때마다, 자동으로 Post 모델의 recent() 메서드 호출 결과를 recentPosts 변수에 담아 전달한다.

4.4.2 블레이드 서비스 주입

뷰에 전달하는 데이터는 주로 세 가지 타입으로 구분할 수 있다. 반복문에서 사용하는 컬렉션, 페이지에서 표시하고자 하는 모델 객체, 기타 데이터를 생성하는 서비스 객체다.

서비스를 사용하는 경우는 [예제 4-30]과 같은 형태가 될 수 있다. 이 예제에서는 라우트를 정

의할 때 타입힌트를 통한 **AnalyticsService** 객체를 주입받고, 이 객체를 뷰에 전달한다.

예제 4-30 라우트의 타입힌트를 통해 서비스를 주입하고 뷰에 데이터로 넘기기

```
Route::get('backend/sales', function (AnalyticsService $analytics) {
    return view('backend.sales-graphs')
        ->with('analytics', $analytics);
});
```

뷰 컴포저와 마찬가지로 블레이드의 서비스 주입 기능은 사용이 간편하고 라우트를 정의할 때 발생하는 중복 코드를 줄여준다. 이 기능을 사용해 분석 서비스 객체(**AnalyticsService**)를 호출하는 템플릿 파일의 코드는 다음 예제와 같은 형태가 된다.

예제 4-31 뷰에서 주입된 서비스 객체를 사용하는 코드

```
<div class="finances-display">
    {{ $analytics->getBalance() }} / {{ $analytics->getBudget() }}
</div>
```

블레이드 서비스 주입 기능은 컨테이너에 등록된 클래스의 인스턴스를 곧바로 주입해서 사용할 수 있다. 다음 예제를 보자.

예제 4-32 뷰에서 서비스 객체를 바로 주입하기

```
@inject('analytics', 'App\Services\Analytics')

<div class="finances-display">
    {{ $analytics->getBalance() }} / {{ $analytics->getBudget() }}
</div>
```

코드에서 볼 수 있듯이 **@inject** 지시어는 **$analytics** 변수를 즉시 사용하게 하고, 템플릿 파일에서는 이 변수(클래스의 인스턴스)의 메서드를 호출할 수 있다.

@inject 지시어의 첫 번째 파라미터는 객체의 인스턴스를 담을 변수명이고, 두 번째 파라미터는 주입하고자 하는 클래스 또는 인터페이스다. 이 타입의 클래스 또는 인터페이스가 실제로 인스턴스가 되기 위해 필요한 의존성은 라라벨의 다른 생성자에서와 동일하게 타입힌트를 통

해 자동으로 주입된다. 여기서 말하는 자동 의존성 주입의 개념이 익숙하지 않다면 라라벨의 컨테이너 기능을 알아야 한다. 자세한 내용은 11장에서 다룬다.

뷰 컴포저와 마찬가지로 블레이드의 서비스 주입 기능은 라우트를 정의할 때마다 매번 변수를 넘겨줄 필요가 없게 한다. 따라서 필요한 데이터 또는 서비스 객체를 뷰에서 편리하게 사용하고 코드 반복을 줄일 수 있다.

4.5 커스텀 블레이드 지시어

지금까지 알아본 @if, @unless 등 블레이드 엔진에서 기본적으로 제공하는 구문을 **지시어**라고 한다. 각 블레이드 지시어는 정해진 특정 패턴을 PHP 출력으로 변환한다(예를 들어 @if($condition) 지시어는 <?php if($condition): ?>으로 변환된다).

기본으로 제공되는 지시어만 사용할 수 있는 것은 아니다. 필요하다면 지시어를 새롭게 등록해서 사용한다. 예를 들어 반복해서 사용하는 버튼을 만드는 HTML이 필요하다고 생각해보자. 이 HTML을 출력하도록 @button('buttonName')이라는 형태로 지시어를 등록해서 사용할 수도 있다.

직접 등록한 지시어를 **커스텀 지시어**라고 하는데, 버튼과 같이 HTML을 축약해서 사용하기보다는 일반적으로 반복되는 로직을 단순화하는 데 사용한다. 예를 들어 @if(auth()->guest())라는 코드(사용자가 로그인했는지 아닌지)를 계속해서 사용한다고 해보자. 이런 경우 @ifGuest라는 지시어를 등록해서 쓰면 코드를 훨씬 간결하고 보기 편하다. 커스텀 지시어는 뷰 컴포저와 마찬가지로 특정 서비스 공급자를 만들어서 쓰는 게 좋지만, 아직 서비스 공급자를 살펴보지 않았으므로, 지금은 App\Providers\AppServiceProvider 파일의 boot() 메서드에 등록하자. 다음 예제를 보자.

예제 4-33 서비스 공급자에서 커스텀 블레이드 지시어 등록하기

```php
public function boot()
{
    Blade::directive('ifGuest', function () {
        return "<?php if (auth()->guest()): ?>";
```

```
    });
  }
```

PHP 코드를 단순히 문자열로 반환하므로 커스텀 블레이드 지시어를 등록하는 코드가 조금 이상해 보일 수 있다. 이 서비스 공급자의 등록 코드는 이 지시어를 주어진 문자열로 치환한다고 생각하면 이해하기 쉽다. 이제 커스텀 지시어를 등록했으니 `<?php if(auth()->guest()): ?>` 코드를 `@ifGuest`로 변경할 수 있다.

이렇게 커스텀 지시어를 사용하면 복잡한 PHP 템플릿 코드나 장황하고 반복되는 코드를 손쉽게 줄여 쓸 수 있다.

ATTENTION_ 커스텀 지시어 등록에서의 캐시

[예제 4-33]처럼 커스텀 지시어를 등록할 때 주의해야 할 것이 있다. 속도 향상을 목적으로 커스텀 지시어 등록 코드 안에 일부 연산을 실행하는 코드를 함께 작성하면 안 된다는 것이다.

```
Blade::directive('ifGuest', function () {
    // 이 코드를 사용하면 안 된다.
    $ifGuest = auth()->guest();
    return "<?php if ({$ifGuest}): ?>";
});
```

이 코드는 정상적으로 작동하지 않는다. 이 코드는 템플릿 엔진이 커스텀 지시어를 만날 때마다 등록된 클로저를 실행해 반환된 문자열로 치환하는 것이 아니라, 등록한 클로저를 한 번 실행한 뒤에 라라벨 내부에 캐시로 가지고 있다가 커스텀 지시어의 치환이 필요할 때마다 사용되기 때문이다.

4.5.1 커스텀 블레이드 지시어 파라미터

커스텀 블레이드 지시어로 등록한 로직에 파라미터를 전달하려면 어떻게 해야 할까?

예제 4-34 파라미터를 전달받을 수 있는 커스텀 블레이드 지시어 등록하기

```
// 지시어 등록
Blade::directive('newlinesToBr', function ($expression) {
    return "<?php echo nl2br({$expression}); ?>";
});
```

```
// 사용 방법
<p>@newlinesToBr($message->body)</p>
```

클로저에 전달되는 $expression 파라미터를 중괄호 안에 표시한다. 이렇게 하면 정상적인 PHP 코드가 반환된다. 템플릿 안에서 동일한 조건을 가진 코드를 반복해서 작성하고 있다면, 커스텀 블레이드 지시어를 등록해서 사용할 것을 고려하자.

4.5.2 예제: 커스텀 블레이드를 멀티테넌트 애플리케이션에서 사용하기

멀티테넌시^{multitenancy}를 지원하는 애플리케이션을 작성하는 예제를 살펴보자. 여기에서 멀티테넌시는 하나의 애플리케이션을 www.myapp.com, client1.myapp.com, client2.myapp.com과 같이 여러 도메인으로 접속할 수 있다는 뜻이다.

멀티테넌시 로직의 일부를 캡슐화한 클래스를 작성하고 이 클래스를 Context라고 정했다. 이 클래스는 인증된 사용자가 누구인지, 사용자가 www.myapp.com을 방문하는지 아니면 하위 도메인을 방문하는지에 대한 정보를 필요로 한다.

이런 경우라면 [예제 4-35]처럼 뷰에서 Context가 현재 모든 방문자에게 공개되어 있는지를 확인하는 것과 같은 조건문이 빈번하게 사용될 것이다. app('context')라는 헬퍼 함수는 컨테이너에서 Context 클래스의 인스턴스를 가져온다. 이에 관해서는 11장에서 자세히 다룬다.

예제 4-35 커스텀 블레이드 지시어를 사용하지 않고 context에 조건을 확인하는 코드

```
@if (app('context')->isPublic())
    &copy; Copyright MyApp LLC
@else
    &copy; Copyright {{ app('context')->client->name }}
@endif
```

@if(app('context')->isPublic())를 @ifPublic이라는 커스텀 지시어로 등록하고 코드를 개선해보자.

```
// 등록
Blade::directive('ifPublic', function () {
    return "<?php if (app('context')->isPublic()): ?>";
});

// 사용 방법
@ifPublic
    &copy; Copyright MyApp LLC
@else
    &copy; Copyright {{ app('context')->client->name }}
@endif
```

새롭게 만든 지시어도 if 조건문으로 치환되므로, 여전히 **@else/@endif**와 같은 지시어를 사용할 수 있다. 커스텀 블레이드 지시어는 이처럼 기본 제공되는 지시어와 섞어서 사용할 수 있다. 커스텀 지시어를 하나만 등록할 수 있는 건 아니고, 원한다면 **@elseIfClient**, **@ifClient**와 같은 지시어를 추가로 등록할 수도 있다. 어떤 코드든 커스텀 지시어로 등록이 가능하다.

4.5.3 더욱 편리한 if 조건문용 커스텀 지시어

커스텀 블레이드 지시어 기능은 편리하고 강력하다. 커스텀 지시어를 사용하는 가장 일반적인 경우는 if 조건문을 대체하는 것인데, 이를 위해서 if 조건문을 커스텀 블레이드 지시어로 등록하는 편리한 방법이 있다. 바로 **Blade::if()** 메서드를 사용하는 것이다. [예제 4-32]를 **Blade::if()** 메서드로 리팩터링하면 다음과 같이 변경할 수 있다.

예제 **4-37** Blade::if 메서드를 사용해 커스텀 블레이드 지시어 등록하기

```
// 등록
Blade::if('ifPublic', function () {
    return (app('context'))->isPublic();
});
```

위의 커스텀 블레이드 지시어를 등록한 결과는 모두 동일하다. 하지만 **Blade::if()** 메서드를 사용하는 것이 조금 더 간단하다. PHP 변수를 감싸는 중괄호를 포함한 문자열을 신경 쓰지 않아도 되고 간단하게 **ture/false** 불리언 값을 반환한다.

4.6 테스트

일반적으로 뷰를 테스트하는 방법은 애플리케이션의 화면 출력 결과를 테스트하는 것이다. 즉, 실제로 라우트를 호출하고 뷰가 렌더링된 HTML에 원하는 내용이 들어 있는지 확인하라는 뜻이다. 테스팅을 실행하면서 버튼을 클릭하거나, 폼을 전송했을 때 원하는 페이지로 리다이렉트되는지 확인할 수도 있다. 그리고 특정 상황에서 의도된 에러가 발생하는지도 확인할 수 있다. 자세한 내용은 12장에서 자세히 다루므로 지금은 [예제 4-38]에서 뷰의 렌더링 결과에 원하는 내용이 들어 있는지 확인하는 테스트 코드를 살펴보자.

예제 4-38 뷰의 렌더링 결과에 특정 문자열이 포함되어 있는지 테스트하기

```php
// EventsTest.php
public function test_list_page_shows_all_events()
{
    $event1 = Event::factory()->create();
    $event2 = Event::factory()->create();

    $this->get('events')
        ->assertSee($event1->title)
        ->assertSee($event2->title);
}
```

뷰의 결과에 원하는 문자열이 들어 있는지 테스트하는 것보다, 특정 뷰에 원하는 데이터가 전달됐는지 테스트하는 것이 좀 더 쉽다. 테스트를 작성할 때 전체 뷰가 아닌 일부분만 테스트하면, 코드 변경 시 전체 테스트를 함께 수정하지 않아도 되서 코드의 재사용성이 좋아진다. [예제 4 –39]를 살펴보자.

예제 4-39 특정 뷰에 원하는 데이터가 전달됐는지 테스트하기

```php
// EventsTest.php
public function test_list_page_shows_all_events()
{
    $event1 = Event::factory()->create();
    $event2 = Event::factory()->create();

    $response = $this->get('events');
```

```
    $response->assertViewHas('events', Event::all());
    $response->assertViewHasAll([
        'events' => Event::all(),
        'title' => 'Events Page',
    ]);
    $response->assertViewMissing('dogs');
}
```

assertViewHas() 메서드에는 클로저를 전달할 수 있는데, 클로저를 사용하면 복잡한 데이터 구조에 대한 확인이 필요한 경우에도 테스트가 가능하다. 다음은 클로저를 사용하는 예제를 살펴보자.

예제 **4-40** assertViewHas() 메서드에 클로저 전달하기

```
// EventsTest.php
public function test_list_page_shows_all_events()
{
    $event1 = Event::factory()->create();

    $response = $this->get("events/{ $event1->id }");

    $response->assertViewHas('event', function ($event) use ($event1) {
        return $event->id === $event1->id;
    });
}
```

4.7 마치며

블레이드는 라라벨의 템플릿 엔진이다. 블레이드의 주요한 컨셉은 강력한 템플릿 상속 기능과 명확하고 간결하며 편리한 문법을 제공하는 것이다. 또한 필요한 경우 기본 기능 외에 추가적인 지시어를 등록하여 확장할 수도 있다. 변수 값을 출력할 때는 {{와 }}를 사용하고 htmlentities() 처리를 추가하여 안전하게 값을 표현한다. 만약 htmlentities() 처리를 생략하려면 {!!와 !!}를 사용하자. 지시어는 @로 시작하는 형태를 띤다(@if, @unless 등).

블레이드 템플릿 파일은 뷰 파일이라고도 불리며 resources/views 디렉터리 아래에 저장해

서 사용한다. 다양한 지시어를 사용하지만 사용법이 PHP의 함수와 기본적으로 동일해서 쉽게 익힐 수 있다.

템플릿 상속 기능을 사용하면 부모 템플릿에서 @yield와 @section/@show 지시어를 사용해 일정 영역을 **비워**둘 수 있다. @extends('parent.view') 지시어를 사용해 이를 상속받은 자식 뷰에서 영역을 지정하고, @section/@endsection 지시어로 내용을 채울 수 있다. @parent 를 사용하면 부모 뷰에서 정의한 영역의 기본값 정보를 얻어올 수 있다.

뷰 컴포저를 사용하면 특정 뷰 또는 하위 뷰에서 손쉽게 데이터를 로딩하도록 정의할 수 있다. 또한 서비스 주입 기능을 사용해 뷰에서 바로 애플리케이션의 컨테이너에서 클래스의 인스턴스를 획득할 수도 있다.

## CHAPTER 5

데이터베이스와 엘로퀀트

웹 애플리케이션을 개발할 때, 데이터베이스를 다루는 기능은 없어서는 안 될 중요한 기능이다. 라라벨은 데이터베이스를 다루기 위한 여러 기능을 제공하는데, 그중에서 가장 눈여겨볼 것은 액티브레코드 ORM인 엘로퀀트^{Eloquent}다.

엘로퀀트는 라라벨의 다양한 기능 중에서도 가장 널리 알려진 강력한 기능으로, 다른 PHP 프레임워크와 구분되는 대표적인 기능이다. 대부분의 경우 이런 ORM은 강력한 기능을 제공하지만 복잡해지기 쉬워 이해하기 어렵다. 하지만 엘로퀀트 ORM은 강력한 기능은 그대로 유지하면서도 문법이 간결하다. 데이터베이스 테이블 하나에 클래스 하나가 연결되고, 이 클래스를 사용해서 손쉽게 테이블의 데이터를 조회, 변경, 추가, 삭제할 수 있다.

라라벨에서 꼭 엘로퀀트를 사용하지 않더라도 기본적인 데이터베이스 기능을 사용할 수 있다. 따라서 엘로퀀트를 알아보기 전에 먼저 기본적인 데이터베이스를 다루는 마이그레이션, 시딩, 쿼리 빌더를 살펴본다.

엘로퀀트에 관해서는 테이블과 매핑되는 모델 클래스를 정의하는 방법을 알아보고, 이 클래스를 사용해 데이터를 추가, 수정, 삭제하는 방법을 알아본다. 그리고 접근자^{accessor}, 변경자^{mutator}, 속성값 형변환^{attribute casting}을 사용해 응답을 커스터마이징하는 방법을 살펴보고, 모델과 모델 사이의 다양한 연관관계^{relationship}를 정의하여 활용하는 방법을 살펴본다. 모델의 연관관계는 기능이 특히 많아 한 번에 이해하기 어려우니 차근차근 알아보자.

5.1 설정하기

먼저 데이터베이스에 연결할 수 있도록 커넥션 설정을 한다. 데이터베이스 연결에 관한 설정은 config/database.php 파일과 .env 파일에 있다. 라라벨의 다른 설정 영역과 마찬가지로, 커넥션을 여러 개 정의한 다음, 기본값으로 사용할 커넥션을 지정할 수 있다.

5.1.1 데이터베이스 커넥션

기본적으로 데이터베이스 설정 파일에는 [예제 5-1]에서 보는 것과 같이 각각의 드라이버에 해당하는 커넥션 설정이 예시로 들어 있다.

예제 5-1 기본 데이터베이스 커넥션 목록

```
'connections' => [

    'sqlite' => [
        'driver' => 'sqlite',
        'url' => env('DATABASE_URL'),
        'database' => env('DB_DATABASE', database_path('database.sqlite')),
        'prefix' => '',
        'foreign_key_constraints' => env('DB_FOREIGN_KEYS', true),
    ],

    'mysql' => [
        'driver' => 'mysql',
        'url' => env('DATABASE_URL'),
        'host' => env('DB_HOST', '127.0.0.1'),
        'port' => env('DB_PORT', '3306'),
        'database' => env('DB_DATABASE', 'forge'),
        'username' => env('DB_USERNAME', 'forge'),
        'password' => env('DB_PASSWORD', ''),
        'unix_socket' => env('DB_SOCKET', ''),
        'charset' => 'utf8mb4',
        'collation' => 'utf8mb4_unicode_ci',
        'prefix' => '',
        'prefix_indexes' => true,
        'strict' => true,
        'engine' => null,
        'options' => extension_loaded('pdo_mysql') ? array_filter([
```

```
            PDO::MYSQL_ATTR_SSL_CA => env('MYSQL_ATTR_SSL_CA'),
        ]) : [],
    ],

    'pgsql' => [
        'driver' => 'pgsql',
        'url' => env('DATABASE_URL'),
        'host' => env('DB_HOST', '127.0.0.1'),
        'port' => env('DB_PORT', '5432'),
        'database' => env('DB_DATABASE', 'forge'),
        'username' => env('DB_USERNAME', 'forge'),
        'password' => env('DB_PASSWORD', ''),
        'charset' => 'utf8',
        'prefix' => '',
        'prefix_indexes' => true,
        'schema' => 'public',
        'sslmode' => 'prefer',
    ],

    'sqlsrv' => [
        'driver' => 'sqlsrv',
        'url' => env('DATABASE_URL'),
        'host' => env('DB_HOST', 'localhost'),
        'port' => env('DB_PORT', '1433'),
        'database' => env('DB_DATABASE', 'forge'),
        'username' => env('DB_USERNAME', 'forge'),
        'password' => env('DB_PASSWORD', ''),
        'charset' => 'utf8',
        'prefix' => '',
        'prefix_indexes' => true,
    ],
]
```

설정 파일에 있는 기본적인 커넥션 설정 내용은 원하는 대로 수정할 수 있다. 새로운 이름의 커넥션을 추가하고 MySQL이나 Postgres 드라이버를 지정할 수 있다. 기본 파일에는 드라이버마다 하나의 커넥션이 지정되어 있지만 꼭 하나만 등록할 필요는 없다. 원한다면 mysql 드라이버를 사용하는 5개의 각기 다른 커넥션을 설정할 수도 있다. 각각의 커넥션마다 필요한 세부 속성과 옵션 값을 지정할 수 있다.

데이터베이스 설정 파일에 커넥션 여러 개가 예시로 들어 있는 데에는 몇 가지 이유가 있다. 먼저 이 예시는 어떤 데이터베이스를 사용하더라도 자신에게 알맞은 값을 설정하게 하는 일종의 템플릿 역할을 한다. 여러 드라이버에 대한 내용이 미리 들어 있으므로 원하는 데이터베이스에 맞게 내용을 수정하고, 필요 없는 다른 드라이버는 삭제해도 문제없다. 보통은 사용하지 않는 커넥션은 그대로 두고 필요한 내용만 수정해서 사용한다.

하나의 애플리케이션에 데이터베이스 커넥션이 여러 개 필요한 경우도 있다. 서로 다른 드라이버를 사용하는 데이터베이스 커넥션이 필요할 수도 있고, 읽기 전용 커넥션과 쓰기 전용 커넥션을 나눠서 구성할 수도 있다. 라라벨에서는 이런 다중 커넥션 연결을 지원한다.

5.1.2 데이터베이스 URL 설정

Heroku와 같은 서비스에서는 데이터베이스 커넥션 설정을 URL 변수로 제공한다. 이 변수는 다음과 같은 형태로 제공된다.

```
DATABASE_URL="mysql://root:password@127.0.0.1/forge?charset=UTF-8"
```

라라벨에서는 데이터베이스 커넥션을 설정하기 위해서 위의 환경 변수를 하나하나 분리할 필요 없이 DATABASE_URL 환경 변수를 그대로 설정하면 라라벨이 알아서 이 URL을 파싱하여 데이터베이스 커넥션에 필요한 정보를 찾는다. database.php 설정 파일의 connections.mysql.url 부분을 확인해보자.

5.1.3 기타 데이터베이스 설정 옵션

config/database.php 설정 파일에는 커넥션 연결 외에 여러 옵션이 들어 있다. 레디스 연결을 설정하거나, 마이그레이션 기능에서 사용하는 테이블명을 변경하거나, 설정된 데이터베이스 커넥션 중에서 어느 것을 기본값으로 할지 결정할 수 있다.

라라벨의 여러 서비스에서 데이터베이스 커넥션을 사용한다. 세션에서는 데이터 저장을 파일 스토리지에 할 수도 있지만 데이터베이스에 저장할 수도 있고, 캐시는 레디스나 멤캐시^{Memcache}를 사용할 수 있지만 MySQL이나 PostgreSQL과 같은 데이터베이스에 저장할 수도 있다. 애플리케이션에 커넥션을 여러 개 사용하도록 설정했을 때 커넥션을 사용하는 곳에서 별다른 지정을 하지 않으면 기본값으로 설정된 커넥션이 사용된다. 어떤 커넥션 연결을 사용할지 명시적으로 지정하려면 다음과 같이 사용한다.

```
$users = DB::connection('secondary')->select('select * from users');
```

5.2 마이그레이션

데이터베이스 작업을 하기 위해서는 먼저 데이터베이스 스키마를 생성해야 한다. 애플리케이션에서 필요한 테이블을 생성하거나 칼럼을 추가하고 인덱스와 키를 정의하는 작업이 필요하다. 이런 작업들을 데이터베이스 마이그레이션이라고 하고, 라라벨과 같은 모던 프레임워크에서는 마이그레이션 작업을 코드로 처리하는 기능을 제공한다.

5.2.1 마이그레이션 작업 파일 정의

라라벨에서 마이그레이션 작업을 처리하기 위해서는 먼저 작업 파일을 정의해야 한다. 마이그레이션 파일에서는 두 가지를 정의한다. 하나는 원하는 수정 사항을 적용하기 위한 **up**이고 다른 하나는 적용했던 걸 되돌리기 위한 **down**이다.

마이그레이션 파일에서 up과 down의 차이

모든 마이그레이션 파일명은 2014_10_12_000000_create_users_table.php와 같이 날짜와 작업 형태로 구성된다. 새로운 데이터베이스에 마이그레이션을 적용하면, 라라벨은 파일명을 기준으로 오래된 날짜순으로 파일 내용을 확인하여 up() 메서드를 실행한다. 마이그레이션 기능은 새로운 변경 사항을 적용하는 것 외에도 가장 최근에 적용한 마이그레이션을 되돌리는 '롤백roll back' 기능도 지원한다. 롤백을 실행하면 가장 최근에 수행된 마이그레이션 파일 내용을 확인하여 down() 메서드가 실행되고 up()을 통해서 적용된 마이그레이션 내용이 취소된다.

따라서 up() 메서드에는 새로운 변경 사항을 어떻게 실행할지 정의하고, down() 메서드에는 적용한 변경 사항을 어떻게 되돌릴지 정의한다. 이때 마이그레이션은 하나의 파일이 아닌 한 번의 행위를 의미한다.

[예제 5-2]는 라라벨이 기본으로 제공하는 '사용자 테이블 생성' 마이그레이션 파일의 내용이다.

예제 5-2 라라벨의 기본 사용자 테이블 생성 마이그레이션 파일

```php
<?php

use Illuminate\Database\Migrations\Migration;
use Illuminate\Database\Schema\Blueprint;
use Illuminate\Support\Facades\Schema;

class CreateUsersTable extends Migration
{
    /**
     * 마이그레이션 실행
     *
     * @return void
     */
    public function up()
    {
        Schema::create('users', function (Blueprint $table) {
            $table->id();
            $table->string('name');
            $table->string('email')->unique();
            $table->timestamp('email_verified_at')->nullable();
            $table->string('password');
            $table->rememberToken();
            $table->timestamps();
        });
    }

    /**
     * 마이그레이션 되돌리기
     *
     * @return void
     */
    public function down()
    {
        Schema::dropIfExists('users');
    }
}
```

[예제 5-2]에서 보는 것처럼 마이그레이션 파일은 up() 메서드와 down() 메서드를 갖는다. up() 메서드는 칼럼 여러 개를 갖는 users 테이블을 생성하고, down() 메서드에는 이 users 테이블을 삭제하는 코드가 정의되어 있다.

마이그레이션 파일 생성하기

3장에서 잠깐 소개했던 아티즌 명령어를 사용하면 마이그레이션 파일을 쉽게 만들 수 있다(아티즌은 8장에서 자세히 다룬다). 명령줄에서 php artisan make:migration migration_name을 입력하여 새로운 마이그레이션 파일을 생성할 수 있다. 예를 들어 [예제 5-2]와 같은 마이그레이션 파일을 생성하려면 php artisan make:migration create_user_table이라고 입력하면 된다.

이 명령어에는 두 가지 추가 플래그를 지정할 수 있다. --create=*table_name*은 *table_name*이라는 이름의 테이블을 만드는 데 필요한 코드를 미리 채워서 마이그레이션 파일을 만들어준다. --table=*table_name*은 기존 테이블에 대한 수정 작업을 위한 마이그레이션 파일을 작성할 때 사용한다. 아무 플래그도 지정하지 않으면 up() 메서드와 down() 메서드에는 아무 내용이 채워지지 않고 빈 상태로 만들어진다.

```
php artisan make:migration create_users_table
php artisan make:migration add_votes_to_users_table --table=users
php artisan make:migration create_users_table --create=users
```

테이블 생성 마이그레이션

라라벨에 기본으로 들어 있는 create_users_table 마이그레이션 파일에서 Scheme 퍼사드의 create 메서드를 사용하는 코드를 확인할 수 있다. 이 코드는 새로운 테이블을 생성하는 마이그레이션 작업을 나타낸다. 이렇게 스키마와 관련된 작업을 수행하는 마이그레이션 파일에서는 Scheme 퍼사드가 주로 사용된다.

새로운 테이블 생성은 다음과 같이 한다. Scheme 퍼사드의 create() 메서드에 첫 번째 인자로 생성하려는 테이블명을, 두 번째 인자로 칼럼을 정의하는 클로저를 전달한다.

```
Schema::create('users', function (Blueprint $table) {
    // Create columns here
});
```

칼럼 생성/추가 하기

테이블에 새로운 칼럼을 생성하려면 테이블을 생성하는 메서드(create())나 수정하는 메서드(modify())를 호출할 때 클로저로 전달하는 Blueprint 인스턴스를 사용한다.

```
Schema::create('users', function (Blueprint $table) {
    $table->string('name');
});
```

Blueprint 인스턴스는 칼럼을 생성할 때 사용할 수 있는 다양한 메서드를 가지고 있다. MySQL을 기준으로 설명하지만, 다른 데이터베이스에서도 대부분 동일하게 작동한다. 일부 메서드는 주의가 필요하다.

다음은 Blueprint에서 사용 가능한 메서드 목록이다.

- integer(colName)
  INTEGER 타입의 칼럼 추가
- tinyInteger(colName)
  TINYINT 타입의 칼럼 추가
- smallInteger(colName)
  SMALLINT 타입의 칼럼 추가
- mediumInteger(colName)
  MEDIUMINT 타입의 칼럼 추가
- binInteger(colName)
  BIGINT 타입의 칼럼 추가
- string(colName, length)
  length 인자만큼의 길이를 갖는 VARCHAR 타입의 칼럼 추가
- binary(colName)
  BLOB 타입의 칼럼 추가

- boolean(colName)
  BOOLEAN 타입의 칼럼 추가(MySQL에서는 TINYINT(1))

- char(colName, length)
  length 인자만큼의 길이를 갖는 CHAR 타입의 칼럼 추가

- datetime(colName)
  DATETIME 타입의 칼럼 추가

- decimal(colName, precision, scale)
  precision 인자만큼의 전체 자릿수와 scale 인자만큼의 소수점 자릿수를 갖는 DECIMAL 타입의 칼럼 추가 (예를 들어 decimal('amount', 5, 2)라면 전체 5자릿수에서 소수점 둘째 자리까지 허용하는 amount라는 칼럼이 추가된다. 123.45는 입력 가능하지만, 1234.45는 입력 불가)

- double(colName, total digits, digits after decimal)
  total digits 인자만큼의 전체 자릿수와 digits after decimal 인자만큼의 소수점 자릿수를 갖는 DOUBLE 타입의 칼럼 추가(예를 들어 double('tolerance', 12, 8)이라면 전체 12자리의 길이를 갖고 소수점 8자리까지 허용하는 tolerance 칼럼이 추가된다. 7204.05691739라는 값을 입력할 수 있다)

- enum(colName, [choiceOne, choiceTwo])
  두 번째 인자로 주어진 값을 담을 수 있는 ENUM 타입의 칼럼 추가

- float(colName, precision, scale)
  FLOAT 타입의 칼럼 추가(MySQL에서는 double과 동일)

- json(colName)
  JSON 타입의 칼럼 추가

- jsonb(colName)
  JSONB 타입의 칼럼 추가

- text(colName)
  TEXT 타입의 칼럼 추가

- mediumText(colName)
  MEDIUMTEXT 타입의 칼럼 추가

- longText(conName)
  LONGTEXT 타입의 칼럼 추가

- time(colName)
  Time 타입의 칼럼 추가

- timestamp(colName)
  TIMESTAMP 타입의 칼럼 추가

- uuid(colName)
  UUID 타입의 칼럼 추가(MySQL에서는 CHAR(36))

다음은 Blueprint의 특수한 메서드다.

- increments(colName)
  부호 없는 INTEGER 타입을 auto_increment 지정된 기본 키로 추가
- bigIncrements(colName)
  부호 없는 BIG INTEGER 타입을 auto_increment 지정된 기본 키로 추가
- id(colName)
  bigIncrements(colName)과 동일하다. colName을 생략하면 기본값으로 'id'가 지정된다.
- timestamps()
  TIMESTAMP 타입의 created_at, updated_at 칼럼을 추가
- nullableTimestamps()
  null이 허용되는 TIMESTAMP 타입의 created_at, updated_at 칼럼을 추가
- rememberToken()
  사용자 인증에서 활용하는 아이디 저장 기능을 위한 remember_token 칼럼을 VARCHAR(100)으로 추가
- softDeletes()
  소프트 삭제 기능을 활용하기 위한 deleted_at TIMESTAMP 타입 칼럼 추가
- morphs(colName)
  다형성^{polymorphic} 관계에서 사용하기 위한 칼럼을 생성. 전달된 colName을 기준으로 정수형의 colName_id 칼럼과 문자열 타입의 colName_type 칼럼을 추가(예를 들어 morphs(tag)라면 tag_id, tag_type 칼럼 이 추가된다).

추가 속성을 체이닝 형태로 구성하기

대부분의 경우 칼럼을 정의할 때 칼럼의 길이는 두 번째 파라미터를 사용해 설정할 수 있다. 그렇지만 칼럼을 만들 때, 메서드를 체이닝 형태로 호출하여 추가 속성을 지정할 수 있다. 예를 들어 이메일 칼럼을 추가할 때 null을 허용하면서 (MySQL에서) last_name 칼럼 뒤에 위치 시키고자 한다면 다음과 같이 코드를 작성한다.

```
Schema::table('users', function (Blueprint $table) {
    $table->string('email')->nullable()->after('last_name');
});
```

다음 메서드는 칼럼의 추가 속성을 설정할 때 사용할 수 있는 메서드다.

- nullable()
  칼럼에 null 값을 허용
- default('default content')
  칼럼의 기본값을 지정
- unsigned()
  정수형 칼럼에 부호 없음을 지정(정수형에서 음수가 아닌 값만 허용됨)
- first() (MySQL에서만)
  칼럼을 테이블의 첫 번째 순서에 위치
- after(colName) (MySQL에서만)
  칼럼을 지정된 다른 칼럼 뒤에 위치
- unique()
  UNIQUE 인덱스 추가
- primary()
  기본 키 인덱스 추가
- index()
  기본 인덱스 추가

unique(), primary(), index() 메서드는 체이닝 형태로 호출하지 않더라도 사용할 수 있다. 뒤에서 다시 다룬다.

테이블 삭제하기

테이블을 제거하려면 Schema 퍼사드의 dropIfExists() 메서드를 사용한다. 이 메서드는 제거하고자 하는 테이블명을 파라미터로 받는다.

```
Schema::dropIfExists('contacts');
```

칼럼 수정하기

칼럼을 수정하려면 칼럼을 생성하는 것과 동일한 형태로 마이그레이션 코드를 작성한 다음, change() 메서드를 호출한다.

만약 255자 길이 제한이 있는 **name**이라는 칼럼의 길이 제한을 100으로 수정하려면, 다음과 같이 코드를 작성한다.

```
Schema::table('users', function (Blueprint $table) {
    $table->string('name', 100)->change();
});
```

칼럼의 추가 속성값을 수정할 때도 마찬가지로 필요한 메서드를 호출하고 change() 메서드를 마지막에 덧붙인다. 칼럼이 **null** 값을 허용하게 변경하려면 다음과 같이 코드를 작성한다.

```
Schema::table('contacts', function (Blueprint $table) {
    $table->string('deleted_at')->nullable()->change();
});
```

칼럼의 이름을 변경할 때는 다음과 같다.

```
Schema::table('contacts', function (Blueprint $table)
{
    $table->renameColumn('promoted', 'is_promoted');
});
```

칼럼을 삭제할 때는 다음과 같다.

```
Schema::table('contacts', function (Blueprint $table)
{
    $table->dropColumn('votes');
});
```

ATTENTION_ SQLite에서 칼럼 여러 개를 한 번에 수정하기

SQLite 데이터베이스를 사용하면서 칼럼 여러 개를 한 번에 삭제하거나 수정하는 마이그레이션을 실행하면 에러가 발생한다. 12장에서 테스트를 위한 데이터베이스로 SQLite를 권장하는데, 다른 전통적인 데이터베이스를 사용하더라도 테스트에서 SQLite를 활용하기 위해 이러한 마이그레이션의 제약 사항을 알아둘 필요가 있다.

에러를 피하기 위해 각각의 분리된 마이그레이션 파일을 생성할 필요는 없다. 다만 마이그레이션 파일의 up() 메서드 안에서 Schema::table() 메서드를 여러 번 호출하는 형태로 변경하길 바란다.

```php
public function up()
{
    Schema::table('contacts', function (Blueprint $table)
    {
        $table->dropColumn('is_promoted');
    });

    Schema::table('contacts', function (Blueprint $table)
    {
        $table->dropColumn('alternate_email');
    });
}
```

인덱스와 외래 키

지금까지 칼럼을 추가, 수정, 삭제하는 방법을 알아보았다. 이제 인덱스를 생성하는 방법을 알아보자.

인덱스는 데이터베이스의 성능 최적화와 연관 테이블에서 데이터 무결성을 제어하는 데 매우 중요하다. 아직 데이터베이스 인덱스의 개념을 잘 모른다면 꼭 따로 찾아보기를 바란다. 당장 인덱스가 필요하지 않다면 이 부분은 건너뛰고 나중에 다시 확인해도 괜찮다.

인덱스 추가하기

[예제 5-3]은 칼럼에 인덱스를 추가하는 예제다.

```
// 칼럼이 생성된 뒤에 수행한다.
$table->primary('primary_id'); // 기본 키, increments()를 사용한다면 불필요하다.
$table->primary(['first_name', 'last_name']); // 복합 키를 구성하는 경우
$table->unique('email'); // 유니크 인덱스 지정
$table->unique('email', 'optional_custom_index_name'); // 이름을 지정한 유니크 인덱스
$table->index('amount'); // 기본적인 인덱스
$table->index('amount', 'optional_custom_index_name'); // 이름을 지정한 기본적인 인덱스
```

예제에서 첫 번째 줄의 코드는 increments() 메서드나 bigIncrements() 메서드를 사용해 칼럼을 추가하는 경우에는 필요하지 않다. 이 경우 primary() 인덱스가 자동으로 추가되기 때문이다.

인덱스 삭제하기

[예제 5-4]은 칼럼의 인덱스를 삭제하는 예시다.

예제 5-4 마이그레이션에서 칼럼의 인덱스 삭제하기

```
$table->dropPrimary('contacts_id_primary');
$table->dropUnique('contacts_email_unique');
$table->dropIndex('optional_custom_index_name');

// dropIndex 메서드에 칼럼명을 배열로 전달한다면
// 생성 규칙을 기준으로 인덱스 이름을 추정한다.
$table->dropIndex(['email', 'amount']);
```

외래 키 추가 및 삭제하기

특정 칼럼이 다른 테이블의 칼럼을 참조하는 외래 키를 정의하려면 다음과 같이 작성한다.

```
$table->foreign('user_id')->references('id')->on('users');

// 라라벨 7 이상부터는 다음과 같이 작성할 수도 있다.
$table->foreignId('user_id')->constrained();
```

위의 코드는 user_id 칼럼에 users 테이블의 id를 참조하는 외래 키(foreign) 인덱스를 추

가하는 코드다. 간단하지 않은가?

외래 키의 제약을 지정하려면, 다음과 같이 onDelete()와 onUpdate() 메서드를 사용한다.

```
$table->foreign('user_id')
    ->references('id')
    ->on('users')
    ->onDelete('cascade');

// 라라벨 7 이상부터는 다음과 같이 작성할 수도 있다.
$table->foreignId('user_id')
    ->constrained()
    ->onDelete('cascade');
```

외래 키를 삭제하려면 인덱스의 이름(참조되는 칼럼의 이름과 테이블명을 기반으로 자동으로 생성되는)을 지정하여 외래 키를 삭제할 수 있다.

```
$table->dropForeign('contacts_user_id_foreign');
```

또는 로컬 테이블에서 참조하는 칼럼의 배열을 전달해 삭제할 수도 있다.

```
$table->dropForeign(['user_id']);
```

5.2.2 마이그레이션 실행

마이그레이션 파일 정의가 끝났다면 이제 파일의 내용을 적용해보자. 다음과 같이 아티즌 명령어를 실행한다.

```
php artisan migrate
```

이 명령어를 실행하면 모든 마이그레이션 파일의 up() 메서드 내용이 데이터베이스에 적용된다. 다만 기존에 마이그레이션을 실행한 이력이 있다면, 이미 적용된 내용은 제외한다. 즉, 라라벨이 자체적으로 마이그레이션을 실행한 내역을 기록한다는 뜻이다. 이 명령어를 실행할 때마다 실행 내역을 확인해서 아직 적용되지 않은 마이그레이션 파일이 있는지 확인한다. 실행하지 않은 마이그레이션이 있다면 해당 파일의 **up()** 메서드 내용을 적용한다.

마이그레이션을 실행할 때는 몇 가지 옵션이 있다. 먼저 마이그레이션과 시딩을 함께 적용하는 방법이다(5.3절 '시딩' 참고).

```
php artisan migrate --seed
```

또한 다음의 명령어 옵션을 사용할 수 있다.

migrate:install

어떤 마이그레이션을 실행했는지 저장하는 테이블을 생성한다. 마이그레이션을 실행할 때 자동으로 실행되므로 신경 쓰지 않아도 된다.

migrate:reset

적용된 전체 마이그레이션을 되돌린다.

migrate:refresh

적용된 전체 마이그레이션을 되돌린 후 다시 마이그레이션을 적용한다. **migrate:reset**을 실행하고 **migrate**를 실행한 것과 동일하다.

migrate:fresh

모든 테이블을 삭제하고 전체 마이그레이션을 다시 적용한다. **refresh**와 동일하지만, 마이그레이션의 **down()** 메서드 내용을 실행하지 않는다. 단순히 테이블을 삭제하고 **up()** 메서드 내용을 실행한다.

migrate:rollback

가장 최근에 적용한 마이그레이션 내용을 되돌린다. **--step=n** 옵션으로 되돌릴 횟수를 지정할 수 있다. 마이그레이션을 적용할 때에는 파일 개수가 아니라 명령어를 실행한 횟수가 기록되므로 **step**을 적용하면 n개 이상의 마이그레이션 파일만큼 되돌릴 수 있다는 점에 주의하자.

`migrate:status`

모든 마이그레이션 목록을 보여준다. 적용된 마이그레이션과 아직 적용되지 않은 마이그레이션을 Y와 N으로 표시한다.

5.3 시딩

마이그레이션을 마치고 데이터베이스 테이블이 준비되면, 본격적인 개발을 진행하기 앞서 기본 기능을 테스트하기 위한 데이터가 필요하다. 테이블 스키마가 잘 생성됐더라도 데이터가 없다면 목록이나 페이지네이션 같은 기능이 잘 작동하는지 확인하기 어렵다. 시딩은 다른 PHP 프레임워크와 라라벨의 차별화된 기능으로 개발 단계에서 필요한 테스트 데이터를 생성하는 기능이다. 이는 잘 개간된 밭에 씨를 뿌리는 것과 같이 마이그레이션 이후 기본적인 기능을 테스트하기 위한 기초 데이터를 채워 넣는다(시딩^seeding이 씨를 뿌린다는 뜻이다). 프로젝트를 생성하면 시딩 작업을 하기 위한 기본 파일로 database/seeders 디렉터리에 run() 메서드를 갖는 DatabaseSeeder 클래스가 들어 있다.

> **ATTENTION_** 라라벨 8 이전 버전을 사용한다면 시더 파일이 위치하는 디렉터리는 database/seeds이고, 시더 파일도 네임스페이스가 지정되어 있지 않다.

시딩을 실행하는 방법은 두 가지다. 하나는 마이그레이션 실행 시 시딩을 함께 실행하는 것이고 다른 하나는 시딩을 별도로 실행하는 것이다.

마이그레이션을 수행할 때 시딩을 함께 실행하려면, 아티즌 명령어로 마이그레이션을 실행할 때 --seed 옵션을 추가한다.

```
php artisan migrate --seed
php artisan migrate:refresh --seed
```

시딩을 독립적으로 실행하려면 다음과 같은 아티즌 명령어를 실행한다.

```
php artisan db:seed
php artisan db:seed --class=VotesTableSeeder
```

DatabaseSeeder 클래스의 run() 메서드 호출이 기본이지만 --class로 시딩을 수행할 개별 클래스를 지정할 수도 있다.

5.3.1 시더 생성

시딩을 수행하기 위한 로직을 정의한 클래스를 시더 클래스라고 한다. 데이터를 추가하기 위한 새로운 시더 클래스를 생성하려면 다음과 같이 아티즌 명령어를 실행한다.

```
php artisan make:seeder ContactsTableSeeder
```

이 명령어를 실행하면 database/seeders 디렉터리에 ContactsTableSeeder 클래스 파일이 생성된다. 이 파일에 내용을 채워 넣기 전에 먼저 DatabaseSeeder 클래스의 run() 메서드에서 새롭게 생성한 시더를 호출하도록 [예제 5-5]와 같이 내용을 작성하자. 그러면 DatabaseSeeder 클래스가 실행될 때 ContactsTableSeeder가 호출된다.

예제 5-5 DatabaseSeeder 클래스에서 ContactsTableSeeder 클래스 호출하기

```
// database/seeders/DatabaseSeeder.php
...
    public function run()
    {
        $this->call(ContactsTableSeeder::class);
    }
```

이제 ContactsTableSeeder 파일에 내용을 채워 넣자. [예제 5-6]과 같이 DB 퍼사드를 사용

해 레코드를 추가하는 코드를 작성하자.

예제 5-6 시더에서 데이터베이스에 레코드를 추가하기

```php
<?php

use Illuminate\Database\Seeder;
// 라라벨 8 이전에서는 네임스페이스가 필요하지 않다.

use Illuminate\Database\Seeder;
use Illuminate\Database\Eloquent\Model;

class ContactsTableSeeder extends Seeder
{
    public function run()
    {
        DB::table('contacts')->insert([
            'name' => 'Lupita Smith',
            'email' => 'lupita@gmail.com',
        ]);
    }
}
```

예제에서는 레코드를 하나 추가한다. 첫 시더 예제로는 괜찮지만 테스트나 기초 데이터를 확인하는 용도로는 부족하다. 실제로는 일종의 랜덤 데이터를 생성하는 코드를 반복해서 실행하며 이 insert() 메서드를 여러 번 호출하는 기능이 필요할 것이다. 라라벨에서 이렇게 랜덤한 내용을 반복하기 위한 기능을 제공한다.

5.3.2 라라벨 8 버전의 모델 팩토리

모델 팩토리 기능은 데이터베이스 테이블에 가짜 데이터를 채워 넣는 데 사용한다. 시딩에서 데이터를 매번 하나씩 추가할 수 있지만, 필요한 모든 데이터를 하나씩 추가하는 방식으로는 처리할 수는 없으므로 팩토리가 대신 데이터를 추가해준다. 팩토리를 정의할 때는 식별하기 위해 이름을 지정해야 한다. 모델 팩토리 기능은 라라벨 8부터 이전 버전과 다른 형태를 띤다. 만약 라라벨 8 미만의 버전을 사용한다면 5.3.3절 '라라벨 8 이전 버전의 모델 팩토리'를 참고하자.

각각의 팩토리를 정의할 때는 팩토리를 통해서 생성하고자 하는 엘로퀀트 모델 클래스명을 사용한다. [예제 5-7]은 사용자 모델을 사용하는 팩토리 클래스 파일이다.

예제 5-7 엘로퀀트와 테이블명을 키로 하는 모델 팩토리 정의하기

```
namespace Database\Factories;

use App\Models\Post;
use Illuminate\Database\Eloquent\Factories\Factory;

class UserFactory extends Factory
{
    protected $model = User::class;

    public function definition()
    {
        return [
            'name' => $this->faker->name,
        ];
    }
}
```

ATTENTION_ 라라벨 8 이전까지 팩토리 파일은 클래스 형태가 아니었고, 네임스페이스도 지정되어 있지 않았다. [예제 5-7]은 라라벨 8 이전 버전에서 다음과 같은 형태로 작성할 수 있다.

```
$factory->define(User::class, function (Faker\Generator $faker) {
    return [
        'name' => $faker->name,
    ];
});
```

이전 버전과 같은 형태로 팩토리를 작성하려면 **laravel/legacy-factories** 패키지를 의존성에 추가하여 사용할 수 있다.

모델 팩토리 생성하기

모델 팩토리 파일은 database/factories 디렉터리에 위치한다. 일반적으로 팩토리별로 클래스 파일을 정의한다. 이 클래스 파일에는 definition() 메서드가 정의되어 있다. 이 메서드는

팩토리가 생성하고자 하는 모델 클래스의 속성값 정의 방법을 배열로 작성해 반환한다.

새로운 팩토리 파일을 생성하기 위해서는 아티즌 명령어 make:factory를 사용한다. 다음과 같이 팩토리 파일명을 입력하면 되는데, 일반적으로 팩토리 기능을 사용할 엘로퀀트 모델명을 기반으로 팩토리명을 입력한다.

```
php artisan make:factory ContactFactory --model=Contact
```

이 명령어를 실행하면 database/factories 디렉터리에 ContactFactory.php라는 클래스 파일이 생성된다. 이 파일에 작성하는 코드는 다음의 [예제 5-8]과 같은 형태가 된다.

예제 5-8 간단한 팩토리 클래스 정의하기

```php
namespace Database\Factories;

use App\Models\Contact;
use Illuminate\Database\Eloquent\Factories\Factory;

class ContactFactory extends Factory
{
    /**
     * 팩토리가 사용될 모델 클래스
     *
     * @var string
     */
    protected $model = Contact::class;

    /**
     * 팩토리를 사용하여 정의될 모델 클래스의 속성값
     *
     * @return array
     */
    public function definition()
    {
        return [
            'name' => 'Lupita Smith',
            'email' => 'lupita@gmail.com',
        ];
    }
}
```

이제 시딩을 처리하거나 테스트를 수행하기 위해서 factory() 메서드를 사용해 새로운 Contact 인스턴스를 생성할 수 있다. 이 factory() 메서드는 엘로퀀트 모델이 사용하는 Illuminate\Database\Eloquent\Factories\HasFactory 트레이트가 제공한다.

> **NOTE_** 엘로퀀트 모델에서 팩토리 기능을 사용하기 위해서는 모델 클래스에 Illuminate\Database\ Eloquent\Factories\HasFactory 트레이트가 추가되어 있어야 한다. 모델을 생성할 때 php artisan make:model 명령어를 사용하여 모델을 생성하면 HasFactory 트레이트가 자동으로 추가되어 있다. 만약 직접 모델 클래스를 만든다면 팩토리 기능을 사용하기 전에 HasFactory 트레이트를 직접 추가해주어야 한 다. 모델 생성에 대한 자세한 내용은 5.5.1절 '엘로퀀트 모델 생성'에서 다룬다.

```php
use App\Models\Contact;

// 1개 생성
$contact = Contact::factory()->create();

// 여러 개 생성(Collection이 반환된다)
$contacts = Contact::factory()->count(20)->create();
```

위 코드에는 한 가지 문제점이 있다. 생성한 Contact 20개가 모두 동일한 내용을 갖는다는 점이다. 모든 Contact가 동일한 내용을 갖는 것보다 각기 다른 정보를 갖는 것이 실제로 기능을 확인하거나 화면을 확인하는 데 도움이 된다. 이를 위해 사용되는 기능이 페이커^{Faker}(http://bit.ly/2FtyJRr)다.

페이커는 모델 팩토리 클래스에서 사용할 수 있도록 $this->faker와 같이 접근한다. 페이커를 사용해 [예제 5-8]을 [예제 5-9]와 같이 변경할 수 있다. 다음의 코드는 고정된 값이 아닌 임의의 가짜 데이터를 채워 넣는다.

예제 5-9 Faker를 사용해 definition 메서드 수정하기

```php
public function definition()
{
    return [
        'name' => $this->faker->name,
        'email' => $this->faker->email,
    ];
}
```

이 팩토리를 사용해 생성한 Contact는 항상 고정된 값이 아닌 임의의 값을 갖는다.

> **TIP** 임의로 생성된 데이터의 유니크 값 보장하기
>
> 위의 예제에서 이메일 필드처럼 페이커를 사용해 임의로 데이터를 생성하더라도 생성한 값이 항상 고유한 값
> 을 가져야 할 때는 unique() 메서드를 사용한다.
>
> ```
> return ['email' => $this->faker->unique()->email];
> ```

모델 팩토리 사용하기

모델 팩토리는 주로 두 가지 경우에 사용한다. 첫 번째는 지금 다루는 시딩에서 사용할 때고,
두 번째는 12장에서 다루는 테스팅에서 사용할 때다. 여기서는 모델 팩토리를 사용한 시더를
작성해보자. 다음 예제를 보자.

예제 5-10 모델 팩토리 사용하기

```
$post = (Post::factory())->create([
    'title' => 'My greatest post ever',
]);


// 조금 더 복잡한 형태의 팩토리 사용
User::factory()->count(20)->create()->each(function ($u) use ($post) {
    $post->comments()->save(Comment::factory()->make(
        [
            'user_id' => $u->id,
        ]
    ));
});
```

객체를 생성하려면 대상이 되는 엘로퀀트 모델 클래스의 factory() 메서드를 호출한다.
factory() 메서드에는 make() 메서드나 create() 메서드를 체이닝하여 사용할 수 있다.

두 메서드 모두 지정한 모델의 인스턴스를 생성한다. 차이점은 make() 메서드는 지정된 모델
의 인스턴스를 생성하지만 데이터베이스에는 저장하지 않고, create() 메서드는 인스턴스를
생성하고 바로 데이터베이스에 저장한다는 것이다. [예제 5-10]에서는 각기 다른 메서드를 사
용하는 두 케이스를 확인할 수 있다.

두 번째 예제는 이 장 뒷부분에서 엘로퀀트의 관계를 다루는 방법을 알고 나면 좀 더 이해하기 쉽다.

모델 팩토리를 호출할 때 속성값 재지정하기

make() 메서드나 create() 메서드를 호출할 때, 배열을 전달하면 팩토리를 정의할 때 지정된 키에 해당하는 속성값을 재지정할 수 있다. [예제 5-10]에서 볼 수 있듯이 댓글 객체의 user_id를 지정하거나, 글 객체의 제목 속성값을 원하는 값으로 재지정할 수 있다.

모델 팩토리를 사용해 인스턴스 여러 개 생성하기

factory() 메서드를 호출할 때 count() 메서드를 체이닝하면 모델 인스턴스를 여러 개 생성할 수 있다. 이 경우 하나의 인스턴스가 반환되지 않고 인스턴스의 컬렉션이 반환된다. 반환된 컬렉션은 배열과 같이 취급해도 되고 각각의 인스턴스를 다른 엔티티와 연결하거나 인스턴스 별로 각기 다른 메서드를 호출할 수도 있다. [예제 5-10]에서는 each() 메서드와 팩토리를 사용해 생성한 사용자가 작성한 댓글을 글과 연결했다.

조금 더 복잡한 형태의 팩토리 사용

지금까지 가장 일반적인 방법으로 사용하는 모델 팩토리를 알아보았다. 이제 조금 더 복잡한 형태의 모델 팩토리 사용 방법을 알아보자.

모델 팩토리를 정의할 때 연관관계 모델과 연결 추가하기

특정 모델을 팩토리로 생성할 때 연관관계에 있는 다른 모델이 함께 생성되기를 원할 수 있다 (예를 들어 글과 댓글). 이런 경우에는 [예제 5-11]과 같이 모델의 속성값에 클로저를 전달하고 이 클로저 안에서 연결하고자 하는 모델의 키를 사용한다.

예제 5-11 시더에서 연관관계의 모델 생성하기

```
// ContactFactory.php 클래스 파일

use App\Models\Company;
```

```
...

public function definition()
{
    return [
        'name' => 'Lupita Smith',
        'email' => 'lupita@gmail.com',
        'company_id' => Company::factory(),
    ];
}
```

각각의 클로저는 속성값을 나타내는 파라미터로 사용된다. 그리고 이 클로저는 해당 코드가 실행되는 시점에 도달하기 전까지 생성된 다른 속성값을 사용할 수 있다. 다음 예제를 보자.

예제 5-12 시더에서 다른 파라미터의 값 사용하기

```
// ContactFactory.php 클래스 파일

use App\Models\Company;

...


return [
    'name' => 'Lupita Smith',
    'email' => 'lupita@gmail.com',
    'company_id' => function () {
        return App\Models\Company::factory()->create()->id;
    },
    'company_size' => function ($contact) {
        // 바로 위에서 생성한 'company_id' 속성값을 사용한다.
        return App\Models\Company::find($contact['company_id'])->size;
    },
];
```

state 기능을 사용해 모델 하나에 여러 모델 팩토리 정의하기

[예제 5-8]과 [예제 5-9]의 ContactFactory.php 파일을 다시 살펴보자. 기본적인 Contact 모델 팩토리를 정의했다.

```
namespace Database\Factories;

use App\Models\Contact;
use Illuminate\Database\Eloquent\Factories\Factory;

class ContactFactory extends Factory
{
    /**
     * 팩토리가 사용될 모델 클래스
     *
     * @var string
     */
    protected $model = Contact::class;

    /**
     * 팩토리를 사용하여 정의될 모델 클래스의 속성값
     *
     * @return array
     */
    public function definition()
    {
        return [
            'name' => $this->faker->name,
            'email' => $this->faker->email,
        ];
    }
}
```

위 코드에서는 Contact 클래스에 대한 팩토리를 정의했다. 그런데 실제로는 해당 모델을 생성하는 모델 팩토리가 사용될 때 특정 속성값만 다르게 지정하고 싶을 때도 있다. 연락처 (Contact) 모델을 생성할 때 중요한 고객의 VIP 속성을 true로 지정하려면 어떻게 해야 할까? [예제 5-13]에서처럼 state() 메서드를 호출하는 고유한 메서드를 정의하면 Contact 모델 팩토리를 사용할 때 필요한 속성값을 지정할 수 있다.

예제 5-13 state 메서드를 호출하는 커스텀 메서드를 정의하기

```
public function vip()
{
    return $this->state(function (array $attributes) {
        return [
```

```
            'vip' => true,
        ];
    });
}
```

이제 위에서 정의한 상태의 값을 가지는 모델 팩토리를 사용해보자.

```
$vip = Contact::factory()->vip()->create();

$vips = Contact::factory()->count(3)->vip()->create();
```

다시 한번 말하지만, 팩토리 기능은 라라벨 8부터 형태가 달라졌으니, 자신이 사용하는 버전에 맞는 내용을 참고하도록 하자.

> **NOTE_** 이전 버전을 사용하다가 라라벨 8로 업그레이드하여 이전 버전 형태의 팩토리 코드를 가지고 있을 수도 있다. 이 경우 모든 팩토리 코드를 새로운 문법에 맞게 수정하기 어렵다면 `composer require laravel/legacy-factories` 패키지를 추가해서 이전 버전 형태의 팩토리 코드를 그대로 사용할 수 있다.

5.3.3 라라벨 8 이전 버전의 모델 팩토리

라라벨 8에서 팩토리 사용법과 형태가 대폭 변경되었다. 라라벨 8 버전을 사용한다면 5.3.2절 '라라벨 8 버전의 모델 팩토리'를 참고하자.

기본적으로 각 팩토리는 엘로퀀트 클래스명을 사용하거나, 테이블명을 직접 지정할 수 있다. [예제 5-14]는 똑같은 동작을 하는 코드 2개를 보여준다.

예제 5-14 엘로퀀트와 테이블명을 키로 하는 모델 팩토리 정의하기

```
$factory->define(User::class, function (Faker\Generator $faker) {
    return [
        'name' => $faker->name,
    ];
});

$factory->define('users', function (Faker\Generator $faker) {
```

```
        return [
            'name' => $faker->name,
        ];
    });
```

이론적으로 팩토리명은 정의할 때 아무렇게나 지정할 수 있지만, 엘로퀀트 클래스를 사용한 이름을 지정하는 것이 관례다.

모델 팩토리 생성하기

모델 팩토리 파일은 `database/factories` 디렉터리에 위치한다. 일반적으로 팩토리별로 파일을 정의한다. 이 파일에는 `$factory->define()` 메서드가 들어 있다. 이 메서드는 팩토리를 식별하는 이름을 첫 번째 파라미터로, 팩토리가 생성하고자 하는 모델 클래스의 속성값을 정의하는 방법을 지정하는 클로저를 두 번째 파라미터로 받는다.

새로운 팩토리 파일을 생성하기 위해서는 아티즌 명령어 `make:factory`를 사용한다. 다음과 같이 팩토리 파일명을 입력하면 되는데, 일반적으로 팩토리 기능을 사용할 엘로퀀트 모델명을 기반으로 팩토리명을 입력한다.

```
php artisan make:factory ContactFactory
```

이 명령어를 실행하면 `database/factories` 디렉터리에 `ContactFactory.php`라는 파일이 생성된다. 이 파일에 작성하는 코드는 다음의 [예제 5-15]와 같은 형태가 된다.

예제 5-15 간단한 팩토리 정의하기

```
$factory->define(Contact::class, function (Faker\Generator $faker) {
    return [
        'name' => 'Lupita Smith',
        'email' => 'lupita@gmail.com',
    ];
});
```

이제 시딩을 처리하거나 테스트를 수행할 때 `factory()` 글로벌 헬퍼 함수를 사용해 새로운 Contact 인스턴스를 생성할 수 있다.

```
// 1개 생성
$contact = factory(Contact::class)->create();

// 여러 개 생성
factory(Contact::class, 20)->create();
```

위 코드는 한 가지 문제점이 있다. 생성한 Contact 20개가 모두 동일한 내용을 가진다는 점이다. 모든 Contact가 동일한 내용을 갖는 것보다, 각기 다른 정보를 갖는 것이 실제 기능을 확인하거나 화면을 확인하는 데 도움이 된다. 역시 여기서도 페이커를 사용한다.

Faker는 모델 팩토리를 정의할 때 두 번째 파라미터로 전달되는 클로저 안에서 사용하면 된다. [예제 5-15]를 Faker를 사용해 [예제 5-16]과 같이 변경해보았다. 다음의 코드는 고정된 값이 아닌 임의의 가짜 데이터를 채워 넣는다.

예제 5-16 Faker를 사용해 간단한 모델 팩토리 정의하기

```
$factory->define(Contact::class, function (Faker\Generator $faker) {
    return [
        'name' => $faker->name,
        'email' => $faker->email,
    ];
});
```

이 팩토리를 사용해 생성한 Contact는 항상 고정된 값이 아닌 임의의 값을 갖는다.

TIP **임의로 생성된 데이터의 유니크 값 보장하기**

위의 예제에서 이메일 필드와 같이 Faker를 사용해 임의로 생성하더라도 생성한 값이 항상 고유한 값을 가져야 할 때는 unique() 메서드를 사용한다.

```
return ['email' => $faker->unique()->email];
```

모델 팩토리 사용하기

모델 팩토리는 주로 두 가지 경우에 사용한다. 첫 번째는 지금 다루는 시딩에서 사용할 때고, 두 번째는 12장에서 알아볼 테스팅에서다. 여기서는 모델 팩토리를 사용한 시더를 작성해보자. [예제 5-17]과 같은 형태가 될 것이다.

```
$post = factory(Post::class)->create([
    'title' => 'My greatest post ever',
]);

// 조금 더 복잡한 형태의 팩토리 사용
factory(User::class, 20)->create()->each(function ($u) use ($post) {
    $post->comments()->save(factory(Comment::class)->make([
        'user_id' => $u->id,
    ]));
});
```

객체를 생성하려면 factory() 글로벌 헬퍼 함수를 사용해 팩토리 이름을 지정한다. 앞서 살펴봤듯이 주로 생성하고자 하는 엘로퀀트 클래스명이 사용된다. 생성된 팩토리에 make() 메서드나 create() 메서드를 사용할 수 있다.

두 메서드 모두 팩토리를 정의한 파일 안에서 지정한 모델의 인스턴스를 생성한다. 차이점은 make() 메서드는 지정된 모델의 인스턴스를 생성하지만 데이터베이스에는 저장하지 않고, create() 메서드는 인스턴스를 생성하고 바로 데이터베이스에 저장한다는 것이다. [예제 5-17]에서는 각기 다른 메서드를 사용하는 두 케이스를 확인할 수 있다.

두 번째 예제는 이 장 뒷부분에서 엘로퀀트의 관계를 다루는 방법을 알고 나면, 좀 더 이해하기 쉽다.

모델 팩토리를 호출할 때 속성값 재지정하기

make() 메서드나 create() 메서드를 호출할 때, 배열을 전달하면 팩토리를 정의할 때 지정된 키에 해당하는 속성값을 재지정할 수 있다. [예제 5-17]에서 볼 수 있듯이 댓글 객체의 user_id를 지정하거나, 글 객체의 제목 속성값을 원하는 값으로 재지정할 수 있다.

모델 팩토리를 사용해 인스턴스 여러 개 생성하기

factory() 글로벌 헬퍼 함수의 두 번째 파라미터로 숫자를 전달하면 모델 인스턴스를 여러 개 생성할 수 있다. 이 경우 하나의 인스턴스가 반환되지 않고 인스턴스의 컬렉션이 반환된다. 반환된 컬렉션은 배열과 같이 취급해도 되고 각각의 인스턴스를 다른 엔티티와 연결하거나 인스턴스별로 각기 다른 메서드를 호출할 수도 있다. [예제 5-17]에서는 each() 메서드를 사용해 팩토리로 생성한 사용자가 작성한 댓글을 글과 연결하도록 했다.

조금 더 복잡한 형태의 팩토리 사용

지금까지 가장 일반적인 방법으로 사용하는 모델 팩토리를 알아보았다. 이제 조금 더 복잡한 형태의 모델 팩토리 사용 방법을 알아보자.

모델 팩토리를 정의할 때 연관관계 모델과 연결 추가하기

특정 모델을 팩토리로 생성할 때 연관관계에 있는 다른 모델이 함께 생성되기를 원할 수 있다 (예를 들어 글과 댓글). 이런 경우에는 [예제 5-18]과 같이 모델의 속성값에 클로저를 전달하고 이 클로저 안에서 연결하고자 하는 모델의 키를 사용한다.

예제 5-18 시더에서 연관관계의 모델 생성하기

```
$factory->define(Contact::class, function (Faker\Generator $faker) {
    return [
        'name' => 'Lupita Smith',
        'email' => 'lupita@gmail.com',
        'company_id' => function () {
            return factory(App\Company::class)->create()->id;
        },
    ];
});
```

각각의 클로저는 속성값을 나타내는 파라미터로 사용된다. 그리고 이 클로저는 해당 코드가 실행되는 시점에 도달하기 전까지 생성된 다른 속성값을 사용할 수 있다. 다음 예제를 보자.

예제 5-19 시더에서 다른 파라미터의 값 사용하기

```
$factory->define(Contact::class, function (Faker\Generator $faker) {
    return [
        'name' => 'Lupita Smith',
        'email' => 'lupita@gmail.com',
        'company_id' => function () {
            return factory(App\Company::class)->create()->id;
```

```
        },
        'company_size' => function ($contact) {
            // 바로 위에서 생성한 "company_id" 속성값을 사용한다.
            return App\Company::find($contact['company_id'])->size;
        },
    ];
});
```

state 기능을 사용해 모델 하나에 여러 모델 팩토리 정의하기

[예제 5-15]와 [예제 5-16]의 **ContactFactory.php** 파일을 다시 살펴보자. 기본적인 Contact 모델 팩토리를 정의했다.

```
$factory->define(Contact::class, function (Faker\Generator $faker) {
    return [
        'name' => $faker->name,
        'email' => $faker->email,
    ];
});
```

위 코드에서는 Contact 클래스에 대한 팩토리를 하나만 정의했지만, 실제로는 해당 모델을 생성하는 모델 팩토리가 여러 개 필요할 수 도 있다. 연락처(Contact) 모델을 생성할 때 중요한 고객의 VIP 속성을 true로 지정하려면 어떻게 해야 할까? [예제 5-20]에서처럼 state() 메서드를 사용해 Contact 모델에 대한 두 번째 모델 팩토리를 정의할 수 있다. state() 메서드의 첫 번째 파라미터는 define() 메서드와 동일하게 생성하고자 하는 모델 클래스이고, 두 번째 파라미터는 해당 state의 이름을 전달한다. 세 번째 파라미터는 해당 상태에 대해서 명시적으로 적용하고자 하는 속성값의 배열이다.

예제 5-20 동일한 모델에 대하여 state 메서드를 사용해 모델 팩토리 여러 개 정의하기

```
$factory->define(Contact::class, function (Faker\Generator $faker) {
    return [
        'name' => $faker->name,
        'email' => $faker->email,
    ];
});
```

```
$factory->state(Contact::class, 'vip', [
    'vip' => true,
]);
```

해당 상태에 변경하고자 하는 속성값이 고정된 값이 아니라 동적으로 변경되는 값이라면, 배열을 파라미터로 전달하는 대신 클로저를 전달한다. [예제 5-21]에서 볼 수 있듯이 클로저를 전달하면 클로저가 반환하는 배열값을 변경이 필요한 값으로 인식해 해당 값이 수정된다.

예제 5-21 팩토리 state에 클로저를 인자로 전달해 속성값 지정하기

```
$factory->state(Contact::class, 'vip', function (Faker\Generator $faker) {
    return [
        'vip' => true,
        'company' => $faker->company,
    ];
});
```

이제 위에서 정의한 상태의 값을 가지는 모델 팩토리를 사용해보자.

```
$vip = factory(Contact::class)->state('vip')->create();

$vips = factory(Contact::class, 3)->state('vip')->create();
```

시딩과 관련된 내용이 조금 장황하고 어렵게 보일 수도 있겠지만, 개념을 알고 나면 금방 이해할 수 있다. 시딩은 여기까지 살펴보고, 본론으로 돌아가 데이터베이스를 다루는 핵심 내용인 쿼리 빌더를 알아보자.

5.4 쿼리 빌더

앞서 데이터베이스 연결 설정을 마치고 마이그레이션 기능을 사용해 테이블을 생성하는 과정을 알아보았다. 그리고 시더를 활용하여 기초 데이터를 채우는 방법도 알아보았다. 이제 데이터를 조회, 변경, 삭제하는 쿼리 빌더를 알아보자. 쿼리 빌더는 라라벨의 데이터베이스 기능으로 다양한 유형의 데이터베이스와 연결할 수 있다. 또한 간결한 플루언트 인터페이스를 제공한다.

라라벨의 데이터베이스 아키텍처는 여러 가지 데이터베이스와 연결하기 위해서 각기 다른 인터페이스를 사용하지 않고 공통 인터페이스를 사용한다. 따라서 사용하는 데이터베이스를 변경할 때에는 설정만 변경해서 동일한 코드로 다른 데이터베이스(MySQL, Postgres, SQLite, SQL Server)에 연결할 수 있다.

PHP 코드를 작성해본 경험이 있다면, 데이터베이스를 조작하기 위해서 '원시' 쿼리를 만들고, 보안을 위해서 사용자가 입력한 값을 이스케이프 처리한 결과 값을 조합하여 사용하는 형태를 알고 있을 것이다. 이런 코드는 가독성도 좋지 못하고, 금방 복잡해지기 쉬워 코드의 유지 보수를 어렵게 한다. 이 대신 쿼리 빌더를 사용하면 편리하고 유용한 메서드를 사용할 수 있다. 간단한 호출 구조부터 살펴보자.

5.4.1 DB 퍼사드의 기본적인 사용법

복잡한 쿼리를 메서드 체이닝 형태로 만드는 방법을 알아보기 전에 간단한 쿼리 빌더 사용법부터 확인해보자. DB 퍼사드는 '원시' 쿼리를 실행하기 위한 방법과 메서드 체이닝을 호출하는 방법 두 가지를 모두 지원한다. [예제 5-22]를 확인해보자.

```
// 쿼리를 직접 전달하는 방식
DB::statement('drop table users');

// SELECT 쿼리를 직접 전달하고 파라미터를 바인딩하는 호출 방식
DB::select('select * from contacts where validated = ?', [true]);

// 체이닝 방법을 사용해 데이터를 조회하는 방법
$users = DB::table('users')->get();

// 다른 테이블과의 JOIN 구문을 체이닝으로 호출하는 방법
DB::table('users')
    ->join('contacts', function ($join) {
        $join->on('users.id', '=', 'contacts.user_id')
            ->where('contacts.type', 'donor');
    })
    ->get();
```

5.4.2 기본적인 SQL 호출

[예제 5-22]에서 볼 수 있듯이, DB 퍼사드의 statement() 메서드를 사용해 쿼리를 곧바로 실행할 수 있다. 예제에서는 DB::statement('drop table users')라고 호출했다.

직접 SQL을 실행할 수도 있지만, 많이 사용되는 쿼리를 호출하는 더 구체적인 메서드가 있다. 바로 select(), insert(), update(), delete() 메서드다. 이 메서드를 호출하는 것과 직접 원시 쿼리를 실행하는 것의 차이는 반환되는 결과 값이다. update()와 delete() 메서드는 쿼리가 실행한 후 영향을 받은 레코드 개수affected row를 반환한다. statement() 메서드는 쿼리 실행의 성공/실패 여부를 불리언 값으로 반환한다. 가능하면 명시적인 메서드를 사용하는 것이 코드 가독성 측면에서 더 좋다.

select()

DB 퍼사드의 가장 간단한 메서드는 select()다. 이 메서드를 사용하는 가장 간단한 방법은 파라미터 없이 실행하고자 하는 SQL만 전달하는 방법이다.

```
$users = DB::select('select * from users');
```

이 메서드를 호출하면 stdClass 객체로 이루어진 배열이 반환된다.

파라미터 바인딩과 이름을 지정한 바인딩

라라벨의 데이터베이스 아키텍처는 내부에서 PDO^php data object 인터페이스를 사용하므로 파라미터 바인딩 기능을 사용할 수 있다. 바인딩 기능을 사용하면 직접 SQL을 문자열로 조작하는 것보다 SQL 인젝션 공격으로부터 안전한 코드를 작성할 수 있다. 따라서 쿼리 구문을 문자열로 직접 생성하기보다는 바인딩 기능을 사용하는 것이 좋다. 쿼리 구문에 파라미터를 전달하려면 전달하려는 값이 들어가야 할 부분에 물음표(?) 표시를 하면 된다. 그리고 필요한 파라미터는 메서드를 호출할 때 두 번째 인자로 전달한다.

```
$usersOfType = DB::select(
    'select * from users where type = ?',
    [$type]
);
```

또는 파라미터를 바인딩할 때 이름을 지정할 수 있다.

```
$usersOfType = DB::select(
    'select * from users where type = :type',
    ['type' => $userType]
);
```

insert()

다음은 데이터를 추가하는 insert() 메서드다. 기본적인 쿼리의 형태는 거의 같다.

```
DB::insert(
    'insert into contacts (name, email) values (?, ?)',
    ['sally', 'sally@me.com']
);
```

update()

데이터를 변경하는 update() 호출은 다음과 같다.

```
$countUpdated = DB::update(
    'update contacts set status = ? where id = ?',
    ['donor', $id]
);
```

delete()

데이터를 삭제하는 delete() 호출은 다음과 같다.

```
$countDeleted = DB::delete(
    'delete from contacts where archived = ?',
    [true]
);
```

5.4.3 쿼리 빌더 체이닝

지금까지 DB 퍼사드에서 제공하는 간단한 메서드를 호출하여 기본적인 쿼리를 실행하는 방법을 알아보았다. 이제 본격적으로 쿼리 빌더 기능을 사용해보자.

쿼리 빌더 기능을 사용하면 메서드를 체이닝 형태로 호출하여 쿼리를 생성할 수 있다. 메서드 체이닝 마지막에 실행 메서드(get() 메서드와 같은)를 호출하면 생성한 쿼리를 실제로 데이터베이스에 실행한다.

간단한 예제를 살펴보자.

```
$usersOfType = DB::table('users')
    ->where('type', $type)
    ->get();
```

이 예제는 users 테이블에서 type이 $type인 조건을 갖는 쿼리를 생성하고 그 결과를 가져오는 작업을 수행한다. 쿼리를 먼저 생성한 뒤 마지막에 어떤 작업을 할지 결정한다는 점을 명심하자. 쿼리 빌더를 사용할 때 어떤 메서드를 체이닝할 수 있는지 알아보자. 각각의 메서드는 제약 메서드, 수정 메서드, 조건 메서드, 결과를 반환하는 메서드로 구분할 수 있다.

쿼리 결과 제약 메서드

이 메서드들은 쿼리의 결과에 나타나는 데이터가 어떤 형태로 표시되는지 제약을 지정하는 메서드다.

select()

조회 결과에 포함될 칼럼을 선택한다.

```
$emails = DB::table('contacts')
    ->select('email', 'email2 as second_email')
    ->get();
// 또는
$emails = DB::table('contacts')
    ->select('email')
    ->addSelect('email2 as second_email')
    ->get();
```

where()

WHERE를 사용해 반환되는 데이터의 범위를 제한한다. where() 메서드는 기본적으로 칼럼, 비교 연산자, 범위를 지정하는 값의 세 가지 파라미터를 인자로 받을 수 있다.

```
$newContacts = DB::table('contact')
    ->where('created_at', '>', now()->subDay())
    ->get();
```

자주 사용하는 비교 연산자인 '='는 생략이 가능하다. 이때는 파라미터를 2개만 전달해도 된다.

```
$vipContacts = DB::table('contacts')->where('vip',true)->get();
```

where 구문을 여러 개 적용하려면 where() 메서드를 여러 번 체이닝하거나 메서드에 조건식을 배열 형태로 전달한다.

```
$newVips = DB::table('contacts')
    ->where('vip', true)
    ->where('created_at', '>', now()->subDay());
// 또는
$newVips = DB::table('contacts')->where([
    ['vip', true],
    ['created_at', '>', now()->subDay()],
]);
```

orWhere()

이 메서드는 간단한 OR WHERE 구문을 생성한다.

```
$priorityContacts = DB::table('contacts')
    ->where('vip', true)
    ->orWhere('created_at', '>', now()->subDay())
    ->get();
```

여러 조건을 표현하는 좀 더 복잡한 OR WHERE 구문을 만들려면 orWhere() 메서드에 클로저를 전달한다.

```
$contacts = DB::table('contacts')
    ->where('vip', true)
    ->orWhere(function ($query) {
        $query->where('created_at', '>', now()->subDay())
            ->where('trial', false);
    })
    ->get();
```

ATTENTION_ where() 메서드 여러 개와 orWhere() 메서드를 함께 사용할 때 주의할 점

where() 메서드 여러 개와 orWhere() 메서드를 함께 사용하면 쿼리가 원하는 대로 실행되지 않을 수 있으니 각별히 주의해야 한다. 다음 코드는 아래의 SQL 쿼리로 변환되어 실행된다. 이 쿼리가 의도한 대로 생성됐는지 확인해야 한다.

```
$canEdit = DB::table('users')
    ->where('admin', true)
```

```
    ->orWhere('plan', 'premium')
    ->where('is_plan_owner', true)
    ->get();
SELECT * FROM users
    WHERE admin = 1
    OR plan = 'premium'
    AND is_plan_owner = 1;
```

의도한 쿼리가 '조건 OR(조건 AND 조건)'라는 SQL이었다면. **owWhere()** 메서드에 클로저를 전달해야 한다.

```
$canEdit = DB::table('users')
    ->where('admin', true)
    ->orWhere(function ($query) {
        $query->where('plan', 'premium')
            ->where('is_plan_owner', true);
    })
    ->get();
SELECT * FROM users
    WHERE admin = 1
    OR (plan = 'premium' AND is_plan_owner = 1);
```

whereBetween(colName, [low, high])

칼럼 값이 주어진 두 값 사이의 값을 가지는 레코드가 반환되도록 범위를 지정한다.

```
$mediumDrinks = DB::table('drinks')
    ->whereBetween('size', [6, 12])
    ->get();
```

whereNotBetween()은 반대로 주어진 두 값 사이에 있지 않은 레코드를 반환한다.

whereIn(colName, [1, 2, 3])

칼럼의 값이 주어진 값 중에 하나인 경우의 레코드가 반환되도록 범위를 지정한다.

```
$closeBy = DB::table('contacts')
    ->whereIn('state', ['FL', 'GA', 'AL'])
    ->get();
```

whereNotIn()은 반대로 주어진 값에 포함되지 않은 레코드를 반환한다.

whereNull(colName)과 whereNotNull(colName)

주어진 칼럼이 NULL이거나 NOT NULL인 레코드를 반환한다.

whereRaw()

이 메서드는 전달되는 문자열을 이스케이프 처리하지 않고 바로 WHERE 구문 뒤에 추가한다.

```
$goofs = DB::table('contacts')->whereRaw('id = 12345')->get()
```

> **ATTENTION_ SQL 인젝션 공격에 주의하자!**
>
> whereRaw() 메서드에 전달되는 문자열은 이스케이프 처리되지 않는다. 만약 애플리케이션 사용자가 입력
> 한 값을 그대로 whereRaw 메서드에 전달한다면 SQL 인젝션 공격이 가능해지므로 이 메서드를 사용할 때에
> 는 주의해야 한다.

whereExists()

서브 쿼리를 전달해서 하나 이상의 레코드를 반환하는 경우, 해당하는 레코드를 가져올 때 사용한다. 다음은 하나 이상의 댓글을 작성한 사용자 목록을 가져오는 쿼리를 실행한다.

```
$commenters = DB::table('users')
    ->whereExists(function ($query) {
        $query->select('id')
            ->from('comments')
            ->whereRaw('comments.user_id = users.id');
    })
    ->get();
```

distinct()

선택한 데이터가 고유할 때만 반환되도록 제한한다. 일반적으로 select() 메서드와 함께 사용한다. 기본 키는 중복값이 없기 때문이다.

```
$lastNames = DB::table('contacts')->select('city')->distinct()->get();
```

쿼리 결과 변경 메서드

다음 메서드들은 쿼리 결과의 출력 방식을 변경한다.

orderBy(colName, direction)

첫 번째 파라미터는 어떤 칼럼을 기준으로 쿼리 결과를 정렬할지 지정한다. 두 번째 파라미터는 asc(오름차순) 또는 desc(내림차순)을 값을 가질 수 있으며, 생략 시 기본값으로 asc가 지정된다.

```
$contacts = DB::table('contacts')
    ->orderBy('last_name', 'asc')
    ->get();
```

groupBy(), having(), havingRaw()

칼럼을 기준으로 쿼리 결과를 그룹화한다. 추가로 having()과 havingRaw() 메서드를 사용하면 그룹의 속성값에 따라 결과를 필터링할 수 있다. 예를 들어 30명 이상의 연락처가 등록된 도시를 기준으로 필터링한 결과는 다음과 같다.

```
$populousCities = DB::table('contacts')
    ->groupBy('city')
    ->havingRaw('count(contact_id) > 30')
    ->get();
```

skip()과 take()

페이지를 처리하기 위해서 자주 사용한다. 페이지 번호 및 페이지 사이즈를 계산해서 데이터를 표시할 때 몇 개를 건너뛸지 정의한다.

```
// 31~40번째 레코드 반환
$page4 = DB::table('contacts')->skip(30)->take(10)->get();
```

latest(colName)와 oldest(colName)

전달된 칼럼을 기준으로 결과를 정렬한다. 칼럼명을 지정하지 않으면 기본으로 created_at 칼럼이 사용된다. latest()는 내림차순, oldest()는 오름차순으로 정렬한다.

inRandomOrder()

쿼리 결과를 임의의 순서로 정렬한다.

조건에 따라 쿼리를 추가하는 메서드

이 메서드는 조건 값에 따라서 쿼리에 제약을 추가할 때 사용한다. 전달하는 값의 참/거짓 (True/False) 여부에 따라 두 번째 파라미터로 전달되는 클로저가 수행된다.

when()

첫 번째 파라미터가 True이면 두 번째 파라미터로 전달된 클로저를 실행해 쿼리에 조건 절을 추가한다. 첫 번째 파라미터가 False면 아무 행동도 하지 않는다. 다음 코드에서는 $status 값이 True이면 status 조건식을 추가한다. 아래의 코드에서는 $ignoreDrafts 값이 True인 경우에 draft가 False인 조건식을 추가한다.

```
$status = request('status'); // status 값이 전달되지 않는다면 null 값이 된다.

$posts = DB::table('posts')
    ->when($status, function ($query) use ($status) {
        return $query->where('status', $status);
    })
    ->get();

// 또는
$posts = DB::table('posts')
    ->when($ignoreDrafts, function ($query) {
        return $query->where('draft', false);
    })
    ->get();
```

when() 메서드에는 세 번째 파라미터도 전달할 수 있다. 세 번째 파라미터는 조건 변수의 값 (첫 번째 파라미터)이 False이면 실행된다.

unless()

이 메서드는 when() 메서드의 반대 개념으로 조건 값이 False이면 두 번째 파라미터로 전달되는 클로저가 실행된다.

쿼리를 실행하고 결과를 반환하는 메서드

이 메서드는 생성한 쿼리를 실행하고 결과를 반환한다. 쿼리를 만드는 메서드 체이닝의 마지막에 이 메서드 중 하나가 있어야 한다. 그렇지 않다면 결과 값은 쿼리 빌더 인스턴스 그 자체가 된다. 이 메서드들은 실제로 데이터베이스에서 쿼리를 실행한 결과를 반환한다.

get()

생성한 쿼리를 실행하고 결과를 반환한다.

```
$contacts = DB::table('contacts')->get();
$vipContacts = DB::table('contacts')->where('vip', true)->get();
```

first()와 firstOrFail()

first() 메서드는 get()과 같이 결과를 반환하지만 LIMIT 1이 추가된 것과 같이 작동한다.

```
$newestContact = DB::table('contacts')
    ->orderBy('created_at', 'desc')
    ->first();
```

first() 메서드는 결과가 존재하지 않는 경우 False를 반환하지만, firstOrFail() 메서드는 예외를 발생시킨다.

이 두 메서드에는 칼럼명이 들어 있는 배열 값을 전달할 수 있다. 칼럼명의 배열을 전달하면 전체 칼럼이 조회되지 않고 지정된 칼럼만 조회된다.

find($id)와 findOrFail($id)

find() 메서드는 찾고자 하는 데이터의 ID를 인자로 받는다. find() 메서드는 전달된 ID가 존재하지 않는 경우 False 값을 반환한다. findOrFail() 메서드는 결과가 존재하지 않는 경우 예외를 발생한다.

```
$contactFive = DB::table('contacts')->find(5);
```

value()

이 메서드는 첫 번째 레코드에서 지정된 칼럼 값만 반환한다. first()와 비슷하지만 하나의 칼럼 값만 확인할 때 사용한다.

```
$newestContactEmail = DB::table('contacts')
    ->orderBy('created_at', 'desc')
    ->value('email');
```

count()

쿼리의 조건에 일치하는 레코드의 수를 반환한다.

```
$countVips = DB::table('contacts')
    ->where('vip', true)
    ->count();
```

min()과 max()

주어진 칼럼의 값 중에서 최솟값과 최댓값을 반환한다.

```
$highestCost = DB::table('orders')->max('amount');
```

sum()과 avg()

주어진 칼럼의 값의 합과 평균값을 반환한다.

```
$averageCost = DB::table('orders')
    ->where('status', 'completed')
    ->avg('amount');
```

dd()와 dump()

생성되는 SQL 쿼리와 바인딩되는 변수 값을 출력한다. dd()를 사용하는 경우 스크립트를 종료한다.

```
DB::table('users')->where('name', 'Wilbur Powery')->dd();

// "select * from "users" where "name" = ?"
// array:1 [ 0 => "Wilbur Powery"]
```

DB::raw를 사용해 쿼리 빌더 내부에 원시 쿼리를 작성하는 법

쿼리 빌더 내부에 원시 쿼리를 그대로 사용하는 경우도 있다. 예를 들면 select() 대신 selectRaw() 메서드를 사용해 전달하는 문자열 그대로 쿼리가 실행되도록 만드는 경우다. 이렇게 대응되는 메서드를 사용할 수도 있지만 DB::raw() 메서드를 사용해 원시 쿼리를 그대로 전달할 수 있다.

```
$contacts = DB::table('contacts')
    ->select(DB::raw('*, (score * 100) AS integer_score'))
    ->get();
```

조인 쿼리

쿼리를 작성할 때 조인문은 복잡해지기 쉽고, 간략하게 정의하기 어려울 때가 많다. 라라벨은 조인문을 최대한 간단하게 만들 수 있도록 다양한 기능을 제공하지만, 이런 코드 스타일이 낯설 수도 있다. 다음 예제를 보자.

```
$users = DB::table('users')
    ->join('contacts', 'users.id', '=', 'contacts.user_id')
    ->select('users.*', 'contacts.name', 'contacts.status')
    ->get();
```

join() 메서드는 **이너 조인**inner join을 생성한다. 메서드를 체이닝하여 다른 테이블과의 조인을 추가할 수도 있고, leftJoin() 메서드를 사용해 **레프트 조인**left join을 구성할 수도 있다.

그리고 복잡한 조인문은 join() 메서드에 클로저를 전달하는 방식으로 구현할 수 있다.

```
DB::table('users')
    ->join('contacts', function ($join) {
        $join
            ->on('users.id', '=', 'contacts.user_id')
            ->orOn('users.id', '=', 'contacts.proxy_user_id');
    })
    ->get();
```

유니온 쿼리

2개의 쿼리 결과를 하나로 만들 수 있는 유니온 쿼리를 생성하려면 union() 메서드나 unionAll() 메서드를 사용한다.

```
$first = DB::table('contacts')
    ->whereNull('first_name');

$contacts = DB::table('contacts')
    ->whereNull('last_name')
    ->union($first)
    ->get();
```

인서트 쿼리

insert() 메서드는 매우 간단하다. 추가하려는 데이터의 값을 배열로 전달하면 레코드를 추가할 수 있다. 데이터를 여러 개 추가하려면 배열의 배열 형태로 파라미터를 전달한다. 그리고 insert() 메서드 대신 insertGetId() 메서드를 사용하면 현재의 커넥션에서 실행한 인서트 쿼리로 생성된 레코드의 자동 생성된 기본 키 ID를 반환한다.

```
$id = DB::table('contacts')->insertGetId([
    'name' => 'Abe Thomas',
    'email' => 'athomas1987@gmail.com',
]);

DB::table('contacts')->insert([
```

```
    ['name' => 'Tamika Johnson', 'email' => 'tamikaj@gmail.com'],
    ['name' => 'Jim Patterson', 'email' => 'james.patterson@hotmail.com'],
]);
```

업데이트 쿼리

업데이트 쿼리도 인서트 쿼리와 마찬가지로 간단하다. 업데이트 쿼리를 만들려면, get()이나 first() 메서드 대신 update() 메서드를 호출하고, 수정하고자 하는 칼럼의 값을 배열로 전달한다.

```
DB::table('contacts')
    ->where('points', '>', 100)
    ->update(['status' => 'vip']);
```

간단하게 칼럼 값을 증가하거나 감소하길 원한다면 increment() 메서드와 decrement() 메서드를 사용할 수 있다. 이 두 메서드는 인자로 전달받은 칼럼을 증가/감소한다. 두 번째 파라미터는 얼마나 증가/감소할지 결정하는 값이다.

```
DB::table('contacts')->increment('tokens', 5);
DB::table('contacts')->decrement('tokens');
```

삭제 쿼리

마찬가지로 삭제 쿼리는 마지막에 delete() 메서드를 호출한다.

```
DB::table('users')
    ->where('last_login', '<', now()->subYear())
    ->delete();
```

truncate() 메서드는 테이블의 모든 레코드를 삭제하고, **자동 증가**^{auto increment} ID 값을 초기화한다.

JSON 연산

JSON 칼럼을 갖는다면 화살표 문법(->)을 사용해 JSON 구조에 맞게 데이터를 조회하고 수정할 수 있다.

```
// options JSON 칼럼의 isAdmin 속성이 true인 모든 레코드 조회
DB::table('users')->where('options->isAdmin', true)->get();

// options JSON 칼럼의 "verified" 속성을 true로 변경
DB::table('users')->update(['options->isVerified', true]);
```

5.4.4 트랜잭션

트랜잭션이란 데이터베이스에서 실행되는 쿼리를 한 단위로 묶어서 처리하는 기능이다. 여러 쿼리를 하나로 묶어서 모든 쿼리가 실행되도록 하거나 모든 쿼리가 롤백(실행되지 않은 상태로 되돌리도록 처리)하는 기능이다. 트랜잭션을 사용하면 일부 쿼리는 실행되지만, 일부 쿼리는 실패하는 일이 발생하지 않는다. 하나로 묶은 쿼리의 일부에서 예외가 발생하면 전체가 실패한 것으로 간주해 전체를 롤백한다.

라라벨의 쿼리 빌더에서 제공하는 트랜잭션 기능은 클로저 안에서 트랜잭션으로 묶은 코드의 일부에서 예외가 발생하면 이를 감지하고 트랜잭션을 롤백한다. 트랜잭션 클로저가 성공적으로 실행되면 트랜잭션을 커밋(반영)한다. 다음 예제에서 간단한 트랜잭션을 살펴보자.

예제 5-23 간단한 트랜잭션

```
DB::transaction(function () use ($userId, $numVotes) {
    // 실패할 가능성이 있는 DB 쿼리
    DB::table('users')
        ->where('id', $userId)
        ->update(['votes' => $numVotes]);

    // 위의 쿼리가 실패하면 실행되지 않는 쿼리
    DB::table('votes')
        ->where('user_id', $userId)
        ->delete();
});
```

이 예제에서는 votes 테이블에서 특정 사용자가 몇 건을 추천했는지 추천 개수를 뽑아두었다고 가정한다. users 테이블에 해당 사용자가 몇 건의 추천을 했는지 업데이트하고, votes 테이블에서 데이터를 삭제하려 한다. 물론 users 테이블에 업데이트가 정상적으로 수행됐을 때만 votes 테이블에서 데이터를 삭제해야 한다. 그리고 votes 테이블에서 데이터를 삭제할 때 문제가 발생해도 users 테이블에 업데이트한 내역을 되돌려야 한다.

두 쿼리 중 어느 하나에서 문제가 발생하면, 다른 하나의 쿼리가 적용되지 않아야 한다. 이때 사용할 수 있는 기능이 바로 트랜잭션이다.

트랜잭션은 위의 예제와 같이 트랜잭션 메서드에 클로저를 전달하는 방식으로 사용할 수도 있고, 더 명시적인 방법으로 사용할 수도 있다. DB::beginTransaction() 메서드로 트랜잭션을 시작하고, DB::commit()으로 마치거나, DB::rollBack()으로 되돌리는 방법이다.

```
DB::beginTransaction();

// 데이터베이스 작업 수행

if ($badThingsHappened) {
    DB::rollBack();
}

// 다른 데이터베이스 작업 수행

DB::commit();
```

5.5 엘로퀀트 소개

쿼리 빌더를 알아보았으니 이제 엘로퀀트를 살펴보자. 엘로퀀트는 쿼리 빌더를 기반으로 만든 라라벨의 대표적인 데이터베이스 기능이다.

엘로퀀트는 액티브레코드 ORM으로, 여러 데이터베이스 작업을 하나의 인터페이스로 처리할 수 있는 데이터베이스 추상화 레이어다. 액티브레코드란 엘로퀀트 클래스 하나가 레코드 하나에 대응되는 것뿐 아니라, 테이블 하나와 관련된 기능을 수행할 수 있음을 의미한다. 레코드를 하나 처리하는 작업은 $kim = new User()와 같이 하고, 테이블과 관련된 기능은 (예를 들어 모든 사용자 레코드를 조회하는) Users::all()과 같이 처리할 수 있다. 또한 데이터를 저장하고 삭제하는 기능은 $kim->save(), $kim->delete()처럼 호출하여 처리할 수 있다.

엘로퀀트는 단순함을 가장 중요하게 생각한다. 그래서 프레임워크의 다른 컴포넌트들과 마찬가지로 최소한의 코드로 강력한 효과를 만들 수 있도록 'CoC 설계 패러다임'을 따른다. 이에 따라서 특정 기능을 사용하기 위해서 복잡한 설정을 하지 않고서도 관례를 따른 코드를 작성하면 원하는 기능을 수행할 수 있다. 예를 들어 [예제 5-24]에 정의된 클래스를 사용해 [예제 5-25]의 모든 작업을 수행할 수 있다.

예제 5-24 간단한 엘로퀀트 모델

```php
<?php

use Illuminate\Database\Eloquent\Model;

class Contact extends Model {}
```

예제 5-25 엘로퀀트 모델을 사용해 다양한 작업을 처리하는 컨트롤러 코드

```php
public function save(Request $request)
{
    // 사용자의 입력으로부터 새로운 연락처 데이터를 생성하고 저장
    $contact = new Contact();
    $contact->first_name = $request->input('first_name');
    $contact->last_name = $request->input('last_name');
    $contact->email = $request->input('email');
    $contact->save();

    return redirect('contacts');
}

public function show($contactId)
{
    // URL 세그먼트를 기반으로 하나의 연락처 정보를 조회하고 JSON으로 반환
    // 만약 ID에 해당하는 데이터가 없으면 예외가 발생한다.
    return Contact::findOrFail($contactId);
}
```

```
public function vips()
{
    // 조금 더 복잡한 예제이지만, 기본적인 엘로퀀트를 활용한 기능이다.
    // VIP로 지정된 연락처 목록을 확인하여 "formalName" 속성을 지정한다.
    return Contact::where('vip', true)->get()->map(function ($contact) {
        $contact->formalName = "The exalted {$contact->first_name} of the
        {$contact->last_name}s";

        return $contact;
    });
}
```

어떻게 이게 가능한 걸까? 바로 관례 덕분이다. 엘로퀀트가 관례에 의해 테이블명을 알아내고 (모델이 Contract면 테이블은 contracts) 이를 통해 해당 테이블을 제어할 수 있게 된 것이다.

본격적으로 엘로퀀트 모델에 대해 알아보자.

5.5.1 엘로퀀트 모델 생성

먼저 새로운 모델 클래스를 생성해보자. 다음과 같이 아티즌 명령어를 실행한다.

```
php artisan make:model Contact
```

이렇게 하면 다음과 같은 코드가 작성된 app/Models/Contact.php 파일이 생성된다.

```php
<?php

namespace App\Models;

use Illuminate\Database\Eloquent\Model;

class Contact extends Model
{
    //
}
```

TIP 모델을 생성할 때 해당 모델에 대한 마이그레이션도 함께 생성하기

모델을 생성할 때 이 모델에 대한 마이그레이션 파일도 함께 만들고 싶다면 아티즌 명령어에 -m 또는 --migration 플래그를 지정한다.

```
php artisan make:model Contact --migration
```

테이블명

엘로퀀트 모델이 연결되는 테이블명은 기본적으로 클래스명의 복수형을 스네이크 표기법으로 표현한 것이 된다. 따라서 엘로퀀트 모델 클래스명이 SecondaryContact라면 이 모델이 연결되는 테이블명은 secondary_contacts다. 만약 테이블명을 명시적으로 지정하려면 모델 클래스의 $table 속성을 변경한다.

```
protected $table = 'contacts_secondary';
```

기본 키

라라벨은 기본적으로 테이블에 id라는 자동으로 증가되는 정수형 기본 키가 있다고 가정한다. 테이블의 기본 키 이름이 다른 경우 모델 클래스의 $primaryKey 속성을 변경한다.

```
protected $primaryKey = 'contact_id';
```

또한 키가 자동 증가되지 않게 하려면 다음과 같이 속성값을 지정한다.

```
public $incrementing = false;
```

타임스탬프

엘로퀀트는 모든 테이블이 created_at과 updated_at 타임스탬프 칼럼을 가지고 있기를 기대한다. 만약 테이블에 해당 칼럼이 없다면 $timestamp 기능을 비활성화하자.

```
public $timestamps = false;
```

필요하다면 엘로퀀트 모델에서 사용하는 타임스탬프 값을 데이터베이스에 저장하는 포맷을 지정할 수 있다. 이 포맷을 $dateFormat 속성값에 문자열로 지정하면 되는데, 이 값은 PHP의 내장 함수인 date() 메서드에서 처리할 수 있는 형태여야 한다. 만약 저장되는 포맷이 유닉스 타임을 기반으로 한 초second 형태라면 다음과 같이 지정한다. 이 'U' 값은 일반적으로 time()의 결과와 동일하다.

```
protected $dateFormat = 'U';
```

5.5.2 엘로퀀트를 사용한 데이터 조회

데이터베이스에서 데이터를 가져오기 위해서는 엘로퀀트 모델의 스태틱 메서드를 호출한다. 전체 데이터를 조회하는 방법을 알아보자.

```
$allContacts = Contact::all();
```

이제 여기에 간단한 조건절을 추가하자.

```
$vipContacts = Contact::where('vip', true)->get();
```

엘로퀀트 퍼사드는 메서드를 체이닝하는 방식으로 조건을 추가하는데, 이런 방식이 앞에서 살펴본 쿼리 빌더를 체이닝하는 방식과 유사하다는 것을 알 수 있다.

```
$newestContacts = Contact::orderBy('created_at', 'desc')
    ->take(10)
    ->get();
```

DB 퍼사드 대신에 엘로퀀트 모델 클래스를 퍼사드로 사용하는 것을 제외하면 실제로 쿼리 빌더를 사용하는 것과 같다. 엘로퀀트가 쿼리 빌더보다 더 유용한 기능을 가지고 있지만, 기본적으로 엘로퀀트에서 처리할 수 있는 기능은 DB 퍼사드의 쿼리 빌더에서도 처리할 수 있다.

레코드 하나 조회하기

이 장의 앞부분에서 다루었듯이 first() 메서드는 첫 번째 레코드를 반환하고, find() 메서드는 전달받은 ID에 해당하는 하나의 레코드를 반환한다. 또한, 메서드에 OrFail을 붙이면 조회 결과가 없을 때 예외가 발생한다. [예제 5-26]과 같이 URL 세그먼트에서 전달되는 ID에 해당하는 레코드가 없으면 예외를 발생시키는 로직이 흔히 사용된다.

예제 5-26 컨트롤러에서 엘로퀀트의 findOrFail() 메서드 사용하기

```
// ContactController
public function show($contactId)
{
    return view('contacts.show')
        ->with('contact', Contact::findOrFail($contactId));
}
```

first(), firstOrFail(), find(), findOrFail() 메서드와 같이 하나의 레코드를 반환하는 경우에는 엘로퀀트 클래스의 인스턴스가 반환된다. 따라서 Contact::first() 메서드의 결과는 Contact 클래스의 인스턴스가 된다. 이 인스턴스는 데이터베이스 테이블에서 조회된 첫 번째 데이터 값을 가진다.

> **NOTE_ 예외 처리**
>
> [예제 5-26]의 컨트롤러에서는 엘로퀀트 모델을 조회하지 못하는 경우 발생하는 예외(Illuminate\Database\Eloquent\ModelNotFoundException)를 별도로 처리하지 않았다. 그 이유는 라라벨의 라우팅 시스템이 이 예외가 감지되면 404 응답을 반환하도록 되어 있기 때문이다.
>
> 필요한 경우 이 예외를 처리하여 원하는 응답을 반환하도록 코드를 추가할 수도 있다.

레코드 여러 개 조회하기

엘로퀀트에서 get() 메서드는 쿼리 빌더의 get() 메서드 호출과 동일하게 작동한다.

```
$vipContacts = Contact::where('vip', true)->get();
```

all() 메서드는 엘로퀀트에서만 사용할 수 있는 메서드로, 테이블의 전체 데이터를 조회할 때 사용한다. 이때 반환되는 결과는 컬렉션 타입의 인스턴스가 된다.

```
$contacts = Contact::all();
```

TIP **all() 메서드 대신에 get() 메서드를 사용하자**

> all() 메서드를 호출하는 코드는 get() 메서드 호출로 대체가 가능하다. Contact::get()의 응답은 Contact::all()과 동일하기 때문이다. 게다가 쿼리를 수정하여 조건을 추가하는 경우(예를 들어 where() 메서드를 추가하는 것과 같은)에 all() 메서드는 동작하지 않는다. get() 메서드는 조건을 추가해도 정상적으로 작동하지만 all() 메서드는 조건을 추가하는 기능을 지원하지 않기 때문이다.

all() 메서드는 단순하고 사용하기 쉽지만, 가급적이면 get() 메서드를 사용해서 나중에 쿼리를 수정할 때 실수하는 일을 방지하는 것이 좋다.

chunk() 메서드를 활용한 응답

한 번에 많은 양의 레코드를 처리하려 할 때, 메모리 문제가 발생할 수 있다. 라라벨에서는 많은 양의 데이터를 처리할 때, 이를 청크^{chunk}라는 작은 조각으로 나누어서 처리하는 기능을 제공한다. 이 기능으로 메모리를 덜 사용하면서 응답을 처리할 수 있다. [예제 5-27]은 chunk() 메서드를 사용해 쿼리를 100개의 레코드로 나누어서 처리하는 방법을 보여준다.

예제 5-27 cunk() 메서드를 활용하여 좀 더 적은 메모리 자원을 사용하는 방법

```
Contact::chunk(100, function ($contacts) {
    foreach ($contacts as $contact)  {
        // $contact로 무엇인가 한다.
    }
});
```

집계 쿼리

쿼리 빌더에서 사용 가능한 집계용 메서드는 엘로퀀트 쿼리에서도 사용 가능하다. 예를 들면 다음과 같다.

```
$countVips = Contact::where('vip', true)->count();
$sumVotes = Contact::sum('votes');
$averageSkill = User::avg('skill_level');
```

5.5.3 엘로퀀트를 사용한 데이터 추가/수정

지금까지 알아본 내용이 엘로퀀트를 사용한 데이터를 조회하는 일반적인 방법이었다. 새로운 값을 추가하고 수정하는 방법은 그 형태가 조금 달라진다.

데이터 추가

엘로퀀트를 사용해 새로운 값을 추가하는 방법은 두 가지다. 먼저 새로운 엘로퀀트 클래스의 인스턴스를 생성하고, 이 모델의 속성값을 하나씩 정의한다. 그다음에 [예제 5-28]과 같이 save() 메서드를 호출하는 방법이다.

예제 5-28 인스턴스를 생성하여 새로운 레코드를 추가하는 방법

```
$contact = new Contact;
$contact->name = 'Ken Hirata';
$contact->email = 'ken@hirata.com';
$contact->save();

// 또는

$contact = new Contact([
    'name' => 'Ken Hirata',
    'email' => 'ken@hirata.com',
]);
$contact->save();

// 또는
```

```
$contact = Contact::make([
    'name' => 'Ken Hirata',
    'email' => 'ken@hirata.com',
]);
$contact->save();
```

save() 메서드가 호출되기 전까지는 인스턴스는 하나의 연락처를 대표하지만, 데이터베이스
에 저장되지는 않는다. 따라서 이 인스턴스가 데이터베이스기 전까지는 id가 존재하지 않고
created_at, updatcd_at 값이 설정되지 않는다.

값을 추가하는 다른 방법으로는 다음 예제와 같이 Model::create() 메서드에 배열을 전달해
서 인스턴스를 생성하는 방법이다. create() 메서드는 make() 메서드와 다르게, 호출되는 즉
시 인스턴스의 내용을 데이터베이스에 저장한다.

예제 5-29 create() 메서드에 배열을 전달해 인스턴스를 생성하고 데이터베이스에 저장하기

```
$contact = Contact::create([
    'name' => 'Keahi Hale',
    'email' => 'halek481@yahoo.com',
]);
```

new Model(), Model::make(), Model::create(), Model::update() 메서드 호출과 같이,
인스턴스의 생성, 수정 시에 배열로 값을 전달할 때 주의할 사항이 있다. 바로 대량 할당mass
assignment이 가능한 속성에 대해서만 값을 할당할 수 있다는 것이다(대량 할당에 대해서는 뒤에
서 다룬다). [예제 5-28]과 같이 개별적으로 속성값을 지정할 때에는 관계가 없다.

Model::create() 메서드를 사용할 때는 별도로 save() 메서드를 호출할 필요가 없다는 점을
주의하자.

데이터 수정

레코드 수정은 새 레코드를 추가하는 방법과 비슷하다. 다음 예제에서와 같이 인스턴스 하나를
가져온 다음에 속성을 수정하고 save() 메서드를 호출한다.

```
$contact = Contact::find(1);
$contact->email = 'natalie@parkfamily.com';
$contact->save();
```

수정하려는 데이터 레코드는 이미 저장된 값이므로, created_at과 같은 타임스탬프 값과 id를 가진다. 인스턴스의 속성값을 수정하면 이 두 값은 동일하게 유지되지만, updated_at 값은 현재의 시각으로 수정된다. 아래 예제에서는 update 메서드에 변경하고자 하는 속성값을 배열로 전달하는 방법을 보여준다.

예제 5-31 엘로퀀트 인스턴스를 조회하고 update 메서드에 배열을 전달해 수정하기

```
Contact::where('created_at', '<', now()->subYear())
    ->update(['longevity' => 'ancient']);

// 또는

$contact = Contact::find(1);
$contact->update(['longevity' => 'ancient']);
```

이 메서드에 전달되는 배열은 변경하고자 하는 칼럼명을 키로 하고, 변경하려는 값을 변수 값으로 가지고 있어야 한다.

대량 할당

앞서 엘로퀀트 클래스 인스턴스의 생성, 수정 메서드에 배열을 인자로 전달받는 예제를 살펴보았다. 하지만 이 예제가 정상적으로 작동하려면 모델의 fillable 속성값을 지정해야 한다.

fillable 속성값은 메서드에 배열을 전달할 때, 변경하면 안 되는 속성값이 실수로 변경되는 일을 막기 위해서 존재한다. 만약 악의적인 사용자가 입력한 값을 배열로 메서드에 전달하더라도, 변경이 가능한(fillable에 정의된) 속성값만 변경된다. 그러므로 fillable을 잘 정의하면 원하지 않는 속성이 변경되는 것을 막을 수 있다. 다음 예제를 살펴보자.

예제 5-32 사용자 요청의 입력 값 전체를 사용해 엘로퀀트 데이터를 변경하는 경우

```
// ContactController
public function update(Contact $contact, Request $request)
{
    $contact->update($request->all());
}
```

위 예제에서 Request 객체가 처음 등장했는데, 일단 사용자의 입력 값을 가져올 수 있는 메서드를 제공하는 객체라고 알아두고 넘어가자. all() 메서드는 쿼리 스트링이나 입력 폼으로 전달되는 값을 모두 받아온다. 따라서 업데이트되지 않길 바라는 id, owner_id 같은 속성에 악의적인 사용자가 손쉽게 원하는 값을 추가해 전달할 수 있다.

다행히도 위의 코드는 "fillable" 속성을 정의하기 전까지는 제대로 동작하지 않는다. 코드가 제대로 작동하게 하기 위해서는 화이트리스트 방식으로 대량 할당을 허용할 필드를 "fillable" 속성에 정의하거나, 블랙리스트 방식으로 허용하지 않을 필드를 "guarded" 속성에 정의해야 한다.

이와 같이 대량 할당 기능을 사용해 배열을 create() 메서드나 update() 메서드에 전달하는 경우는 "fillable" 또는 "guarded"에 정의된 필드를 참고하여 동작한다. 주의할 점은 [예제 5-33]과 같이 직접 인스턴스의 속성에 값을 지정할 때는(예를 들어 $contact->password='abc';) 대량 할당 기능과 무관하게 작동한다는 점이다.

예제 5-33 대량 할당 필드를 정의하기 위해서 fillable 또는 guarded 속성을 정의하는 방법

```
class Contact
{
    protected $fillable = ['name', 'email'];

    // 또는

    protected $guarded = ['id', 'created_at', 'updated_at', 'owner_id'];
}
```

TIP 엘로퀀트의 대량 할당 기능과 함께 Request::only() 메서드 사용하기

[예제 5-32]에서는 Request 객체의 all() 메서드를 사용해 사용자가 입력한 값을 모두 전달했기 때문에 엘로퀀트의 대량 할당 보호 기능이 필요했다. 엘로퀀트의 대량 할당 보호 기능은 유용하지만, 애초에 사용자의 입력 값에서 불필요한 값을 받지 않는 방법도 있다. 바로 Request 클래스에서 사용자의 입력 값 중에서 필요한 몇 개의 키 값만 가져올 수 있는 only() 메서드를 사용하는 것이다.

```
Contact::create($request->only('name', 'email'));
```

firstOrCreate(), firstOrNew()

엘로퀀트를 사용할 때는 '이러한 값을 가지고 있는 데이터를 조회하려는데, 해당 값이 존재하지 않는 경우 새로운 레코드를 생성하라'고 지시하고 싶을 수도 있다. 이럴 때 쓸 수 있는 메서드가 바로 firstOrCreate, firstOrNew 메서드다.

firstOrCreate() 메서드와 firstOrNew() 메서드는 키와 값의 배열을 첫 번째 파라미터로 전달받는다.

```
$contact = Contact::firstOrCreate(['email' => 'luis.ramos@myacme.com']);
```

전달받은 배열을 사용해 일치하는 값을 갖는 데이터베이스 레코드를 조회하고, 만약 레코드를 조회할 수 없으면 전달받은 배열의 값을 가지는 새로운 인스턴스를 생성한다. 두 메서드의 차이는 firstOrCreate 메서드는 데이터베이스에 저장한 뒤에 인스턴스를 반환하고, firstOrNew는 단순히 인스턴스만 반환한다는 점이다.

만약 이 메서드에 두 번째 파라미터로 배열을 전달한다면, 이 배열의 값이 생성된 인스턴스에 추가되지만, 해당 값을 가지고 데이터를 조회하는 데 사용되지는 않는다.

5.5.4 엘로퀀트를 사용한 데이터 삭제

엘로퀀트를 사용해 데이터를 삭제하는 것은 데이터를 업데이트하는 것과 유사하다. 그리고 소프트 삭제 기능을 사용하면, 나중에 해당 데이터를 조회하거나 복구할 수 있다.

기본적인 삭제

데이터를 삭제하는 가장 간단한 방법은 인스턴스의 delete() 메서드를 호출하는 것이다.

```
$contact = Contact::find(5);
$contact->delete();
```

만약 삭제하려는 레코드의 ID를 미리 얻을 수 있다면, 인스턴스를 조회할 필요 없이 destroy()
메서드를 사용해서 바로 삭제할 수도 있다. destory() 메서드에 삭제하려는 ID를 배열로 전달
해서 여러 레코드를 한 번에 삭제할 수도 있다.

```
Contact::destroy(1);
// 또는
Contact::destroy([1, 5, 7]);
```

그리고 조회 쿼리 결과 데이터를 바로 삭제할 수도 있다.

```
Contact::where('updated_at', '<', now()->subYear())->delete();
```

소프트 삭제

소프트 삭제란 데이터베이스 레코드를 실제로 삭제하지 않으면서 삭제한 것으로 표시하는 기
능을 말한다. 이 기능을 이용하면 삭제된 레코드를 조회하려고 할 때 '해당 레코드는 삭제됐습
니다'와 같이 표시할 수 있고, 더 나아가 관리자가 데이터를 복구하는 기능도 제공할 수 있다.

소프트 삭제 기능을 제공하는 데는 어려움이 하나 있다. 데이터를 조회하는 모든 쿼리에서 소
프트 삭제 처리된 레코드를 제외해야 한다는 것이다. 다행히도 엘로퀀트는 소프트 삭제 기능을
사용할 때 명시적으로 소프트 삭제된 데이터를 조회하지 않는 이상, 해당 레코드를 제외하도록
알아서 작동한다.

엘로퀀트의 소프트 삭제 기능을 사용하려면, 테이블에 deleted_at 칼럼을 추가하고 엘로퀀트
모델에 소프트 삭제를 사용하도록 활성화해야 한다. 그러면 소프트 삭제된 레코드를 명시적으
로 조회하지 않는 이상 조회 쿼리의 레코드에 소프트 삭제된 레코드가 포함되지 않는다.

소프트 삭제 활성화하기

소프트 삭제 기능을 활성화하려면 세 가지 작업이 필요하다. 먼저 마이그레이션을 통해서 deleted_at 칼럼을 추가하고 엘로퀀트 모델에서 SoftDeletes 트레이트(Trait)를 추가한다. 마지막으로 모델의 $dates 속성에 deleted_at 칼럼을 추가한다. 코드로 보면 [예제 5-34]과 같이 마이그레이션에서 사용하는 스키마 빌더의 softDeletes() 메서드를 사용해 테이블에 deleted_at 칼럼을 추가한다. 그리고 [예제 5-35]에서와 같이 모델에서 소프트 삭제 기능을 활성화한다.

예제 5-34 마이그레이션에서 소프트 삭제 칼럼을 테이블에 추가하기

```
Schema::table('contacts', function (Blueprint $table) {
    $table->softDeletes();
});
```

```php
<?php

use Illuminate\Database\Eloquent\Model;
use Illuminate\Database\Eloquent\SoftDeletes;

class Contact extends Model
{
    use SoftDeletes; // 트레이트 사용

    protected $dates = ['deleted_at']; // 이 칼럼이 date 포맷이라는 것을 말한다.
}
```

이 작업을 완료하면 delete()와 destory() 메서드를 호출할 때, 데이터 레코드를 삭제하는 대신 deleted_at 칼럼에 현재 시각을 기록한다. 그러면 이 뒤에 조회되는 데이터에서는 이 레코드가 포함되지 않는다.

소프트 삭제된 레코드 조회

소프트 삭제된 레코드를 조회하기 위해서는 어떻게 해야 할까? 쿼리에 다음과 같이 명시적으로 소프트 삭제된 쿼리를 포함하는 메서드를 추가하면 된다.

```php
$allHistoricContacts = Contact::withTrashed()->get();
```

그다음 trashed() 메서드로 해당 레코드가 소프트 삭제된 레코드인지 확인할 수 있다.

```php
if ($contact->trashed()) {
    // 필요한 로직 수행
}
```

만약 소프트 삭제된 레코드만 조회하려면 다음과 같이 onlyTrashed() 메서드를 사용한다.

```php
$deletedContacts = Contact::onlyTrashed()->get();
```

소프트 삭제된 레코드 복원

소프트 삭제된 레코드를 다시 복원하려면, 인스턴스나 쿼리에 restore() 메서드를 호출한다.

```
$contact->restore();

// 또는

Contact::onlyTrashed()->where('vip', true)->restore();
```

소프트 삭제된 레코드 완전 삭제

소프트 삭제된 레코드를 완전히 삭제하려면, 인스턴스에 forceDelete() 메서드를 호출하거나 쿼리나 forceDelete() 메서드를 호출한다.

```
$contact->forceDelete();

// 또는

Contact::onlyTrashed()->forceDelete();
```

5.5.5 스코프-범위 제한 기능

앞서 '필터링된' 쿼리를 다루었는데, 이는 테이블의 모든 레코드가 아닌 일부 레코드로 대상 범위를 제한한 결과를 반환받는 것을 의미한다. 하지만 지금까지의 방식은 쿼리를 작성할 때마다 매번 이런 제약 사항을 일일이 추가해야 했다. 엘로퀀트에는 해당 모델을 기반으로한 쿼리의 전체 또는 일부에만 '범위를 제한하는(필터링된)' 결과를 만들어낼 수 있는 **스코프**scope 기능이 있다. 이 기능은 쿼리를 작성하는 메서드 체이닝의 형태로 사용할 수 있다.

로컬 스코프

명시적으로 스코프 메서드를 호출하는 가장 이해하기 쉬운 방식이다. 다음 코드를 살펴보자.

```
$activeVips = Contact::where('vip', true)->where('trial', false)->get();
```

일단, 조건을 이렇게 계속해서 추가하는 형태로 쿼리를 작성하는 것은 매우 번거로운 일이다. 두 가지 조건을 각각 추가하는 것보다 나은 방법은 없을까? 두 조건을 합쳐서 한 번에 표현할 수는 없을까? 다음 코드를 살펴보자.

```
$activeVips = Contact::activeVips()->get();
```

이 코드와 같이 두 조건을 하나로 합쳐서 표현하는 기능이 바로 **로컬 스코프**local scope이다. 이 새로운 스코프 메서드를 사용하려면 예제와 같이 Contact 클래스에 스코프 메서드를 정의한다.

예제 5-36 모델에 로컬 스코프 정의하기

```
namespace App\Models;

use Illuminate\Database\Eloquent\Model;

class Contact extends Model
{
    public function scopeActiveVips($query)
    {
        return $query->where('vip', true)->where('trial', false);
    }
}
```

로컬 스코프를 정의하려면, 스코프 메서드의 이름의 앞에 'scope'를 붙여서 엘로퀀트 모델에 추가한다. 이 메서드는 쿼리 빌더를 인자로 전달받아 필요한 작업을 추가해 다시 반환하는 형태로 작성되어야 한다. 메서드 안에 추가하려는 조건문을 작성한다. 스코프 메서드에서 인자를 필요로 한다면 다음 예제와 같이 정의한다.

예제 5-37 인자를 요하는 스코프 메서드를 정의하는 방법

```
namespace App\Models;

use Illuminate\Database\Eloquent\Model;

class Contact extends Model
{
    public function scopeStatus($query, $status)
    {
        return $query->where('status', $status);
    }
}
```

그다음 스코프 메서드에 정의한 인자를 전달해 사용할 수 있다.

```
$friends = Contact::status('friend')->get();
```

라라벨 5.8 이상에서는 로컬 스코프 2개 사이에 **orWhere()** 메서드를 체이닝할 수도 있다.

```
$activeOrVips = Contact::active()->orWhere()->vip()->get();
```

글로벌 스코프

소프트 삭제 기능에 관해서 설명한 내용을 기억해보자. 소프트 삭제 기능을 활성화하면 기본적으로 모델의 모든 쿼리에서 소프트 삭제된 레코드를 제외하도록 범위를 제한하여 작동한다. 소프트 삭제는 그 자체로 글로벌 스코프global scope를 구현한 기능이 된다는 의미다. 우리는 필요한 경우 직접 글로벌 스코프를 정의할 수 있고 이 스코프는 모델의 모든 쿼리에 적용된다.

글로벌 스코프를 정의하는 데에는 클로저를 사용하는 방식과 별도의 클래스를 사용하는 두 가지 방법이 있다. 두 가지 모두 정의된 스코프를 적용하고자 하는 엘로퀀트 모델의 **boot()** 메서드에서 등록하는 과정을 거쳐야 한다. 먼저 아래 예제에서 클로저를 사용하는 방법부터 알아보자.

예제 5-38 클로저를 사용해 글로벌 스코프를 추가하는 방법

```
...
class Contact extends Model
{
    protected static function boot()
    {
        parent::boot();

        static::addGlobalScope('active', function (Builder $builder) {
            $builder->where('active', true);
        });
    }
}
```

이게 전부다. 이 코드는 **active**라는 이름의 글로벌 스코프를 추가한다. 이제 이 모델을 사용해 쿼리를 작성하면 모든 쿼리가 **active**가 **true**인 데이터에만 적용되도록 범위가 제한된다.

두 번째 방법은 [예제 5-39]와 같이 별도의 클래스를 정의하는 방법이다. Illuminate\
Database\Eloquent\Scope 인터페이스를 구현하는 클래스를 만들고 apply() 메서드에서 쿼
리 빌더와 모델 인스턴스를 인자로 받아서 원하는 작업을 추가한다.

예제 5-39 글로벌 스코프를 위한 클래스 생성하기

```php
<?php

namespace App\Models\Scopes;

use Illuminate\Database\Eloquent\Scope;
use Illuminate\Database\Eloquent\Model;
use Illuminate\Database\Eloquent\Builder;

class ActiveScope implements Scope
{
    public function apply(Builder $builder, Model $model)
    {
        return $builder->where('active', true);
    }
}
```

그런 다음 아래 예제와 같이 이 클래스 인스턴스를 적용하고자 하는 엘로퀀트 모델의 boot()
메서드에서 스태틱 addGlobalScope() 메서드의 인자로 전달한다.

예제 5-40 글로벌 스코프 클래스 적용하기

```php
<?php

use App\Models\Scopes\ActiveScope;
use Illuminate\Database\Eloquent\Model;

class Contact extends Model
{
    protected static function boot()
    {
        parent::boot();

        static::addGlobalScope(new ActiveScope);
    }
}
```

글로벌 스코프 적용하지 않기

모델에 글로벌 스코프를 적용한 뒤에는 기본적으로 모든 쿼리에 글로벌 스코프가 적용되므로, 특정 상황에서 작성하는 쿼리에는 글로벌 스코프가 적용되지 않게 하고 싶을 수도 있다. 이를 지원하는 세 가지 방법을 살펴보자. 모두 withoutGlobalScope() 또는 withoutGlobalScopes() 메서드를 사용한다. 클로저를 사용해 등록한 글로벌 스코프를 적용하지 않으려면 addGlobalScope() 메서드에서 클로저를 등록할 때 사용한 스코프의 이름을 사용한다.

```
$allContacts = Contact::withoutGlobalScope('active')->get();
```

별도의 스코프 클래스를 사용해 등록한 경우 withoutGlobalScope() 메서드나 withoutGlobalScopes() 메서드에 클래스명을 넘기면 된다.

```
Contact::withoutGlobalScope(ActiveScope::class)->get();

Contact::withoutGlobalScopes([ActiveScope::class, VipScope::class])->get();
```

마지막으로 모든 글로벌 스코프를 적용하지 않으려면 쿼리에 다음과 같이 메서드를 호출한다.

```
Contact::withoutGlobalScopes()->get();
```

5.5.6 접근자, 변경자, 속성값 형변환을 사용한 커스텀 필드 사용

지금까지 엘로퀀트를 사용해 데이터베이스의 레코드를 조회, 추가, 수정, 삭제하는 방법을 알아보았다. 이제 엘로퀀트 모델의 개별 속성에 필요한 기능을 추가하고 더 효율적으로 조작하는 방법을 알아보자.

엘로퀀트에서는 접근자, 변경자, 속성값 형변환 기능을 제공하는데, 이 기능을 활용하면 모델 인스턴스의 개별 속성을 조회하고, 수정하는 행동 자체를 커스터마이징할 수 있다. 하나씩 살펴보자.

접근자

접근자 기능은 엘로퀀트 모델에 커스텀 속성을 정의하고 이를 통해서 데이터를 **읽어**오는 기능이다. 데이터베이스의 테이블에서 읽어온 칼럼의 포맷을 변경하고자 할 때, 또는 데이터베이스 테이블에는 존재하지 않지만 여러 값을 조합한 값을 필요로 할 때 사용한다.

먼저 아래 예제의 코드를 살펴보자. 이 예제는 테이블에 존재하는 칼럼 값에 접근할 때 값이 존재하지 않는다면 미리 정의된 값을 반환하도록 정의한 코드다.

예제 5-41 테이블에 존재하는 칼럼의 값에 접근할 때 추가 동작을 구현한 접근자

```
// 모델에서의 접근자 정의
class Contact extends Model
{
    public function getNameAttribute($value)
    {
        return $value ?: '(No name provided)';
    }
}

// 정의한 접근자 사용
$name = $contact->name;
```

데이터베이스 테이블에 존재하는 않는 칼럼에 대해서도 접근자를 정의할 수 있다. [예제 5-42]를 살펴보자.

예제 5-42 테이블에 존재하지 않는 값에 접근하는 속성값을 접근자를 이용하여 정의하기

```
// 모델에서의 접근자 정의:
class Contact extends Model
{
    public function getFullNameAttribute()
```

```
        {
            return $this->first_name . ' ' . $this->last_name;
        }
    }

    // 정의한 접근자 사용
    $fullName = $contact->full_name;
```

변경자

변경자는 접근자와 동일한 방식으로 작동한다. 다만 데이터를 **읽어**^{get}오는 것이 아니라 데이터를 **변경**^{set}할 때 작동한다는 점이 다르다. 마찬가지로 데이터베이스 테이블에 칼럼이 존재하거나, 존재하지 않거나 변경자를 선언하고 필요한 기능을 추가할 수 있다.

아래 예제는 데이터베이스 테이블에 존재하는 칼럼에 대한 값을 변경할 때 추가 동작을 정의한 변경자다.

예제 5-43 엘로퀀트 변경자를 이용해서 속성값 설정하기

```
    // 모델에서의 변경자 정의
    class Order extends Model
    {
        public function setAmountAttribute($value)
        {
            $this->attributes['amount'] = $value > 0 ? $value : 0;
        }
    }

    // 정의한 변경자 사용
    $order->amount = '15';
```

위의 코드 예제는 변경자를 사용해 모델에 데이터를 변경할 때, 이 속성값을 키로 해서 $this->attributes의 데이터를 변경하는 것을 보여준다. 이렇게 하면 모델의 amount 값이 0 이상인 경우에만 실제 amount 칼럼에 값이 저장되게 할 수 있다.

접근자와 마찬가지로 테이블에 존재하지 않는 칼럼이더라도 변경자를 정의할 수 있다. [예제 5-44]는 실제 데이터베이스 테이블에 존재하지 않지만, 변경자를 정의해 값을 지정하는 속성

을 정의하는 방법을 보여준다.

예제 5-44 테이블에 존재하지 않는 값을 변경하는 변경자 정의하기

```
// 모델에서의 변경자 정의
class Order extends Model
{
    public function setWorkgroupNameAttribute($workgroupName)
    {
        $this->attributes['email'] = "{$workgroupName}@ourcompany.com";
    }
}

// 정의한 변경자 사용
$order->workgroup_name = 'jstott';
```

위와 같이 테이블에 존재하지 않는 모델의 속성을 변경하는 변경자를 정의할 수 있지만, 사용할 때 헷갈리기 쉬워서 자주 사용되지는 않는다. 하지만 이와 같은 방법이 불가능하지 않다는 점을 알아두자.

속성값 형변환

접근자와 변경자를 이해했다면 그다음으로 속성값 형변환에 대해 알아보자. **속성값 형변환** 기능이란 모델의 값을 읽고, 저장할 때 정수형의 칼럼은 정수로 형변환하고, **TEXT** 타입 칼럼에 저장되는 JSON이면 자동으로 encode/decode되며, **TINYINT** 칼럼의 0과 1은 불리언 값으로 형변환되는 기능을 말한다.

엘로퀀트에서는 간단한 설정으로 속성값을 처리할 때 형변환을 자동으로 지정할 수 있다. 적용할 수 있는 형은 [표 5-1]을 참고하자.

표 5-1 지정 가능한 속성값 형변환

변환 타입	설명
int, integer	PHP int로 변환
real, float, double	PHP float로 변환
string	PHP string으로 변환
bool, boolean	PHP bool로 변환

object	JSON을 stdClass 오브젝트로 변환
array	JSON을 array로 변환
collection	JSON을 collection으로 변환
date, datetime	데이터베이스 DATETIME을 Carbon으로 변환
timestamp	데이터베이스 TIMESTAMP을 Carbon으로 변환

다음은 속성값 형변환을 정의하는 예시다.

예제 5-45 모델에 속성값 형변환을 정의하는 방법

```php
class Contact
{
    protected $casts = [
        'vip' => 'boolean',
        'children_names' => 'array',
        'birthday' => 'date',
    ];
}
```

커스텀 형변환

속성값 형변환에서 사용할 수 있는 형변환 타입이 다양하지만, 경우에 따라서는 직접 형변환할 타입을 정의하고 싶을 수 있다. 라라벨 7 이상에서는 이를 위해 커스텀 형변환 기능을 사용할 수 있다. 커스텀 형변환을 사용하려면 먼저 CastsAttributes 인터페이스를 구현한 형변환을 정의하는 클래스를 작성해야 한다. [예제 5-46]은 기본 타입으로 제공되는 JSON 타입을 커스텀 형변환 클래스로 정의해본 예제다.

예제 5-46 JSON 타입을 구현하는 커스텀 형변환 클래스

```php
<?php

namespace App\Models\Casts;

use Illuminate\Contracts\Database\Eloquent\CastsAttributes;

class Json implements CastsAttributes
{
```

```
    /**
     * 주어진 값 형변환
     *
     * @param  \Illuminate\Database\Eloquent\Model  $model
     * @param  string  $key
     * @param  mixed  $value
     * @param  array  $attributes
     * @return array
     */
    public function get($model, $key, $value, $attributes)
    {
        return json_decode($value, true);
    }

    /**
     * 주어진 값을 저장하기 위해 준비
     *
     * @param  \Illuminate\Database\Eloquent\Model  $model
     * @param  string  $key
     * @param  array  $value
     * @param  array  $attributes
     * @return string
     */
    public function set($model, $key, $value, $attributes)
    {
        return json_encode($value);
    }
}
```

커스텀 형변환 클래스를 정의했다면, 모델의 속성값 형변환 배열에 생성한 클래스를 지정한다.

예제 5-47 모델의 속성값 형변환 배열에 커스텀 형변환 클래스 지정

```
class User extends Model
{
    /**
     * 형변환이 되어야 하는 속성들
     *
     * @var array
     */
    protected $casts = [
        'options' => Json::class,
```

```
    ];
}
```

날짜 변경자

아래 예제와 같이 모델의 $dates 배열에 칼럼명을 등록하면 해당 칼럼이 타임스탬프 칼럼으로 작동하도록 정의할 수도 있다.

예제 5-48 칼럼이 타임스탬프 형으로 사용되도록 변경자를 지정하는 방법

```
class Contact
{
    protected $dates = [
        'met_at',
    ];
}
```

기본적으로 이 배열은 created_at 칼럼과 updated_at 칼럼을 포함한다. 따라서 이 두 가지 칼럼을 제외하고 필요한 칼럼을 추가한다.

$this->casts에 형변환 타입을 등록하는 것과 $dates에 등록하여 타임스탬프 타입으로 사용하는 것에는 차이가 없다.

쿼리 결과 형변환

쿼리를 수행한 결과의 속성값에 형변환을 지정할 수도 있다. 다음 예제를 살펴보자.

예제 5-49 쿼리 결과에 속성값 형변환 지정

```
$users = User::select(['id', 'name', 'vip'])->withCasts([
    'vip' => 'bool'
])->get();
// vip 속성값은 불리언 값이 된다.
```

5.5.7 엘로퀀트 컬렉션

엘로퀀트 모델을 사용한 쿼리 결과가 레코드 하나가 아닌 여러 개로 이루어져 있다면 배열 대신 엘로퀀트 컬렉션이 반환된다. 엘로퀀트 컬렉션은 라라벨이 제공하는 기본 컬렉션에 약간의 기능을 추가한 타입이다. 기본 컬렉션과 엘로퀀트 컬렉션의 차이를 살펴보고 기본 배열보다 어떤 점이 더 나은지 살펴보자.

기본 컬렉션 소개

라라벨의 컬렉션(Illuminate\Support\Collection) 객체는 특별한 기능을 갖춘 배열이라 할 수 있다. 이 객체가 가진 메서드는 배열을 처리하는 것과 매우 비슷하고 일부는 더 뛰어나다. 컬렉션의 기능을 익히고 나면, 라라벨이 아닌 다른 프로젝트에서도 컬렉션을 사용하고 싶어질 것이다(다른 프로젝트에서 사용하려면 Tightenco/Collect[1] 패키지를 찾아보라).

컬렉션을 생성하는 가장 간단한 방법은 collect() 헬퍼 함수를 사용하는 것이다. 배열을 인자로 전달해 컬렉션 인스턴스를 생성할 수 있다. 인자를 전달하지 않으면 값이 빈 컬렉션 인스턴스가 생성된다. 사용 예시는 다음과 같다.

```
$collection = collect([1, 2, 3]);
```

이 컬렉션에서 짝수만 걸러내는 상황을 가정해보자. 메서드를 다음과 같이 사용할 수 있다.

```
$odds = $collection->reject(function ($item) {
    return $item % 2 === 0;
});
```

컬렉션이 가진 값의 10배 값을 갖는 새로운 컬렉션을 얻고 싶으면 다음과 같이 map 메서드를 사용한다.

```
$multiplied = $collection->map(function ($item) {
    return $item * 10;
});
```

---

[1] https://github.com/tighten/collect

컬렉션에서 짝수만 가져와 10을 곱한 뒤에 전체 아이템의 합을 구하려면 메서드를 체이닝하고 마지막에 sum() 메서드를 사용한다.

```
$sum = $collection
    ->filter(function ($item) {
        return $item % 2 == 0;
    })->map(function ($item) {
        return $item * 10;
    })->sum();
```

예제에서 볼 수 있듯이 컬렉션은 여러 작업을 연속적으로 수행할 수 있도록 체이닝을 지원하는 메서드를 제공한다. PHP의 기본 배열을 다룰 때 array_map(), array_reduce() 같은 함수가 동일한 기능을 제공하지만, 컬렉션으로 메서드를 체이닝하는 문법이 가독성도 좋고 이해하기 더 쉽다.

컬렉션 클래스에는 max(), whereIn(), flatten(), flip()과 같은 메서드를 포함해서 사용 가능한 메서드가 60개가 넘는다. 이 메서드의 기능을 하나하나 다룰 수는 없으니 자세한 내용은 컬렉션 한국어 매뉴얼(https://laravel.kr/docs/collections)을 참고하자.

> **NOTE_ 배열의 대체제로 컬렉션 활용하기**
>
> 컬렉션 인스턴스는 배열을 사용할 수 있는 모든 경우에 사용할 수 있다. 단, **array** 타입으로 타입힌트된 경우는 안 된다. 컬렉션 인스턴스는 **foreach**의 인자로 사용할 수도 있으며, 배열과 같이 값에 접근할 수도 있으므로 $a = $collection['a']와 같이 사용할 수 있다.

엘로퀀트 컬렉션에서 추가된 기능

엘로퀀트 컬렉션은 기본 컬렉션과 동일하지만 엘로퀀트 쿼리 결과를 위한 추가 기능을 가지고 있다.

여기서 추가 기능을 모두 다룰 수는 없으므로 일반적인 객체로서의 엘로퀀트 컬렉션이 아닌, 데이터베이스 레코드를 나타내는 객체로서의 엘로퀀트 컬렉션 기능만 일부 살펴보자.

예를 들어 모든 엘로퀀트 컬렉션에는 컬렉션에 들어 있는 모델 인스턴스의 기본 키를 배열로 반환하는 modelKeys()라는 메서드가 있다. 그리고 find($id) 메서드는 인자로 받은 $id 값을 기본 키로 갖는 모델 인스턴스를 반환한다.

엘로퀀트 모델이 쿼리 결과를 반환할 때 커스텀 기능을 추가한 엘로퀀트 컬렉션을 반환하도록 정의하는 기능도 있다. 이 기능을 사용하면 주문을 나타내는 `Order` 객체를 사용한 쿼리 결과에서 컬렉션이 반환될 때 남은 재고량을 파악하는 메서드를 추가한 `OrderCollection`을 반환하도록 정의할 수 있다. `OrderCollection`은 `Illuminate\Database\Eloquent\Collection`을 상속한 클래스여야 하고 [예제 5–50]과 같이 모델 안에서 등록해야 사용할 수 있다.

예제 5-50 엘로퀀트 컬렉션을 상속한 커스텀 컬렉션

```
...
class OrderCollection extends Collection
{
    public function sumBillableAmount()
    {
        return $this->reduce(function ($carry, $order) {
            return $carry + ($order->billable ? $order->amount : 0);
        }, 0);
    }
}

...
class Order extends Model
{
    public function newCollection(array $models = [])
    {
        return new OrderCollection($models);
    }
}
```

이제 `Order` 모델에서 컬렉션을 반환할 때 (예를 들어 `Order::all()`과 같은) 반환되는 인스턴스는 `OrderCollection` 클래스 타입이 된다.

```
$orders = Order::all();
$billableAmount = $orders->sumBillableAmount();
```

5.5.8 엘로퀀트 직렬화

직렬화serialization는 복잡한 무엇인가(배열이나 객체와 같은)를 가져와 문자열로 변환하는 작업을 말한다. 웹 환경에서는 주로 JSON 포맷을 사용하지만, 다른 포맷으로 사용하는 경우도 있다.

복잡한 데이터베이스 레코드를 직렬화하는 것은 쉽지 않은 일이며 ORM을 사용할 때 처리하기 어려운 부분 중 하나다. 다행히 엘로퀀트에서는 두 가지 강력한 메서드 toArray()와 toJson()을 제공한다. 또한 컬렉션에서도 toArray()와 toJson() 메서드를 사용할 수 있다.

```
$contactArray = Contact::first()->toArray();
$contactJson = Contact::first()->toJson();
$contactsArray = Contact::all()->toArray();
$contactsJson = Contact::all()->toJson();
```

엘로퀀트 모델 인스턴스나 컬렉션을 문자형으로 변환하면 (예를 들어 $string = (string) $contact와 같은) 자동으로 toJson() 메서드가 호출된 결과가 반환된다.

라우트 메서드에서 모델을 바로 반환하기

라라벨의 라우터는 라우트가 반환하는 모든 것을 문자열로 처리한다. 따라서 이 동작을 이용하여 코드를 작성할 수 있다. 컨트롤러에서 엘로퀀트 메서드 호출 결과를 그대로 반환하면 자동으로 문자열로 처리된다. 즉 엘로퀀트의 결과가 JSON으로 반환된다. 따라서 [예제 5-51]에서와 같이 라우트에서 바로 엘로퀀트 메서드 호출 결과를 반환할 수 있어 필요한 경우 코드를 줄여서 작성할 수 있다.

예제 5-51 라우트에서 직접 JSON으로 반환하기

```
// routes/web.php
Route::get('api/contacts', function () {
    return Contact::all();
});

Route::get('api/contacts/{id}', function ($id) {
    return Contact::findOrFail($id);
});
```

JSON으로 노출되면 안 되는 속성 감추기

API에서 JSON을 반환하는 것은 아주 일반적이다. 그리고 이 경우 모델의 특정 속성값이 노출되지 않도록 제한해야 한다. 엘로퀀트에서는 JSON으로 변환될 때 노출되면 안 되는 속성을 별도로 지정할 수 있는 기능을 제공한다.

일종의 블랙리스트 목록을 만들어서 여기에 노출되면 안 되는 속성을 추가한다.

```
class Contact extends Model
{
    public $hidden = ['password', 'remember_token'];
```

반대로 화이트리스트를 만들어 노출될 속성의 목록을 지정할 수도 있다.

```
class Contact extends Model
{
    public $visible = ['name', 'email', 'status'];
```

만약 엘로퀀트 연관관계를 정의했다면 이 속성에도 블랙리스트 적용이 가능하다.

```
class User extends Model
{
    public $hidden = ['contacts'];

    public function contacts()
    {
        return $this->hasMany(Contact::class);
    }
}
```

> **NOTE_ 엘로퀀트 연관관계를 정의하여 콘텐츠를 로딩하는 방법**
>
> 조금 뒤에서 다루지만, 엘로퀀트 연관관계를 정의한 경우 기본적으로 데이터베이스 레코드를 조회할 때 연관된 모델이 곧바로 로딩되지는 않는다. 따라서 이 관계로 연결된 속성 콘텐츠를 노출하거나, 감춰야 할 필요는 없다. 다만 특정 모델을 조회할 때 연관관계로 정의된 모델을 함께 로딩하도록 지정할 수 있는데, 이 경우에 JSON 등으로 직렬화하려면 연관관계로 정의한 속성을 노출할지 말지 결정해야 한다.
>
> 참고로 연관된 관계 모델을 함께 불러오는 방법은 (User 모델을 예로 들어) 다음과 같다.
>
> ```
> $user = User::with('contacts')->first();
> ```

모델에 노출하거나 감춰야 할 속성을 정의하는 방법 외에도 메서드를 사용해서 필요할 때 특정 속성을 표시하도록 설정할 수 있다. 이때 makeVisible() 메서드를 다음과 같이 사용한다.

```
$array = $user->makeVisible('remember_token')->toArray();
```

> **TIP** 접근자를 사용한 경우에 추가 속성을 배열이나 JSON에 포함하기
>
> 만약 여러분이 엘로퀀트 모델에 접근자를 정의했고, 이 접근자가 [예제 5-42]의 full_name과 같이 실제로 데이터베이스 테이블에 존재하지는 않는 칼럼을 표현했다고 가정해보자. 모델을 배열이나 JSON으로 직렬화할 때 이 추가 칼럼이 포함되기를 원한다면 이 추가 속성의 이름을 $appends에 넣으면 된다.
>
> ```php
> class Contact extends Model
> {
>     protected $appends = ['full_name'];
>
>     public function getFullNameAttribute()
>     {
>         return "{$this->first_name} {$this->last_name}";
>     }
> }
> ```

5.5.9 엘로퀀트 연관관계

관계형 데이터베이스에서는 서로 **연관된** 테이블이 있다. 이를 표현하기 위해 엘로퀀트에서는 연관된 테이블의 데이터를 불러오고 처리하는 작업을 수행하는 **연관관계**relationship 기능을 제공한다.

이 절에서는 한 사용자user와 그 사용자가 가진 연락처contract 여러 개를 처리하는 상황을 가정해 예제를 작성했다. 이 가정을 기초로 어떤 유형의 연관관계가 성립할 수 있는지 간략하게 살펴보고 하나씩 다뤄보자.

첫째, 한 사용자가 연락처 여러 개를 가질 수 있는, 즉 모델 하나가 다른 모델 여러 개와 연관되는 관계다. 이러한 관계를 **일대다 연관관계**one-to-many relationship라고 한다.

둘째, 고객 관계 관리customer relationship management (CRM) 시스템처럼 연락처도 여러 사용자와 연관될 수 있는 관계를 **다대다 연관관계**many-to-many relationship라고 한다. 여러 사용자가 하나의 연락처와 연관될 수 있으면서, 동시에 각 사용자는 여러 연락처와 연관될 수 있다.

셋째, 연락처 하나에는 전화번호phone number 여러 개를 등록할 수 있는다. 한 사용자가 자신이 시스템에 등록한 모든 전화번호 목록을 조회하려면, 연관관계가 있는 연락처를 이용해 모든 전화번호를 조회할 수 있다. 이때 연락처 모델은 사용자와 전화번호를 중개하는 역할을 한다. 이런 관계를 **연결을 통한 다수 연관관계**has-many-through relationship라고 한다.

넷째, 연락처 하나에 주소 하나를 등록할 수 있다고 해보자. 연락처 모델에 주소 필드를 사용할 수도 있겠지만, 주소 모델을 별도로 생성했다고 가정해보자. 이때 사용자가 연락처 모델을 기반으로 주소 모델을 조회하는 연관관계는 **연결을 통한 단일 연관관계**has-one-through relationship가 된다. 연락처 하나가 주소 하나를 가질 수 있기 때문이다.

마지막으로, 특정 연락처를 즐겨찾기에 추가(별표 추가)한다고 생각해보자. 그리고 연락처가 아닌 캘린더의 이벤트도 즐겨찾기에 추가할 수 있다고 해보자. 사용자가 즐겨찾기에 추가한 모델은 연락처와 이벤트가 되고, 이 두 가지는 모델 타입이 서로 다르지만 즐겨찾기가 가능하다는 점에서 동일하다. 이런 관계를 **다형성 연관관계**polymorphic relationship라고 하고, 연관 대상이 다양할 수 있음을 의미한다.

엘로퀀트 관계를 형성하는 유형은 위와 같다. 이제는 하나씩 차근차근 살펴보자.

일대일 연관관계

연락처 하나가 전화번호 하나를 갖는 모델의 연관관계를 생각해보자. 이 관계는 다음 예제와 같이 정의할 수 있다.

예제 5-52 일대일 연관관계 정의

```
class Contact extends Model
{
    public function phoneNumber()
    {
        return $this->hasOne(PhoneNumber::class);
    }
}
```

연관관계를 정의하는 메서드는 엘로퀀트 모델이 가지고 있는 $this->hasOne()과 같은 형태다. 메서드의 인자는 대상 모델명을 ::class와 같이 전체 네임스페이스를 포함하는 형식으로 전달한다.

그렇다면 두 모델의 연관관계를 나타내는 데이터베이스 테이블 구조는 어떻게 될까? Contact 모델이 하나의 PhoneNumber 모델을 가진다고 정의했으므로 엘로퀀트는 PhoneNumber 모델의 테이블인 phone_numbers가 contact_id 칼럼을 가진다고 가정한다. 만약 이 칼럼명이 다르다면 연관관계를 정의할 때 칼럼의 이름을 명시적으로 전달해야 한다.

```
return $this->hasOne(PhoneNumber::class, 'owner_id');
```

이제 연락처 모델에서 전화번호 모델을 조회하려면 다음과 같이 사용한다.

```
$contact = Contact::first();
$contactPhone = $contact->phoneNumber;
```

위 예제에서 phoneNumber() 메서드로 연관관계를 정의했지만 ->phoneNumber와 같이 속성에 접근하는 형태로 사용한다. 이는 내부적으로 엘로퀀트가 해당 속성을 알아서 연관관계라고 인식하여 결과를 반환하기 때문에 가능하다. ->phoneNumber뿐 아니라 ->phone_number 형태로도 액세스할 수 있다. 연관관계로 정의된 속성에 접근하면 대상 모델의 인스턴스가 반환된다. 따라서 $contactPhone는 PhoneNumber 모델의 인스턴스다.

반대로 PhoneNumber 모델에서 Contact 모델에 접근하려면 어떻게 해야 할까? 다음 예제와 같이 PhoneNumber 모델에서 역방향 연관관계를 정의한다.

예제 5-53 일대일 역방향 연관관계 정의하기

```
class PhoneNumber extends Model
{
    public function contact()
    {
        return $this->belongsTo(Contact::class);
    }
}
```

이렇게 정의하면 역방향 연관관계의 모델에 다음과 같이 접근할 수 있다.

```
$contact = $phoneNumber->contact;
```

일대다 연관관계

일대다 연관관계가 가장 일반적이다. [예제 5-54]는 한 User가 여러 Contact를 가지는 연관관계를 정의한다.

예제 5-54 일대다 연관관계 정의

```
class User extends Model
{
    public function contacts()
    {
        return $this->hasMany(Contact::class);
    }
```

다시 강조하지만, 이 연관관계를 정의하면 엘로퀀트는 Contact 모델 데이터를 담은 contacts 테이블에 user_id 칼럼이 있다고 가정한다. 따라서 이 칼럼명이 아니라 다른 이름의 칼럼을 통해 서로 연결되는 경우, hasMany() 메서드의 두 번째 인자로 칼럼명을 전달해야 한다.

이제 사용자 모델에서 연락처 모델을 조회하려면 다음과 같이 사용한다.

```
$user = User::first();
$usersContacts = $user->contacts;
```

일대일 연관관계에서와 같이 관계 정의는 메서드로 했지만, 실제 연관관계 모델에 접근하기 위해서는 속성값을 조회하는 형태로 사용했다. 여기에서는 일대일 연관관계와 다르게 모델 인스턴스 대신 컬렉션이 반환된다. 반환되는 인스턴스가 엘로퀀트 컬렉션이므로 필요한 메서드를 편리하게 사용할 수 있다.

```
$donors = $user->contacts->filter(function ($contact) {
    return $contact->status == 'donor';
});

$lifetimeValue = $contact->orders->reduce(function ($carry, $order) {
    return $carry + $order->amount;
}, 0);
```

일대일 연관관계와 마찬가지로 [예제 5-55]와 같이 역방향 연관관계를 정의할 수 있다.

예제 5-55 일대다 역방향 연관관계 정의하기

```
class Contact extends Model
{
    public function user()
```

```
    {
        return $this->belongsTo(User::class);
    }
```

이렇게 정의하고 나면 역방향 연관관계의 모델에 다음과 같이 접근할 수 있다.

```
$userName = $contact->user->name;
```

NOTE_ 하위 모델에서 연관된 아이템을 추가하거나 연관관계 해제하기

대부분의 경우는 $user->contacts()->save($contact)에서와 같이 상위 모델에서 save() 메서드에 연관관계를 추가할 아이템을 전달한다. 만약 연관관계가 맺어진 하위 모델에서 이런 연관관계를 추가하거나 해제하려면 belongsTo 연관관계를 반환하는 메서드를 호출하고 associate() 또는 dissociate() 메서드를 활용한다.

```
$contact = Contact::first();

$contact->user()->associate(User::first());
$contact->save();

// 다른 코드

$contact->user()->dissociate();
$contact->save();
```

연관관계를 쿼리 빌더로 사용하기

지금까지는 연관관계 메서드를 정의(contacts())한 다음에 이를 속성으로 접근하는 형식으로 사용했다($user->contacts). 그렇다면 연관관계를 정의한 메서드를 호출하면 어떻게 될까? 이 경우 연관관계를 처리하는 대신 특정 범위가 적용된 쿼리 빌더 인스턴스가 반환된다.

따라서 만약 id 값이 1인 User 인스턴스가 존재하고 여기에 contacts() 메서드를 호출하면, user_id 값이 1인 모든 contact로 대상이 지정된 쿼리 빌더 인스턴스가 반환된다. 이 쿼리 빌더 인스턴스에 추가 쿼리를 작성해 사용할 수도 있다.

```
$donors = $user->contacts()->where('status', 'donor')->get();
```

연관관계가 존재하는 레코드만 조회하기

has() 메서드를 사용해 연관관계가 지정된 레코드만 조회하는 기능을 사용할 수 있다.

```php
$postsWithComments = Post::has('comments')->get();
```

그리고 여기에 기준 조건을 조정할 수도 있다.

```php
$postsWithManyComments = Post::has('comments', '>=', 5)->get();
```

필요하다면 중첩된 연관관계를 조건으로 사용할 수도 있다.

```php
$usersWithPhoneBooks = User::has('contacts.phoneNumbers')->get();
```

끝으로 연관관계 아이템에 대한 커스텀 쿼리를 작성할 수도 있다.

```php
// 전화번호 문자열에 '867-5309'가 포함된 전화번호를 가진 모든 연락처를 조회한다.
$jennyIGotYourNumber = Contact::whereHas('phoneNumbers', function ($query) {
    $query->where('number', 'like', '%867-5309%');
});
```

연결을 통한 다수 연관관계

hasManyThrough() 메서드는 연관관계의 연관관계에서 데이터를 조회하는 편리한 방법이다. 앞서 이야기한 예제를 생각해보자. 하나의 사용자(User)모델이 있고, 이 사용자가 연락처(Contact)를 여러 개 가지고 있으며, 한 연락처는 전화번호(PhoneNumber)를 여러 개 가진다고 가정해보자. 사용자 모델을 사용해서 연락처의 전화번호 목록을 조회하려면 어떻게 해야 할까? 이런 경우에 사용할 수 있는 연관관계가 바로 연결을 통한 다수 연관관계다.

이 예제에서 contacts 테이블은 연관된 user를 나타내는 user_id 칼럼이 존재한다고 가정한다. 또한 phone_numbers 테이블에는 연관된 contact를 나타내는 contact_id 칼럼이 존재한다고 가정한다. 그러면 이제 User 모델에 [예제 5-56]과 같이 연결을 통한 다수 연관관계 메서드를 정의하면 된다.

```
class User extends Model
{
    public function phoneNumbers()
    {
        return $this->hasManyThrough(PhoneNumber::class, Contact::class);
    }
}
```

이제 $user->phone_numbers와 같이 정의한 연관관계에 접근할 수 있다. 중간 관계를 나타내는 칼럼의 이름이 다른 경우 이 메서드의 세 번째 인자로(이 예제에서는 contacts 테이블의 user_id 칼럼이 아닌 경우), 최종 대상 모델과 연결되는 칼럼명이 다른 경우 네 번째 인자로 넘겨주면 된다(예제에서는 phone_numbers 테이블의 contact_id 칼럼이 아닌 경우).

연결을 통한 단일 연관관계

hasOneThrough() 메서드는 hasManyThrough() 메서드와 개념은 같지만, 중간 모델을 거쳐서 연관관계로 조회되는 아이템이 여러 개가 아닌 하나라는 점이 다르다.

예를 들면 각각의 사용자(User)가 회사(Company) 모델에 소속되어 있고, 하나의 회사는 하나의 전화번호(PhoneNumber)를 가지고 있을 때, 사용자 모델에서 회사의 전화번호를 조회하려는 경우에 사용하는 연관관계다.

예제 5-57 연결을 통한 단일 연관관계 정의

```
class User extends Model
{
    public function phoneNumber()
    {
        return $this->hasOneThrough(PhoneNumber::class, Company::class);
    }
}
```

다대다 연관관계

여기서부터는 조금 복잡하다. CRM 시스템에서 한 사용자가 연락처를 여러 개 가지고, 각각의 연락처가 또 여러 사용자와 연관된 관계를 생각해보자.

먼저 [예제 5-58]과 같이 User에 연관관계를 정의하자.

예제 5-58 다대다 연관관계 정의

```
class User extends Model
{
    public function contacts()
    {
        return $this->belongsToMany(Contact::class);
    }
}
```

그리고 다대다 연관관계를 표현하기 위한 역방향 연관관계는 [예제 5-59]에서 볼 수 있듯이 위와 동일하게 정의한다.

예제 5-59 다대다 역방향 연관관계 정의

```
class Contact extends Model
{
    public function users()
    {
        return $this->belongsToMany(User::class);
    }
}
```

하나의 연락처(Contact) 레코드는 하나의 user_id 칼럼만 가질 수 없고, 하나의 사용자 (User) 레코드가 하나의 contact_id 칼럼만 가질 수 없으므로, 다대다 연관관계에서는 각각 의 두 모델을 연결하는 피벗 테이블이 필요하다. 피벗 테이블명은 별도로 지정하지 않으면 두 모델 테이블명을 알파벳 순서로 정렬한 뒤에 언더바(_)로 연결한 이름으로 지정된다.

따라서 users와 contacts를 연결하면 피벗 테이블명은 contact_user가 된다(만약 이 테이 블명을 직접 지정한다면, 연관관계를 정의하는 belongsToMany() 메서드의 두 번째 인자에 테 이블명을 넘겨줘야 엘로퀀트가 정상적으로 작동한다). 이 테이블은 contact_id와 user_id 칼럼을 2개를 가지고 있어야 한다.

hasMany() 메서드와 같이 연관된 모델 아이템을 컬렉션으로 조회할 수 있다. [예제 5-60]에 서는 다대다 연관관계인 각각의 모델에서 연관관계 컬렉션을 조회하는 예제를 확인할 수 있다.

```
$user = User::first();

$user->contacts->each(function ($contact) {
    // 코드 실행
});

$contact = Contact::first();

$contact->users->each(function ($user) {
    // 코드 실행
});

$donors = $user->contacts()->where('status', 'donor')->get();
```

피벗 테이블에서 데이터 조회하기

다대다 연관관계에서만 두드러지는 특정이 하나 있는데 바로 피벗 테이블이 있다는 점이다. 피벗 테이블과 같이 연관관계를 별도로 저장하는 방식이 그리 좋아 보이지 않을 수도 있지만, 피벗 테이블이 매우 유용하게 쓰이는 사례가 있다. 예를 들어, 피벗 테이블에 created_at 칼럼을 추가하여 연관관계가 맺어진 시각을 기록할 수 있다.

이 필드에 값을 저장하려면 [예제 5-61]과 같이 연관관계를 정의할 때 몇 가지를 추가해야 한다. withPivot() 메서드를 사용해 특정 필드를 정의하거나, withTimestamps() 메서드를 사용해 created_at, updated_at 타임스탬프 칼럼의 존재를 알려주어야 한다.

예제 5-61 피벗 테이블에 필드 추가

```
public function contacts()
{
    return $this->belongsToMany(Contact::class)
        ->withTimestamps()
        ->withPivot('status', 'preferred_greeting');
}
```

이제 연관관계를 사용해 모델 인스턴스를 조회할 때, 이 인스턴스에는 **pivot** 속성을 가진다. 따라서 이 피벗 테이블 레코드를 조회하여 [예제 5-62]와 같이 원하는 작업을 수행할 수 있다.

예제 5-62 연관관계 모델의 피벗 속성을 통해서 피벗 테이블 레코드 속성 조회

```php
$user = User::first();

$user->contacts->each(function ($contact) {
    echo sprintf(
        '연락처가 이 사용자와 연결된 시각: %s',
        $contact->pivot->created_at
    );
});
```

원한다면 이 피벗 테이블의 레코드를 나타내는 **pivot**이라는 속성의 이름을 변경할 수 있다. 이를 위해서는 연관관계를 정의할 때 [예제 5-63]과 같이 **as()** 메서드를 사용하자.

예제 5-63 피벗 테이블을 나타내는 속성 키의 이름을 변경하는 방법

```php
// User 모델
public function groups()
{
    return $this->belongsToMany(Group::class)
        ->withTimestamps()
        ->as('membership');
}

// 연관관계 이용하기
User::first()->groups->each(function ($group) {
    echo sprintf(
        '사용자가 이 그룹에 가입한 시각: %s',
        $group->membership->created_at
    );
});
```

다대다 연관관계의 모델을 추가하고 해제할 때 피벗 테이블 고려하기

이제 피벗 테이블이 자체적인 속성값을 지니게 됐으므로, 다대다 연관관계를 추가할 때 이런 속성값을 저장할 필요가 생겼다. 다음과 같이 save() 메서드를 호출할 때 두 번째 파라미터로 피벗 테이블의 속성값을 배열로 전달한다.

```
$user = User::first();
$contact = Contact::first();
$user->contacts()->save($contact, ['status' => 'donor']);
```

추가로 attach(), detach() 메서드를 사용할 수 있고, 연관관계 모델의 인스턴스를 전달하는 대신에 모델의 ID를 전달할 수 있다. 이 방식도 save()와 동일하게 작동한다. 하지만 앞서 다른 연관관계처럼 여러 개를 전달할 때 attachMany() 메서드를 사용하지 않아도 되며, 단순히 ID의 배열을 전달하면 된다.

```
$user = User::first();
$user->contacts()->attach(1);
$user->contacts()->attach(2, ['status' => 'donor']);
$user->contacts()->attach([1, 2, 3]);
$user->contacts()->attach([
    1 => ['status' => 'donor'],
    2,
    3,
]);

$user->contacts()->detach(1);
$user->contacts()->detach([1, 2]);
$user->contacts()->detach(); // 연결된 연락처 모델 연관관계 전체 해제
```

명시적으로 연관관계를 추가하거나 해제하는 것이 아니라 기존에 연관관계가 맺어진 두 모델의 관계 상태를 반대로 전환하고자 하는 경우가 있다. 이런 경우에는 toggle() 메서드를 사용할 수 있다. 이 메서드를 사용하면, 주어진 ID의 모델에 현재 관계가 맺어져 있으면 연관관계를 해제하고, 연관관계가 맺어져 있지 않으면, 연관관계를 추가한다.

```
$user->contacts()->toggle([1, 2, 3]);
```

updateExistingPivot() 메서드는 피벗 테이블의 레코드를 변경할 때 사용한다.

```
$user->contacts()->updateExistingPivot($contactId, [
    'status' => 'inactive',
]);
```

sync() 메서드를 사용하면 특정 모델이 현재 맺어진 다대다 연관관계를 모두 해제하고 새로운 연관관계를 추가하는 동작을 한 번에 수행할 수 있다.

```
$user->contacts()->sync([1, 2, 3]);
$user->contacts()->sync([
    1 => ['status' => 'donor'],
    2,
    3,
]);
```

다형성 연관관계

다형성 연관관계는 하나의 모델과 관계를 형성하는 엘로퀀트 클래스가 여러 개 존재할 때 사용한다. 이를 설명하기 위해서 즐겨찾기를 표현하는 Star 모델을 사용해보자. 한 사용자(User)가 각각의 연락처(Contact)와 이벤트(Event)를 즐겨찾기(Star)해놓을 수 있는 시스템을 생각해보자. Star 모델은 Contact와 연관관계를 맺을 수 있지만, Event와도 연관관계를 맺을 수 있다. 이런 연관관계를 다형성 연관관계라고 한다. 하나의 인터페이스가 여러 타입의 객체를 나타낼 수 있는 것과 같이 말이다.

이 연관관계를 표현하기 위해서는 데이터베이스 테이블 3개(stars, contacts, events)와 모델 3개(Star, Contact, Event)가 필요하다(실제로는 사용자를 나타내는 User가 더 필요하지만 이미 모델과 테이블이 존재한다고 가정하자). contacts와 events 테이블은 일반적인 형태 그대로 생성한다. 그렇지만 stars 테이블에는 id 칼럼에 더하여 starrable_id, starrable_type 칼럼이 추가되어야 한다. 이 칼럼은 Star 모델이 연결되는 연관 모델의 id와 해당 모델의 '타입'(Contact 또는 Event)이 저장된다. [예제 5-64]의 모델 정의를 참고하자.

```
class Star extends Model
{
    public function starrable()
    {
        return $this->morphTo();
    }
}

class Contact extends Model
{
    public function stars()
    {
        return $this->morphMany(Star::class, 'starrable');
    }
}

class Event extends Model
{
    public function stars()
    {
        return $this->morphMany(Star::class, 'starrable');
    }
}
```

그럼 이제 Star 모델 데이터를 생성하려면 어떻게 해야 할까? 이렇게 하면 Contact가 즐겨찾기에 추가된다.

```
$contact = Contact::first();
$contact->stars()->create();
```

주어진 연락처(Contact)에서 즐겨찾기(Star)를 모두 찾으려면 [예제 5-65]와 같이 stars() 메서드를 호출한다.

예제 5-65 다형성 연관관계의 모델 인스턴스 조회하기

```
$contact = Contact::first();

$contact->stars->each(function ($star) {
```

```
    // 필요한 코드 작성
});
```

Star 모델 인스턴스를 조회한 다음에 morphTo 연관관계에서 정의한 대상 인스턴스를 조회하려면 starrable() 메서드를 사용한다. [예제 5-66]을 살펴보자.

예제 5-66 다형성 연관관계 모델에서 대상 모델 인스턴스 조회

```
$stars = Star::all();

$stars->each(function ($star) {
    var_dump($star->starrable); // Contact 또는 Event 인스턴스
});
```

마지막으로 특정 연락처를 즐겨찾기한 사람을 조회하는 경우를 생각해보자. 이를 위해서는 [예제 5-67]과 같이 stars 테이블에 user_id 칼럼을 추가하고, User 모델과 Star 모델을 일대다 연관관계로 연결한다. stars 테이블은 사용자(User), 연락처(Contact), 이벤트(Event) 사이를 나타내는 피벗 테이블이 된다.

예제 5-67 다형성 연관관계를 사용자에게 연결하도록 확장하기

```
class Star extends Model
{
    public function starrable()
    {
        return $this->morphTo();
    }

    public function user()
    {
        return $this->belongsTo(User::class);
    }
}

class User extends Model
{
    public function stars()
    {
        return $this->hasMany(Star::class);
    }
}
```

이제 $star->user 또는 $user->stars를 사용해 User 모델과 Star 모델이 서로를 참조할 수 있다. 그리고 새로운 Star 인스턴스를 생성할 때 다음과 같이 어떤 사용자(User)와 연결할 것 인지 전달할 수 있다.

```
$user = User::first();
$event = Event::first();
$event->stars()->create(['user_id' => $user->id]);
```

다대다 다형성 연관관계

연관관계 중에서 가장 복잡하고 일반적이지 않은 관계는 다대다(N:M) 다형성 연관관계다. 이 연관관계는 다형성 연관관계와 비슷하지만 각각의 관계가 일대다(1:N)가 아닌 다대다의 관계 라는 점이 다르다.

다대다 다형성 연관관계의 가장 일반적인 예로 태그를 생각해볼 수 있다. 먼저 연락처 (Contact)와 이벤트(Event)에 각각 태그를 지정할 수 있다고 가정해보자. 태그는 연락처 또 는 이벤트에 각각 여러 개를 지정할 수 있으니 다대다 연관관계라고 할 수 있다. 또한 태그는 연락처뿐만 아니라 이벤트에도 지정이 가능하니 다형성 연관관계라고도 할 수 있다. 이렇게 여 러 타입과 연관관계를 맺을 수 있으면서 그 관계가 다대다인 경우가 바로 다대다 다형성 연관 관계다. 데이터베이스상으로는 일반적인 다형성 연관관계와 유사하지만 피벗 테이블도 추가해 야 한다.

데이터베이스에는 contacts 테이블, events 테이블, tags 테이블이 있어야 하고 tag_ id, taggable_id, taggable_type 칼럼을 가지고 있는 taggable 테이블이 있어야 한다. taggable 테이블에 있는 레코드는 태그 데이터와 이 태그와 연관되는 다형성 타입과 그 타입 의 ID를 나타낸다.

[예제 5-68]에서 다대다 다형성 연관관계를 정의하는 코드를 살펴보자.

예제 5-68 다대다 다형성 연관관계 정의

```
class Contact extends Model
{
    public function tags()
```

```
    {
        return $this->morphToMany(Tag::class, 'taggable');
    }
}

class Event extends Model
{
    public function tags()
    {
        return $this->morphToMany(Tag::class, 'taggable');
    }
}

class Tag extends Model
{
    public function contacts()
    {
        return $this->morphedByMany(Contact::class, 'taggable');
    }

    public function events()
    {
        return $this->morphedByMany(Event::class, 'taggable');
    }
}
```

다음으로 새로운 태그를 하나 생성하고 연락처에 연결해보자.

```
$tag = Tag::firstOrCreate(['name' => 'likes-cheese']);
$contact = Contact::first();
$contact->tags()->attach($tag->id);
```

[예제 5-69]는 연락처에서 태그 목록을 가져오거나, 반대로 태그에서 연락처 목록을 조회하는 예시다.

예제 5-69 다대다 다형성 연관관계의 각각의 모델에서 연관관계 모델을 조회하는 방법

```
$contact = Contact::first();

$contact->tags->each(function ($tag) {
    // 코드 실행
```

```
});

$tag = Tag::first();
$tag->contacts->each(function ($contact) {
    // 코드 실행
});
```

5.5.10 하위 모델에서 상위 모델의 타임스탬프 값 갱신하기

기본적으로 엘로퀀트 모델은 created_at, updated_at 타임스탬프 칼럼을 가진다. 그리고 updated_at 타임스탬프 값은 모델 레코드의 데이터가 변경될 때 자동으로 갱신된다.

특정 모델이 belongsTo 또는 belongsToMany 연관관계로 연결된 경우, 모델이 변경될 때 연관된 모델도 변경됐다고 표시할 수 있다면 편리할 것이다. 예를 들어 전화번호(PhoneNumber) 모델이 수정됐을 때 이 모델과 관계를 형성하는 연락처(Contact) 모델도 수정됐다고 표시해야 한다고 생각해보자.

엘로퀀트는 이런 작업을 돕기 위해 연관관계 메서드의 이름을 $touches 배열 속성에 추가하는 기능을 제공한다. 다음 예제를 살펴보자.

예제 5-70 하위 모델이 변경될 때 상위 모델 레코드의 타임스탬프 값을 갱신하도록 정의하기

```
class PhoneNumber extends Model
{
    protected $touches = ['contact'];

    public function contact()
    {
        return $this->belongsTo(Contact::class);
    }
}
```

eager 로딩

기본적으로 엘로퀀트는 연관관계 모델을 **지연 로딩**lazy loading 기법을 사용해 불러온다. 이 말은 모

델의 인스턴스를 가져왔을 때, 연관관계에 있는 모델을 함께 불러오지 않는다는 뜻이다. 그 대신 모델에서 이 연관관계 모델에 접근할 때 로딩이 이루어진다. 따라서 모델에서 연관관계 속성을 조회하지 않으면 관계된 모델을 조회하지 않는다.

모델 인스턴스를 하나씩 조회하는 경우에는 이런 작동 방식이 문제되지 않는다. 하지만 인스턴스를 여러 개 조회한 뒤 연관 모델을 함께 출력하는 목록을 보여주려고 하는 경우라면 성능 문제가 발생할 수 있다. 모델과 연관관계에 있는 모델이 지연 로딩 되므로 데이터베이스에 요청하는 쿼리 수가 상당히 늘어나기 때문이다(목록을 조회하기 위한 쿼리 1번과 n개의 연관 모델을 불러오는 쿼리를 호출하므로 이 문제를 N+1 문제라고 한다). [예제 5-71]에서는 반복문 안에서 연락처(Contact)에 연결된 전화번호(PhoneNumber)를 조회하기 위한 데이터베이스 쿼리가 실행된다.

예제 5-71 목록을 출력하는 반복문 안에서 연관 모델을 조회하기(N+1)

```
$contacts = Contact::all();

foreach ($contacts as $contact) {
    foreach ($contact->phone_numbers as $phone_number) {
        echo $phone_number->number;
    }
}
```

모델의 인스턴스를 로딩할 때 사전에 연관관계 모델을 함께 사용할 것을 알고 있다면, N+1 문제를 피하기 위한 방법으로 'eager 로딩'을 사용할 수 있다.

```
$contacts = Contact::with('phoneNumbers')->get();
```

모델을 조회할 때 **with()** 메서드를 사용하면, 연관된 모델 데이터를 함께 가져온다. 이때 메서드의 전달 인자는 연관관계를 정의한 메서드의 이름이다.

이렇게 eager 로딩을 사용하면, 연관관계 모델에 액세스할 때마다 한 번씩 쿼리하는 대신(예를 들어 **foreach** 반복문 안에서 연락처와 연관된 전화번호를 조회하기 위해), 처음 모델을 조회할 때 추가적으로 연관관계 모델을 조회하는 한 번의 추가 쿼리가 발생한다. 첫 번째 쿼리에서 필요한 모든 연락처의 목록을 조회하고, 두 번째 쿼리에서는 조회된 연락처들과 연관관계에 있는 전화번호의 목록을 조회해 가져온다.

만약 `with()` 메서드에 여러 연관관계 메서드 이름을 전달하면 이 모델과 관계된 모델 여러 개를 eager 로딩해올 수 있다.

```
$contacts = Contact::with('phoneNumbers', 'addresses')->get();
```

그리고 연관관계가 중첩된 모델도 불러오려면 다음과 같이 호출한다.

```
$authors = Author::with('posts.comments')->get();
```

eager 로딩의 제약 추가하기

만약 eager 로딩으로 연관관계 모델을 불러올 때 전체가 아니라 제약을 추가한 일부만 불러오고 싶다면 `with()` 메서드에 클로저를 전달해 필요한 조건을 추가할 수 있다.

```
$contacts = Contact::with(['addresses' => function ($query) {
    $query->where('mailable', true);
}])->get();
```

지연 eager 로딩

앞서 eager 로딩을 지연 로딩의 반대되는 개념으로 소개했기 때문에 지연 eager 로딩이라는 말이 조금 이상하게 들릴 수도 있다. 하지만 연관된 모델을 조회하는 행위가 일어나기 전까지는 eager 로딩을 실행하지 않는 동작을 자세히 생각해보면 이해하기 쉽다. 연관된 모델을 불러오기 전까지 목록을 조회하기 위한 한 번의 쿼리만 실행해 N+1 문제를 해결하는 방법을 **지연 eager 로딩**lazy eager loading이라고 한다.

```
$contacts = Contact::all();

if ($showPhoneNumbers) {
    $contacts->load('phoneNumbers');
}
```

연관관계를 조회하지 않았을 때에만 eager 로딩을 해오기를 원한다면 라라벨 5.5이상부터 사용 가능한 loadMissing() 메서드를 사용한다.

```
$contacts = Contact::all();

if ($showPhoneNumbers) {
    $contacts->loadMissing('phoneNumbers');
}
```

연관관계된 모델의 개수 조회

연관관계에 있는 모델을 조회하지는 않고, 개수만 알고 싶을 때 withCount() 메서드를 사용할 수 있다. withCount() 메서드를 사용하면 연관관계에 있는 모델의 개수가 {연관관계}_count 속성에 할당되어 사용할 수 있다.

```
$authors = Author::withCount('posts')->get();

foreach (authors as $author) {
    echo $author>posts_count;
}
```

5.6 엘로퀀트 이벤트

엘로퀀트 모델은 특정 작업이 발생할 때마다 애플리케이션 내부의 이벤트를 발생시킨다. 이 이벤트는 이벤트 수신에 관계없이 항상 발생되며 Publish/Subscribe 구조에 익숙하다면 동일한 형태라는 것을 쉽게 알 수 있다. 이벤트 시스템과 관련된 사항은 16장에서 더 자세히 다루므로 여기서는 엘로퀀트의 특정 작업마다 이벤트가 발생한다는 점만 알아두자.

다음은 새로운 연락처(Contact) 모델이 생성될 때 발생하는 이벤트를 수신하는 간단한 코드다. 여기에서는 AppServiceProvider의 Boot() 메서드 안에서 새로운 연락처 모델 생성 이벤트를 수신하는 코드를 등록했다.

```
class AppServiceProvider extends ServiceProvider
{
    public function boot()
    {
        $thirdPartyService = new SomeThirdPartyService();

        Contact::creating(function ($contact) use ($thirdPartyService) {
            try {
                $thirdPartyService->addContact($contact);
            } catch (Exception $e) {
                Log::error('ThirdPartyService에 새로운 Contact 추가를 실패함');

                return false; // false를 반환하면 엘로퀀트 모델 생성이 취소된다.
            }
        });
    }
```

[예제 5-72]에서는 몇 가지를 알 수 있는데, 먼저 이벤트를 수신할 코드는 `Modelname::eventName()` 메서드에 클로저로 전달한다. 클로저는 이벤트가 처리 중인 엘로퀀트 모델의 인스턴스를 인자로 받는다. 그리고 이런 이벤트 수신 코드는 서비스 공급자에서 등록 과정을 거쳐야 한다. 마지막으로 이벤트를 수신하는 코드에서 `false`를 반환하면 `save()` 또는 `update()` 메서드가 취소된다.

엘로퀀트 모델에서 발생하는 이벤트의 목록은 다음과 같다.

- creating
- created
- updating
- updated
- saving
- saved
- deleting
- deleted
- restoring
- restored
- retrieved

대부분의 이벤트 메서드는 이름만으로도 명확한 발생 시점을 알 수 있다. 단 saving은 creating, updating 두 경우 모두에 대해서 이벤트가 발생하고, saved는 created, updated 두 경우 모두에 대해서 발생한다. restoring, restored 이벤트는 소프트 삭제된 레코드를 복 원하는 경우에 발생한다.

5.7 테스트

라라벨에서 제공하는 테스팅 기능을 사용하면 엘로퀀트에 대한 유닛 테스트뿐 아니라, 애플리 케이션 전체의 기능을 테스트할 수 있다. 또한 이 테스팅 기능에는 데이터베이스를 손쉽게 확 인할 수 있는 기능도 포함되어 있다.

테스트 시나리오 하나를 가정해보자. 특정 페이지에서 어느 연락처(Contact) 하나는 표시되 지만 다른 연락처는 표시되지 않는 요구 사항이 있고, 이 요구 사항이 충족되는지 테스트해본 다. 실제 애플리케이션에서는 이 페이지의 URL에 HTTP 요청을 보내고 컨트롤러와 데이터베 이스 접근을 통해서 원하는 화면을 출력한다. 따라서 이런 과정 전체를 테스트하는 방법이 필 요하다. 목킹mocking에 대해 알고 있다면 엘로퀀트 메서드 호출을 목킹하고 실제 데이터베이스 에 접근하지 않고 테스트를 수행하는 코드를 생각할 수도 있다. 하지만 라라벨에서는 이런 방 식의 테스트를 수행하지 않고 [예제 5-73]과 같은 방식으로 테스트를 할 수 있다.

예제 5-73 간단한 애플리케이션 테스트를 통해 데이터베이스 동작을 테스트하는 방법

```
public function test_active_page_shows_active_and_not_inactive_contacts()
{
    $activeContact = Contact::factory()->create();
    $inactiveContact = Contact::factory()->inactive()->create();

    // url /active-contacts로 GET 요청한 결과를 확인
    $this->get('active-contacts')
        ->assertSee($activeContact->name)
        ->assertDontSee($inactiveContact->name);
}
```

위 예제에서는 모델 팩토리와 라라벨의 애플리케이션 테스팅 기능이 사용됐고, 이를 통해 데이

터베이스 호출을 테스트했다.

[예제 5-74]와 같이 데이터베이스 레코드에 직접 접근하여 애플리케이션 로직이 정상적으로
처리됐는지 테스트할 수도 있다.

예제 **5-74** assertDatabaseHas 메서드를 사용해 데이터베이스에 특정 레코드가 존재하는지 확인하기

```php
public function test_contact_creation_works()
{
    $this->post('contacts', [
        'email' => 'jim@bo.com'
    ]);

    $this->assertDatabaseHas('contacts', [
        'email' => 'jim@bo.com'
    ]);
}
```

엘로퀀트와 라라벨의 데이터베이스 기능 자체는 프레임워크가 배포되기 전에 별도 테스트가
수행된다. 그래서 이를 따로 테스트할 필요는 없다. 만약 테스트 과정에서 데이터베이스에 접
근하지 않게 하려면, 리포지터리 클래스를 만들어 활용하는 게 더 낫다. 하지만 테스트를 수행
할 때 가장 중요한 것은 애플리케이션이 데이터베이스에 접근하는 로직을 포함한 전체 기능을
테스트하는 것이다.

커스텀 접근자, 변경자, 스코프를 사용한다면 다음과 같이 직접 이를 테스트할 수도 있다.

예제 **5-75** 접근자, 변경자, 스코프 테스트

```php
public function test_full_name_accessor_works()
{
    $contact = Contact::factory()->make([
        'first_name' => 'Alphonse',
        'last_name' => 'Cumberbund'
    ]);

    $this->assertEquals('Alphonse Cumberbund', $contact->fullName);
}

public function test_vip_scope_filters_out_non_vips()
```

```
{
    $vip = Contact::factory()->vip()->create();
    $nonVip = Contact::factory()->create();

    $vips = Contact::vips()->get();

    $this->assertTrue($vips->contains('id', $vip->id));
    $this->assertFalse($vips->contains('id', $nonVip->id));
}
```

테스트 코드를 작성할 때는 가급적 간단한 기능을 테스트하도록 코드를 작게 유지하는 것이 좋다. 데이터베이스를 확인하는 테스트 코드가 길고 복잡하다면, 시스템이 불필요하게 복잡하게 설계된 것은 아닌지 돌아보자. 그리고 가능한 한 테스트는 간단하고 가독성 좋게 유지하자.

5.8 마치며

라라벨은 마이그레이션, 시딩, 편리한 쿼리 빌더, 액티브레코드 ORM인 엘로퀀트 등 강력한 데이터베이스 기능을 제공한다. 라라벨의 데이터베이스 기능은 꼭 엘로퀀트를 사용하지 않더라도 충분히 애플리케이션을 작성할 수 있으며, SQL을 직접 작성하지 않아도 쉽고 편리하게 데이터베이스 데이터에 액세스하고 조작할 수 있는 기능을 제공한다. 하지만 엘로퀀트와 같은 ORM(또는 다른 Doctrin ORM이더라도)을 활용하면 더 생산적이고 효과적으로 데이터베이스를 다룰 수 있다.

엘로퀀트는 액티브레코드 패턴을 따르므로 속성값 자체로 칼럼의 데이터를 조작할 수 있으며, 또 객체로 표현되는 데이터베이스 데이터가 어떤 테이블의 어느 칼럼과 연결되는지 손쉽게 정의할 수 있다. 게다가 접근자나, 변경자를 사용하면 실제 존재하지 않는 칼럼일지라도 코드상에서 손쉽게 데이터를 처리할 수 있다. 엘로퀀트는 거의 모든 SQL 작업을 처리할 수 있으며, 연관관계 기능을 사용하면 다형성 다대다 관계와 같은 복잡한 관계도 손쉽게 처리할 수 있다.

끝으로 테스트에서 활용할 수 있는 모델 팩토리와 같은 기능이 더 손쉬운 테스트를 지원하여 안정적으로 애플리케이션을 개발할 수 있도록 도와준다.

## CHAPTER 6

프런트엔드 컴포넌트

라라벨 프레임워크는 주로 백엔드 로직을 처리하지만 프런트엔드 코드를 위한 기능도 가지고 있다. 목록 페이지에서 구현하는 페이지네이션 기능과 사용자에게 시스템 메시지와 오류 메시지를 보여주기 위한 메시지 백기능은 프런트엔드를 지원하는 도구들이다. 그리고 라라벨 믹스Mix라는 웹팩Webpack 기반의 프런트엔드 빌드 시스템을 제공한다. 믹스를 통해서 PHP가 아닌 리소스 파일들에 대한 관례를 제공한다.

먼저 라라벨이 제공하는 프런트엔드 컴포넌트의 핵심 요소인 믹스를 알아보자.

6.1 라라벨 믹스

믹스는 웹팩(https://webpack.js.org)을 기반으로 한 라라벨의 프런트엔드 빌드 도구로, 간결한 사용자 인터페이스와 관례를 제공한다. 프런트엔드 소스의 일반적인 빌드 작업과 웹팩 기반 작업 및 컴파일을 단순화하는 것을 목적으로 한다.

기본적으로 믹스는 웹팩 안에서 실행되는 도구다. 믹스의 설정 구성에 사용하는 '믹스 파일'은 간단하게 말해 프로젝트 루트 디렉터리에 있는 `webpack.min.js`라는 웹팩 설정 파일이다. 하지만 믹스 설정은 웹팩 설정보다 간단하고, 라라벨 프로젝트는 기본적으로 설정 파일을 제공하므로 믹스를 사용하면 정적 자산을 컴파일을 하는 데 훨씬 더 적은 노력이 든다.

CSS 스타일을 생성하기 위해서 Sass 전처리를 실행하는 예제를 살펴보자. 일반적인 웹팩 환경에서는 [예제 6-1]과 조금 비슷할 수 있다.

예제 6-1 믹스를 사용하지 않고 웹팩을 사용하여 Sass 파일 컴파일

```
var path = require('path');
var MiniCssExtractPlugin = require("mini-css-extract-plugin");

module.exports = {
    entry: './src/sass/app.scss',
    module: {
        rules: [
            {
                test: /\.s[ac]ss$/,
                use: [
                    MiniCssExtractPlugin.loader,
```

```
                    "css-loader",
                    "sass-loader"
                ]
            }
        ]
    },
    plugins: [
        new MiniCssExtractPlugin({
            path: path.resolve(__dirname, './dist'),
            filename: 'app.css'
        })
    ]
}
```

위의 코드는 믹스 없이 웹팩을 사용하는 코드다. 조금은 복잡해 보이긴 해도, 어떤 동작이 수행되는지 비교적 명확하다. 이 코드가 프로젝트마다 웹팩을 설정하기 위한 기본적인 코드지만, 이 내용을 매번 직접 작성하지는 않을 것이다. 단순히 복사해서 넣는 경우도 많을 것이며, 무엇보다도 부담 없이 수정하기에는 어려움이 있다. 그리고 이런 과정들은 웹팩을 사용할 때마다 반복된다.

이제 동일한 작업을 믹스로 설정하는 방법을 살펴보자.

예제 6-2 Sass 파일을 믹스로 컴파일하기

```
let mix = require('laravel-mix');

mix.sass('resources/sass/app.scss', 'public/css');
```

이게 전부다. 매우 간단하다. 그리고 파일의 변경 사항 감시, 브라우저 동기화, 알림, 구조화된 폴더 구조, 자동화된 접두사 처리, URL 처리 등 다양한 기능을 더 쉽고 간편하게 설정할 수 있다.

6.1.1 믹스의 폴더 구조

믹스의 단순함은 디렉터리 구조부터 시작한다. 새로운 애플리케이션을 시작할 때 소스 파일과 컴파일된 리소스 파일을 어디 두어야 할지 고민되는 일이 많지만, 믹스를 쓰면 관례를 따라서 파일을 구성하게 되므로 이런 고민을 하지 않아도 된다.

라라벨 애플리케이션을 처음 설치하면 이미 resources 폴더가 준비되어 있다. 이 폴더 안에 있는 다양한 디렉터리가 믹스에서 참조하는 디렉터리가 된다. Sass는 resources/sass, Less는 resources/less, CSS는 reouseces/css, 자바스크립트는 resources/js가 된다. 이 프런트엔드 소스 파일 빌드 결과물은 public/css, public/js 디렉터리에 저장된다.

6.1.2 믹스 실행하기

믹스가 웹팩을 기반으로 실행되므로, 몇 가지 준비 작업이 필요하다.

먼저 Node.js를 설치해야 한다. 'Node 웹사이트'(http://node.js.org)를 방문하여 설치 방법을 확인하자. Node(그리고 NPM)는 한번 설치하고 나면, 프로젝트마다 재설치할 필요가 없다. 설치를 마쳤다면, 이제 프로젝트의 의존 패키지를 설치하자.

터미널에서 프로젝트 최상위 디렉터리로 이동한 다음 npm install을 실행하여 필요한 패키지를 설치하자. 라라벨 프로젝트에는 package.json 파일에 믹스 의존성이 이미 들어 있다.

위의 작업이 준비됐다면 이제 npm run dev를 실행하여 웹팩과 믹스를 실행할 수 있다. npm run watch 명령어는 파일의 변경 사항을 추적하고 빌드 경과를 갱신한다. npm run prod는 실서버 환경을 위한 빌드 결과물을 생성한다(자바스크립트 압축과 같은 작업을 수행한다). 현재의 작업 환경에서 npm run watch가 동작하지 않는다면, npm run watch-poll을 실행하거나, **핫 모듈 교체**hot module replacement (HMR)를 위한 npm run hot을 실행할 수도 있다.

6.1.3 믹스가 제공하는 것

앞서 믹스가 Sass, Less, PostCSS를 사용하는 CSS 전처리 기능을 수행할 수 있다고 이야기했다. 이런 다양한 종류의 파일을 연결concat하고, 축소minify하고, 이름을 바꾸고, 복제할 수 있으며, 파일 외에 디렉터리에 대한 작업도 가능하다.

또한 믹스는 최신 자바스크립트 빌드 과정에 맞게 자동으로 접두사를 붙이는 기능과 자바스크립트를 연결하고 축소하는 기능도 제공한다. 여기에 더하여 브라우저 싱크와 핫 모듈 교체, 버전 관리를 수월하게 하는 다양한 플러그인을 활용할 수 있다.

매뉴얼(https://laravel.kr/docs/mix)에 이런 다양한 기능에 대한 설명이 자세하다. 책에서는 이 중 몇 가지 기능만 살펴보자.

소스맵

소스맵은 CSS가 전처리되기 이전의 원본 소스와 변환된 소스를 연결하기 위한 파일이다. 주로 브라우저의 개발자 도구 화면(웹 인스펙터 툴)에서 DOM 요소를 확인하거나, 스타일을 확인할 때 원본 소스의 위치를 손쉽게 확인할 수 있도록 도와준다.

믹스의 기본 설정에서는 소스맵이 생성되지 않는다. 그렇지만 [예제 6-3]에서와 같이 sourceMaps() 메서드를 체이닝하면 소스맵이 생성된다.

예제 6-3 믹스에서 소스맵 생성 활성화하기

```
let mix = require('laravel-mix');

mix.js('resources/js/app.js', 'public/js')
    .sourceMaps();
```

소스맵을 생성하지 않으면 브라우저에서 개발자 도구를 사용하여 CSS 스타일을 확인할 때나 자바스크립트 동작을 확인할 때 컴파일된 코드로만 추적해서 디버깅이 어려워진다. 소스맵을 사용하면 프로젝트의 프런트엔드 소스 파일이 Sass든, 자바스크립트든 원본 소스 파일을 정확하게 확인할 수 있다.

스타일시트 전처리와 후처리

앞서 Sass와 Less를 예로 들었지만, 믹스는 [예제 6-4]와 같이 Stylus를 사용하게 할 수도 있고, [예제 6-5]와 같이 PostCSS를 다른 스타일 처리기에 연결할 수도 있다.

예제 6-4 Stylus를 사용한 CSS 전처리

```
mix.stylus('resources/stylus/app.styl', 'public/css');
```

```
mix.sass('resources/sass/app.scss', 'public/css')
    .options({
        postCss: [
            require('postcss-css-variables')()
        ]
    });
```

CSS 전처리기를 사용하지 않는 경우

CSS 전처리기를 사용하지 않는 경우를 위해서 제공되는 기능도 있다. [예제 6-6]은 resources/css 디렉터리의 모든 파일을 하나의 파일 public/css/all.css로 연결하는 방법과 몇몇 파일을 지정해서 하나로 합치는 방법을 보여준다.

예제 6-6 믹스를 사용해 스타일시트 합치기

```
// resources/css 디렉터리의 모든 파일 하나로 합치기
mix.styles('resources/css', 'public/css/all.css');

// resources/css 디렉터리의 일부 파일을 하나로 합치기
mix.styles([
    'resources/css/normalize.css',
    'resources/css/app.css'
], 'public/css/all.css');
```

자바스크립트 연결하기

자바스크립트를 다루는 방법은 CSS를 다루는 것과 유사하다. [예제 6-7]을 살펴보자.

예제 6-7 믹스를 사용해 자바스크립트 합치기

```
let mix = require('laravel-mix');

// resources/js 디렉터리의 모든 파일 하나로 합치기
mix.scripts('resources/js', 'public/js/all.js');

// resources/js 디렉터리의 일부 파일을 하나로 합치기
```

```
mix.scripts([
    'resources/js/normalize.js',
    'resources/js/app.js'
], 'public/js/all.js');
```

자바스크립트 처리

예를 들어 ES6 문법으로 작성된 자바스크립트를 일반 자바스크립트로 빌드한다고 가정해보자. 믹스를 사용하면 [예제 6-8]과 같이 더 쉽게 웹팩을 사용할 수 있게 해준다.

예제 6-8 믹스로 웹팩을 통해 자바스크립트 처리

```
let mix = require('laravel-mix');

mix.js('resources/js/app.js', 'public/js');
```

이 스크립트는 resources/js 디렉터리의 파일을 사용하여 public/js/app.js로 출력 결과물을 만든다.

웹팩을 사용하는 좀 더 복잡한 경우라면, 프로젝트 루트 디렉터리에 webpack.config.js 파일을 만들어 더 상세한 설정을 할 수도 있다.

파일 및 디렉터리 복사

파일을 복사하려면 copy() 메서드를, 디렉터리를 통째로 복사하려면 copyDirectory() 메서드를 사용한다.

```
mix.copy('node_modules/pkgname/dist/style.css', 'public/css/pkgname.css');
mix.copyDirectory('source/images', 'public/images');
```

버저닝

스티브 사우더스가 『초고속 웹사이트 구축』(위키북스, 2010)에서 이야기하는 수많은 팁 중 일부는 오늘 날 웹 개발 프로세스 곳곳에 적용됐다. 스크립트는 HTML의 <head> 대신 아래쪽에 위치시키기, 가능한 한 HTTP 요청 수를 줄여서 웹사이트 로딩 속도를 빠르게 하기와 같은 것이 바로 이 책에서 말하는 팁이다.

그가 주장한 많은 내용이 우리의 개발 환경에 영향을 주었지만 여전히 잘 지켜지지 않는 것이 하나 있다. 바로 프런트엔드 자산(자바스크립트, CSS, 이미지)에 아주 긴 수명의 캐시를 적용하면 더 빠른 웹사이트를 만드는 데 효과적이라는 것이다. 프런트엔드 자산에 캐시의 수명을 아주 길게 설정하면 방문자가 다음 번 방문 시에 캐시의 효과로 서버에 보내는 요청 수가 줄어들고, 더 빠른 웹사이트 로딩이 가능해진다. 그렇지만 방문자가 이전 버전의 캐시된 자바스크립트, CSS, 이미지를 가지고 있을 확률이 증가해 변경된 파일을 인식히지 못할 수 있다는 단점이 있다.

이 문제를 해결하는 방법이 바로 **버저닝**^{versioning}이다. 매 빌드마다 각각의 프런트엔드 자산 파일명 뒤에 고유한 해시를 추가할 수 있다면, 이 파일은 다음 번 빌드가 배포될 때까지 영구적으로 캐시되어도 문제가 없다.

그런데 이런 버저닝을 적용할 때 어려운 점이 있다. 바로 개별 파일에 고유한 해시를 매번 추가하기가 어렵고, 또 이 프런트엔드를 링크하는 모든 뷰 파일의 코드를 수정하기도 어렵다는 것이다.

믹스를 사용하면 이 버저닝 작업을 손쉽게 처리할 수 있다. 믹스에서 버저닝을 처리하기 위한 컴포넌트 2개가 제공된다. 첫 번째로 [예제 6-9]와 같이 `mix.version()` 메서드를 사용해 버전을 지정한다.

예제 6-9 `mix.version()` 메서드

```
let mix = require('laravel-mix');

mix.sass('resources/sass/app.scss', 'public/css')
    .version();
```

위의 코드로 생성된 파일의 버전은 다를 게 없다. 그냥 앞에서 설명한것과 같이 `public/css` 폴더 안에 `app.css` 파일로 빌드된다.

다음으로 [예제 6-10]에서와 같이 뷰 파일 안에서 PHP 코드에서 실행되는 `mix()` 헬퍼 함수를 사용한다.

예제 6-10 뷰 파일 안에서 `mix()` 헬퍼 함수 사용하기

```
<link rel="stylesheet" href="{{ mix("css/app.css") }}">

// 위 함수 실행 결과는 다음과 같이 출력된다.

<link rel="stylesheet" href="/css/app.css?id=5ee7141a759a5fb7377a">
```

개별 파일의 해시 값을 어떻게 알아내는가?

믹스에서 버저닝 메서드를 사용하여 빌드하면 `public/mix-manifest.json` 파일이 생성된다. 이 파일에는 `mix()` 헬퍼 함수에서 참조하는 파일에 대한 해시 정보가 기록되어 있다. 다음은 간단한 `mix-manifest.json` 예제다.

```
{
    "/css/app.css": "/css/app.css?id=4151cf6261b95f07227e"
}
```

Vue와 리액트

믹스는 Vue와 리액트 컴포넌트 모두에 번들링을 지원한다. Vue를 처리할 때는 `js()` 메서드를, 리액트를 처리할 때는 `react()` 메서드를 사용한다.

```
mix.react('resources/js/app.js', 'public/js');
```

[예제 6-11]에서와 같이 기본적인 라라벨 샘플 **app.js**에서는 Vue 컴포넌트를 다루는 데 별다른 작업이 필요 없다는 것을 알 수 있다.

예제 6-11 Vue를 사용할 때의 App.js 설정

```
window.Vue = require('vue');

Vue.component('example-component', require('./components/ExampleComponent.vue'));

const app = new Vue({
    el: '#app'
});
```

그리고 **react()**로 바꾸고 싶으면, 첫 번째 컴포넌트용 파일에서 아래의 구문만 실행한다.

```
require('./components/Example');
```

두 프리셋 모두 Axios, Lodash, Popper.js를 가져온다. 그러므로 Vue나 리액트 시스템을 설정하는 데 시간을 들일 필요가 없다.

핫 모듈 교체

Vue나 리액트를 사용하여 컴포넌트를 작성할 때, 코드가 변경되어 빌드 툴이 컴포넌트를 다시 컴파일하면 페이지를 새로고침하면서 결과를 확인한다. 믹스를 사용하면 **브라우저싱크**^{Browsersync}를 사용해 페이지가 새로고침하도록 설정하는 것이 편리하다.

하나의 컴포넌트를 작성할 때는 이 방식이 아주 효과적이다. 그렇지만 **싱글 페이지 애플리케이션**^{single-page application}(SPA)을 작성하는 경우에는 페이지를 새로고침하게 되면, 애플리케이션이 새롭게 초기화되어서 이전까지 유지되던 애플리케이션의 상태 값이 모두 지워져버린다. 핫 모듈 교체(HMR 또는 **핫 리로딩**^{hot reloading})는 이러한 문제를 해결하는 기능이다. 원래는 HMR 기능을 사용하려면 조금 까다로운 설정 과정을 거치지만, 믹스에서는 별다른 설정 없이도 HMR을 사용할 수 있게 지원한다. HMR은 내부적으로 브라우저싱크에게 컴파일된 전체 컴포넌트를 다시 로드하는 방식이 아니라, 변경이 일어난 코드만 다시 로드하도록 지시한다. 따라서 변경이 일어난 코드만 브라우저에서 새롭게 로딩되어 SPA를 테스트하기 위한 상태 값이 유지된

다는 것을 의미한다.

HMR을 사용하려면 npm run watch 대신에 npm run hot 명령어를 사용한다. 그리고 <script>가 참조하는 자바스크립트가 올바른 버전의 파일을 가리키도록 확인해야 한다. 기본적으로 믹스는 localhost:8080의 작은 노드 서버를 실행하므로, <script>가 다른 버전의 스크립트를 가리키고 있다면 HMR이 정상적으로 동작하지 않는다.

가장 간편한 방법은 mix() 헬퍼 함수를 사용하는 방법으로, 이렇게 하면 HMR 모드인 경우에 자동으로 localhost:8080을 앞에 붙이고, HMR을 사용하지 않는 개발 모드라면 도메인을 붙인다. 코드의 모양은 다음과 비슷한 형태가 된다.

```
<body>
    <div id="app"></div>

    <script src="{{ mix('js/app.js') }}"></script>
</body>
```

만약 'valet secure'를 실행한 것과 같이 애플리케이션을 HTTPS 연결을 사용하여 개발하는 경우라면 프런트엔드 자산도 HTTPS 연결을 제공해야만 문제가 없다. 이런 경우는 조금 더 까다롭기 때문에 HMR 문서(http://bit.ly/2U2xvGb)를 참고하자.

의존 패키지의 분리

믹스는 일반적인 프런트엔드를 번들링할 때 프로젝트의 애플리케이션을 구현하는 모든 코드와 의존성 코드를 포함하는 CSS 파일 하나와 자바스크립트 파일 하나를 생성하는 방식을 권한다.

그렇지만 이런 방식은 프런트엔드의 의존성 패키지가 변경될 때마다 전체 번들링 결과 파일을 다시 빌드하고 캐싱하므로 의도치 않게 로드 시간이 길어질 수 있다.

믹스를 사용하면 애플리케이션에서 의존하는 자바스크립트 패키지를 별도의 vendor.js 파일로 손쉽게 분리할 수 있다. js() 메서드 호출에 체이닝하여 벤더 라이브러리의 이름 목록을 인자로 받는 extract() 메서드를 호출하면 된다. [예제 6-12]에서 어떻게 사용하는지 확인해보자.

예제 6-12 벤더 라이브러리를 별도의 파일로 분리하는 방법

```
mix.js('resources/js/app.js', 'public/js')
    .extract(['vue'])
```

이렇게 하면 기존에 app.js에 더하여 새로운 파일이 2개 더 추가된다. manifest.js는 의존 패키지와 애플리케이션 코드가 어떻게 로딩되어야 하는지 브라우저에 알려주는 역할을 수행하고, vendor.js는 분리된 의존 패키지를 담은 파일이 된다.

3개의 파일은 올바른 순서로 로딩하는 것이 중요하다. 먼저 manifest.js를 로딩하고, vendor.js를 로딩한 뒤에 app.js를 로딩하자.

> **TIP** extract() 메서드를 사용하여 모든 의존 패키지를 별도 파일로 분리하기
>
> 4.0 이상 버전의 라라벨 믹스를 사용하고 있을 때, extract() 메서드를 인자 없이 호출하는 경우 애플리케이션의 모든 의존 패키지가 별도로 분리되어 관리된다.
>
> ```
> <script src="{{ mix('js/manifest.js') }}"></script>
> <script src="{{ mix('js/vendor.js') }}"></script>
> <script src="{{ mix('js/app.js') }}"></script>
> ```

믹스에서 환경 변수 사용하기

[예제 6-13]과 같이 환경 변수 파일 .env 파일에 MIX_라는 접두어를 지정하면 이 환경 변수는 믹스에서 process.env.ENV_VAR_NAME라는 이름으로 사용할 수 있다.

예제 6-13 .env 파일의 환경 변수를 믹스에서 사용하기

```
# .env 파일의 내용
MIX_BUGSNAG_KEY=lj12389g08bq1234
MIX_APP_NAME="Your Best App Now"

// 믹스 파일의 내용
process.env.MIX_BUGSNAG_KEY

// 예를 들어 다음 코드는
console.log("Welcome to " + process.env.MIX_APP_NAME);

// 아래의 코드로 컴파일된다.
console.log("Welcome to " + "Your Best App Now");
```

환경 변수를 웹팩에서 사용하기 위해서 [예제 6-14]와 같이 dotenv 패키지를 사용할 수도 있다.

예제 6-14 .env 파일의 환경 변수를 웹팩에서 사용하기

```
// webpack.mix.js
let mix = require('laravel-mix');
require('dotenv').config();

let isProduction = process.env.MIX_ENV === "production";
```

6.2 프런트엔드 프리셋

> **ATTENTION_** 6.2절 '프런트엔드 프리셋'에서 다루는 프런트엔드 프리셋은 laravel/ui 패키지를 통해
> 제공하는 기능이다. laravel/ui는 라라벨 6, 7 버전에서 주로 사용되었다. 라라벨 8에서도 사용할 순 있지
> 만 더욱 강력한 제트스트림 패키지를 사용하길 권장하고 있다. laravel/ui를 사용하지 않는 사람은 다음
> 절로 넘어가자.

라라벨은 풀스택 프레임워크로서 보통의 백엔드 프레임워크보다 더 많은 프런트엔드를 다룰
수 있는 도구를 제공한다. 이미 알아본 바 있는 빌드 시스템을 기본으로 제공할 뿐만 아니라
Bootstrap, Axios, Lodash 같은 도구와 Vue, 리액트를 쉽게 설치할 수 있는 프리셋도 제공
한다.

6.2.1 프런트엔드 프리셋

package.json, webpack.mix.js, resources 디렉터리에 있는 뷰, 자바스크립트, CSS 파일
을 보면 라라벨이 제공하는 프런트엔드 도구에 대한 감을 잡을 수 있을 것이다.

라라벨 6 이전에는 기본 프런트엔드 프리셋[preset]이 Vue 위주로 되어 있었다. 하지만 라라벨 6
부터 프런트엔드 프리셋은 그저 매우 가벼운 자바스크립트 시스템에 지나지 않는다. Vue나 리
액트 같은 프런트엔드 프레임워크를 사용하고 싶을 때 의존성 설정과 초기 설정 코드가 미리
준비된 '프리셋'을 이용하고 싶을 것이다. 라라벨은 laravel/ui 패키지를 통해 Vue, 리액트,

부트스트랩용 프리셋을 제공한다. 이 세 가지뿐만 아니라 커뮤니티에서 만든 수많은 서드 파티 프리셋도 가져다 쓸 수 있다.

composer require laravel/ui로 laravel/ui 패키지를 설치하고 나면 php artisan ui preset_name을 실행해서 내장된 프리셋을 사용할 수 있다.

```
# laravel/ui 설치 후에...
php artisan ui vue
php artisan ui react
php artisan ui bootstrap
php artisan ui none
```

서드파티 프런트엔드 프리셋

직접 자체 프리셋을 만들거나, 다른 사람이 만든 프리셋도 사용할 수 있다. 서드파티 프런트엔드 프리셋을 찾기 쉽게 만든 깃허브 조직(https://github.com/laravel-frontend-presets)이 있고, 설치하기도 매우 쉽다. 대부분은 다음의 절차를 따르면 된다.

1 패키지를 설치한다(예: composer require laravel-frontend-presets/tailwindcss).
2 프리셋을 설치한다(예: php artisan preset tailwindcss).
3 내장 프리셋과 마찬가지로 npm install과 npm run dev를 실행한다.

자체 프리셋을 만들고 싶은 사람들이 포크해서 쉽게 만들 수 있도록 위에 언급한 깃허브 조직에서 스켈레톤 저장소(https://github.com/laravel-frontend-presets/skeleton)를 마련해두었다.

6.3 페이지네이션

웹 애플리케이션에서 사용되는 일반적인 페이지네이션은 단순해 보이지만 구현하는 데 까다로운 점들이 있다. 다행히 라라벨에서는 이런 까다로움에 잘 대응하고 있으며, 엘로퀀트, 라우터와 손쉽게 연결할 수 있도록 지원한다.

6.3.1 데이터베이스 결과의 페이지네이션

페이지네이션을 가장 흔하게 사용하는 경우는 바로 데이터베이스의 결과를 표시하는 뷰다. 한 화면 안에 모든 결과를 출력하기에는 데이터가 너무 많아서 페이지를 나누어서 출력해야 한다. 엘로퀀트와 쿼리 빌더는 현재 유입된 요청 객체에 전달된 page 쿼리 파라미터의 값을 읽어들여 데이터를 조회하는 데 사용하는 paginate() 메서드를 가지고 있다. 이 메서드에 전달되는 값은 한 페이지에 몇 개의 데이터를 보여줄지 결정하는 페이지 크기 값이다. [예제 6-15]를 살펴보자.

예제 6-15 페이지네이션 처리된 쿼리 빌더의 응답

```
// PostController
public function index()
{
    return view('posts.index', ['posts' => DB::table('posts')->paginate(20)]);
}
```

[예제 6-15]에서는 게시글의 조회 결과가 한 페이지에 20개씩 보여지도록 설정한 것을 확인할 수 있다. 이때 몇 번째 페이지의 데이터를 표시할 것인지는 현재 URL에 전달된 page 쿼리 파라미터를 사용한다. 엘로퀀트 모델에는 모두 이 paginate() 메서드를 사용할 수 있다.

뷰 파일에서 조회된 결과를 표시할 때 link() 메서드를 사용하면 테일윈드 CSS 프레임워크로 꾸민 페이지네이션 HTML이 생성된다. [예제 6-16]을 확인해보자.

예제 6-16 템플릿에서 페이지 링크 렌더링하기

```
// posts/index.blade.php
<table>
@foreach ($posts as $post)
    <tr><td>{{ $post->title }}</td></tr>
@endforeach
</table>

{{ $posts->links() }}

// 기본적으로 $posts->links() 메서드를 호출하면 내용이 출력된다. 결과는 생략.
```

페이지를 출력할 때 현재 페이지 번호의 양쪽으로 몇 개의 페이지 링크가 표시될 것인지 조절할 수 있다. 이 기능은 onEachSide() 메서드를 통해서 구현되는데, 라라벨 5.7 미만에서는 사용할 수 없다. 다음 코드를 참고하자.

```
DB::table('posts')->paginate(10)->onEachSide(3);

// 출력 결과:
// 5 6 7 [8] 9 10 11
```

NOTE_ 라라벨 7까지는 페이지 링크를 만들 때 테일윈드 CSS 대신 부트스트랩 CSS가 사용됐다. 부트스트랩이 더 편한 사람들은 AppServiceProvider에서 페이지네이터의 useBootstrap 메서드를 호출해서 부트스트랩 CSS가 적용된 뷰를 사용할 수 있다.

```
use Illuminate\Pagination\Paginator;

public function boot()
{
    Paginator::useBootstrap();
}
```

6.3.2 직접 페이지네이터 생성하기

엘로퀀트나 쿼리 빌더를 사용하지 않거나, groupBy와 같은 복잡한 쿼리를 다루는 경우에는, 기본 페이지네이터가 아니라 직접 페이지 계산 방식을 구현한 페이지네이터를 추가해야할 수도 있다. 다행히 라라벨에는 이를 대비하여 Illuminate\Pagination\Paginator와 Illuminate\Pagination\LengthAwarePaginator 클래스가 준비되어 있다.

두 클래스의 차이점은 다음과 같다. Paginator는 '이전'과 '다음' 버튼만 제공되고, LengthAwarePaginator는 개별 페이지 링크를 생성하기 위한 전체 페이지 수를 필요로 한다. 데이터가 아주 많을 때는 페이지 연산이 DB에 부담을 줄 수도 있으므로 간단한 형태의 Paginator를 사용하는 것을 고려해볼 수 있다.

Paginator와 LengthAwarePaginator 모두 뷰에서 페이지를 출력할 데이터를 전달해야 한다. [예제 6-17]을 확인해보자.

```
use Illuminate\Http\Request;
use Illuminate\Pagination\Paginator;

Route::get('people', function (Request $request) {
    $people = [...]; // 사람들의 목록

    $perPage = 15;
    $offsetPages = $request->input('page', 1) - 1;

    // 페이지네이터가 데이터를 잘라주지 않으므로 직접 처리해야 한다.
    $people = array_slice(
        $people,
        $offsetPages * $perPage,
        $perPage
    );

    return new Paginator(
        $people,
        $perPage
    );
});
```

Paginator 클래스의 사용법은 라라벨 버전마다 약간씩 차이가 날 수 있다.

6.4 메시지 백

웹 애플리케이션에서 흔하게 사용하지만, 구현하기가 까다로운 것 중 하나가 바로 다양한 컴포넌트에서 발생하는 메시지를 사용자에게 전달하는 기능이다. 얼핏 별로 어렵지 않아 보이지만, 조금만 들여다보면 세심하게 신경 써야 할 부분이 많다는 것을 알 수 있다. 예를 들어 컨트롤러에서 입력 값의 유효성을 확인하고 '이메일 필드의 값이 이메일 형식에 맞지 않습니다'라는 메시지를 반환한다고 생각해보자. 이 메시지의 경우에는 뷰쪽으로 메시지 데이터를 전달할 필요는 없다. 브라우저의 접속 페이지를 이전으로 리다이렉트시킨 다음에 입력 폼이 유지되는 페이지에서 보여주어야 한다. 그러려면 이 메시지 로직을 어떻게 구성하는 게 좋을까?

Illuminate\Support\MessageBag 클래스는 사용자에게 표시하기 위한 메시지를 저장하고 분류하고 반환하는 작업을 처리한다. 모든 메시지는 키를 사용하여 그룹화하고 여기에서 이 키는 errors(오류), message(단순 메시지)와 같은 것들이며, 클래스의 다양한 메서드를 사용하여 필요한 곳에서 메시지를 표시하도록 지원한다.

[예제 6-18]에서와 같이 MessageBag 인스턴스를 직접 생성할 수 있다. 그렇지만 실제로 이 클래스의 인스턴스를 직접 생성하는 경우는 거의 없다. 여기에서는 단순히 작동 방식을 보기 위한 예시라고 생각하자.

예제 6-18 직접 MessageBag 클래스를 생성하고 사용하는 예제

```php
$messages = [
    'errors' => [
        '수정하는 데 오류가 발생했습니다.!',
    ],
    'messages' => [
        '수정 작업이 완료됐습니다.',
    ],
];
$messagebag = new \Illuminate\Support\MessageBag($messages);

// 에러 메시지가 있는지 확인하여 조건을 만족하는 경우 메시지를 출력한다.
if ($messagebag->has('errors')) {
    echo '<ul id="errors">';
    foreach ($messagebag->get('errors', '<li><b>:message</b></li>') as $error) {
        echo $error;
    }
    echo '</ul>';
}
```

메시지 백^{Message Bag} 클래스는 라라벨의 유효성 검사 기능과 아주 밀접하게 연결된다. 더 자세한 내용은 7장을 참고하자. 사용자의 입력 값을 검증한 결과에서 에러가 반환될 때, 실제로는 MessageBag 클래스의 인스턴스가 반환된다. 이 인스턴스를 뷰에 전달하거나, 리다이렉트 응답을 반환할 때 이 인스턴스를 덧붙여서 반환하기도 한다.

내부적으로 라라벨은 모든 뷰 파일에 값이 빈 MessageBag 인스턴스를 $errors라는 변수에 할당하여 전달한다. 리다이렉트 응답에서 withErrors() 메서드를 사용하면, 이 인스턴스가 $errors 변수에 할당된다. 이는 모든 뷰 파일에서 MessageBag 타입의 $errors 변수를 사용

할 수 있다는 뜻이다. 따라서 개발자는 이 변수를 사용하여 [예제 6-19]와 같이 사용자의 입력 값의 유효성 검증에서 에러가 발생했는지 여부를 손쉽게 확인할 수 있다.

예제 6-19 에러 메시지를 표시하는 코드

```php
// partials/errors.blade.php
@if ($errors->any())
    <div class="alert alert-danger">
        <ul>
        @foreach ($errors as $error)
            <li>{{ $error }}</li>
        @endforeach
        </ul>
    </div>
@endif
```

ATTENTION_ $errors 변수가 존재하지 않는 경우

만약 등록한 라우트에 web 그룹 미들웨어가 지정되어 있지 않다면, 내부적으로 세션 미들웨어가 적용되지 않는다. $errors 변수를 사용하기 위해서는 이 미들웨어가 필요하므로 web 그룹 미들웨어가 지정되지 않았다면 $errors 변수를 사용할 수 없다.

6.4.1 메시지 백에 이름 지정하기

경우에 따라 저장된 메시지를 notices, errors와 같은 키뿐만 아니라 컴포넌트별로 구분하려 할 수도 있다. 예를 들어 로그인 페이지에 회원가입 양식이 함께 있는 경우처럼 이를 구분할 필요가 있기 때문이다.

리다이렉트 응답과 함께 사용하는 withErrors() 메서드를 호출할 때, 전달하는 두 번째 파라미터는 메시지를 구분하기 위한 이름이다. redirect('dashboard')->withErrors ($validator, 'login')과 같이 호출했다면 대시보드 페이지에서 이전에 보았던 any(), count()와 같은 메서드를 $errors->login에 사용할 수 있다.

6.5 문자열 처리를 위한 Str 클래스, 복수 표기, 다국어 처리

웹 애플리케이션에서 사용자가 입력한 텍스트를 처리하는 경우에는 고려해야 할 여러 사항이 있다. 라라벨에서는 단순히 문자열을 확인하는 데 도움을 주는 헬퍼 함수부터, 복수 표현이나 다국어 처리 같은 작업을 도와주는 기능이 있다.

6.5.1 문자열 헬퍼 함수와 복수 표현

라라벨에는 문자열을 조작하기 위한 다양한 Str 클래스 메서드가 있다. 라라벨 6 이전까지는 문자열과 배열을 조직하기 위한 헬퍼 함수를 사용할 수 있었지만, 라라벨 6부터는 헬퍼 함수가 제거되고 별도의 패키지로 분리됐다. 따라서 라라벨 6부터는 Str, Arr 클래스를 사용해야 한다. 기존의 헬퍼 함수를 그대로 사용하려면 composer require laravel/helpers 명령어로 별도로 설치를 해서 사용해야 한다.

라라벨 매뉴얼(https://laravel.kr/docs/helpers)에서 더 자세한 내용을 다루고 있지만, 간단하게 몇 가지 자주 사용되는 헬퍼 함수들을 살펴보자.

- e(): html_entities 함수를 의미한다. 보안을 위해서 HTML 엔티티를 인코딩한다.
- Str::startsWith(): 문자열이 두 번째 파라미터로 시작하는지 확인한다.
- Str::endsWith(): 문자열이 두 번째 파라미터로 전달된 문자열로 끝나는지 확인한다.
- Str::contains(): 문자열이 두 번째 파라미터로 전달된 파라미터를 포함하고 있는지 확인한다.
- Str::is(): 문자열이 주어진 패턴과 일치하는지를 확인한다. 와일드카드를 나타내는 데 별표(*)를 사용할 수 있다. foo*는 foobar, foobaz 패턴과 일치한다.
- Str::slug(): URL에서 알맞은 slug를 생성한다.
- Str::plural(): 복수형 단어를 반환한다. 영어만 지원한다.
- Str::singular(): 단수형 단어를 반환한다. 영어만 지원한다.
- Str::camel(): 문자열을 캐멀 케이스로 반환한다(예: foo_bar → fooBar).
- Str::kebab(): 문자열을 케밥 케이스로 반환한다(예: fooBar → foo-bar).
- Str::snake(): 문자열을 스네이크 케이스로 반환한다(예: fooBar → foo_bar).
- Str::studly(): 문자열을 파스칼 케이스로 반환한다(예: fooBar → FooBar).
- Str::title(): 문자열을 타이틀 케이스로 반환한다(예: a nice day → A Nice Day).
- Str::after(): 주어진 값 이후의 문자열을 반환한다. 주어진 값을 찾지 못하면 전체 문자열을 반환한다.

- `Str::before()`: 주어진 값 이전의 문자열을 반환한다.
- `Str::limit()`: 문자열을 지정된 길이로 제한한다.

6.5.2 다국어 처리

라라벨의 다국어 기능을 사용하면 문자열을 여러 언어로 정의하고 대상에 맞게 번역한 결과를 출력할 수 있다. 만약 해당 언어를 지원하지 않는 경우에 사용할 대체 언어를 지정하거나, 단수/복수형을 알맞게 표기하도록 하는 기능도 지원한다.

먼저 애플리케이션이 사용할 '로케일^{locale}'의 기본값을 설정해야 한다. 이 값을 사용하여 출력할 문자열이 어떤 언어로 되어야 할지 결정할 수 있다. 기본적으로는 en(영어)으로 설정되어 있다. 로케일을 설정하려면 서비스 공급자 안에서 App::setLocale($localName) 메서드를 호출한다. 로케일 설정은 대부분 AppServiceProvider의 boot() 메서드 안에서 호출하는 것이 일반적이지만 별도의 클래스(예를 들어 LocaleServiceProvider 클래스)를 생성해서 설정해도 된다.

각각의 사용자 요청마다 로케일을 지정하는 방법

라라벨이 사용자의 로케일을 어떻게 인식하고 언어에 맞는 문자를 출력하는지 좀 더 구체적인 시나리오를 생각해보자.

먼저 애플리케이션에서 자동으로 사용자의 로케일을 알아내는 방법이나, 사용자가 직접 로케일을 선택하는 방법이 있다. 어느 쪽이든 애플리케이션의 로케일을 결정되면 이를 URL 파라미터에 추가하거나 세션 쿠키에 저장한다. 그러면 LocaleServiceProvider와 같은 서비스 공급자에서는 설정된 로케일 값을 사용해 라라벨의 부트스트래핑 작업에서 현재 출력할 로케일을 활성화한다. 사용자가 http://myapp.com/es/contacts 페이지에 접속했다고 생각해보자. 그러면 LocaleSearviceProvider는 es 문자열을 인식해서 App::setLocale('es')를 지정한다. 애플리케이션은 문자열을 출력할 때 스페인어(es는 에스파냐를 의미하므로)가 정의되어 있는지 확인하고 이를 출력한다.

만약 출력하고자 하는 문자열에 스페인어가 지정되어 있지 않는 경우에 대체할 언어를 지정할 수도 있다. 이를 fallback 로케일이라고 한다. config/app.php 설정 파일에서 fallback_ locale 키에 해당하는 값을 정의하면 된다. 이후에는 원하는 로케일에 대한 번역 결과를 찾지 못했을 때 대체할 언어를 찾는 데 이 값을 사용한다.

기본적인 다국어처리

그럼 번역된 문자열을 출력하는 방법을 알아보자. 다국어 처리를 위한 문자열 처리는 __($key) 형태의 헬퍼 함수를 사용하면 되는데, 여기에 전달되는 파라미터는 미리 정의해둔 문자열에 대한 키 값이다. 이 키에 해당하는 현재 로케일의 문자열이 없다면, 기본 로케일이 사용된다. 블레이드에서는 @lang() 지시어를 사용한다. [예제 6-20]는 기본적인 다국어 처리 결과를 어떻게 표시하는지에 대한 예시다. 예제에서는 '대시보드로 돌아가기'라는 문자열을 출력하는 동일한 코드의 여러 가지 형식을 볼 수 있다.

예제 6-20 __() 헬퍼 함수의 사용 방법

```
// 일반적인 PHP
<?php echo __('navigation.back'); ?>

// 블레이드 뷰 파일에서 사용
{{ __('navigation.back') }}

// 블레이드 지시어로 사용하기
@lang('navigation.back')
```

사용자가 현재 'es' 로케일을 사용한다고 가정해보자. 그럼 라라벨은 위의 예제 코드의 문자열을 출력하기 위해서 resources/lang/es/navigation.php 파일을 찾아서 배열 안에 있는 해당되는 키의 문자열을 반환한다. 여기에서는 배열에 'back'이라는 키의 값을 반환한다. 해당 코드는 [예제 6-21]과 같은 형태가 된다.

예제 6-21 다국어 기능을 사용하는 방법

```
// resources/lang/es/navigation.php
return [
    'back' => 'Volver al panel',
];

// routes/web.php
```

```
Route::get('/es/contacts/show/{id}', function () {
    // 이 예제를 위해서 서비스 공급자 대신에 수동으로 로케일을 설정했다.
    App::setLocale('es');
    return view('contacts.show');
});

// resources/views/contacts/show.blade.php
<a href="/contacts">{{ __('navigation.back') }}</a>
```

다국어 번역 문자열에 파라미터 정의하기

앞의 예제는 비교적 간단한 경우에 해당된다. 좀 더 복잡한 경우를 살펴보자. 만약 돌아가야 할 페이지의 이름이 각기 **다른** 경우에는 어떻게 해야 할까? [예제 6-22]를 살펴보자.

예제 6-22 다국어 문자열에 파라미터 정의하기

```
// resources/lang/en/navigation.php
return [
    'back' => 'Back to :section dashboard',
];

// resources/views/contacts/show.blade.php
{{ __('navigation.back', ['section' => 'contacts']) }}
```

위의 예제에서 볼 수 있듯이 단어 앞에 콜론(:)을 붙이면 :section 부분은 실제로 문자열이 반환될 때 파라미터의 값으로 대체되는 영역을 의미한다. __() 헬퍼 함수를 호출할 때, 두 번째 인자로 이 대체 값을 전달하면 된다.

다국어 번역 문자열의 단수/복수 표기

어떤 대상의 단수/복수 표기는 언어마다 복잡하고 다양하므로, 이를 처리하는 건 어려운 문제이다. 예를 들어 한국어에서는 사과가 2개 이상이라 하더라도 모두 '사과'로 표기하지만, 영어에서 사과 하나는 'apple'로 2개 이상은 'apples'로 표기한다. 라라벨에서는 두 가지 방법을 사용해서 단어의 복수 표기를 지원한다. 먼저 [예제 6-23]을 살펴보자.

```php
// resources/lang/en/messages.php
return [
    'task-deletion' => 'You have deleted a task|You have successfully deleted
tasks',
];

// resources/views/dashboard.blade.php
@if ($numTasksDeleted > 0)
    {{ trans_choice('messages.task-deletion', $numTasksDeleted) }}
@endif
```

위의 예제에서는 trans_choice() 함수를 사용하여 복수 표기를 처리했다. 이 함수의 두 번째 파라미터의 값에 따라서 다른 문자열이 반환된다.

두 번째 방법으로는 조금 더 복잡한 심포니의 Translation 컴포넌트를 사용하는 방법이다. [예제 6-24]를 살펴보자.

예제 6-24 심포니 Translation 컴포넌트를 사용하는 방법

```php
// resources/lang/es/messages.php
return [
    'task-deletion' => "{0} You didn't manage to delete any tasks.|" .
        "[1,4] You deleted a few tasks.|" .
        "[5,Inf] You deleted a whole ton of tasks.",
];
```

JSON을 사용하여 기본 문자열을 키로 저장하는 방법

다국어 처리가 어려운 이유는 문자열 키를 정의하는 좋은 시스템을 갖추기 어렵기 때문이다. 예를 들어 깊이가 3 또는 그 이상되는 키로 구성되는 중첩된 번역 파일을 정의할 때 각각의 다른 언어 파일에서도 동일하게 이를 지원하도록 설정하기 어렵고, 또 그 뒤에 정의한 문자열을 출력하기 위해서 어떤 키를 사용해야 하는지 명확히 알기 어렵다.

이에 대한 대안으로 슬러그(slug)를 키로 사용하여 저장하는 방식이 있다. 다국어 파일을 resources/lang 디렉터리에 로케일을 나타내는 JSON 파일로 저장하면 이 슬러그를 사용한

키를 활용한다는 것을 라라벨에게 알려줄 수 있다. [예제 6-25]를 살펴보자.

예제 6-25 JSON 다국어 파일을 정의하고 __() 헬퍼 함수에서 호출하기

```
// 블레이드 파일에서 호출
{{ __('View friends list') }}

// resources/lang/es.json
{
  'View friends list': 'Ver lista de amigos'
}
```

이 방법을 사용하는 경우 다국어 파일의 내용을 알아보기 쉽다는 장점과 더불어 한 가지 장점이 더 있다. 만약 현재 로케일에 해당하는 다국어 문자열 값을 찾지 못하는 경우 __() 헬퍼 함수가 키로 사용된 문자열을 그대로 출력하게 되는데, 이런 경우에도 키가 그 자체로 의미가 해석되기 쉽기 때문에 widgets.friends.title과 같은 형태보다 더 나은 결과를 출력할 수 있다.

6.6 테스트

이 장에서 다룬 프런트엔드 컴포넌트는 유닛 테스트의 대상으로 취급하기에는 모호한 부분이 있지만, 때때로 통합 테스팅에서 사용된다.

6.6.1 메시지 또는 오류를 포함하는지 테스트

특정 메시지가 존재하는지 또는 오류 메시지를 포함하는지 확인하는 테스트 방법은 두 가지다. 먼저 애플리케이션 특정 페이지에서 표시될 메시지를 설정하고 리다이렉션된 페이지에서 해당 메시지가 보여지는지 확인하는 방법이다.

두 번째는 에러 메시지를 확인하는 방법으로(대개 이 경우가 제일 일반적이다) $this->assertSessionHasErrors($bindings = [])를 호출하여 세션에 에러가 들어 있는지 확인할 수 있다. [예제 6-26]을 확인해보자.

```
public function test_missing_email_field_errors()
{
    $this->post('person/create', ['name' => 'Japheth']);
    $this->assertSessionHasErrors(['email']);
}
```

[예제 6-26]에서는 **person/create** 라우트에 입력 값 검증 로직이 있다고 가정했다. 이에 대한 내용은 7장에서 더 사세히 다룬다.

6.6.2 다국어 번역에 대한 테스트

다국어 기능을 테스트하는 가장 쉬운 방법은 애플리케이션 테스트를 사용하는 것이다. 적절한 URL 접근이나 세션을 설정하고 **get()** 메서드를 사용하여 실제 페이지 방문 결과 보여지는 문자열을 확인하는 방법을 사용하자.

6.7 마치며

풀스택 프레임워크인 라라벨에서는 백엔드 로직뿐만 아니라 프런트엔드를 위한 다양한 기능도 제공한다.

믹스는 웹팩을 기반으로 하여 일반적인 작업과 설정을 훨씬 간단하게 해준다. 믹스를 사용하면 대중적으로 사용되는 CSS의 전처리, 후처리, 자바스크립트를 처리하는 과정을 좀 더 쉽게 구현할 수 있다.

또한 페이지 처리를 위한 페이지네이션 기능과 메시지/오류 메시지 백, 다국어 구현을 위한 기능도 제공한다.

## CHAPTER 7

사용자 데이터의 조회 및 처리

웹사이트를 작성할 때는 고정된 콘텐츠뿐만 아니라 사용자 요청 데이터에 의해서 동적으로 변하는 콘텐츠도 보여주어야 한다. 여기서 사용자 요청 데이터란 URL 경로, 쿼리 파라미터, POST로 전달되는 데이터, 업로드된 파일과 같이 다양한 형태를 띤다. 라라벨은 이런 사용자가 전달한 값들의 조회, 유효성 검증, 필터링 등의 작업을 지원하기 위한 편리한 기능을 제공한다.

7.1 Request 객체를 사용한 데이터 조회

라라벨에서 사용자 요청 데이터를 조회하는 가장 일반적인 방법은 Illuminate\Http\Request 인스턴스를 사용하는 것이다. 이 인스턴스는 사용자가 웹사이트에 전달할 수 있는 모든 경우(POST로 전송되는 데이터, JSON 데이터, 쿼리 파라미터, URL 세그먼트)를 확인하고 데이터를 조회할 수 있다.

> **NOTE_ 사용자 요청 데이터에 접근하는 다른 방법**
>
> Request 객체를 주입하는 방법 외에도 request() 글로벌 헬퍼 함수를 사용하거나, Request 퍼사드를 사용하여 사용자의 입력 데이터를 조회할 수 있다. 이 두 가지 방법 모두 Illuminate Request 객체의 전체 기능을 활용할 수 있지만 여기서는 사용자의 데이터를 조회하는 것만 다룬다.

Request 객체의 가장 간단한 사용법은 다음과 같이 라우트에 등록하는 함수의 인자로 $request 변수를 정의하는 것이다.

```
Route::post('form', function (Illuminate\Http\Request $request) {
// $request->etc();
});
```

7.1.1 $request->all()

메서드의 이름에서 알 수 있듯이 $request->all()을 호출하면 사용자가 요청한 모든 값을 담은 배열이 반환된다. 이때에는 사용자가 POST로 값을 전달하든 쿼리 파라미터로 전달하든 관계없이 모든 값을 반환한다. 일단 사용자가 특정 쿼리 파라미터를 가진 URL로 POST를 통해서 http://myapp.com/signup?utm=12345에 데이터를 전달했다고 가정해보자. 여기에서 얻어지는 값은 [예제 7-1]에서 확인할 수 있다(파일을 업로드한 경우의 $request->all() 호출 결과에 대해서는 조금 더 뒤에 다룬다).

예제 7-1 $request->all()

```
<!-- GET 뷰 파일의 내용 -->
<form method="post" action="/signup?utm=12345">
    @csrf
    <input type="text" name="first_name">
    <input type="submit">
</form>

// routes/web.php
Route::post('signup', function (Request $request) {
    var_dump($request->all());
});

// 출력 결과:
/**
 * [
 *      '_token' => 'CSRF token here',
 *      'first_name' => 'value',
 *      'utm' => 12345,
 * ]
 */
```

7.1.2 $request->except(), $request -> only()

$request->except() 메서드는 $request->all()과 동일하게 사용자의 모든 요청 데이터를 반환하지만, 제외할 값을 지정할 수 있다는 차이점이 있다(예를 들어 '_token' 값은 필요하지 않으므로 제외시키고자 할 때). 이 메서드는 문자열 또는 문자열로 이루어진 배열을 인자로 받는다.

[예제 7-2]는 [예제 7-1]과 동일한 사용자 요청 데이터에 대해서 $request->except() 메서드를 호출한 결과를 보여준다.

예제 7-2 $request->except()

```
Route::post('post-route', function (Request $request) {
    var_dump($request->except('_token'));
});

// 출력 결과:
/**
 * [
 *     'firstName' => 'value',
 *     'utm' => 12345
 * ]
 */
```

$request->only()는 $request->except()의 반대 개념으로, 가져오고자 하는 값만 인자로 전달하면 된다. [예제 7-3]을 살펴보자.

예제 7-3 $request->only()

```
Route::post('post-route', function (Request $request) {
    var_dump($request->only(['firstName', 'utm']));
});

// 출력 결과:
/**
 * [
 *     'firstName' => 'value',
 *     'utm' => 12345
 * ]
 */
```

7.1.3 $request->has()

$request->has()를 사용하면 사용자의 요청 데이터 중에서 특정한 키에 해당하는 값이 존재하는지 확인할 수 있다. 이전의 예제와 사용자 입력 값이 동일하다고 할 때, [예제 7-4]의 결과를 확인해보자.

예제 7-4 $request->has()

```
// POST route at /post-route
if ($request->has('utm')) {
    // 필요한 로직을 구현
}
```

7.1.4 $request->input()

$request->all(), $request->except(), $request->only() 메서드는 사용자가 요청한 전체 데이터에 대한 배열을 조회할 때 사용된다. $request->input() 메서드는 이와는 다르게 하나의 입력 값을 얻고자 할 때 사용한다. [예제 7-5]는 이 메서드의 사용 방법을 보여준다. 메서드의 두 번째 인자로 기본값을 전달하면, 사용자의 입력 값이 존재하지 않는 경우 이 기본값을 반환한다.

예제 7-5 $request->input()

```
Route::post('post-route', function (Request $request) {
    $userName = $request->input('name', 'Matt');
});
```

7.1.5 $request->method(), $request->isMethod()

$request->method() 메서드는 현재 사용자의 요청이 HTTP GET인지 POST인지 반환하고, $request->isMethod() 메서드는 현재 사용자의 요청이 지정한 값과 일치하는지 확인한다. [예제7-6]을 살펴보자.

예제 7-6 $request->method(), $request->isMethod()

```
$method = $request->method();

if ($request->isMethod('post')) {
    // HTTP POST 요청이라면 로직 처리
}
```

7.1.6 배열 입력

라라벨은 사용자가 요청한 배열 데이터에 접근하기 위한 편리한 방법을 제공한다. [예제 7-7]에서 볼 수 있듯이 '점(.) 표기법^{dot notation}'을 사용하여 배열로 구성된 내부 값을 손쉽게 접근할 수 있다.

예제 7-7 사용자의 배열 입력 값에 접근하기 위한 점 표기법 활용 방법

```
<!-- GET /employees/create 라우트로 접근했을 때의 뷰 화면 -->
<form method="post" action="/employees/">
    @csrf
    <input type="text" name="employees[0][firstName]">
    <input type="text" name="employees[0][lastName]">
    <input type="text" name="employees[1][firstName]">
    <input type="text" name="employees[1][lastName]">
    <input type="submit">
</form>

// POST /employees로 요청을 보냈을 때 라우트
Route::post('employees', function (Request $request) {
    $employeeZeroFirstName = $request->input('employees.0.firstName');
    $allLastNames = $request->input('employees.*.lastName');
    $employeeOne = $request->input('employees.1');
    var_dump($employeeZeroFirstname, $allLastNames, $employeeOne);
});

// 만약 사용자의 입력 값이 Jim, Smith, Bob, Jones라면
// 결과는 다음과 같다.
// $employeeZeroFirstName = 'Jim';
// $allLastNames = ['Smith', 'Jones'];
// $employeeOne = ['firstName' => 'Bob', 'lastName' => 'Jones'];
```

7.1.7 JSON 입력($request->json())

지금까지는 GET 요청의 쿼리 스트링 값과 POST 요청의 입력 전송 값을 조회하는 방법을 살펴보았다. 최근에는 자바스크립트 기반의 SPA가 점점 대중화됐고, API 요청과 같이 JSON 데이터를 전송하는 일이 많아졌다. 기본적으로 JSON 데이터는 POST 요청의 데이터 형식이 JSON이라는 것을 의미한다. 라라벨에서 이를 어떻게 처리할 수 있는지 확인해보자.

[예제 7-8]을 통해서 특정 라우트에 JSON 데이터를 요청하고, 이를 $request->input() 메서드로 조회하는 방법을 살펴보사.

예제 7-8 $request->input()을 사용하여 JSON 데이터를 조회하는 방법

```
POST /post-route HTTP/1.1
Content-Type: application/json

{
    "firstName": "Joe",
    "lastName": "Schmoe",
    "spouse": {
        "firstName": "Jill",
        "lastName":"Schmoe"
    }
}

// Post-route
Route::post('post-route', function (Request $request) {
    $firstName = $request->input('firstName');
    $spouseFirstname = $request->input('spouse.firstName');
});
```

$request->input() 메서드는 사용자의 요청이 일반적인 형태일 경우와 JSON 형태일 경우 모두 자동으로 식별하고 값을 조회할 수 있다. 이와는 별개로 라라벨에서는 $request->json() 메서드를 사용할 수 있는데, $request->input() 메서드가 JSON을 처리할 수 있으므로 별도의 메서드가 존재하는 것이 의아할 수 있다. 별도 메서드의 역할은 두 가지로 설명할 수 있는데, 첫째, 사용자의 요청 값이 JSON 형태라는 것을 명시적으로 선언하여 다른 개발자에게 JSON 데이터를 처리한다는 것을 알려준다. 둘째, $request->input() 메서드는 POST 요청의 헤더에 application/json 헤더가 없다면 JSON을 처리할 수 없지만, $request->

json()은 이와는 관계없이 데이터를 처리할 수 있다.

퍼사드 네임스페이스, request() 글로벌 헬퍼 함수, $request 변수 주입

클래스 내부에서 퍼사드를 사용할 때에는 파일의 상단에 퍼사드의 네임스페이스를 임포트해야
한다(예를 들어 use Illuminate\Support\Facades\Request와 같이).

이 때문에 몇몇 퍼사드는 이를 나타내는 글로벌 헬퍼 함수를 지원하는데, 예를 들어
request()->has() 메서드 호출은 Request::has()와 동일하다. 파라미터를 전달할 때에도
request('firstName')은 request->input('firstName')과 동일하다.

앞서 Request 객체를 주입하는 방법을 알아보았지만, Request 퍼사드나 request() 글로벌 헬
퍼 함수를 사용할 수도 있다. 자세한 내용은 10장 요청, 응답, 미들웨어를 참고하자.

7.2 라우트 데이터

사용자 데이터라고 하면 사용자가 직접 입력한 데이터를 가장 먼저 떠올리지만, URL 또한 사
용자가 애플리케이션에 제공하는 데이터다. 이 URL에서 필요한 데이터를 조회할 수도 있다.

URL에서 데이터를 조회하는 방법은 Request 객체에서 데이터를 조회하는 방법과 라우트 파
라미터로 얻는 두 가지 방법이 있다.

7.2.1 Request 객체를 활용하는 방법

주입된 Request 객체(그리고 Request 퍼사드와 request() 헬퍼)에는 현재 사용자가 접속한
페이지의 URL을 조회할 수 있는 몇 가지 메서드가 있다. 먼저 URL 세그먼트를 조회하는 방법
을 알아보자.

세그먼트^{segment}라는 말을 처음 들어보는 독자들을 위해서 쉽게 설명해보겠다. 애플리케이션의
URL이 http://www.myapp.com/users/15/라면 이 URL에는 users와 15라는 세그먼트 2개
가 들어 있다. 즉 세그먼트란 도메인 호스트 뒤에 붙어서 /로 구분되는 문자열을 의미한다.

현재의 Request 객체에서 세그먼트를 조회하려면 $request->segment() 메서드를 사용한다. 이 메서드에 파라미터를 전달하지 않으면 전체 세그먼트의 배열이 반환되고, $request->segment(1)과 같이 인자를 전달하면 해당 번호에 맞는 세그먼트 문자열을 반환한다. 방금 예로 든 URL에서는 $request->segment(1)의 결과는 users가 된다.

Request 객체와 Request 퍼사드, request() 글로벌 헬퍼 함수는 이보다 더 다양한 메서드를 제공한다. 자세한 내용은 10장을 참고하자.

7.2.2 라우트 파라미터를 활용하는 방법

현재의 URL에서 필요한 세그먼트 데이터를 얻을 수 있는 다른 방법은 [예제 7-9]와 같이 라우트 파라미터를 사용하는 것이다. 라우트를 등록할 때 이를 처리할 컨트롤러 메서드나 클로저에서 라우트 파라미터를 주입받을 변수를 정의하면 된다.

예제 7-9 라우트 파라미터에서 URL의 세그먼트를 변수로 받을 수 있다.

```
// routes/web.php
Route::get('users/{id}', function ($id) {
    // URL이 myapp.com/users/15/라면 $id는 15가 된다.
});
```

라우트 및 라우트 바인딩과 관련된 내용은 3장을 참조하자.

7.3 파일 업로드

지금까지 사용자가 입력한 데이터와 URL에서 필요한 정보를 조회하는 방법에 대해서 알아보았다. 이제는 사용자가 업로드한 파일에 대해서 알아보자. Request 객체에서 $request->file() 메서드를 호출하면 업로드된 파일을 조회할 수 있다. 이 메서드는 입력된 파일명을 파라미터로 전달하면 Symfony\Component\HttpFoundation\File\UploadedFile 인스턴스를 반환한다. 먼저 [예제 7-10]의 파일 업로드 입력 폼을 살펴보자.

```
<form method="post" enctype="multipart/form-data">
    @csrf
    <input type="text" name="name">
    <input type="file" name="profile_picture">
    <input type="submit">
</form>
```

그리고 [예제 7-11]에서와 같이 $request->all()을 호출한 결과를 살펴보자. 주의할 점은 $request->input('profile_picture')는 null이 반환되고 $request->file('profile_picture')를 사용해야 한다는 점이다.

예제 7-11 [예제 7-10]의 전송 결과를 처리하는 예제

```
Route::post('form', function (Request $request) {
    var_dump($request->all());
});

// 출력 결과:
// [
//     "_token" => "token here",
//     "name" => "asdf",
//     "profile_picture" => UploadedFile {},
// ]

Route::post('form', function (Request $request) {
    if ($request->hasFile('profile_picture')) {
        var_dump($request->file('profile_picture'));
    }
});

// 출력 결과:
// UploadedFile (details)
```

심포니의 UploadedFile 클래스는 PHP의 SplFileInfo 클래스를 확장하여 파일을 손쉽게 확인하고 조작할 수 있는 메서드를 제공한다. 다음은 자주 쓰는 메서드 목록이다.

- guessExtension()
- getMimeType()
- store($path, $storageDisk = default disk)
- storeAs($path, $newName, $storageDisk = default disk)
- storePublicly($path, $storageDisk = default disk)
- storePubliclyAs($path, $newName, $storageDisk = default disk)
- move($directory, $newName = null)
- getClientOriginalName()
- getClientOriginalExtension()
- getClientMimeType()
- guessClientExtension()
- getClientSize()

- getError()
- isValid()

대부분의 메서드는 업로드된 파일에 대한 정보를 조회하는 것과 연관이 있지만, 다른 메서드보다 더 자주 사용하는 메서드가 하나 있다. 바로 store() 메서드다. 이 메서드는 사용자의 업로드 요청에서 파일을 가져와 지정된 특정 디렉터리에 저장한다. 이 메서드의 첫 번째 파라미터는 대상 디렉터리이고, 두 번째 파라미터는 파일을 저장하는 데 사용할 디스크 스토리지의 식별자다. [예제 7-12]의 예제는 업로드된 파일을 다루는 일반적인 코드다.

예제 7-12 일반적인 파일 업로드 처리 로직

```
if ($request->hasFile('profile_picture')) {
    $path = $request->profile_picture->store('profiles', 's3');
    auth()->user()->profile_picture = $path;
    auth()->user()->save();
}
```

저장되는 파일명을 별도로 지정하려면 store() 메서드 대신에 storeAs() 메서드를 사용하자. 첫 번째 파라미터는 파일이 저장될 대상 디렉터리, 두 번째 인자는 저장될 파일명, 세 번째 파라미터는 파일을 저장하는 데 사용할 저장 디스크의 식별자다. 세 번째 파라미터는 생략할 수 있고 생략 시 기본 스토리지가 사용된다.

ATTENTION_ 파일을 업로드하는 폼을 작성할 때의 올바른 인코딩

Request 객체에서 파일을 조회하는 데 항상 null이 조회된다면, 파일 업로드를 위한 입력 폼을 살펴보길 바란다. 입력 폼에는 multipart/form-data라는 인코딩이 적용되어 있어야 파일 업로드가 정상적으로 수행된다.

```
<form method="post" enctype="multipart/form-data">
```

7.4 유효성 검증

라라벨에는 입력된 데이터가 유효한지 아닌지 검증하는 몇 가지 방법이 있다. 기본적으로 사용자의 요청에서 이를 처리하는 방법부터 알아보자. 먼저 Request 객체의 validate() 메서드를 사용하는 방법과 수동으로 유효성을 검증하는 방법을 확인해보자.

7.4.1 Request 객체의 validate() 메서드

Request 객체에는 입력 값의 유효성 검증을 확인하기 위한 validate() 메서드가 있다. [예제 7-13]을 살펴보자.

예제 7-13 Request 객체에서 유효성 검증을 확인하는 기본적인 방법

```php
// routes/web.php
Route::get('recipes/create', 'RecipeController@create');
Route::post('recipes', 'RecipeController@store');

// app/Http/Controllers/RecipeController.php
class RecipeController extends Controller
{
    public function create()
    {
        return view('recipes.create');
    }

    public function store(Request $request)
    {
        $request->validate([
            'title' => 'required|unique:recipes|max:125',
            'body' => 'required'
        ]);

        // 입력한 값이 문제가 없다면, 이를 저장한다.
    }
}
```

위 예제에서 입력 값의 유효성을 확인하는 코드는 단지 4줄밖에 되지 않지만 내부적으로는 더 많은 작업이 수행된다. 차근차근 짚어보자.

먼저 유효성을 확인하고자 하는 입력 값의 이름을 정의하고, 해당 필드를 확인하고자 하는 유효성 확인 규칙(예제에서는 파이프 문자(|)를 사용해서 여러 개를 적용했다)을 적용한다. 이는 배열로 정의하여 메서드에 파라미터로 전달한다.

두 번째로 `$request`의 `validate()` 메서드는 사용자가 요청한 데이터와 파라미터로 받은 배열을 확인하여 입력 값이 유효한지 아닌지 확인한다.

유효성 검증 결과 입력 값이 유효하다면, `validate()` 메서드의 역할은 종료되고 나머지 컨트롤러의 로직이 실행된다.

하지만 입력 값이 유효하지 않다면 `ValidationException` 예외가 발생한다. 이 예외를 처리하는 방법은 라우터 내부 로직에 정의되어 있다. 만약 사용자의 요청이 자바스크립트에서 왔거나 JSON 응답을 요청하는 경우라면, 이 예외가 발생했을 때 유효성 검증 오류가 포함된 JSON 응답이 반환된다. 자바스크립트나 JSON 응답을 필요로 하지 않는 경우라면, 유효성 검증 오류 내용을 메시지 백에 담은 채로 이전 페이지로 리다이렉트된다. 리다이렉트된 페이지에서는 유효성 검증 오류 내용을 사용하여 특정 입력 값에 오류가 있음을 알려줄 수 있다.

라라벨의 유효성 검증 로직에 대한 더 상세한 정보

위의 예제에서는 여러 유효성 검증 규칙을 적용할 때 파이프(|) 문법을 사용했다(`'fieldname':
'rule|otherRule|anotherRule'`). 파이프 문법 외에도 배열 문법을 적용할 수도 있다
(`'fieldname': ['rule','otherRule',anotherRule']`).

또한 HTML 입력 폼에 배열로 된 입력 값이 정의되어 있어서 중첩된 구조를 확인해야 할 때에는
다음과 같이 중첩된 입력 값에 접근할 수 있다.

```
$request->validate([
    'user.name' => 'required',
    'user.email' => 'required|email',
]);
```

라라벨에서 사용할 수 있는 유효성 검증 규칙의 종류는 상당히 많으므로 더 자세한 내용은 매뉴얼(https://laravel.kr/docs/validation)을 참고하자. 다음은 일반적으로 많이 사용되는 규칙들이다.

Required 관련 규칙

- required
  입력 값에 해당 필드가 존재해야 하고 비어 있으면 안 된다. null, 빈 문자열, 빈 배열도 허용하지 않는다.

- required_if:anotherField,equalToThisValue
  anotherFiled 값이 equalToThisValue와 일치한다면, 입력 값에 해당 필드가 존재해야 하고, 비어 있으면 안 된다.

- required_unless:anotherField,equalToThisValue
  anotherField 값이 equalToThisValue와 일치하지 않는다면, 입력 값에 해당 필드가 존재해야 하고 비어 있으면 안 된다.

문자형 관련 규칙

- alpha
  필드의 값이 완벽하게 (숫자나 기호가 아닌) 알파벳(자음과 모음)으로 이루어져야 한다. 영어로는 alphabetic character라고 하며 영문 알파벳뿐만 아니라 한글도 허용한다.

- alpha_dash
  위의 alpha 규칙에 숫자, 대시(-), 언더바(_)를 허용한다.

- alpha_num
  위의 alpha 규칙에 숫자까지 허용한다.

- numeric
  필드의 값이 숫자여야 한다.

- integer
  필드의 값이 정수형이어야 한다(입력 값의 타입이 정수형인지 판단하지는 않고, 문자형이더라도 정수 값을 가지는지 확인한다는 의미다).

패턴 관련 규칙

- email
  입력 값이 이메일 주소 형식이어야 한다.

- active_url
  입력 값이 URL 형태이면서 도메인 호스트가 내장된 PHP dns_get_record() 함수에 따라 유효한 A 또는 AAAA 레코드를 가져야 한다. 즉 전달된 값(URL)이 현재 유효한 도메인인지 확인한다.

- ip
  입력 값이 IP 주소 형식이어야 한다.

날짜 관련 규칙

- `after:date`
  입력 값이 주어진 날짜 이후의 날짜여야 한다. 이때 날짜는 `strtotime()` PHP 내장 함수를 통해 생성된 값이다.

- `before:date`
  입력 값이 주어진 날짜보다 이전의 날짜여야 한다. 마찬가지로 날짜는 `strtotime()` PHP 내장 함수를 통해서 생성된 값이다.

숫자 관련 규칙

- `between:min,max`
  입력 값이 주어진 min과 max 사이의 값이어야 한다.

- `min:num`
  입력 값이 주어진 num 값보다 크거나 같아야 한다.

- `max:num`
  입력 값이 주어진 num 값보다 작거나 같아야 한다.

- `size:num`
  입력 값이 주어진 num 값과 일치하는 크기를 가져야 한다. 문자열은 문자열의 길이, 배열은 `count()` 함수의 호출 결과, 파일은 KB 크기와 비교한다.

이미지 관련 규칙

- `demensions:min_width=XXX`
  입력 값이 최소한의 가로 사이즈 XXX를 충족하는 이미지여야 한다.

- `demensions:max_width=XXX`
  입력 값이 최대한의 가로 사이즈 XXX를 충족하는 이미지여야 한다.

- `demensions:min_height=XXX`
  입력 값이 최소한의 세로 사이즈 XXX를 충족하는 이미지여야 한다.

- `demensions:max_height=XXX`
  입력 값이 최대한의 세로 사이즈 XXX를 충족하는 이미지여야 한다.

- `demensions:width=XXX`
  입력 값이 가로 사이즈 XXX를 충족하는 이미지여야 한다.

- `demensions:height=XXX`
  입력 값이 세로 사이즈 XXX를 충족하는 이미지여야 한다.

- `demensions:ratio=XXX`
  입력 값이 가로세로 비율(가로/세로)을 만족하는 이미지여야 한다.

7.4.2 수동으로 유효성 검증하기

만약 컨트롤러를 사용하지 않는다면 입력 값에 대한 유효성 검증을 어떻게 처리해야 할까? 라라벨에서는 직접 입력 값에 대한 유효성을 확인할 수 있는 Validator 기능을 제공한다. Validator 퍼사드를 사용하여 Validator 객체의 인스턴스를 생성한 뒤에 [예제 7-14]와 같이 값의 유효성을 확인할 수 있다.

예제 7-14 수동으로 유효성 검증하기

```
Route::get('recipes/create', function () {
    return view('recipes.create');
});

Route::post('recipes', function (Illuminate\Http\Request $request) {
    $validator = Validator::make($request->all(), [
        'title' => 'required|unique:recipes|max:125',
        'body' => 'required'
    ]);

    if ($validator->fails()) {
        return redirect('recipes/create')
            ->withErrors($validator)
            ->withInput();
    }

    // 입력한 값이 문제가 없다면, 이를 저장한다.
});
```

Validator::make() 메서드의 첫 번째 파라미터로 입력 값을, 두 번째 파라미터로는 유효성 검증 규칙 배열을 전달하여 인스턴스를 생성한다. 인스턴스의 `fails()` 메서드는 유효성 검증이 실패했는지 여부를 반환한다. 위의 예제에서는 유효성 검증이 실패한 경우 사용자를 'recipes/create' 페이지로 리다이렉트시켰고, 이때 `withErrors()` 메서드를 체이닝하여 에러 `$validator`에 담겨 있는 메시지를 함께 넘겨주었다.

7.4.3 커스텀 Rule 객체

라라벨에서 제공하고 있는 유효성 검증 규칙은 상당히 많은 경우를 대비하도록 설계되었다. 그렇지만 경우에 따라서는 직접 이 유효성 검증 규칙을 만들어야 할 때도 있다. 예를 들어 특정 입력 필드에 한글만 입력이 가능하게 하려면 라라벨에서 제공하는 기본적인 유효성 검증 규칙으로는 해결할 수 없다. 커스텀 Rule 객체는 바로 이런 경우에 사용하는 객체다.

직접 Rule 객체를 만들 때에는 우선 Rule 객체를 상속받는 고유한 클래스를 정의해야 한다. 클래스에는 `passes()`, `message()` 메서드 둘을 구현해야 한다. `passes()`는 첫 번째 파라미터로는 검증하려는 필드의 이름을, 두 번째 파라미터로는 사용자가 입력한 값을 전달받아, 이 값이 유효성 검증을 통과하는지 아닌지 true/false 값으로 반환한다. `message()` 메서드는 유효성 검증에 실패한 경우 출력할 메시지를 반환해야 한다. 필드의 이름을 대체하기 위해서는 `:attribute`를 사용할 수 있다. 다음 예제를 보자.

예제 7-15 커스텀 Rule 객체

```
// 이 클래스는 입력받은 이메일이 화이트리스트에 해당하는 'tighten.co' 이메일인지
// 확인한다.
class WhitelistedEmailDomain implements Rule
{
    public function passes($attribute, $value)
    {
        return in_array(Str::after($value, '@'), ['tighten.co']);
    }

    public function message()
    {
        return 'The :attribute field is not from a whitelisted email provider.';
    }
}
```

정의한 Rule 객체를 실제 사용하려면 validator 객체에 정의한 Rule 객체의 인스턴스를 전달한다.

```
$request->validate([
    'email' => new WhitelistedEmailDomain,
]);
```

7.4.4 유효성 검증 오류 메시지의 표시

유효성 검증 오류 메시지를 표시하는 방법은 6장에서 이미 살펴보았으니 여기서는 간단하게만 되짚어보자.

Request 객체의 validate() 메서드는 (리다이렉션 응답을 반환할 때 withErrors() 메서드를 체이닝하여 호출하는 경우에도) 유효성 검증 오류 메시지를 세션에 기록한다. 이 에러 메시지는 리다이렉트된 뷰에서 $errors 변수로 접근할 수 있다. 페이지에서는 이 $errors 변수가 비어 있는지 확인하기 위해서 isset() 함수를 사용하지 않아도 된다. 이 말은 모든 페이지에 [예제 7-16]과 같이 템플릿을 적용할 수 있다는 뜻이다.

예제 7-16 유효성 검증 오류 출력

```
@if ($errors->any())
    <ul id="errors">
        @foreach ($errors->all() as $error)
            <li>{{ $error }}</li>
        @endforeach
    </ul>
@endif
```

또한 주어진 필드 하나에 대해서 오류 메시지가 있는지 확인한 후에 출력할 수도 있다.

```
// 라라벨 5.8 이전
@if ($errors->has('first_name'))
    <span>{{ $errors->first('first_name') }}</span>
@endif
```

```
// 라라벨 5.8 이상
@error('first_name')
    <span>{{ $message }}</span>
@enderror
```

7.5 폼 요청 객체

지금까지 사용자의 입력을 조회하고, 유효성을 확인하는 작업은 주로 컨트롤러 메서드에서 진행됐다. 컨트롤러의 메서드를 살펴본다면 메서드를 정의할 때 특정한 패턴이 있다는 것을 알 수 있다. 사용자의 입력 데이터의 유효성을 확인하고, 인증받은 사용자인지 여부와 권한을 확인한다. 그리고 필요한 경우 리다이렉션을 통해서 다른 페이지로 이동시킨다. 이런 일련의 패턴들이 반복된다는 것을 알 수 있다. 컨트롤러 메서드에서 이러한 공통 행위들을 추출해내고 표준화하는 구조를 찾는다면 라라벨의 폼 요청이 좋은 대안이 될 수 있다.

폼 요청 객체는 일종의 커스텀한 요청 객체이며 사용자의 입력을 확인하고, 사용자의 인증 및 권한을 확인하여 필요한 경우 다른 페이지로 리다이렉트할 수 있다. 예를 들어 '댓글을 작성'하는 사용자의 액션에 대해서 이 폼 요청 객체를 명시적으로 적용할 수 있다.

7.5.1 폼 요청 객체 생성하기

다음의 명령어를 입력하여 새로운 폼 요청 객체를 생성할 수 있다.

```
php artisan make:request CreateCommentRequest
```

그러면 app/Http/Requests 디렉터리에 CreateCommentRequest.php 파일이 생성된다.

모든 폼 요청 클래스 파일은 public 메서드 2개를 가진다. rules() 메서드는 사용자 입력 값의 유효성을 검증하는 규칙을 정의한 배열을 반환한다. authorize() 메서드는 내부에서 사용자가 이 요청을 수행할 권한이 있는지 여부를 확인하고 true/false를 반환한다. 만약 authorize() 메서드에서 false가 반환된다면 사용자는 해당 요청에 접근할 수 없게 된다. 다음 예제를 보자.

```php
<?php

namespace App\Http\Requests;

use App\Models\BlogPost;
use Illuminate\Foundation\Http\FormRequest;

class CreateCommentRequest extends FormRequest
{
    public function authorize()
    {
        $blogPostId = $this->route('blogPost');

        return auth()->check() && BlogPost::where('id', $blogPostId)
            ->where('user_id', auth()->id())->exists();
    }

    public function rules()
    {
        return [
            'body' => 'required|max:1000',
        ];
    }
}
```

[예제 7-17]에서 rules()는 앞에서 설명한 유효성 검증에 대한 것이다. authorize() 메서드의 역할에 대해서는 좀 더 살펴보자.

위의 코드에서는 라우트의 blogPost라는 세그먼트를 가져와 $blogPostId 변수에 할당한다. 이 말은 라우트가 Route::post('blogPosts/{blogPost}', function()...)과 같이 정의되어 있다는 것을 의미한다. 라우트 파라미터의 이름이 {blogPost}로 정의되어 있으므로 Request 객체에서 $this->route('blogPost')와 같이 조회할 수 있다.

그런 다음 사용자가 로그인된 상태인지 확인하고 블로그 포스트의 ID가 $blogPostId에 값과 일치하면서 작성자 ID가 현재 사용자의 ID인 게시물이 있는지 확인하여 그 결과를 반환한다. 조금 복잡해 보이지만, 핵심은 이 authorize() 메서드가 true를 반환하면 해당 사용자는 댓글 작성 요청(CreateCommentRequest)을 수행할 권한이 있고, false를 반환하면 권한이 없다는 의미다.

7.5.2 폼 요청 객체 사용법

폼 요청 객체를 만들었다면 이제 어떻게 사용하는지 살펴보자. 라우트를 정의할 때 할당하는
클로저 또는 컨트롤러 메서드에서 타입힌트를 사용하여 여러분이 만든 폼 요청 객체를 인자로
받도록 정의하면 된다. 다음 예제를 보자.

예제 7-18 생성한 폼 요청 객체 사용

```
Route::post('comments', function (App\Http\Requests\CreateCommentRequest $request)
{
    // 댓글 저장
});
```

위의 코드만 봐서는 정의한 폼 요청 객체의 메서드가 호출되는지 않는 것처럼 보이지만, 내부
적으로 라라벨에서 각 메서드를 호출한다는 것을 알아두자. 이를 통해서 사용자의 입력 값에
대한 유효성 검증을 확인하고, 권한이 있는지 확인한다. 입력 값이 유효하지 않다면 Request
객체의 validate() 메서드를 호출한 것처럼 오류 메시지와 함께 이전 페이지로 리다이렉션
응답이 반환된다. 만약 사용자에게 접근 권한이 없다면 403 Forbidden 오류가 반환되고, 코
드가 실행되지 않는다.

7.6 엘로퀀트 모델의 대량 할당

지금까지는 주로 컨트롤러에서 유효성을 검증하는 방법을 알아보았다. 그렇지만 사용자가 입
력한 데이터가 엘로퀀트 모델과 바로 연결되는 경우도 있고, 이런 경우 입력 값을 필터링 해야
하는 경우가 있다. 5장에서 살펴본 대량 할당 기능을 사용하는 것인데 [예제 7-19]를 살펴보
자. 사용자가 입력한 데이터를 바로 모델을 생성하는 데 사용한다(이런 코드를 권장하지는 않
는다).

예제 7-19 사용자의 입력 데이터 전체를 엘로퀀트 모델에 전달하여 인스턴스 생성

```
Route::post('posts', function (Request $request) {
    $newPost = Post::create($request->all());
});
```

위의 예제에서 게시물(Post)의 제목과 본문을 수정하기를 기대했다고 생각해보자. 물론 사용자의 입력 값이 title과 body 둘만 존재하면 문제가 되지 않겠지만, 사용자가 posts 데이터베이스 테이블에 소유자의 정보를 저장하는 author_id라는 칼럼이 존재한다는 것을 알아채면 어떻게 될까? 브라우저 도구를 사용하여 HTML에 author_id 필드를 추가한 뒤에 이 값을 다른 사용자의 ID로 지정한 상태로 POST 요청을 해버리면 어떻게 될까? 만약 그런 경우에 작성한 게시글이 다른 사용자가 작성한 것으로 저장되면 문제가 되지 않을까?

엘로퀀트의 대량 할당 기능을 통해서 사용자의 입력을 create() 메서드나, update() 메서드에 그대로 전달할 때, 이를 제한하는 화이트리스트 속성 목록($fillable) 또는 반대로 블랙리스트 속성 목록($guarded)을 정의할 수 있다. 자세한 내용은 5.5.3절에서 '대량 할당'을 참고하자.

[예제 7-20]에서 엘로퀀트 모델을 더 안전하게 유지할 수 있도록 $guarded 속성을 정의했다.

예제 7-20 악의적인 대량 할당으로부터 엘로퀀트 모델을 안전하게 하는 방법

```php
<?php

namespace App;

use Illuminate\Database\Eloquent\Model;

class Post extends Model
{
    // author_id 필드는 대량 할당이 불가능하도록 정의한다.
    protected $guarded = ['author_id'];
}
```

guarded 배열에 author_id를 추가하면 악의적인 사용자가 이 값을 전달하더라도 대량 할당에서 이 값은 무시된다. 따라서 의도하지 않게 데이터가 수정되는 일을 막고 애플리케이션을 더 안전하게 유지할 수 있다.

TIP $request->only()를 사용해 이중으로 안전한 코드 작성하기

대량 할당으로부터 모델을 보호하기 위해서 $guarded 속성을 정의하는 것은 중요하지만, 사용자의 입력 값을 한 번 더 확인하는 것이 좋다. 가급적이면 $request->all()과 같은 메서드를 사용하기보다는 $request->only() 메서드를 사용하여 명시적으로 수정할 필드를 지정하는 것이 더 안전한 방법이다.

```
Route::post('posts', function (Request $request) {
    $newPost = Post::create($request->only([
        'title',
        'body',
    ]));
});
```

7.7 {{와 {!!의 차이

사용자가 생성한 컨텐츠를 웹페이지에 표시할 때에는 스크립트 삽입과 같은 악의적인 내용이
표시되지 않도록 주의해야 한다.

사용자가 특정 사이트에서 블로그 게시물을 작성하는 상황을 생각해보자. 사용자가 게시물의
본문에 삽입한 악성 자바스크립트 코드가 다른 방문자의 웹브라우저에서 실행되서는 안 된다.
따라서 사용자가 생성한 데이터를 표시할 때에는 이런 코드가 동작하지 않도록 추가 작업이 필
요하다.

다행스럽게도 라라벨은 블레이드 템플릿에서 이를 처리하는 기능을 제공한다. 블레이드 템
플릿에서 기본적인 출력 문법 {{ 내용 }}은 별다른 설정을 하지 않더라도 PHP의 내장 함수
htmlentities()가 적용되어 내용이 이스케이프 처리되어 출력된다. 따라서 사용자의 데이터에
자바스크립트 구문이 들어 있더라도 방문자의 브라우저에서 자바스크립트가 실행되지 않는다.

이스케이프 처리 없이 그대로 내용을 출력하고 싶으면 {!! 내용 !!} 문법을 사용하여 출력한
다. 이 문법을 사용할 때는 항상 주의해서 사용하자.

7.8 테스트

사용자 입력 값을 처리하는 코드를 테스트할 때는 어떤 동작을 확인해야 할까? 유효하지 않은
입력 값이 전달되면 리다이렉션이 일어나는지 테스트하고, 유효한 입력 값이 전달되면 정상적
으로 처리되어 데이터베이스에 올바르게 저장되는지 테스트해야 한다.

라라벨은 엔드투엔드 애플리케이션 테스팅을 사용하여 이런 작업을 처리한다.

[예제 7-21]은 유효하지 않은 라우트 요청의 리다이렉션 응답을 확인하고 세션에 에러 메시지를 담고 있는지 테스트하는 방법이다.

예제 7-21 유효하지 않은 요청이 거부되는 시나리오 테스트

```
public function test_input_missing_a_title_is_rejected()
{
    $response = $this->post('posts', ['body' => 'This is the body of my post']);
    $response->assertRedirect();
    $response->assertSessionHasErrors();
}
```

위의 예제에서는 유효하지 않는 입력 값을 전달하여 사용자가 리다이렉트되는 것을 테스트한다. 또한 응답의 세션에 에러를 가지고 있는지 확인한다. 예제에서 사용한 테스트 메서드는 PHPUnit 고유의 메서드가 아니라 라라벨이 추가한 것들이다.

그럼 이제 사용자 입력에 문제가 없는 경우는 어떻게 테스트할 수 있을까? 다음 예제를 보자.

예제 7-22 유효한 요청이 성공적으로 수행되는 시나리오 테스트

```
public function test_valid_input_should_create_a_post_in_the_database()
{
    $this->post('posts', ['title' => 'Post Title', 'body' => 'This is the body']);
    $this->assertDatabaseHas('posts', ['title' => 'Post Title']);
}
```

위의 테스트 코드는 요청의 수행 결과 데이터베이스에 저장된 내용을 확인하도록 되어 있다. 데이터베이스를 테스트하려면 마이그레이션과 트랜젝션에 대해서 이해하고 있어야 한다. 테스트와 관련해 자세한 내용은 12장 테스트를 참고하자.

7.9 마치며

사용자 입력 데이터를 조회하는 방법은 여러 가지다. `Illuminate\Http\Request` 객체를 컨트롤러 메서드에 주입하거나, `Request` 퍼사드를 사용하거나, `request()` 글로벌 헬퍼 함수를 사용할 수 있다. 사용자의 입력 전체를 가져오거나 일부를 가져오는 메서드를 사용할 수 있으며, JSON을 입력받는 경우는 주의가 필요하다.

URL 라우트의 세그먼트는 사용자가 폼을 통해서 입력한 데이터는 아니지만, 필요시 Request 객체에서 조회할 수 있다.

입력 값에 대한 유효성 검증은 `Validator::make()` 메서드를 사용하여 직접 `validator`를 생성하거나, `Request` 객체에서 `validate()` 메서드를 호출하여 확인할 수 있다. 유효성 검증이 실패하는 경우 사용자는 이전 페이지로 리다이렉트되고, 이때 세션에 오류 메시지가 함께 전송된다.

사용자가 입력한 값을 뷰에 표시할 때는 이스케이프 처리된 `{{ 내용 }}` 형식으로 사용해야 악의적인 사용자의 입력으로부터 애플리케이션을 안전하게 보호할 수 있다. 사용자의 입력 값을 사용하여 엘로퀀트의 대량 할당에 사용할 때에는 `$request->only()`와 같이 필요한 필드만 지정하여 사용하는 것이 좋다.

## CHAPTER 8

아티즌과 팅커

최신 PHP 프레임워크들은 설치를 비롯해 많은 작업을 명령줄에서 명령어로 실행하는 기능을 포함한다. 라라벨은 명령줄 인터페이스command line interface(CLI) 도구 세 가지를 제공한다. 기능을 추가할 수 있는 내장 명령줄 도구 모음인 아티즌, 인터렉티브 셸 팅커, 그리고 2장에서 살펴본 라라벨 인스톨러다.

8.1 아티즌 소개

이 책을 앞에서부터 읽어왔다면, 이미 다음과 같은 명령어를 알고 있을 것이다.

```
php artisan make:controller PostController
```

이 명령어는 PostsController 클래스를 생성한다. 여기에서 사용되는 프로젝트의 루트 디렉터리에 있는 artisan 파일의 내용을 확인하면, 이 파일이 단순히 PHP 스크립트 파일이라는 것을 알 수 있다. 그래서 아티즌을 실행하기 위해 'php artisan ..'과 같이 입력해야 한다. 아티즌은 PHP 엔진에서 실행되는 PHP 코드이고, 이때 인자로 전달된 값이 내부에서 처리된다.

애플리케이션의 아티즌 명령어로 수행할 수 있는 기능은 개발자가 추가한 패키지나 코드에 따라 달라질 수 있으므로 사용 가능한 기능이 무엇인지 목록을 제대로 확인하는 것이 좋다. 'php artisan list'라고 명령어를 입력하면 현재 사용 가능한 아티즌 명령어 기능 목록을 확인할 수 있다. 여기에서 'list'는 생략할 수 있으므로 'php artisan'과 같이 입력해도 된다.

8.2 기본적인 사용법

기본적인 아티즌 명령어는 다음과 같다. 모든 명령어를 나열하지는 않았다.

clear-compiled
라라벨 내부의 캐시와 유사한 컴파일된 파일을 제거한다. 오류가 발생할 때 원인을 알기 어렵다면 제일 먼저 이 명령어를 실행해보길 바란다.

down, up
서버의 긴급한 작업이나, 마이그레이션 작업이 준비 중일 때 유지 보수 모드(일명 공사 중 모드)로 전환할 수 있는 명령어다. 라라벨 8부터는 서버 작업 중에도 암호를 통해서 접속하거나 명령어를 통해서 렌더링되는 뷰를 지정할 수 있고, 필요하다면 접속자가 리다이렉트되게 지정할 수도 있다.

env
현재 라라벨이 실행 중인 환경이 개발 모드인지, 실서버 환경인지 상태를 출력한다. 라라벨의 코드로는 app()->environment()를 실행한 것과 동일하며, .env 파일에서 APP_ENV 변수의 값이다.

help

도움말을 출력한다.

migrate

데이터베이스 마이그레이션을 실행한다.

optimize

설정 파일과 라우트 파일의 캐시를 제거하고 갱신한다.

serve

PHP 내장 서버를 구동한다 기본은 `localhost:8000`으로 접속이 가능하며 필요한 경우 호스트(`--host`)와 포트(`--port`)를 변경할 수 있다.

tinker

내장된 REPL인 팅커를 실행한다. 팅커는 곧 알아보자.

> **NOTE_ 현재 버전에 사용 가능한 아티즌 명령어를 확인하자**
>
> 지금까지 여러 라라벨 버전이 출시되면서 아티즌 명령어의 사용 문법이 조금씩 변경됐다. 각각의 버전에 따라 문법이 조금씩 차이가 있을 수 있으므로 현재 버전에서 사용 가능한 아티즌 명령어 리스트를 확인하자. 가장 좋은 방법은 직접 `php artisan list`를 실행보는 것이다.

8.2.1 옵션 지정

아티즌 명령어에는 옵션을 지정할 수 있다. 다음은 아티즌 명령어를 실행할 때 공통적으로 적용할 수 있는 옵션의 목록이다.

-q

명령어를 실행할 때 메시지를 출력하지 않는다(q는 quite를 의미한다).

`-v, -vv, -vvv`

메시지의 출력 레벨을 지정한다. 앞에서부터 '보통, 상세하게^{verbosity}, 매우 상세하게'를 의미한다).

`--no-interaction`

이 옵션을 지정하면 아티즌 명령어에서 사용자에게 묻지 않고 실행을 진행해버린다(Yes/No와 같은 확인을 무시할 때 사용한다).

`--env`

아티즌 명령어가 실행되는 환경을 지정할 수 있다(`local`, `production` 등).

`--version`

현재 라라벨 애플리케이션의 버전을 출력한다.

이런 옵션들을 살펴보면 아티즌 명령어가 운영체제에서 실행되는 기본 셸 명령어와 유사하다는 것을 알 수 있다. 이 아티즌 명령어는 필요에 따라서 직접 실행하기도 하지만, 일부 자동화된 프로세스(cron과 같은)를 통해서 실행될 수도 있다. 예를 들어 애플리케이션을 배포할 때마다 `php artisan config:cache`를 실행하도록 지정하거나(설정 파일을 캐싱하여 애플리케이션의 실행을 조금 더 빠르게 한다), 배치 작업에서 `-q` 또는 `--no-interaction`과 같은 옵션을 지정하여 배치 프로세스가 중단되는 일이 없도록 지정할 수도 있다.

8.2.2 명령어 그룹

기본적으로 제공되는 아티즌 명령어는 주제에 따라서 그룹으로 묶어서 제공된다. 모든 명령어가 어떤 기능을 하는지 소개하는 대신 각각의 명령어 그룹이 무엇을 의미하는지 소개한다.

app

이 그룹에 포함된 명령어는 `app:name` 하나다. 이 명령어를 사용하면 모든 인스턴스의 최상위 네임스페이스인 App\을 다른 것으로 바꿀 수 있다. 예를 들어, `php artisan app:name`

MyApplication을 실행하면 최상위 네임스페이스가 MyApplication으로 바뀐다. 하지만 필자는 이 기능을 사용하지 않고 루트 네임스페이스를 App으로 유지하는 걸 권한다.

auth

이 그룹에 있는 명령어는 auth:clear-resets 하나다. 이 명령어는 데이터베이스에서 만료된 모든 비밀번호 재설정 토큰을 삭제한다.

cache

cache:clear 명령어는 캐시를 비우고, cache:forget 명령어는 지정된 아이템의 캐시를 제거한다. cache:table은 데이터베이스 캐시 드라이버를 사용하기 전 캐시 테이블을 추가하는 마이그레이션 파일을 생성한다.

config

config:cache는 설정 파일을 캐싱하여 애플리케이션이 설정 파일의 내용을 좀 더 빠르게 찾을 수 있도록 만든다. config:clear는 생성한 캐시를 삭제한다.

db

db:seed는 작성된 데이터베이스 시드 파일을 실행하여 데이터를 채워 넣는다. 즉 시딩 작업을 실행한다.

event

event:list는 모든 이벤트와 리스너 목록을 출력한다. event:cache는 이를 캐싱하고, event:clear는 캐시를 제거한다. event:generate는 EventServiceProvider에 정의된 내용을 기초로 빠진 이벤트나 리스너 파일을 생성한다. 이벤트에 관해서는 16장에서 자세하게 살펴본다.

key

애플리케이션이 암호화할 때 필요한 키를 생성하기 위한 명령어로 임의의 문자열을 .env 파일에 저장한다.

make

make 명령어는 각각의 필요한 클래스를 만든다. 자세한 내용은 개별적으로 한 번씩 살펴볼 것
이다. 예를 들어 make:migration은 마이그레이션을 위한 파일을 생성하고 make:controller
는 컨트롤러를 생성한다. 각각의 명령어들에는 사용 가능한 옵션이 다르게 지정되어 있다.
make:migration 명령어에서는 --create=tableName과 같이 마이그레이션의 대상 테이블명
을 지정할 수 있다. 더 자세한 내용은 help 명령어를 사용하여 설명을 확인하자.

migrate

마이그레이션과 관련된 그룹으로 다양한 기능을 수행한다. migrate:install 명령어는 마이
그레이션의 실행 이력을 기록하기 위한 테이블을 생성한다. migrate:reset은 모든 마이그레
이션을 실행한 이력을 모두 되돌린다. migrate:refresh는 모든 마이그레이션 실행 이력을
되돌리고 다시 재실행한다. migrate:rollback은 가장 최근에 실행한 마이그레이션을 되돌
린다. migrate:fresh는 모든 테이블을 삭제한 뒤에 모든 마이그레이션 작업을 재실행한다.
migrate:status는 마이그레이션 실행 상태를 확인한다.

notifications

데이터베이스 알림 기능을 사용하기 위해서는 테이블을 추가해야 한다. 이 명령어는 알림 테이
블을 추가하는 마이그레이션 파일을 생성한다.

package

라라벨 5.5 이전에서는 컴포저를 사용해서 새로운 패키지를 설치하고 나서 수동으로 `config/app.php` 파일에 등록해야 했다. 라라벨 5.5부터는 이런 패키지 등록이 자동으로 이루어지도록 개선됐는데 `package:discover` 명령어는 외부 패키지들의 서비스 등록을 다시 한번 확인하는 동작을 수행한다.

queue

큐, 잡, 이벤트, 브로드캐스팅, 스케줄링과 관련된 명령어 그룹이다. `queue:listen` 명령어는 큐 작업 처리를 위한 수신 대기를 시작하는 명령어다. `queue:table`은 데이터베이스 큐를 사용하기 위한 테이블을 추가하는 마이그레이션 파일을 생성한다. `queue:flush`는 실패한 큐 작업들을 모두 삭제한다. 더 자세한 내용은 16장을 참고하자.

route

라우팅과 관련된 명령어 그룹으로 `route:list`는 현재 애플리케이션에 정의된 전체 라우트 목록을 확인하는 명령어다. 여기에는 라우트 url, path, 라우트명(이름이 지정된 경우), 연결된 컨트롤러 메서드 또는 클로저, 적용된 미들웨어를 확인할 수 있다. `route:cache` 명령어는 현재 등록된 라우트를 캐싱하여 애플리케이션이 라우팅을 처리하는 시간을 빠르게 한다.

schedule

라라벨의 스케줄러를 실행하는 명령어다. 일반적으로 `schedule:run` 명령어는 다음과 같이 크론(cron)에 등록해서 호출하는 방식으로 사용된다.

```
* * * * * php /home/myapp.com/artisan schedule:run >>/dev/null 2>&1
```

위와 같이 크론 잡을 정의하면 1분마다 라라벨 스케줄러를 실행하고, 스케줄러는 코드에서 정의된 작업들을 처리한다.

session

데이터베이스 세션 기능을 사용하기 위해서는 테이블 생성이 필요하다. `session:table` 명령어는 세션 테이블을 추가하는 마이그레이션 파일을 생성한다.

storage

storage:list는 public/storage 디렉터리를 storage/app/public으로 지정하는 심볼릭 링크를 생성한다. 이 심볼릭 링크의 역할은 사용자가 업로드한 파일을 url을 통해서 접근할 수 있게 만든다.

vendor

일부 패키지들은 설치 이후에 이미지 파일, 자바스크립트 파일, CSS 파일과 같은 리소스 파일을 라라벨 애플리케이션의 public 디렉터리로 이동시켜야 한다. 그래야만 브라우저로 접속했을 때 정상적으로 확인할 수 있기 때문이다. 이렇게 필요한 리소스 파일들을 복사하는 작업을 '퍼블리시publish'라고 하고 아티즌의 vendor:publish 명령어를 사용해 처리할 수 있다.

view

기본적으로 라라벨의 렌더링 엔진은 뷰 파일을 렌더링할 때 자동으로 파일을 캐싱해서 결과를 반환한다. 대개는 문제가 발생하지 않지만 뷰 파일 캐시에 문제가 의심될 때에는 view:clear 명령어를 사용하여 캐시를 삭제할 수 있다.

ATTENTION_ 애플리케이션을 런칭한 이후에 artisan key:generate 명령어를 실행할 때의 문제점

애플리케이션을 런칭한 이후에 artisan key:generate 명령어를 실행하면 애플리케이션이 내부에서 사용하는 암호 키의 값이 변경되는 결과를 가져온다. 이렇게 되면 기존의 암호 키로 암호화된 데이터들을 다시 해석할 수 없게 된다. 대표적으로 현재 로그인된 사용자가 모두 로그아웃 처리된다. 따라서 이미 암호화 기능이 동작 중인 애플리케이션에서 artisan key:generate 명령어를 실행할 때는 주의가 필요하다.

8.3 아티즌 명령어 생성 방법

아티즌 명령어를 직접 추가할 때 어떻게 하는지 알아보자. 먼저 알아야 할 것은 아티즌 명령어(파일)를 추가하는 데 사용할 수 있는 아티즌 명령어가 있다는 사실이다! 아티즌 명령어를 'php artisan make:command 커스텀 명령어'와 같이 입력하면 app/Console/Commands 디렉터리에 {커스텀 명령어}.php 파일이 생성된다.

make:command 명령어는 첫 번째 인자로 클래스명을 입력받는다. 옵션으로는 --command를 지정할 수 있는데, 이 옵션은 생성한 새로운 아티즌 명령어 클래스가 어떤 명령어 시그니처를 사용해서 실행될 것인지 결정하는 옵션이다. 다음을 확인해보자.

```
php artisan make:command WelcomeNewUsers --command=email:newusers
```

위의 명령어를 입력해서 생성한 클래스 파일은 [예제 8-1]과 같은 내용이 된다.

예제 8-1 기본적인 아티즌 명령어 클래스

```php
<?php

namespace App\Console\Commands;

use Illuminate\Console\Command;

class WelcomeNewUsers extends Command
{
    /**
     * 다음의 시그니처를 사용하여 실행된다.
     *
     * @var string
     */
    protected $signature = 'email:newusers';

    /**
     * 이 명령어에 대한 설명
     *
     * @var string
     */
    protected $description = 'Command description';

    /**
```

```
     * 새로운 명령어 클래스 인스턴스를 생성한다.
     *
     * @return void
     */
    public function __construct()
    {
        parent::__construct();
    }

    /**
     * 명령어를 실행한다.
     *
     * @return mixed
     */
    public function handle()
    {
        //
    }
}
```

위 예제에서 보듯이 아주 쉽게 명령어 시그니처와 명령어 목록에 보여질 설명을 정의할 수 있다. 명령어가 초기화될 때(__construct())와 실행될 때(handle())의 행동을 정의하는 것도 마찬가지로 쉽다.

8.3.1 아티즌 명령어 샘플

이 장에서 엘로퀀트 모델과 메일 기능을 다루지 않았지만(메일은 15장, 엘로퀀트는 5장을 참고), [예제 8-2]의 handle() 메서드를 읽는 데는 문제가 없을 것이다.

예제 8-2 아티즌 명령어 클래스의 handle() 메서드 예제

```
...
class WelcomeNewUsers extends Command
{
    public function handle()
    {
        User::signedUpThisWeek()->each(function ($user) {
            Mail::to($user)->send(new WelcomeEmail);
        });
    }
```

이제 php artisan email:newusers 명령어를 실행하면 이번 주에 가입한 전체 회원을 조회하여 환영 이메일을 발송한다.

handle() 메서드 안에서 User, Mail 퍼사드를 사용하는 것보다 의존성이 있는 객체를 직접 주입받아서 사용할 수도 있다. 아티즌 명령어 클래스의 생성자 메서드(__construct)에 필요한 의존 객체를 타입힌트하면 라라벨의 컨테이너가 자동으로 의존 객체를 주입해준다. 그 결과는 [예제 8-3]의 코드와 같다. [예제 8-2]와는 의존성을 주입받아서 이메일 발송을 처리한다는 점에서 차이가 있다.

예제 8-3 구조가 변경된 아티즌 명령어

```
...
class WelcomeNewUsers extends Command
{
    public function __construct(UserMailer $userMailer)
    {
        parent::__construct();

        $this->userMailer = $userMailer
    }

    public function handle()
    {
        $this->userMailer->welcomeNewUsers();
    }
```

코드를 간결하게 유지하자

아티즌 명령어 클래스를 구현하다 보면, handle() 메서드의 코드가 길어지기 쉽다. 특정 조건을 확인하고, 다른 클래스 메서드를 호출하는 등의 다양한 로직들이 들어가면서 메서드의 길이가 길어진다.

그렇지만 가급적 명령어 클래스가 처리하는 로직을 별도의 서비스 클래스로 분리하고, 명령어 클래스에는 이 서비스 클래스를 주입받아서 호출하는 방식으로 구현하기를 권한다. 라우팅을 처리하는 컨트롤러 클래스와 같이 아티즌 명령어 클래스는 도메인 구현 로직을 처리하지 않고 제어하는 역할만 수행하는 것이다. 그렇게 하는 것이 코드를 관리하는 데 더 효과적이다.

8.3.2 인자와 옵션을 지정하는 방법

새로운 아티즌 명령어 클래스의 내용을 작성할 때 $signature 속성은 단순히 새로운 명령어의 시그니처 이름만 나타내는 것처럼 보이지만, 여기에 인자와 옵션을 정의할 수도 있다. 인자와 옵션을 추가하는 간단한 예제는 다음과 같다.

```
protected $signature = 'password:reset {userId} {--sendEmail}';
```

위의 예제는 userId를 필수 인자로 받고 옵션으로 sendEmail 값을 받는 문법이다.

명령어 인자 정의: 필수 인자, 옵션 인자, 기본값 지정

필수 인자를 정의하는 문법은 다음과 같이 중괄호로 인자의 이름을 표시한다.

```
password:reset {userId}
```

옵션 인자를 정의하는 문법은 다음과 같이 물음표(?)를 붙이면 된다.

```
password:reset {userId?}
```

인자의 기본값을 지정하려면 다음과 같이 표기한다.

```
password:reset {userId=1}
```

명령어 옵션 정의: 필수 값 정의, 기본값 정의, 단축 표현 정의

옵션은 인자와 비슷하지만 앞에 '--'가 붙어 있다. 옵션의 표시도 기본적으로는 중괄호로 감싼 형태로 표기한다.

```
password:reset {userId} {--sendEmail}
```

특정 옵션에서 값을 필수적으로 지정해야 한다면, '='을 붙여서 표기한다.

```
password:reset {userId} {--password=}
```

옵션에 기본값을 정의하려면, '=' 뒤에 기본값을 추가한다.

```
password:reset {userId} {--queue=default}
```

배열 형태의 인자와 옵션

인자와 옵션이 각각 배열 형태로 입력 받아야 한다면, '*'를 붙여서 표기한다.

```
password:reset {userIds*}

password:reset {--ids=*}
```

배열 인자와 옵션을 사용하는 예제는 [예제 8-4]와 같다.

예제 8-4 아티즌 명령어에 배열 인자를 사용하는 방법

```
// 인자
php artisan password:reset 1 2 3

// 옵션
php artisan password:reset --ids=1 --ids=2 --ids=3
```

TIP **배열 인자는 마지막에 입력받도록 해야 한다**

배열 인자는 입력 값이 배열을 표현하기 위해서 여러 번 입력받는 형태를 띠고 있어야 한다. 그래서 아티즌 명령어 시그니처에서는 배열 인자를 마지막에 입력받도록 정의되어 있어야 정상적으로 처리가 가능하다.

인자와 옵션에 대한 설명 추가하기

`artisan help` 명령어를 사용하면 특정 명령어에 대한 도움말을 출력한다. 이렇게 특정 명령어의 도움말을 보여주기 위해서는 [예제 8-5]와 같이 인자와 옵션을 정의할 때 콜론(:)을 붙여 설명할 내용을 추가한다.

예제 8-5 아티즌 명령어의 인자와 옵션에 도움말을 위한 설명을 추가한 예제

```
protected $signature = 'password:reset
                        {userId : The ID of the user}
                        {--sendEmail : Whether to send user an email}';
```

8.3.3 인자와 옵션 값 조회

명령어를 실행할 때 전달받은 사용자의 입력 값, 즉 인자 값과 옵션 값을 handle() 메서드에서 사용하려면 어떻게 해야 할까? 다음의 메서드를 살펴보자.

argument(), arguments() 메서드

$this->arguments() 메서드는 전달받은 모든 인자를 담은 배열을 반환한다(첫 번째 데이터는 명령어의 이름이 된다). $this->argument() 메서드는 파라미터가 없는 경우 동일하게 배열을 반환하지만, 파라미터가 전달되면 해당 파라미터의 값을 반환한다. [예제 8-6]을 확인하자.

예제 8-6 아티즌 명령어 클래스에서 $this->arguments() 메서드를 사용하는 방법

```
// "password:reset {userId}"이라고 정의되어 있다고 가정하자.
php artisan password:reset 5

// $this->arguments() 메서드는 다음의 배열을 반환한다.
[
    "command": "password:reset",
    "userId": "5",
]

// $this->argument('userId') 메서드는 다음의 문자열을 반환한다.
"5"
```

option(), options() 메서드

$this->options() 메서드는 false, null과 같은 기본값이 지정된 옵션을 포함하여 전달받은 모든 옵션 값을 담은 배열을 반환한다. $this->option() 메서드는 파라미터 없이 호출된

경우 동일한 배열을 반환하지만, 파라미터가 전달되면 해당 파라미터의 값을 반환한다. [예제 8-7]을 확인하자.

예제 8-7 아티즌 명령어 클래스에서 $this->options() 메서드를 사용하는 방법

```
// "password:reset {--userId=}"이라고 정의되어 있다고 가정하자.
php artisan password:reset --userId=5

// $this->options() 메서드는 다음의 배열을 반환한다.
[
    "userId" => "5",
    "help" => false,
    "quiet" => false,
    "verbose" => false,
    "version" => false,
    "ansi" => false,
    "no-ansi" => false,
    "no-interaction" => false,
    "env" => null,
]

// $this->option('userId') 메서드는 다음의 문자열을 반환한다.
"5"
```

[예제 8-8]은 아티즌 명령어 클래스의 handle() 메서드에서 argument(), option() 호출하는 예제를 보여준다.

예제 8-8 아티즌 명령어에서 입력 값을 조회하는 방법

```
public function handle()
{
    // 명령어의 이름을 포함한 모든 인자를 배열로 조회한다.
    $arguments = $this->arguments();

    // 'userId' 인자의 값만 조회한다.
    $userid = $this->argument('userId');

    // 기본값을 포함한 모든 인자를 배열로 조회한다.
    $options = $this->options();
```

```
    // 'sendEmail' 옵션 값만 조회한다.
    $sendEmail = $this->option('sendEmail');
}
```

8.3.4 프롬프트

인자와 옵션을 정의하여 필요한 값을 입력받는 방법 외에도 사용자의 입력을 받는 경우가 있다. 바로 프롬프트에서 어떤 정보를 필요로 할 때다. 다음의 메서드는 프롬프트에서 사용자의 입력을 받는 데 사용할 수 있는 메서드다.

ask()

프롬프트에서 형식에 관계없이 사용자 입력을 받기 위해서 메시지를 출력한다.

```
$email = $this->ask('이메일 주소는 무엇인가요?');
```

secret()

프롬프트에서 형식에 관계없이 사용자 입력을 받기 위해서 메시지를 출력한다. 단 이때는 사용자가 입력한 값을 별표(*)로 표시한다.

```
$password = $this->secret('데이터베이스 암호는 무엇인가요?');
```

confirm()

프롬프트에서 사용자에게 Yes/No 답변을 요청하고 불리언 값을 반환받는다.

```
if ($this->confirm('테이블을 모두 삭제하시겠습니까?')) {
    //
}
```

y와 Y를 제외한 나머지는 모두 false로 반환한다.

anticipate()

프롬프트에서 형식에 관계없이 사용자의 입력을 받으면서 자동 완성을 위한 제안을 출력할 수 있다. 단 사용자는 제안된 키워드에 관계없이 입력할 수 있다.

```
$album = $this->anticipate('최고의 앨범은 무엇이라고 생각하나요?', [
    "The Joshua Tree", "Pet Sounds", "What's Going On"
]);
```

choice()

보기를 제공하고 이 중에 하나를 선택하라는 메시지를 출력한다. 사용자가 선택하지 않으면 마지막 파라미터가 기본값이 된다.

```
$winner = $this->choice(
    '최고의 축구 팀은 어느 팀인가요?',
    ['맨체스터 유나이티드', '바로셀로나', '레알 마드리드'],
    0
);
```

choice() 메서드의 세 번째 파라미터, 즉 기본값으로 사용할 파라미터는 보기로 제공되는 배열의 키 값을 가져야 한다. 위의 예제에서는 0번째 인자를 가리키므로 '맨체스터 유나이티드'가 기본값이 된다. 숫자 키가 아닌 배열을 보기로 제공한다면 다음과 같이 호출해야 한다.

```
$winner = $this->choice(
    '최고의 축구 팀은 어느 팀인가요?',
    ['manutd' => '맨체스터 유나이티드', 'barcelona' => 바로셀로나', 'realmadrid' =>
'레알 마드리드'],
    'manutd'
);
```

8.3.5 화면 출력

아티즌 명령어가 실행되는 동안 사용자에게 보여줄 출력을 지정할 수 있다. 가장 기본적인 방법은 $this->info() 메서드를 사용하여 텍스트 메시지를 초록색으로 출력하는 방법이다.

```
$this->info('Your command has run successfully.');
```

comment()는 주황, question()은 초록, error()는 빨강, line()은 색을 지정하은 메서드로 사용할 수 있다. 각 색상은 명령어를 실행하는 환경에 따라서 차이가 날 수 있다.

테이블 포맷의 데이터 출력

table() 메서드는 데이터의 출력을 테이블 형태로 보여준다. 다음 예제를 보자.

예제 8-9 아티즌 명령어에서 테이블 형태로 출력하는 예제

```
$headers = ['이름', '이메일'];

$data = [
    ['Dhriti', 'dhriti@amrit.com'],
    ['Moses', 'moses@gutierez.com'],
];

// 데이터베이스에서 비슷한 데이터를 가져올 수도 있다.
$data = App\Models\User::all(['name', 'email'])->toArray();

$this->table($headers, $data);
```

[예제 8-9]는 헤더와 데이터 영역으로 나뉘며 각각 셀을 2개 포함한다. 헤더의 첫 번째 셀은 '이름', 두 번째 셀은 '이메일'을 표시한다. 그리고 데이터는 헤더와 일치하는 순서로 출력된다. 출력 결과는 [예제 8-10]과 같다.

예제 8-10 아티즌 테이블 출력 예제

```
+---------+--------------------+
| Name    | Email              |
+---------+--------------------+
| Dhriti  | dhriti@amrit.com   |
| Moses   | moses@gutierez.com |
+---------+--------------------+
```

프로그레스바 출력

npm install을 실행해본 적이 있다면, 화면에서 현재의 진행 상황을 표시하는 프로그레스바를 본 적이 있을 것이다. [예제 8-11]에서 프로그레스바를 출력하는 방법을 살펴보자.

예제 8-11 아티즌 명령어에서 프로그레스바를 출력하는 예제

```
$totalUnits = 350;
$this->output->progressStart($totalUnits);

for ($i = 0; $i < $totalUnits; $i++) {
    sleep(1);

    $this->output->progressAdvance();
}

$this->output->progressFinish();
```

위의 예제를 하나씩 살펴보자. 먼저 전체 처리해야 할 유닛의 개수를 350으로 정의하고, 이를 프로그레스바가 시작할 때 인자로 전달했다. 이렇게 하면 프로그레스바는 전체 너비를 350으로 나누고 progressAdvance() 메서드가 호출될 때마다 한 칸씩 진행된 정보를 갱신한다. 프로세스가 완료되면 progressFinish() 메서드를 호출하여 완료됐다는 정보를 출력한다.

8.3.6 클로저 기반의 아티즌 명령어 작성

별도의 클래스를 만들지 않고도 아티즌 명령어를 정의할 수 있다. 바로 클로저를 사용하는 방법이다. routes/console.php 파일에서 [예제 8-12]와 같이 아티즌 명령어를 등록할 수 있다. 클래스를 정의한 것과 동일한 방식이지만 더 간단하게 정의할 수 있다.

예제 8-12 클로저 기반의 아티즌 명령어 정의 예제

```
// routes/console.php
Artisan::command(
    'password:reset {userId} {--sendEmail}',
    function ($userId, $sendEmail) {
        User::find($userId);
        // 로직 입력 ...
    }
);
```

8.4 일반 코드에서 아티즌 명령어의 호출

기본적으로 아티즌 명령어는 명령줄에서 실행되도록 설계되어 있지만, 필요한 경우 일반적인 코드에서 바로 아티즌 명령어를 호출할 수도 있다.

가장 간단한 방법은 바로 Artisan 퍼사드를 사용하는 것이다. Artisan::call() 메서드를 사용하여 실행하고자 하는 명령어를 입력한다. Artisan::queue()를 사용하면 큐를 사용하여 명령어를 처리할 수 있다.

call() 메서드와 queue() 메서드는 파라미디 2개를 입력받는데, 첫 번째 파라미터는 명령어 이름(password:reset과 같은), 두 번째 파라미터는 이 명령어에 전달할 인자를 담은 배열이다. 다음 예제를 보자.

예제 8-13 일반적인 코드에서 아티즌 명령어를 호출하는 예제

```
Route::get('test-artisan', function () {
    $exitCode = Artisan::call('password:reset', [
        'userId' => 15,
        '--sendEmail' => true,
    ]);
});
```

위의 예제를 살펴보면 배열에서 인자는 키와 함께 담겨야 하고, 옵션의 경우에는 값이 없는 경우 true 또는 false와 함께 들어 있어야 한다.

> **TIP** 다음의 문법은 라라벨 5.8 이상부터 사용할 수 있는데, 파라미터 여러 개를 전달하는 것보다 훨씬 직관적이다. 명령줄에서 호출하는 것과 동일하게 Artisan::call() 메서드를 호출한다.
>
> ```
> Artisan::call('password:reset 15 --sendEmail')
> ```

특정 아티즌 명령어 클래스 안에서 다른 아티즌 명령어를 호출할 수도 있다. 이때는 $this->call() 메서드와 $this->callSilent() 메서드를 사용한다. 두 메서드의 차이점은 출력을 하느냐 하지 않느냐로 구분된다. 다음 예제를 살펴보자.

```php
public function handle()
{
    $this->callSilent('password:reset', [
        'userId' => 15,
    ]);
}
```

마지막으로 아티즌 명령어를 호출하려는 클래스에서 Illuminate\Contracts\Console\Kernel 인터페이스를 주입한 뒤에 call() 메서드를 호출할 수도 있다.

8.5 팅커

팅커Tinker는 REPLread–eval–print–loop(사용자의 입력을 읽고, 데이터를 처리하고, 결과를 출력하는 작업을 반복) 또는 인터렉티브 톱레벨interactive toplevel, 랭귀지 셸language shell이라는 프로그래밍 환경이다. node.js, 루비, 자바에서도 각각의 프로그래밍 언어에 맞는 REPL 환경을 제공한다.

REPL은 명령줄과 유사한 형태의 프롬프트를 제공하는데, 명령줄과 다른 점은 REPL에서는 운영체제에서 제공하는 각종 명령어가 아닌 프로그래밍 코드를 실행할 수 있다는 점이다. REPL에서 코드를 입력하고 엔터를 입력하면 입력한 코드가 실행되며 결과가 출력된다.

[예제 8-15]는 팅커에 코드를 입력하고 실행되는 과정을 보여준다. php artisan tinker 명령어를 입력하면 팅커가 실행되면서 REPL 프롬프트 화면이 보인다. >>>로 표시된 곳이 코드 입력 부분이고, =>로 표시된 곳이 결과 출력 부분이다.

예제 8-15 팅커 사용하기

```
$ php artisan tinker

>>> $user = new App\Models\User;
=> App\Models\User: {}
>>>> $user->email = 'matt@mattstauffer.com';
=> "matt@mattstauffer.com"
>>>> $user->password = bcrypt('superSecret');
```

```
=> "$2y$10$TWPGBC7e8d1bvJ1q5kv.VDUGfYDnE9gANl4mleuB3htIY2dxcQfQ5"
>>> $user->save();
=> true
```

위의 예제에서는 새로운 사용자 모델의 인스턴스를 생성하고, 데이터를 지정한 뒤에(비밀번호는 암호화를 위해서 bcrypt() 함수를 사용해 해싱 처리함) 데이터베이스에 저장했다. 만약 실제 데이터베이스가 연동되어 있다면, 위의 예제에서 저장한 새로운 사용자를 데이터베이스에서 조회할 수 있다.

팅커를 사용하면 간단한 데이터베이스 작업을 처리하거나, 새로운 코드를 시험 삼아 실행해보기 좋다. 또한 새로운 라이브러리를 사용하기 위해서 예제 코드를 실행해보기에도 좋다. 팅커는 내부적으로 Psy Shell(http://psysh.org)을 기반으로 동작한다. 따라서 팅커의 많은 기능은 Psy Shell을 참고하면 익힐 수 있다.

8.6 테스트

앞서 일반 코드에서 아티즌 명령어를 호출하는 방법을 알아보았다. 아티즌 명령어를 테스트할 때 이 기능을 사용할 수 있다. [예제 8-16]은 아티즌 명령어가 정상적으로 수행됐는지 확인하는 테스트 코드다. 예제에서 아티즌 명령어를 호출하기 위해서는 Artisan::call() 대신 $this->artisan()을 사용했는데, 문법은 동일하고 내부적으로는 테스트를 위한 기능이 몇 가지 추가됐다.

예제 8-16 테스트에서 아티즌 명령어 호출

```php
public function test_empty_log_command_empties_logs_table()
{
    DB::table('logs')->insert(['message' => 'Did something']);
    $this->assertCount(1, DB::table('logs')->get());

    $this->artisan('logs:empty'); // Artisan::call('logs:empty')와 동일하다.
    $this->assertCount(0, DB::table('logs')->get());
}
```

라라벨 5.7 이상에서는 다음과 같이 $this->artisan() 메서드 호출을 체이닝하여 아티즌 명령어를 테스트할 수도 있다. [예제 8-17]에서 사용한 문법을 살펴보자.

예제 8-17 아티즌 명령어에 대한 입력/출력 테스트를 체이닝 형태로 표현한 코드

```php
public function testItCreatesANewUser()
{
    $this->artisan('myapp:create-user')
        ->expectsQuestion("What's the name of the new user?", "Wilbur Powery")
        ->expectsQuestion("What's the email of the new user?", "wilbur@thisbook.
co")
        ->expectsQuestion("What's the password of the new user?", "secret")
        ->expectsOutput("User Wilbur Powery created!");

    $this->assertDatabaseHas('users', [
        'email' => 'wilbur@thisbook.co'
    ]);
}
```

8.7 마치며

아티즌은 라라벨에서 제공하는 명령줄 도구다. 라라벨에서 기본으로 제공하는 아티즌 명령어도 존재하지만, 필요한 경우 커스텀한 명령어를 생성하고 이를 추가하여 호출할 수도 있다.

아티즌 팅커는 코드를 실행하고 테스트해볼 수 있는 REPL이다. 팅커를 사용하면 간단한 데이터베이스 작업을 처리하거나, 새로운 코드를 시험 삼아 실행해보기 좋다.

## CHAPTER 9

사용자 인증과 인가

애플리케이션의 토대를 만들 때 회원가입, 로그인, 세션, 비밀번호 재설정, 권한 부여 등을 포함하는 기본 사용자 인증 시스템을 만드는 데 시간이 오래 걸릴 수 있다. 사용자 인증 시스템 기능은 라이브러리로 분리하기 적합한 대상이고 실제로 몇몇 라이브러리가 있다.

그러나 프로젝트마다 인증 요구 사항이 달라서 대부분의 인증 시스템은 쉽게 비대해지거나 쓸모없어진다. 다행히 라라벨은 사용이 편하고 이해하기 쉬우면서도 다양한 상황에 충분히 대응할 수 있는 유연한 인증 시스템을 만들었다.

라라벨을 설치하면 create_users_table 마이그레이션과 create_password_resets_table 마이그레이션, 그리고 User 모델이 기본으로 준비되어 있다. laravel/jetstream 패키지를 설치하면 jetstream:install 명령으로 쉽게 인증 기능을 추가할 수 있다.

> **NOTE_ 라라벨 6.0 이전과의 인증 구조 차이**
>
> 라라벨 6 이전에는 인증 스캐폴딩이 별도의 패키지로 분리되지 않고 프레임워크에 통합되어 있었다.

9.1 User 모델과 마이그레이션

create_users_table 마이그레이션과 App\Models\User 모델은 새 라라벨 애플리케이션을 만들 때 가장 먼저 보게 되는 것이다. [예제 9-1]은 users 테이블에 어떤 필드가 생성될지 보여주는 마이그레이션이다.

예제 9-1 라라벨의 기본 유저 마이그레이션

```
Schema::create('users', function (Blueprint $table) {
    $table->id();
    $table->string('name');
    $table->string('email')->unique();
    $table->timestamp('email_verified_at')->nullable();
    $table->string('password');
    $table->rememberToken();
    $table->timestamps();
});
```

자동 증가하는 기본 키 ID, 이름, 고유 인덱스를 갖는 이메일, 비밀번호, remember me 토큰, 생성 시점과 수정 시점의 타임스탬프 필드가 만들어진다. 이것으로 대부분의 애플리케이션에서 기본 사용자 인증을 처리할 수 있다.

> **NOTE_ 인증과 인가**
>
> **인증**authentication은 어떤 사람이 누구인지 확인하고 시스템 내에서 그 사람이 활동하게 허용하는 것이다. 인증에는 로그인/로그아웃 절차와 사용자가 애플리케이션을 사용하는 동안 자신을 식별할 수 있게 하는 도구가 포함된다.
>
> **인가**authorization는 인증된 사용자에게 특정 행동을 허용할지 말지 결정하는 것이다. 예를 들어 관리자가 아닌 사람은 웹사이트의 관리자 대시보드를 볼 수 없게 제한하는 것이 있다.

User 모델은 [예제 9-2]에서 보듯이 조금 더 복잡하다. App\Models\User 클래스 자체는 단순하지만, 여러 트레이트를 가져다 쓰는 Illuminate\Foundation\Auth\User 클래스를 상속받는다.

```php
<?php
// App\Models\User

namespace App;

use Illuminate\Contracts\Auth\MustVerifyEmail;
use Illuminate\Database\Eloquent\Factories\HasFactory;
use Illuminate\Foundation\Auth\User as Authenticatable;
use Illuminate\Notifications\Notifiable;

class User extends Authenticatable
{
    use HasFactory, Notifiable;

    /**
     * 대량 할당 가능한 속성
     *
     * @var array
     */
    protected $fillable = [
        'name',
        'email',
        'password',
    ];

    /**
     * 배열로 출력 시 제외되어야 하는 속성
     *
     * @var array
     */
    protected $hidden = [
        'password',
        'remember_token',
    ];

    /**
     * PHP 네이티브 타입으로 형변환되어야 하는 속성
     *
     * @var array
     */
    protected $casts = [
        'email_verified_at' => 'datetime',
    ];
}
```

```php
<?php
// Illuminate\Foundation\Auth\User

namespace Illuminate\Foundation\Auth;

use Illuminate\Auth\Authenticatable;
use Illuminate\Auth\MustVerifyEmail;
use Illuminate\Auth\Passwords\CanResetPassword;
use Illuminate\Contracts\Auth\Access\Authorizable as AuthorizableContract;
use Illuminate\Contracts\Auth\Authenticatable as AuthenticatableContract;
use Illuminate\Contracts\Auth\CanResetPassword as CanResetPasswordContract;
use Illuminate\Database\Eloquent\Model;
use Illuminate\Foundation\Auth\Access\Authorizable;

class User extends Model implements
    AuthenticatableContract,
    AuthorizableContract,
    CanResetPasswordContract
{
    use Authenticatable, Authorizable, CanResetPassword, MustVerifyEmail;
}
```

TIP **엘로퀀트 모델 복습하기**

> 만약 위의 코드가 익숙하지 않다면 더 진행하기 전에 5장으로 돌아가 엘로퀀트 모델이 어떻게 작동하는지 확인하자.

이 모델에서 알 수 있는 건 무엇일까? 우선 사용자는 users 테이블에 저장된다. 라라벨은 클래스명을 통해 테이블명을 알아낸다. 새 사용자를 만들 때 name, email, password 속성을 입력할 수 있고, password와 remember_token 속성은 JSON으로 출력할 때 제외된다. 괜찮아 보인다.

Illuminate\Foundation\Auth\User 클래스의 컨트랙트와 트레이트를 통해 프레임워크에 몇몇 기능(인증하거나 인가하거나 비밀번호를 재설정하는 기능)이 있다는 것을 알 수 있다. 이 기능들은 이론적으로는 User 모델뿐 아니라 다른 모델에도 적용할 수 있으며, 따로 또는 함께 적용해도 된다.

> ## 컨트랙트와 인터페이스
>
> 여러분은 아마도 필자가 '컨트랙트'와 '인터페이스'라는 용어를 혼용하는 것을 눈치챘을 것이다. 라라벨에서는 거의 모든 인터페이스가 Contracts 네임스페이스 아래에 있다.
>
> PHP의 인터페이스는 한 클래스가 특정한 방식으로 '작동'할 거라는 두 클래스 간의 약속이다. 이는 둘 사이의 계약과 비슷하다. 그리고 계약이라고 생각하는 게 인터페이스보다 좀 더 직관적이다.
>
> 결과적으로 둘은 같은 의미이며 둘 다 클래스가 특정 시그니처를 가진 메서드를 제공하겠다고 약속하는 것이다.
>
> 라라벨 컴포넌트가 구현하고 타입힌트하는 인터페이스들은 Illuminate\Contracts 네임스페이스에 포함된다. 이러한 점을 활용하면 같은 인터페이스를 구현하는 컴포넌트를 만들어서 Illuminate 컴포넌트 대신 사용할 수도 있다. 예를 들어, 라라벨 코어와 컴포넌트가 메일러를 타입힌트할 때 Mailer 클래스를 타입힌트하지 않는다. 대신 Mailer 컨트랙트(인터페이스)를 타입힌트해서 여러분의 자체 메일러로 쉽게 대체해서 사용할 수 있다. 자세한 방법은 11장을 참고하자.

Authenticatable 컨트랙트는 프레임워크가 해당 모델 인스턴스를 인증하게 하는 메서드(예를 들어 getAuthIdentifier())를 요구한다. Authenticatable 트레이트는 보통의 엘로퀀트 모델이 Authenticatable 컨트랙트의 요구 사항을 만족시키는 데 필요한 메서드를 가진다.

Authorizable 컨트랙트는 can() 메서드를 요구한다. 프레임워크는 can() 메서드를 이용해서 해당 모델의 인스턴스가 상황에 따라 접근 권한이 있는지 확인한다. Authorizable 트레이트도 보통의 엘로퀀트 모델이 Authorizable 컨트랙트를 만족시키는 데 필요한 메서드를 제공한다.

마지막으로 CanResetPassword 컨트랙트는 프레임워크로 하여금 이 컨트랙트를 만족시키는 모든 엔티티의 비밀번호를 재설정하게 하는 메서드(getEmailForPasswordReset(), sendPasswordResetNotification())를 요구한다. CanResetPassword 트레이트는 보통의 엘로퀀트 모델이 CanResetPassword 컨트랙트를 만족시키는 데 필요한 메서드를 제공한다.

이제 데이터베이스에 있는 개별 사용자를 손쉽게 표현하고(마이그레이션도 포함), 이를 인증(로그인, 로그아웃)과 인가(특정 자원에 접근할 수 있는 권한 확인)하고, 비밀번호 재설정 이메일을 받는 모델 인스턴스를 불러올 수 있게 됐다.

9.2 auth() 글로벌 헬퍼와 Auth 퍼사드 사용하기

auth() 글로벌 헬퍼를 사용하면 애플리케이션 어디서든 현재 인증된 사용자의 상태를 쉽게 다룰 수 있다. Illuminate\Auth\AuthManager 인스턴스를 주입하거나, Auth 퍼사드를 이용해도 같은 기능을 사용할 수 있다.

가장 흔한 용도는 사용자가 로그인했는지 확인하는 것(로그인하면 auth()->check()가 true를 반환하고, 로그인하지 않았으면 auth()->guest()가 true를 반환한다)과 현재 로그인한 사용자를 가져오는 것이다(auth()->user()를 사용하거나 ID만 필요할 땐 auth()->id()를 사용한다. 둘 다 로그인이 안 되어 있으면 null을 반환한다). [예제 9-3]은 컨트롤러에서 글로벌 헬퍼를 사용하는 예시다.

예제 9-3 컨트롤러에서 auth() 글로벌 헬퍼를 사용한 예

```
public function dashboard()
{
    if (auth()->guest()) {
        return redirect('sign-up');
    }

    return view('dashboard')
        ->with('user', auth()->user());
}
```

라라벨 6까지는 Auth 네임스페이스가 설정된 인증 컨트롤러 그룹을 내장했다. 다음 절에서는 인증 시스템이 어떻게 작동하는지 살펴본다. 라라벨 7부터는 해당되지 않는 내용이고 유용한 정보지만 필수는 아니므로, 원한다면 9.5절 '인증 스캐폴드'로 건너뛰어도 된다.

9.3 인증 컨트롤러

ATTENTION_ 라라벨 7부터는 인증 컨트롤러가 제공되지 않는다. 라라벨 7 이후 버전을 사용한다면 9.5절 '인증 스캐폴드'로 넘어가자.

실제로 사용자 로그인은 어떻게 이뤄지는 걸까? 그리고 비밀번호 재설정 과정은 어떻게 진행되는 걸까?

이 모든 일은 Auth 네임스페이스에 있는 컨트롤러인 RegisterController, LoginController, ResetPasswordController, ForgotPasswordController에서 이뤄진다. 하나씩 살펴보자.

9.3.1 RegisterController

RegisterUsers 트레이트와 콤비를 이루는 RegisterController는 회원가입하려고 하는 새로운 사용자에게 회원가입 입력 폼 양식을 어떻게 보여줄지, 입력 값의 유효성을 어떻게 검사할지, 유효성 검사를 통과한 뒤에 새로운 사용자를 어떻게 생성하고 저장할지, 새로운 사용자를 생성한 뒤 어느 페이지로 리다이렉트할지에 대한 기본값을 가지고 있다.

이 컨트롤러에서 사용하는 트레이트는 각각의 메서드가 호출되는 특정 시점에 로직의 동작을 변경할 수 있는 훅hook을 가지고 있다. 이를 통해 컨트롤러의 모든 코드를 확인하지 않고도 일반적인 동작을 쉽게 변경하고 원하는대로 조작할 수 있다.

$redirectTo 속성에는 회원가입이 끝난 후 어디로 리다이렉트될지 저장되고, validator() 메서드는 회원가입 요청의 입력 값을 어떻게 검증할지 결정한다. create() 메서드는 회원가입 요청에 기반해 어떻게 새 사용자를 만들고 저장할지 정의한다. [예제 9-4]는 기본 RegisterController다.

예제 9-4 기본 RegisterController

```php
class RegisterController extends Controller
{
    use RegistersUsers;

    protected $redirectTo = '/home';

    ...

    protected function validator(array $data)
    {
        return Validator::make($data, [
            'name' => 'required|string|max:255',
```

```php
            'email' => 'required|string|email|max:255|unique:users',
            'password' => 'required|string|min:6|confirmed',
        ]);
    }

    protected function create(array $data)
    {
        return User::create([
            'name' => $data['name'],
            'email' => $data['email'],
            'password' => Hash::make($data['password']),
        ]);
    }
}
```

RegisterUsers 트레이트

RegisterController가 사용하는 RegisterUsers 트레이트는 회원가입 절차의 주요 기능을 다루는 메서드를 제공한다. 우선 showRegistrationForm() 메서드로 사용자에게 회원가입 양식 뷰를 보여준다. 기본값으로 정의되어 있는 auth.register 뷰가 아닌 다른 뷰를 사용하고 싶으면 RegisterController의 showRegistrationForm() 메서드를 오버라이드한다.

다음으로 register() 메서드로 회원가입 요청을 처리한다. register() 메서드는 사용자가 회원가입을 위해 입력한 값을 RegisterController의 validator() 메서드로 전달한 후 create() 메서드로 넘긴다.

마지막으로 redirectPath() 메서드(RedirectsUsers 트레이트를 통해 가져왔다)는 회원가입에 성공한 사용자를 어디로 보낼지 정의한다. 컨트롤러에서 $redirectTo 속성에 URI를 정의하거나 redirectPath() 메서드를 오버라이드해서 원하는 URI를 반환할 수 있다.

RegisterUsers 트레이트가 기본 가드가 아닌 다른 가드를 사용하게 하고 싶으면(가드에 대해서는 9.13절 '가드'에서 자세히 다룬다), guard() 메서드를 오버라이드해서 원하는 가드를 반환하게 한다.

9.3.2 LoginController

LoginController는 이름 그대로 사용자 로그인을 처리하는 역할을 한다. 이 컨트롤러는 AuthenticatesUsers 트레이트를 사용하고, AuthenticatesUsers는 다시 RedirectsUsers 와 ThrottlesLogins 트레이트를 사용한다.

RegistrationController와 마찬가지로 LoginController도 로그인 성공 후 사용자를 어디로 리다이렉트할지 정하는 $redirectTo 속성을 가지고 있다. 그 외 다른 것은 모두 AuthenticatesUsers 트레이트에 있다.

AuthenticatesUsers 트레이트

AuthenticatesUsers 트레이트는 사용자에게 로그인 입력 폼 양식을 보여주고, 로그인을 시도할 때 입력 값의 유효성을 검증한다. 그리고 만약 로그인에 실패하면 실패 횟수에 따라 접근을 제한하고, 로그아웃을 처리하며, 로그인에 성공하면 지정된 페이지로 리다이렉트하도록 처리한다.

showLoginForm() 메서드는 기본적으로 auth.login 뷰를 보여준다. 다른 뷰를 보여주고 싶다면 LoginController 컨트롤러에서 이 메서드를 오버라이드한다.

login() 메서드는 로그인 폼에서 입력한 값을 전송하는 POST 요청을 받는다. login() 메서드는 validateLogin() 메서드를 사용하여 요청 값의 유효성을 검증한다. 유효성 검증 로직을 변경하려면, validateLogin() 메서드를 오버라이드한다. 유효성 검증을 통과하고 나면 해당 사용자가 로그인에 너무 많이 실패한 사용자인지 아닌지 확인하는 ThrottlesLogins 트레이트의 기능으로 넘어간다(ThrottlesLogins 트레이트의 동작은 조금 뒤에서 살펴본다). 최종적으로 사용자가 원래 방문하고자 했던 페이지(원래 방문하려던 곳에서 로그인 때문에 리다이렉트되어 온 경우)나 redirectPath() 메서드에 정의된 곳으로 사용자를 리다이렉트한다. redirectPath() 메서드는 $redirectTo 속성을 반환한다.

AuthenticatesUsers 트레이트는 로그인이 성공적으로 이뤄진 후에 아무 내용 없는 authenticated() 메서드를 호출한다. 따라서 로그인이 성공했을 때 무엇인가 동작을 추가하고 싶다면 LoginController에서 authenticated() 메서드를 오버라이드한다.

username() 메서드는 users 테이블의 어떤 칼럼이 로그인할 때 사용되는 이름(username)인지 정의한다. 기본값은 email이다. 다른 칼럼으로 바꾸고 싶으면 컨트롤러에서 username() 메서드를 오버라이드하면 된다.

RegistersUsers 트레이트와 마찬가지로 guard() 메서드를 오버라이드해서 어떤 가드(9.13절 '가드' 참조)를 쓸지 정할 수 있다.

ThrottlesLogins 트레이트

ThrottlesLogins 트레이트는 라라벨의 Illuminate\Cache\RateLimiter 클래스에 대한 인터페이스이다. RateLimiter 클래스는 캐시를 사용하는 모든 이벤트의 시간당 제한 비율을 적용하게 해준다. 따라서 이 트레이트는 사용자의 로그인에 시간당 제한 비율을 적용한다. 이 말은 사용자가 특정 시간 동안 일정 횟수 이상 로그인에 실패하면, 더는 로그인을 시도할 수 없도록 제한된다는 뜻이다.

ThrottlesLogins 트레이트의 모든 메서드는 protected로 선언되어 있는데, 이는 라우트에서 바로 연결하여 사용할 수 없다는 뜻이다. 대신 ThrottlesLogins 트레이트를 사용하는 AuthenticatesUsers 트레이트가 특별히 설정하지 않아도 시간당 시도 횟수를 제한하는 기능을 추가해준다. 기본적으로 LoginController가 이 트레이트를 모두 사용하고 있으므로, 여러분이 인증 스캐폴드(9.5절 '인증 스캐폴드' 참조)를 사용한다면 ThrottlesLogins의 기능을 자동으로 사용한다.

기본적으로 ThrottlesLogins 트레이트는 사용자명과 IP 주소의 조합이 60초 내에 5번 이상 실패하면 로그인을 제한한다. 캐시를 사용해서 사용자명과 IP 주소의 조합에 대한 실패한 로그인 횟수를 기록하고 매 시도마다 이 값을 증가시킨다. 60초 이내에 실패 횟수가 5를 초과하면 1분 동안 사용자가 다시 로그인을 시도할 수 없도록 제한한다.

9.3.3 ResetPasswordController

ResetPasswordController는 ResetsPasswords 트레이트를 사용하는 역할만 한다. 이 트레이트는 입력 값의 유효성 검증과 기본적인 비밀번호 재설정 뷰에 접근하는 것, 그리고 라라벨의 PasswordBroker 클래스 인스턴스를 사용해서 비밀번호 재설정을 위한 이메일을 보내고 실질적으로 비밀번호를 재설정하는 기능을 제공한다.

앞서 살펴본 다른 트레이트들과 마찬가지로 ResetsPasswords 트레이트도 비밀번호 재설정 뷰를 보여주고(showResetForm() 메서드로 auth.passwords.reset 뷰를 보여준다), 그 뷰에서 보낸 POST 요청을 처리한다(reset() 메서드로 유효성을 검증하고 적절한 응답을 보낸다). resetPassword() 메서드는 실제로 비밀번호를 재설정하고, broker()와 guard() 메서드로 브로커와 가드를 각각 커스터마이징할 수 있다.

위에 언급한 기능들을 변경하고 싶으면 컨트롤러에서 해당 메서드를 오버라이드한다.

9.3.4 ForgotPasswordController

ForgotPasswordController는 SendsPasswordResetEmails 트레이트를 사용하는 역할만 한다. 이 트레이트는 showLinkRequestForm() 메서드로 auth.passwords.email 뷰를 보여주고, 그 화면의 입력 폼에서 보내는 POST 요청을 sendResetLinkEmail() 메서드로 처리한다. 필요한 경우 broker() 메서드로 브로커를 커스터마이징할 수 있다.

9.3.5 VerificationController

VerificationController는 VerifiesEmails 트레이트를 사용하고, 이 트레이트는 새로 가입한 사용자가 인증 이메일에서 확인하는 링크가 유효한지 검증한다. 그리고 이메일을 수신하지 못하는 경우를 대비하여 재발송하는 기능도 제공한다.

9.4 Auth::routes()

ATTENTION_ 이 절의 내용은 라라벨 7까지만 해당된다.

앞 절에서 인증과 관련된 라우트를 처리하는 인증 컨트롤러를 살펴보았지만, 아직 라우트 자체는 정의하지 않았다. routes/web.php에 직접 개별 라우트를 추가해도 되지만, 좀 더 편리한 Auth::routes() 기능이 있다.

```
// routes/web.php
Auth::routes();
```

이름에서 알 수 있듯이 Auth::routes()는 미리 정의된 라우트들을 애플리케이션에 등록한다. [예제 9-5]에서 실제로 등록되는 라우트를 살펴보자.

예제 9-5 Auth::routes()가 제공하는 라우트

```
// 인증 라우트
$this->get('login', 'Auth\LoginController@showLoginForm')->name('login');
$this->post('login', 'Auth\LoginController@login');
$this->post('logout', 'Auth\LoginController@logout')->name('logout');

// 회원가입 라우트
$this->get('register', 'Auth\RegisterController@showRegistrationForm')
    ->name('register');
$this->post('register', 'Auth\RegisterController@register');

// 비밀번호 재설정 라우트
$this->get('password/reset', 'Auth\ForgotPasswordController@showLinkRequestForm')
    ->name('password.request');
$this->post('password/email', 'Auth\ForgotPasswordController@sendResetLinkEmail')
    ->name('password.email');
$this->get('password/reset/{token}', 'Auth\ResetPasswordController@showResetForm')
    ->name('password.reset');
$this->post('password/reset', 'Auth\ResetPasswordController@reset');

// 이메일 검증이 활성화된 경우
$this->get('email/verify', 'Auth\VerificationController@show')
    ->name('verification.notice');
$this->get('email/verify/{id}', 'Auth\VerificationController@verify')
    ->name('verification.verify');
$this->get('email/resend', 'Auth\VerificationController@resend')
    ->name('verification.resend');
```

기본적으로 Auth::routes()는 인증, 회원가입, 비밀번호 재설정용 라우트를 가지고 있다. 이메일 검증용 라우트는 기본적으로 포함된 것은 아니고 필요하면 추가할 수 있다.

라라벨의 이메일 검증 서비스는 새 사용자가 가입할 때 적은 이메일 주소로 발송된 메일을 확

인할 수 있는지 검증을 요구하는 서비스다. 이를 활성화하기 위해서는 `Auth::routes()`를 아래와 같이 바꿔줘야 한다. 더 자세한 내용은 9.11절 '이메일 검증'을 참조하자.

```
Auth::routes(['verify' => true]);
```

> **NOTE_** 라라벨 5.7 이상에서는 `Auth::routes()`로 회원가입이나 비밀번호 재설정 링크를 비활성화할 수 있다. `Auth::routes()`에 `'register'`와 `'reset'` 키를 가진 배열을 넘겨주면 된다.
>
> ```
> Auth::routes(['register' => false, 'reset' => false]);
> ```

9.5 인증 스캐폴드

앞서 살펴본 인증 시스템을 위한 마이그레이션, 모델, 헬퍼 함수를 활용하면 인증 기능을 만들 수 있다. 그렇다면 라우트와 이를 처리할 컨트롤러, 뷰는 어떻게 해야 할까?

인증 관련 라우트, 컨트롤러, 뷰를 직접 만드는 것은 꽤나 성가시다. 인증 시스템을 위한 라우트와 컨트롤러, 뷰는 대부분의 웹 애플리케이션이 필요로 하는 것이므로 라라벨 6까지는 인증 스캐폴드 기능이 라라벨에 내장되어 있었다. 인증 스캐폴드 기능은 새 애플리케이션에서 실행하도록 고안된 것으로, 빠르게 인증 시스템에 적용하도록 스켈레톤 코드(기반이 되는 뼈대를 제공하는 코드)를 제공한다.

하지만 최근에는 화면을 렌더링하는 역할은 리액트, Vue.js 같은 프런트엔드 프레임워크를 사용하고 라라벨은 백엔드 API 애플리케이션으로만 작성하는 경우가 많아졌다. 이런 흐름에 따라 라라벨 6부터는 인증 스캐폴딩 기능이 별도의 패키지로 분리되어 필요한 경우에만 추가로 설치하여 사용하도록 변경됐다.

인증 스캐폴드는 `laravel/jetstream` 패키지를 사용하며 라이브와이어^{Livewire}와 이너셔^{Inertia} 두 가지 스택 중 하나를 골라서 사용할 수 있다. 라이브와이어 스택은 라라벨 블레이드를 템플릿 언어로 사용하고 자바스크립트 대신 라이브와이어를 사용해서 프런트엔드 인터렉션을 처리할 수 있다. 이너셔 스택은 Vue를 템플릿 언어로 사용한다. 이너셔 는 Vue 라우터 대신 라라벨 라우터를 사용하게 하는 라이브러리다.

라이브와이어는 PHP로 프런트엔드 인터렉션을 제어한다는 비교적 새로운 개념이다. 자바스 크립트와 Vue를 추가로 학습하는 게 부담스럽다면 라이브와이어 스택이, Vue가 익숙하다면 이너셔 스택이 더 편리할 것이다.

laravel/jetstream을 설치하고 `php artisan jetstream:install` 명령어를 실행하면 스택에 상관없이 다음 파일들이 공통으로 생성되거나 변경된다.

- `.env.example` 변경됨
- `app/Actions/Fortify/CreateNewUser.php` 생성됨
- `app/Actions/Fortify/PasswordValidationRules.php` 생성됨
- `app/Actions/Fortify/ResetUserPassword.php` 생성됨
- `app/Actions/Fortify/UpdateUserPassword.php` 생성됨
- `app/Actions/Fortify/UpdateUserProfileInformation.php` 생성됨
- `app/Actions/Jetstream/DeleteUser.php` 생성됨
- `app/Http/Kernel.php` 변경됨
- `app/Models/User.php` 변경됨
- `app/Providers/FortifyServiceProvider.php` 생성됨
- `app/Providers/JetstreamServiceProvider.php` 생성됨
- `app/Providers/RouteServiceProvider.php` 변경됨
- `app/View/Components/GuestLayout.php` 생성됨
- `composer.json` 변경됨
- `composer.lock` 변경됨
- `config/app.php` 변경됨
- `config/fortify.php` 생성됨
- `config/jetstream.php` 생성됨
- `config/sanctum.php` 생성됨
- `config/session.php` 변경됨
- `database/migrations/2014_10_12_000000_create_users_table.php` 변경됨
- `database/migrations/2014_10_12_200000_add_two_factor_columns_to_users_table.php` 생성됨
- `database/migrations/2019_12_14_000001_create_personal_access_tokens_table.php` 생성됨
- `database/migrations/2020_10_02_003612_create_sessions_table.php` 생성됨

- package.json 변경됨

- public/css/app.css

- resources/css/app.css 변경됨

- resources/views/auth/forgot-password.blade.php 생성됨

- resources/views/auth/login.blade.php 생성됨

- resources/views/auth/register.blade.php 생성됨

- resources/views/auth/reset-password.blade.php 생성됨

- resources/views/auth/two-factor-challenge.blade.php 생성됨

- resources/views/auth/verify-email.blade.php 생성됨

- resources/views/layouts/guest.blade.php 생성됨

- resources/views/welcome.blade.php 변경됨

- routes/api.php 변경됨

- routes/web.php 변경됨

- tailwind.config.js 생성됨

- webpack.mix.js 변경됨

이제 여러분은 라라벨 로고를 보여주는 첫 화면(웰컴 뷰)과 연결되는 '/', 대시보드 화면과 연결되는 '/dashboard', 로그인, 로그아웃, 회원가입, 비밀번호 재설정, 이메일 인증을 위해 인증 컨트롤러로 연결되는 라우트를 사용할 수 있다. 또한 세션 관리, 생텀을 이용한 API 지원, 팀 관리 기능도 사용할 수 있다.

이제 일반적인 사용자 등록과 인증 절차에 필요한 모든 것이 준비됐다. 여러분이 원하는 대로 수정할 수도 있지만, 일단 아무것도 변경하지 않아도 바로 회원가입과 로그인이 가능하다.

새 사이트에 완전한 인증 시스템을 갖추기까지의 과정을 빠르게 되짚어보자. 인증 스캐폴드를 사용하려면 composer require laravel/jetstream && php artisan jetstream:install {스택명}을 실행하거나, 라라벨을 설치할 때 –jet 플래그를 붙인다.

```
laravel new MyApp –jet
cd MyApp

# .env 파일을 수정해서 데이터베이스 연결 정보를 정확히 입력한다.

php artisan migrate
npm install && npm run dev
```

이게 전부다. 위의 명령어만 실행하면 랜딩 페이지와 테일윈드 CSS 기반의 회원가입, 로그인, 로그아웃, 비밀번호 재설정 시스템, 로그인한 사용자를 위한 랜딩 페이지를 갖게 된다!

> **NOTE_ 포티파이**^{Fortify}
>
> 젯스트림 설치 시 생성되는 파일 목록을 유심히 보았다면, 포티파이(https://github.com/laravel/fortify)라는 것도 함께 설치된 것을 눈치챘을 것이다. 포티파이는 프런트엔드 스택과 관계없이 라라벨의 인증을 처리하게 해주는 패키지이다. 젯스트림은 포티파이를 이용해서 회원가입, 인증, 2단계 인증 기능을 처리한다. 따라서 여러분이 라라벨을 이용하여 UI가 없는 백엔드 전용 애플리케이션을 만든다면 포티파이만 이용해도 된다.

9.6 remember me로 사용자 로그인 유지하기

인증 스캐폴드는 인증 시스템을 아주 쉽게 준비하고 추가하도록 구현되어 있지만, 실제로 어떻게 작동하고 변경이 필요한 작업들을 어떻게 처리하는지 알아두는 게 좋다. 그중에서도 'remember me'라는 로그인 유지 기능을 어떻게 구현하는지 알아보자.

먼저 기본 마이그레이션을 수행하면 생성되는 users 테이블에 remember_token 칼럼이 있는지 확인한다. 기본적으로 제공되는 users 테이블 생성용 마이그레이션 작업을 실행했다면 해당 칼럼이 존재한다. 이제 사용자의 로그인 처리를 살펴보자.

일반적으로 사용자가 로그인할 때는 [예제 9-6]처럼 사용자가 제공하는 정보로 인증을 **시도**한다.

예제 9-6 사용자 인증 시도

```
if (auth()->attempt([
    'email' => request()->input('email'),
    'password' => request()->input('password'),
])) {
    // 로그인 성공 처리
}
```

이 코드를 사용해 로그인을 처리하면 세션이 유지되는 동안만 로그인이 유지된다. 만약 쿠키를 사용해서 로그인 유지 기간을 무기한(사용자가 한 컴퓨터를 쓰고 로그아웃하지 않는 동안)으로 늘리고 싶으면 auth()->attempt() 메서드의 두 번째 파라미터에 불리언 값 true를 전달한다. [예제 9-7]을 참고하자.

예제 9-7 remember me 체크박스 값을 함께 사용한 사용자 인증 시도

```
if (auth()->attempt([
    'email' => request()->input('email'),
    'password' => request()->input('password'),
], request()->filled('remember'))) {
    // 로그인 성공 처리
}
```

위의 코드에서는 불리언 값을 반환하는 filled() 메서드를 이용해서 remember 속성으로 전송된 사용자 입력 값이 있는지 확인했다. 이와 같은 방식으로 로그인 양식에 있는 체크박스를 선택해서 사용자가 로그인을 계속 유지할지 결정할 수 있게 한다.

현재 사용자가 remember 토큰으로 인증한 것인지 여부를 수동으로 확인해야 할 필요가 있다면 auth()->viaRemember() 메서드를 사용하자. auth()->viaRemember() 메서드는 현재 사용자가 remember 토큰을 통해 인증됐는지 여부를 불리언 값으로 반환한다. 이를 활용하여 보안이 좀 더 필요한 기능에 대해서는 remember 토큰만으로 접근하지 못하게 하고 사용자에게 비밀번호를 다시 입력하게 요구할 수 있다.

9.7 비밀번호 재확인

사용자가 애플리케이션의 특정 페이지에 접근하려 할 때 비밀번호를 한 번 더 확인하는 게 필요할 때가 있다. 예를 들면, 로그인한 사용자가 결제 내역 페이지에 접근할 때, 안전을 위해서 비밀번호를 한 번 더 입력하는 식이다.

이러한 동작을 구현하기 위해서는 라우트에 password.confirm 미들웨어를 적용해서 사용자가 해당 라우트로 접근할 때 비밀번호를 추가로 요구할 수 있다. 추가로 비밀번호를 확인한 라

우트는 세 시간 동안 비밀번호 확인하는 과정이 비활성화된다. 이 시간을 조절하려면 config/auth.php 설정 파일에서 password_timeout 설정을 변경한다.

9.8 수동으로 인증하기

사용자 로그인을 처리하는 가장 흔한 방법은 사용자가 입력한 값을 auth()->attempt()로 확인 후 인증을 처리하는 것이다.

그런데 특수한 상황에서 사용자 강제 전환이 필요하다면 어떻게 처리할까? 예를 들면 버그 재현을 위해 서비스 운영자를 특정 사용자로 전환하는 경우처럼 말이다. 라라벨에서는 이런 요구 사항을 처리하는 네 가지 메서드를 제공한다. 하나씩 살펴보자.

첫 번째, 명시적으로 사용자 ID를 넘기는 방식이다. 가장 직관적이면서도 간단하다.

```
auth()->loginUsingId(5);
```

두 번째, 유저 객체(혹은 Illumicate\Contracts\Auth\Authenticatable 컨트랙트를 구현한 객체)를 전달하는 방식이다.

```
auth()->login($user);
```

세 번째와 네 번째, 세션이나 쿠키에는 영향을 주지 않고 현재 요청에서만 인증시키는 방식이다. once()나 onceUsingId()를 사용한다.

```
auth()->once(['username' => 'mattstauffer']);
// 또는
auth()->onceUsingId(5);
```

once() 메서드에 넘기는 배열에는 여러분이 인증시키고자 하는 사용자를 식별하는 모든 키/값 쌍이 들어갈 수 있다. 필요하다면 여러 키/값을 넘길 수도 있다.

```
auth()->once([
    'last_name' => 'Stauffer',
    'zip_code' => 90210,
])
```

9.9 수동으로 로그아웃하기

사용자를 수동으로 로그아웃시킬 필요가 있으면 logout()을 호출한다.

```
auth()->logout();
```

9.9.1 다른 기기의 세션 무효화하기

현재 세션에서 로그아웃하는 것뿐 아니라 다른 기기에서도 로그아웃되게 하고 싶다면, 사용자에게 비밀번호를 입력받아서 logoutOtherDevices() 메서드(라라벨 5.6부터 사용할 수 있다)에 넘겨주면 된다. 이 기능을 사용하기 위해서는 (기본적으로 주석 처리되어 있는) AuthenticateSession 미들웨어를 app\Http\Kernel.php에 있는 web 그룹에서 주석 해제를 해야 한다.

```
'web' => [
    // ...
    \Illuminate\Session\Middleware\AuthenticateSession::class,
],
```

그러고 나서 필요한 곳에서 다음과 같이 사용한다.

```
auth()->logoutOtherDevices($password);
```

9.10 인증 미들웨어

[예제 9-3]에서는 컨트롤러에서 사용자의 로그인 여부를 확인하고 만약 로그인이 안 된 사용자라면 리다이렉트하는 코드를 살펴봤다. 모든 컨트롤러의 메서드에서 이 과정을 반복해서 처리한다면 매우 귀찮을 것이다. 라라벨에서는 이런 반복 작업을 줄이고 손쉽게 처리하도록 라우트별로 로그인 여부에 따른 접근을 제한할 수 있는 라우트 미들웨어를 제공한다(미들웨어가 어떻게 동작하는지는 10장에서 자세히 살펴본다).

이미 알고 있겠지만 라라벨에는 여러 미들웨어를 내장한다. `App\Http\Kernel`에서 어떤 라우트 미들웨어가 정의되어 있는지 확인할 수 있다.

```
protected $routeMiddleware = [
    'auth' => \App\Http\Middleware\Authenticate::class,
    'auth.basic' => \Illuminate\Auth\Middleware\AuthenticateWithBasicAuth::class,
    'cache.headers' => \Illuminate\Http\Middleware\SetCacheHeaders::class,
    'can' => \Illuminate\Auth\Middleware\Authorize::class,
    'guest' => \App\Http\Middleware\RedirectIfAuthenticated::class,
    'password.confirm' => \Illuminate\Auth\Middleware\RequirePassword::class,
    'signed' => \Illuminate\Routing\Middleware\ValidateSignature::class,
    'throttle' => \Illuminate\Routing\Middleware\ThrottleRequests::class,
    'verified' => \Illuminate\Auth\Middleware\EnsureEmailIsVerified::class,
];
```

기본 라우트 미들웨어 중 다음 5개는 인증과 관련된 것이다.

- auth: 인증된 사용자만 접근하게 제한한다.
- auth.basic: HTTP 기본 인증을 사용해 인증된 사용자만 접근하게 제한한다.
- guest: 인증되지 않은 사용자만 접근하게 제한한다.
- can: 라우트에 접근한 사용자를 인가하는 데 사용된다.
- password.confirm: 비밀번호를 재확인한 사용자만 접근하게 제한한다.

인증된 사용자 전용 구역에는 auth를 쓰고 인증된 사용자는 볼 수 없는 모든 라우트(예를 들어 로그인 입력 폼 양식 페이지)에 guest를 쓰는 게 가장 일반적인 사용법이다. auth.baics은 요청 헤더를 통한 인증용 미들웨어인데 많이 쓰이진 않는다. [예제 9-8]에서 auth 미들웨어로 라우트를 보호하는 예를 살펴보자.

```
Route::middleware('auth')->group(function () {
    Route::get('account', 'AccountController@dashboard');
});

Route::get('login', 'Auth\LoginController@getLogin')->middleware('guest');
```

9.11 이메일 검증

젯스트림 패키지를 사용하거나, 포티파이를 사용하면 회원가입 시 입력한 이메일을 검증하도록 요구하는 기능을 사용할 수 있다. 이메일 검증 기능을 활성화하려면 config/fortify.php 파일에서 Features::emailVerification() 항목의 주석을 해제해서 기능을 활성화해야 한다.

> **NOTE_ 라라벨 8 미만에서의 이메일 검증**
>
> 이메일 검증 기능은 라라벨 5.7부터 사용 가능하다. 라라벨 7까지는 이메일 검증 기능이 별도 패키지(포티파이)로 분리되지 않고 라라벨에 내장되어 있었다. 라라벨 7까지는 이메일 검증 라우트를 활성화하기 위해 라우트 파일에서 Auth::routes()에 verify 파라미터를 true로 넘겨주는 게 가장 쉬운 방법이다.
>
> ```
> Auth::routes(['verify' => true]);
> ```

그리고 [예제 9-9]처럼 Illuminate\Contracts\Auth\MustVerifyEmail 컨트랙트를 구현하도록 클래스를 수정해야 한다.

예제 9-9 Authenticatable 모델에 MustVerifyEmail 트레이트 추가하기

```
class User extends Authenticatable implements MustVerifyEmail
{
    use Notifiable;

    // ...
}
```

이제 미들웨어를 이용해서 이메일 검증이 안 된 사용자가 접근하는 것을 막을 수 있다.

```
Route::get('posts/create', function () {
    // 검증된 사용자에게만 코드가 실행됨...
})->middleware('verified');
```

9.12 블레이드 인증 지시어

라우트가 아닌 뷰 템플릿에서 @auth와 @guest 지시어로 사용자의 인증 여부를 확인할 수 있다. 다음 예제를 보자.

예제 9-10 템플릿에서 사용자의 인증 상태 확인하기

```
@auth
    // 인증된 사용자
@endauth

@guest
    // 인증되지 않은 사용자
@endguest
```

다음 예제처럼 두 메서드 모두 가드명을 파라미터로 넘겨서 사용할 가드를 지정할 수 있다.

예제 9-11 템플릿에서 특정 가드의 인증 확인하기

```
@auth('trainees')
    // 인증된 사용자
@endauth

@guest('trainees')
    // 인증되지 않은 사용자
@endguest
```

9.13 가드

라라벨의 인증 시스템은 모든 부분이 **가드**를 통하도록 되어 있다. 그렇다면 가드란 무엇일까? 성의 출입구를 지키며 들어오려는 사람의 신원을 확인하는 경비병을 떠올려보자. 경비병의 역할은 신원이 확인되지 않은 사람이 성에 들어갈 수 없도록 막는 것이다. 영어에서는 이런 경비병을 '가드'라고 하고 이와 마찬가지로 애플리케이션 서비스에서 사용자의 신원을 확인하여 서비스 이용을 허가하는 기능을 가드라고 부른다. 성에 출입구가 여러 개라면 경비병이 여러 명 있는 것처럼 애플리케이션에서도 필요에 따라 여러 유형의 가드를 사용한다. 라라벨은 기본적으로 web 가드와 api 가드를 제공한다. 가드는 드라이버driver와 프로바이더provider 조합으로 이루어진다. **드라이버**는 인증 상태를 어떻게 저장하고 조회할 것인지 정의한다. **프로바이더**는 어떤 기준으로 사용자 정보를 가져오는지 정의한다(예를 들어 users 테이블에서 가져오게 한다).

라라벨에서 제공하는 가드 2개 중 web 가드는 세션(session) 드라이버와 기본 사용자 프로바이더를 사용하는 전통적인 인증 방식이다. api 가드는 같은 사용자 프로바이더를 사용하지만 사용자의 요청을 인증하는 데 세션 대신 토큰(token) 드라이버를 사용한다. 이름 그대로 web 은 웹페이지 인증, api는 API 인증을 위한 가드다.

사용자를 식별하고 이를 저장하는 방식을 변경(오래 유지되는 세션 대신 페이지를 로드할 때마다 제공되는 토큰으로 바꾼다든지)하기 위해서는 드라이버를, 저장소 타입이나 사용자를 조회하는 방법을 변경(MySQL 대신 몽고DB에 사용자를 저장한다든지)하기 위해서는 프로바이더를 바꾸면 된다.

9.13.1 기본 가드 바꾸기

config/auth.php에서 가드 설정을 변경할 수 있다. 이 파일에서 가드를 변경하거나 추가하고 어떤 가드를 기본 가드로 사용할지 결정할 수 있다. 일반적으로는 라라벨 애플리케이션은 하나의 가드를 사용하므로 자주 수정하는 설정은 아니다.

인증 기능을 사용할 때 별도로 가드를 지정하지 않으면 '기본' 가드가 사용된다. 예를 들어 auth()->user()는 기본 가드를 사용해서 현재 인증된 사용자를 가져온다. config/auth.php 에 있는 auth.defaults.guard 설정을 바꿔서 기본 가드를 바꿀 수 있다.

```
'defaults' => [
    'guard' => 'web', // 여기서 기본값을 바꿀 수 있다.
    'passwords' => 'users',
],
```

> **NOTE_ 설정 값을 지칭하는 관례**
>
> 위에서 설정 부분을 auth.defaults.guard 같은 식으로 언급한다는 것을 알아차렸을 것이다. 여기에서 첫
> 번째 자리는 config 디렉터리에 있는 파일명이고, 그다음부터는 다차원 배열의 키 값이다. 따라서 auth.
> defaults.guard는 config/auth.php에 있는 배열의 defaults 키에 해당하는 배열의 guard 키에 해
> 당하는 값을 뜻한다.

9.13.2 기본 가드를 변경하지 않고 다른 가드 사용하기

설정에서 기본 가드를 변경하지 않고 코드상에서 다른 가드를 사용하려면, auth()를 호출할
때 guard()로 사용하고자 하는 가드를 지정한다.

```
$apiUser = auth()->guard('api')->user();
```

이렇게 하면 이 호출에 한해서는 현재 사용자를 가져올 때 api 가드를 사용한다.

9.13.3 새 가드 추가하기

config/auth.php의 auth.guards 설정에 언제든지 새로운 가드를 추가할 수 있다.

```
'guards' => [
    'trainees' => [
        'driver' => 'session',
        'provider' => 'trainees',
    ],
],
```

여기서는 trainees라는 이름으로 새 가드를 만들었다. 예를 들어 헬스 트레이너가 고객 관리를 위해 사용하는 애플리케이션을 만든다고 가정해보자. 각 트레이너는 고객(trainee)을 보유하며 이들은 서브도메인으로 로그인한다. 따라서 헬스 트레이너와 고객용 가드를 분리할 필요가 있다.

드라이버 옵션은 token과 session 둘뿐이다. 기본으로 주어지는 프로바이더는 users 테이블을 이용한 인증을 지원하는 users뿐이지만, 자체 프로바이더도 쉽게 만들 수 있다.

9.13.4 클로저 요청 가드

아주 간단한 커스텀 가드를 사용하고 싶다면 클래스를 생성하는 대신 클로저에 사용자를 조회하는 코드를 넣어서 사용할 수 있다.

viaRequest() 메서드를 이용하면 클로저를 사용하여 커스텀 가드를 정의할 수 있다. 메서드의 첫 번째 파라미터에는 커스텀 가드를 식별할 이름을, 두 번째 파라미터인 클로저에는 동작할 코드를 전달한다. 가드는 HTTP 요청을 받아 적절한 사용자를 되돌려준다. 클로저 요청 가드는 AuthServiceProvider의 boot() 메서드에서 viaRequest()를 호출해서 등록한다.

예제 9-12 클로저 요청 가드 정의하기

```
public function boot()
{
    $this->registerPolicies();

    Auth::viaRequest('token-hash', function ($request) {
        return User::where('token-hash', $request->token)->first();
    });
}
```

9.13.5 커스텀 유저 프로바이더 만들기

config/auth.php 파일의 가드를 정의하는 곳 바로 아래에 사용 가능한 프로바이더를 정의하는 섹션인 auth.providers가 있다. 여기서 trainees라는 새로운 프로바이더를 만들어보자.

```
'providers' => [
    'users' => [
        'driver' => 'eloquent',
        'model' => App\Models\User::class
    ],

    'trainees' => [
        'driver' => 'eloquent',
        'model' => App\Models\Trainee::class
    ],
],
```

driver에 넣을 수 있는 값은 eloquent와 database다. eloquent를 쓰면 model 속성이 필요하고, database를 쓰면 table 속성이 필요하다. model 속성에는 엘로퀀트 클래스명(User 클래스로 사용할 모델)을 적고, table 속성에는 인증에 사용하는 테이블명을 적는다.

이 예제에는 User와 Trainee가 있고 이들은 개별적으로 인증할 필요가 있다. 어떤 프로바이더를 쓰느냐에 따라 코드는 auth()->guard('users')와 auth()->guard('trainees')로 달라진다.

또한 auth 라우트 미들웨어는 가드명을 파라미터로 받을 수 있다. 따라서 라우트에 특정 가드를 적용할 수 있다.

```
Route::middleware('auth:trainees')->group(function () {
    // Trainee 가드의 인증이 필요한 전용 라우트 그룹
});
```

9.13.6 관계형 데이터베이스를 사용하지 않는 커스텀 유저 프로바이더

앞서 설명한 유저 프로바이더를 만드는 과정은 UserProvider 클래스에 의존적인데, 이는 식별 정보를 관계형 데이터베이스에서 가져온다고 가정한다. 만약 몽고DB나 Riak같이 관계형 데이터베이스를 사용하지 않는다면 프로바이더를 위한 클래스를 직접 만들어야 한다.

이를 위해서는 Illuminate\Contracts\Auth\UserProvider 인터페이스를 구현하는 클래스를 만들고 AuthServiceProvider@boot에서 바인드한다.

```
auth()->provider('riak', function ($app, array $config) {
    // Illuminate\Contracts\Auth\UserProvider 인스턴스를 반환
    return new RiakUserProvider($app['riak.connection']);
});
```

9.14 인증 이벤트

라라벨의 이벤트 시스템에 관해서는 16장에서 자세히 다루지만, 인증과 관련된 내용만 간단하게 살펴보자. 이벤트 시스템은 기본적으로 발행/구독(pub/sub) 구조로 이루어져 있다. 이벤트는 라라벨에서 기본적으로 제공하는 것과 개발자가 직접 추가한 것으로 구분된다. 개발자는 특정 이벤트에 대응하는 이벤트 리스너를 만들 수 있다.

그렇다면 사용자가 로그인에 너무 많이 실패해서 로그인이 제한될 때 외부의 보안 시스템에 메시지를 보내고 싶다면 어떻게 해야 할까? 아마도 보안 시스템에서는 로그인에 시도하는 사용자의 특정한 지리적 지역 정보(IP) 혹은 다른 기준(User-Agent)을 기초로 로그인에 실패하는 횟수를 관찰할 것이다. 컨트롤러에 직접 보안 시스템의 서비스를 호출하는 코드를 추가할 수도 있지만 이런 경우 이벤트를 사용하면 사용자 로그인 제한(Lockout) 이벤트에 대응하는 리스너만 만들어 등록하는 것이 훨씬 편리하다. [예제 9-13]에서 인증 시스템이 일으키는 모든 이벤트를 확인해보자.

예제 9-13 프레임워크가 생성한 인증 이벤트

```
protected $listen = [
    'Illuminate\Auth\Events\Registered' => [],
    'Illuminate\Auth\Events\Attempting' => [],
    'Illuminate\Auth\Events\Authenticated' => [],
    'Illuminate\Auth\Events\Login' => [],
    'Illuminate\Auth\Events\Failed' => [],
    'Illuminate\Auth\Events\Logout' => [],
    'Illuminate\Auth\Events\Lockout' => [],
    'Illuminate\Auth\Events\PasswordReset' => [],
];
```

이벤트를 보면 회원가입(Registered), 로그인 시도 중(Attempting), 사용자 인증 완료(Authenticated), 로그인 성공(Login), 로그인 실패(Failed), 로그아웃(Logout), 잠김(Lockout), 비밀번호 재설정(PasswordReset)에 해당하는 리스너가 있다. 이벤트와 이벤트 리스너를 만드는 자세한 방법은 16장을 확인하자.

9.15 인가

마지막으로 라라벨의 인가 시스템을 살펴보자. 인가 시스템이란 사용자가 특정 동작을 수행할 수 있는지 없는지 판단하는 것이다. 앞서 인증을 위한 가드의 예시로 경비병을 들었는데, 이번에는 회사 건물에 업무차 방문한 협력 업체 직원을 예로 들어보자. 방문객이 로비에서 신원을 확인하고 출입증을 받았다고 하자. 이 과정이 인증 시스템이다. 그리고 방문객은 인가된 장소, 예를 들어 미팅이 진행될 7층 회의실에만 출입할 수 있다. 출입증을 가지고 인가된 회의실이 아닌 다른 장소(예를 들어 내부 직원만 이용 가능한 사무실)에는 출입할 수 없다. 이처럼 인가된 행위만 허용하고 나머지는 허용되지 않도록 하는 것을 인가 시스템이라고 한다. 라라벨에서는 이를 Gate 퍼사드를 사용해서 처리한다(출입문을 의미하는 게이트gate를 떠올려보자). Gate 퍼사드는 몇 가지 메서드 can, cannot, allows, denies를 사용해 사용자가 특정한 행위를 할 수 있는지 없는지 판단한다.

인가 기능은 컨트롤러, 모델, 미들웨어, 블레이드에서 사용된다. Gate 퍼사드를 이용해서 어떻게 인가 여부를 확인하는지 알아보자. 다음은 Gate 퍼사드를 사용하는 간단한 코드다.

예제 9-14 기본 Gate 퍼사드 사용법

```
if (Gate::denies('edit-contact', $contact)) {
    abort(403);
}

if (! Gate::allows('create-contact', Contact::class)) {
    abort(403);
}
```

9.15.1 인가 규칙 정의하기

인가 규칙을 정의하는 기본 위치는 AuthServiceProvider의 boot() 메서드다. 인가 규칙은 어빌리티[ability]라고 부르며, 문자열 키(예를 들어 **update-contract**)와 불리언 값을 반환하는 클로저로 구성된다. [예제 9–15]는 contact를 수정하는 어빌리티를 정의한 코드다.

예제 9-15 contact를 수정하는 어빌리티 예시

```
class AuthServiceProvider extends ServiceProvider
{
    public function boot()
    {
        $this->registerPolicies();

        Gate::define('update-contact', function ($user, $contact) {
            return $user->id == $contact->user_id;
        });
    }
}
```

위의 어빌리티를 정의하는 단계를 하나씩 살펴보자. 첫째, 키를 정의한다. 키 이름을 지을 때는 사용자에게 부여하고자 하는 인가 행위와 대상을 표현하는 문자열이 잘 어우러져야 한다. 예제에서는 **create-contract**나 **update-contract** 같이 {동사}-{모델명} 형태의 관례를 사용한다. 둘째, 클로저를 정의한다. 첫 번째 파라미터는 현재 인증된 사용자고, 그 뒤로 나오는 모든 파라미터는 접근 가능 여부를 확인하고자 하는 객체(예제에서는 contact)다.

주어진 두 객체를 이용해서 사용자가 contact를 수정하는 권한을 가지고 있는지 확인할 수 있다. 로직은 여러분이 원하는 만큼 자유롭게 작성할 수 있다. 위의 예제에서는 사용자가 contact를 생성한 사람인지 확인하여 수정 가능 여부가 결정된다. 현재 사용자가 contact를 생성한 사람이라면 클로저가 **true**를 반환할 것이고 그렇지 않다면 **false**를 반환할 것이다.

라우트를 정의할 때처럼 클로저 대신 클래스와 메서드를 사용할 수도 있다.

```
use App\Policies\ContactACLChecker;

$gate->define('update-contact', [ContactACLChecker::class, 'updateContact']);
```

9.15.2 Gate 퍼사드와 Gate 인터페이스

어빌리티를 정의했으니 잘 작동하는지 확인해보자. 가장 쉬운 방법은 [예제 9-16]처럼 Gate 퍼사드를 사용하는 것이다(혹은 Illuminate\Contracts\Auth\Access\Gate 인스턴스를 주입해도 된다).

예제 9-16 Gate 퍼사드 기본 사용법

```
if (Gate::allows('update-contact', $contact)) {
    // contact 업데이트
}

// 또는
if (Gate::denies('update-contact', $contact)) {
    abort(403);
}
```

여러 파라미터를 갖는 어빌리티를 정의할 수도 있다. 이를테면 contact가 그룹에 속할 수 있는데, 사용자가 그룹에 contact를 추가할 권한이 있는지 확인하고 싶을 수 있다. 예제를 보자.

예제 9-17 여러 파라미터를 갖는 어빌리티

```
// 정의
Gate::define('add-contact-to-group', function ($user, $contact, $group) {
    return $user->id == $contact->user_id && $user->id == $group->user_id;
});

// 사용
if (Gate::denies('add-contact-to-group', [$contact, $group])) {
    abort(403);
}
```

그리고 현재 사용자가 아닌 다른 사용자의 인가 여부를 확인하고 싶으면 [예제 9-18]처럼 forUser()를 사용한다.

예제 9-18 Gate에 사용자 지정하기

```
if (Gate::forUser($user)->denies('create-contact')) {
    abort(403);
}
```

9.15.3 리소스 Gate

인가 기능의 가장 흔한 사용법은 리소스별(엘로퀀트 모델이나 사용자가 관리자단에서 관리할 수 있는 무엇인가)로 접근 권한을 정의하는 것이다. Gate 퍼사드의 resource() 메서드는 하나의 자원에 대해 가장 일반적인 행위인 view, create, update, delete를 한 번에 적용할 수 있게 해준다.

```
use App\Policies\PhotoPolicy;

Gate::resource('photos', PhotoPolicy::class);
```

이는 다음과 같이 정의하는 것과 동일하다.

```
use App\Policies\PhotoPolicy;

Gate::define('photos.viewAny', [PhotoPolicy::class, 'view'Any']);
Gate::define('photos.view', [PhotoPolicy::class, 'view']);
Gate::define('photos.create', [PhotoPolicy::class, 'create']);
Gate::define('photos.update', [PhotoPolicy::class, 'update']);
Gate::define('photos.delete', [PhotoPolicy::class, 'delete']);
```

9.15.4 인증 미들웨어

라우트 전체를 인가하고 싶으면 [예제 9-19]처럼 Authorize 미들웨어(can이라는 별칭을 갖고 있다)를 사용하자.

예제 9-19 Authorized 미들웨어 사용하기

```
Route::get('people/create', function () {
    // 인물을 생성한다.
})->middleware('can:create-person');

Route::get('people/{person}/edit', function () {
    // 인물을 수정한다.
})->middleware('can:edit,person');
```

{person} 파라미터(문자열이나 바인딩된 라우트 모델로 정의된다)는 어빌리티 메서드의 추가 파라미터로 전달될 것이다.

[예제 9-19]의 첫 번째 확인 코드는 평범하게 어빌리티 사용한 것이고, 두 번째 확인 코드는 9.15.9절 '정책'에서 다루는 기능을 사용한 것이다.

모델 인스턴스가 필요하지 않은 액션(예를 들어 create는 edit와 달리 실제 라우트 모델 인스턴스를 넘겨받지 않는다)의 인가 여부를 확인하고 싶을 때는 그냥 클래스명만 넘겨주면 된다.

```
Route::post('people', function () {
    // 인물을 생성한다.
})->middleware('can:create,App\Models\Person');
```

9.15.5 컨트롤러 인가

라라벨의 모든 컨트롤러가 상속받는 부모 클래스인 App\Http\Controllers\Controller는 AuthorizesRequests 트레이트를 사용한다. AuthorizesRequests 트레이트는 authorize(), authorizeForUser(), authorizeResource()라는 세 가지 메서드를 제공한다.

authorize()는 어빌리티명과 객체를 파라미터로 받는다. 인가에 실패하면 403(Unauthorized) 상태 코드와 함께 애플리케이션이 종료된다. 이를 사용하면 [예제 9-20]처럼 세 줄짜리 인가 코드를 한 줄로 바꿀 수 있다.

예제 9-20 authorize()로 컨트롤러 인가 로직 단순화하기

```
// 이 코드가
public function edit(Contact $contact)
{
    if (Gate::cannot('update-contact', $contact)) {
        abort(403);
    }

    return view('contacts.edit', ['contact' => $contact]);
}
```

```
// 이렇게 된다.
public function edit(Contact $contact)
{
    $this->authorize('update-contact', $contact);

    return view('contacts.edit', ['contact' => $contact]);
}
```

authorizeForUser()도 마찬가지로 현재 인증된 사용자 대신 **User** 객체를 넘겨줄 수 있다.

```
$this->authorizeForUser($user, 'update-contact', $contact);
```

authorizeResource()는 [예제 9−21]처럼 컨트롤러의 생성자에서 한 번만 호출하면 RESTful 컨트롤러 메서드별로 미리 정의된 인가 규칙을 적용한다.

예제 9-21 authorizeResource()의 인가−메서드 매핑

```
...
class ContactController extends Controller
{
    public function __construct()
    {
        // 이렇게 호출하면 아래 메서드 전체를 호출하는 것과 같다.
        // 개별 메서드의 authorize() 호출을 모두 제거할 수 있다.
        $this->authorizeResource(Contact::class);
    }

    public function index()
    {
        $this->authorize('viewAny', Contact::class);
    }

    public function create()
    {
        $this->authorize('create', Contact::class);
    }

    public function store(Request $request)
    {
        $this->authorize('create', Contact::class);
```

```
        }

        public function show(Contact $contact)
        {
            $this->authorize('view', $contact);
        }

        public function edit(Contact $contact)
        {
            $this->authorize('update', $contact);
        }

        public function update(Request $request, Contact $contact)
        {
            $this->authorize('update', $contact);
        }

        public function destroy(Contact $contact)
        {
            $this->authorize('delete', $contact);
        }
    }
```

9.15.6 User 인스턴스를 사용하여 권한 확인하기

컨트롤러가 아닌 곳에서는 현재 인증된 사용자보다는 특정 사용자의 권한을 확인하는 경우가 많다. Gate 퍼사드의 `forUser()` 메서드로 확인할 수 있지만 코드의 가독성이 좋지 못한 경우가 있다.

이런 경우를 대비하여 User 클래스의 Authorizable 트레이트에서는 세 가지 메서드를 제공한다. 바로 `$user->can()`, `$user->cant()`, `$user->cannot()`이다. 이름에서 예상할 수 있듯이 `$user->cant()`와 `$user->cannot()`은 같은 기능이고 `$user->can()`은 그 반대다.

Authorizable 트레이트의 메서드를 이용해서 다음 예제처럼 인가 여부를 확인해보자.

예제 9-22 User 인스턴스를 사용하여 인가 확인하기

```
$user = User::find(1);

if ($user->can('create-contact')) {
    // 코드
}
```

Authorizable 트레이트를 조금 더 들여다보면 세 메서드는 그저 Gate 퍼사드에 파라미터를 넘겨주는 역할을 한다. 따라서 앞의 예제는 다음 코드가 실행되는 것과 동일하다.

```
Gate::forUser($user)->check('create-contract')
```

9.15.7 블레이드 템플릿에서 권한 확인하기

블레이드 템플릿에서는 @can 지시어라는 간편한 헬퍼를 제공한다. 사용법은 [예제 9-23]과 같다.

예제 9-23 블레이드의 @can 지시어 사용하기

```
<nav>
    <a href="/">Home</a>
    @can('edit-contact', $contact)
        <a href="{{ route('contacts.edit', [$contact->id]) }}">Edit This Contact</a>
    @endcan
</nav>
```

@can과 @endcan 사이에 @else를 사용할 수도 있고 [예제 9-24]처럼 @cannot과 @endcannot 도 사용할 수 있다.

예제 9-24 블레이드의 @cannot 지시어 사용하기

```
<h1>{{ $contact->name }}</h1>
@cannot('edit-contact', $contact)
    LOCKED
@endcannot
```

9.15.8 권한 확인 가로채기

관리자 기능이 있는 애플리케이션을 만들어본 적이 있다면 모든 권한 확인을 무시하는 슈퍼 유저를 추가하는 방법이 없는지 궁금할 수도 있다. 다행히 라라벨에는 이런 요구 사항을 충족하는 기능이 마련되어 있다. 바로 권한 확인을 가로채는 기능이다.

AuthServiceProvider에는 [예제 9-25]와 같이 before() 메서드를 추가할 수 있다. before() 메서드는 다른 권한 확인 메서드보다 먼저 실행되는데, 여기에 등록된 로직은 다른 권한 확인 메서드를 덮어 쓰는 효과를 가져온다.

예제 9-25 before()로 Gate 권한 확인 오버라이드하기

```
Gate::before(function ($user, $ability) {
    if ($user->isOwner()) {
        return true;
    }
});
```

클로저의 두 번째 인자로 어빌리티명을 담은 변수를 넘겨받고 있다는 것을 눈여겨보자. 이 변수를 이용하면 어빌리티에 따라 다른 권한 확인 로직을 적용할 수도 있다.

9.15.9 정책

지금까지 살펴본 인가 관련 기능은 엘로퀀트 모델과 어빌리티명을 직접 연결하는 방식이었다. 어빌리티명을 visit-dashboard와 같이 엘로퀀트 모델과 관련없는 이름으로 생성할 수도 있지만, 대부분의 예제는 **무엇인가에 어떤 행위를 하는** 형태였다는 걸 알아차렸는가? 여기에서 대상이 되는 **무엇은** 대부분 엘로퀀트 모델이다.

정책 기능은 인가/접근 권한을 제어하려는 리소스를 기준으로 인가 로직을 하나로 모으는 기능이다. 따라서 정책 클래스에는 특정 엘로퀀트 모델의 대상이 되는 행동에 대한 인가 규칙을 하나로 모아 손쉽게 정의할 수 있다.

정책 클래스 생성하기

정책 클래스는 다음의 아티즌 명령어로 생성할 수 있다.

```
php artisan make:policy ContactPolicy
```

생성한 정책 클래스는 등록 과정이 필요하다. AuthServiceProvider의 $policies 속성은 생성한 정책 클래스를 등록하는 배열이다. 이 배열의 키는 접근을 제어하고자 하는 리소스의 클래스명이고 값은 정책 클래스명이다. 다음 예제를 보자.

예제 9-26 AuthServiceProvider에 정책 등록하기

```
class AuthServiceProvider extends ServiceProvider
{
    protected $policies = [
        Contact::class => ContactPolicy::class,
    ];
```

아티즌 명령어로 만든 정책 클래스에는 특별한 속성이나 메서드가 없다. 하지만 이제부터 여러분이 추가하는 모든 메서드는 해당 객체의 어빌리티에 매핑된다.

> **NOTE_ 정책 클래스 자동 등록**
>
> 만약 정책 클래스가 대상 엘로퀀트 모델명을 포함한 라라벨 표준 네이밍 규칙을 따른다면, 해당 정책 클래스는 자동으로 등록될 수 있다. 정책 클래스의 자동 등록을 위해서는 다음 조건이 필요하다. 먼저 엘로퀀트 모델 클래스가 위치하는 디렉터리 바로 아래의 **Policies** 디렉터리에 정책 클래스가 있어야 한다. 그리고 정책 클래스명은 엘로퀀트 모델명과 'Policy'가 결합된 형태여야 한다. 예를 들어 모델이 Post라면 정책 클래스는 **PostPolicy**가 된다. 이 경우 별도의 등록을 하지 않아도 자동으로 정책 클래스를 사용할 수 있다. 이러한 자동 등록 알고리즘은 커스터마이징이 가능한데 더 자세한 내용은 매뉴얼을 참고하자(https://laravel.kr/docs/authorization#Policy%20Auto-Discovery).

[예제 9-27]에서 update() 메서드를 정의하고 어떻게 작동하는지 살펴보자.

```php
<?php

namespace App\Policies;

class ContactPolicy
{
    public function update($user, $contact)
    {
        return $user->id == $contact->user_id;
    }
}
```

메서드 내용이 Gate에 정의됐던 것과 완전히 동일하다는 데 주목하자.

정책 확인하기

어떤 리소스 타입에 정책이 정의되어 있다면 Gate 퍼사드는 첫 번째 파라미터를 정책 클래스의 어떤 메서드를 실행할 것인지 파악하는 데 사용한다. 만약 Gate::allows('update', $contact)를 실행하면 ContractPolicy@update 메서드를 이용해서 인가 여부를 확인한다.

예제 9-28 정책에 대응하여 권한 확인하기

```php
// 게이트
if (Gate::denies('update', $contact)) {
    abort(403);
}

// 명시적인 인스턴스가 없을 때의 게이트
if (! Gate::check('create', Contact::class)) {
    abort(403);
}

// User
if ($user->can('update', $contact)) {
    // 무엇인가 수행한다.
}

// 블레이드
```

```
@can('update', $contact)
    // 여기 있는 내용을 보여준다.
@endcan
```

앞선 내용에 더해 정책 클래스를 찾아 관련 메서드를 실행하는 **policy()** 헬퍼도 있다.

```
if (policy($contact)->update($user, $contact)) {
    // 무엇인가 수행한다.
}
```

정책 오버라이드

일반적인 어빌리티 정의와 마찬가지로 정책도 **before()** 메서드로 오버라이드할 수 있다.

예제 9-29 before() 메서드로 정책 오버라이드하기

```
public function before($user, $ability)
{
    if ($user->isAdmin()) {
        return true;
    }
}
```

9.16 테스트

애플리케이션 테스트는 특정 사용자를 대신해서 특정 동작을 수행할 때가 많다. 따라서 애플리케이션 테스트를 할 때 사용자로 인증받을 수 있어야 하고, 인가 규칙과 인증 라우트를 테스트할 수 있어야 한다.

물론 직접 로그인 페이지로 이동해 폼에 내용을 입력하고 전송하는 테스트를 작성할 수도 있지만, 그렇게 할 필요는 없다. 가장 간단한 방법은 ->be() 메서드를 이용해서 대상 사용자로 로그인한 척하는 것이다. [예제 9-30]을 살펴보자.

```php
public function test_it_creates_a_new_contact()
{
    $user = User::factory()->create();
    $this->be($user);

    $this->post('contacts', [
        'email' => 'my@email.com',
    ]);

    $this->assertDatabaseHas('contacts', [
        'email' => 'my@email.com',
        'user_id' => $user->id,
    ]);
}
```

아래와 같은 코드를 선호한다면 be() 메서드 대신 actingAs() 메서드를 체이닝하여 사용할 수도 있다.

```php
public function test_it_creates_a_new_contact()
{
    $user = User::factory()->create();

    $this->actingAs($user)->post('contacts', [
        'email' => 'my@email.com',
    ]);

    $this->assertDatabaseHas('contacts', [
        'email' => 'my@email.com',
        'user_id' => $user->id,
    ]);
}
```

다음 예제처럼 인가 기능도 테스트할 수 있다.

예제 9-31 인가 규칙 테스트하기

```php
public function test_non_admins_cant_create_users()
{
    $user = User::factory()->create([
```

```
        'admin' => false,
    ]);
    $this->be($user);

    $this->post('users', ['email' => 'my@email.com']);

    $this->assertDatabaseMissing('users', [
        'email' => 'my@email.com',
    ]);
}
```

아니면 [예제 9-32]처럼 403 응답을 테스트할 수도 있다.

예제 9-32 응답 코드를 확인해서 인가 규칙 테스트하기

```
public function test_non_admins_cant_create_users()
{
    $user = User::factory()->create([
        'admin' => false,
    ]);
    $this->be($user);

    $response = $this->post('users', ['email' => 'my@email.com']);

    $response->assertStatus(403);
}
```

[예제 9-33]과 같이 인증(회원가입과 로그인) 라우트가 작동하는지도 테스트할 수 있다.

예제 9-33 인증 라우트 테스트하기

```
public function test_users_can_register()
{
    $this->post('register', [
        'name' => 'Sal Leibowitz',
        'email' => 'sal@leibs.net',
        'password' => 'abcdefg123',
        'password_confirmation' => 'abcdefg123',
    ]);

    $this->assertDatabaseHas('users', [
```

```
            'name' => 'Sal Leibowitz',
            'email' => 'sal@leibs.net',
        ]);
    }

    public function test_users_can_log_in()
    {
        $user = User::factory()->create([
            'password' => Hash::make('abcdefg123')
        ]);

        $this->post('login', [
            'email' => $user->email,
            'password' => 'abcdefg123',
        ]);

        $this->assertTrue(auth()->check());
        $this->assertTrue($user->is(auth()->user()));
    }
```

전체 흐름을 테스트하기 위해 인증 필드를 '클릭'하고 '전송'하도록 통합 테스트 기능을 사용할 수도 있다. 이에 대해서는 12장에서 자세히 다룬다.

9.17 마치며

라라벨은 별다른 작업 없이도 바로 사용 가능한 사용자 인증 시스템을 위해서 User 모델, create_users_table 마이그레이션을 제공하고, 필요할 때 추가로 설치해 사용할 수 있는 인증 스캐폴드 기능을 제공한다.

Auth 퍼사드와 auth() 글로벌 헬퍼는 현재 사용자에 접근하게 하고(auth()->user()), 사용자가 로그인했는지 쉽게 확인하게 한다(auth()->check()와 auth()->guest()).

라라벨은 특정 어빌리티를 정의하거나 사용자가 모델과 상호작용하는 정책을 정의하는 인가 시스템도 가지고 있다.

Gate 퍼사드, User 클래스에 있는 can()과 cannot() 메서드, 블레이드에 있는 @can과 @cannot 지시어, 컨트롤러의 authorize() 메서드, can 미들웨어로 권한을 확인할 수 있다.

CHAPTER **10**

요청, 응답, 미들웨어

일루미네이트^{Illuminate} **요청**^{request} 객체에 대해서는 앞서 언급한 적이 있다. 3장에서 요청 객체를 얻기 위해 생성자에 타입힌트를 하거나 request() 헬퍼를 사용하는 방법을 학습했고, 7장에서는 사용자의 입력 값을 획득하기 위해 요청 객체를 어떻게 사용하는지 배웠다.

이번 장에서는 요청 객체가 무엇인지, 어떻게 만들고 어떻게 표현되는지, 애플리케이션 생명주기에서 어떤 역할을 하는지 자세히 알아본다. 또한, **응답**^{response} 객체와 라라벨의 미들웨어 패턴 구현에 대해서도 다룬다.

10.1 라라벨 요청 생명주기

라라벨 애플리케이션으로 들어오는 모든 요청은 HTTP 요청이든 명령줄 인터렉션이든 상관없이 즉시 일루미네이트 요청 객체로 변환된다. 이후 요청은 많은 계층을 통과하며 애플리케이션에 의해 해석된다. 애플리케이션은 일루미네이트 응답 객체를 생성한다. 응답 객체는 다시 여러 계층을 통과해 사용자에게 최종적으로 반환된다.

이 요청/응답 생명주기는 [그림 10-1]에 묘사되어 있다. 단계별로 어떤 일이 일어나는지 코드 첫 줄부터 끝까지 살펴보자.

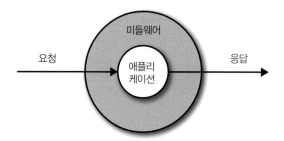

그림 10-1 요청/응답 생명주기

10.1.1 애플리케이션 부트스트랩하기

모든 라라벨 애플리케이션은 아파치^{Apache}의 `.htaccess` 파일이나 엔진엑스^{Nginx}의 서버 설정 같은 웹 서버 수준에서 특정한 형태의 설정을 가지고 있다. 이 설정은 URL에 상관없이 모든 웹 요청을 가로채서 라라벨 애플리케이션의 `public/index.php`로 보내게 한다. 따라서 모든 웹 요청은 `public/index.php`에 들어 있는 코드에서 처리한다. `index.php`에는 많은 코드가 담겨 있진 않지만, 세 가지 주요 기능을 가지고 있다.

첫째, 컴포저가 관리하는 모든 의존성을 등록해주는 컴포저 오토로드 파일을 불러온다.

컴포저와 라라벨

라라벨의 핵심 기능은 일루미네이트 네임스페이스 하위의 여러 컴포넌트로 구분되어 있고, 컴포저를 이용해 각 라라벨 애플리케이션에 설치된다. 라라벨은 일루미네이트 패키지 외에 몇몇 심포니의 패키지와 다수의 외부 패키지도 설치한다. 즉, 라라벨이라는 프레임워크는 잘 조율된 컴포넌트들의 모음인 셈이다.

둘째, 애플리케이션 컨테이너를 만들고(11장 참조) 핵심 서비스(곧 알아볼 커널을 포함)를 등록하는 부트스트랩을 실행한다(부트스트랩이라는 용어가 익숙하지 않다면, 부팅을 떠올려 보자. 컴퓨터의 전원을 켜면 부팅이 되듯이, 애플리케이션이 동작하기 위해서 부팅되는 것을 부트스트랩이라고 한다).

셋째, 커널 인스턴스를 만들고 현재 사용자의 웹 요청을 반영하는 요청 객체의 인스턴스를 만들어 커널이 처리하도록 넘겨준다. 커널은 `index.php`가 최종 사용자에게 반환할 일루미네이트 Response 객체를 클라이언트(주로 브라우저)에 반환하고 나서 페이지 요청을 종료한다.

라라벨의 커널

커널은 라라벨 애플리케이션의 가장 핵심적인 로직이 동작하는 곳이다. 사용자의 요청을 받아 이를 미들웨어에 전달하고 예외가 발생하면 알맞은 응답을 처리한다. 그 뒤에 라우터로 전달해 등록된 라우트와 연결된 로직을 처리한다. 그리고 나서 클로저나 컨트롤러에서 반환되는 최종 응답을 클라이언트(주로 브라우저)에 전달한다. 라라벨에는 2개의 커널이 있지만 각각의 요청을 처리할 때에는 하나의 커널만 사용된다. HTTP 커널은 라우터를 사용해 웹 요청을 다루고 콘솔 커널은 나머지 크론과 아티즌 같은 명령줄 요청을 다룬다. 각 커널은 `handle()` 메서드를 가진다. `handle()` 메서드는 일루미네이트 요청 객체를 받고 일루미네이트 응답 객체를 반환한다.

커널은 요청을 처리하기 전에 필요한 작업을 준비하는 부트스트랩 과정을 거치는데, 여기에는 요청이 실행되는 환경(스테이징, 로컬, 프로덕션 등)을 판단하는 것과 서비스 프로바이더를 준비하는 작업이 포함된다. HTTP 커널은 추가적으로 각 요청에 적용할 미들웨어 목록을 로딩한다. 이 목록에는 세션과 CSRF 보호를 담당하는 미들웨어 등이 포함된다.

10.1.2 서비스 프로바이더

커널에서 진행되는 부트스트랩 코드는 몇몇을 제외하고는, 대부분 **서비스 프로바이더**service provider 라는 것으로 나뉘어 있다. 서비스 프로바이더는 애플리케이션의 핵심 기능을 다양한 부분으로 구분하여 부트스트랩하는 데 필요한 로직을 캡슐화한 클래스다.

예를 들어 `AuthServiceProvider`는 라라벨 인증 시스템에 필요한 부트스트래핑 작업을 처리하고 `RouteServiceProvider`는 라우팅 시스템에 필요한 부트스트래핑 작업을 담당한다.

서비스 프로바이더 컨셉은 처음에는 이해하기 어려울 수 있다. 애플리케이션이 구동할 때 준비될 필요가 있는 여러 컴포넌트가 각각의 부트스트랩 코드를 나눠서 가지고 있다고 생각하자. 서비스 프로바이더는 부트스트랩 코드를 서로 연관된 단위로 모으는 도구다. 애플리케이션 코드를 작동시키기 위해 사전에 실행하는 코드가 있다면 서비스 프로바이더에 넣는 것이 적합하다.

예를 들어 여러분이 작성하는 기능이 컨테이너에 등록된 어떤 클래스(11장 참조)를 필요로 하는 걸 알게 되면 해당 기능만을 위한 서비스 프로바이더를 만들게 된다. Github ServiceProvider나 MailerServiceProvider와 같은 클래스를 새롭게 만들 수 있다.

boot(), register(), 서비스 프로바이더 등록 지연하기

서비스 프로바이더는 두 가지 주요 메서드를 갖는다. boot()와 register()이다. 그리고 DeferrableProvider 인터페이스(라라벨 5.8 이후), $defer 속성(라라벨 5.7 이전) 또한 사용할 수 있다. 각각의 용도를 알아보자.

register() 메서드는 서비스 프로바이더가 부트스트래핑되는 과정에서 제일 먼저 호출된다. 이 메서드는 프로바이더가 제공하고자 하는 클래스의 인스턴스 생성 방법을 컨테이너에 등록하는 역할을 한다. 이를 '바인딩을 등록한다'고 한다. 이때 대상 클래스 인스턴스는 클래스 자체의 이름 또는 별칭alias으로 호출하도록 키워드가 등록된다. register()에서는 클래스의 인스턴스 생성 방법이 등록되므로 여기에서는 부트스트래핑이 완료된 클래스 인스턴스를 가지고 무엇인가 작업을 처리하는 로직을 추가하지 않는 것이 좋다.

boot() 메서드는 모든 서비스 프로바이더가 컨테이너에 바인딩 등록을 마친 뒤에 호출되는 메서드다. 여기에서는 이벤트 리스너를 바인딩하거나 라우트를 정의하는 등 부트스트래핑이 완료된 애플리케이션에서 추가적으로 필요한 작업들을 boot() 메서드에 담아서 처리할 수 있다. 앞서 여러 장에 걸쳐서 각각의 서비스 프로바이더의 boot() 메서드에 다양한 작업들을 추가한 예제를 살펴보았다.

만약 서비스 프로바이더가 컨테이너에 바인딩을 등록하기만 하고 (컨테이너에게 주어진 클래스나 인터페이스를 어떻게 인스턴스로 만드는지 알려주는) 부트스트래핑 과정을 수행하지 않는다면, 즉 register() 메서드는 존재하지만, boot() 메서드는 필요하지 않는 경우라면 서비스 프로바이더의 컨테이너 바인딩 등록 자체를 지연defer시킬 수 있다. 즉 register() 메서드 호출 자체를 나중에 할 수 있게 한다. 이렇게 하면 애플리케이션의 부트스트래핑 시간을 줄일 수 있다.

서비스 프로바이더의 등록을 지연하고 싶으면 우선 라라벨 5.8 이상에서는 Illuminate\Contracts\Support\DeferrableProvider 인터페이스를 구현implement하고 라라벨 5.7 이하에서는 protected $defer 속성에 true 값으로 설정한 다음, 버전에 상관없이 서비스 프로바이더에 프로바이더가 제공하는 바인딩 목록을 반환하는 provides() 메서드를 추가한다. 다음 예제를 참고하자.

예제 10-1 서비스 프로바이더의 등록을 지연시키기

```
...
use Illuminate\Contracts\Support\DeferrableProvider;

class GitHubServiceProvider extends ServiceProvider implements DeferrableProvider
{
    public function register()
    {
        $this->app->singleton(GitHubClient::class, function ($app) {
            return new GitHubClient();
        });
    }

    public function provides()
    {
        return [
            GitHubClient::class,
        ];
    }
}
```

> **TIP** **서비스 프로바이더의 추가 활용**
>
> 라라벨 프로젝트에서 생성한 서비스 프로바이더만 사용할 수 있는 것은 아니다. 컴포저를 사용하여 추가한 외부 패키지에서 라라벨 서비스 프로바이더를 제공하기도 한다. 이런 경우를 위해서 서비스 프로바이더에는 앞서 설명한 register(), boot(), provides() 메서드 외에도 다양한 메서드가 추가되어 있다. 이에 대한 내용은 라라벨 서비스 프로바이더의 소스 코드를 참고하는 것이 더 도움이 될 것이다. 라라벨 애플리케이션과 연동하는 추가 패키지를 개발하려면 서비스 프로바이더[1]의 코드를 살펴보고 패키지를 구성할 때 어떻게 작동하는지 학습해두자.

지금까지 애플리케이션 부트스트랩 과정을 알아보았으니 이제 애플리케이션이 부트스트랩된 이후에 생성되는 **Request** 객체에 대해 알아보자.

---

1 https://github.com/laravel/framework/blob/master/src/Illuminate/Support/ServiceProvider.php

10.2 요청 객체

라라벨에서 사용자의 요청을 나타내는 Illuminate\Http\Request 클래스는 심포니의 HttpFoundation\Request 클래스를 상속받아 라라벨용으로 만든 것이다.

심포니 HttpFoundation

잘 모를 수도 있지만 심포니의 HttpFoundation은 현존하는 대부분의 PHP 프레임워크에서 널리 활용된다. 심포니 HttpFoundation은 HTTP 요청, 응답, 헤더, 쿠키 등을 표현하기 위해 PHP에서 가장 널리 사용되는 강력한 추상화 도구다.

요청 객체는 여러분이 다루고자 하는 사용자의 HTTP 요청을 아주 작은 정보까지 세부적으로 모두 담을 수 있게 만들어진 객체다. 이 요청 객체를 사용하지 않고 순수하게 PHP로만 코드를 작성하는 경우에 로직에서 현재 사용자 요청에 관한 정보를 얻기 위해서는 $_SERVER, $_GET, $_POST 변수와 같은 글로벌 변수를 처리해야 하고, 관련된 추가 정보를 얻기 위해 복잡한 내장 함수를 직접 호출해야 한다. 사용자가 업로드한 파일은 어디에 있는지, 접속자의 IP 주소는 무엇인지, 어떤 항목을 전송했는지, 이 모든 게 분리되어 있어 이해하기 어렵고 테스트하기 어려운 방식으로 여기저기 흩어져 있다.

심포니 HttpFoundation의 요청 객체는 하나의 HTTP 요청에 관련된 모든 정보를 모아 하나의 객체로 표현하고, 이 객체에서 유용한 정보를 손쉽게 조회하는 편리한 메서드를 제공한다. 라라벨에서 사용하는 일루미네이트 요청 객체는 심포니 요청 객체에 더해 라라벨 애플리케이션에서 사용하기 편리한 메서드를 추가로 제공한다.

TIP 요청 객체의 생성

자주 사용하지는 않겠지만, 현재의 HTTP 요청에 대한 일루미네이트 요청 객체를 생성하려면 capture() 메서드를 사용한다.

```
$request = Illuminate\Http\Request::capture();
```

10.2.1 라라벨에서 요청 객체 얻기

라라벨은 애플리케이션에 요청이 있을 때마다 내부적으로 요청 객체를 생성한다. 요청 객체에 접근하려면 다음의 방법을 사용할 수 있다.

첫 번째 방법은 컨테이너가 처리하는 생성자나 메서드에 요청 클래스를 타입힌트하는 것이다. [예제 10-2]에서 보는 것처럼 컨트롤러의 메서드에 요청 클래스를 타입힌트하면 라라벨 컨테이너가 자동으로 요청 객체의 인스턴스를 주입해준다.

예제 10-2 요청 객체를 받기 위해 컨테이너가 처리하는 메서드에 타입힌트하기

```
...
use Illuminate\Http\Request;

class PersonController extends Controller
{
    public function index(Request $request)
    {
        $allInput = $request->all();
    }
}
```

다른 방법으로는 request() 글로벌 헬퍼를 사용할 수 있다. request() 글로벌 헬퍼로 $request의 인스턴스를 얻은 다음 바로 객체의 메서드를 호출할 수도 있다.

```
$request = request();
$allInput = $request->all();
// 혹은
$allInput = request()->all();
```

마지막으로 요청 객체를 얻기 위해 글로벌 메서드인 app()을 사용할 수도 있다. 정규화된 클래스명과 단축 키워드 두 가지 모두 사용할 수 있다.

```
$request = app(Illuminate\Http\Request::class);
$request = app('request');
```

10.2.2 요청에 대한 기본 정보 얻기

이제 요청 객체를 얻는 방법을 알게 됐으니 요청 객체로 무엇을 할 수 있는지 알아보자. 요청 객체의 주된 목적은 현재 사용자의 요청을 객체로 표현하는 것이며, 주요 기능은 현재 사용자의 요청에 대한 자세한 정보를 쉽게 조회하는 것이다.

다음은 요청 객체에서 사용할 수 있는 메서드를 카테고리별로 나눈 것인데 이 카테고리는 임의적이고 중복되기도 한다. 예를 들어 쿼리 파라미터는 '사용자와 요청 상태'로 구분될 수도 있고 '기본 사용자 입력'으로 구분될 수도 있다. 어떤 것이 가능한지 학습하는 데 이 카테고리 분류가 유용하길 바란다. 각각의 메서드에 대해서 이해하고 나면 카테고리는 잊어도 상관없다.

요청 객체에는 이보다 훨씬 많은 메서드가 있다. 여기에서 소개하는 메서드는 가장 많이 사용되는 것만 요약한 것이다.

기본 사용자 입력

기본적인 사용자 입력을 조회하는 메서드는 폼을 전송하거나 Ajax 컴포넌트 같이 사용자가 직접 명시적으로 제공한 정보를 쉽게 조회하게 해준다. 여기서 '사용자가 제공한 입력'이라 함은 쿼리 스트링(GET), 폼 전송(POST), JSON을 통한 입력을 의미한다. 아래 메서드를 살펴보자.

all()
사용자가 제공한 모든 입력을 배열로 반환한다.

input(필드명)
사용자가 제공한 입력 중 필드명에 해당하는 값을 반환한다.

only(필드명¦[필드명의 배열])
지정된 필드명에 해당하는 사용자가 제공한 입력을 배열로 반환한다.

except(필드명¦[필드명의 배열])
지정된 필드명을 제외한 모든 사용자가 제공한 입력을 배열로 반환한다.

exists(필드명)

사용자가 제공한 입력에 필드명에 해당하는 입력이 있는지를 불리언으로 반환한다. has()는 exists의 별칭이다.

filled(필드명)

사용자가 제공한 입력에 필드명에 해당하는 입력이 있고, 값이 비어 있지 않은지(값을 가지고 있는지)를 불리언으로 반환한다.

json()

페이지에 전달된 JSON이 있으면 ParameterBag을 반환한다.

json(키명)

페이지에 전달된 JSON에서 주어진 키에 해당하는 값을 반환한다.

파라미터백(ParameterBag)

라라벨을 다루다 보면 종종 파라미터백 객체를 접하게 될 것이다. 파라미터백 클래스는 일종의 연관 배열과 같은 것이다. 특정 키에 해당하는 값을 다음과 같이 get() 메서드를 사용해 얻을 수 있다.

```
echo $bag->get('name');
```

그리고 has()로 키가 존재하는지 확인하고 all()로 모든 키/값의 배열을 얻을 수 있으며, count()로 아이템 개수를, keys()로 주어진 키에 해당하는 키/값 배열을 가져올 수 있다.

[예제 10-3]은 요청에서 사용자가 제공한 정보를 가져오는 메서드를 사용하는 간략한 예시다.

예제 10-3 요청에서 기본 사용자 제공 정보 획득하기

```
// 폼
<form method="POST" action="/form">
    @csrf
    <input name="name"> Name<br>
```

```
        <input type="submit">
    </form>
    // 폼을 수신하는 라우트
    Route::post('form', function (Request $request) {
        echo 'name is ' . $request->input('name') . '<br>';
        echo 'all input is ' . print_r($request->all()) . '<br>';
        echo 'user provided email address: ' . $request->has('email') ? 'true' :
    'false';
    });
```

사용자와 요청 상태

사용자와 요청의 상태 관련 메서드는 사용자가 폼을 통해 명시적으로 제공하지 않은 정보를 조회한다.

method()

이 라우트에 접근하기 위해 사용한 메서드(GET, POST, PATCH, DELETE)를 반환한다.

path()

이 페이지에 도달하기 위해 사용한 경로(도메인 제외)를 반환한다. 예를 들어 http://www.myapp.com/abc/def는 abc/def를 반환한다.

url()

이 페이지에 도달하기 위해 사용한 URL(도메인 포함)을 반환한다. 예를 들어, http://www.myapp.com/abc는 http://www.myapp.com/abc를 반환한다.

is()

Str::is()를 사용해서 현재 페이지 요청이 주어진 문자열을 포함하는지 여부를 반환한다(예를 들어 /a/b/c일 때 $request->is('*b*')는 참이다. *는 모든 문자열을 허용한다.).

ip()

사용자의 IP주소를 반환한다.

header()

헤더를 배열로(예를 들어 ['accept-language' => ['en- US,en;q=0.8']]) 반환한다. 헤더명을 파라미터로 넘겨주면 해당 값만 반환한다.

server()

$_SERVER에 저장된 변수(예를 들어 REMOTE_ADDR)의 배열을 반환한다. $_SERVER 변수명을 넘겨주면 해당 값만 반환한다.

secure()

이 페이지를 HTTPS로 불러왔는지를 불리언으로 반환한다.

pjax()

이 페이지를 Pjax로 불러왔는지를 불리언으로 반환한다.

wantsJson()

이 요청이 Accept 헤더에 /json 콘텐츠 타입을 가지고 있는지를 불리언으로 반환한다.

isJson()

이 요청이 Content-Type 헤더에 /json 콘텐츠 타입을 가지고 있는지를 불리언으로 반환한다.

accepts()

이 요청이 주어진 콘텐츠 타입을 받아들이는지를 불리언으로 반환한다.

파일

지금까지 알아본 모든 메서드는 사용자의 명시적 입력을 조회하거나(all(), input() 같은 메서드로 조회) 브라우저에 의해 정의되거나 사이트를 참조한(pjax() 같은 메서드로 조회) 정보를 조회한다. 그보다 파일 입력은 명시적인 사용자 입력과 비슷하지만 조금 다르게 처리된다.

file()

모든 업로드된 파일을 배열로 반환한다. 키(파일 업로드 필드명)를 넘겨주면 키에 해당하는 파일만 반환한다.

allFiles()

모든 업로드된 파일을 배열로 반환한다. 더 명확한 이름을 가지고 있으므로 file()의 반대 개념으로 사용하기 좋다.

hasFile()

특정 키에 해당하는 파일이 업로드됐는지를 불리언으로 반환한다.

업로드된 모든 파일은 Symfony\Component\HttpFoundation\File\UploadedFile 객체가 된다. 이 객체는 검증, 처리, 저장에 필요한 일련의 도구를 제공한다.

업로드한 파일을 어떻게 처리하는지에 대한 더 많은 예시는 14장을 참조하자.

세션과 데이터 유지

요청 객체는 세션을 다루는 기능도 제공한다. 대부분의 세션 기능은 다른 데 있지만 특별히 현재 페이지 요청과 관련된 메서드가 몇 개 있다.

flash()

현재 요청의 사용자 입력을 플래시(세션에 저장하되 다음 요청 이후 자동으로 제거)한다.

flashOnly()

현재 요청의 사용자 입력 중 배열로 넘긴 키에 해당하는 일부만 플래시한다.

flashExcept()

현재 요청의 사용자 입력 중 배열로 넘긴 키에 해당하는 일부를 제외하고 플래시한다.

old()

이전에 플래시한 모든 사용자 입력 값을 배열로 반환한다. 키를 지정하면 해당 키에 해당하는 값만 반환한다.

flush()

이전에 플래시한 모든 사용자 입력을 지운다.

cookie()

요청에서 모든 쿠키를 조회한다. 키를 지정하면 해당 값만 반환한다.

hasCookie()

키에 해당하는 쿠키가 있는지를 불리언으로 반환한다.

flash(), flashOnly(), flashExcept(), old() 메서드는 사용자 입력 값을 저장하고 나중에 조회하는 데 사용하며 주로 사용자 입력 값의 유효성 검증이 실패한 경우에 사용한다.

10.3 응답 객체

요청 객체와 비슷하게 Illuminate 응답 객체는 애플리케이션이 최종 사용자에게 전달하는 응답을 객체로 표현한 것이다. 응답 객체는 헤더, 쿠키, 콘텐츠, 그 외에 최종 사용자의 브라우저가 페이지를 만드는 데 사용하는 모든 정보를 포함한다.

요청 객체와 마찬가지로 Illuminate\Http\Response 클래스도 심포니 클래스를 상속받는다. 이 심포니 클래스는 Symfony\Component\HttpFoundation\Response인데, 이 클래스는 사용자에게 전달할 응답을 생성하고 필요한 작업들을 처리할 수 있는 속성값과 메서드를 가진 기반 클래스base class가 된다. 일루미네이트의 응답 클래스는 이 클래스를 기반으로 라라벨에서 편의 기능 일부를 추가한 클래스다.

10.3.1 컨트롤러에서 응답 객체를 만들고 반환하기

응답 객체를 다루는 방법을 알아보기 전에 먼저 기본적인 응답 객체를 어떻게 사용하는지 살펴보자.

먼저 라우트에서 반환되는 모든 응답 객체는 결국 HTTP 응답으로 변환된다. 특정 헤더를 추가하고 콘텐츠의 내용을 정의하거나 쿠키를 설정하는 일 등 그 무엇이든 사용자의 브라우저가 해석할 수 있는 응답 그 자체로 변환된다. [예제 10-4]에서 가장 간단한 응답 객체의 사용법을 살펴보자.

예제 10-4 가장 간단한 HTTP 응답

```
Route::get('route', function () {
    return new Illuminate\Http\Response('Hello!');
});

// 내용은 동일하지만 글로벌 함수를 이용한 방식:
Route::get('route', function () {
    return response('Hello!');
});
```

응답 객체를 만들고 콘텐츠 데이터를 넣어 반환한다. 추가로 [예제 10-5]처럼 HTTP 상태 코드, 헤더, 쿠키 등을 변경할 수 있다.

예제 10-5 HTTP 상태 코드와 헤더를 변경한 간단한 HTTP 응답

```
Route::get('route', function () {
    return response('Error!', 400)
        ->header('X-Header-Name', 'header-value')
        ->cookie('cookie-name', 'cookie-value');
});
```

헤더 설정

[예제 10-5]처럼 header() 메서드로 헤더를 설정한다. 첫 번째 파라미터는 헤더명이고, 두 번째 파라미터는 헤더 값이다.

쿠키 추가

원한다면 응답 객체에 바로 쿠키를 추가할 수 있다. [예제 10-6]은 응답에 쿠키를 추가하는 간단한 예시다. 쿠키를 다루는 방법은 14장에서 좀 더 자세히 살펴본다.

예제 10-6 응답에 쿠키 추가하기

```
return response($content)
    ->cookie('signup_dismissed', true);
```

10.3.2 맞춤형 응답 타입

뷰, 다운로드, 파일, JSON 응답을 처리하는 경우에 특화된 맞춤형 응답 타입이 있다. 각 타입은 헤더나 콘텐츠 구조를 위한 특정 템플릿을 쉽게 재사용할 수 있도록 미리 만들어둔 매크로라고 생각하면 이해하기 쉽다.

뷰 응답

4장에서 템플릿을 반환하는 방법을 보여주기 위해 글로벌 헬퍼인 `view()`를 사용했다. 예를 들어 `view('view.name.here')` 같은 식이다. 뷰를 반환할 때 헤더나 HTTP 상태 등을 변경해야 한다면 `view()` 응답 타입을 사용한다.

예제 10-7 `view()` 응답 타입 사용하기

```
Route::get('/', function (XmlGetterService $xml) {
    $data = $xml->get();
    return response()
        ->view('xml-structure', $data)
        ->header('Content-Type', 'text/xml');
});
```

다운로드 응답

사용자의 브라우저로 파일을 다운로드하게 응답을 반환해야 될 때가 있다. 다운로드되는 파일

은 라라벨에서 업로드한 파일, 데이터베이스에 저장된 바이너리 파일, 외부에서 직접 접근이 불가능한 곳에 저장된 파일이 될 수도 있다. 이 경우에는 download() 응답 타입을 이용해 쉽게 처리할 수 있다.

필수로 지정해야 하는 첫 번째 파라미터는 다운로드할 파일의 위치다. 새로 생성된 파일인 경우에는 먼저 어딘가에 임시로 저장한 뒤에 다운로드 응답을 사용해야 한다.

옵션으로 선택할 수 있는 두 번째 파라미터는 다운로드되는 파일이 저장될 때 사용할 이름이다 (예를 들어 export.csv). 역시 옵션으로 선택할 수 있는 세 번째 파라미터는 헤더 배열을 전달할 수 있다. [예제 10-8]에서 download() 응답 타입 사용 방법을 살펴보자.

예제 10-8 download() 응답 타입 사용하기

```php
public function export()
{
    return response()
        ->download('file.csv', 'export.csv', ['header' => 'value']);
}

public function otherExport()
{
    return response()->download('file.pdf');
}
```

다운로드 후 원본 파일을 지우려면 download() 메서드 다음에 deleteFileAfterSend() 메서드를 호출한다.

```php
public function export()
{
    return response()
        ->download('file.csv', 'export.csv')
        ->deleteFileAfterSend();
}
```

파일 응답

파일 응답은 파일을 다운로드하는 대신 브라우저에서 보여준다는 것을 제외하고는 다운로드

응답과 비슷하다. 주로 이미지나 PDF를 브라우저에서 바로 보여주고자 할 때 사용한다. 필수인 첫 번째 파라미터는 파일명이고, 옵션인 두 번째 파라미터로 헤더 배열을 전달할 수 있다.

예제 10-9 file() 응답 타입 사용하기

```php
public function invoice($id)
{
    return response()->file("./invoices/{$id}.pdf", ['header' => 'value']);
}
```

JSON 응답

API를 작성하는 경우에는 JSON 데이터를 주고받는 경우가 많다. 응답을 반환할 때 데이터를 JSON으로 변환하는 작업이 딱히 복잡한 건 아니지만, JSON 응답을 사용하면 이런 작업들이 좀 더 쉬워지니 JSON 응답을 사용하는 방법을 살펴보자.

JSON 응답은 전달받은 데이터를 json_encode() 내장 함수를 사용하여 JSON으로 변환하고 헤더의 Content-Type을 application/json으로 설정한다. 만약 JSON 대신 JSONP 응답이 필요하다면 [예제 10–10]에서 볼 수 있듯이 setCallback()을 사용할 수도 있다.

예제 10-10 json() 응답 타입 사용하기

```php
public function contacts()
{
    return response()->json(Contact::all());
}

public function jsonpContacts(Request $request)
{
    return response()
        ->json(Contact::all())
        ->setCallback($request->input('callback'));
}

public function nonEloquentContacts()
{
    return response()->json(['Tom', 'Jerry']);
}
```

리다이렉트 응답

사용자를 다른 페이지나 이전 페이지로 다시 접속하게 하는 리다이렉트 응답은 애플리케이션에서 흔하게 사용되는 응답이다. 리다이렉트 응답을 생성하기 위해서는 redirect() 헬퍼를 사용할 수 있는데, 흔치 않지만 response() 헬퍼를 사용해서 리다이렉트 응답을 생성할 수도 있다. 앞서 살펴본 다른 응답 타입과는 조금 다르게 느껴질 수 있지만, 이 역시 사용자 응답의 일종이다. 라라벨 라우트에서 반환되는 리다이렉트 응답은 사용자를 다른 페이지나 이전 페이지로 보내주기 위해서 주로 301 HTTP 상태 값을 반환한다.

response() 헬퍼를 사용하는 경우 return response()->redirectTo('/')처럼 리다이렉트 응답을 생성할 수 있다. 하지만 일반적으로 리다이렉트 전용 헬퍼 redirect()를 사용한다. 사용자를 이전 페이지로 돌아가게 하는 리다이렉트는 redirect()->back()으로 생성할 수 있는데 back()으로도 사용할 수 있다.

다른 글로벌 헬퍼와 마찬가지로 redirect()도 파라미터를 전달할 수 있는데, 전달하지 않으면 해당 클래스의 객체를 얻게 되고, 여기에 메서드를 체이닝해서 사용할 수 있다. 메서드를 체이닝하지 않고 파라미터를 전달하면 redirect()는 redirect()->to()와 동일하게 작동한다. 전달된 문자열에 해당하는 URI로 리다이렉트한다. 다음 예제에서 사용법을 살펴보자.

예제 10-11 redirect() 글로벌 헬퍼 사용하기 예제

```
return redirect('account/payment');
return redirect()->to('account/payment');
return redirect()->route('account.payment');
return redirect()->action('AccountController@showPayment');

// 외부 도메인으로 리다이렉트한다면
return redirect()->away('https://tighten.co');

// 이름이 있는 라우트나 컨트롤러가 라우트 파라미터를 필요로 한다면
return redirect()->route('contacts.edit', ['id' => 15]);
return redirect()->action('ContactController@edit', ['id' => 15]);
```

사용자를 이전 페이지로 '돌려보내는' 응답은 사용자 입력 값의 유효성을 검증할 때 특히 유용하다. [예제 10-12]는 입력 값의 유효성을 검증하는 상황에서 나타나는 일반적인 패턴을 보여준다.

예제 **10-12** 입력 값과 함께 이전 페이지로 돌려보내기

```php
public function store()
{
    // 유효성 검증에 실패하면...
    return back()->withInput();
}
```

마지막으로 리다이렉트와 플래시를 동시에 사용할 수 있다. [예제 10-13]처럼 에러나 성공 메시지를 다룰 때 흔히 쓴다.

예제 **10-13** 플래시 데이터와 함께 리다이렉트하기

```php
Route::post('contacts', function () {
    // contact 저장

    return redirect('dashboard')->with('message', 'Contact created!');
});

Route::get('dashboard', function () {
    // 세션에서 플래시된 데이터를 조회--주로 블레이드 템플릿에서 처리된다.
    echo session('message');
});
```

커스텀 응답 매크로

앞서 여러 응답 유형을 살펴보았다. 이외에도 직접 매크로를 이용해 여러분만의 고유한 응답 타입을 만들 수도 있다. 매크로를 이용하면 원하는 응답의 속성과 반환할 콘텐츠를 어떻게 조작할 것인지 커스텀 응답 유형을 정의할 수 있다.

매크로가 어떻게 작동하는지 알아보기 위해서 커스텀 json() 응답 타입을 만들어보자. 언제나 그렇듯 이러한 일련의 바인딩을 위해서는 자체적인 서비스 프로바이더를 만드는 것이 좋지만, 여기서는 [예제 10-14]처럼 AppServiceProvider의 boot() 메서드에 넣기로 한다.

예제 10-14 커스텀 응답 매크로 만들기

```
...
use Illuminate\Support\Facades\Response;
class AppServiceProvider
{
    public function boot()
    {
        Response::macro('myJson', function ($content) {
            return response(json_encode($content))
                ->withHeaders(['Content-Type' => 'application/json']);
        });
    }
```

위의 예제에서 정의된 커스텀 응답 객체 생성 메서드는 json() 메서드를 사용하는 것과 동일한 방식으로 사용할 수 있다.

```
return response()->myJson(['name' => 'Sangeetha']);
```

위의 코드는 JSON으로 인코딩된 배열을 바디로 갖고, application/json의 Content-Type 헤더를 가진 응답을 반환할 것이다.

레스폰서블 인터페이스

경우에 따라서는 앞서 살펴본 다양한 응답 유형 외에 매크로 기능으로도 처리하기 어려운 고유한 응답 객체가 필요할 수도 있다. 이런 경우에는 사용자에게 반환되는 응답이 어떻게 전송되고 어떤 속성을 갖는지 조작할 수 있는 별도의 객체를 정의할 수 있다. 이때는 라라벨에서 제공하는 Responsable 인터페이스를 사용한다. 이 인터페이스를 사용하면 응답 객체를 어떻게 표현할지에 대한 로직을 클래스로 정의할 수 있다.

레스폰서블 인터페이스인 Illuminate\Contracts\Support\Responsable은 구현체에 toResponse() 메서드가 필수적으로 존재해야 한다. toResponse()는 일루미네이트 응답 객체를 반환해야 한다. [예제 10-15]는 Responsable 인터페이스를 사용해 객체를 정의하는 방법을 보여준다.

```
...
use Illuminate\Contracts\Support\Responsable;

class MyJson implements Responsable
{
    protected $content;

    public function __construct($content)
    {
        $this->content = $content;
    }

    public function toResponse()
    {
        return response(json_encode($this->content))
            ->withHeaders(['Content-Type' => 'application/json']);
    }
}
```

위와 같이 만들고 나서 다음과 같이 정의한 클래스를 반환한다.

```
return new MyJson(['name' => 'Sangeetha']);
```

앞서 살펴본 매크로 기능보다 복잡해 보일 수도 있다. 그렇지만 레스폰서블 인터페이스는 컨트
롤러에서 응답 객체를 다룰 때 효과를 발휘한다. [예제 10-16]의 뷰 모델(혹은 뷰 객체)을 생
성하는 예제를 살펴보자.

예제 10-16 Responsable을 사용해서 뷰 객체 만들기

```
...
use Illuminate\Contracts\Support\Responsable;

class GroupDonationDashboard implements Responsable
{
    public function __construct($group)
    {
        $this->group = $group;
    }

    public function budgetThisYear()
```

```
    {
        // ...
    }

    public function giftsThisYear()
    {
        // ...
    }

    public function toResponse()
    {
        return view('groups.dashboard')
            ->with('annual_budget', $this->budgetThisYear())
            ->with('annual_gifts_received', $this->giftsThisYear());
    }
```

위의 코드에서 뷰에 데이터를 전달하는 작업들을 별도의 클래스로 분리한다고 생각해보자. 그렇게 되면 컨트롤러에서의 코드는 가독성이 개선되어 코드를 이해하기 더 수월해진다. 다음은 레스폰서블 객체를 사용하는 컨트롤러의 예시다.

```
class GroupController
{
    public function index(Group $group)
    {
        return new GroupDonationsDashboard($group);
    }
}
```

7.5절 '폼 요청 객체'에서 고유한 요청 객체를 폼 요청 객체로 정의할 수 있는 것과 마찬가지로 고유한 응답 객체를 레스폰서블 인터페이스를 구현한 클래스를 정의하여 사용할 수 있다고 생각하면 이해하기 쉽다.

10.4 라라벨과 미들웨어

이 장의 앞부분에 있는 [그림 10-1]을 다시 한번 보자. 요청과 응답에 대해서는 알아보았지만, 미들웨어가 무엇인지는 아직 제대로 살펴보지 않았다. 미들웨어는 라라벨이 자체적으로 만든 개념이 아니라 소프트웨어를 구성할 때 사용되는 아키텍처 패턴의 일종으로 다른 많은 프레임워크에서 이 패턴을 구현하고 있다. 이 절에서 라라벨에서 사용하는 미들웨어가 무엇인지 알아보자.

10.4.1 미들웨어 소개

미들웨어라는 개념은 애플리케이션이 마치 여러 층을 가진 케이크나 양파처럼 일련의 계층으로 감싸져 있다는 것을 의미한다. [그림 10-1]에서 보는 바와 같이 모든 요청은 애플리케이션으로 가는 과정에서 모든 미들웨어 계층을 통과한다. 그리고 응답이 최종 사용자에게 되돌아가는 길에 다시 미들웨어 레이어를 통과한다.

미들웨어는 대부분 애플리케이션 핵심 로직과는 구분되며, 대개 이론적으로 현재 작업 중인 애플리케이션뿐만 아니라 어떤 애플리케이션에도 적용할 수 있는 방식으로 구성된다.

미들웨어는 자신이 확인할 수 있는 정보로 요청을 조회해서 추가적인 작업을 처리하거나 거부할 수 있다. 이는 미들웨어가 시간당 접속 제한 같은 기능을 구현하기에 알맞다는 것을 의미한다. IP 주소를 검사하고 지난 1분간 특정 URL에 얼마나 자주 접근했는지 확인한 후, 기준을 초과하면 429 상태 응답(너무 많은 요청 HTTP 상태 코드)을 되돌려줄 수 있다.

미들웨어는 애플리케이션에서 내보내는 응답에도 접근할 수 있으므로, 응답에 추가적인 작업을 처리하기에도 좋다. 예를 들어 라라벨은 최종 사용자에게 응답을 보내기 직전에 미들웨어를 이용해서 해당 요청/응답 사이클에서 확인된 모든 쿠키를 응답 헤더에 추가한다.

미들웨어의 가장 강력한 기능은 미들웨어가 요청/응답 사이클의 거의 처음과 마지막에 필요한 작업을 처리할 수 있다는 점이다. 이는 세션의 활성화 같은 작업을 처리하기에 딱 알맞은 경우다. PHP에서는 요청/응답 사이클의 처음 부분에서 세션을 시작하고, 마지막 부분에서 세션을 닫아야 하는데 미들웨어가 이런 작업을 처리하기에는 최적의 장소다.

10.4.2 커스텀 미들웨어 만들기

예를 들어 DELETE HTTP 메서드를 사용하는 모든 요청을 거부하고, 쿠키를 되돌려주는 미들웨어가 필요하다고 가정해보자. 이런 경우에는 커스텀 미들웨어를 생성할 수 있다. 다음의 커스텁 미들웨어를 생성하는 아티즌 명령어를 살펴보자.

```
php artisan make:middleware BanDeleteMethod
```

위의 명령어를 실행하면 app/Http/Middleware/BanDeleteMethod.php 파일이 생성된다. 아티즌 명령어로 만든 파일 내용은 [예제 10-17]과 같다.

예제 10-17 아티즌 명령어로 만든 미들웨어 내용

```
...
class BanDeleteMethod
{
    public function handle($request, Closure $next)
    {
        return $next($request);
    }
}
```

handle() 메서드가 유입되는 요청과 반환되는 응답을 어떻게 처리하는지가 미들웨어를 이해하는 데 가장 어려운 부분이다. 하나씩 살펴보자.

미들웨어의 handle() 메서드 이해하기

우선 미들웨어는 다른 미들웨어 위에 하나씩 겹쳐지는 계층 구조를 갖고, 최종적으로 애플리케이션의 주요 비즈니스 로직을 둘러싸고 있다는 것을 기억하자. 요청이 들어오면 첫 번째 미들웨어에서 처리된 후 다른 미들웨어로 차례로 넘긴 다음에 주요 비즈니스 로직에 전달된다. 그후 결과로 반환되는 응답은 요청이 처리될 때의 미들웨어의 반대 방향으로 통과하여 전달되고, 최종적으로 첫 번째 미들웨어가 마지막으로 응답을 처리한다.

BanDeleteMethod를 첫 번째로 실행되는 미들웨어로 등록했다고 가정해보자. 이 미들웨어로 들어오는 $request는 아무런 처리도 진행되지 않은 요청이고 다른 미들웨어의 영향도 전혀 받지 않았다는 것을 의미한다.

요청을 $next()로 넘긴다는 것은 요청을 남아 있는 다른 미들웨어로 건네는 것을 의미한다. $next() 클로저는 $request를 다음 미들웨어의 handle() 메서드에 넘겨준다. 더는 넘겨줄 미들웨어가 없을 때까지 반복하고 주요 비즈니스 로직에 다다르면 종료된다.

응답은 어떻게 처리되는 걸까? 이해하기 조금 어려울 수 있는데, 컨트롤러 등에서 반환된 응답은 미들웨어를 거꾸로 타고 올라간다. 각각의 미들웨어가 결국 응답을 반환하기 때문이다. 그래서 같은 handle() 메서드 내에서 미들웨어가 $request를 기반으로 작업을 처리하고 $next() 클로저로 전달할 수도 있고, 최종 사용자에게 반환되기 전에 전달받은 출력으로 무엇인가 추가적인 작업을 할 수도 있는 것이다. 명쾌하게 이해할 수 있도록 의사코드를 살펴보자.

예제 10-18 미들웨어 호출 프로세스 의사코드 설명

```
...
class BanDeleteMethod
{
    public function handle($request, Closure $next)
    {
        // 이 시점에 $request는 사용자가 보낸 날것이다.
        // 재미 삼아 무엇인가 해보자.
        if ($request->ip() === '192.168.1.1') {
            return response('금지된 IP 주소!', 403);
        }

        // 요청을 받아들이기로 결정했다. 스택에 있는 다음 미들웨어로 넘겨보자.
        // $next()로 넘긴다. $next()가 반환하는 것은 응답인데,
        // $request가 미들웨어 스택을 따라 내려가 주요 로직에 전달된 다음
        // 반환된 응답이 다시 미들웨어 스택을 거쳐온다.
        $response = $next($request);

        // 이 시점에 사용자에게 반환되기 직전인 응답에
        // 다시 한번 추가적인 작업을 처리할 수 있다.
        $response->cookie('visited-our-site', true);

        // 마지막으로 최종 사용자에게 응답을 보낸다.
        return $response;
    }
}
```

마지막으로 처음에 미들웨어가 처리하기로 한 로직을 직접 만들어보자(예제 10-19)

```
...
class BanDeleteMethod
{
    public function handle($request, Closure $next)
    {
        // DELETE 메서드 검사
        if ($request->method() === 'DELETE') {
            return response(
                "DELETE 메서드는 사용할 수 없습니다.",
                405
            );
        }

        $response = $next($request);

        // 쿠키 추가
        $response->cookie('visited-our-site', true);

        // 응답 반환
        return $response;
    }
}
```

10.4.3 미들웨어 등록

미들웨어 클래스를 작성했지만 바로 사용할 수는 없다. 등록 과정이 남아 있기 때문이다. 작성한 미들웨어를 전체에 적용되는 글로벌 미들웨어로 등록하거나 특정 라우트에만 적용되는 라우트 미들웨어로 등록해야 한다.

글로벌 미들웨어 등록

미들웨어 등록은 모두 app/Http/Kernel.php에서 이뤄진다. 미들웨어를 글로벌로 등록하려면 다음 예제처럼 $middleware 속성에 클래스명을 추가한다.

```
// app/Http/Kernel.php
protected $middleware = [
    \App\Http\Middleware\TrustProxies::class,
    \Illuminate\Foundation\Http\Middleware\CheckForMaintenanceMode::class,
    \App\Http\Middleware\BanDeleteMethod::class,
];
```

라우트 미들웨어 등록

특정 라우트에 대한 미들웨어는 라우트 미들웨어로 추가되거나 미들웨어 그룹의 일부로 추가 될 수 있다. 전자부터 알아보자.

라우트 미들웨어로 등록하려면 app/Http/Kernel.php에 있는 $routeMiddleware 배열에 추 가한다. [예제 10-21]에서 보는 것과 같이 미들웨어를 적용할 때 사용할 키를 지정하는 것을 제외하면 글로벌 미들웨어 등록과 비슷하다.

예제 10-21 라우트 미들웨어 등록

```
// app/Http/Kernel.php
protected $routeMiddleware = [
    'auth' => \App\Http\Middleware\Authenticate::class,
    ...
    'ban-delete' => \App\Http\Middleware\BanDeleteMethod::class,
];
```

이 미들웨어를 [예제 10-22]에서처럼 라우트 정의에 사용할 수 있다.

예제 10-22 미들웨어를 라우트 정의에 사용하기

```
// 라우트 GET 메서드에는 미들웨어가 동작하지 않는다...
Route::get('contacts', 'ContactController@index')->middleware('ban-delete');

// 다음과 같이 그룹 기능에 적용하기에 좋다.
Route::prefix('api')->middleware('ban-delete')->group(function () {
    // API 관련 모든 라우트
});
```

미들웨어 그룹 사용하기

미들웨어 그룹은 특정 상황에서 함께 사용하기 좋은 미들웨어를 미리 모아둔 것이다.

라라벨은 web과 api 두 가지 그룹을 기본으로 제공한다. web은 쿠키, 세션, CSRF 보호 미들웨어를 포함한 대부분의 라라벨 페이지 요청에 유용한 미들웨어를 포함한다. 반면에 api는 그룹은 시간별 접속 제한 미들웨어와 라우트 모델 바인딩 미들웨어 외에는 아무것도 포함하지 않는다. 두 그룹은 모두 app/Http/Kernel.php에 정의되어 있다.

미들웨어 그룹은 개별 라우트 미들웨어를 라우트에 적용했던 것과 같은 방식으로 middleware() 메서드를 이용해서 라우트에 적용할 수 있다.

```
Route::get('/', 'HomeController@index')->middleware('web');
```

자체적인 미들웨어 그룹을 만들 수도 있고 이미 존재하는 미들웨어 그룹에서 라우트 미들웨어를 추가하거나 제거할 수도 있다. $middlewareGroups 배열에 추가한다는 것을 제외하고는 라우트 미들웨어를 추가하는 것과 방식은 비슷하다.

기본으로 제공되는 두 라우트 파일이 이 미들웨어 그룹들과 어떻게 매치되는지 궁금할 것이다. 당연한 얘기지만 routes/web.php 파일은 web 미들웨어 그룹으로 둘러싸여 있고, routes/api.php 파일은 api 미들웨어로 둘러싸여 있다.

RouteServiceProvider 파일을 살펴보면 routes 디렉터리의 모든 파일을 불러오는 과정을 확인할 수 있다. RouteServiceProvider에서 map() 메서드를 찾아보면 mapWebRoutes() 메서드와 mapApiRoutes() 메서드를 발견할 수 있을 것이다. 각각은 각자의 적절한 미들웨어로 감싼 파일을 불러온다.

예제 10-23 라우트 서비스 프로바이더의 일부 코드

```
// App\Providers\RouteServiceProvider
public function map()
{
    $this->mapApiRoutes();
    $this->mapWebRoutes();
}

protected function mapApiRoutes()
```

```
{
    Route::prefix('api')
        ->middleware('api')
        ->namespace($this->namespace)
        ->group(base_path('routes/api.php'));
}

protected function mapWebRoutes()
{
    Route::middleware('web')
        ->namespace($this->namespace)
        ->group(base_path('routes/web.php'));
}
```

위 예제처럼 라우터를 사용하여 기본 네임스페이스(App\Http\Controllers)와 web, api 미
들웨어 그룹 밑으로 라우트 그룹을 불러온다.

10.4.4 미들웨어에 파라미터 넘기기

자주 있는 일은 아니지만 라우트 미들웨어에서 파라미터를 필요로 하는 경우가 있다. 예를 들
어, 사용자의 유저 타입이 member이냐 owner이냐에 따라 다르게 작동하는 인증 미들웨어가 있
을 수 있다.

```
Route::get('company', function () {
    return view('company.admin');
})->middleware('auth:owner');
```

이 코드가 동작하게 하기 위해서는 [예제 10-24]처럼 미들웨어의 handle() 메서드에 하나 이
상의 파라미터를 추가하고 이에 맞게 로직을 변경해야 한다.

예제 10-24 파라미터를 받는 라우트 미들웨어 정의하기

```
public function handle($request, $next, $role)
{
    if (auth()->check() && auth()->user()->hasRole($role)) {
        return $next($request);
    }
```

```
    return redirect('login');
}
```

handle() 메서드에 파라미터 2개 이상을 넘길 수도 있다. 둘 이상의 파라미터를 넘길 때는 라우트 정의에서 쉼표(,)로 구분해서 입력한다.

```
Route::get('company', function () {
    return view('company.admin');
})->middleware('auth:owner,view');
```

폼 요청 객체

이번 장에서는 기본적이고 가장 흔히 쓰이는 요청 객체인 일루미네이트 요청 객체를 주입하는 방법을 다뤘다. 하지만 앞서 다룬 일루미네이트 요청 객체를 상속받은 폼 요청 객체를 주입할 수도 있다. 11장에서 커스텀 클래스를 어떻게 바인드하고 주입하는지 더 배우겠지만, 폼 요청 객체를 만들고 사용하는 방법에 대해 더 알고 싶으면 7.5절 '폼 요청 객체'를 참조하자.

10.5 신뢰할 수 있는 프록시

여러분의 프로젝트가 AWS 클라우드에서 애플리케이션 로드 밸런서^{Application Load Balancer}(ALB)와 같이 리버스 프록시 역할을 하는 로드 밸런서 뒤에서 작동하도록 서비스를 구성했다고 생각해보자. 사용자는 HTTPS 프로토콜로 접속을 했는데, URL 헬퍼 함수를 사용해서 생성한 링크가 HTTP 기반으로 생성되는 일이 발생하거나 시간당 접속 제한 미들웨어를 활성화했을 때 모든 트래픽이 제한되는 경우가 발생하는 일이 생길 수 있다. 이런 문제들의 원인은 리버스 프록시로 동작하는 로드 밸런서에서 전달되는 X_FORWARDED_PROTO, X_FORWARDED_PORT, X_FORWARDED_FOR를 라라벨 애플리케이션에서 처리하지 못하기 때문이다.

따라서 애플리케이션의 앞에서 작동하는 프록시를 신뢰할 수 있다고 설정하는 작업이 필요하다. 라라벨에서는 이런 작업을 수행하는 **신뢰할 수 있는 프록시**^{TrustedProxy}(http://bit.

ly/2HEi3tR) 기능이 내장되어 있다.

App\Http\Middleware\TrustProxies 미들웨어의 $proxies 배열에 신뢰할 수 있는 로드 밸런서나, 프록시의 IP를 추가하고 모든 X_FORWARDED 헤더를 적용할 것인지 아니면 일부만 적용할지 결정할 수 있다. [예제 10-25]를 살펴보자.

예제 10-25 TrustProxies 미들웨어 설정하기

```
/**
 * 신뢰할 수 있는 프록시
 *
 * @var array
 */
protected $proxies = [
    '192.168.1.1',
    '192.168.1.2',
];

/**
 * 프록시를 감지하는 데 사용하는 헤더
 *
 * @var string
 */
protected $headers = Request::HEADER_X_FORWARDED_ALL;
```

$headers 배열은 기본적으로 모든 전달된 헤더를 허용하도록 되어 있다. 만약 이를 변경하려면 신뢰하는 프록시 헤더에 대한 심포니 문서를 살펴보자(http://bit.ly/2UY7Pri).

10.6 테스트

여러분이 개발 과정에서 로직을 확인하기 위해서 요청 객체, 응답 객체, 미들웨어를 사용하는 것을 제외하고도 라라벨은 테스팅을 위해서 이 기능들을 활용한다.

$this->get('/')과 같이 애플리케이션 테스트를 작성한 경우, 실제 사용자가 브라우저에서 이 주소로 접속했을 때 생성되는 요청 객체와 동일한 요청 객체가 생성되어 코드를 테스트하는 데 사용된다. 이 때문에 애플리케이션 테스트는 실제 환경과 완벽하게 동일한 환경에서 정확하

게 수행될 수 있다. 애플리케이션은 처리하는 요청 객체가 테스트를 위해서 생성된 것인지, 실제 사용자가 보낸 것인지 구분하지 못한다.

같은 맥락에서 여러분이 작성한 많은 어서션(예를 들어 assertResponseOk()) 코드는 애플리케이션 테스팅 프레임워크가 생성한 응답 객체를 대상으로 한다. assertResponseOk() 메서드는 응답 객체의 isOk() 메서드가 true를 반환하는지(단지 상태 코드가 200인지 확인하는 것이다) 확인한다. 결국 애플리케이션 테스팅에 있는 모든 작업들이 마치 진짜 페이지 요청인 것처럼 작동한다.

테스트에 사용할 요청 객체가 필요한 상황이라면 어떻게 할까? $request = request()로 언제든 컨테이너에서 가져올 수 있다. 또는 객체를 직접 만들어도 된다. Request 클래스의 생성자 파라미터는 다음과 같고 모두 필수 파라미터가 아니다.

```
$request = new Illuminate\Http\Request(
    $query,      // GET 배열
    $request,    // POST 배열
    $attributes, // 속성 배열: 비어 있어도 괜찮음
    $cookies,    // 쿠키 배열
    $files,      // 파일 배열
    $server,     // 서버 배열
    $content     // 본문 로 데이터
);
```

위의 코드를 좀 더 자세히 이해하고 싶다면 심포니에서 생성하는 Symfony\Component\HttpFoundation\Request@createFromGlobals()를 살펴보길 바란다.

응답 객체는 필요한 경우 직접 만드는 것이 더 간단하다. 파라미터는 다음과 같고 마찬가지로 모두 필수 파라미터가 아니다.

```
$response = new Illuminate\Http\Response(
    $content, // 응답 콘텐츠
    $status,  // HTTP 상태, 기본값 200
    $headers  // 헤더 배열
);
```

마지막으로 애플리케이션 테스트 도중 미들웨어의 동작을 비활성화하려면 WithoutMiddleware

트레이트를 테스트 클래스에서 사용한다. 하나의 테스트 메서드에서만 미들웨어 동작을 비활성화하려면 $this->withoutMiddleware()를 사용할 수도 있다.

10.7 마치며

라라벨 애플리케이션으로 들어오는 모든 요청은 일루미네이트 요청 객체로 변환된다. 그런 다음 요청 객체는 모든 미들웨어를 거쳐 애플리케이션의 주요 로직에 전달되어 처리된다. 애플리케이션은 컨트롤러 등에서 응답 객체를 생성한다. 그런 다음 응답 객체는 모든 미들웨어를 거꾸로 거슬러 올라가 통과한 후 최종 사용자에게 반환된다.

요청와 응답 객체는 애플리케이션으로 유입되는 사용자의 요청과 서버에서 나가는 응답과 관련된 모든 정보를 캡슐화하고 표현하는 역할을 한다.

서비스 프로바이더는 애플리케이션에서 사용할 클래스를 바인딩하고 등록하기 위한 관련 동작을 한데 모은다.

미들웨어는 애플리케이션의 주요 로직을 둘러싸고 요청 객체와 응답 객체를 조회하고 변경하거나 필요한 경우 처리를 거부하는 응답을 반환할 수 있다.

## CHAPTER 11

컨테이너

라라벨의 서비스 컨테이너container 혹은 의존성 주입 컨테이너는 모든 기능 중에서 가장 핵심이다. 컨테이너는 인터페이스와 클래스의 인스턴스를 연결하고 의존성을 해결하는 데 사용할 수 있으며, 서로 연결된 의존성 네트워크를 관리하는 강력한 도구다. 이 장에서는 컨테이너가 무엇인지, 어떻게 작동하는지, 어떻게 사용하는지 알아본다.

NOTE_ 컨테이너를 지칭하는 이름

이 책이나 라라벨 매뉴얼 혹은 다른 학습 자료를 보면 컨테이너를 부르는 이름이 여럿이라는 걸 알게 될 것이다. 다음 네 가지는 모두 서비스 컨테이너를 지칭한다.

- 애플리케이션 컨테이너
- 제어의 역전inversion of control(IoC) 컨테이너
- 서비스 컨테이너
- 의존성 주입dependency injection(DI) 컨테이너

11.1 의존성 주입 훑어보기

의존성 주입이란 어떤 로직을 처리하기 위해서 생성해야 되는 의존 객체를 new 키워드로 직접 생성하는 대신에 외부에서 주입하는 것을 의미한다. 이때 주입 방식에 따라 **생성자 주입**constructor injection이 가장 흔히 쓰이는데, 이는 의존 객체가 객체 생성 시 주입되는 것을 뜻한다. 이외에도 클래스가 의존성을 주입받기 위한 메서드를 사용하는 **세터 주입**setter injection과 메서드가 호출될 때 의존성이 주입되는 **메서드 주입**method injection이 있다.

[예제 11-1]에서 가장 흔한 의존성 주입인 생성자 주입의 예를 살펴보자.

예제 11-1 기본 의존성 주입

```php
<?php

class UserMailer
{
    protected $mailer;

    public function __construct(Mailer $mailer)
    {
        $this->mailer = $mailer;
    }

    public function welcome($user)
    {
        return $this->mailer->mail($user->email, 'Welcome!');
    }
}
```

UserMailer 클래스는 인스턴스화될 때 Mailer 타입의 객체가 주입될 것으로 예상하고, welcome 메서드에서 Mailer 인스턴스를 사용하여 작업을 처리한다.

의존성 주입의 주요 이점은 다음과 같다. 어떤 것을 주입할지 손쉽게 변경하고, 테스트할 때 의존 객체를 목킹하면 테스팅을 더 수월하게 하며, 여러 객체 사이에 공유하는 의존 객체는 한 번만 인스턴스화한다.

> **제어의 역전**
>
> 여러분은 아마 **의존성 주**과 함께 사용되는 **제어의 역전**에 대해 들어본 적이 있을 것이다. 간혹 라라벨의 컨테이너는 IoC 컨테이너라고도 부른다.
>
> 두 개념은 매우 유사하다. 전통적인 프로그래밍에서는 가장 낮은 수준의 코드인 구상 클래스, 인스턴스, 절차적 코드가 자신이 어떤 객체 인스턴스를 사용할지 직접 '제어'한다(코드 안에서 직접 new 키워드로 인스턴스를 생성한다는 뜻이다). 예를 들어 이메일을 보내는 데 메일러를 사용한다면, 메일러를 사용하는 모든 클래스에서 Mailgun, Mandrill, Sendgrid 셋 중 어느 것을 쓸지 결정하고 new를 사용해서 인스턴스를 생성한다.
>
> 제어의 역전은 이 제어의 방향을 반대로 바꾸는 것이다. 메일러가 필요한 클래스에서 직접 메일러 인스턴스를 생성하지 않고, 애플리케이션 위쪽의 추상화된 영역에서 어떤 메일러를 사용할지 결정한다. 대부분 설정을 통해서 어떤 메일러를 사용할지 결정하는데, 아래쪽에 있는 구상 클래스와 인스턴스에서 '메일러 인스턴스를 달라'고 요청하면, 위쪽의 애플리케이션에서 이를 전달한다. 즉, 제어하는 방향이 반대가 됐으므로 이를 제어의 '역전'이라고 한다.
>
> 따라서 의존성 주입과 의존성 주입 컨테이너는 제어의 역전을 구현한 것이 된다. 메일러를 예로 들면 메일 송신이 필요한 클래스들은 메일러를 주입받을 때 Mailer 인터페이스를 주입받도록 코드를 작성하고 컨테이너에서 이 구현체 중 어떤 것을 제공할지 정의할 수 있기 때문이다.

11.2 의존성 주입과 라라벨

가장 흔히 쓰이는 의존성 주입 패턴은 [예제 11-1]처럼 생성자 주입으로 객체가 생성될 때 의존성을 주입하는 것이다. [예제 11-1]의 UserMailer 클래스를 보자. [예제 11-2]는 UserMailer 클래스의 인스턴스를 만들고 사용하는 방법을 보여준다.

예제 11-2 간단한 수동 의존성 주입

```
$mailer = new MailgunMailer($mailgunKey, $mailgunSecret, $mailgunOptions);
$userMailer = new UserMailer($mailer);

$userMailer->welcome($user);
```

이제 `UserMailer` 클래스가 메시지를 보낼 때마다 로그도 남기고 슬랙에 알림도 전송하길 원한다고 해보자. 어떤 모습인지 [예제 11-3]에서 볼 수 있다. 새 인스턴스를 만들 때마다 이 모든 작업을 해야 한다면 다루기 어려워지기 시작한다. 특히 어딘가에서 파라미터를 가져와야 한다고 생각하면 더 그렇다.

예제 11-3 조금 더 복잡한 수동 의존성 주입

```
$mailer = new MailgunMailer($mailgunKey, $mailgunSecret, $mailgunOptions);
$logger = new Logger($logPath, $minimumLogLevel);
$slack = new Slack($slackKey, $slackSecret, $channelName, $channelIcon);
$userMailer = new UserMailer($mailer, $logger, $slack);

$userMailer->welcome($user);
```

`UserMailer`를 쓰고 싶을 때마다 이 코드를 작성해야 한다고 상상해보라. 의존성 주입은 좋지만 매번 이렇게 코드를 작성하고 싶진 않을 것이다.

11.3 app() 글로벌 헬퍼

컨테이너가 실제로 어떻게 작동하는지 알아보기 전에 컨테이너에서 객체를 가져오는 가장 간단한 방법인 app() 헬퍼를 살펴보자.

app() 헬퍼에 정규화된 클래스명^{fully qualified class name}(FQCN, 예를 들어 `App\ThingDoer`)이나 라라벨 단축 키워드 문자열(곧 다시 설명한다)을 넣으면 해당 클래스의 인스턴스를 반환한다.

```
$logger = app(Logger::class);
```

이는 컨테이너를 사용하는 가장 간단한 방법이다. 이 방법은 쉽고 간편하게 클래스의 인스턴스를 생성해서 반환해준다. 곧 확인하겠지만 `new Logger`와 비슷하지만 훨씬 더 나은 방법이다.

앞서 본 Logger 인스턴스를 만드는 코드는 아주 간단해 보인다. 하지만 [예제 11-3]에서 $logger 클래스가 생성될 때는 $logPath와 $minimumLogLevel 2개의 파라미터가 필요하다는 것을 알 수 있다. 그렇다면 컨테이너가 어떤 값을 넘겨줘야 할지 어떻게 알 수 있을까?

정답은 '모른다'이다. 클래스의 생성자 메서드에서 파라미터가 필요 없는 경우라면 클래스의 인스턴스를 app() 글로벌 헬퍼만 사용해서 만들 수 있지만, 그냥 new Logger를 쓸 수도 있다. 그렇지만 생성자 메서드에서 의존하는 객체가 필요한 경우와 같이 복잡하다면, 컨테이너를 사용하는 것이 빛을 발한다. 그리고 이때가 컨테이너가 정확히 어떻게 생성자 메서드의 파라미터를 가지고 인스턴스를 생성해야 하는지 파악하는 시점이다.

11.4 컨테이너는 어떻게 의존 객체를 연결하는가?

Logger 클래스를 깊게 알아보기 전에 다음 예제를 보자.

```
class Bar
{
    public function __construct() {}
}

class Baz
{
    public function __construct() {}
}

class Foo
{
    public function __construct(Bar $bar, Baz $baz) {}
}

$foo = app(Foo::class);
```

[예제 11-3]에서 메일러 예제와 비슷하다. 다른 점이 있다면 의존성(Bar와 Baz)이 단순해서 컨테이너가 추가적인 정보 없이도 해석할 수 있다는 점이다. 컨테이너는 Foo 생성자에 있는 타입힌트를 읽고 Bar와 Baz 인스턴스를 확인한 다음 Foo 인스턴스가 생성될 때 이들을 주입한다. 이를 **오토와이어링**autowiring이라고 한다(자동으로 연결된다는 의미다). 오토와이어링은 개발자가 명시적으로 클래스를 컨테이너에 연결할 필요 없이 타입힌트에 기반해서 인스턴스를 식별하는 기능이다.

오토와이어링은 클래스가 컨테이너에 명시적으로 이 클래스와 저 클래스가 서로 연결되어 있다고 알리지 않아도(Foo, Bar, Baz처럼), 컨테이너가 이를 알고 알아서 해결한다는(인스턴스화할 수 있다는) 것을 의미한다. 이는 생성자 메서드에 의존성이 없는(Bar와 Baz 같은) 클래스와 생성자 메서드에 의존성을 가지며 컨테이너가 식별할 수 있는(Foo 같은) 클래스가 컨테이너에 의해 인스턴스화될 수 있다는 것을 의미한다.

따라서 의존성을 해결할 수 없는 생성자 메서드 파라미터를 가진 클래스만 의존성 해결 방법을 따로 알려주면 된다. 로그 파일의 위치와 로그 레벨과 관련된 파라미터를 가진 [예제 11-3]의 $logger 클래스가 그 예다. 이런 것들을 위해 컨테이너에 대상 클래스 또는 인터페이스를 어떻게 인스턴스화하는지 명시적으로 등록(바인딩)하는 방법을 익혀야 한다.

11.5 컨테이너에 클래스 바인딩하기

라라벨 컨테이너에 클래스를 바인딩한다는 것은 본질적으로 컨테이너에게 '만약 개발자가 Logger 인터페이스의 인스턴스를 요구하면, 이 파라미터를 가지고 의존성을 해결(즉 인스턴스화한 다음 반환)하라'고 이야기하는 것이다.

개발자가 특정 문자열(일반적으로 정규화된 클래스명)로 요청을 하더라도, 그 문자열을 어떻게 해석해서 인스턴스를 반환할지 컨테이너에게 가르치는 것이다.

11.5.1 클로저를 바인딩하기

컨테이너에 바인딩하는 방법을 알아보자. 컨테이너에 바인딩하기 적절한 위치는 서비스 프로바이더의 register() 메서드다.

예제 11-5 기본적인 컨테이너 바인딩

```
// 어떤 서비스 프로바이더 내에서 (아마도 LoggerServiceProvider)
public function register()
{
    $this->app->bind(Logger::class, function ($app) {
        return new Logger('/log/path/here', 'error');
    });
}
```

위 예제에서 주목할 만한 점이 몇 가지 있다. 첫째, $this->app->bind()를 살펴보자. $this->app은 모든 서비스 프로바이더에서 사용할 수 있는 컨테이너의 인스턴스다. 컨테이너의 bind() 메서드는 컨테이너에 바인드할 때 사용하는 메서드다.

bind()의 첫 번째 파라미터는 식별용 '키'다. 여기엔 대개 정규화된 클래스명(::class로 표시하는)을 사용한다. 두 번째 파라미터는 무엇을 바인드하는지에 따라 달라진다. 하지만 본질적으로는 키에 연결된 인스턴스를 만들어서 돌려주려면 어떤 과정을 거쳐야 하는지 컨테이너에게 알려주는 무엇인가가 되어야 한다.

이 예제에서는 클로저를 전달한다. 그래서 이제 누군가가 app(Logger::class)를 실행하면 클로저의 실행 결과를 반환받는다. 클로저는 컨테이너 자체의 인스턴스($app)가 인자로 전달되므로 컨테이너에서 가져올 의존 객체가 있다면 [예제 11-6]처럼 클로저 내부에서 사용할 수 있다.

예제 11-6 컨테이너 클로저 바인딩에서 전달받은 $app 인자 사용하기

```
// 이 바인딩은 기술적으로 특별할 게 아무것도 없다.
// 컨테이너의 오토와이어링으로 의존성이 다 해결되기 때문이다.
$this->app->bind(UserMailer::class, function ($app) {
    return new UserMailer(
        $app->make(Mailer::class),
        $app->make(Logger::class),
        $app->make(Slack::class)
    );
});
```

이 클로저는 클래스의 새로운 인스턴스를 요청할 때마다 실행되고, 새로운 인스턴스 결과물이 반환될 것이라는 점에 유의하자.

11.5.2 싱글턴, 별칭, 인스턴스에 바인딩하기

앞서 살펴본 bind() 메서드와 다르게 바인딩한 클로저의 결과를 캐싱해서 인스턴스를 요청할 때마다 새로운 인스턴스를 생성하지 않고 캐싱한 인스턴스를 반환하게 할 수 있다. 이를 **싱글턴 패턴**singleton pattern이라고 하며 singleton() 메서드를 사용해서 바인딩한다. 다음 예제를 보자.

예제 11-7 컨테이너에 싱글턴 바인딩하기

```
public function register()
{
    $this->app->singleton(Logger::class, function () {
        return new Logger('\log\path\here', 'error');
    });
}
```

싱글턴으로 반환하길 원하는 객체의 인스턴스를 이미 가지고 있는 경우 [예제 11-8]에서처럼 싱글턴과 유사한 instance() 메서드를 사용할 수 있다.

```
public function register()
{
    $logger = new Logger('\log\path\here', 'error');
    $this->app->instance(Logger::class, $logger);
}
```

마지막으로 클래스에 별칭을 붙이거나, 단축 문자열 키에 클래스를 바인드하거나, 클래스에 단축 문자열 키를 바인드하려면 [예제 11-9]처럼 문자열 2개를 전달하자.

예제 11-9 클래스와 문자열에 별칭 붙이기

```
// Logger를 요청받으면 FirstLogger를 준다.
$this->app->bind(Logger::class, FirstLogger::class);

// log를 요청받으면 FirstLogger를 준다.
$this->app->bind('log', FirstLogger::class);

// log를 요청받으면 FirstLogger를 준다.
$this->app->alias(FirstLogger::class, 'log');
```

단축 문자열 키는 라라벨 코어에서 흔하게 쓰인다는 점에 주목하자. 라라벨은 log와 같이 기억하기 쉬운 키를 사용해서 핵심 기능을 제공하여 클래스에 빠르게 접근할 수 있게 한다.

11.5.3 인스턴스를 인터페이스에 바인딩하기

클래스명에 인스턴스를 바인드하거나 단축 문자열 키에 클래스를 바인드한 것처럼 인터페이스에도 바인드할 수 있다. 라라벨의 아주 강력한 기능이다. [예제 11-10]과 같이 메서드의 파라미터를 클래스명이 아닌 인터페이스로 타입힌트할 수 있기 때문이다.

예제 11-10 타입힌팅과 인터페이스에 바인딩하기

```
...
use Interfaces\Mailer as MailerInterface;

class UserMailer
```

```
{
    protected $mailer;

    public function __construct(MailerInterface $mailer)
    {
        $this->mailer = $mailer;
    }
}

// Service provider
public function register()
{
    $this->app->bind(\Interfaces\Mailer::class, function () {
        return new MailgunMailer(...);
    });
}
```

이제 **Mailer**나 **Logger** 인터페이스를 코드 전반에 걸쳐 타입힌트할 수 있고, 모든 곳에서 사용할 특정 메일러나 로거를 서비스 프로바이더에서 한 번만 선택하면 된다. 바로 제어의 역전을 구현한 것이다.

이 패턴을 사용함으로써 얻을 수 있는 가장 큰 이점은 다음과 같다. 나중에 **Mailgun**이 아닌 다른 메일 송신 서비스를 사용하기로 했을 때, 새로운 송신 서비스용 메일 클래스가 **Mailer** 인터페이스를 구현하기만 하면, 서비스 프로바이더에서 코드 교체만 해도 잘 작동한다. 나머지 코드에는 손을 대지 않아도 된다. 바로 코드의 재사용이 가능해지는 것이다.

11.5.4 상황에 따라 바인딩하기

가끔은 상황에 따라 인터페이스의 의존성 해결이 다르게 해석되어야 할 수 있다. 동일한 로그 인터페이스의 의존성을 해결하고자 하더라도 어떤 경우에는 로컬 syslog에 로그를 남기고, 어떤 경우에는 외부 서비스에 로그를 기록해야 할 수도 있다. 이런 경우 컨테이너가 이 둘을 구분 지을 수 있게 해주어야 한다. 다음 예제를 보자.

```
// 서비스 프로바이더 안에서
public function register()
{
    // FileWrangler 클래스에서 의존성 해결할 경우 SysLog 반환
    $this->app->when(FileWrangler::class)
        ->needs(Interfaces\Logger::class)
        ->give(Loggers\Syslog::class);

    // SendWelcomeEmail 클래스에서 의존성 해결할 경우 PaperTrail 반환
    $this->app->when(Jobs\SendWelcomeEmail::class)
        ->needs(Interfaces\Logger::class)
        ->give(Loggers\PaperTrail::class);
}
```

11.6 라라벨 프레임워크의 주요 클래스의 생성자 주입

지금까지 생성자 주입의 개념과 컨테이너가 어떻게 클래스나 인터페이스에 인스턴스를 연결하는지 알아보았다. 인스턴스를 만들기 위해 app() 헬퍼를 사용하는 게 얼마나 쉬운지와 인스턴스가 생성될 때 컨테이너가 생성자 의존성을 어떻게 해결하는지도 살펴보았다.

라라벨 컨테이너가 애플리케이션의 주요 클래스에서 필요한 의존성을 어떻게 해결하는지 살펴보자. 모든 컨트롤러는 컨테이너가 인스턴스화한다. 컨트롤러에서 로거 인스턴스를 사용하고 싶다면, 컨트롤러 생성자에 로거 클래스를 타입힌트한다. 그러면 라라벨이 컨트롤러를 생성할 때 컨테이너에서 로거 인스턴스를 가져와 사용할 수 있게 해준다. 다음 예제를 보자.

예제 11-12 컨트롤러의 생성자 메서드에 의존성 주입하기

```
...
class MyController extends Controller
{
    protected $logger;

    public function __construct(Logger $logger)
    {
```

```
        $this->logger = $logger;
    }

    public function index()
    {
        // 코드
        $this->logger->error('Something happened');
    }
}
```

컨테이너는 컨트롤러, 미들웨어, 대기 큐 작업, 이벤트 리스너, 애플리케이션 라이프사이클의
처리 과정 중에서 라라벨이 자동으로 생성하는 모든 클래스의 의존성을 해결한다. 그러므로 이
클래스들은 모두 생성자에 의존 객체를 타입힌트할 수 있고, 타입힌트된 의존 객체는 자동으로
주입된다고 예상할 수 있다.

11.7 메서드 주입

라라벨에는 생성자 외에도 의존성 주입을 처리하는 곳이 있다. 바로 **메서드**다. 메서드 주입을
가장 많이 사용하는 곳은 컨트롤러 메서드다. 컨트롤러 메서드에서 의존 객체를 필요로 하는
경우 다음 예제처럼 주입할 수 있다.

예제 11-13 컨트롤러 메서드에 의존성 주입하기

```
...
class MyController extends Controller
{
    // 메서드 의존성은 라우트 파라미터 앞이나 뒤에 적어줄 수 있다.
    public function show(Logger $logger, $id)
    {
        // 코드
        $logger->error('Something happened');
    }
}
```

makeWith()를 써서 의존성 해결이 불가능한 생성자 파라미터 전달하기

라라벨에서는 app() 헬퍼 함수, $container->make() 등을 사용하여 클래스의 인스턴스를 가져오려고 할 때 추가적인 파라미터를 전달하지 않아도 클래스의 의존성이 해결된다고(즉, 인스턴스를 생성할 수 있다고) 가정한다. 그런데 만약 생성자 메서드에 타입이 지정되지 않은 인자가 있어서 컨테이너가 자동으로 의존성을 해결하지 못할 때는 어떻게 할까? 이럴 때에는 makeWith() 메서드를 사용할 수 있다.

```
class Foo
{
    public function __construct($bar)
    {
        // ...
    }
}

$foo = $this->app->makeWith(
    Foo::class,
    ['bar' => 'value']
);
```

실제 이렇게 의존성을 해결하는 경우는 매우 드물다. 컨테이너에서 해결되는 대부분의 클래스는 생성자에서 타입힌트된 의존성만 갖는다.

서비스 프로바이더의 boot() 메서드에서도 메서드 주입을 할 수 있다. 컨테이너를 이용해서 필요한 클래스의 메서드를 임의로 호출할 수 있다. [예제 11-14]와 같이 메서드 주입이 가능하다.

예제 11-14 컨테이너의 call() 메서드를 사용해서 클래스 메서드를 직접 호출하기

```
class Foo
{
    public function bar($parameter1) {}
}

// 첫 번째 파라미터에 'value'라는 값을 전달하면서 'Foo'에 있는 'bar' 메서드 호출하기
app()->call('Foo@bar', ['parameter1' => 'value']);
```

11.8 퍼사드와 컨테이너

지금까지 여러 장에 걸쳐서 퍼사드를 꽤 많이 다루었지만 퍼사드가 실제로 어떻게 작동하는지 살펴보지는 않았다.

라라벨의 퍼사드는 라라벨의 핵심 컨테이너에 쉽게 접근하게 하는 클래스다. 퍼사드에는 두 가지 특징이 있다. 첫째, 모든 퍼사드는 글로벌 네임스페이스로(\Log는 \Illuminate\Suppot\Facades\Log의 별칭이다) 사용할 수 있다. 둘째, 정적 메서드를 이용해 비정적 자원에 접근한다.

이번 장에서 로깅을 이미 다뤄봤으니 Log 퍼사드를 살펴보자. 컨트롤러나 뷰에서 다음과 같은 호출을 자주 다루게 될 것이다.

```
Log::alert('Something has gone wrong!');
```

퍼사드를 사용하지 않고 똑같이 호출하려면 다음과 같이 호출해야 한다.

```
$logger = app('log');
$logger->alert('Something has gone wrong!');
```

위의 코드에서 볼 수 있듯이 퍼사드는 정적 호출(인스턴스에서 호출하는 대신 ::를 써서 클래스 자체에서 하는 모든 메서드 호출)을 인스턴스의 일반 메서드 호출로 바꿔준다.

TIP **퍼사드 네임스페이스 임포트하기**

퍼사드를 사용하는 클래스에 네임스페이스가 설정된 경우에는 파일 상단에서 퍼사드의 네임스페이스를 임포트해야 한다.

```
...
use Illuminate\Support\Facades\Log;

class Controller extends Controller
{
    public function index()
    {
        // ...
        Log::error('Something went wrong!');
    }
```

11.8.1 퍼사드는 어떻게 작동하는가

Cache 퍼사드를 통해 실제로 퍼사드가 어떻게 작동하는지 알아보자.

우선 Illuminate\Support\Facades\Cache 파일을 확인해 보자. [예제 11-15]와 같은 내용을 볼 수 있을 것이다.

예제 11-15 Cache 퍼사드 클래스

```php
<?php

namespace Illuminate\Support\Facades;

class Cache extends Facade
{
    protected static function getFacadeAccessor()
    {
        return 'cache';
    }
}
```

모든 퍼사드는 getFacadeAccessor()라는 단 하나의 메서드만 가지고 있다. 이 메서드는 라라벨이 컨테이너에서 이 퍼사드에 해당하는 인스턴스를 찾는 데 사용할 키를 알려준다.

예제에서는 Cache 퍼사드에 대한 모든 메서드 호출은 컨테이너에서 cache 단축 문자열 키로 얻는 인스턴스에 대한 메서드 호출로 프록시됨을 볼 수 있다. 물론 cache는 실제 클래스나 인터페이스 이름은 아니고 앞서 언급한 단축 문자열 키 지정된 문자열 중 하나다.

그래서 실제로는 다음과 같은 일이 벌어진다.

```php
Cache::get('key');

// 위의 코드는 아래와 같다...

app('cache')->get('key');
```

각 퍼사드 접근자가 어떤 클래스를 가리키는지 찾아볼 수 있는 몇 가지 방법이 있는데, 매뉴얼 (https://laravel.kr/docs/facades)을 확인하는 게 가장 쉽다. 매뉴얼에는 각 퍼사드가 어떤 컨테이너 바인딩(cache 같은 단축 문자열 키)에 연결되어 있고, 어떤 클래스를 반환하는지 보여주는 표가 있다. 표는 아래와 같은 모양이다.

퍼사드	클래스	서비스 컨테이너 바인딩
App	Illuminate\Foundation\Application	app
...	...	...
Cache	Illuminate\Cache\CacheManager	cache
...	...	...

이 표를 통해 세 가지를 알 수 있다.

첫째, 퍼사드에서 어떤 메서드를 사용할 수 있는지 확인할 수 있다. 퍼사드가 나타내는 원래의 클래스를 찾아 사용할 수 있는 메서드를 살펴보면 된다. 그 클래스의 모든 public 메서드를 퍼사드에서 호출할 수 있다.

둘째, 의존성 주입을 이용해서 퍼사드의 본체 클래스를 주입하는 방법을 알 수 있다. 만약 퍼사드의 기능은 사용하고 싶지만 퍼사드보다 의존성 주입을 선호한다면, 퍼사드의 본체 클래스를 타입힌트하거나 app()으로 인스턴스를 가져와서 퍼사드에서 호출하는 것과 같은 메서드를 호출하면 된다.

셋째, 직접 퍼사드를 만드는 방법을 알 수 있다. Illuminate\Support\Facades\Facade를 상속받는 퍼사드 클래스를 만들고 문자열을 반환하는 getFacadeAccessor() 메서드를 추가한다. 문자열은 컨테이너에서 퍼사드의 본체를 식별할 때 사용할 대상(그냥 정규화된 클래스명을 써도 된다)을 적는다. 마지막으로 config/app.php의 aliases 배열에 생성한 퍼사드를 추가한다.

11.8.2 실시간 퍼사드

실시간 퍼사드real-time facade란 클래스 인스턴스 메서드를 정적 메서드로 호출하기 위해 새로운 클래스를 만드는 대신, 간단하게 정규화된 클래스명 앞에 Facades\를 붙이고 퍼사드처럼 쓸 수 있게 하는 기능이다. [예제 11-16]는 실시간 퍼사드가 어떻게 작동하는지 보여준다.

```
namespace App;

class Charts
{
    public function burndown()
    {
        // ...
    }
}

<h2>Burndown Chart</h2>
{{ Facades\App\Charts::burndown() }}
```

burndown()이 정적 메서드가 아님에도 전체 클래스명 앞에 Facades\를 붙여 실시간 퍼사드
의 정적 메서드로 접근 가능해진 것을 볼 수 있다.

11.9 컨테이너와 서비스 프로바이더

서비스 프로바이더에 대한 기본 내용은 10장에서(10.1.2절 '서비스 프로바이더' 참조) 다뤘
다. 컨테이너와 관련해 가장 중요하게 기억할 만한 것은 서비스 프로바이더의 register() 메
서드에서 바인딩을 해야 한다는 것이다.

라라벨 프레임워크를 설치하면 기본적으로 제공되는 App\Providers\AppServiceProvider
에 바인딩을 몰아 넣어도 된다. 하지만 식별하기 편하도록 기능을 그룹별로 나누어 고유한 서
비스 프로바이더를 만들고 register() 메서드에 필요한 클래스를 등록하는 게 더 낫다.

11.10 테스트

제어의 역전과 의존성 주입을 사용할 줄 알면 라라벨에서 테스트를 더 다채롭게 활용할 수 있다.
예를 들어, 애플리케이션이 테스트 중인지 아닌지 여부에 따라 다른 로거를 바인드할 수 있다.

메일 송신 서비스의 실제 환경에서는 메일건을 사용하지만, 테스트 시에는 로컬 이메일 로거를 사용하게 할 수도 있다. 환경에 따른 연결의 변경은 .env 설정 파일을 이용하는 것이 더 쉽지만, 다른 인터페이스나 클래스도 모두 비슷한 방식으로 교체할 수 있다.

필요하다면 클래스와 인터페이스를 다시 명시적으로 바인딩해 기존 바인딩을 덮어 쓸 수도 있다. 다음 예제를 보자.

예제 11-17 테스트에서 바인딩 덮어 쓰기

```
public function test_it_does_something()
{
    app()->bind(Interfaces\Logger, function () {
        return new DevNullLogger;
    });

    // 코드
}
```

만일 테스트용으로 특정 클래스나 인터페이스의 바인딩을 재설정할 필요가 있다면(흔한 일은 아니다), [예제 11-18]처럼 테스트 클래스의 setUp() 메서드나 라라벨의 TestCase에의 기본 테스트의 setUp() 메서드에서 재설정할 수 있다.

예제 11-18 테스트 클래스 내에서 사용되는 모든 메서드를 위해 바인딩을 덮어 쓰기

```
class TestCase extends \Illuminate\Foundation\Testing\TestCase
{
    public function setUp(): void
    {
        parent::setUp();

        app()->bind('whatever', 'whatever else');
    }
}
```

목커리Mockery 같은 테스팅 도구를 사용할 때는 클래스의 목, 스파이, 스텁을 만들어서 컨테이너에 바인드해 쓰는 게 일반적이다.

11.11 마치며

라라벨의 서비스 컨테이너는 여러 이름을 가지고 있지만, 뭐라고 부르든 최종 목표는 같다. 특정 문자열 이름을 인스턴스로 해석해서 가져오는 방법을 정의하기 쉽게 만드는 것이다. 문자열 이름은 클래스나 인터페이스의 정규화된 클래스명이나, log 같은 단축 문자열 키가 사용된다.

각 바인딩은 애플리케이션에게 주어진 문자열 키(예를 들어, app('log'))에 연결된 인스턴스로 만들어 반환하는 방법을 알려준다.

컨테이너는 의존성을 재귀적으로 처리할 수 있다. 따라서 생성자 메서드에서 의존하는 클래스의 인스턴스를 쓰려면, 컨테이너가 타입힌트에 기반해 의존성을 재귀적으로 해결하고 클래스에 생성자 메서드에 주입한다. 그럼 최종적으로 원하는 인스턴스를 반환한다.

컨테이너에 바인딩하는 방법은 몇 가지가 있는데 모두 특정 문자열 받았을 때 어떤 것을 반환할지 정의하는 것으로 귀결된다.

퍼사드는 일종의 간단한 단축 기능이라고 할 수 있는데, 컨테이너에서 특정 인스턴스를 찾아와서 비정적 메서드를 호출하는 대신 루트 네임스페이스로 별칭한 클래스에서 정적 메서드로 호출할 수 있게 해준다. 실시간 퍼사드를 사용하면 정규화된 클래스명 앞에 Facades\를 붙여서 모든 클래스를 퍼사드처럼 취급할 수 있다.

CHAPTER 12

테스트

개발자들은 애플리케이션 개발 시 테스트가 필수이며, 테스트를 통과한 코드가 좋은 코드라고 생각하는 경향이 있다. 여러분도 아마 테스트에 대한 글과 튜토리얼을 접해본 적이 있을 것이고 테스트가 필요하다고 느껴졌을 것이다.

하지만 테스트가 필요한 이유를 아는 것과 테스트를 할 줄 아는 것에는 큰 차이가 있다. PHP에는 PHPUnit(유닛 테스트), 목커리, PHPSpec(BDD)과 같은 다양한 테스트 도구가 있지만 이 모든 것을 제대로 설정하기는 매우 어렵다.

라라벨에는 기본적으로 테스트를 위한 PHPUnit, 목커리, 페이커(더미 데이터 생성)가 프레임워크와 통합되어 있다. 이를 기반으로 애플리케이션 테스트를 간단하게 수행할 수 있고 테스트 코드를 좀 더 견고하게 작성할 수 있다. 이 도구들을 사용해서 사이트의 URL에 해당하는 콘텐츠를 크롤링하고 폼에 값을 입력하여 전송한 뒤에 응답의 HTTP 상태 코드를 확인하거나 JSON 응답의 값을 검증하는 작업을 처리할 수 있다. 필요하다면 프런트엔드 자바스크립트 동작을 테스트할 수 있는 더스크라는 테스팅 프레임워크도 사용할 수 있다.

라라벨 프레임워크는 여러분이 테스트를 쉽게 시작할 수 있도록 샘플 애플리케이션 테스트를 제공한다. 즉 복잡한 설정을 하지 않아도 된다. 라라벨 프로젝트를 새로 시작하면 이미 기본 설정이 되어 있으므로 테스트 환경을 설정하느라 시간을 들이지 않아도 된다. 테스트를 어렵게 하는 장애물이 하나 줄었다.

자, 라라벨 프레임워크가 제공하는 다양한 테스트 기능을 이 장에서 하나씩 살펴보자.

12.1 테스트 기초

테스트 용어

이 장에서는 다음 네 가지 주요 용어를 사용한다.

1 유닛 테스트unit test

일반적으로 코드의 양이 적고 상대적으로 독립적인 단위(클래스나 메서드)를 대상으로 테스트한다.

2 기능 테스트feature test

개별 유닛들이 함께 작동하는 방법과 메시지를 전달하는 방법 등을 테스트한다.

3 애플리케이션 테스트application test

인수 테스트acceptance test나 동작 테스트functional test라고도 부른다. 주로 HTTP 호출같이 애플리케이션의 외부에서 애플리케이션의 전체 동작을 테스트한다.

4 회귀 테스트regression test

애플리케이션 테스트와 비슷하지만 사용자의 행동을 더 정확히 묘사하고 그 행위가 애플리케이션을 중단시키지 않는지에 초점을 둔다. 애플리케이션 테스트와 회귀 테스트의 경계는 모호하지만, 주로 테스트의 충실도에 따라 구분된다. 예를 들어 애플리케이션 테스트는 '브라우저는 people 엔드포인트에 POST 요청을 할 수 있고, users 테이블에 새로운 레코드가 추가되어야 한다'고 정의하는 반면, 회귀 테스트는 '이 폼의 입력 데이터가 채워진 상태에서 이 버튼을 클릭하면 사용자가 페이지에서 결과를 확인할 수 있어야 한다'고 정의한다. 테스트가 실제 동작과 유사한 것은 회귀 테스트다. 이렇게 테스트 조건이 실제 조건과 유사하고, 수행된 작업을 묘사하는 범위가 자세한 것을 테스트의 충실도fidelity가 높다고 표현한다.

라라벨의 테스트 파일은 tests 디렉터리에 존재한다. tests 디렉터리에는 파일이 2개 있다. TestCase.php는 모든 다른 테스트 클래스가 상속받는 클래스이고 CreatesApplication. php는 TestCase.php에서 사용하는 트레이트인데, 테스트를 위한 샘플 라라벨 애플리케이션을 부트스트래핑하는 역할을 한다.

tests 디렉터리에는 하위 디렉터리가 2개 더 있다. Features는 여러 테스트를 묶어서 테스트하기 적당한 곳이고, Unit은 단위(클래스, 모듈, 함수 등) 테스트를 위한 디렉터리다. 각 디렉터리는 ExampleTest.php를 가진다. 이 파일에는 바로 실행해볼 수 있는 샘플 테스트 코드가 하나씩 들어 있다.

Unit 디렉터리에 있는 ExampleTest는 간단한 **어서션**assertion 코드 하나를 가지고 있다. $this->

assertTrue(true)이다. 유닛 테스트는 PHPUnit 문법보다 상대적으로 단순하므로(값이 같거나 다른지 확인하거나, 배열에서 항목이 있는지 찾아보거나, 참/거짓을 확인하는 등), 추가로 더 언급하진 않는다.

기본 PHPUnit 어서션

PHPUnit을 사용한 기본적인 어서션은 $this 객체를 사용한 다음과 같은 형태로 실행될 것이다.

```
$this->assertWHATEVER($expected, $real);
```

두 값이 동일한지 확인해보고 싶다면 첫 번째 파라미터에는 예상되는 결과 값을, 두 번째 파라미터에는 테스트하려는 객체나 시스템의 실제 결과를 넣으면 된다.

```
$multiplicationResult = $myCalculator->multiply(5, 3);
$this->assertEquals(15, $multiplicationResult);
```

[예제 12-1]에서 보듯이 Feature 디렉터리에 있는 ExampleTest는 애플리케이션의 루트 경로에 해당하는 페이지로 보내는 모의 HTTP 요청을 만들고, 그 HTTP 상태가 200(성공)인지 확인한다. 만약 200이면 통과하고 그렇지 않으면 실패한다. 일반적인 PHPUnit 테스트와 다르게 테스트 HTTP 호출이 반환하는 TestResponse 객체에서 어서션 메서드를 실행한다.

예제 **12-1** tests/Feature/ExampleTest.php

```php
<?php

namespace Tests\Feature;

use Tests\TestCase;
use Illuminate\Foundation\Testing\RefreshDatabase;

class ExampleTest extends TestCase
{
    /**
     * 기본 테스트 예제
     *
     * @return void
     */
    public function testBasicTest()
    {
        $response = $this->get('/');
```

```
        $response->assertStatus(200);
    }
}
```

테스트를 실행하려면 명령줄의 애플리케이션의 루트 디렉터리에서 ./vendor/bin/phpunit
을 실행한다. 그럼 [예제 12-2]의 출력과 비슷한 것을 보게 될 것이다.

예제 12-2 ExampleTest 출력 샘플

```
PHPUnit {x.y.z} by Sebastian Bergmann and contributors.

..                                                          2 / 2 (100%)

Time: 139 ms, Memory: 12.00MB

OK (2 test, 2 assertions)
```

여러분은 방금 첫 번째 라라벨 애플리케이션 테스트를 실행했다! 표시된 점 2개는 통과한 테스
트가 둘이라는 것을 나타낸다. 보다시피 PHPUnit 인스턴스뿐만 아니라 모의 HTTP 호출을
만들고 애플리케이션의 응답을 테스트할 수 있는 본격적인 애플리케이션 테스트 세트를 바로
사용할 수 있다. 게다가 완전한 기능을 갖춘 DOM 크롤러(12.12.1절에서 '간단한 브라우저킷
테스트 소개' 참조)와 자바스크립트를 완벽히 지원하는 회귀 테스트 도구(12.12.2절 '더스크
를 이용해 테스트하기' 참조)도 사용할 수 있다.

PHPUnit에 익숙하지 않다면 테스트가 실패했을 때 어떤 모양인지 살펴보자. 기존의 테스트를
수정하는 대신 새로운 테스트 파일을 만들어보자. php artisan make:test FailingTest를
입력하면 tests/Feature/FailingTest.php가 만들어질 것이다. testExample() 메서드를
[예제 12-3]처럼 수정하자.

예제 12-3 실패하도록 수정된 tests/Feature/FailingTest.php

```
public function testExample()
{
    $response = $this->get('/');

    $response->assertStatus(301);
}
```

이전에 실행했던 테스트와 동일하지만 잘못된 응답 상태 코드를 테스트한다. PHPUnit을 다시 실행해보자.

TIP 유닛 테스트 만들기

Feature 디렉터리 대신 Unit 디렉터리에 테스트를 만들고 싶으면 아티즌 명령어를 실행할 때 --unit 플래 그를 붙이면 된다.

```
php artisan make:test SubscriptionTest --unit
```

이번에는 결과가 [예제 12-4]와 비슷하게 출력될 것이다.

예제 12-4 실패한 테스트 출력

```
PHPUnit {x.y.z} by Sebastian Bergmann and contributors.

.F.                                                        3 / 3 (100%)

Time: 237 ms, Memory: 12.00MB

There was 1 failure:

1) Tests\Feature\FailingTest::testExample
Expected status code 301 but received 200.
Failed asserting that false is true.

/path-to-your-app/vendor/.../Foundation/Testing/TestResponse.php:124
/path-to-your-app/tests/Feature/FailingTest.php:20

FAILURES!
Tests: 3, Assertions: 3, Failures: 1.
```

결과를 해석해보자. 이전에 실행했을 때는 통과한 테스트를 나타내는 점 2개만 있었지만 이번에는 두 점 사이에 테스트 3개 중 하나가 실패했다는 것을 알려주는 F가 있다.

다음에는 각 에러에 대해 테스트명, 에러 메시지, 전체 스택 트레이스를 출력하여 무엇을 호출했는지 확인할 수 있다. 이 테스트는 애플리케이션 테스트이므로 스택 트레이스가 TestResponse 클래스를 통해 호출된 것만 보이지만, 유닛 테스트나 기능 테스트였다면 전체 호출 스택을 볼 수 있을 것이다.

지금까지 통과하는 테스트와 실패하는 테스트를 모두 실행해봤다. 이제 라라벨의 테스트 환경에 대해 더 배워볼 시간이다.

TIP **아티즌 test 명령어**

라라벨 7에 아티즌 test 명령어가 추가됐다. ./vendor/bin/phpunit 대신 php artisan test로 테스트를 실행할 수 있다. phpunit을 직접 실행하는 것보다 더 보기 좋게 화면을 출력하고, 실패하는 테스트가 나타나면 즉각 중단된다. phpunit에서 사용하던 옵션을 아티즌 test 명령어를 사용할 때도 모두 사용할 수 있다.

12.2 테스트 이름 짓기

기본적으로 라라벨의 테스트 시스템은 tests 디렉터리에 있는 Test로 끝나는 모든 파일에 작성된 테스트 코드를 실행한다. 특별히 무엇인가 하지 않아도 tests/ExampleTest.php가 실행되는 이유다.

이때에는 test로 시작하는 이름을 가진 메서드나 다큐멘테이션 블록 혹은 docblock에 @test가 적힌 메서드만 테스트가 실행된다(PHPUnit의 관례다). 어떤 메서드는 실행되고 어떤 메서드는 실행이 안 되는지 [예제 12-5]에서 살펴보자.

예제 12-5 PHPUnit 메서드 이름 짓기

```
use PHPUnit\Framework\TestCase;

class NamingTest extends TestCase
{
    public function test_it_names_things_well()
    {
        // 이 테스트 코드는 실행됨
    }

    public function testItNamesThingsWell()
    {
        // 이 테스트 코드는 실행됨
    }
```

```
    /** @test */
    public function it_names_things_well()
    {
        // 이 테스트 코드는 실행됨
    }

    public function it_names_things_well2()
    {
        // 이 테스트 코드는 실행 안 됨
    }
}
```

12.3 테스트 환경

라라벨 애플리케이션이 실행 중일 때는 애플리케이션이 구동되는 현재 환경을 나타내는 환경_{environment} 값이 결정된다. 이 값은 local, staging, production 혹은 여러분이 원하는 대로 정의할 수 있다. 환경 값은 app()->environment()로 조회할 수 있다. 현재 애플리케이션이 구동되는 환경이 무엇인지 확인하려면 if (app()->environment('local')) 혹은 이와 유사한 방식으로 현재 환경이 특정 환경 값에 해당하는지 확인할 수도 있다.

테스트를 실행할 때는 라라벨이 자동으로 환경 값을 testing으로 설정한다. 이는 테스트 환경에서 특정 행위를 활성화 혹은 비활성화하기 위해 if (app()->environment('testing'))과 같은 코드를 사용할 수 있다는 것을 뜻한다.

추가적으로 테스트용 환경 변수 값은 일반적인 환경 변수 값을 참조하는 .env에서 가져오지 않는다. 테스트를 위해 환경 변수를 설정하려면 phpunit.xml 파일의 <php> 섹션에 필요한 환경 변수를 <env>로 추가하면 된다. 예를 들어 <env name="DB_CONNECTION" value="sqlite"/>와 같이 추가한다.

12.4 테스트 트레이트

테스트에서 사용할 수 있는 메서드를 알아보기 전에 라라벨의 테스트 클래스에서도 사용할 수 있는 네 가지 트레이트에 대해 살펴보자.

12.4.1 RefreshDatabase

Illuminate\Foundation\Testing\RefreshDatabase는 가장 흔히 사용되는 트레이트다. 새로 생성되는 모든 테스트 파일의 최상단에 임포트되고 데이터베이스 마이그레이션을 위해 사용된다. 이 트레이트가 하는 일은 각 테스트가 시작하는 시점에 데이터베이스 테이블이 정확하게 마이그레이션되어 있도록 하는 것이다.

RefreshDatabase 트레이트는 이 역할을 수행하기 위해 두 단계를 거친다. 첫째, 테스트가 실행될 때(개별 테스트 메서드가 아닌 phpunit을 실행할 때) 테스트 데이터베이스에 **한 번** 마이그레이션을 한다. 그다음 개별 테스트 메서드를 데이터베이스 트랜잭션으로 안에서 처리하고 테스트가 끝날 때마다 트랜잭션을 롤백한다.

이는 테스트를 수행할 때마다 마이그레이션을 반복해서 실행하지 않아도 데이터베이스에서 테스트를 위한 마이그레이션이 준비되고 각 테스트가 끝난 후에 깨끗하게 지워진다는 것을 의미한다. 테스트를 위한 데이터베이스가 필요할 때 이 방법이 가장 쉽고 빠르다. 잘 모르겠다면 이 방법을 쓰자.

12.4.2 WithoutMiddleware

`Illuminate\Foundation\Testing\WithoutMiddleware` 트레이트를 테스트 클래스에 임포트하면, 해당 클래스 안에서 실행되는 테스트에서 작동하는 애플리케이션의 미들웨어가 모두 비활성화된다. 일반적인 애플리케이션 요청/응답 사이클에서 필요한 인증 미들웨어나 CSRF 보호 미들웨어와 같이 실제 애플리케이션에서는 유용하지만 테스트에서는 불필요한 미들웨어를 비활성화하여 테스트를 더 편리하게 수행할 수 있다.

테스트 클래스의 모든 메서드가 아니라 메서드 하나에서만 미들웨어를 비활성화하려면 테스트 메서드의 최상단에 `$this->withoutMiddleware()`를 호출하면 된다.

12.4.3 DatabaseMigrations

`RefreshDatabase` 트레이트 대신 `Illuminate\Foundation\Testing\DatabaseMigrations` 트레이트를 임포트하면 테스트를 실행하기 전에 매번 전체 마이그레이션을 실행한다. 이 트레이트를 사용하면 라라벨은 모든 테스트가 실행되기 전에 `setUp()` 메서드에서 `php artisan migrate:fresh`를 실행한다.

12.4.4 DatabaseTransactions

`Illuminate\Foundation\Testing\DatabaseTransactions` 트레이트는 테스트가 시작되기 전에 데이터베이스가 적절히 마이그레이션되어 있다고 가정한다. 이 트레이트는 모든 테스트를 각 테스트가 끝나면 롤백되는 데이터베이스 트랜잭션으로 감싼다. 이는 테스트가 끝날 때마다 데이터베이스가 정확하게 테스트 이전 상태로 되돌아간다는 걸 의미한다.

12.5 간단한 유닛 테스트

앞서 살펴본 트레이트는 유닛 테스트에서는 거의 쓸 일이 없다. 데이터베이스에 접근하거나 컨테이너 외부에서 무엇인가를 주입할 수도 있지만 애플리케이션에서의 유닛 테스트는 프레임워크에 그다지 의존하지 않을 가능성이 높다. 간단한 유닛 테스트가 어떻게 생겼는지 [예제 12-6]에서 살펴보자.

예제 12-6 간단한 유닛 테스트

```
use PHPUnit\Framework\TestCase;
class GeometryTest extends TestCase
{
    public function test_it_calculates_area()
    {
        $square = new Square();
        $square->sideLength = 4;

        $calculator = new GeometryCalculator;

        $this->assertEquals(16, $calculator->area($square));
    }
```

이 예제는 억지스러운 면이 있다. 하지만 이 예제에서 클래스 하나(GeometryCalculator)와 메서드 하나(area())를 테스트하는 간단한 유닛 테스트를 확인할 수 있다. 여기서는 전체 라 라벨 애플리케이션은 신경 쓰지 않는다.

기술적으로 프레임워크(예를 들어, 엘로퀀트 모델)에 연결된 기능을 테스트하는 유닛 테스트도 있지만 이 경우에도 프레임워크를 크게 고려하지 않고서 테스트를 수행할 수 있다. 예를 들어 [예제 12-7]에서는 Package::create() 대신 Package::make()를 사용해 객체가 데이터를 데이터베이스에 저장하지 않고 메모리에 생성한다. 그리고 이를 활용해 테스트를 수행한다.

예제 12-7 조금 더 복잡한 유닛 테스트

```
use Tests\TestCase;
class PopularityTest extends TestCase
{
    use RefreshDatabase;
```

```
public function test_votes_matter_more_than_views()
{
    $package1 = Package::make(['votes' => 1, 'views' => 0]);
    $package2 = Package::make(['votes' => 0, 'views' => 1]);

    $this->assertTrue($package1->popularity > $package2->popularity);
}
```

어떤 사람들은 이런 코드를 유닛 테스트가 아니라 통합 테스트나 기능 테스트라고 부르기도 한다. 이 테스트 코드는 실제 해당 기능이 애플리케이션에서 사용될 때 데이터베이스에 레코드를 저장하거나, 엘로퀸트를 사용한 레코드를 조회하는 데 사용되기 때문이다. 하지만 여기에서 가장 중요한 점은 테스트하려는 객체가 프레임워크에 연결되어 있더라도 간단하게 단일 클래스 단위나 메서드 단위로 테스트할 수 있다는 것이다.

단, 유닛 테스트에서 엘로퀸트와 같은 라라벨 기능을 사용하기 위해서는 라라벨의 TestCase 클래스를 상속받아야 한다. [예제 12-6]은 PHPUnit\Framework\TestCase를 사용하고 [예제 12-7]은 Tests\TestCase를 사용하는 것을 눈여겨보자. 라라벨 6.7부터는 유닛 테스트 생성 시 라라벨의 TestCase가 아닌 PHPUnit의 TestCase를 상속받으므로 주의해야 한다.

여러분이 테스트를 이제 막 경험해보았다면, 개념적으로 이런 유닛 테스트보다 애플리케이션 수준의 테스트를 더 먼저 생각하게 될 것이다. 그러니 이제 나머지 부분에서는 애플리케이션 테스트를 좀 더 자세히 살펴보자.

12.6 애플리케이션 테스트: 동작 원리

12.1절 '테스트 기초'에서 보았듯이 라라벨에서는 짧은 코드를 사용하여 애플리케이션의 URI를 요청하고 실제로 응답의 상태를 확인할 수 있다. 그런데 테스트에서 사용하는 PHPUnit은 어떻게 브라우저가 요청하는 것처럼 애플리케이션에 페이지를 요청할 수 있는 걸까?

12.6.1 TestCase

모든 애플리케이션 테스트는 라라벨이 제공하는 TestCase 클래스(tests/TestCase. php)를 상속받아야 한다. TestCase 클래스는 여러 유용한 기능을 제공하는 Illuminate\ Foundation\Testing\TestCase 추상 클래스를 상속받는다.

두 TestCase 클래스(여러분의 애플리케이션에 있는 것과 부모인 추상 클래스)가 가장 먼저하는 일은 Illuminate 애플리케이션 인스턴스를 부트스트래핑해서 요청을 처리할 수 있게 준비하는 일이다. 이들은 각 테스트 사이에 애플리케이션을 '새로고침'하는데, 이는 매 테스트마다 애플리케이션을 전체적으로 다시 만들지 않고, 확실하게 데이터가 남아 있지 않도록 처리한다는 걸 의미한다.

부모 TestCase는 애플리케이션이 생성되기 전과 후에 실행되는 콜백을 전달받을 수 있는 구조를 가지고 있다. 그리고 애플리케이션의 모든 기능과 상호작용하기 위한 트레이트들을 임포트한다. 이 트레이트에는 InteractsWithContainer, MakesHttpRequests, InteractsWithConsole이 포함되며, 이들은 다양한 커스텀 어서션과 테스팅 메서드를 제공한다.

그 결과 애플리케이션 테스트는 완전히 부트스트래핑된 애플리케이션 인스턴스와 애플리케이션 테스트를 위한 커스텀 어서션을 사용할 수 있다. 각각의 메서드는 손쉽게 사용할 수 있도록 단순하면서도 강력한 기능을 제공한다.

만약 테스트 코드에서 $this->get('/')->assertStatus(200)이라고 작성하면, 애플리케이션은 마치 일반적인 HTTP 요청에 응답하는 것처럼 행동하며, 그 응답은 브라우저가 확인할 응답처럼 완전한 형태로 생성된다는 걸 알 수 있음을 의미한다. 이런 테스트를 수행하기 위해서 준비할 작업이 얼마나 적었는지를 생각하면 라라벨의 애플리케이션 테스트가 얼마나 강력한지 알 수 있다.

12.7 HTTP 테스트

HTTP 테스트를 작성할 때 활용할 수 있는 메서드를 살펴보자. 이미 $this->get('/')은 살펴본 적이 있을 것이다. 이 메서드 호출을 어떻게 사용할 수 있는지, 호출 결과를 어떻게 확인하는지, 다른 HTTP 호출은 어떤 것들이 있는지 자세히 알아보자.

12.7.1 $this->get() 및 다른 HTTP 호출로 기본 페이지 테스트하기

라라벨 HTTP 테스트를 사용하면 간단한 HTTP 요청(GET, POST 등)을 만들고 그 요청과 응답에 대한 간단한 어서션을 만들 수 있다.

앞으로 좀 더 복잡한 페이지를 제어하고 어서션을 할 수 있는 도구를 알아보겠지만, 우선은 기초적인 것부터 시작하자. 다음과 같은 메서드를 호출할 수 있다.

```
$this->get($uri, $headers = [])
$this->post($uri, $data = [], $headers = [])
$this->put($uri, $data = [], $headers = [])
$this->patch($uri, $data = [], $headers = [])
$this->delete($uri, $data = [], $headers = [])
$this->option($uri, $data = [], $headers = [])
```

이 메서드들이 HTTP 테스팅 프레임워크의 기반이 되는 메서드다. 각 요청은 URI(일반적으로 절대 주소가 아닌 상대 주소 값)와 헤더를 인자로 받을 수 있으며, get()을 제외한 모든 메서드는 데이터를 첨부할 수 있다.

각 요청은 HTTP 응답을 표현하는 $response 응답 객체를 반환한다. 응답 객체는 컨트롤러가 반환하는 일루미네이트 응답 객체와 거의 같다. 하지만 실제로는 일반 응답에 일부 어서션과 테스트를 위한 기능을 추가한 Illuminate\Foundation\Testing\TestResponse의 인스턴스다.

[예제 12-8]에서 post()의 일반적인 사용법과 어서션을 살펴보자.

예제 12-8 테스트에서 단순한 post() 사용

```
// 라우트 packages.store가 미리 정의되어 있다고 가정한다.
public function test_it_stores_new_packages()
{
    $response = $this->post(route('packages.store'), [
        'name' => 'The greatest package',
    ]);

    $response->assertOk();
}
```

[예제 12-8]를 살펴보면 간단한 POST 요청을 수행하여 정상적인 응답이 반환되는지 확인한다. 앞으로 작성할 테스트 예제에서는 데이터베이스에 레코드가 존재하는지, 페이지에 원하는 내용이 나타나는지도 확인하는 작업이 필요하다. 테스트에 필요한 내용들은 차근차근 알아본다. 일단 지금은 여러 종류의 HTTP 메서드로 애플리케이션 라우트를 호출할 수 있고, 응답과 애플리케이션 상태 모두를 확인할 수 있게 됐다.

12.7.2 $this->getJson 및 다른 JSON HTTP 호출로 JSON API 테스트하기

JSON API도 모든 종류의 HTTP 테스트를 할 수 있다. 이를 위한 메서드는 다음과 같다.

```
$this->getJson($uri, $headers = [])
$this->postJson($uri, $data = [], $headers = [])
$this->putJson($uri, $data = [], $headers = [])
$this->patchJson($uri, $data = [], $headers = [])
$this->deleteJson($uri, $data = [], $headers = [])
$this->optionJson($uri, $data = [], $headers = [])
```

이 메서드들은 앞서 살펴본 기본적인 HTTP 요청을 위한 메서드에 JSON에 특화된 Accept, CONTENT_LENGTH, CONTENT_TYPE 헤더를 추가한다는 점을 제외하고는 기본 HTTP 호출 메서드와 똑같이 동작한다. 다음 예제를 보자.

예제 12-9 테스트에서 단순한 postJSON() 사용하기

```
public function test_the_api_route_stores_new_packages()
{
    $response = $this->postJSON(route('api.packages.store'), [
        'name' => 'The greatest package',
    ], ['X-API-Version' => '17']);

    $response->assertOk();
}
```

12.7.3 $response에 대한 어서션

$response 객체에서 사용할 수 있는 어서션은 많다. 전체를 자세히 살펴보고 싶으면 매뉴얼
(https://laravel.kr/docs/http-tests)을 참고하자. 여기서는 가장 중요하고 자주 쓰는
것 몇 가지만 살펴보자.

$response->assertOk()

응답 상태 코드가 200인지 확인한다.

```
$response = $this->get('terms');
$response->assertOk();
```

$response->assertSuccessful()

assertOk()는 응답 상태 코드가 200인지만 확인하지만 assertSuccessful()은 200번대 응
답 상태 코드인지 확인한다.

```
$response = $this->post('articles', [
    'title' => 'Testing Laravel',
    'body'  => 'My article about testing Laravel',
]);
// 201 CREATED를 반환한다고 가정하자...
$response->assertSuccessful();
```

$response->assertUnauthorized()

응답 상태 코드가 401인지 확인한다.

```
$response = $this->patch('settings', ['password' => 'abc']);
$response->assertUnauthorized();
```

$response->assertForbidden()

응답 상태 코드가 403인지 확인한다.

```
$response = $this->actingAs($normalUser)->get('admin');
$response->assertForbidden();
```

$response->assertNotFound()

응답 상태 코드가 404인지 확인한다.

```
$response = $this->get('posts/first-post');
$response->assertNotFound();
```

$response->assertStatus($status)

응답 상태 코드가 $status와 일치하는지 확인한다.

```
$response = $this->get('admin');
    $response->assertStatus(401); // 권한 없음(unauthorized)
```

$response->assertSee($text)와 $response->assertDontSee($text)

응답이 $text를 포함하는지(혹은 포함하지 않는지) 확인한다.

```
$package = Package::factory()->create();
$response = $this->get(route('packages.index'));
$response->assertSee($package->name);
```

$response->assertJson(array $json)

넘겨받은 배열이 반환된 JSON에 표현(JSON 포맷으로)됐는지 확인한다.

```
$this->postJson(route('packages.store'), ['name' => 'GreatPackage2000']);
$response = $this->getJson(route('packages.index'));
$response->assertJson(['name' => 'GreatPackage2000']);
```

$response->assertViewHas($key, $value = null)

방문한 페이지의 뷰가 $key로 접근할 수 있는 데이터를 가지고 있는지 확인하고, 필요시 그 데이터가 $value와 같은지 확인한다.

```
$package = Package::factory()->create();
$response = $this->get(route('packages.show'));
$response->assertViewHas('name', $package->name);
```

$response->assertSessionHas($key, $value = null)

$key에 설정된 세션이 있는지 확인하고 필요시 그 값이 $value인지 확인한다.

```
$response = $this->get('beta/enable');
$response->assertSessionHas('beta-enabled', true);
```

$response->assertSessionHasInput($key, $value = null)

주어진 키와 값이 세션에 임시 저장되어 있는지 확인한다. 유효성 검증 에러가 입력 값을 제대로 반환하는지 확인할 때 유용하다.

```
$response = $this->post('users', ['name' => 'Abdullah']);
// 에러가 난다고 가정하고, 사용자가 입력한 name이 세션에 임시 저장됐는지 확인한다.
$response->assertSessionHasInput(['name' => 'Abdullah']);
```

$response->assertSessionHasErrors()

이 어서션을 파라미터 없이 호출하면 세션에 에러가 하나라도 설정되어 있는지 확인한다. 첫 번째 파라미터는 확인하고자 하는 에러를 나타내는 키/값 쌍으로 된 배열을 전달할 수 있다. 두 번째 파라미터는 에러의 포맷을 전달할 수 있다. 다음은 그 예시다.

```
// "/form" 라우트가 이메일 항목을 필수로 요구하고
// 에러를 발생시키기 위해 빈 값으로 제출한다고 가정하자.
$response = $this->post('form', []);
$response->assertSessionHasErrors();
$response->assertSessionHasErrors([
```

```
    'email' => 'The email field is required.',
]);

$response->assertSessionHasErrors(
  ['email' => '<p>The email field is required.</p>'],
  '<p>:message</p>'
);
```

$response->assertCookie($name, $value = null)

응답에 $name이라는 이름의 쿠키가 있는지 확인하고, 필요시 그 값이 $value인지 확인한다.

```
$response = $this->post('settings', ['dismiss-warning']);
$response->assertCookie('warning-dismiss', true);
```

$response->assertCookieExpired($name)

응답에 $name이라는 이름의 만료된 쿠키가 있는지 확인한다.

```
$response->assertCookieExpired('warning-dismiss');
```

$response->assertCookieNotExpired($name)

응답에 $name이라는 만료되지 않은 쿠키가 있는지 확인한다.

```
$response->assertCookieNotExpired('warning-dismiss');
```

$response->assertRedirect($uri)

요청한 라우트가 $uri로 가는 리다이렉트 응답을 반환했는지 확인한다.

```
$response = $this->post(route('packages.store'), [
  'email' => 'invalid'
]);

$response->assertRedirect(route('packages.create'));
```

위 목록에는 포함하지 않았지만 위에 언급한 각 어서션 외에도 연관된 여러 어서션이 있다. 예를 들어, assertSessionHasErrors(), assertSessionHasNoErrors(), assertSessionHasErrorsIn() 어서션이 있다. 또한 assertJson(), assertJsonCount(), assertJsonFragment(), assertJsonMissing(), assertJsonMissingExact(), assertJsonStructure(), assertJsonValidationErrors() 어서션도 있다. 다시 한번 말하지만 매뉴얼을 보고 전체 목록에 익숙해지자.

12.7.4 응답 인증하기

애플리케이션 테스트로 테스트하는 주요 기능은 인증이나 권한과 관련된 것이다. 이럴 때 인증된 사용자 또는 권한이 부여된 사용자 정보가 필요한데, [예제 12-10]과 같이 대부분은 사용자(혹은 시스템 설정에 따라 인증 가능한^{authenticatable} 다른 객체)를 가져오는 actingAs() 메서드로 해결할 수 있다.

예제 **12-10** 테스트에서의 기본 인증

```php
public function test_guests_cant_view_dashboard()
{
    $user = User::factory()->guest()->create();
    $response = $this->actingAs($user)->get('dashboard');
    $response->assertStatus(401); // 권한 없음
}

public function test_members_can_view_dashboard()
{
    $user = User::factory()->member()->create();
    $response = $this->actingAs($user)->get('dashboard');
    $response->assertOk();
}

public function test_members_and_guests_cant_view_statistics()
{
    $user = User::factory()->guest()->create();
    $response = $this->actingAs($guest)->get('statistics');
    $response->assertStatus(401); // 권한 없음

    $member = User::factory()->member()->create();
```

```
    $response = $this->actingAs($member)->get('statistics');
    $response->assertStatus(401); // 권한 없음
}

public function test_admins_can_view_statistics()
{
    $user = User::factory()->admin()->create();
    $response = $this->actingAs($user)->get('statistics');
    $response->assertOk();
}
```

권한 부여를 위해 팩토리 상태^{factory state} **사용하기**

> 테스트에서는 모델 팩토리(5.3.2절 '라라벨 8 버전의 모델 팩토리' 참조)를 사용하는 게 일반적이다. 모델 팩토리 상태를 이용하면 서로 다른 접근 권한을 갖는 사용자를 만드는 것과 같은 작업을 간단하게 처리할 수 있다. 여기서는 User 모델에 팩토리 상태를 지원하기 위한 guest, member, admin 메서드가 존재한다고 가정한다.

12.7.5 몇 가지 HTTP 테스트 커스터마이징

요청에 세션 변수를 설정하고 싶으면 withSession()을 체이닝하여 호출하면 된다.

```
$response = $this->withSession([
    'alert-dismissed' => true,
])->get('dashboard');
```

요청에 헤더를 체이닝하여 설정하려면 다음과 같이 withHeaders()를 호출하면 된다.

```
$response = $this->withHeaders([
    'X-THE-ANSWER' => '42',
])->get('the-restaurant-at-the-end-of-the-universe');
```

12.7.6 애플리케이션 테스트에서 예외 다루기

일반 애플리케이션에서 예외가 발생하면 라라벨의 예외 핸들러가 이를 처리한다. 테스트에서 HTTP 호출을 했을 때도 마찬가지다. 그래서 [예제 12-11]을 보면 정의된 라우트에서 예외가

발생하지만 테스트 코드가 통과하는 것으로 나온다. 예외가 발생하더라도 테스트 코드에 영향을 주지 못하기 때문이다.

예제 12-11 예외가 발생하는 라우트와 통과하는 테스트

```php
// routes/web.php
Route::get('has-exceptions', function () {
    throw new Exception('Stop!');
});

// tests/Feature/ExceptionsTest.php
public function test_exception_in_route()
{
    $this->get('/has-exceptions');

    $this->assertTrue(true);
}
```

많은 경우 이렇게 테스트를 수행하는 것이 적당하다. 위와 같이 테스트하는 로직에서 예외가 발생하더라도 라라벨 예외 핸들러에 의해 처리되므로 테스트 코드에는 영향을 주지 못한다. 만약 특정 라우트의 로직에서 유효성 검증에 예외가 발생한다고 예상되어도 프레임워크가 예외를 처리하고 테스트 코드까지 전달되지는 않는다. 그렇지만 일시적으로 프레임워크의 예외 핸들러를 비활성화하길 원한다면 [예제 12-12]와 같이 `$this->withoutExceptionHandling()`을 호출하면 된다.

예제 12-12 단일 테스트에서 일시적으로 예외 핸들러 비활성화하기

```php
// tests/Feature/ExceptionsTest.php
public function test_exception_in_route()
{
    // 테스트 코드에서 예외 처리를 비활성화한다.
    $this->withoutExceptionHandling();

    $this->get('/has-exceptions');

    $this->assertTrue(true);
}
```

setUp()에서 프레임워크의 예외 핸들러를 모두 비활성화하고 특정 테스트에서만 활성화시키고자 한다면, $this->withExceptionHandling()을 사용하면 된다.

12.7.7 응답 디버깅

라라벨 5.8부터는 dumpHeaders()와 dump() 메서드를 이용해서 헤더나 본문을 손쉽게 출력할 수 있다. 5.8 이전에는 조금 더 번거로웠다.

```
$response = $this->get('/');

// 라라벨 5.8 이전
dump($response->headers->all());
dump(json_decode($response->getContent())); // json일 때
dump($response->getContent()); // json이 아닐 때

// 라라벨 5.8+
$response->dumpHeaders();
$response->dump();
```

12.8 데이터베이스 테스트

때로는 테스트하고자 하는 대상이 데이터베이스에 저장된 데이터와 관련 있을 수 있다. 'packages.store' 라우트에 연결된 기능이 제대로 작동하는지 테스트하고 싶다고 가정해보자. 가장 좋은 방법은 무엇일까? HTTP 호출을 'packages.store' 엔드포인트로 보내고 데이터베이스에 저장된 레코드가 존재하는지 확인하는 게 'packages.index' 페이지를 검사하는 것보다 더 쉽고 안전하다.

데이터베이스를 검사하는 주요 어서션 2개는 $this->assertDatabaseHas()와 $this->assertDatabaseMissing()이다. 두 어서션 모두 첫 번째 파라미터에 테이블명을, 두 번째 파라미터에 찾고자 하는 데이터를 인자로 받는다. 필요한 경우 세 번째 파라미터에 데이터베이스 커넥션을 전달받는다. [예제 12-13]에서 사용 방법을 살펴보자.

```php
public function test_create_package_page_stores_package()
{
    $this->post(route('packages.store'), [
        'name' => 'Package-a-tron',
    ]);

    $this->assertDatabaseHas('packages', ['name' => 'Package-a-tron']);
}
```

assertDatabaseHas()의 두 번째 파라미터는 SQL의 WHERE 문과 같은 역할을 한다. 두 번째 파라미터에 키와 값(여러 개도 가능)을 넘기면 라라벨이 이와 일치하는 레코드를 찾는다.

메서드 이름 그대로 assertDatabaseMissing()은 일치하는 레코드가 없는지 확인한다.

12.8.1 테스트에서 모델 팩토리 사용하기

모델 팩토리는 테스트를 위해(혹은 다른 목적으로도) 데이터베이스에 무작위로 데이터를 넣기 쉽게 하는 놀라운 도구다. 이 장의 여러 예제에서 모델 팩토리 기능을 사용했다. 모델 팩토리에 대해서는 이미 다뤘으니, 5.3.2절 '라라벨 8 버전의 모델 팩토리'를 참조하자.

12.8.2 테스트에서 시딩하기

테스트 과정에서 시딩이 필요하다면 php artisan db:seed와 동일한 기능을 수행하는 $this->seed() 메서드를 실행한다. 하나의 시더 클래스만 실행하려면 해당 클래스명을 전달한다.

```php
$this->seed(); // 전체 시딩
$this->seed(UserSeeder::class); // 사용자 시딩
```

12.9 라라벨 내부 시스템 테스트하기

테스트를 작성하다 보면 라라벨 내부의 기능을 테스트하고 싶을 수도 있다. 예를 들어, 원하는 라라벨 이벤트가 발생했는지, 메일 발송 메서드가 호출되었는지 등을 확인하고 싶은 경우다. 이럴 때는 실제 기능은 동작하지 않게 멈춰두되 프레임워크 내부에서 이런 작업이 발생했는지 확인하고 싶을 것이다. 이때 Event, Mail, Notification 같은 퍼사드가 주로 테스트되는데, **페이크**fake 기능을 사용하면 필요한 부분만 테스트할 수 있다. 페이크란 실제와 동일해 보이지만 실제로는 기능이 작동하지 않는 가짜를 만드는 것이다. 페이크가 무엇인지에 대해서는 12.10 절 '목킹'에서 자세히 다룬다. 그전에 몇 가지 예제를 살펴보자. 아래에 나오는 라라벨 기능은 모두 페이크로 만든 뒤에 호출할 수 있는 어서션을 가지고 있다.

12.9.1 이벤트 페이크

이벤트 페이크는 단순히 이벤트가 작동하지 않게 할 목적으로 가짜 이벤트 시스템을 만드는 것이다. 예를 들어 여러분의 애플리케이션은 새 사용자가 가입할 때마다 슬랙에 알림을 보낸다고 가정해보자. '가입 완료' 이벤트와 슬랙 채널에 알림을 보내는 리스너listener가 있을 것이다. 테스트를 할 때마다 슬랙에 알림이 가는 건 원치 않지만 이벤트가 발생은 했는지 리스너가 잘 작동했는지는 확인하고 싶을 것이다. 이것이 테스트를 할 때 라라벨의 특정 부분을 페이크로 만드는 이유다. 방법은 기본 동작을 멈추고 테스트에서 확인하고자 하는 시스템에 대해 어서션을 호출하는 것이다. Illuminate\Support\Facades\Event의 fake() 메서드를 호출해서 실제로 어떻게 이벤트 페이크가 이루어지는지 다음 예제에서 살펴보자.

예제 12-14 어서션 추가 없이 이벤트가 작동하지 않게 하기

```
public function test_controller_does_some_thing()
{
    Event::fake();

    // 슬랙에 메시지가 전송되는 것을 걱정하지 않으면서
    // 원하는 모든 코드를 테스트할 수 있다.
}
```

fake() 메서드를 실행하고 나면 이벤트 퍼사드에서 특별한 어서션인 assertDispatched()와 assertNotDispatched()를 호출할 수 있다. 다음 예제에서 사용 방법을 알아보자.

예제 12-15 이벤트에 대한 어서션 작성하기

```php
public function test_signing_up_users_notifies_slack()
{
    Event::fake();

    // 회원가입하는 코드

    Event::assertDispatched(UserJoined::class, function ($event) use ($user) {
        return $event->user->id === $user->id;
    });

    // 혹은 여러 사용자가 가입하고 이벤트가 두 번 발생했는지 확인

    Event::assertDispatched(UserJoined::class, 2);

    // 혹은 유효성 검증에 실패하도록 회원가입을 하고 이벤트가 발생하지 않았는지 확인

    Event::assertNotDispatched(UserJoined::class);
}
```

필요한 경우 assertDispatched()에 클로저를 넘겨주면 단지 이벤트가 발생했는지만 확인하는 게 아니라, 발생한 이벤트가 특정 값을 가지고 있는지도 확인할 수 있다.

ATTENTION_ Event::fake()는 엘로퀀트 모델 이벤트를 비활성화한다

Event::fake()는 엘로퀀트 모델 이벤트도 비활성화한다. 예를 들어 모델의 **creating** 이벤트에 연결된 중요한 코드가 있다면 Event::fake()를 호출하기 전에 모델을 만들어야 한다(팩토리를 쓰거나 다른 어떤 방법을 쓰든 상관없다).

12.9.2 버스와 큐 페이크

라라벨이 잡을 어떻게 처리하는지 나타내는 버스(Bus) 퍼사드도 이벤트와 동일하게 작동한다. fake()를 호출하면 실제 잡 코드는 작동하지 않으며 assertDispatched()나

assertNotDispatched() 메서드를 호출할 수 있다.

큐(Queue) 퍼사드는 잡이 큐에 올라갈 때 라라벨이 이를 어떻게 처리하는지를 나타낸다. 여기에서 assertPushed(), assertPushedOn(), assertNotPushed() 메서드를 사용할 수 있다. 이 둘의 사용법을 [예제 12-16]에서 확인해보자.

예제 12-16 잡과 큐 처리된 잡 페이크 호출

```php
public function test_popularity_is_calculated()
{
    Bus::fake();

    // 패키지 데이터 동기화...

    // 잡이 처리됐는지 확인한다.
    Bus::assertDispatched(
        CalculatePopularity::class,
        function ($job) use ($package) {
            return $job->package->id === $package->id;
        }
    );

    // 잡이 처리되지 않았는지 확인한다.
    Bus::assertNotDispatched(DestroyPopularityMaybe::class);
}

public function test_popularity_calculation_is_queued()
{
    Queue::fake();

    // 패키지 데이터 동기화...

    // 큐에 잡을 넣었는지 확인한다.
    Queue::assertPushed(CalculatePopularity::class, function ($job) use ($package)
    {
        return $job->package->id === $package->id;
    });

    // popularity라는 이름의 큐에 잡을 넣었는지 확인한다.
    Queue::assertPushedOn('popularity', CalculatePopularity::class);

    // 잡을 두 번 넣었는지 확인한다.
```

```
    Queue::assertPushed(CalculatePopularity::class, 2);

    // 잡을 넣지 않았는지 확인한다.
    Queue::assertNotPushed(DestroyPopularityMaybe::class);
}
```

12.9.3 메일 페이크

메일 퍼사드를 페이크로 만들면 assertSent(), assertNotSent(), assertQueued(), assertNotQueued() 이 4개 어서션 메서드를 호출할 수 있다. 메일을 큐에 넣을 때는 assertQueued 메서드를 사용하고 그렇지 않을 때는 assertSent 메서드를 사용한다.

첫 번째 파라미터는 메일러블 타입 클래스명이다. 두 번째 파라미터는 비워두거나 메일 발송 횟수를 적거나 메일러블이 객체 인스턴스가 올바른 데이터를 가지고 있는지 확인하는 클로저를 인자로 전달할 수 있다. 실제로 어떻게 사용하는지 다음 예제를 보자.

예제 12-17 이메일 어서션 작성하기

```
public function test_package_authors_receive_launch_emails()
{
    Mail::fake();

    // 새로운 패키지를 오픈하는 코드 실행(이메일 발송)

    // 주어진 메일 주소로 메시지가 보내졌는지 확인
    Mail::assertSent(PackageLaunched::class, function ($mail) use ($package) {
        return $mail->package->id === $package->id;
    });

    // 정확한 주소로 메시지가 보내졌는지 주어진 메일 인스턴스가 확인
    Mail::assertSent(PackageLaunched::class, function ($mail) use ($package) {
        return $mail->hasTo($package->author->email) &&
                $mail->hasCc($package->collaborators) &&
                $mail->hasBcc('admin@novapackages.com');
    });

    // 새로운 패키지를 오픈하는 코드를 두 번 실행(이메일 발송 두 번)
```

```
        // 해당 메일러블 객체(메일)가 두 번 보내졌는지 확인
        Mail::assertSent(PackageLaunched::class, 2);

        // 해당 메일러블 객체(메일)가 보내지지 않았는지 확인
        Mail::assertNotSent(PackageLaunchFailed::class);
    }
```

모든 수신자 확인용 메시지(hasTo(), hasCc(), hasBcc())에는 단일 이메일 주소, 배열, 컬렉션 모두 넣을 수 있다.

12.9.4 알림 페이크

Notification 퍼사드를 페이크로 만들면 assertSentTo()와 assertNothingSent() 메서드를 호출할 수 있다.

메일 퍼사드와는 달리 누구에게 알림을 보낼 건지 클로저에서 일일이 확인하지 않아도 된다. 그 대신 어서션 자체에서 첫 번째 파라미터로 누구에게 보낼 알림인지를 개별 notifiable 타입 객체나 이로 이뤄진 배열 혹은 컬렉션으로 전달받는다. 누구에게 알림을 보내고자 하는지 그 대상을 넘겨주고 나서야 알림 자체에 대한 테스트를 할 수 있다.

두 번째 파라미터는 알림 클래스명이고, 필요시 사용하는 세 번째 파라미터는 알림 인스턴스에 대해 추가적인 데이터 확인을 하기 위한 클로저다. [예제 12-18]을 보자.

예제 12-18 Notification 페이크

```
public function test_users_are_notified_of_new_package_ratings()
{
    Notification::fake();

    // 패키지에 평점을 부여하는 코드 실행...

    // 패키지 작성자에게 알림이 갔는지 확인한다.
    Notification::assertSentTo(
        $package->author,
        PackageRatingReceived::class,
        function ($notification, $channels) use ($package) {
            return $notification->package->id === $package->id;
```

```
        }
    );

    // 지정한 사용자들에게 알림이 갔는지 확인한다.
    Notification::assertSentTo(
        [$package->collaborators], PackageRatingReceived::class
    );

    // 패키지에 평점을 다시 부여하는 코드 실행...

    // 알림이 보내지지 않았는지 확인한다.
    Notification::assertNotSentTo(
        [$package->author], PackageRatingReceived::class
    );
}
```

알림이 원하는 채널로 보내졌는지 확인하고 싶을 수도 있다. 그럴 때는 [예제 12-19]처럼 하면 된다.

예제 12-19 알림 채널 테스트하기

```
public function test_users_are_notified_by_their_preferred_channel()
{
    Notification::fake();

    $user = User::factory()->create(['slack_preferred' => true]);

    // 패키지에 평점을 부여하는 코드 실행...

    // 패키지 작성자가 슬랙으로 알림을 받았는지 확인한다.
    Notification::assertSentTo(
        $user,
        PackageRatingReceived::class,
        function ($notification, $channels) use ($package) {
            return $notification->package->id === $package->id
                && in_array('slack', $channels);
        }
    );
```

12.9.5 스토리지 페이크

테스트 중에서 파일 테스트는 자칫 굉장히 복잡해질 수 있는 테스트다. 많은 전통적인 테스트 기법에서 파일 테스트는 실제로 테스트 디렉터리에 파일을 저장하도록 하는데, 입력 폼이나 출력 형식을 지정하기가 무척 까다로운 경우가 많다.

다행히도 라라벨의 스토리지(Storage) 퍼사드를 사용하면 파일의 업로드나 기타 스토리지 관련 기능을 테스트하기가 무척 간단해진다. 다음 예제가 이를 잘 보여준다.

예제 12-20 스토리지 페이크를 사용하여 스토리지와 파일 업로드 테스트하기

```php
public function test_package_screenshot_upload()
{
    Storage::fake('screenshots');

    // 가짜 이미지 업로드
    $response = $this->postJson('screenshots', [
        'screenshot' => UploadedFile::fake()->image('screenshot.jpg'),
    ]);

    // 파일이 저장됐는지 확인
    Storage::disk('screenshots')->assertExists('screenshot.jpg');

    // 혹은 파일이 존재하지 않는지 확인
    Storage::disk('screenshots')->assertMissing('missing.jpg');
}
```

ATTENTION_ 기본적으로 fake 메서드는 임시 디렉터리(storage/framework/testing/disks/{storageName})에 있는 모든 파일 삭제한다. 만약 임시 디렉터리에 있는 파일들을 유지하려면, fake 메서드 대신 persistentFake 메서드를 사용하면 된다.

12.9.6 HTTP 페이크

HTTP 페이크는 실제로는 외부 HTTP 호출이 작동하지 않지만 마치 호출된 것처럼 가장해 테스트를 원활히 하고 싶을 때 사용한다. 예를 들어 트위터에 게시물을 작성하는 기능이 있다고 해보자. 테스트할 때마다 실제 글이 작성되기를 원진 않지만, 요청이 잘 전달되고 나

머지 기능들이 잘 작동하는지는 확인하고 싶을 것이다. 이때 Http 퍼사드를 페이크로 만들면 손쉽게 외부 HTTP 호출에 대한 응답을 조작하고 assertSent(), assertNotSent(), assertNothingSent() 메서드를 사용하여 요청을 검사할 수 있다.

Illuminate\Support\Facades\Http의 fake() 메서드를 호출하면, Http 퍼사드를 이용한 모든 외부 HTTP 호출이 실제로 수행되진 않고 200 상태 코드를 가진 응답이 반환된다.

```php
public function test_users_send_post_to_sns()
{
    Http::fake();

    // 외부 SNS로 글을 전송하는 기능을 수행하는 코드

    // 외부 HTTP 호출 시 요청 본문 content 항목에 원하는 값이 전송되었는지 검사
    Http::assertSent(function ($request) {
        return $request['content'] == $content;
    });

    // 예를 들어 여러 SNS 중 일부만 선택해서 보내는 기능이 있다고 가정했을 때,
    // 보내지 말아야 하는 곳에 보내지 않았는지 검사
    Http::assertNotSent(function ($request) {
        return $request->url() === 'https://somesns.com/posts'
    });
}
```

외부 HTTP 호출이 발생하지 않았는지 확인하려면 assertNothingSent()를 사용한다.

HTTP 페이크는 URL별로 설정할 수도 있다. 예를 들어 트위터와 페이스북은 서로 응답 형식이 다를 것이다. 어떤 엔드포인트는 여러 응답이 순서대로 반환되어야 하는데, 예를 들면 글을 전송하기 전에 토큰을 검증받는 시나리오를 생각할 수 있다. 이럴 때는 Http::sequence() 메서드를 사용한다. URL을 지정하는 경우, 지정하지 않은 모든 URL은 실제로 호출되므로 주의해야 한다. 아래 예제로 확인해보자.

```php
public function test_users_send_post_to_sns()
{
    Http::fake([
        // 트위터 엔드포인트용 응답
        'twitter.com/*' => Http::response(['id' => 12345, 200]),
```

```
    // 페이스북 엔드포인트용 응답
    'facebook.com/*' => Http::response(['object_id' => 98765, 200]);

    // 인스타그램 엔드포인트용 다중 응답
    'instagram.com/*' => Http::sequence()
                            ->pushStatus(200)
                            ->push(['id' => 5678], 200),

    // 그 외 모든 엔드포인트용 응답
    '*' => Http::response()
]);

    // 외부 SNS로 글을 전송하는 기능을 수행하는 코드
}
```

ATTENTION_ 페이크는 라라벨 내장 HTTP 클라이언트(Http 퍼사드로 사용)를 이용한 HTTP 호출에만 적용된다. 즉, 테스트에서 `Http::fake()`를 호출하더라도 Guzzle 같은 다른 HTTP 클라이언트를 사용한 HTTP 호출은 원래대로 실행된다.

12.10 목킹

이전 절에서는 페이크로 손쉽게 가짜 객체를 만들어 테스트하는 방법을 알아봤다. 하지만 라라벨의 페이크 기능을 제공하지 않는 객체들은 어떻게 테스트할 수 있을까? 물론 필요한 의존 객체들을 모두 생성하여 인스턴스로 만든 뒤 인자를 전달할 수도 있겠지만, 테스트를 위해서 실제 기능을 수행하는 모든 객체를 인스턴스화하는 것은 비효율적이다. 그 대신에 모의 객체를 사용하는 것이 좋다. 모의 객체는 의존 객체를 흉내 내는 가짜 객체로, 애플리케이션 테스트를 용이하게 한다. 모의 객체는 테스트 대상 객체와 연결되는 의존 객체를 실제로 사용하지 않게 한다. 목, 스파이, 스텁, 더미dummy, 페이크 등 비슷한 도구들이 이 모의 객체를 생성하는 역할을 한다. 여기에서 자세히 설명하진 않지만, 애플리케이션을 테스트할 때 모의 객체 기능을 사용하지 않는다면 테스트를 완전하게 수행하기 어렵다.

이제 라라벨에서 제공하는 모의 객체와 목킹이 무엇인지, 목킹 라이브러리인 목커리를 어떻게 사용하는지 간단히 살펴보자.

목킹이란?

휴대폰 판매점 앞에서 실제 핸드폰과 모양은 동일하지만 작동하지 않는 모조품을 본 적이 있을 것이다. 이런 모조품을 목업이라고 하는데, 이 목업을 만드는 것을 목킹이라고 한다. 프로그래밍에서는 주로 테스트를 위해서 모의 객체를 생성하는 것을 말한다.

12.10.1 간단한 목킹 소개

실제 클래스를 흉내 낸 모의 객체는 여러 방법으로 만들 수 있다. 주의할 점은 이 객체는 테스트용일 뿐 원래 기능을 수행하는 객체가 아니라는 점이다. 실제 클래스를 테스트에 주입하기엔 인스턴스화하기가 너무 어렵거나 실제 클래스가 외부 서비스와 커뮤니케이션을 해서 모의 객체를 사용하는 경우 목킹이 필요하다.

이미 살펴본 예제와 앞으로 살펴볼 예제에서 라라벨은 가급적 실제 애플리케이션을 이용해서 테스트하길 권한다. 즉, 테스트를 수행할 때 모의 객체에 너무 의존하지 않기를 바란다. 하지만 모든 기능은 제각기 용도가 있으므로 모의 객체를 아예 사용하지 말라는 의미는 아니다. 라라벨도 목킹 라이브러리인 목커리를 기본으로 제공하고, 여러 핵심 서비스의 모의 기능을 제공한다.

12.10.2 목커리 라이브러리 소개

목커리를 사용하면 어떠한 PHP 클래스든 쉽고 빠르게 모의 객체를 만들 수 있다. 여러분이 생성한 객체가 슬랙 클라이언트에 의존한다고 가정해보자. 실제로 슬랙으로 메시지를 전송하지 않고 객체의 기능을 테스트하려면 목커리를 사용하여 [예제 12-21]처럼 슬랙 클라이언트를 쉽게 모의 객체로 만들 수 있다.

예제 12-21 라라벨에서 목커리 사용하기

```php
// app/SlackClient.php
class SlackClient
{
    // ...
```

```php
    public function send($message, $channel)
    {
        // 실제로 슬랙에 메시지를 보낸다.
    }
}

// app/Notifier.php
class Notifier
{
    private $slack;

    public function __construct(SlackClient $slack)
    {
        $this->slack - $slack;
    }

    public function notifyAdmins($message)
    {
        $this->slack->send($message, 'admins');
    }
}

// tests/Unit/NotifierTest.php
public function test_notifier_notifies_admins()
{
    $slackMock = Mockery::mock(SlackClient::class)->shouldIgnoreMissing();

    $notifier = new Notifier($slackMock);
    $notifier->notifyAdmins('Test message');
}
```

위의 예제에는 많은 내용이 포함되어 있으니 하나씩 천천히 살펴보자. 우선 테스트 대상인 Notifier 클래스가 있다. 이 클래스는 테스트를 수행할 때 실제로 동작하지 않았으면 하는 기능(슬랙에 알림 보내기)을 수행하는 SlackClient라는 이름의 클래스에 의존한다. 그러므로 SlackClient를 목킹한다.

목커리 라이브러리를 사용해서 SlackClient 클래스를 목킹한다. 클래스가 에러를 던져서 테스트가 멈추지 않도록, 그저 아무것도 하지 않기를 바란다면 shouldIgnoreMissing() 메서드를 호출하면 된다.

```
$slackMock = Mockery::mock(SlackClient::class)->shouldIgnoreMissing();
```

이렇게 하면 Notifier가 $slackMock의 어떤 메서드를 호출하든지 아무런 에러 없이 null을 반환한다.

test_notifier_notifies_admins()를 보면 현재 시점에는 아무것도 **테스트**하고 있지 않다.

shouldIgnoreMissing()을 그대로 둔 채로 그 아래에 어서션을 작성하면 된다. 이 shouldIgnoreMissing()을 사용하는 것이 객체를 '페이크 객체'로 만들거나 모의 객체로 만드는 일반적인 방식이다.

그렇지만 SlackClient의 send() 메서드가 호출됐는지 확인하려면 어떻게 해야 할까? 이럴 때는 shouldIgnoreMissing() 대신 should* 메서드를 사용하면 된다. 다음 예제를 보자.

예제 12-22 모의 객체에 shouldReceive() 메서드 사용하기

```
public function test_notifier_notifies_admins()
{
    $slackMock = Mockery::mock(SlackClient::class);
    $slackMock->shouldReceive('send')->once();

    $notifier = new Notifier($slackMock);
    $notifier->notifyAdmins('Test message');
}
```

shouldReceive('send')->once()는 '$slackMock의 send() 메서드가 단 한 번만 호출되는지 확인하라'고 이야기하는 것과 같다. 따라서 위의 코드에서는 notifyAdmins()를 호출할 때 SlackClient의 send() 메서드가 한 번 호출됐는지 확인한다.

shouldReceive('send')->times(3)이나 shouldReceive('send')->naver() 같은 메서드도 사용할 수 있다. send()가 특정 파라미터를 전달받을 것으로 기대하는지 정의하려면 with()를, 반환하는 값을 정의하고 싶으면 andReturn()을 사용하면 된다.

```
$slackMock->shouldReceive('send')->with('Hello, world!')->andReturn(true);
```

만일 **Notifier** 인스턴스를 획득하기 위해서 IoC 컨테이너를 사용하려면 어떻게 해야 할까?

Notifier가 여러 의존성을 필요로 한다면 IoC 컨테이너를 사용하는 것이 더 편할 수 있다.

[예제 12-23]처럼 컨테이너의 instance() 메서드를 사용해서 라라벨이 컨테이너에서 클래스
(여기서는 Notifier 클래스)의 의존성을 해결할 때 모의 객체의 인스턴스를 사용하도록 바인
딩할 수 있다.

예제 12-23 모의 객체 인스턴스를 컨테이너에 바인딩하기

```
public function test_notifier_notifies_admins()
{
    $slackMock = Mockery::mock(SlackClient::class);
    $slackMock->shouldReceive('send')->once();

    app()->instance(SlackClient::class, $slackMock);

    $notifier = app(Notifier::class);
    $notifier->notifyAdmins('Test message');
}
```

라라벨 5.8 이상에서는 더욱 쉽게 목커리 인스턴스를 만들어서 컨테이너에 바인딩할 수 있다.

예제 12-24 라라벨 5.8 이상에서 목커리 인스턴스를 바인딩하는 더 쉬운 방법

```
$this->mock(SlackClient::class, function ($mock) {
    $mock->shouldReceive('send')->once();
});
```

이외에도 목커리 라이브러리로 할 수 있는 기능이 아주 많다. 하지만 목커리 라이브러리의 사
용 방법을 깊게 탐구하는 것은 이 책의 범위를 벗어나므로 여기서 다루진 않는다. 관심이 있다
면 매뉴얼(http://docs.mockery.io/en/latest)을 확인하고 라이브러리와 작동 원리를 더
알아보길 바란다.

12.10.3 기타 퍼사드 객체 테스트

목커리 라이브러리를 유용하게 활용하는 방법이 하나 더 있다. 어떤 퍼사드에서든 목커리 메서
드를 사용하는 방법이다.

앞서 살펴본 페이크 기능을 사용할 수 있는 시스템이 아닌, 퍼사드를 사용하는 컨트롤러 메서드가 있다고 가정해보자. 그리고 이 컨트롤러 메서드에서 퍼사드 호출이 정상적으로 이루어지는지 테스트하고 싶다고 해보자.

아주 간단한 방법으로 이 퍼사드를 테스트할 수 있다. 퍼사드에서 목커리 스타일의 메서드를 실행하면 된다. 다음 예제를 보자.

예제 12-25 퍼사드 목킹하기

```
// PersonController
public function index()
{
    return Cache::remember('people', function () {
        return Person::all();
    });
}

// PeopleTest
public function test_all_people_route_should_be_cached()
{
    $person = Person::factory()->create();

    Cache::shouldReceive('remember')
        ->once()
        ->andReturn(collect([$person]));

    $this->get('people')->assertJsonFragment(['name' => $person->name]);
}
```

예제에서 보듯이 목커리 객체에서 했던 것처럼 퍼사드에서 shouldReceive() 같은 메서드를 사용할 수 있다.

그리고 퍼사드를 스파이 객체로 사용할 수도 있다. 이 경우 어서션을 테스트 끝부분에 설정할 수 있고 shouldReceive() 대신 shouldHaveReceived()를 사용하면 된다. 다음 예제를 보자.

예제 12-26 퍼사드 스파이

```
public function test_package_should_be_cached_after_visit()
{
    Cache::spy();

    $package = Package::factory()->create();

    $this->get(route('packages.show', [$package->id]));

    Cache::shouldHaveReceived('put')
        ->once()
        ->with('packages.' . $package->id, $package->toArray());
}
```

스파이 객체란?

목커리를 사용하여 일반적인 모의 객체인 목 객체를 생성하면 객체 전체 기능이 모의 객체가 된다. 테스트하고자 하는 기능을 위해서 해당 객체의 다른 메서드 호출이 필요하다면, (테스트하려는 기능 외에) 추가적인 메서드 호출을 모두 목킹해야만 테스트가 정상적으로 수행된다. 스파이 객체는 지정한 기능만 목킹하고 나머지는 기존 기능 그대로 사용할 수 있는 모의 객체다.

12.10.4 시간 관련 테스트 헬퍼

테스트를 하다 보면 now() 헬퍼 함수나 Illuminate\Support\Carbon::now()가 반환하는 시간을 조작해야 하는 경우가 있다. 라라벨 8부터는 현재 시각을 조작하는 헬퍼를 이용하여 손쉽게 조작할 수 있다.

예제 12-27 시간 관련 테스트 헬퍼를 이용한 현재 시각 조작

```
public function testTimeCanBeManipulated()
{
    // 라라벨 8 이전
    $knownDate = Carbon::create(2001, 5, 21, 12);
    Carbon::setTestNow($knownDate);

    // 라라벨 8 이후
    $this->travel(5)->days(); // 현재 시각을 5일 후로 설정
```

```
    $this->travel(-1)->weeks(); // 현재 시각을 1주일 전으로 설정
    $this->travelTo(now()->subHours(6)); // 특정 시점으로 설정
    $this->travelBack() // 원래대로 되돌려 놓기
}
```

12.11 아티즌 명령어 테스트하기

테스트는 쉽지 않다. 아마 이해가 잘되지 않는 부분도 많았을 것이다. 특히 테스트를 처음 접하는 독자라면 더 그럴 것이다. 테스트와 관련해서는 아티즌 명령어와 브라우저 테스트만 더 살펴보면 마무리된다. 조금만 더 힘을 내서 테스트와 관련된 기능들을 살펴보자.

아티즌 명령어를 테스트하려면 아래 예제처럼 $this->artisan($commandName, $parameters)로 아티즌 명령어를 호출하고 그에 따른 결과를 확인하는 방법이 가장 쉽다.

예제 12-28 간단한 아티즌 테스트

```
public function test_promote_console_command_promotes_user()
{
    $user = User::factory()->create();

    $this->artisan('user:promote', ['userId' => $user->id]);

    $this->assertTrue($user->isPromoted());
}
```

다음 예제에서 볼 수 있듯이 아티즌 명령어의 응답 코드를 확인할 수도 있다.

예제 12-29 아티즌 응답 코드를 직접 확인하기

```
$code = $this->artisan('do:thing', ['--flagOfSomeSort' => true]);
$this->assertEquals(0, $code); // 0은 '아무 에러도 없음'을 의미한다
```

12.11.1 아티즌 명령어 문법에 대한 확인

$this->artisan()에 expectsQuestion(), expectsOutput(), assertExitCode()를 체이 닝하여 호출할 수 있다. expects* 메서드는 confirm(), anticipate()를 포함한 모든 인터 렉티브 프롬프트에 쓸 수 있다. assertExitCode()는 [예제 12-29]에서 살펴본 것과 동일한 동작을 한다. 다음 예제에서 어떻게 작동하는지 살펴보자.

예제 12-30 기본적인 아티즌 expects 테스트

```php
// routes/console.php
Artisan::command('make:post {--expanded}', function () {
    $title = $this->ask('글의 제목은?');
    $this->comment('이 ' . Str::slug($title) . '.md 파일을 생성합니다.');

    $category = $this->choice('카테고리는?', ['technology', 'construction'], 0);

    // 여기에 새로운 글 생성 코드 작성

    $this->comment('글이 생성됐습니다.');
});

// 테스트 파일
public function test_make_post_console_commands_performs_as_expected()
{
    $this->artisan('make:post', ['--expanded' => true])
        ->expectsQuestion('글의 제목은?', 'My Today Learn')
        ->expectsOutput('이 my-today-i-learn.md 파일을 생성합니다.')
        ->expectsQuestion('카테고리는?', 'construction')
        ->expectsOutput('글이 생성됐습니다.')
        ->assertExitCode(0);
}
```

expectsQuestion()의 첫 번째 파라미터는 예상하는 질문이고, 두 번째 파라미터는 그에 대 한 응답이다. expectsOutput()은 넘겨준 문자열이 반환되는지 테스트한다.

12.12 브라우저 테스트

브라우저 테스트를 사용하면 실제로 웹 페이지에 있는 DOM을 조작할 수 있다. 즉, 버튼을 클릭하거나, 폼에 값을 채워 넣을 수 있고, 더스크 같은 도구를 사용해 자바스크립트까지도 조작할 수 있다.

라라벨은 두 가지 브라우저 테스트 도구를 제공한다. 더스크^{Dusk}와 브라우저킷^{BrowserKit}이다. 현재 라라벨 팀은 더스크를 중점적으로 관리하므로 브라우저킷 테스트는 비교적 잘 관리되지는 않는다. 하지만 브라우저킷 테스트도 깃허브에 있는 사용법을 참고하면 잘 사용할 수 있다.

12.12.1 도구 고르기

브라우저 테스트는 되도록 라라벨이 제공하는 애플리케이션 테스트 도구를 사용하길 권한다. 사용자 화면 구성을 자바스크립트 기반으로 한다면 더스크를, 직접 템플릿에서 DOM을 조작하거나 UI 요소를 구성한다면 브라우저킷을 사용하자.

자바스크립트 위주의 프런트 페이지를 구성할 때 제스트^{Jest}나 `vue-test-utils` 같은 자바스크립트 기반 테스트 스택을 사용하고 싶을 수도 있다. 이러한 도구는 Vue 컴포넌트를 테스트하는 데 매우 유용하고, 제스트의 스냅샷 기능을 이용하면 간단하게 API와 프런트엔드 테스트 데이터를 동기화할 수 있다. 관련된 내용을 더 알아보고 싶다면 칼렙 포지오^{Caleb Porzio}의 글 'Getting Started'(`http://bit.ly/2OucHSI`)와 서맨사 게이츠^{Samantha Geitz}의 2018년 라라콘 발표(`http://bit.ly/2UY8nNS`)를 참고하자(자바스크립트 기반의 테스트는 이 책에서 자세히 다루지 않는다).

Vue가 아닌 다른 자바스크립트 프레임워크를 사용한다면 현재로서는 라라벨에 적절한 프런트엔드 테스팅 솔루션이 존재하지 않는다. 하지만 리액트 진영에서는 제스트와 엔자임^{Enzyme}이 자리를 잡아가고 있다.

12.12.2 더스크를 이용해 테스트하기

더스크는 컴포저를 사용해 설치가 가능하다. 더스크를 이용하면 크롬 드라이버 기반 브라우저가 애플리케이션과 상호작용하도록 셀레늄Selenium 스타일의 지시문을 쉽게 작성할 수 있다. 다른 셀레늄 기반 도구와 달리 더스크 API는 단순하고 사용하기 쉽다.

```
$this->browse(function ($browser) {
    $browser->visit('/register')
        ->type('email', 'test@example.com')
        ->type('password', 'secret')
        ->press('Sign Up')
        ->assertPathIs('/dashboard');
});
```

더스크를 사용하면 실제 브라우저가 애플리케이션 페이지에 접속하고 필요한 작업을 처리한다. 따라서 복잡한 자바스크립트 동작도 테스트할 수 있고, 에러가 발생한 상태를 스크린샷으로 저장할 수도 있다. 대신 라라벨의 기본 애플리케이션 테스팅 도구와 비교하면 모든 측면에서 속도가 느리다. 그리고 테스트가 정상적으로 실행되지 않을 수도 있다.

필자는 개인적으로 더스크가 회귀 테스트에 가장 적합하고 셀레늄보다도 낫다고 생각한다. 필자는 더스크를 테스트 주도 개발 방식으로 쓰기보다는 애플리케이션이 계속 개발되면서 사용자 경험을 망가트리지 않았는지 확인하는 데 사용한다. 사용자 인터페이스를 구성한 다음 이에 대한 테스트를 작성하는 용도로 생각하자.

더스크를 사용하는 상세한 내용은 더스크 매뉴얼(https://laravel.kr/docs/dusk)에 잘 작성되어 있으니 여기서는 깊이 다루지 않고 기본적인 사용법만 살펴본다.

더스크 설치하기

다음 두 명령어로 더스크를 설치한다.

```
composer require --dev laravel/dusk
php artisan dusk:install
```

그런 다음 .env 파일의 APP_URL 변수를 여러분이 개발할 때 브라우저에 사용하는 URL로 맞춰준다.

더스크 테스트를 실행할 때는 run php artisan dusk를 실행하면 된다. PHPUnit을 사용할 때 쓰던 파라미터를 모두 사용할 수 있다(예를 들어, php artisan dusk --filter=my_best_test).

더스크 테스트 작성하기

새로운 더스크 테스트를 만들 때는 다음 명령어를 사용한다.

```
php artisan dusk:make RatingTest
```

이 명령어는 tests/Browser/RatingTest.php 테스트 파일을 생성한다.

TIP **더스크 환경 변수 변경하기**

.env.dusk.local 파일을 만들어서 환경 변수를 더스크용으로 바꾸어 쓸 수 있다(다른 환경을 사용할 때는 .local을 환경에 맞게 staging 등으로 바꿀 수 있다).

데스크 테스트를 작성할 때는 하나 혹은 여러 웹 브라우저가 애플리케이션 페이지를 방문하고, 특정한 행위를 하도록 조작한다고 상상하자. 그러면 다음 예제를 좀 더 쉽게 이해할 수 있다.

예제 12-31 간단한 데스크 테스트

```
public function testBasicExample()
{
    $user = User::factory()->create();

    $this->browse(function ($browser) use ($user) {
        $browser->visit('login')
            ->type('email', $user->email)
            ->type('password', 'secret')
            ->press('Login')
            ->assertPathIs('/home');
    });
}
```

$this->browser()는 클로저로 넘겨줄 브라우저를 만들고, 클로저 안에서 브라우저에게 어떤 행동을 할지 지시한다.

폼을 처리하는 동작을 흉내 내는 다른 라라벨 애플리케이션 테스트 도구와 달리 데스크는 실제 브라우저를 띄우고 브라우저에서 입력 값을 타이핑하고 버튼을 클릭하도록 이벤트를 전송한다는 점이 중요하다. 실제 브라우저를 조작하도록 데스크가 이를 관장한다.

예를 들어 채팅 시스템과 같이 웹사이트에서 여러 사용자가 동작을 수행하는 경우를 테스트할 수 있도록 클로저에 파라미터를 추가해서 브라우저 여러 개를 요청할 수도 있다. 매뉴얼에 표시된 다음 예제를 보자.

예제 12-32 다중 데스크 브라우저

```
$this->browse(function ($first, $second) {
    $first->loginAs(User::find(1))
        ->visit('home')
        ->waitForText('Message');

    $second->loginAs(User::find(2))
        ->visit('home')
        ->waitForText('Message')
```

```
        ->type('message', 'Hey Taylor')
        ->press('Send');

    $first->waitForText('Hey Taylor')
        ->assertSee('Jeffrey Way');
});
```

이외에도 매우 다양한 동작과 어서션을 사용할 수 있지만 모든 내용을 이 책에서는 다루지 않으므로 더 자세한 내용은 매뉴얼을 참고하자. 대신 더스크가 제공하는 기본적인 내용들을 몇 가지 더 살펴보자.

인증과 데이터베이스

더스크는 라라벨의 다른 테스트와는 달리 [예제 12-32]처럼 `$browser->loginAs($user)`로 인증한다.

> **ATTENTION_ 더스크를 사용할 때는 RefreshDatabase 트레이트를 사용하지 말자**
>
> 그 대신에 `DatabaseMigrations` 트레이트를 사용하자. `RefreshDatabase`가 사용하는 트랜잭션은 여러 요청에서 유지될 수 없다.

페이지에서 사용자의 동작 처리

제이쿼리[iQuery]를 써본 적이 있다면 더스크로 페이지에서 사용자의 동작을 다루는 데 별다른 어려움이 없을 것이다. 흔히 볼 수 있는 특정 DOM 아이템을 선택하는 패턴을 다음 예제에서 살펴보자.

예제 12-33 더스크로 아이템 선택하기

```
<-- 템플릿 -->
<div class="search"><input><button id="search-button"></button></div>
<button dusk="expand-nav"></button>

// 더스크 테스트
// 옵션 1: 제이쿼리 스타일 문법
$browser->click('.search button');
```

```
$browser->click('#search-button');

// 옵션 2: dusk="selector-here" 문법; 권장함
$browser->click('@expand-nav');
```

페이지 요소에 dusk 속성을 추가하면 페이지 디스플레이나 레이아웃이 나중에 바뀌어도 코드 수정 없이 참조할 수 있다. 어떤 메서드든 셀렉터가 필요하다면 @ + dusk 속성값을 넘겨주면 된다.

$browser에서 호출할 수 있는 메서드를 몇 가지 살펴보자.

텍스트와 속성값을 다루는 데는 다음의 메서드를 사용한다.

value($selector, $value = null)

첫 번째 파라미터만 입력하면 이에 해당하는 텍스트 입력 값을 반환하고, 두 번째 파라미터도 입력하면 두 번째 파라미터로 값을 설정한다.

text($selector)

입력을 받지 않는 <div>나 <span> 같은 아이템의 텍스트를 가져온다.

attribute($selector, $attributeName)

$selector와 일치하는 요소의 특정 속성값을 반환한다.

폼과 파일을 다룰 때는 다음의 메서드를 사용한다.

type($selector, $valueToType)

value()와 비슷한데, 바로 값을 설정하는 대신 문자를 실제로 타이핑한다.

> **NOTE_ 더스크의 셀렉터 매칭 순서**
>
> type()과 같이 인풋을 대상으로 하는 메서드는 더스크나 CSS 셀렉터와 일치하는 것을 먼저 찾고, 없으면 셀렉터로 넘겨준 이름을 갖는 인풋 요소를 찾는다. 그래도 없으면 최종적으로 <textarea>를 찾는다.

select($selector, $optionValue)

$selector에 해당하는 드롭다운 선택지에서 $optionValue에 해당하는 항목을 선택한다.

check($selector)와 uncheck($selector)

$selector로 선택할 수 있는 체크박스에 체크하거나 해제한다.

radio($selector, $optionValue)

$selector에 해당하는 라디오 그룹에서 $optionValue에 해당하는 항목을 선택한다.

attach($selector, $filePath)

$filePath에 있는 파일을 $selector에 해당하는 파일 인풋에 첨부한다.

키보드와 마우스 입력은 다음의 메서드를 이용한다.

clickLink($selector)

텍스트 링크 목적지로 따라간다.

click($selector)와 mouseover($selector)

$selector에 마우스 클릭이나 마우스 오버 이벤트를 일으킨다.

drag($selectorToDrag, $selectorToDragTo)

한 아이템을 다른 아이템 있는 곳으로 드래그한다.

dragLeft(), dragRight(), dragUp(), dragDown()

첫 번째 파라미터인 셀렉터에 해당하는 아이템을 두 번째 파라미터인 픽셀 수만큼 드래그한다.

keys($selector, $instructions)

$instructions에 적힌 대로 $selector에 키 누름 이벤트를 전송한다. 보조 키를 함께 누를 수도 있다.

```
$browser->keys('selector', 'this is ', ['{shift}', 'great']);
```

위 코드는 'this is GREAT'을 타이핑한다. 입력할 아이템 목록에 배열을 추가하면 보조 키 (여기서는 {shift})를 누른 채 입력할 수 있다. 페이스북 웹 드라이버 소스 코드(https:// github.com/php-webdriver/php-webdriver/blob/main/lib/WebDriverKeys.php)에서 사용 가능한 모든 보조 키 목록을 확인할 수 있다.

특정 대상이 아닌 페이지에 키 시퀀스를 전달하고 싶으면(예를 들어, 키보드 단축키 실행) 애 플리케이션이나 페이지의 최상위 요소를 셀렉터로 지정하면 된다. 예를 들어 Vue 애플리케이 션에서 이이디기 app인 <div>가 최상위 요소라면 다음과 같이 한다.

```
$browser->keys('#app', ['{command}', '/']);
```

대기

더스크는 실제 브라우저를 조작하고 자바스크립트도 다루므로 시간, 시간 초과[timeout], 대 기[waiting]라는 개념을 고려해야 한다. 더스크는 테스트할 때 타이밍 이슈를 정확하게 처리해주 는 몇 가지 메서드를 제공한다. 이 메서드 중 일부는 의도적으로 느린 조작을 하거나 지연된 페 이지 요소를 다루는 데 유용하고 일부는 컴포넌트가 초기화되는 시간을 확보하는 데 유용하다. 사용 가능한 메서드는 다음과 같다.

pause($milliseconds)

원하는 시간 동안 더스크 테스트 실행을 멈춘다. 가장 간단한 대기 옵션이다. 이후에 브라우저 로 보내는 모든 명령이 해당 시간 동안 대기한 후 실행된다.

아래에서 보듯이 메서드를 포함한 대기 메서드는 어서션 연계 사이에 넣어서 사용할 수 있다.

```
$browser->click('chat')
    ->pause(500)
    ->assertSee('How can we help?');
```

waitFor($selector, $maxSeconds = null)과
waitForMissing($selector, $maxSeconds = null)

지정한 요소가 페이지에 나타나거나(waitFor()), 사라질 때까지(waitForMissing()) 기다리거나, 선택적으로 입력할 수 있는 두 번째 파라미터로 제공한 시간을 초과할 때까지 기다린다.

```
$browser->waitFor('@chat', 5);
$browser->waitUntilMissing('@loading', 5);
```

whenAvailable($selector, $callback)

waitFor()와 비슷한데, 셀렉터로 지정한 요소가 사용 가능해지면 어떤 행동을 취할지를 정의한 클로저를 두 번째 파라미터로 받는다.

```
$browser->whenAvailable('@chat', function ($chat) {
    $chat->assertSee('How can we help you?');
});
```

waitForText($text, $maxSeconds = null)

텍스트가 페이지에 나타날 때까지 기다린다. 두 번째 파라미터를 넘겨주면 그 시간까지만 기다린다.

```
$browser->waitForText('Your purchase has been completed.', 5);
```

waitForLink($linkText, $maxSeconds = null)

첫 번째 파라미터로 넘긴 텍스트를 가진 링크가 생길 때까지 기다린다. 두 번째 파라미터를 넘겨주면 그 시간까지만 기다린다.

```
$browser->waitForLink('Clear these results', 2);
```

waitForLocation($path)

페이지 URL이 파라미터로 넘긴 경로와 일치할 때까지 기다린다.

```
$browser->waitForLocation('auth/login');
```

waitForRoute($routeName)

페이지 URL이 파라미터로 넘긴 라우트명에 해당하는 URL과 일치할 때까지 기다린다.

```
$browser->waitForRoute('packages.show', [$package->id]);
```

waitForReload()

페이지가 새로고침될 때까지 기다린다.

waitUntil($expression)

파라미터로 넘긴 자바스크립트 표현식이 참이 될 때까지 기다린다.

```
$browser->waitUntil('App.packages.length > 0', 7);
```

그 외의 어서션

앞서 이야기 했듯이 더스크로 할 수 있는 어서션은 매우 많다. 다음은 필자가 가장 흔히 사용하는 것들이다. 전체 목록은 더스크 매뉴얼(https://laravel.kr/docs/dusk)에서 확인할 수 있다.

- assertTitleContains(**$text**)
- assertQueryStringHas(**$keyName**)
- assertHasCookie(**$cookieName**)
- assertSourceHas(**$htmlSourceCode**)
- assertChecked(**$selector**)
- assertSelectHasOption(**$selectorForSelect, $optionValue**)
- assertVisible(**$selector**)

- assertFocused()
- assertVue($dataLocation, $dataValue, $selector)

페이지와 컴포넌트

지금까지는 페이지상의 개별 요소를 테스트하는 방법을 다뤘다. 그렇지만 때로는 여러 요소를 차례대로 테스트하는 것처럼 복잡한 테스트를 해야 할 때도 있다. 요소를 여러 개 확인하는 테스트는 복잡하고 이해하기 어려워진다. 따라서 이런 어서션을 구조화하여 처리할 필요가 있다.

복잡한 테스트를 처리하기 위해서 더스크는 하나의 메서드로 주어진 페이지에서 수행할 수 있는 작업을 표현하는 구조화 도구를 제공한다. 바로 페이지와 컴포넌트다.

페이지

페이지는 애플리케이션의 페이지에서 수행하는 작업들을 나타내는 클래스로 두 가지의 기능을 수행한다. 첫째, 애플리케이션의 어떤 페이지가 더스크 페이지에 첨부되어야 하는지 정의하는 URL과 어서션을 갖는다. 둘째, HTML을 수정할 필요 없이 이 페이지에서만 사용할 수 있는 약어(HTML에서 dusk="abc"로 만든 @abc 셀렉터 같은 것)를 정의할 수 있다.

예제 애플리케이션에 '새로운 패키지 생성'이라는 페이지가 있다고 생각해보자. 이 페이지에서 수행할 작업을 나타내는 더스크 페이지 클래스를 다음과 같이 생성할 수 있다.

```
php artisan dusk:page CreatePackage
```

이 명령어로 만든 클래스가 어떻게 생겼는지 다음 예제에서 확인해보자.

예제 12-34 생성된 더스크 페이지 클래스

```php
<?php

namespace Tests\Browser\Pages;

use Laravel\Dusk\Browser;

class CreatePackage extends Page
{
```

```
    /**
     * 페이지의 URL을 조회한다.
     *
     * @return string
     */
    public function url()
    {
        return '/';
    }

    /**
     * 브라우저가 페이지에 있는지 확인한다.
     *
     * @param  Browser  $browser
     * @return void
     */
    public function assert(Browser $browser)
    {
        $browser->assertPathIs($this->url());
    }

    /**
     * 페이지용 요소 단축키를 조회한다.
     *
     * @return array
     */
    public function elements()
    {
        return [
            '@element' => '#selector',
        ];
    }
}
```

url() 메서드는 더스크가 어떤 페이지에 있어야 하는지를 정의한다. assert()는 올바른 페이지에 있는지 검증하는 추가적인 어서션을 실행하게 하고, elements()는 @dusk 스타일 셀렉터 단축키를 제공한다. 다음 예제처럼 '새로운 패키지 생성' 페이지를 살짝 고쳐보자.

```php
class CreatePackage extends Page
{
    public function url()
    {
        return '/packages/create';
    }

    public function assert(Browser $browser)
    {
        $browser->assertTitleContains('Create Package');
        $browser->assertPathIs($this->url());
    }

    public function elements()
    {
        return [
            '@title' => 'input[name=title]',
            '@instructions' => 'textarea[name=instructions]',
        ];
    }
}
```

이제 이 페이지로 이동해서 정의된 요소에 접근할 수 있다.

```php
// 테스트에서
$browser->visit(new Tests\Browser\Pages\CreatePackage)
    ->type('@title', 'My package title');
```

더스크 페이지의 흔한 용도 중 하나는 테스트할 때 자주 쓰는 동작을 미리 정의하는 것이다. 쉽게 말해서 더스크용 매크로라고 생각하면 된다. [예제 12-36]처럼 페이지에 메서드를 정의하고 테스트 코드에서 불러 사용할 수 있다.

예제 **12-36** 커스텀 페이지 메서드 정의 및 사용

```php
class CreatePackage extends Page
{
    // ... url(), assert(), elements()
```

```
    public function fillBasicFields(Browser $browser, $packageTitle = 'Best package')
    {
        $browser->type('@title', $packageTitle)
            ->type('@instructions', 'Do this stuff and then that stuff');
    }
}

$browser->visit(new CreatePackage)
    ->fillBasicFields('Greatest Package Ever')
    ->press('Create Package')
    ->assertSee('Greatest Package Ever');
```

컴포넌트

더스크 페이지가 수행하는 기능들을 URL에 관계없이 사용하려면 더스크 컴포넌트를 사용한다. **더스크 컴포넌트**는 페이지와 매우 유사하지만 URL 대신 셀렉터에 연결된다.

NovaPackages.com에 패키지를 평가하고 평점을 보여주는 작은 Vue 컴포넌트가 있다. 이 Vue 컴포넌트용 더스크 컴포넌트를 만들어보자.

```
php artisan dusk:component RatingWidget
```

위의 명령어를 실행하면 어떤 코드가 만들어지는지 다음 예제를 보자.

예제 12-37 명령어로 생성한 더스크 컴포넌트의 기본 소스 코드

```php
<?php

namespace Tests\Browser\Components;

use Laravel\Dusk\Browser;
use Laravel\Dusk\Component as BaseComponent;

class RatingWidget extends BaseComponent
{
    /**
     * 컴포넌트의 루트 셀렉터를 조회한다.
     *
     * @return string
```

```php
     */
    public function selector()
    {
        return '#selector';
    }

    /**
     * 브라우저가 컴포넌트를 포함하고 있는지 확인한다.
     *
     * @param  Browser  $browser
     * @return void
     */
    public function assert(Browser $browser)
    {
        $browser->assertVisible($this->selector());
    }

    /**
     * 컴포넌트의 요소 단축어 목록을 반환한다.
     *
     * @return array
     */
    public function elements()
    {
        return [
            '@element' => '#selector',
        ];
    }
}
```

기본적으로 더스크 페이지와 비슷하지만, URL 대신 HTML에 캡슐화한다는 점이 다르다. 평가 위젯 예제를 더스크 컴포넌트 형태로 보기 위해서 다음 예제를 살펴보자.

예제 12-38 평가 위젯용 더스크 컴포넌트

```php
class RatingWidget extends BaseComponent
{
    public function selector()
    {
        return '.rating-widget';
    }
```

```php
    public function assert(Browser $browser)
    {
        $browser->assertVisible($this->selector());
    }

    public function elements()
    {
        return [
            '@5-star' => '.five-star-rating',
            '@4-star' => '.four-star-rating',
            '@3-star' => '.three-star-rating',
            '@2-star' => '.two-star-rating',
            '@1-star' => '.one-star-rating',
            '@average' => '.average-rating',
            '@mine' => '.current-user-rating',
        ];
    }

    public function ratePackage(Browser $browser, $rating)
    {
        $browser->click("@{$rating}-star")
            ->assertSeeIn('@mine', $rating);
    }
}
```

컴포넌트 사용 방법은 페이지 사용 방법과 같다. 다음 예제를 보자.

예제 12-39 더스크 컴포넌트 사용하기

```php
$browser->visit('/packages/tightenco/nova-stock-picker')
    ->within(new RatingWidget, function ($browser) {
        $browser->ratePackage(2);
        $browser->assertSeeIn('@average', 2);
    });
```

이상으로 더스크로 무엇을 할 수 있는지 간략하게 살펴봤다. 더스크 매뉴얼에 훨씬 더 많은 어서션, 활용 사례, 해결 방법, 예제가 작성되어 있다. 더스크를 사용할 계획이라면 매뉴얼을 차근차근 읽어보길 권한다.

12.13 마치며

라라벨은 모든 현대식 PHP 테스트 프레임워크를 사용할 수 있지만 PHPUnit에 최적화되어 있다(특히 라라벨의 **TestCase**를 상속받아 테스트를 작성하는 경우 더욱 그렇다). 라라벨의 애플리케이션 테스트 프레임워크를 사용하면 실제 브라우저의 HTTP를 흉내 낸 가짜 HTTP 요청과 콘솔 요청을 손쉽게 보내고 그 결과를 확인할 수 있다.

라라벨에서는 쉽고 편리하게 데이터베이스, 캐시, 세션, 파일 시스템, 메일 및 다른 시스템들과 상호작용하고 테스트할 수 있다. 이 시스템 중 일부는 페이크 기능을 내장하고 있어 더욱 쉽게 테스트할 수 있다. 브라우저킷 테스트나 더스크를 이용해서 브라우저와 상호작용하고 DOM을 테스트하는 것도 가능하다.

라라벨은 목, 스텁, 스파이, 더미 같은 것들이 필요할 때 쓸 수 있는 목커리를 내장한다. 하지만 라라벨의 테스트 철학은 되도록이면 모의 객체를 사용하지 않고 테스트하는 것을 추구한다. 모의 객체는 가급적 꼭 필요한 때가 아니면 사용하지 말자.

## CHAPTER 13

API 작성하기

라라벨 프로젝트를 진행할 때 개발자가 가장 많이 하는 일 중 하나는 바로 API를 작성하는 일이다. API는 서드파티가 라라벨 애플리케이션과 데이터를 주고받을 수 있게 JSON, REST 혹은 RESTful 형식으로 만들어진다.

최신 API는 주로 JSON으로 구현되는데, 라라벨을 사용하면 아주 쉽게 JSON을 다룰 수 있다. 라라벨의 리소스 컨트롤러는 이미 REST에서 필요로 하는 HTTP 메서드에 적합한 구조를 갖추고 있고, 엘로퀀트 모델은 그대로 JSON 응답으로 변환되기도 한다. 이번 장에서는 기초적인 API 작성 개념과 라라벨이 제공하는 API 작성 도구, 라라벨로 처음 API를 작성할 때 고려할 만한 외부 도구와 시스템을 다룬다.

13.1 RESTful JSON API 기초

REST^representational state transfer^는 API를 만들 때 사용하는 설계 스타일이다. REST는 기술 관점에서 넓게 보면 인터넷 전체에 적용할 만한 것이기도 하고, 좁게 보면 너무 구체적이어서 실제로 사용하는 사람이 한 명도 없는 무엇이기도 하다. 그러니 REST의 정의를 너무 어렵게 생각하거나 지나치게 규칙을 따지려고 하지 말자. 라라벨 진영에서는 다음 공통적인 특징을 갖는 API를 RESTful 혹은 REST스러운 API라고 이야기한다.

- 고유한 URI로 표현할 수 있는 자원을 중심으로 API 구조를 갖춘다. URI를 예로 들면 전체 고양이를 조회하는 URI는 /cats, 15번 아이디를 가진 고양이 한 마리를 조회하는 URI는 /cats/15와 같은 식이다.
- 주로 HTTP 메서드를 사용해서 자원과 상호작용한다(GET /cats/15, DELETE /cats/15).
- 상태를 갖지 않는다. 요청과 요청 사이에 유지되는 인증 세션이 없고 모든 요청은 인증 정보를 가지고 있어야 한다.
- 캐시할 수 있고 일관되게 작동한다. 누가 요청하든 각 요청은(일부 인증된 사용자용 요청은 제외) 같은 결과를 돌려줘야 한다.
- JSON으로 응답한다.

가장 흔히 볼 수 있는 API 패턴은 엘로퀀트 모델마다 고유한 URL 구조를 갖추고 이를 API 자원으로 노출시켜서 사용자들이 특정 HTTP 메서드로 요청하면 JSON으로 응답하는 형태다. 다음 예제에서 흔히 있을 법한 API를 몇 가지 확인할 수 있다.

예제 13-1 일반적인 REST API 엔드포인트 구조

```
GET /api/cats
[
    {
        id: 1,
        name: 'Fluffy'
    },
    {
        id: 2,
        name: 'Killer'
    }
]

GET /api/cats/2
{
    id: 2,
    name: 'Killer'
}

DELETE /api/cats/2
(고양이 삭제)

POST /api/cats with body:
{
    name: 'Mr Bigglesworth'
}
```

```
(새 고양이 생성)

PATCH /api/cats/3 with body:
{
    name: 'Mr. Bigglesworth'
}
(고양이 업데이트)
```

이 예제는 API와 상호작용하는 기본적인 방법을 보여준다. 라라벨에서는 이를 어떻게 처리하는지 좀 더 자세히 알아보자.

13.2 컨트롤러 구성과 JSON 응답

라라벨의 API 리소스 컨트롤러는 일반 리소스 컨트롤러(3.6.3절 '리소스 컨트롤러' 참고)와 유사한데 RESTful API 라우트에 맞게 조정된 것이다. 예를 들어 라라벨 API 리소스 컨트롤러에는 API와 무관한 create(), edit() 메서드가 빠져 있다. 이 차이에서 시작해보자.

우선 /api/dogs에 해당하는 리소스용 컨트롤러를 생성해보자.

```
php artisan make:controller Api/DogsController --api
```

이 명령어로 생성한 API 리소스 컨트롤러는 다음 예제와 같은 모습이다.

예제 13-2 생성된 API 리소스 컨트롤러

```php
<?php

namespace App\Http\Controllers\Api;

use Illuminate\Http\Request;
use App\Http\Controllers\Controller;

class DogController extends Controller
{
    /**
     * 리소스 목록을 보여준다.
```

```
     *
     * @return \Illuminate\Http\Response
     */
    public function index()
    {
        //
    }

    /**
     * 새로 생성된 리소스를 스토리지에 저장한다.
     *
     * @param  \Illuminate\Http\Request  $request
     * @return \Illuminate\Http\Response
     */
    public function store(Request $request)
    {
        //
    }

    /**
     * 특정 리소스를 보여준다.
     *
     * @param  int  $id
     * @return \Illuminate\Http\Response
     */
    public function show($id)
    {
        //
    }

    /**
     * 스토리지에 있는 특정 리소스를 업데이트한다.
     *
     * @param  \Illuminate\Http\Request  $request
     * @param  int  $id
     * @return \Illuminate\Http\Response
     */
    public function update(Request $request, $id)
    {
        //
    }

    /**
     * 스토리지에서 특정 리소스를 제거한다.
```

```
    *
    * @param  int  $id
    * @return \Illuminate\Http\Response
    */
   public function destroy($id)
   {
       //
   }
}
```

예제 속 코드가 많은 것을 설명해준다. index()는 전체 개의 목록을 보여주고, show()는 개 한 마리의 정보를 보여주며, store()는 새로운 개 정보를 저장하고, update()는 개 한 마리의 정보를 수정하며, destroy()는 개 한 마리의 정보를 삭제한다.

이 컨트롤러와 함께 사용할 모델과 마이그레이션을 함께 만들어보자.

```
php artisan make:model Dog --migration
php artisan migrate
```

이제 컨트롤러 메서드를 채워 넣을 수 있게 됐다.

TIP **이 예제가 작동하기 위한 데이터베이스 요구 사항**

예제 코드를 실제로 작동하게 하려면 name과 breed라는 문자열 칼럼을 추가하고, 이 두 칼럼을 엘로퀀트 모델의 fillable 속성에 추가하거나 모델의 guarded 속성을 빈 배열([ ])로 설정해야 한다.

여기에서 엘로퀀트의 기능을 사용하면 편리하다. 조회 결과로 엘로퀀트 컬렉션을 출력하면 자동으로 JSON으로 변환된다(궁금해할까 봐 이야기하자면 __toString() 매직 메서드를 사용한 것이다). 이는 라우트의 결과로 나온 컬렉션을 반환하면 사실상 JSON을 반환한다는 뜻이다. 따라서 [예제 13-3]에서 볼 수 있듯이 컬렉션을 반환하는 것은 여러분이 앞으로 작성할 코드 중 가장 간단한 코드가 될 것이다.

예제 13-3 Dog 엔티티용 API 리소스 컨트롤러 예시

```
class DogController extends Controller
{
    public function index()
    {
```

```
        return Dog::all();
    }

    public function store(Request $request)
    {
        return Dog::create($request->only(['name', 'breed']));
    }

    public function show($id)
    {
        return Dog::findOrFail($id);
    }

    public function update(Request $request, $id)
    {
        $dog = Dog::findOrFail($id);
        $dog->update($request->only(['name', 'breed']));
        return $dog;
    }

    public function destroy($id)
    {
        Dog::findOrFail($id)->delete();
    }
}
```

[예제 13-4]는 컨트롤러와 라우트 파일을 연결하는 방법을 보여준다. `Route::apiResource()`를 사용하면 API 리소스 컨트롤러의 메서드를 적절한 라우트와 HTTP 메서드에 자동으로 연결할 수 있다.

예제 13-4 리소스 컨트롤러에 라우트 바인딩하기

```
// routes/api.php
Route::namespace('Api')->group(function () {
    Route::apiResource('dogs', 'DogController');
});
```

라라벨에서 생성한 여러분의 첫 번째 RESTful API가 완성됐다. 물론 여기에 더하여 페이지네이션, 정렬, 인증, 추가적인 정보를 담은 응답 헤더 등 훨씬 다양한 것이 필요할 것이다. 하지만 이번 절에서 다룬 내용이 이 장의 기본이 된다는 점을 잊지 말자.

13.3 헤더 읽기 및 전송

REST API는 종종 본문이 아닌 헤더를 이용해서 정보를 읽고 전송한다. 예를 들어 깃허브 API로 보내는 모든 요청은 현재 사용자의 접속 제한 현황을 자세히 담은 헤더를 돌려받는다.

```
X-RateLimit-Limit: 5000
X-RateLimit-Remaining: 4987
X-RateLimit-Reset: 1350085394
```

X-* 헤더

깃허브 접속 제한 헤더 앞에 왜 X-가 붙는지 의아할 수 있다. 특히 같은 요청으로 받은 다른 헤더와 함께 볼 때 더 그렇게 느껴질 수 있다.

```
HTTP/1.1 200 OK
Server: nginx
Date: Fri, 12 Oct 2012 23:33:14 GMT
Content-Type: application/json; charset=utf-8
Connection: keep-alive
Status: 200 OK
ETag: "a00049ba79152d03380c34652f2cb612"
X-GitHub-Media-Type: github.v3
X-RateLimit-Limit: 5000
X-RateLimit-Remaining: 4987
X-RateLimit-Reset: 1350085394
Content-Length: 5
Cache-Control: max-age=0, private, must-revalidate
X-Content-Type-Options: nosniff
```

이름 앞에 X-가 붙는 모든 헤더는 HTTP 스펙이 아니다. 완전히 새로 만든 것(예를 들어 X-How-Much-Matt-Loves-This-Page)일 수도 있고, 아직 스펙이 되지는 않았지만 보편적인 관례로 쓰이는 것(예를 들어 X-Requested-With)도 있다.

많은 API가 헤더를 이용해서 요청을 바꿀 수 있도록 허용한다. 예를 들어 깃허브 API는 어떤 버전의 API를 사용하고 싶은지를 Accept 헤더를 이용해서 쉽게 정의할 수 있게 한다.

```
Accept: application/vnd.github.v3+json
```

v3에서 v2로 바꾸면 깃허브는 요청을 버전 3이 아닌 버전 2 API로 처리할 것이다.

라라벨에서는 헤더를 사용하는 요청과 응답을 어떻게 처리하는지 알아보자.

13.3.1 라라벨에서 응답 헤더 전송하기

10장에서 살펴보았지만 다시 한번 되짚어보자. [예제 13-5]에서 보듯이 응답 객체가 있으면 header($headerName, $headerValue)를 이용해서 필요한 헤더 값을 추가할 수 있다. 쉽고 편리하다.

예제 13-5 라라벨에서 응답 헤더 추가하기

```
Route::get('dogs', function () {
    return response(Dog::all())
        ->header('X-Greatness-Index', 12);
});
```

13.3.2 라라벨에서 요청 헤더 읽기

유입된 요청의 헤더 값도 간단하게 읽을 수 있다. 다음 예제를 보자.

예제 13-6 라라벨에서 요청 헤더 읽기

```
Route::get('dogs', function (Request $request) {
    var_dump($request->header('Accept'));
});
```

이제 API를 구성하는 데 필요한 요청 헤더를 읽고 응답에 헤더를 설정할 수 있게 됐다.

13.4 엘로퀀트 페이지네이션

페이지네이션은 대부분의 API에서 가장 손이 많이 가는 곳 중 하나다. 엘로퀀트는 유입되는 요청에서 페이지 쿼리 파라미터를 직접 가로채 페이지네이션을 처리하는 시스템을 내장한다. 페이지네이터 컴포넌트는 6장에서 다루었지만 짧게 되짚어보자.

모든 엘로퀀트 모델의 메서드 호출에 한 페이지에서 조회하고자 하는 아이템 개수를 숫자로 넘기는 paginate() 메서드를 사용할 수 있다. 이 메서드를 호출하면 엘로퀀트는 요청된 URL에 페이지 쿼리 파라미터가 있는지 확인하고, 페이지 쿼리 파라미터가 지정되어 있다면 이 값을 사용하여 현재 사용자가 요청한 페이지가 몇 페이지인지 나타내는 지표로 취급한다.

API 라우트에서 자동화된 라라벨 페이지네이션을 사용하려면 엘로퀀트 쿼리를 호출할 때 all()이나 get() 대신 paginate() 메서드를 사용하면 된다.

예제 13-7 페이지 처리된 API 라우트

```
Route::get('dogs', function () {
    return Dog::paginate(20);
});
```

위의 코드는 엘로퀀트 조회 결과를 20개씩 가져오도록 정의했다. 페이지 쿼리 파라미터가 얼마로 설정됐는지에 따라 라라벨은 우리에게 되돌려줄 20개의 결과가 무엇인지 정확하게 파악할 것이다.

```
GET /dogs        - 1-20 결과 반환 (1페이지)
GET /dogs?page=1 - 1-20 결과 반환 (1페이지)
GET /dogs?page=2 - 21-40 결과 반환 (2페이지)
```

paginate() 메서드는 다음 예제에서 보는 것과 같이 쿼리 빌더 호출에도 사용할 수 있다.

예제 13-8 쿼리 빌더 호출에 paginate() 메서드 사용하기

```
Route::get('dogs', function () {
    return DB::table('dogs')->paginate(20);
});
```

그런데 여기에 흥미로운 점이 있다. JSON으로 변환하면 단지 결과 20개만 반환하는 게 아니라는 것이다. 페이지 처리된 데이터와 함께 유용한 페이지네이션과 관련 세부 정보를 최종 사용자에게 자동으로 전달하는 응답 객체를 만든다. [예제 13-9]는 엘로퀀트를 호출했을 때 받을 수 있는 응답 데이터를 보여준다. 지면을 아끼기 위해 다음 예제에서 데이터는 3개만 표시해보았다.

예제 13-9 페이지 처리된 데이터베이스 호출의 샘플 출력

```json
{
    "current_page": 1,
    "data": [
        {
            'name': 'Fido'
        },
        {
            'name': 'Pickles'
        },
        {
            'name': 'Spot'
        }
    ]
    "first_page_url": "http://myapp.com/api/dogs?page=1",
    "from": 1,
    "last_page": 2,
    "last_page_url": "http://myapp.com/api/dogs?page=2",
    "next_page_url": "http://myapp.com/api/dogs?page=2",
    "path": "http://myapp.com/api/dogs",
    "per_page": 2,
    "prev_page_url": null,
    "to": 2,
    "total": 4
}
```

이 값을 사용하여 API를 요청하는 클라이언트에서 필요한 페이지네이션 작업을 처리하면 된다.

13.5 정렬과 필터링

라라벨에는 페이지네이션을 위한 관례도 있고 내장된 도구도 있지만, 정렬과 관련해서는 따로 준비된 것이 없기 때문에 필요하다면 직접 구현해야 한다. 여기서는 짧은 코드 샘플을 보여주고 쿼리 파라미터를 JSON API 스펙(아래 박스에서 설명)과 비슷하게 꾸며볼 것이다.

JSON API 스펙

JSON API 스펙은 JSON 기반 API를 만드는 데 가장 일반적인 작업, 예를 들어 필터링, 정렬, 페이지네이션, 인증, 임베딩, 링크, 메타데이터 등을 어떻게 다루는지에 관한 표준이다.

라라벨의 기본 페이지네이션은 JSON API 스펙에 정확히 일치하게 작동하지는 않지만 옳은 방향으로 시작할 수 있게 한다. JSON API 스펙을 지원하려면 나머지 대부분의 JSON API 스펙은 여러분이 직접 구현해야 한다.

예를 들어, 다음은 JSON API 스펙의 일부로 data와 errors 응답 구조를 다루는 데 도움이 된다.

문서는 반드시 다음의 최고 수준의 멤버를 하나 이상 포함해야 한다.

- data: 문서의 주요 데이터
- errors: 에러 객체의 배열
- meta: 비표준 메타데이터를 담은 메타 객체

data와 errors는 같은 문서에 함께 존재해서는 안 된다.

JSON API를 애플리케이션의 스펙으로 구현하는 것은 좋은 선택이지만 이를 따르려면 상당한 기초 작업이 필요하니 주의하자. 이 책의 예제에서는 JSON API 스펙을 완벽히 따르진 않을 것이지만 JSON API의 기본 아이디어에서 영감을 얻어 활용할 것이다.

13.5.1 API 결과 정렬하기

우선 결과를 정렬하는 기능을 구현해보자. 먼저 다음 예제처럼 하나의 칼럼으로 정렬하는 방법을 살펴보자.

```
// /dogs?sort=name 처리
Route::get('dogs', function (Request $request) {
    // 정렬 쿼리 파라미터를 받는다(없으면 'name'으로 정렬한다).
    $sortColumn = $request->input('sort', 'name');
    return Dog::orderBy($sortColumn)->paginate(20);
});
```

다음으로 정렬 방향을 반대로 바꾸는(예를 들어 ?sort=-weight) 기능을 추가한다(예제 13-11).

예제 13-11 방향을 조절할 수 있는 단일 칼럼 API 정렬

```
// /dogs?sort=name와 /dogs?sort=-name 처리
Route::get('dogs', function (Request $request) {
    // 정렬 쿼리 파라미터를 받는다(없으면 'name'으로 정렬한다).

    $sortColumn = $request->input('sort', 'name');

    // 라라벨의 Str::startsWith() 메서드를 이용하여
    // 정렬하고자 하는 칼럼 문자열이 '-'로 시작하는지에 따라 정렬 방향을 설정한다.
    $sortDirection = Str::startsWith($sortColumn, '-') ? 'desc' : 'asc';
    $sortColumn = ltrim($sortColumn, '-');

    return Dog::orderBy($sortColumn, $sortDirection)
        ->paginate(20);
});
```

마지막으로 다중 칼럼(예를 들어 ?sort=name,-weight)을 처리할 수 있도록 한다(예제 13-12).

예제 13-12 JSON-API 방식 정렬

```
// ?sort=name,-weight 처리
Route::get('dogs', function (Request $request) {
    // 쿼리 파라미터를 가져와서 쉼표(,)를 기준으로 나누어 배열로 만든다.
    $sorts = explode(',', $request->input('sort', ''));

    // 쿼리를 만든다.
    $query = Dog::query();

    // 하나씩 정렬을 추가한다.
```

```
    foreach ($sorts as $sortColumn) {
        $sortDirection = Str::startsWith($sortColumn, '-') ? 'desc' : 'asc';
        $sortColumn = ltrim($sortColumn, '-');

        $query->orderBy($sortColumn, $sortDirection);
    }

    // 결과를 되돌려준다.
    return $query->paginate(20);
});
```

뭔가 깔끔해 보이지 않아서 반복을 피하기 위한 헬퍼를 만들고 싶은 마음이 들 수도 있다. 하지만 지금은 논리적이고 간단한 기능을 이용해서 한 땀 한 땀 커스터마이징 가능한 API를 만드는 중이니 너무 신경 쓰지 말자.

13.5.2 API 결과 필터링하기

API를 만들 때 전체에서 특정 데이터만 걸러주는 필터링도 자주 쓴다. 예를 들어, 클라이언트가 다양한 개 종류 중에서도 치와와 목록만 요청할 수 있다.

JSON API에는 filter 쿼리 파라미터를 사용해야 한다는 것 외에 딱히 정해진 문법이 없다. 정렬할 때 했던 것처럼 단일 키/값에 모든 걸 넣어보자. ?filter=breed:chihuahua 같은 식으로 말이다. 다음 예제에서 어떻게 하는지 확인해보자.

예제 13-13 API 결과에 대한 단일 필터

```
Route::get('dogs', function () {
    $query = Dog::query();

    $query->when(request()->filled('filter'), function ($query) {
        [$criteria, $value] = explode(':', request('filter'));
        return $query->where($criteria, $value);
    });

    return $query->paginate(20);
});
```

$request 객체를 주입하는 대신 request()를 사용한 것에 주목하자. 둘 다 똑같이 작동한다. 하지만 클로저 안에서 작업할 때는 request() 헬퍼가 더 편리할 수 있다. 직접 변수를 전달하지 않아도 되기 때문이다.

[예제 13-14]에서는 ?filter=breed:chihuahua,color:brown 같은 다중 필터를 허용해봤다.

예제 13-14 API 결과에 대한 다중 필터

```
Route::get('dogs', function (Request $request) {
    $query = Dog::query();

    $query >when(request()->filled('filter'), function ($query) {
        $filters = explode(',', request('filter'));

        foreach ($filters as $filter) {
            [$criteria, $value] = explode(':', $filter);
            $query->where($criteria, $value);
        }

        return $query;
    });

    return $query->paginate(20);
});
```

13.6 API 리소스

과거에는 라라벨에서 API를 개발할 때 데이터를 어떻게 변환할지 결정하느라 가장 많은 어려움을 겪었다. 가장 간단한 API는 그저 엘로퀀트 객체를 JSON으로 반환하면 되지만, 대부분의 API는 그 이상을 요구한다. 엘로퀀트로 조회한 결과를 적절한 포맷으로 변환하려면 어떻게 해야 할까? 엘로퀀트 모델에 없는 다른 값을 끼워 넣거나 조건에 따라 추가적인 값을 반환하는 경우, 반환하는 값들 일부를 계산하여 필드를 추가하거나 API에서 다른 속성값은 JSON으로 출력하고 일부 필드만 숨기려면 어떻게 해야 할까? API별로 변환을 위한 별도의 클래스를 작성하는 게 해결책이 된다.

라라벨에서는 엘로퀀트 API 리소스라는 기능을 사용할 수 있다. 이 기능을 이용해서 주어진 클래스의 엘로퀀트 객체(또는 엘로퀀트 객체 컬렉션)를 API 응답 결과로 변환하는 방법을 정의할 수 있다. 예를 들어, Dog 엘로퀀트 모델은 Dog 리소스를 갖는데, 이 리소스는 각 Dog 객체를 API 응답 객체에 알맞은 형태로 변환하는 역할을 한다.

13.6.1 리소스 클래스 만들기

어떤 식으로 API 응답 결과를 변환하는지 살펴보기 위해 앞서 언급한 Dog 예제를 활용해보자. 우선 make:resource 아티즌 명령어를 이용해서 리소스 클래스를 생성하자.

```
php artisan make:resource Dog
```

이러면 toArray() 메서드를 가진 app/Http/Resources/Dog.php 클래스가 새로 만들어진다. 파일이 어떻게 생겼는지는 다음 예제를 보자.

예제 13-15 생성된 API 리소스 클래스

```php
<?php

namespace App\Http\Resources;

use Illuminate\Http\Resources\Json\JsonResource;

class Dog extends JsonResource
{
    /**
     * 리소스를 배열로 변환
     *
     * @param  \Illuminate\Http\Request  $request
     * @return array
     */
    public function toArray($request)
    {
        return parent::toArray($request);
    }
}
```

여기서 다루는 **toArray()** 메서드는 두 가지 중요한 데이터에 접근한다. 첫째, 일루미네이트 요청 객체에 접근한다. 따라서 쿼리 파라미터나 헤더를 비롯해 요청에 있는 중요한 정보에 기반해서 응답을 변경할 수 있다. 둘째, [예제 13-16]에서 보듯 **$this**에 속성이나 메서드를 호출해서 변환 중인 엘로퀀트 객체에 접근할 수 있다.

예제 **13-16** Dog 모델용 단순 API 리소스 클래스

```
class Dog extends JsonResource
{
    public function toArray($request)
    {
        return [
            'id' => $this->id,
            'name' => $this->name,
            'breed' => $this->breed,
        ];
    }
}
```

새롭게 생성한 리소스 클래스를 사용하려면 [예제 13-17]처럼 하나의 **Dog**를 반환하는 API 엔드포인트를 새로 만든 리소스 클래스로 응답을 감싸도록 변경해야 한다.

예제 **13-17** 단순 Dog 리소스 활용

```
user App\Models\Dog;
use App\Http\Resources\Dog as DogResource;

Route::get('dogs/{dogId}', function ($dogId) {
    return new DogResource(Dog::find($dogId));
});
```

13.6.2 리소스 컬렉션

만약 주어진 API 엔드포인트에 반환해야 할 엔티티가 여러 개일 때는 어떻게 하는지 살펴보자. 다음 예제에서 보듯이 API 리소스 클래스의 **collection()** 메서드를 사용하면 된다.

```
use App\Models\Dog;
use App\Http\Resources\Dog as DogResource;

Route::get('dogs', function () {
    return DogResource::collection(Dog::all());
});
```

이 메서드는 전달받은 모든 엔티티를 순회하며 **DogResource**로 변환하고 컬렉션을 반환한다.

대부분의 API는 이렇게 처리하는 것으로 충분하지만 경우에 따라 컬렉션 응답의 구조를 조금이라도 변경하고 싶거나, 메타데이터를 추가하려면 커스텀 API 리소스 컬렉션을 만들어서 해결한다.

커스텀 API 리소스 컬렉션을 만들기 위해 다시 한번 **make:resource** 아티즌 명령어를 사용해보자. 이번에는 이름을 **DocCollection**이라고 짓는다. 이렇게 하면 라라벨에게 API 리소스 클래스가 아닌 API 리소스 컬렉션을 만드는 것이라고 알려줄 수 있다.

```
php artisan make:resource DocCollection
```

이 명령어를 실행하면 **app/Http/Resources/DogCollection.php**에 API 리소스 클래스와 아주 흡사한 **toArray()** 메서드 하나를 갖고 있는 파일이 하나 생성된다. 파일의 내용은 다음 예제에서 확인하자.

예제 13-19 생성된 API 리소스 컬렉션

```
<?php

namespace App\Http\Resources;

use Illuminate\Http\Resources\Json\ResourceCollection;

class DogCollection extends ResourceCollection
{
    /**
     * 리소스 컬렉션을 배열로 변환
     *
     * @param  \Illuminate\Http\Request  $request
```

```
     * @return array
     */
    public function toArray($request)
    {
        return parent::toArray($request);
    }
}
```

API 리소스 클래스와 마찬가지로 요청과 처리할 데이터에 접근한다. 하지만 API 리소스 클래스와는 달리 단일 항목을 다루지 않고 컬렉션을 다룬다. 따라서 (이미 변형된) 컬렉션을 $this->collection으로 접근한다. 다음 예제를 보자.

예제 13-20 Dog 모델용 단순 API 리소스 컬렉션

```
use App\Http\Resources\Dog as DogResource;

class DogCollection extends ResourceCollection
{
    public function toArray($request)
    {
        return [
            'data' => $this->collection,
            'links' => [
                'self' => route('dogs.index'),
            ],
        ];
    }
}
```

13.6.3 중첩된 연관관계 표현하기

API의 복잡한 점 중 하나가 연관관계를 표현하는 방법이다. API 리소스를 사용하여 연관관계를 처리할 수 있는 가장 간단한 방법은 [예제 13-21]처럼 반환하는 배열에 API 리소스 컬렉션을 설정한 키를 추가하는 것이다.

```
use App\Http\Resources\Dog as DogResource;

class DogCollection extends ResourceCollection
{

    public function toArray()
    {
        return [
            'name' => $this->name,
            'breed' => $this->breed,
            'friends' => DogResource::collection($this->friends),
        ];
    }
}
```

조건에 따라 연관관계가 중첩되길 원할 수 있다. 요청에 연관관계를 표시하는 조건이 있는 경우에만 연관관계를 중첩하도록 하거나, 넘겨받은 엘로퀀트 객체가 이미 연관관계에 대한 값을 가지고 있는 경우에만 중첩하도록 할 수 있다. 다음 예제를 보자.

예제 13-22 조건에 따라 API 연관관계 불러들이기

```
public function toArray()
{
    return [
        'name' => $this->name,
        'breed' => $this->breed,
        // 이미 관계를 가지고 있는 경우에만 연관관계를 추가
        'bones' => BoneResource::collection($this->whenLoaded('bones')),
        // 또는 URL이 요청하는 경우에만 연관관계를 추가
        'bones' => $this->when(
            $request->get('include') == 'bones',
            BoneResource::collection($this->bones)
        ),
    ];
}
```

13.6.4 API 리소스에 페이지네이션 사용하기

리소스 클래스에 엘로퀀트 모델의 컬렉션을 전달한 것과 마찬가지로 페이지네이터 객체도 넘겨줄 수 있다. 다음 예제를 보자.

예제 13-23 API 리소스 컬렉션에 페이지네이터 객체 전달하기

```
Route::get('dogs', function () {
    return new DogCollection(Dog::paginate(20));
});
```

페이지네이디 객체를 진딜하면, 번환된 결과에 페이지네이션 정보(첫 페이지, 마지막 페이지, 이전 페이지, 다음 페이지)를 담은 링크와 전체 컬렉션에 대한 메타데이터가 추가된다.

어떤 식으로 정보가 추가되는지는 [예제 13-24]에서 확인하자. 이 예제에서는 `Dog::paginate(2)`를 호출해서 페이지당 2개 항목이 호출되도록 설정해 링크가 어떻게 작동하는지 더 쉽게 확인할 수 있을 것이다.

예제 13-24 페이지네이션 링크를 포함한 페이지 처리된 리소스 응답 예시

```
{
    "data": [
        {
            "name": "Pickles",
            "breed": "Chorkie",
        },
        {
            "name": "Gandalf",
            "breed": "Golden Retriever Mix",
        }
    ],
    "links": {
        "first": "http://gooddogbrant.com/api/dogs?page=1",
        "last": "http://gooddogbrant.com/api/dogs?page=3",
        "prev": null,
        "next": "http://gooddogbrant.com/api/dogs?page=2"
    },
    "meta": {
        "current_page": 1,
        "from": 1,
```

```
        "last_page": 3,
        "path": "http://gooddogbrant.com/api/dogs",
        "per_page": 2,
        "to": 2,
        "total": 5
    }
}
```

13.6.5 조건에 따라 속성 적용하기

다음 예제처럼 특정한 조건에 부합되는 경우에만 응답에 특정 속성값을 포함하도록 할 수
있다.

예제 13-25 조건에 따라 속성 적용하기

```
public function toArray($request)
{
    return [
        'name' => $this->name,
        'breed' => $this->breed,
        'rating' => $this->when(Auth::user()->canSeeRatings(), 12),
    ];
}
```

13.6.6 API 리소스를 커스터마이즈하는 추가적인 방법

데이터 속성을 감싸는 기본 모양새가 마음에 들지 않거나, 응답에 메타데이터를 추가하거나
변경할 필요가 있을 수 있다. API 자원의 모든 면을 커스터마이즈하는 자세한 방법은 매뉴얼
(https://laravel.kr/docs/eloquent-resources)을 참고하자.

13.7 라라벨 패스포트를 이용한 API 인증

대부분의 API는 데이터에 접근하기 위해서 인증을 요구한다. 라라벨은 API 인증을 처리하는 패스포트라는 도구를 제공한다. 패스포트는 별도 패키지로 분리되어 있으며 컴포저로 설치할 수 있다. 패스포트를 사용하면 애플리케이션에 클라이언트와 토큰을 관리하기 위한 API와 UI 컴포넌트를 포함한 완전한 기능을 갖춘 OAuth 2.0 서버를 손쉽게 구축할 수 있다.

13.7.1 OAuth 2.0에 대한 간략한 소개

OAuth는 RESTful API에서 가장 많이 쓰는 인증 시스템이다. 여기서 깊이 다루기에는 아쉽게도 내용이 너무 많다. 따로 학습하길 원한다면 매슈 프로스트Matthew Frost가 OAuth와 PHP에 대해 쓴 훌륭한 책인 『Integrating Web Services with OAuth and PHP』(php[architect], 2016)를 권한다.

OAuth의 개념을 간단히 설명하면 이렇다. 브라우저를 사용할 때는 사용자가 로그인하면 인증 상태를 세션에 저장한다. API는 상태가 없기stateless 때문에 일반적인 브라우저에서 하는 것 같은 세션 기반 인증은 사용할 수 없다. 대신 API 클라이언트는 인증 엔드포인트를 호출해서 자신을 입증하는 특정 형태의 핸드셰이킹handshaking을 수행해야 한다. 인증에 성공하면 토큰을 얻고, 이 토큰을 자신의 신분을 입증하기 위해 앞으로 보낼 모든 요청에 첨부해야 한다(대개 `Authorization` 헤더를 이용한다).

OAuth의 '승인'에는 몇 가지 종류가 있다. 이는 기본적으로 인증 핸드셰이킹을 다양한 시나리오와 상호작용 유형으로 정의할 수 있음을 의미한다. 서로 다른 프로젝트와 사용자는 서로 다른 인증이 필요하다.

13.7.2 패스포트 설치하기

패스포트Passport는 라라벨을 설치할 때 기본적으로 설치되지 않는 독립 패키지이므로 설치부터 해야 한다. 여기서는 설치 단계를 간추려 소개한다. 설치 과정을 더 자세히 들여다보고 싶으면 공식 매뉴얼(`https://laravel.kr/docs/passport`)을 참고하자.

우선 컴포저로 패키지를 추가하자.

```
composer require laravel/passport
```

패스포트를 설치하면 마이그레이션 작업이 필요하다. OAuth 클라이언트, 스코프, 토큰에 필요한 테이블을 생성하기 위해 php artisan migrate를 실행한다.

다음으로 php artisan passport:install로 인스톨러를 실행한다. 그러면 OAuth 서버용 암호화 키(storage/oauth-private.key와 storage/oauth-public.key)가 만들어지고 데이터베이스에 개인 및 비밀번호 허용 타입 토큰용(아직은 몰라도 된다) OAuth 클라이언트가 추가된다.

User 모델에 Laravel\Passport\HasApiTokens 트레이트를 추가해야 한다. 그러면 OAuth 클라이언트(및 토큰) 관련 연관관계가 각 User에 추가되고, 일부 토큰 관련 헬퍼 함수도 추가된다. 그런 다음 AuthServiceProvider의 boot() 메서드 안에 Laravel\Passport \Passport::routes() 호출 구문을 추가한다. 이를 통해 다음의 라우트가 등록된다.

```
oauth/authorize
oauth/clients
oauth/clients/client_id
oauth/personal-access-tokens
oauth/personal-access-tokens/token_id
oauth/scopes
oauth/token
oauth/token/refresh
oauth/tokens
oauth/tokens/token_id
```

마지막으로 config/auth.php에 있는 api 가드를 보자. 이 가드는 token 드라이버(곧 살펴본다)를 사용하도록 기본 설정되어 있는데 이를 passport 드라이버로 바꾼다.

이것으로 완전히 작동하는 OAuth 2.0 서버를 갖게 됐다! 이제 여러분은 php artisan passport:client로 새 클라이언트를 만들 수 있고, /oauth를 라우트 앞에 붙인 클라이언트와 토큰을 관리용 API를 사용할 수 있다.

패스포트 인증 시스템으로 라우트를 보호하고 싶으면 [예제 13-26]에서 보는 것처럼 라우트나 라우트 그룹에 auth:api 미들웨어를 추가하면 된다.

예제 **13-26** 패스포트 인증 미들웨어로 API 라우트 보호하기

```
// routes/api.php
Route::get('/user', function (Request $request) {
    return $request->user();
})->middleware('auth:api');
```

이렇게 패스포트 인증 시스템으로 보호 중인 라우트에 인증을 받으려면 클라이언트 애플리케이션에서 토큰을 Authorization 헤더에 Bearer 토큰으로 넘겨주어야 한다(토큰을 전달하는 방법은 곧 알아볼 것이다). [예제 13–27]는 Guzzle HTTP 라이브러리를 사용해서 요청을 만드는 모습을 보여준다.

예제 **13-27** Bearer 토큰을 사용하면서 API 요청하기

```
$http = new GuzzleHttp\Client();
$response = $http->request('GET', 'http://tweeter.test/api/user', [
    'headers' => [
        'Accept' => 'application/json',
        'Authorization' => 'Bearer ' . $accessToken,
    ],
]);
```

자, 이제 이 모든 게 어떻게 작동하는지 자세히 들여다보자.

13.7.3 패스포트 API

패스포트는 /oauth 라우트 접두어를 가진 API를 제공한다. 이 API는 두 가지 주요 기능을 제공하는데, 첫째로 사용자 인증을 OAuth 2.0 인증 흐름에 따라 처리하고(/oauth/authorize 와 /oauth/token), 둘째로 사용자가 자신의 클라이언트와 토큰을 관리할 수 있게 한다(나머지 라우트).

이것은 특히 OAuth에 익숙하지 않은 이에게 큰 장점이다. 패스포트를 사용하지 않는다면 OAuth를 통해서 고객이 여러분의 서버에 인증하는 기능을 직접 제공해야 하기 때문이다. 게다가 패스포트는 OAuth 서버의 클라이언트와 토큰의 상태를 관리하는 API도 제공한다. 이는 고객이 스스로 자신의 정보를 관리하는 프런트엔드 기능을 쉽게 만들 수 있다는 것을 의미한

다. 추가적으로 패스포트는 여러분이 직접 프런트엔드를 구성할 때 참고할 수 있는 Vue 기반의 매니저 컴포넌트도 제공한다.

곧 클라이언트와 토큰을 관리하는 API 라우트와 패스포트가 제공하는 Vue 컴포넌트를 소개한다. 그전에 사용자가 패스포트로 보호받는 API에 인증하는 다양한 방법을 알아보자.

13.7.4 패스포트에서 사용할 수 있는 승인 유형

패스포트는 네 가지 인증 방식을 제공한다. 둘은 전통적인 OAuth 2.0 방식(비밀번호 승인password grant과 인가 코드 승인authorization code grant)이고 나머지 둘은 패스포트 고유의 편의 기능이다(개인 접근 토큰personal access token과 동기화 토큰synchronizer token).

비밀번호 승인

비밀번호 승인은 인가 코드 승인보다 널리 사용되지는 않지만 훨씬 간단하다. 예를 들어 자체 API를 제공하는 모바일 애플리케이션에서, 사용자가 아이디와 비밀번호를 이용해서 직접 API에 인증할 수 있게 하려면 비밀번호 승인 방식을 사용할 수 있다.

> **TIP** 비밀번호 승인 클라이언트 만들기
>
> OAuth 서버에 전달되는 모든 요청은 클라이언트를 기준으로 식별된다. 따라서 비밀번호 승인 방식을 사용하는 클라이언트의 정보가 데이터베이스에 저장되어 있어야 한다. php artisan passport:install 과정에서 기본적으로 클라이언트 하나가 생성된다. 만약 새로운 비밀번호 승인 클라이언트가 필요하다면 다음과 같이 추가할 수 있다.
>
> ```
> $php artisan passport:client --password
>
> What should we name the password grant client?
>   [My Application Password Grant Client]:
> > Client_name
>
> Password grant client created successfully.
> Client ID: 3
> Client Secret: Pg1EEzt18JAnFoUIM9n38Nqewg1aekB4rvFk2Pma
> ```

비밀번호 승인 방식을 사용하면 단 하나의 과정만으로 토큰을 받을 수 있다. [예제 13-28]처럼 /oauth/token 라우트에 사용자의 자격 증명credential(아이디와 비밀번호)을 전달하면 된다.

```php
// API를 사용하는 애플리케이션의 Routes/web.php 내부
Route::get('tweeter/password-grant-auth', function () {
    $http = new GuzzleHttp\Client;

    // 패스포트를 사용해 만든 OAuth 서버인 'Tweeter'에 요청을 보낸다.
    $response = $http->post('http://tweeter.test/oauth/token', [
        'form_params' => [
            'grant_type' => 'password',
            'client_id' => config('tweeter.id'),
            'client_secret' => config('tweeter.secret'),
            'username' => 'matt@mattstauffer.co',
            'password' => 'my-tweeter-password',
            'scope' => '',
        ],
    ]);

    $thisUsersTokens = json_decode((string) $response->getBody(), true);
    // 토큰을 가지고 필요한 작업을 처리한다.
});
```

이 라우트는 access_token과 refresh_token을 반환한다. 이 토큰들을 저장해두었다가 API를 인증하는 데 사용하거나(access_token) 추후에 다른 토큰을 요청하는 데 사용할 수 있다 (refresh_token).

비밀번호 승인 방식에 사용한 ID와 비밀번호는 패스포트 애플리케이션의 oauth_clients 데이터베이스 테이블에 이름이 패스포트 승인 클라이언트와 일치하는 행에 있다. passport:install을 실행할 때 기본으로 생성되는 Laravel Personal Access Client와 Laravel Password Grant Client라는 두 클라이언트도 테이블에 있는 것을 볼 수 있을 것이다.

인가 코드 승인

인가 코드 승인 방식은 가장 흔히 사용하는 OAuth 2.0 인증 작업 흐름이면서, 패스포트가 지원하는 가장 복잡한 작업 흐름이기도 하다. 트위터와 비슷하지만, 글이 아닌 음성 파일을 공유하는 '트윗터'라는 애플리케이션을 개발한다고 가정해보자. 그리고 '스페이스북'이라는 SF 소설 애호가용 소셜네트워크 사이트가 있다고 해보자. 스페이스북의 개발자들은 사람들이 자신의

트위터 데이터를 스페이스북 뉴스피드에 가져올 수 있게 하고 싶다. 이를 위해 트위터 애플리케이션에 패스포트를 설치해서 스페이스북 같은 다른 애플리케이션이 그들의 사용자를 트위터 정보로 인증할 수 있게 할 것이다.

인가 코드 승인 방식에서는 API를 소비하는 각 웹사이트가(우리 예제에서는 스페이스북) 패스포트가 활성화된 애플리케이션에서 클라이언트를 생성해야 한다. 대부분의 시나리오에서 다른 사이트의 관리자가 트위터 계정을 가지고 있고, 그들이 트위터에서 클라이언트를 만들 수 있게 도구를 만들어 제공할 것이다. 하지만 초기 단계용으로 스페이스북 관리자를 위한 클라이언트를 직접 만들어줄 수 있다.

```
$php artisan passport:client
Which user ID should the client be assigned to?:
>1

What should we name the client?:
> SpaceBook
Where should we redirect the request after authorization?
  [http://tweeter.test/auth/callback]:
> http://spacebook.test/tweeter/callback

New client created successfully.
Client ID: 4
Client secret: 5rzqKpeCjIgz3MXpi3tjQ37HBnLLykrgWgmc18uH
```

모든 클라이언트는 여러분 애플리케이션의 사용자에게 할당되어야 한다. 1번 사용자가 스페이스북이라고 적는다고 생각해보자. 1번 사용자가 지금 만들고 있는 클라이언트의 주인이 된다.

이제 스페이스북용 ID와 비밀번호가 생겼다. 트위터 인증 토큰이 있으면 사용자를 대신해서 트위터 API를 호출할 수 있다. 이제부터 스페이스북은 개별 스페이스북 사용자(동시에 트위터 사용자인)의 인증 토큰을 트위터로부터 받아오는 데 이 ID와 비밀번호를 사용할 수 있다.

예제 13-29 우리의 OAuth 서버로 사용자를 리다이렉트하는 소비자 애플리케이션

```php
// 스페이스북의 routes/web.php 내부
Route::get('tweeter/redirect', function () {
    $query = http_build_query([
        'client_id' => config('tweeter.id'),
```

```
        'redirect_uri' => url('tweeter/callback'),
        'response_type' => 'code',
        'scope' => '',
    ]);

    // 아래와 같이 문자열을 생성
    // client_id={$client_id}&redirect_uri={$redirect_uri}&response_type=code

    return redirect('http://tweeter.test/oauth/authorize?' . $query);
});
```

사용자가 스페이스북에서 이 라우트를 방문하면, 트윗터의 /oauth/authorize 패스포트 라우트로 리다이렉트될 것이나. 이때 사용자는 확인 페이지를 보게 된다. 아래의 명령어를 이용해서 패스포트가 기본으로 제공하는 확인 페이지를 사용할 수 있다.

```
php artisan vendor:publish --tag=passport-views
```

이 명령어를 실행하면 resources/views/vendor/passport/authorize.blade.php에 뷰 파일이 배포되고 사용자는 [그림 13-1]과 같은 페이지를 보게 된다.

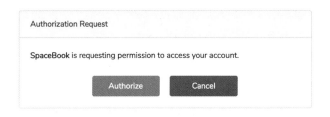

그림 13-1 OAuth 인가 요청 승인 페이지: 스페이스북이 당신 계정에 접근하는 권한을 요청합니다.

사용자가 허용이나 거절을 선택하면 패스포트는 사용자를 제공된 redirect_uri로 리다이렉트한다. [예제 13-29]에서는 redirect_uri를 url('tweeter/callback')으로 설정했기 때문에 사용자는 http://spacebook.test/tweeter/callback으로 리다이렉트될 것이다.

승인 요청은 소비자 애플리케이션의 콜백 라우트가 트윗터에서 토큰을 받아오는 데 사용할 코드를 포함하게 될 것이다. 거부 요청은 에러를 포함할 것이다. [예제 13-30]는 스페이스북의 콜백 라우트의 예시다.

```php
// 스페이스북의 routes/web.php 내부
Route::get('tweeter/callback', function (Request $request) {
    if ($request->has('error')) {
        // 에러 처리
    }

    $http = new GuzzleHttp\Client;

    $response = $http->post('http://tweeter.test/oauth/token', [
        'form_params' => [
            'grant_type' => 'authorization_code',
            'client_id' => config('tweeter.id'),
            'client_secret' => config('tweeter.secret'),
            'redirect_uri' => url('tweeter/callback'),
            'code' => $request->code,
        ],
    ]);

    $thisUsersTokens = json_decode((string) $response->getBody(), true);
    // 토큰을 가지고 무엇인가 한다.
});
```

스페이스북 개발자가 여기서 한 일은 트윗터의 /oauth/token 패스포트 라우트로 보내는 Guzzle HTTP 요청을 만든 것이다. 그러고 나서 사용자가 접근을 승인했을 때 받은 인가 코드를 포함한 POST 요청을 전송하고, 트윗터는 아래의 키들을 포함한 JSON 응답을 돌려준다.

- access_token
  스페이스북이 이 사용자용으로 저장하고자 하는 토큰. 이 토큰은 미래에 트윗터로 요청을 보낼 때 인증하는 데 쓴다(Authorization 헤더를 이용).

- refresh_token
  스페이스북이 토큰을 만료시키고자 할 때 사용하는 토큰. 기본적으로 패스포트의 액세스 토큰은 1년간 유지된다.

- expires_in
  access_token이 만료되기까지 남아 있는 시간(초)

- token_type
  돌려받는 토큰의 유형. Bearer를 돌려받게 될 텐데 이는 향후 모든 요청의 Authorization이라는 이름의 헤더에 'Bearer *토큰 이름*'을 포함해서 보내야 한다는 것을 의미한다.

갱신 토큰(refresh token) 사용하기

사용자에게 발급한 인증 토큰의 갱신 기간을 짧게 설정하면 더 자주 재인증하게 할 수 있다. 그러고 나서 필요할 때(대개 API 호출의 응답으로 401(인가 안 됨)을 받을 때) refresh_token을 이용해서 새 access_token을 요청한다.

다음 예제는 토큰 갱신 기간을 짧게 설정하는 방법을 보여준다.

예제 13-31 토큰 갱신 기간 정의하기

```
// AuthServiceProvider의 boot() 메서드
public function boot()
{
    $this->registerPolicies();

    Passport::routes();

    // 토큰이 갱신이 필요하기 전에 얼마나 오래 유지되는지
    Passport::tokensExpireIn(
        now()->addDays(15)
    );

    // 갱신 토큰이 다시 인증 받기 전에 얼마나 오래 유지되는지
    Passport::refreshTokensExpireIn(
        now()->addDays(30)
    );
}
```

갱신 토큰을 이용해서 새 토큰을 요청하기 위해서는 API를 소비하는 애플리케이션이 [예제 13-30]의 첫 인증 응답에 포함되어 있던 refresh_token을 저장해두었어야 한다. 새 토큰을 요청하는 건 첫 인증 요청과 비슷하다.

예제 13-32 갱신 토큰을 이용해서 새 토큰 요청하기

```
// 스페이스북의 routes/web.php 내부
Route::get('tweeter/request-refresh', function (Request $request) {
    $http = new GuzzleHttp\Client;

    $params = [
```

```
        'grant_type' => 'refresh_token',
        'client_id' => config('tweeter.id'),
        'client_secret' => config('tweeter.secret'),
        'redirect_uri' => url('tweeter/callback'),
        'refresh_token' => $theTokenYouSavedEarlier,
        'scope' => '',
    ];

    $response = $http->post(
        'http://tweeter.test/oauth/token',
        ['form_params' => $params]
    );

    $thisUsersTokens = json_decode(
        (string) $response->getBody(),
        true
    );

    // 토큰을 가지고 무엇인가 한다.
});
```

위 요청에 대한 응답으로 API를 소비하는 애플리케이션은 사용자를 위해 저장할 새 토큰 세트를 받는다.

이것으로 인가 코드 승인을 사용하는 기본기를 익혔다. 이제 남은 승인 유형을 살펴보고 다음으로 클라이언트와 토큰용 관리자 패널을 어떻게 구축하는지도 살펴보자.

개인 접근 토큰

비밀번호 승인 유형은 자체 애플리케이션에서 쓰기 좋고, 인가 코드 승인은 여러분의 고객 애플리케이션이 사용하기 좋다. 그런데 만일 여러분의 고객이 여러분의 API를 테스트하기 위해 토큰을 만들거나, 그들의 애플리케이션을 개발하는 데 API를 사용하고 싶어한다면 어떻게 해야 할까? 이에 딱 맞는 것이 개인 접근 토큰이다.

개인 접근 토큰 생성하려면 개인 접근 클라이언트를 데이터베이스에 가지고 있어야 한다. php artisan passport:install을 실행할 때 자동으로 하나가 생성되지만, 어떤 이유에서든 새로 개인 접근 클라이언트를 만들고 싶으면 php artisan passport:client --personal을 실행하면 된다.

```
$php artisan passport:client --personal

What should we name the personal access client?
  [My Application Personal Access Client]:
> My Application Personal Access Client

Personal access client created successfully.
```

개인 접근 토큰은 엄밀히 말해 '승인' 유형은 아니다. OAuth 방식이 전혀 사용되지 않기 때문이다. 개인 접근 토큰은 패스포트가 추가로 제공하는 편의 기능으로 시스템에 클라이언트를 쉽게 추가할 수 있게 한다. 이때 추가되는 클라이언트는 개발자인 고객이 편리하게 토큰을 만드는 데에만 쓰인다.

예를 들어 '레이스북(마라톤 주자용)'이라는 스페이스북의 경쟁 애플리케이션을 만드는 사용자가 있을 수 있다. 그리고 레이스북 개발자는 본격적으로 코딩하기 전에 트윗터 API가 어떻게 작동하는지 알아볼 요량으로 시험 삼아 써보고 싶어할 수 있다. 이 개발자가 인가 코드 방식으로 토큰을 생성하는 도구를 가지고 있을까? 아직은 가지고 있지 않다. 그런 도구는커녕 아직 코드 한 줄도 작성하지 않은 상태다! 이럴때 쓸 수 있는 게 개인 접근 토큰이다.

JSON API로 개인 접근 토큰을 만들 수 있지만(이 방법은 곧 안내한다) 코드에서 직접 사용자용 토큰을 만들어줄 수도 있다.

```
// 전체 범위를 허용하는 토큰 만들기
$token = $user->createToken('Token Name')->accessToken;

// 제한된 범위만 허용하는 토큰 만들기
$token = $user->createToken('My Token', ['place-orders'])->accessToken;
```

여러분의 사용자는 이 토큰을 마치 인가 코드 승인 절차에 따라 생성한 토큰처럼 사용할 수 있다. 범위에 대해서는 13.7.6절 '패스포트 스코프'에서 자세히 설명한다.

라라벨 세션 인증 기반 토큰(동기화 토큰)

사용자가 여러분의 API에 접근할 수 있는 토큰을 획득하는 데 쓸 수 있는 마지막 방법도 패스포트가 추가로 제공하는 편의 기능으로 일반적인 OAuth 서버는 제공하지 않는다. 이 방법은 일반적인 방식으로 라라벨 애플리케이션에 로그인해서 이미 사용자 인증된 상태에서, 애플리케이션의 자바스크립트가 API에 접근할 수 있게 하고 싶을 때 사용한다. 이미 인증된 사용자를 인가 코드 방식이나 비밀번호 승인 방식으로 다시 인증 하는 건 불편한 일이기 때문에 편의를 위한 헬퍼를 제공한다.

Laravel\Passport\Http\Middleware\CreateFreshApiToken 미들웨어를 web 미들웨어 그룹(app/Http/Kernel.php에 위치)에 추가하면 인증된 사용자에게 되돌려주는 모든 응답에 laravel_token이라는 이름의 쿠키가 첨부된다. 이 쿠키는 암호화된 CSRF 토큰 정보를 포함하는 **JSON 웹 토큰**^{JSON Web Token}(JWT)이다. 여타 토큰과 마찬가지로 어떤 API를 요청하든 자바스크립트로 요청을 보낼 때 CSRF 토큰을 X-CSRF-TOKEN 헤더에 넣고 X-Requested-With 헤더와 함께 보내면 API가 CSRF 토큰을 이 쿠키와 비교해서 인증을 처리한다.

JWT

JWT는 '쌍방 간에 안전하게 요구를 표현'하는 데 사용하는 비교적 새로운 형식으로 최근 들어 크게 인기를 끈다. JSON 웹 토큰은 사용자의 인증 상태와 접근 권한을 판단하는 데 필요한 모든 정보를 포함하는 JSON 객체다. 이 JSON 객체는 해시 기반 메시지 인증 코드^{keyed-hash message authentication code}(HMAC)나 RSA를 이용해서 디지털 서명되므로 조작되지 않았음을 신뢰할 수 있다.

토큰은 대개 암호화된 후 URL이나 POST 요청, 혹은 헤더로 전달된다. 일단 사용자가 시스템에서 인증을 받으면 이후의 모든 HTTP 요청에는 사용자의 신원 및 권한을 설명하는 토큰이 포함된다.

JSON 웹 토큰은 점으로 구분된 Base64로 인코딩된 문자열 셋으로 구성된다. xxx.yyy.zzz와 같은 방식이다. 첫 번째 부분은 어떤 해싱 알고리즘을 사용하는지에 대한 정보를 담은 Base64로 인코딩된 JSON 객체다. 두 번째 부분은 사용자의 신원과 권한에 대한 클레임(JWT에서 주요하게 담은 정보)이다. 세 번째 부분은 서명 혹은 첫 번째 섹션에 명시한 알고리즘을 사용해서 첫 번째와 두 번째 부분을 암호화하고 서명한 것이다.

JWT에 대해 더 알고 싶으면 JWT.IO(https://jwt.io) 또는 jwt-auth 라라벨 패키지 (http://bit.ly/2U6Uxf4)를 참고하자.

라라벨은 자동으로 자바스크립트에 헤더를 설정해준다. 다른 프레임워크를 사용한다면 직접 설정해야 한다. [예제 13-33]은 제이쿼리로 직접 헤더를 설정하는 방법을 보여준다.

예제 13-33 모든 Ajax 요청에 라라벨 CSRF 토큰과 X-Requested-With 헤더를 전달하도록 제이쿼리 설정하기

```
$.ajaxSetup({
    headers: {
        'X-CSRF-TOKEN': "{{ csrf_token() }}",
        'X-Requested-With': 'XMLHttpRequest'
    }
});
```

CreateFreshApiToken 미들웨어를 web 미들웨어 그룹에 넣고 저 헤더를 모든 자바스크립트 요청에 포함해 전달하면, 복잡하게 인가 코드나 비밀번호 승인 방식을 쓰지 않고도 패스포트로 보호하는 API 라우트에 접근할 수 있다.

13.7.5 패스포트 API와 뷰 컴포넌트로 클라이언트와 토큰 관리하기

지금까지 클라이언트와 토큰을 수동으로 만들어서 소비자에게 권한을 부여하는 방법을 알아보았다. 이제 패스포트 API가 사용자로 하여금 손수 자신의 클라이언트와 토큰을 생성하는 인터페이스 요소를 만드는 데 도움을 주는 부분을 살펴보자.

라우트

API 라우트를 깊게 파고드는 가장 쉬운 방법은 Vue 컴포넌트가 제공하는 샘플이 어떻게 작동하고 어떤 라우트에 의존하고 있는지를 살펴보는 것이다. 다음과 같이 요약할 수 있다.

```
/oauth/clients (GET, POST)
/oauth/clients/{id} (DELETE, PUT)
/oauth/personal-access-tokens (GET, POST)
/oauth/personal-access-tokens/{id} (DELETE)
/oauth/scopes (GET)
/oauth/tokens (GET)
/oauth/tokens/{id} (DELETE)
```

위에서 볼 수 있듯이 몇 가지 엔티티(클라이언트, 개인 접근 토큰, 스코프, 토큰)가 등장한다. 모든 엔티티는 목록을 조회할 수 있고, 생성, 삭제, 수정은 일부 엔티티만 가능하다. 스코프와 토큰은 라우트를 통해서 생성할 수 없는데, 스코프는 코드에 정의되고 토큰은 권한 부여 과정에서 생성되기 때문이다.

Vue 컴포넌트

패스포트는 사용자가 자신의 클라이언트(사용자가 생성한)와 허용한 클라이언트(그들의 계정에 접근할 수 있도록 허용한), 개인 접근 토큰(테스트 용도의)을 관리하는 기능을 쉽게 제공하게 하는 Vue 컴포넌트를 기본으로 제공한다.

애플리케이션에 이 컴포넌트들을 가져오기 위해서는 다음 명령을 실행한다.

```
php artisan vendor:publish --tag=passport-components
```

위 명령어를 실행하면 Vue 컴포넌트 3개가 resources/js/components/passport에 생성된다. 이 컴포넌트들을 템플릿에서 사용할 수 있게 Vue 부트스트랩에 추가하기 위해서는 [예제 13-34]처럼 resources/js/app.js 파일에 등록한다.

예제 13-34 app.js로 패스포트의 Vue 컴포넌트 불러들이기

```
require('./bootstrap');

window.Vue = require('vue');

Vue.component(
    'passport-clients',
    require('./components/passport/Clients.vue').default
);

Vue.component(
    'passport-authorized-clients',
    require('./components/passport/AuthorizedClients.vue').default
);

Vue.component(
    'passport-personal-access-tokens',
```

```
    require('./components/passport/PersonalAccessTokens.vue').default
);

const app = new Vue({
    el: '#app'
});
```

이제 이 세 컴포넌트를 애플리케이션 어디서든 사용할 수 있다.

```
<passport-clients></passport-clients>
<passport-authorized-clients></passport-authorized-clients>
<passport-personal-access-tokens></passport-personal-access-tokens>
```

<passport-clients>는 사용자 본인이 생성한 모든 클라이언트를 보여준다. 이는 스페이스북 제작자가 트위터에 로그인하면 스페이스북 클라이언트가 이 목록에 표시된다는 뜻이다.

<passport-authorized-clients>는 사용자에게 계정에 접근할 수 있도록 허용한 모든 클라이언트를 보여준다. 이는 스페이스북과 트위터를 동시에 사용하는 어떤 사용자가 스페이스북이 자신의 트위터 계정에 접근할 수 있도록 허용하면 스페이스북이 이 목록에 표시된다는 걸 의미한다.

<passport-personal-access-tokens>는 사용자들 본인이 생성한 모든 개인 접근 토큰을 보여준다. 예를 들어, 스페이스북의 경쟁자인 레이스북 제작자는 트위터 API를 테스트할 때 자신이 사용하는 개인 접근 토큰을 여기에서 확인한다.

만약 라라벨을 설치한 직후에 이 기능들을 시험 삼아 사용해보고 싶으면 다음 절차를 따르자.

ATTENTION_ 편의상 laravel/ui 패키지를 사용했다. 라라벨 8부터는 다양한 스캐폴딩 패키지를 사용할 수 있지만 여러 스캐폴딩 패키지를 동시에 사용하면 문제가 발생할 가능성이 크다. 따라서 젯스트림이나 브리즈 등 다른 스캐폴딩 패키지를 사용 중이거나 사용할 예정이라면 별도의 프로젝트를 만들어서 실습하는 것이 좋다.

1 이 장의 앞부분에 나온 안내에 따라 패스포트를 설치한다.

2 터미널에서 아래 명령어를 실행한다.

```
composer require laravel/ui
php artisan ui vue --auth
php artisan vendor:publish --tag=passport-components
```

3 resources/app.js를 [예제 13-34]처럼 수정하고, 터미널에서 npm install && npm run dev를 실행
한다.

4 resources/views/home.blade.php 파일을 열고 <div class="card-body"> 바로 밑에 Vue 컴포넌
트 레퍼런스(예를 들어 <passport-clients></passport-clients>)를 추가한다.

원한다면 이 컴포넌트를 바로 사용해도 된다. 하지만 이를 API를 어떻게 사용하는지 이해하기
위한 참고로만 사용하고, 여러분이 원하는 대로 자체 프런트엔드 컴포넌트를 만들어도 된다.

13.7.6 패스포트 스코프

OAuth에 익숙하다면 아직 스코프에 대해 이야기하지 않고 있었다는 것을 알고 있을 것이다.
지금까지 알아본 것은 모두 스코프로 커스터마이징할 수 있다. 방법을 알아보기 전에 우선 스
코프가 무언지 빠르게 살펴보자.

스코프는 OAuth에서 '모든 것을 할 수 있다'가 아니라 '어떤 것을 할 수 있는지' 정의해둔 것이
다. 예를 들어 깃허브 API 토큰을 이전에 받아본 적이 있다면 어떤 애플리케이션은 여러분의
이름과 이메일 주소에 접근하길 원하고, 어떤 애플리케이션은 여러분의 모든 저장소에 접근하
길 원하며, 어떤 애플리케이션은 여러분의 기스트gists에 접근하길 원한다는 것을 알 것이다. 이
러한 것이 각각 스코프다. 스코프는 소비 애플리케이션이 작업을 수행하는 데 필요한 접근 범
위를 사용자와 API 소비 애플리케이션이 정의할 수 있게 한다.

[예제 13-35]에서 보듯이 AuthServiceProvider의 boot() 메서드에서 스코프를 정의할 수
있다.

예제 13-35 패스포트 스코프 정의하기

```
// AuthServiceProvider
use Laravel\Passport\Passport;
...
    public function boot()
```

```
    {
        ...

        Passport::tokensCan([
            'list-clips' => '사운드 클립 목록',
            'add-delete-clips' => '새 사운드 클립을 추가하고 오래된 것은 지운다.',
            'admin-account' => '관리자 계정 상세 정보',
        ]);
    }
```

스코프를 정의해두면 소비 애플리케이션은 접근하고자 하는 스코프를 정의할 수 있다. [예제 13-36]에서 보듯이 첫 번째 리다이렉트의 **scope** 항목에 공백으로 구분되는 토큰 목록을 추가한다.

예제 13-36 특정 스코프에 접근하는 권한 요청하기

```
// 스페이스북의 routes/web.php 내부
Route::get('tweeter/redirect', function () {
    $query = http_build_query([
        'client_id' => config('tweeter.id'),
        'redirect_uri' => url('tweeter/callback'),
        'response_type' => 'code',
        'scope' => 'list-clips add-delete-clips',
    ]);

    return redirect('http://tweeter.test/oauth/authorize?' . $query);
});
```

사용자가 이 애플리케이션에 권한을 요청할 때 요청받은 스코프 목록을 보여준다. 이런 방식으로 사용자는 '스페이스북에서 이메일 주소를 보도록 요청하고 있는지' 또는 '스페이스북이 사용자 대신 게시물을 작성하고 삭제하며 친구에게 메시지를 보내는 권한을 요청 하는지' 알 수 있다.

미들웨어나 User 객체에서 스코프를 확인할 수 있다. [예제 13-37]는 User 객체에서 스코프를 확인하는 방법을 보여준다.

예제 13-37 사용자가 인증에 사용한 토큰이 특정 행위를 수행할 수 있는 권한이 있는지 확인하기

```
Route::get('/events', function () {
    if (auth()->user()->tokenCan('add-delete-clips')) {
        //
    }
});
```

토큰 권한 확인에 사용할 수 있는 미들웨어도 2개 있다. scope와 scopes다. 이 두 미들웨어를 사용하기 위해서는 app/Http/Kernel.php 파일에 있는 $routeMiddleware에 추가해야 한다.

```
'scopes' => \Laravel\Passport\Http\Middleware\CheckScopes::class,
'scope' => \Laravel\Passport\Http\Middleware\CheckForAnyScope::class,
```

이렇게 하면 [예제 13-38]처럼 미들웨어를 사용할 수 있다. scopes는 라우트에 접근하기 위해 사용자 토큰이 정의된 모든 스코프를 가져야 하는 반면, scope는 정의된 스코프 중 하나 이상만 있으면 된다.

예제 13-38 토큰 스코프에 기반해서 접근을 제한하기 위해 미들웨어 사용하기

```
// routes/api.php
Route::get('clips', function () {
    // 액세스 토큰이 'list-clips'와 'add-delete-clips' 스코프 둘 다 가지고 있다.
})->middleware('scopes:list-clips,add-delete-clips');

// 또는

Route::get('clips', function () {
    // 액세스 토큰이 나열된 스코프 중 하나를 가지고 있다.
})->middleware('scope:list-clips,add-delete-clips')
```

스코프를 정의하지 않으면 그냥 없는 채로 애플리케이션이 작동할 것이다. 하지만 스코프를 사용할 때는 소비 애플리케이션에서 명시적으로 스코프를 정의해서 요청해야 한다. 이 규칙에 예외가 하나 있는데, 비밀번호 승인 유형을 사용할 때는 소비 애플리케이션이 모든 것에 접근할 수 있는 토큰을 주는 '* 스코프'를 요청할 수 있다.

13.7.7 패스포트 배포하기

패스포트를 사용하는 애플리케이션을 처음 배포하면, 키를 생성하기 전까지는 패스포트 API 가 정상적으로 작동하지 않는다. 패스포트가 토큰을 생성하는 데 사용하는 암호화 키를 만들어 주는 php artisan passport:keys를 프로덕션 서버에서 실행하면 키를 생성할 수 있다.

13.8 API 토큰 인증

라라벨은 OAuth 외에도 단순한 API 토큰 인증 메커니즘을 제공한다. 이 인증 매커니즘은 사용자명과 비밀번호를 사용하는 것과 크게 다르지 않다. 각 사용자별로 하나의 토큰이 배정된다. 이 토큰을 요청과 함께 보내서 인증에 사용한다.

API 토큰 메커니즘은 OAuth 2.0만큼 안전하진 않다. 따라서 사용하기로 결정하기 전에 애플리케이션에 적합한지 확인해야 한다. 이 인증 매커니즘은 단 하나의 토큰을 사용하므로 거의 비밀번호와 같다. 따라서 사용자 이외의 누군가가 토큰을 획득하면 전체 시스템에 접근할 수 있게 된다. 하지만 비밀번호보다는 안전하다. 토큰은 더 추측하기 힘들게 만들도록 강제할 수 있고, 의심되는 아주 작은 경우에도 토큰을 재설정하게 강제할 수 있기 때문이다. 이러한 작업들은 비밀번호로는 할 수 없다.

토큰 API 인증이 최고의 선택은 아닐 수 있지만 이처럼 구현하기 간단한 것도 없다.

우선 유니크 인덱스를 설정한 60자 길이의 api_token 칼럼을 users 테이블에 추가한다.

```
$table->string('api_token', 60)->unique();
```

다음으로 새 사용자를 추가하는 메서드를 찾아서 api_token 항목에 값을 설정하도록 수정한다. 라라벨이 임의의 문자열을 생성해주는 헬퍼를 가지고 있으므로 이를 그냥 쓴다면 Str::random(60)을 api_token 항목에 설정한다. 이미 운영 중인 애플리케이션에 API 토큰 인증을 도입하려면 기존에 존재하는 사용자에게도 토큰을 만들어 넣어주어야 한다.

라우트에 이 인증 방법을 적용하려면 [예제 13-39]처럼 auth:api 라우트 미들웨어를 사용한다.

```
Route::prefix('api')->middleware('auth:api')->group(function () {
    //
});
```

여기서는 표준 가드가 아닌 api 인증 가드를 사용하므로 auth() 메서드를 사용할 때 api 가드를 명시해야 한다는 것에 주의하자.

```
$user = auth()->guard('api')->user();
```

13.9 라라벨 생텀을 이용한 API 인증

최근에는 Vue나 리액트 같은 프런트엔드 프레임워크가 부상함에 따라 프런트엔드는 이들을 이용한 SPA로 구축하고, 라라벨은 백엔드 용도로만 사용하는 경우가 늘어났다. 또한 라라벨을 모바일 애플리케이션의 백엔드로 사용하는 경우도 많다.

다수의 프런트엔드와 하나의 백엔드로 구성된 서비스를 쉽게 상상해볼 수 있다. 예를 들어 안드로이드와 iOS 애플리케이션과 SPA로 만든 웹사이트가 하나의 라라벨 애플리케이션을 백엔드로 사용하는 것이다. 이 경우 클라이언트가 여럿이긴 하지만 백엔드는 사실상 하나의 서비스다.

이런 서비스에 OAuth 2.0을 사용하는 건 다소 과한 측면이 있다. 그리고 클라이언트에 따라 다른 인증 체계를 운영하는 것도 부담스럽다. 이런 경우를 위해서 라라벨은 7.0부터 생텀Sanctum이라는 새로운 패키지를 제공한다. 생텀은 SPA, 모바일 애플리케이션, 토큰 기반 API를 위한 가벼운 인증 시스템이다. 생텀은 OAuth의 복잡함은 덜고, SPA도 세션 인증을 활용할 수 있게 할 목적으로 고안됐다. 생텀의 가장 큰 특징은 하나의 미들웨어로 토큰과 세션 인증을 모두 처리할 수 있다는 점이다. 따라서 다수의 클라이언트가 있지만 이들이 모두 하나의 백엔드에서 처리한다면 생텀이 가장 좋은 선택일 수 있다.

생텀을 이용해서 라우트를 보호하기 위해서는 [예제 13-40]과 같이 route/api.php 파일의 API 라우트에 sanctum 인증 가드를 연결한다.

예제 13-40 생텀을 이용해서 라우트 보호하기

```
Route::middleware('auth:sanctum')->get('/user', function (Request $request) {
    return $request->user();
});
```

sanctum 인증 가드는 자체 SPA에서 온 요청이면 세션 인증으로 처리하고, 그렇지 않으면 API 토큰 방식으로 인증을 처리한다.

13.9.1 생텀 설치하기

패스포트와 마찬가지로 생텀도 라라벨에 처음부터 내장되어 있지는 않고 별도로 패키지를 설치해서 사용해야 한다.

우선 컴포저로 패키지를 추가한다.

```
composer require laravel/sanctum
```

설치가 완료되면 패키지로부터 몇몇 파일을 가져온다.

```
php artisan vendor:publish --provider="Laravel\Sanctum\SanctumServiceProvider"
```

다음으로 생텀 API 토큰을 저장할 테이블을 만들기 위해 `php artisan migrate`를 실행한다.

13.9.2 API 토큰 인증

생텀을 이용한 API 토큰 인증은 13.8절 'API 토큰 인증' 소개한 API 토큰 인증만큼 간단하면서도 몇 가지 기능을 더 가지고 있다. 생텀은 사용자가 토큰을 여러 개 가질 수 있고 토큰에 권한을 지정할 수 있다.

토큰을 발행하려면 User 모델에 HasApiTokens 트레이트를 추가하고 createToken() 메서드를 이용한다. 토큰은 암호화되어 저장되므로 사용자에게 토큰을 보여줄 때는 평문으로 변환해야 한다. createToken() 메서드가 반환하는 NewAccessToken 인스턴스의 plainTextToken

속성을 사용하면 평문으로 된 토큰을 제공할 수 있다.

```
$token = $user->createToken('token-name');

return $token->plainTextToken;
```

발행받은 토큰을 Authorization 헤더에 Bearer 형식으로 첨부해서 요청을 보내면 인증을 통과할 수 있다.

토큰을 발행할 때 권한을 지정할 수 있다. createToken() 메서드의 두 번째 인자에 문자열 배열로 권한을 넘겨주면 된다. 권한을 나타내는 문자열은 규칙이 정해진 건 아니지만 공식 메뉴얼에서는 '리소스:액션'의 형태로 표시하고 있으니 참고하자.

```
$user->createToken('token-name', ['server:update']);
```

권한이 있는지 확인할 때는 HasApiTokens 트레이트의 tokenCan() 메서드를 사용한다.

```
if ($user->tokenCan('server:update')) {
    //
}
```

발행된 토큰을 해지하고 싶으면 데이터베이스에서 삭제하면 된다. 토큰 조회 및 삭제는 tokens 관계를 이용한다.

```
// 토큰 조회
$user->tokens();

// 모든 토큰 삭제
$user->tokens()->delete();

// 특정 토큰 삭제
$user->tokens()->where('id', $id)->delete();
```

13.9.3 모바일 애플리케이션 인증

모바일 애플리케이션 인증은 토큰을 제공하는 방식만 다르고 나머지는 API 토큰 인증과 같다. API 토큰 인증은 로그인한 사용자에게 특정 페이지에서 토큰을 보여주는 방식인 반면, 모바일 애플리케이션은 별도의 요청을 통해 토큰을 제공한다. 이 요청에는 사용자 인증에 필요한 정보와 기기에 대한 정보가 포함된다.

예제 13-41 모바일 애플리케이션 인증용 토큰 발급

```
use App\Models\User;
use Illuminate\Http\Request;
use Illuminate\Support\Facades\Hash;
use Illuminate\Validation\ValidationException;

Route::post('/sanctum/token', function (Request $request) {
    $request->validate([
        'email' => 'required|email',
        'password' => 'required',
        'device_name' => 'required'
    ]);

    $user = User::where('email', $request->email)->first();

    if (! $user || ! Hash::check($request->password, $user->password)) {
        throw ValidationException::withMessages([
            'email' => ['The provided credentials are incorrect.'],
        ]);
    }

    return $user->createToken($request->device_name)->plainTextToken;
});
```

이메일과 비밀번호를 이용해서 인증을 하고, 기기명을 이용해서 생성한 토큰을 반환하는 것을 볼 수 있다. 모바일 애플리케이션에서는 이렇게 발급받은 토큰을 저장하다가 이후 모든 요청 Authorization 헤더에 Bearer 토큰으로 첨부하면 된다.

13.9.4 SPA 인증

같은 도메인을 사용하는 애플리케이션의 인증을 위해 OAuth를 쓰거나 토큰을 쓰는 건 다소 거추장스럽다. 생텀을 이용하면 라라벨에 내장된 세션 인증을 이용해서 SPA 인증을 할 수 있다. 세션을 사용하므로 편리할 뿐만 아니라 CSRF, XSS 공격 방어도 적용된다.

설정하기

SPA 인증을 하기 위해서는 몇 가지 추가적인 설정이 필요하다. 첫째, SPA 인증을 허용할 도메인을 config/sanctum.php의 stateful 항목에 설정해야 한다.

```
'stateful' => explode(',', env('SANCTUM_STATEFUL_DOMAINS', 'localhost,127.0.0.1')),
```

여러 도메인을 허용하고자 하는 경우 .env 파일의 SANCTUM_STATEFUL_DOMAINS 항목에 쉼표로 구분해서 입력하면 된다.

둘째, api 미들웨어 그룹에 생텀 미들웨어를 추가해야 한다. api 미들웨어 그룹은 app/Http/Kernel.php에 있다.

예제 13-42 api 미들웨어 그룹에 생텀 미들웨어 추가하기

```php
use Laravel\Sanctum\Http\Middleware\EnsureFrontendRequestsAreStateful;

'api' => [
    EnsureFrontendRequestsAreStateful::class,
    'throttle:60,1',
    \Illuminate\Routing\Middleware\SubstituteBindings::class,
],
```

셋째, config/cors.php 설정 파일의 supports_credentials 항목을 true로 설정한다. 그리고 resources/js/bootstrap.js 파일에서 전역 axios 인스턴스의 withCredentials 옵션을 활성화한다.

```js
axios.defaults.withCredentials = true;
```

넷째, 서브도메인을 사용하는 경우 세션 설정을 변경해야 한다. 세션 설정 파일의 **domain** 항목에서 도메인 앞에 '.'을 붙여주면 된다.

```
'domain' => '.domain.com',
```

인증하기

인증은 라라벨이 제공하는 세션 기반 인증 서비스를 이용한다. 그냥 라라벨로 로그인하는 라우트를 이용한다고 생각하면 편하다. 일반적으로 인증 스케폴딩을 사용한 경우 **POST /login** 라우트를 이용한다. 단 인증 요청을 보내기 전에 **GET /sanctum/csrf-cookie**를 요청해서 CSRF 보호를 작동시켜야 한다.

```
axios.get('/sanctum/csrf-cookie').then(response => {
    // 로그인...
});
```

로그인에 성공하면 후속 요청은 세션 쿠키를 통해 자동으로 인증된다.

13.10 404 응답 변경하기

라라벨은 HTML 뷰용으로 커스터마이징 가능한 에러 메시지 페이지를 제공한다. 마찬가지로 JSON 컨텐트 유형의 호출에 대한 기본 404 응답도 커스터마이즈할 수 있다. 다음 예제처럼 **Route::fallback()**을 API에 추가한다.

예제 13-43 대체 라우트 정의하기

```
// routes/api.php
Route::fallback(function () {
    return response()->json(['message' => '라우트를 찾을 수 없습니다.''], 404);
})->name('api.fallback.404');
```

13.10.1 대체 라우트 작동시키기

라라벨이 '찾지 못함' 예외를 포착했을 때 어떤 라우트를 반환할 건지 여러분의 상황에 맞게 바꾸고 싶다면 다음 예제와 같이 **respondWithRoute()** 메서드를 사용해 예외 핸들러를 변경하면 된다.

예제 13-44 '찾지 못함' 예외를 포착했을 때 대체 라우트 호출하기

```
// App\Exceptions\Handler
public function render($request, Exception $exception)
{
    if ($exception instanceof ModelNotFoundException && $request->isJson()) {
        return Route::respondWithRoute('api.fallback.404');
    }

    return parent::render($request, $exception);
}
```

13.11 테스트

다행히 API를 테스트하는 것은 다른 어떤 테스트보다 매우 간단하다.

12장에서 자세히 다뤘지만 여기서 한 번 더 간단히 얘기하자면 JSON을 대상으로 어서션을 만드는 일련의 메서드가 있다. 이 메서드들을 풀스택 애플리케이션 테스트의 단순성과 결합하면 API 테스트를 쉽고 빠르게 만들 수 있다. 다음 예제에서 일반적인 API 테스트 패턴을 살펴보자.

예제 13-45 일반적인 API 테스트 패턴

```
...
class DogsApiTest extends TestCase
{
    use WithoutMiddleware, RefreshDatabase;

    public function test_it_gets_all_dogs()
    {
        $dog1 = Dog::factory()->create();
```

```
        $dog2 = Dog::factory()->create();

        $response = $this->getJson('api/dogs');

        $response->assertJsonFragment(['name' => $dog1->name]);
        $response->assertJsonFragment(['name' => $dog2->name]);
    }
}
```

WithoutMiddleware를 사용해서 인증에 대한 부담을 덜고 있는 것을 눈여겨보자. 인증은 별
도로 테스트하는 것이 좋다(인증에 관해서는 9장 참조).

이 테스드에서는 데이터베이스에 개 두 마리를 입력한 다음 모든 개의 목록을 받아오기 위해
API 라우트를 호출하고 API 결과에 그 개 두 마리가 존재하는지 확인한다.

POST나 PATCH 같은 걸로 행위를 바꾸는 것을 포함해서 여기에서 모든 API 라우트를 쉽고 간
단하게 처리할 수 있다.

13.11.1 패스포트 테스트하기

스코프를 테스트하기 위해 패스포트 퍼사드에 있는 actingAs() 메서드를 사용할 수 있다. 다
음 예제에서 일반적인 패스포트 스코프 테스트 패턴을 살펴보자.

예제 13-46 범위를 지정한 접근 테스트

```
public function test_it_lists_all_clips_for_those_with_list_clips_scope()
{
    Passport::actingAs(
        User::factory()->create(),
        ['list-clips']
    );

    $response = $this->getJson('api/clips');
    $response->assertStatus(200);
}
```

13.11.2 생텀 테스트하기

생텀도 패스포트와 마찬가지로 Sanctum 퍼사드의 actingAs() 메서드를 사용할 수 있다. 다음은 토큰에 작업 목록을 조회할 기능이 부여됐는지 검사하는 예제다.

예제 13-47 토큰 기능 테스트

```php
public function test_task_list_can_be_retrieved()
{
    Sanctum::actingAs(
        User::factory()->create(),
        ['view-tasks']
    );

    $response = $this->get('/api/task');

    $response->assertOk();
}
```

13.12 마치며

라라벨은 API를 구축할 수 있도록 설계됐고 JSON과 RESTful API로 작업하기 간단하다. 페이지네이션 같이 규칙이 있는 경우도 있지만, API를 정확히 어떻게 정렬하고 인증할지 등은 여러분에게 달려 있는 경우가 많다.

라라벨은 인증, 테스트, 손쉬운 헤더 조작 및 읽기, JSON 작업을 위한 도구를 제공하며 라우트에서 바로 반환되는 경우에는 모든 엘로퀀트 결과를 자동으로 JSON으로 인코딩하기도 한다.

라라벨 패스포트는 라라벨과 분리된 패키지로 라라벨 애플리케이션에서 OAuth 서버를 간단하게 생성하고 관리할 수 있게 한다.

라라벨 생텀 또한 라라벨과 분리된 패키지로 OAuth보다는 가볍고, SPA에 세션 인증을 사용할 수 있도록 고안됐다. 이를 이용하면 SPA, 모바일 애플리케이션, 토큰 API 인증을 간단히 처리할 수 있다.

CHAPTER **14**

스토리지와 검색

5장에서 데이터를 관계형 데이터베이스에 저장하는 방법을 알아보았다. 그렇지만 데이터베이스 외에도 로컬 스토리지와 원격에 데이터를 저장할 수 있는 곳이 많다. 이번 장에서는 파일 시스템과 인메모리 저장소, 파일 업로드와 조작, 비관계형 데이터 저장, 세션, 캐시, 로그, 쿠키, 풀 텍스트 검색을 살펴본다.

14.1 로컬과 클라우드 파일 관리자

라라벨은 Storage 퍼사드와 몇 가지 헬퍼 함수를 통해 파일을 조작할 수 있는 일련의 기능을 제공한다.

라라벨의 파일 시스템 접근 도구는 로컬 파일 시스템뿐 아니라 S3, 랙스페이스^{Rackspace}, FTP에도 연결할 수 있다. S3와 랙스페이스 파일 드라이버는 플라이시스템^{Flysystem}(http://bit.ly/2upKDXr)이 제공하고, 추가적인 플라이시스템 프로바이더(예를 들어 드롭박스나 WebDAV)도 쉽게 추가할 수 있다.

14.1.1 파일 접근 설정하기

파일 매니저는 config/filesystems.php에서 정의한다. 각각의 커넥션은 '디스크^{disk}'라고 부른다. 다음 예제에서 바로 사용할 수 있는 디스크 목록을 볼 수 있다.

예제 14-1 기본적으로 사용할 수 있는 스토리지 디스크

```
...
'disks' => [
    'local' => [
        'driver' => 'local',
        'root' => storage_path('app'),
    ],

    'public' => [
        'driver' => 'local',
        'root' => storage_path('app/public'),
        'url' => env('APP_URL').'/storage',
        'visibility' => 'public',
    ],

    's3' => [
        'driver' => 's3',
        'key' => env('AWS_ACCESS_KEY_ID'),
        'secret' => env('AWS_SECRET_ACCESS_KEY'),
        'region' => env('AWS_DEFAULT_REGION'),
        'bucket' => env('AWS_BUCKET'),
        'url' => env('AWS_URL'),
    ],
],
```

TIP storage_path() 헬퍼

[예제 14-1]에서 사용한 stroage_path()는 미리 설정된 라라벨의 스토리지 디렉터리인 storage/로 연결한다. 이 메서드에 전달한 값은 디렉터리 이름 끝에 추가된다. 따라서 storage_path('public')은 storage/public을 반환한다.

local 디스크는 로컬 스토리지 시스템에 연결하고 스토리지 경로의 **app** 디렉터리인 storage/app과 상호작용한다고 가정한다.

public 디스크 또한 로컬 디스크다(원하면 바꿀 수 있다). 그렇지만 애플리케이션이 외부로

제공할 파일을 담는 용도로 쓰인다. 기본 디렉터리는 storage/app/public으로 설정되어 있는데, 이 디렉터리의 파일을 외부에 제공하고 싶으면 public/ 디렉터리 어딘가로 심볼릭 링크를 걸어야 한다. 다행히도 storage/app/public 파일을 public/storage를 통해 외부에 제공할 수 있게 연결하는 아티즌 명령어가 있다.

```
php artisan storage:link
```

S3 디스크는 라라벨이 클라우드 기반 파일 스토리지 시스템에 어떻게 연결하는지 보여준다. S3나 다른 클라우드 스토리지 프로바이더에 연결해본 적이 있다면 익숙할 것이다. 키와 비밀번호, 작업할 디렉터리 정보(S3에서는 지역^{region}과 버킷^{bucket}을 사용)를 전달하면 된다.

14.1.2 Storage 퍼사드 사용하기

디스크를 명시하지 않고 Storage 퍼사드를 호출했을 때 사용할 기본 디스크를 config/filesystem.php에 설정할 수 있다. 디스크를 명시하고자 할 때는 퍼사드에서 disk('디스크 이름')를 호출한다.

```
Storage::disk('s3')->get('file.jpg');
```

모든 파일 시스템은 다음의 메서드를 제공한다.

get('file.jpg')
file.jpg를 가져온다.

put('file.jpg', $contentsOrStream)
주어진 파일 콘텐츠를 file.jpg에 저장한다.

putFile('myDir', $file)
전달받은 파일의 내용을 (Illuminate\Http\File이나 Illuminate\Http\UploadedFile의 객체 형태로) myDir 디렉터리에 저장하되, 전체 프로세스와 파일명은 라라벨이 처리한다.

exists('file.jpg')

file.jpg가 존재하는지 불리언 값으로 반환한다.

getVisibility('myPath')

주어진 경로에 대한 가시성을 확인한다(public 또는 private).

setVisibility('myPath', $visibility)

주어진 경로에 대한 가시성을 설정한다(public 또는 private).

copy('file.jpg', 'newfile.jpg')

file.jpg를 newfile.jpg로 복사한다.

move('file.jpg', 'newfile.jpg')

file.jpg를 newfile.jpg로 옮긴다.

prepend('my.log', 'log text')

콘텐츠를 my.log 파일 앞부분에 추가한다.

append('my.log', 'log text')

콘텐츠를 my.log 파일 끝에 추가한다.

delete('file.jpg')

file.jpg를 지운다.

size('file.jpg')

file.jpg 파일 크기를 반환한다(단위: 바이트).

lastModified('file.jpg')

file.jpg가 마지막으로 수정된 시점을 유닉스 타임스탬프로 반환한다.

`files('myDir')`

myDir 디렉터리에 있는 파일명을 배열로 반환한다.

`allFiles('myDir')`

myDir 디렉터리와 하위 디렉터리의 모든 파일명을 배열로 반환한다.

> **TIP** 인스턴스 주입하기
>
> 파일 퍼사드를 쓰는 대신 인스턴스를 주입해서 사용하길 원한다면 `Illuminate\Filesystem\Filesystem`을 타입힌트하거나 주입해서 모든 메서드를 똑같이 사용할 수 있다.

14.1.3 추가 플라이시스템 프로바이더 확장하기

플라이시스템이 기본으로 제공하는 스토리지 외에 추가로 드롭박스와 같은 것을 사용하려면 라라벨의 스토리지 시스템을 확장extend해야 한다. [예제 14-2]처럼 서비스 프로바이더 어딘가에서 (AppServiceProvider의 boot() 메서드도 괜찮지만, 새로운 바인딩마다 별도의 서비스 프로바이더를 만드는 게 더 낫다) Storage 퍼사드를 사용해서 새로운 스토리지 시스템을 추가한다.

예제 14-2 추가 Flysystem 프로바이더 확장하기

```
// 서비스 프로바이더
public function boot()
{
    Storage::extend('dropbox', function ($app, $config) {
        $client = new DropboxClient(
            $config['accessToken'], $config['clientIdentifier']
        );

        return new Filesystem(new DropboxAdapter($client));
    });
}
```

14.2 기본적인 파일 업로드와 조작

Storage 퍼사드는 주로 사용자가 업로드한 파일을 받는 용도로 사용된다. 다음 예제에서 파일 업로드를 처리하는 일반적인 작업 흐름을 살펴보자.

예제 14-3 일반적인 사용자 업로드 처리 작업

```
...
class DogController
{
    public function updatePicture(Request $request, Dog $dog)
    {
        Storage::put(
            "dogs/{$dog->id}",
            file_get_contents($request->file('picture')->getRealPath())
        );
    }
}
```

업로드된 파일에서 내용을 가져와서 **dogs/id**라는 이름의 파일에 **put()**한다. 업로드된 파일은 모두 **SplFileInfo** 클래스의 타입이기 때문에 파일 위치의 경로를 반환하는 **getRealPath()** 메서드를 제공한다. 이를 이용해 사용자가 업로드한 파일의 임시 업로드 경로를 가져와서 **file_get_contents()**로 읽고 **Storage::put()**에 전달한다.

이 시점에 파일에 접근할 수 있도록, 파일을 저장하기 전에 원하는 작업을 수행할 수 있다. 업로드된 파일이 이미지라면 이미지 조작 패키지를 써서 크기를 조절하거나, 유효성을 검사하고 유효하지 않은 경우 작업 처리를 거절하는 등 필요한 로직을 처리할 수 있다.

S3에 접근하기 위한 설정이 **config/filesystems.php**에 저장되어 있고, 파일을 S3에 업로드하고 싶다면, [예제 14-3]을 **Storage::disk('s3')->put()**으로 코드를 살짝 바꾸면 된다. [예제 14-4]에서 조금 더 복잡한 업로드를 살펴보자.

예제 14-4 Intervention을 사용하는 조금 더 복잡한 파일 업로드

```
...
class DogController
{
```

```
public function updatePicture(Request $request, Dog $dog)
{
    $original = $request->file('picture');

    // 이미지의 최대 너비를 150으로 변경
    $image = Image::make($original)->resize(150, null, function ($constraint) {
        $constraint->aspectRatio();
    })->encode('jpg', 75);

    Storage::put(
        "dogs/thumbs/{$dog->id}",
        $image->getEncoded()
    );
}
```

예제에서는 Intervention(`http://image.intervention.io`)이라는 이미지 라이브러리를 사용했지만, 원하는 라이브러리를 아무것이나 사용해도 상관없다. 이 예제의 핵심은 파일을 저장하기 전에 파일을 조작할 수 있다는 점이다.

TIP **업로드된 파일에 store()와 storeAs() 사용하기**

업로드된 파일을 저장할 때는 store() 메서드를 사용하지만 저장되는 파일명을 별도로 지정하려면 store() 메서드 대신에 storeAs() 메서드를 사용할 수 있다. 앞서 [예제 7–12]에서 살펴보았다.

14.3 단순 파일 다운로드

Storage를 사용하면 사용자에게 파일을 돌려주는 것도 쉽게 처리할 수 있다. 다음 예제에서 가장 간단한 예시를 살펴보자.

예제 14-5 간단한 파일 다운로드

```
public function downloadMyFile()
{
    return Storage::download('my-file.pdf');
}
```

14.4 세션

세션 스토리지는 웹 애플리케이션에서 페이지 요청 간의 상태를 저장하는 데 사용하는 주요 도구다. 라라벨 세션 매니저는 세션 드라이버로 파일, 쿠키, 데이터베이스, 멤캐시, 레디스, DynamoDB, 인메모리 배열(페이지 요청이 끝나면 사라지므로 테스트용으로 쓰기 좋다)을 지원한다.

세션 설정과 드라이버에 관련된 모든 설정은 `config/session.php`에서 한다. 세션 데이터를 암호화할지 말지 선택하고, 어떤 드라이버를 사용할지(파일이 기본이다) 고르고, 세션 스토리지의 길이나 사용할 파일 혹은 데이터베이스같이 커넥션에 특화된 자세한 사항을 명시할 수 있다. 세션의 매뉴얼(`https://laravel.kr/docs/session`)을 읽어보고 사용하려는 드라이버에 따라 다르게 준비해야 하는 의존성과 설정을 알아두자.

세션 도구의 일반 API를 이용해서 개별 키 기반으로 데이터를 저장하거나 불러올 수 있다. 예를 들면, `session()->put('user-id')`로 저장하고 `session()->get('user-id')`로 조회하는 식이다. `flash`라는 키는 사용하지 않도록 유의하자. 이는 라라벨이 내부적으로 플래시(다음 페이지 요청에 한 번만 사용할 수 있는) 세션 스토리지로 사용하기 때문이다.

14.4.1 세션에 접근하기

세션에 접근하는 가장 일반적인 방법은 **Session** 퍼사드를 사용하는 것이다.

```
Session::get('user_id');
```

하지만 다음 예제처럼 `Illuminate Request` 객체에서 `session()` 메서드를 사용해도 된다.

예제 14-6 Request 객체에 session() 메서드 사용하기

```
Route::get('dashboard', function (Request $request) {
    $request->session()->get('user_id');
});
```

또는 다음과 같이 `Illuminate\Session\Store`의 인스턴스를 주입할 수도 있다.

예제 14-7 세션 구현체 주입

```
Route::get('dashboard', function (Illuminate\Session\Store $session) {
    return $session->get('user_id');
});
```

마지막으로 글로벌 session() 헬퍼를 사용할 수 있다. session()을 파라미터 없이 호출하면 세션 인스턴스를 돌려받는다. 파라미터가 단일 문자열이면 세션에서 해당 키를 조회(get)하고, 배열이면 세션에 저장(put)한다. 다음 예제를 보자.

예제 14-8 글로벌 session() 헬퍼 사용하기

```
// 조회(get)
$value = session()->get('key');
$value = session('key');
// 저장(put)
session()->put('key', 'value');
session(['key', 'value']);
```

라라벨이 처음이라 어떤 걸 써야 할지 모르겠다면 글로벌 헬퍼를 사용하길 권한다.

14.4.2 세션 인스턴스에서 사용할 수 있는 메서드

가장 많이 쓰이는 건 get()과 put()이지만 세션 인스턴스에서 사용할 수 있는 모든 메서드를 하나씩 파라미터와 함께 살펴보자.

session()->get($key, $fallbackValue)

get()은 세션에서 키에 해당하는 값을 가져온다. 키에 설정된 값이 없으면 두 번째 파라미터에 적은 대체 값을 돌려준다(대체 값을 제공하지 않으면 null을 반환한다). 대체 값은 문자열도 될 수 있고 클로저도 될 수 있다. 다음 예를 보자.

```
$points = session()->get('points');
$points = session()->get('points', 0);
$points = session()->get('points', function () {
    return (new PointGetterService)->getPoints();
});
```

session()->put($key, $value)

put()은 $value를 세션의 $key에 저장한다.

```
session()->put('points', 45);
$points = session()->get('points');
```

session()->push($key, $value)

세션 값이 배열이면 push()를 써서 배열에 값을 추가할 수 있다.

```
session()->put('friends', ['Saúl', 'Quang', 'Mechteld']);
session()->push('friends', 'Javier');
```

session()->has($key)

has()는 키에 해당하는 값이 있는지 확인한다.

```
if (session()->has('points')) {
// 무엇인가 한다.
}
```

키 배열을 넘겨줄 수도 있는데, 이때는 모든 키에 값이 존재해야만 참을 반환한다.

> **ATTENTION_ session()->has()와 Null 값**
>
> 세션에 값은 설정되어 있는데 그 값이 null이면 session()->has()는 거짓을 반환한다.

session()->exists($key)

exists()는 has()처럼 키에 값이 설정되어 있는지 확인한다. 단 has()와는 달리 null이 값으로 설정되어 있어도 참을 반환한다.

```
if (session()->exists('points')) {
// 'points'가 null로 설정되어 있어도 참을 반환
}
```

session()->all()

all()은 세션에 있는 모든 것을 배열로 반환한다. 여기에는 프레임워크가 설정한 값도 포함된다. _token(CSRF 토큰), _previous(이전 페이지, back() 리다이렉트용), flash(플래시 스토리지용) 키에 값이 설정되어 있는 것을 볼 수 있을 것이다.

session()->only()

only()는 세션에서 지정한 값들만 배열로 반환한다(라라벨 5.8.28에서 추가됐다).

session()->forget($key)와 session()->flush()

forget()은 이전에 설정한 세션 값을 지운다. flush()는 모든 세션 값을 지우는데 프레임워크가 설정한 값도 지운다.

```
session()->put('a', 'awesome');
session()->put('b', 'bodacious');

session()->forget('a');
// a는 지워지고, b는 아직 있음
session()->flush();
// 이제 세션에 아무것도 없음
```

session()->pull($key, $fallbackValue)

pull()은 값을 가져온 다음 세션에서 지운다는 점을 제외하고는 get()과 같다.

session()->regenerate()

자주 쓰이진 않지만 세션 ID를 재생성하고 싶을 때 사용한다.

14.4.3 플래시 세션 스토리지

아직 소개하지 않은 메서드 3개가 있는데, 모두 '플래시' 세션 스토리지와 관련 있다. 가장 흔히 볼 수 있는 세션 스토리지 활용 패턴은 다음 페이지에서만 사용할 수 있는 값을 설정하는 것이다. 예를 들어 '글을 성공적으로 업데이트했습니다'와 같은 메시지를 저장하고 싶을 수 있다. 다음 페이지가 로드될 때 메시지를 가져온 뒤 제거하는 작업을 수동으로 할 수도 있지만, 이렇게 하면 코드가 너무 난잡해진다. 한 번의 페이지 요청 동안만 유지되는 플래시 세션 스토리지를 사용하자.

put() 대신 flash()를 사용하기만 하면 나머지는 라라벨이 다 처리해준다. 아래는 이와 관련된 유용한 메서드다.

session()->flash($key, $value)
flash()는 다음 페이지 요청에만 사용할 세션 키에 값을 설정한다.

session()->reflash()와 session()->keep($key)
이전 페이지의 플래시 세션 데이터를 다음 요청에서 또 써야 할 필요가 있으면, reflash()를 사용해서 전체를 복원하거나 keep($key)를 써서 특정 키에 해당하는 값만 복원할 수 있다. keep()은 복원할 키를 배열로 받을 수도 있다.

14.5 캐시

캐시는 세션과 구조가 매우 비슷하다. 키를 전달하면 라라벨이 이를 저장한다. 가장 큰 차이는 캐시 데이터는 애플리케이션별로, 세션 데이터는 사용자별로 캐시된다는 것이다. 이는 데이터베이스 쿼리, API 호출, 슬로우 쿼리 결과 등을 저장하는 데 캐시가 더 일반적으로 사용됨을 의미한다.

캐시 설정은 config/cache.php에서 할 수 있다. 세션과 마찬가지로 드라이버별로 자세한 사항을 설정할 수 있고, 어떤 드라이버를 기본으로 사용할지 정할 수 있다. 라라벨은 file 캐시 드라이버를 기본으로 사용하지만, 멤캐시나 레디스, APC, DynamoDB, 데이터베이스 혹은 직접 만든 캐시 드라이버를 사용할 수도 있다. 캐시 매뉴얼(https://laravel.kr/docs/cache)을 읽어보고 사용하려는 드라이버별로 준비해야 하는 의존성과 설정을 알아두자.

> **NOTE_ 캐시 지속 시간을 나타내는 단위**
> 라라벨 5.8 미만에서는 캐시 유지 기간을 정의하기 위해 캐시 메서드에 정수 값을 넘겨주면 이를 분으로 인식했다. 라라벨 5.8 이상에서는 이 값을 초로 처리한다.

14.5.1 캐시에 접근하기

세션과 마찬가지로 캐시도 접근하는 방법이 여러 가지다. 우선 퍼사드를 사용할 수 있다.

```
$users = Cache::get('users');
```

또는 다음 예제처럼 컨테이너에서 인스턴스를 가져올 수도 있다.

예제 14-9 캐시 인스턴스 주입하기

```
Route::get('users', function (Illuminate\Contracts\Cache\Repository $cache) {
    return $cache->get('users');
});
```

혹은 글로벌 cache() 헬퍼를 사용할 수도 있다.

예제 14-10 글로벌 cache() 헬퍼 사용하기

```
// 캐시에서 가져오기
$users = cache('key', 'default value');
$users = cache()->get('key', 'default value');
// $seconds 동안 저장하기
$users = cache(['key' => 'value'], $seconds);
$users = cache()->put('key', 'value', $seconds);
```

라라벨이 처음이라 어떤 걸 써야 할지 모르겠다면 글로벌 헬퍼를 사용하길 권한다.

14.5.2 캐시 인스턴스에서 사용할 수 있는 메서드

캐시 인스턴스에서 사용할 수 있는 메서드를 살펴보자.

cache()->get($key, $fallbackValue)와 cache()->pull($key, $fallbackValue)

get()은 키에 해당하는 값을 가져온다. pull()은 값을 가져온 다음 제거한다는 점을 제외하고는 get()과 같다.

cache()->put($key, $value, $secondsOrExpiration)

put()은 주어진 시간(초) 동안 키에 값을 저장한다. 시간을 입력하는 것보다 만료 시점을 설정하는 것을 선호한다면 세 번째 파라미터로 Carbon 객체를 넘겨주자.

```
cache()->put('key', 'value', now()->addDay());
```

cache()->add($key, $value)

add()는 put()과 비슷한데 값이 이미 존재하면 재설정하지 않는다. 그리고 add()는 값이 실제로 추가됐는지 여부를 불리언 값으로 반환한다는 점도 다르다.

```
$someDate = now();
cache()->add('someDate', $someDate); // 참을 반환
$someOtherDate = now()->addHour();
cache()->add('someDate', $someOtherDate); // 거짓을 반환
```

cache()->forever($key, $value)

forever()는 키에 값을 저장한다. 값이 만료되지 않는다는 것(forget()으로 지우기 전까지)을 제외하고는 put()과 같다.

cache()->has($key)

has()는 키에 값의 존재 여부를 불리언 값으로 반환한다.

cache()->remember($key, $seconds, $closure)와
cache()->rememberForever($key, $closure)

remember()는 키에 값이 있는지 찾아보고 없으면 어떤 식으로든 값을 가져와서 캐시에 저장한 뒤 반환하는 (매우 흔히 사용되는) 작업을 메서드 하나로 처리한다.

remember()는 검색할 키, 저장할 기간(초), 키에 값이 없을 때 저장할 데이터를 찾을 방법을 정의한 클로저를 받는다. rememberForever()는 얼마 후에 만료될지 정해주지 않는다는 점을 제외하고는 remember()와 같다. remember()를 사용하는 일반적인 사용자 시나리오를 예제로 살펴보자.

```
// 'users'에 캐시된 값을 반환하거나
// 'User::all()'을 조회해서 'users'에 캐시하고 반환한다.
$users = cache()->remember('users', 7200, function () {
    return User::all();
});
```

cache()->increment($key, $amount)와 cache()->decrement($key, $amount)

increment()와 decrement()를 이용하면 캐시에 있는 값을 증가시키거나 감소시킬 수 있다. 키에 해당하는 값이 캐시에 없다면 0으로 간주한다. 두 번째 파라미터로 값을 넘겨주면 1이 아니라 그 값만큼 증감한다.

cache()->forget($key)와 cache()->flush()

forget()은 Session의 forget() 메서드와 똑같이 작동한다. 키를 전달하면 키에 설정된 값을 제거한다. flush()는 전체 캐시를 제거한다.

14.6 쿠키

쿠키도 세션이나 캐시와 같은 방식으로 작동할 거라고 예상할 것이다. 쿠키도 퍼사드와 글로벌 헬퍼를 사용할 수 있다. 쿠키, 세션, 캐시는 유사한 방식으로 작동한다 즉, 세 가지 모두 같은 방식으로 값을 저장하고 조회할 수 있다.

그러나 쿠키는 본질적으로 요청과 응답에 첨부되는 것이므로 다른 방식으로 취급해야 한다. 어떤 점이 다른지 간단하게 알아보자.

14.6.1 라라벨에서의 쿠키

라라벨에 쿠키와 관련된 곳은 세 곳이다. 먼저 쿠키는 요청을 통해 들어올 수 있다. 이는 사용자가 페이지를 방문할 때 쿠키를 가지고 있다는 것을 의미한다. Cookie 퍼사드를 이용하거나 요청 객체에서 빼내서 쿠키를 읽을 수 있다.

두 번째로 쿠키는 응답과 함께 내보낼 수 있다. 이는 응답이 사용자의 브라우저에게 다음 방문에 사용할 용도로 쿠키를 저장하라고 지시한다는 것을 뜻한다. 쿠키를 내보내려면 응답 객체를 반환하기 전에 쿠키를 응답 객체에 추가한다.

마지막으로 쿠키는 큐를 통해 처리할 수 있다. Cookie 퍼사드를 이용해서 쿠키를 설정하면 쿠키가 CookieJar 큐에 들어간다. 큐에 추가된 쿠키는 AddQueuedCookiesToResponse 미들웨어에 의해 응답 객체에 추가된 뒤 큐에서 제거된다.

14.6.2 쿠키 도구에 접근하기

쿠키를 설정하고 조회할 수 있는 곳은 세 곳이다. Cookie 퍼사드, cookie() 글로벌 헬퍼, 요청과 응답 객체다.

Cookie 퍼사드

Cookie 퍼사드는 기능이 가장 많다. Cookie 퍼사드를 이용하면 쿠키를 만들고 읽을 수 있을 뿐만 아니라 응답에 포함되도록 큐에 넣을 수도 있다. Cookie 퍼사드는 아래 메서드를 제공한다.

Cookie::get($key)

요청에 포함된 쿠키의 값을 가져오려면 Cookie::get('쿠키명')만 실행한다. 가장 간단한 방식이다.

Cookie::has($key)

불리언 값을 반환하는 Cookie::has('쿠키명')을 이용해서 요청에 쿠키가 포함되어 있는지 확인할 수 있다.

Cookie::make(...params)

큐에 넣지 않고 쿠키를 만들고 싶으면 Cookie::make()를 쓸 수 있다. 쿠키를 만든 다음 응답 객체에 직접 추가하는 식으로 많이 쓰는데, 이에 대해서는 곧 살펴본다.

make()에 사용하는 파라미터를 순서대로 알아보면 다음과 같다.

- $name은 쿠키명이다.
- $value는 쿠키의 내용이다.
- $minutes는 쿠키를 얼마나 오래 지속할지 명시한다.
- $path는 유효한 쿠키 경로다.
- $domain은 쿠키가 작동하는 도메인 목록이다.
- $secure는 쿠키가 보안(HTTPS) 연결을 통해서만 전송되어야 하는지 명시한다.
- $httpOnly는 HTTP 프로토콜을 통해서만 접근할 수 있게 할지 명시한다.
- $raw는 쿠키를 URL 인코딩 없이 보내는지 여부를 명시한다.
- $sameSite는 쿠키를 교차 사이트 요청에 사용할 수 있는지 명시한다. lax, strict, null 중 하나를 고를 수 있다.

Cookie::make()

Symfony\Component\HttpFoundation\Cookie 인스턴스를 반환한다.

> **ATTENTION_ 쿠키 기본 설정**
>
> Cookie 퍼사드 인스턴스가 사용하는 CookieJar는 기본 설정을 세션 설정에서 확인한다. 따라서 config/session.php에서 세션 쿠키용 설정을 변경하면 같은 기본 설정이 Cookie 퍼사드를 사용해서 만든 모든 쿠키에 적용된다.

Cookie::queue(Cookie ¦¦ params)

뒤에서 살펴보겠지만 Cookie::make()를 사용하면 이후에 이를 응답에 첨부해야 한다. Cookie:queue()는 Cookie::make()와 문법은 같지만 생성한 쿠키를 큐에 넣어서 미들웨어에 의해 자동으로 응답에 첨부되게 한다. 원한다면 직접 만든 쿠키를 Cookie::queue()에 넘겨줄 수도 있다.

라라벨에서 응답에 쿠키를 추가하는 가장 간단한 방법은 아래와 같다.

```
Cookie::queue('dismissed-popup', true, 15);
```

cookie() 글로벌 헬퍼

cookie() 글로벌 헬퍼에 아무 파라미터도 전달하지 않으면 CookieJar 인스턴스를 반환한다. 그런데 Cookie 퍼사드의 가장 편리한 메서드인 has()와 get()은 Cookie 퍼사드에만 있고 CookieJar에는 존재하지 않는다. 따라서 글로벌 헬퍼는 다른 옵션들보다 덜 유용하다.

쿠키를 만들 때는 cookie() 글로벌 헬퍼를 유용하게 쓸 수 있다. cookie()에 파라미터를 전달하면 Cookie::make()에 전달하는 것과 똑같다. 이게 쿠키를 만드는 가장 빠른 방법이다.

```
$cookie = cookie('dismissed-popup', true, 15);
```

TIP 인스턴스 주입하기

애플리케이션 어디서든 Illuminate\Cookie\CookieJar 인스턴스를 주입할 수 있지만, 여기서 이 내용을 자세히 다루지는 않는다.

요청과 응답에 있는 쿠키

쿠키는 요청의 일부로 제공되고 응답의 일부로 설정되므로 쿠키가 실제로 위치하는 곳은 요청과 응답 일루미네이트 객체다. Cookie 퍼사드의 get(), has(), queue() 메서드는 단지 Request와 Response 객체와 상호작용하기 위한 프록시일 뿐이다.

따라서 쿠키와 상호작용하는 가장 간단한 방법은 유입된 요청에서 쿠키를 가져와서 응답에 설정하는 것이다.

요청 객체에서 쿠키 읽기

Request 객체의 복사본을 가지고 있다면(요청 객체를 얻는 방법을 모른다면 app('request')

를 사용해보자), 요청 객체 인스턴스의 cookie() 메서드를 사용해서 쿠키를 읽을 수 있다. 다음 예제를 살펴보자.

예제 14-11 요청 객체에서 쿠키 읽기

```
Route::get('dashboard', function (Illuminate\Http\Request $request) {
    $userDismissedPopup = $request->cookie('dismissed-popup', false);
});
```

예제에서 볼 수 있듯이 cookie() 메서드는 파라미터 2개를 전달받을 수 있다. 첫 번째 파라미터는 쿠키명이고, 두 번째는 옵션 값으로 해당 파라미터의 값이 없는 경우 반환될 값이다.

응답 객체에 쿠키 설정하기

응답 객체가 준비되면 [예제 14-12]처럼 언제든 cookie() 메서드를 사용해서 응답에 쿠키를 추가할 수 있다.

예제 14-12 응답 객체에 쿠키 설정하기

```
Route::get('dashboard', function () {
    $cookie = cookie('saw-dashboard', true);

    return Response::view('dashboard')
        ->cookie($cookie);
});
```

라라벨에 아직 익숙하지 않아서 어떤 방법을 사용하는 게 좋을지 확신이 들지 않는다면 요청과 응답 객체에 쿠키를 설정하길 권한다. 코드는 좀 늘어나지만, 나중에 다른 개발자가 CookieJar 큐를 이해하지 못해서 어려움을 겪는 일은 없을 것이다.

14.7 로그

지금까지 컨테이너나 퍼사드 같은 다른 컨셉을 이야기할 때 아주 간단한 로그를 남기는 예제를 몇 번 본 적이 있다. 이제 `Log::info('Message')`로 로그를 남기는 것 외에 다른 방법에 대해서 살펴보자.

로그의 목적은 '검색 가능성'을 높이거나 애플리케이션에서 특정 시점에 어떤 일이 일어나고 있는지 알 수 있도록 하는 것이다.

로그는 애플리케이션을 실행하는 동안 특정 순간에 어떤 일이 일어나는지 기록하기 위해 코드에서 생성하는 짧은 메시지다. 사람이 읽을 수 있는 형태로 기록되며 데이터를 포함하기도 한다. 각 로그는 반드시 로그 레벨을 지정해서 기록해야 한다. 로그 레벨은 emergency(뭔가 아주 나쁜 일이 발생함)부터 debug(전혀 심각하지 않은 일이 발생함)까지 단계가 다양하다.

설정을 변경하지 않으면 로그는 기본적으로 `storage/logs/laravel.log` 파일에 기록된다. 로그는 다음과 같이 생겼다.

```
[2018-09-22 21:34:38] local.ERROR: Something went wrong.
```

한 줄에 날짜, 시간, 환경, 에러 레벨, 메시지가 모두 적힌 것을 볼 수 있다. 처리되지 않은 예외도 로그에 기록되는데, 이때는 전체 스택 트레이스가 한 줄씩 표시된다.

로그를 남기는 방법, 로그를 남기는 이유, 라라벨 외부(예를 들어, 슬랙)에 로그를 남기는 방법을 알아보자.

14.7.1 로그를 사용하는 이유와 시점

로그는 애플리케이션에서 일어난 일을 추후에 확인할 수 있도록 기록한 것이다. 이 기록은 프로그램적으로 접근할 필요는 전혀 없다. 로그는 애플리케이션에서 어떤 일이 일어났는지 알기 위한 것이지 애플리케이션이 사용할 구조화된 데이터를 만드는 게 아니다.

예를 들어 모든 사용자의 로그인 기록을 활용해서 뭔가 추가적인 일을 수행하는 코드를 작성하려면, `login` 데이터베이스 테이블을 사용하는 게 적절하다. 그러나 사용자가 로그인하는 것에 관심이 있긴 하지만 프로그램적으로 어떤 정보가 필요한지 아닌지 확실하지 않다면 debug나

info 수준의 로그로 기록하고 잊어버리면 된다.

로그는 일반적으로 뭔가 잘못된 순간이나 특정한 시점의 값을 보고자 할 때, 또는 당신이 자리에 없을 때의 데이터를 원할 경우에도 사용한다. 코드에서 로그를 기록하고 필요한 데이터를 확인한 다음, 나중에 다시 사용하기 위해서 코드를 남겨놓거나 다시 지우는 등 자유롭게 사용한다.

14.7.2 로그 기록하기

라라벨에서 로그를 기록하는 가장 간단한 방법은 Log 퍼사드와 기록하고자 하는 로그 레벨에 해당하는 Log 퍼사드의 메서드를 사용하는 것이다. 로그 레벨은 RFC 5424에 정의된 것과 같다(http://bit.ly/2YltbAS).

```
Log::emergency($message);
Log::alert($message);
Log::critical($message);
Log::error($message);
Log::warning($message);
Log::notice($message);
Log::info($message);
Log::debug($message);
```

필요시 관련된 데이터를 두 번째 파라미터에 배열로 넘겨줄 수 있다.

```
Log::error('Failed to upload user image.', ['user' => $user]);
```

두 번째 파라미터로 넘겨주는 추가 정보는 로그가 기록되는 저장소에 따라 다르게 처리될 수 있다. 기본적인 로컬에 기록하는 로그에서는 다음과 같이 보인다(실제 로그에서는 단 한 줄로 표현된다).

```
[2018-09-27 20:53:31] local.ERROR: Failed to upload user image. {
    "user":"[object] (App\\User: {
        \"id\":1,
        \"name\":\"Matt\",
        \"email\":\"matt@tighten.co\",
        \"email_verified_at\":null,
        \"api_token\":\"long-token-here\",
```

```
        \"created_at\":\"2018-09-22 21:39:55\",
        \"updated_at\":\"2018-09-22 21:40:08\"
    })"
  }
```

14.7.3 로그 채널

라라벨에서는 다른 기능들(파일 스토리지, 데이터베이스, 메일 등)과 같이 하나 혹은 여러 설정 파일에 미리 정의해둔 로그 유형을 사용하도록 설정할 수 있다. 각각의 유형은 **채널**channel 이라고 부르며 stack, single, daily, slack, papertrail, stderr, syslog, errorlog, null, emergency 채널이 기본으로 제공된다. 각 채널은 하나의 **드라이버**driver에 연결된다. single, daily, slack, syslog, errorlog, monolog, custom, stack 드라이버를 사용할 수 있다.

여기서는 가장 대중적인 채널인 stack, single, daily, slack을 살펴볼 것이다. 드라이버에 대한 자세한 내용과 사용할 수 있는 모든 채널 목록을 알고 싶다면 로그 매뉴얼을(https://laravel.kr/docs/logging)을 살펴보자.

single 채널

single 채널은 path 키에 정의한 파일 하나에 모든 로그를 작성한다. 다음 예제는 single 채널의 기본 설정이다.

예제 14-13 single 채널의 기본 설정

```
'single' => [
    'driver' => 'single',
    'path' => storage_path('logs/laravel.log'),
    'level' => 'debug',
],
```

위의 설정은 debug 이상의 수준일 때만 작동하며 storage/logs/laravel.log라는 파일에 기록한다는 의미다.

daily 채널

daily 채널은 날마다 새로운 파일을 만든다. 다음 예제는 daily 채널의 기본 설정이다.

예제 14-14 daily 채널의 기본 설정

```
'daily' => [
    'driver' => 'daily',
    'path' => storage_path('logs/laravel.log'),
    'level' => 'debug',
    'days' => 7,
],
```

daily 채널의 기본 설정은 single 채널과 유사하지만, 파일을 며칠간 유지할지 설정할 수 있고 지정한 파일명 뒤에 날짜가 붙는다. 예를 들어 위 설정을 사용하면 storage/logs/laravel-{yyyy-mm-dd}.log라는 이름의 파일이 생성된다.

slack 채널

slack 채널은 로그(더 정확히는 특정 로그)를 쉽게 슬랙으로 보내게 해준다.

이 채널은 라라벨이 기본으로 제공하는 핸들러만 쓰도록 제한받지 않는다는 것을 보여준다. 뒤에서 살펴보겠지만 이것은 슬랙으로 전송하는 기능을 직접 구현한 것이 아니다. 라라벨은 모놀로그 슬랙 핸들러에 연결하는 로그 드라이버만 만들 뿐이다. 따라서 여러분이 모놀로그 핸들러를 사용할 수 있으면 더 다양한 옵션을 사용할 수 있다. 슬랙 채널의 기본 설정은 다음 예제에서 보자.

예제 14-15 슬랙 채널의 기본 설정

```
'slack' => [
    'driver' => 'slack',
    'url' => env('LOG_SLACK_WEBHOOK_URL'),
    'username' => 'Laravel Log',
    'emoji' => ':boom:',
    'level' => 'critical',
],
```

stack 채널

stack 채널은 기본으로 활성화되어 있는 채널이다. 다음 예제는 stack 채널의 기본 설정이다.

예제 14-16 stack 채널의 기본 설정

```
'stack' => [
    'driver' => 'stack',
    'channels' => ['single'],
    'ignore_exceptions' => false,
],
```

stack 채널을 사용하면 하나 이상의 채널(channels 배열에 나열된)로 로그를 전송할 수 있다. 라라벨 애플리케이션에서 이 채널을 기본으로 사용하도록 설정되어 있지만, 여기서는 channels 배열이 single로 설정되어 있으므로 실제로는 single 로그 채널만 사용하는 셈이다.

그런데 만일 info 수준의 로그는 일간 파일에 기록하고, critical 이상은 슬랙으로 보내고 싶으면 어떻게 해야 할까? stack 드라이버를 사용하면 쉽게 할 수 있다. 다음 예제를 보자.

예제 14-17 stack 드라이버 맞춤 설정하기

```
'channels' => [
    'stack' => [
        'driver' => 'stack',
        'channels' => ['daily', 'slack'],
    ],

    'daily' => [
        'driver' => 'daily',
        'path' => storage_path('logs/laravel.log'),
        'level' => 'info',
        'days' => 14,
    ],

    'slack' => [
        'driver' => 'slack',
        'url' => env('LOG_SLACK_WEBHOOK_URL'),
        'username' => 'Laravel Log',
        'emoji' => ':boom:',
        'level' => 'critical',
    ],
```

특정 로그 채널에 기록하기

특정한 로그 메시지를 특정한 곳으로 보내기 위해 정확하게 제어하고 싶을 수 있다. 물론 가능하다. Log 퍼사드를 호출할 때 채널을 지정하면 된다.

```
Log::channel('slack')->info("This message will go to Slack.");
```

> **TIP** **고급 로그 설정**
>
> 로그 전달하는 방식을 변경하고 싶거나, 커스텀 모놀로그 핸들러를 구현하고 싶으면 로그 매뉴얼을 참조하자
> (https://laravel.kr/docs/logging).

14.8 라라벨 스카우트를 이용한 풀 텍스트 검색

애플리케이션에서 보유한 데이터가 많지 않은 경우에는 모델 데이터의 특정 문자열을 찾기 위한 텍스트 검색에 그리 많은 시간이 소요되지 않는다. 일반적으로 MySQL과 같은 데이터베이스에서 제공하는 like 검색을 사용해도 충분하기 때문이다. 그렇지만 데이터가 점점 많아지고 검색을 위한 기능이 무거워질수록 풀 텍스트 검색을 위한 별도의 해결책이 필요하다.

라라벨 스카우트Scout는 엘로퀀트 모델을 풀 텍스트 검색하기 위해 라라벨에 추가해서 쓸 수 있는 개별 패키지다. 스카우트를 이용하면 엘로퀀트 모델의 내용을 쉽게 색인하고 검색할 수 있으며, 알골리아Algolia 드라이버가 함께 제공된다. 원하면 다른 프로바이더의 커뮤니티 패키지 (ElasticSearch와 같은)도 쓸 수 있다. 여기서는 알골리아를 쓴다고 가정하고 진행한다.

14.8.1 스카우트 설치하기

우선 패키지를 설치한다.

```
composer require laravel/scout
```

다음으로, 아래의 명령어를 실행하여 스카우트를 설정할 준비를 한다.

```
php artisan vendor:publish --provider="Laravel\Scout\ScoutServiceProvider"
```

그러고 나서 알골리아 자격 증명을 config/scout.php에 복사해서 붙여넣는다.

마지막으로 알골리아 SDK를 설치한다.

```
composer require algolia/algoliasearch-client-php
```

14.8.2 모델 색인하기

모델(여기서는 예제로 도서 리뷰를 위한 Review 모델을 사용할 것이다)에 Laravel\Scout\
Searchable 트레이트를 추가하자.

toSearchableArray() 메서드를 이용해서 검색 가능한 속성을 정의할 수 있고(toArray()와
같은 값이 기본값이다), searchableAs() 메서드로 모델의 인덱스명(테이블명이 기본값이다)
을 정의할 수 있다.

스카우트는 인덱스하기로 설정한 모델의 create/delete/update 이벤트에 반응한다. 생성,
변경, 삭제가 일어나면 스카우트는 그 변화를 알골리아에 반영한다. 업데이트를 실시간으로 반
영할 수도 있고, 큐를 사용할 수도 있다.

14.8.3 색인 검색하기

스카우트의 문법은 단순하다. 예를 들어 James라는 단어를 포함하는 Review를 찾고 싶으면 다
음과 같이 한다.

```
Review::search('James')->get();
```

엘로퀀트 메서드를 호출하듯이 검색 쿼리를 변경할 수도 있다.

```
// 엘로퀀트 페이지네이션과 동일하게 페이지 쿼리 파라미터를 읽어서
// 'James'와 일치하는 Review 데이터를 페이지당 20개까지 가져온다.
Review::search('James')->paginate(20);
```

```
// 'James'와 일치하는 Review 중 account_id 항목이 2로 설정된 모든 데이터를 가져온다.
Review::search('James')->where('account_id', 2)->get();
```

이 검색 결과는 무엇일까? 바로 데이터베이스에서 가져와서 재구성한 엘로퀀트 모델의 컬렉션이다. 알골리아는 ID를 저장하고 있다가 검색 결과와 일치하는 ID 목록을 반환한다. 그러면 스카우트가 데이터베이스에서 이 ID에 해당하는 데이터를 가져와서 엘로퀀트 객체로 반환한다.

검색 쿼리를 호출할 때는 **WHERE** 절에 복잡한 SQL을 사용할 수는 없지만, 예제에서 볼 수 있는 간단한 비교 구문은 사용 가능하다.

14.8.4 큐와 스카우트

여기에서 예제 애플리케이션은 데이터베이스 레코드에 변화가 있을 때마다 알골리아에 HTTP 요청을 보낸다고 가정한다. 이렇게 되면 애플리케이션이 얼마 못 가서 느려질 수 있다. 애플리케이션의 사용자가 늘어날수록 데이터베이스 레코드 변화가 늘어나고, 알골리아에 전달하는 HTTP 요청이 늘어나기 때문이다. 그래서 스카우트는 자신의 모든 동작을 큐에 넣을 수 있는 쉬운 방법을 제공한다.

config/scout.php에서 queue를 true로 설정하면 색인 작업이 비동기적으로 처리된다. 전체 텍스트 인덱스는 '결과적 일관성' 원칙에 따라 작동한다. 즉, 데이터베이스 레코드는 즉각적으로 업데이트되고 검색 인덱스 업데이트는 큐 처리된 후, 큐 워커가 허용하는 한 최대한 빠르게 업데이트된다. 순간적으로 데이터베이스의 레코드와 검색 인덱스의 레코드가 다른 정보를 가질 수 있으나, 시간이 조금 지난 뒤에는 결과적으로 일관성을 유지한다.

14.8.5 색인을 하지 않으면서 모델의 특정 작업 처리하기

색인을 하지 않으면서 일련의 작업을 처리해야 할 필요가 있다면, 해당 코드를 without SyncingToSearch() 메서드로 감싸준다.

```
Review::withoutSyncingToSearch(function () {
    // 다수의 리뷰를 생성하는 예
    Review::factory()->count(10)->create();
});
```

14.8.6 조건에 따라 모델 색인처리

특정 조건에 부합하는 레코드만 색인하려면 다음과 같이 모델에 shouldBeSearchAble() 메
서드를 추가한다.

```
public function shouldBeSearchable()
{
    return $this->isApproved();
}
```

14.8.7 코드를 이용해서 수동으로 색인 실행하기

애플리케이션 내의 코드나 명령줄로 모델 색인 작업을 수동으로 실행할 수 있다.

코드에서 색인을 실행하려면 searchable() 메서드를 엘로퀀트 쿼리 뒤에 추가한다. 그러면
쿼리 결과로 나오는 레코드를 색인한다.

```
Review::all()->searchable();
```

색인하고자 하는 레코드만 골라내기 위해 쿼리의 범위를 선택할 수도 있다. 하지만 스카우트가
알아서 새 레코드는 추가하고 기존 레코드는 업데이트하므로 모델의 데이터베이스에 있는 전
체 콘텐츠를 다시 인덱스하는 편이 낫다.

연관관계 메서드에도 searchable()을 실행할 수 있다.

```
$user->reviews()->searchable();
```

마찬가지로 쿼리 메서드 체이닝을 이용해서 색인을 해제하고 싶으면 unsearchable()을 사용한다.

```
Review::where('sucky', true)->unsearchable();
```

14.8.8 CLI를 이용해서 수동으로 색인 실행하기

아티즌 명령어를 사용해 수동으로 색인을 실행할 수 있다.

```
php artisan scout:import "App\Models\Review"
```

위의 명령어는 전체 Review 모델을 색인할 것이다.

14.9 테스트

앞서 다룬 기능들은 사용법도 간단하고 테스트하기도 쉽다. 목이나 스텁을 사용할 필요가 없다. 기본 설정이 이미 되어 있다. 예를 들어 phpunit.xml을 열어보면 세션 드라이버와 캐시 드라이버가 테스트에 맞게 설정되어 있는 것을 볼 수 있을 것이다. 하지만 이들을 테스트하기 전에 반드시 알아야 할 몇 가지 기능이 있다.

14.9.1 파일 스토리지

파일 업로드를 테스트하는 건 다소 번거로울 수 있지만 다음의 내용을 살펴보면 도움이 된다.

가짜 파일 업로드하기

먼저 다음 예제에서 애플리케이션 테스트에서 사용할 Illuminate\Http\UploadedFile 객체를 수동으로 만드는 방법을 알아보자.

예제 14-18 테스트용 가짜 UploadedFile 만들기

```
public function test_file_should_be_stored()
{
    Storage::fake('public');

    $file = UploadedFile::fake()->image('avatar.jpg');

    $response = $this->postJson('/avatar', [
        'avatar' => $file,
    ]);

    // 파일이 저장됐는지 확인
    Storage::disk('public')->assertExists("avatars/{$file->hashName()}");

    // 파일이 없는지 확인
    Storage::disk('public')->assertMissing('missing.jpg');
}
```

테스트할 파일을 참조하는 새 UploadedFile 인스턴스를 만들어서 라우트를 테스트하는 데 사용했다.

가짜 파일 반환하기

라우트가 파일이 존재하는지를 테스트하는 경우에는, 실제로 파일을 만들어두는 게 테스트하기 좋은 방법일 수 있다. 예를 들어 모든 사용자가 프로필 사진을 가지고 있어야 한다고 가정해보자.

우선 다음 예제처럼 Faker를 이용해서 사진의 복사본을 만들도록 사용자용 모델 팩토리를 설정하자.

예제 14-19 Faker로 가짜 파일 반환하기

```
namespace Database\Factories;

use App\Models\User;
use Illuminate\Database\Eloquent\Factories\Factory;
use Illuminate\Support\Str;

class UserFactory extends Factory
```

```
{
    protected $model = User::class;

    public function definition()
    {
        return [
            'picture' => $this->faker->file(
                storage_path('tests'), // 소스 디렉터리
                storage_path('app'), // 타깃 디렉터리
                false // 전체 경로가 아닌 파일명만 반환
            ),
            'name' => $this->faker->name,
        ];
    }
});
```

Faker의 `file()` 메서드는 소스 디렉터리에 있는 파일을 임의로 하나 골라 타깃 디렉터리에 복사하고 파일명을 반환한다. 따라서 storage/tests 디렉터리에서 파일을 하나 임의로 골라서 storage/app 디렉터리로 복사하고, 파일명을 User의 picture 속성에 설정한다. [예제 14-20]과 같이 사용자가 사진을 가지고 있을 것으로 예상되는 라우트에 대한 테스트에서 User를 사용할 수 있다.

예제 14-20 이미지의 URL이 출력되는지 확인하기

```
public function test_user_profile_picture_echoes_correctly()
{
    $user = User::factory()->create();

    $response = $this->get(route('users.show', $user->id));

    $response->assertSee($user->picture);
}
```

물론 다양한 상황에서 파일을 복사하지 않고 그냥 임의의 문자열을 생성할 수도 있다. 하지만 라우트가 파일의 존재를 확인하거나 파일에 어떤 작업을 실행한다면 이게 최고의 방법이다.

14.9.2 세션

세션에 무엇인가 설정되었는지 확인할 필요가 있다면 라라벨이 제공하는 편리한 기능을 사용할 수 있다. 아래의 모든 메서드는 Illuminate\Foundation\Testing\TestResponse 객체에서 사용할 수 있다.

assertSessionHas($key, $value = null)

특정 키에 값이 설정됐는지 확인한다. 두 번째 파라미터에 값이 전달되면 해당 키에 전달된 값이 설정되어 있는지 확인한다.

```
public function test_some_thing()
{
    // 세션에 특정 키와 값을 가지는 $response 객체를 만들어내는 코드를 생략했다.
    $response->assertSessionHas('key', 'value');
}
```

assertSessionHasAll(array $bindings)

배열로 넘겨준 키/값 쌍이 세션에 제대로 설정되어 있는지 확인한다. 배열 항목 중 키/값 쌍이 아니라 값만 있는 것은 존재 여부만 확인한다.

```
$check = [
    'has',
    'hasWithThisValue' => 'thisValue',
];

$response->assertSessionHasAll($check);
```

assertSessionMissing($key)

세션이 특정 키에 해당하는 값을 가지고 있지 않은지 확인한다.

assertSessionHasErrors($bindings = [], $format = null)

세션이 errors 값을 가지고 있는지 확인한다. errors는 라라벨이 유효성 검사에 실패했을 때 에러를 전달하기 위해 사용하는 키다.

전달하는 배열에 키만 들어 있으면 그 키들에 에러가 설정됐는지만 확인한다.

```
$response = $this->post('test-route', ['failing' => 'data']);
$response->assertSessionHasErrors(['name', 'email']);
```

기대한 대로 에러 메시지가 나왔는지 확인하기 위해 키에 해당하는 값을 전달할 수도 있고, 원한다면 $format도 전달할 수 있다.

```
$response = $this->post('test-route', ['failing' => 'data']);
$response->assertSessionHasErrors([
    'email' => '<strong>The email field is required.</strong>',
], '<strong>:message</strong>');
```

14.9.3 캐시

캐시와 관련해서는 특별한 게 없다. 그냥 사용하면 된다.

```
Cache::put('key', 'value', 900);
$this->assertEquals('value', Cache::get('key'));
```

라라벨은 테스트 환경에서는 캐시 값을 메모리에 저장하는 array 캐시 드라이버를 기본으로 사용한다.

14.9.4 쿠키

애플리케이션 테스트에서 어떤 라우트를 테스트하기 전에 쿠키를 설정하려면 어떻게 해야 할까? 이때는 call() 메서드의 파라미터에 쿠키를 수동으로 넘겨주면 된다. call()에 대한 자세한 내용은 12장을 참조하자.

TIP 테스트하는 동안 쿠키 암호화하지 않기

라라벨의 쿠키 암호화 미들웨어에서 쿠키를 제외하지 않으면 아마 작동하지 않을 것이다. EncryptCookies 미들웨어에 일시적으로 제외할 쿠키를 알려주면 된다.

```
use Illuminate\Cookie\Middleware\EncryptCookies;
...

$this->app->resolving(
    EncryptCookies::class,
    function ($object) {
        $object->disableFor('cookie-name');
    }
);

// ...테스트 실행
```

이는 다음 예제처럼 쿠키를 설정하고 확인할 수 있다는 것을 의미한다.

예제 14-21 쿠키에 대해 유닛 테스트 실행하기

```
public function test_cookie()
{
    $this->app->resolving(EncryptCookies::class, function ($object) {
        $object->disableFor('my-cookie');
    });

    // route-echoing-my-cookie-value라는 라우트에서
    // 쿠키 값을 출력하도록 정의되어 있다고 가정한다.
    $response = $this->call(
        'get',
        'route-echoing-my-cookie-value',
        [],
        ['my-cookie' => 'baz']
    );
    $response->assertSee('baz');
}
```

응답이 쿠키를 가지고 있는지 테스트하고 싶으면 **assertCookie()**를 사용한다.

```
$response = $this->get('cookie-setting-route');
$response->assertCookie('cookie-name');
```

암호화되지 않은 쿠키를 테스트할 때는 **assertPlainCookie()**를 사용한다.

14.9.5 로그

로그가 기록됐는지 테스트하는 가장 간단한 방법은 Log 퍼사드를 대상으로 어서션을 만드는 것이다(12.10.3절 '기타 퍼사드 객체 테스트' 참조). 방법은 다음 예제에서 보자.

예제 14-22 Log 퍼사드를 대상으로 어서션 만들기

```php
// 테스트 파일
public function test_new_accounts_generate_log_entries()
{
    Log::shouldReceive('info')
        ->once()
        ->with('New account created!');

    // 새 계정을 만든다.
    $this->post(route('accounts.store'), ['email' => 'matt@mattstauffer.com']);
}

// AccountController
public function store()
{
    // 계정 생성

    Log::info('New account created!');
}
```

위에서 본 퍼사드 테스트로 할 수 있는 것들을 확장해서 로그에 대한 맞춤형 어서션을 작성할 수 있는 로그 페이크Log Fake(http://bit.ly/2JDI4vd)라는 패키지도 있다.

14.9.6 스카우트

스카우트 데이터를 사용하는 코드를 테스트해야 할 때, 색인하기를 작동하거나 스카우트에서 데이터를 읽어오길 원하지는 않을 것이다. phpunit.xml에 환경 변수를 추가해서 간단하게 스카우트가 알골리아에 연결되는 걸 비활성화할 수 있다.

```xml
<env name="SCOUT_DRIVER" value="null"/>
```

14.10 마치며

라라벨은 파일 시스템, 세션, 쿠키, 캐시, 검색 등 일반적인 스토리지 작업을 위한 인터페이스를 제공한다. 이 인터페이스는 각각의 다른 드라이버를 사용하더라도 동일하다. 라라벨이 공통 인터페이스를 제공하도록 강제하기 때문이다. 즉 인터페이스가 동일하기 때문에 환경이 달라지거나 애플리케이션의 필요에 따라 다른 드라이버로 교체할 수 있다.

## CHAPTER 15

메일과 알림

메일, 슬랙, 문자 메시지, 그 외 시스템을 통해서 사용자에게 메시지를 보내는 기능은 애플리케이션에서 아주 흔하게 사용된다. 이 기능은 겉으로는 단순해 보이지만 내부적으로는 복잡한 요구 사항을 가지고 있다. 라라벨의 메일과 알림 기능은 메시지 전송 수단에 따라 각기 다른 기능을 구현하지 않아도 되게끔 일관된 API를 제공한다. 14장에서 살펴본 것과 같이 한 번 코드를 작성하고 설정에 따라서 어떻게 알림을 보낼지 선택하면 된다.

15.1 메일

라라벨의 메일 기능은 스위프트 메일러^{Swift Mailer}를 기반으로 한다. 별다른 설정 없이도 라라벨은 메일건^{Mailgun}, SES, SMTP, 포스트마크^{Postmark}, 로그, 배열, 샌드메일^{Sendmail}용 드라이버를 기본으로 제공한다.

클라우드 서비스를 사용하려면 config/services.php에 인증 정보를 설정해야 한다. 파일을 열어보면 이미 키가 적혀 있고(config/mail.php에도), .env의 MAIL_MAILER와 MAILGUN_SECRET 같은 변수를 사용해서 애플리케이션의 메일 기능을 맞춤 설정할 수 있는 것을 볼 수 있다.

클라우드 기반 API 드라이버 의존성

클라우드 기반 API 드라이버를 사용한다면 컴포저로 Guzzle을 프로젝트에 추가해야 한다. 아래 명령어로 추가할 수 있다.

```
composer require guzzlehttp/guzzle
```

만약 SES 드라이버를 사용한다면 아래의 명령어도 실행해야 한다.

```
composer require aws/aws-sdk-php:~3.0
```

15.1.1 Mailable 클래스의 기본 사용법

리리벨에서는 메일 전송 기능을 담당하는 `Mailable`이라는 클래스가 있다. 이 클래스를 상속한 클래스는 전통적인 메일 문법과 똑같이 작동하고 각각의 메일을 표현하는 역할을 한다.

새로운 메일러블 클래스를 생성하려면 make:mail 아티즌 명령어를 사용한다.

```
php artisan make:mail AssignmentCreated
```

다음 예제는 위의 명령어로 생성된 클래스가 어떻게 생겼는지 보여준다.

예제 15-1 생성된 메일러블 PHP 클래스

```php
<?php

namespace App\Mail;

use Illuminate\Bus\Queueable;
use Illuminate\Mail\Mailable;
use Illuminate\Queue\SerializesModels;
use Illuminate\Contracts\Queue\ShouldQueue;

class AssignmentCreated extends Mailable
{
    use Queueable, SerializesModels;

    /**
     * 새로운 메시지 인스턴스 생성하기
     *
     * @return void
     */
```

```
    public function __construct()
    {
        //
    }

    /**
     * 메시지 생성
     *
     * @return $this
     */
    public function build()
    {
        return $this->view('view.name');
    }
}
```

이런 클래스는 다음 장에서 배울 Job과 거의 비슷하게 생겼다. 이 클래스는 메일을 큐로 처리하기 위한 Queueable 트레이트와 엘로퀀트 모델의 의존성이 추가되어도 문제없이 직렬화할 수 있도록 SerializesModels 트레이트를 사용한다.

그렇다면 이 메일러블 클래스는 어떻게 작동하는 걸까? build() 메서드를 살펴보자. 이 메서드는 메일러블 클래스가 어떤 뷰를 사용하여 메일 본문을 채워 넣을지, 제목은 무엇으로 할지 등 메일과 관련된 내용을 정의한다. 단 이때는 누구에게 보낼지에 대한 정보는 가지고 있지 않다. 만약 메일에서 필요한 데이터가 있다면 생성자에 추가한다. 메일러블에 정의된 public 속성을 템플릿에서 사용할 수 있다.

자동으로 생성된 메일러블을 어떻게 수정하는지 다음 예제에서 확인해보자.

예제 15-2 메일러블 예시

```php
<?php

namespace App\Mail;

use Illuminate\Bus\Queueable;
use Illuminate\Mail\Mailable;
use Illuminate\Queue\SerializesModels;
use Illuminate\Contracts\Queue\ShouldQueue;

class AssignmentCreated extends Mailable
```

```
    {
        use Queueable, SerializesModels;

        public $trainer;
        public $trainee;

        public function __construct($trainer, $trainee)
        {
            $this->trainer = $trainer;
            $this->trainee = $trainee;
        }

        public function build()
        {
            return $this->subject($this->trainer->name . '으로부터 새 운동이 할당되었습
니다.')
                ->view('emails.assignment-created');
        }
    }
```

[예제 15-3]은 메일러블을 전달하는 방법을 보여준다.

예제 15-3 메일러블을 전송하는 몇 가지 방법

```
// 단순 전송
Mail::to($user)->send(new AssignmentCreated($trainer, $trainee));

// CC/BCC/etc.와 함께
Mail::to($user1))
    ->cc($user2)
    ->bcc($user3)
    ->send(new AssignmentCreated($trainer, $trainee));

// 컬렉션을 이용해서
Mail::to('me@app.com')
    ->bcc(User::all())
    ->send(new AssignmentCreated($trainer, $trainee))
```

TIP **다중 메일 드라이버**

라라벨 7부터는 다중 메일 드라이버를 지원한다. 기본적으로 mail 설정 파일의 default 드라이버로 메일을
전송하지만 필요에 따라 mailer() 메서드를 이용해 다른 드라이버를 지정할 수 있다.

```
Mail::mailer('postmark')
    ->to($request->user())
    ->send(new OrderShipped($order));
```

15.1.2 메일 템플릿

메일 템플릿은 다른 템플릿 기능과 다르지 않다. 일반적인 템플릿에서 상속받고, 섹션을 사용하고, 변수를 분석하고, 조건이나 반복 지시어를 포함하는 등 일반적인 블레이드 뷰로 할 수 있는 것을 모두 다 사용할 수 있다.

[예제 15-2]에 사용한 `emails.assignment-created` 템플릿을 [예제 15-4]에서 살펴보자.

예제 15-4 assignment created 이메일 템플릿 예제

```
<!-- resources/views/emails/assignment-created.blade.php -->
<p>안녕하세요! {{ $trainee->name }}!</p>

<p>{{ $trainer->name }}으로부터 새 운동을 할당받았습니다.
지금 <a href="{{ route('training-dashboard') }}">대시보드</a>를 확인해보세요!
```

[예제 15-2]에서 `$trainer`와 `$trainee` 모두 메일러블의 `public` 속성이기 때문에 템플릿 파일에서 사용할 수 있다.

템플릿에 전달할 변수를 명시적으로 선언하고 싶으면 [예제 15-5]처럼 `build()` 메서드 안에서 `view()` 메서드를 호출할 때 `with()` 메서드를 체이닝한다.

예제 15-5 템플릿 변수 커스터마이징

```
public function build()
{
    return $this->subject('새 운동이 도착했습니다!')
        ->view('emails.assignment')
        ->with(['assignment' => $this->event->name]);
}
```

15.1.3 build()에서 사용할 수 있는 메서드

다음은 메일러블 클래스의 build() 메서드에서 메시지를 설정하는 데 사용할 수 있는 몇 가지 메서드다.

- from($address, $name = null)
  작성자를 나타내는 '보낸 사람' 이름과 이메일을 설정한다.

- subject($subject)
  이메일 제목을 설정한다.

- attach($file, array $options = [])
  파일을 첨부한다. 사용 가능한 옵션은 MIME 유형을 설정하는 mime과 표시할 이름을 나타내는 as가 있다.

- attachData($data, $name, array $options = [])
  원시 문자열을 파일로 만들어서 첨부한다. 옵션은 attach()와 같다.

- attachFromStorage($path, $name = null, array $options = [])
  파일 시스템 디스크에 저장된 파일을 첨부한다.

- priority($level = n)
  이메일 우선순위를 설정한다. 1이 가장 높고 5가 가장 낮다.

마지막으로 기본 스위프트 메일러를 사용하여 메시지를 직접 변경하려면 [예제 15-6]처럼 withSwiftMessage()를 사용하여 메일의 세부 내용을 변경할 수 있다.

```
Public function build()
{
    return $this->subject('반갑습니다!')
        ->withSwiftMessage(function ($swift) {
            $swift->setReplyTo('noreply@email.com');
        })
        ->view('emails.welcome');
}
```

15.1.4 첨부 파일과 인라인 이미지

다음 예제는 파일이나 원시 데이터를 이메일에 첨부하는 세 가지 방법을 보여준다.

예제 15-7 메일러블에 파일이나 데이터 첨부하기

```
// 로컬 파일명을 이용해서 파일 첨부
public function build()
{
    return $this->subject('백서 다운로드')
        ->attach(storage_path('pdfs/whitepaper.pdf'), [
            'mime' => 'application/pdf', // 선택 사항
            'as' => 'whitepaper-barasa.pdf', // 선택 사항
        ])
        ->view('emails.whitepaper');
}

// 원시 데이터를 전달해서 파일 첨부
public function build()
{
    return $this->subject('백서 다운로드')
        ->attachData(
            file_get_contents(storage_path('pdfs/whitepaper.pdf')),
            'whitepaper-barasa.pdf',
            [
                'mime' => 'application/pdf', // 선택 사항
            ]
        )
        ->view('emails.whitepaper');
```

```
    }

    // S3 같은 파일 시스템 디스크에 저장된 파일 첨부
    public function build()
    {
        return $this->subject('백서 다운로드')
            ->view('emails.whitepaper')
            ->attachFromStorage('/pdfs/whitepaper.pdf');
    }
```

그리고 다음은 이메일에 이미지를 첨부하는 방법이다.

예제 15-8 이미지를 이메일에 표시하기

```
<!-- emails/image.blade.php -->
이미지:

<img src="{{ $message->embed(storage_path('embed.jpg')) }}">

또는 데이터를 포함하는 같은 이미지:

<img src="{{ $message->embedData(
    file_get_contents(storage_path('embed.jpg')), 'embed.jpg'
) }}">
```

15.1.5 마크다운 메일러블

메일을 작성할 때는 마크다운을 사용하여 이메일을 작성할 수도 있다. 마크다운으로 작성된 이메일은 나중에 완전한 형태의 HTML(또는 일반 텍스트)로 변환된다. 이때 HTML은 라라벨에서 내장된 반응형 HTML 템플릿을 사용한다. 마크다운 이메일을 사용하면 개발자가 아니더라도 쉽게 콘텐츠를 만들 수 있게 맞춤형 이메일 템플릿을 생성할 수 있다.

우선 make:mail 아티즌 명령어에 markdown 플래그를 붙여서 실행한다.

```
php artisan make:mail AssignmentCreated --markdown=emails.assignment-created
```

이 명령어로 생성되는 파일은 [예제 15-9]에서 확인할 수 있다.

```
class AssignmentCreated extends Mailable
{
    // ...

    public function build()
    {
        return $this->markdown('emails.assignment-created');
    }
}
```

위 예제에서 볼 수 있는 메일러블 클래스는 앞서 살펴본 일반적인 메일러블 클래스와 거의 유사하다. 가장 큰 차이는 `view()` 메서드 대신 `markdown()` 메서드를 호출한다는 것이다. 또한 참조하는 템플릿이 일반 블레이드 템플릿이 아닌 마크다운 템플릿이어야 한다.

마크다운 템플릿을 사용하면 완전한 HTML 이메일을 생성하기 위해 일반적인 이메일 템플릿(여느 블레이드 파일과 마찬가지로 인클루드와 상속을 사용하는)을 사용하는 대신 미리 정의된 몇 가지 컴포넌트에 마크다운 콘텐츠를 전달한다. 마크다운 이메일의 본문은 `mail::message`라는 이름의 컴포넌트에 전달되어야 한다(라라벨에 있는 프레임워크와 패키지 컴포넌트는 `package::component` 형태의 이름을 가지기 때문이다). 다음 예제에서 간단한 마크다운 메일 템플릿을 살펴보자.

예제 **15-10** 간단한 마크다운 이메일

```
{{-- resources/views/emails/assignment-created.blade.php --}}
@component('mail::message')
# 안녕하세요! {{ $trainee->name }}!

**{{ $trainer->name }}**으로부터 새 운동을 할당받았습니다.

@component('mail::button', ['url' => route('training-dashboard')])
운동을 확인하세요.
@endcomponent

감사합니다.<br>
{{ config('app.name') }}
@endcomponent
```

이처럼 이메일 본문을 전달하는 부모 mail::message 컴포넌트가 있고, 간간이 섞어 쓸 수 있는 작은 컴포넌트도 제공한다. 위 예제에서는 본문('운동을 확인하세요.')뿐 아니라 파라미터가 필요한 mail::button 컴포넌트를 사용했다. 파라미터는 @component 지시어의 두 번째 파라미터에 배열로 전달한다.

마크다운 컴포넌트

마크다운 이메일에서는 다음의 세 가지 컴포넌트를 사용할 수 있다.

- Button
  가운데 정렬된 버튼 링크를 만든다. 버튼 컴포넌트는 url 속성은 필수, color 속성은 선택 사항이다. color 속성은 primary, success, error로 전달한다.
- Panel
  주어진 텍스트를 다른 메시지들보다 약간 더 연한 배경과 함께 표현한다.
- Table
  마크다운 테이블 문법을 통해 컨텐츠를 변환한다.

> **NOTE_ 컴포넌트 커스터마이징**
>
> 기본적인 마크다운 컴포넌트는 라라벨 프레임워크 안에 내장되어 있다. 컴포넌트의 작동 방식을 변경할 필요가 있다면 해당 파일을 애플리케이션으로 배포해서 수정하면 된다.
>
> ```
> php artisan vendor:publish --tag=laravel-mail
> ```

이 세가지 컴포넌트를 커스터마이징하는 방법을 더 자세히 알고 싶다면, 라라벨 매뉴얼 (https://laravel.kr/docs/mail#customizing-the-components)을 참조하자.

15.1.6 브라우저에서 메일러블 클래스의 결과 확인하기

애플리케이션 내에서 이메일 관련 기능을 개발할 때 이메일이 어떻게 렌더링되는지 미리 확인할 수 있다면 개발에 도움이 된다. 메일트랩Mailtrap 같은 별도의 도구를 사용할 수도 있지만 라라벨에서는 메일을 브라우저에서 바로 렌더링하고 변경 사항을 바로 확인할 수 있는 기능을 제공한다.

[예제 15-11]은 지정된 메일러블을 렌더링하기 위해 애플리케이션에 추가할 수 있는 라우트의 예시다.

예제 15-11 라우트에 메일러블 렌더링하기

```
Route::get('preview-assignment-created-mailable', function () {
    $trainer = Trainer::first();
    $trainee = Trainee::first();

    return new \App\Mail\AssignmentCreated($trainer, $trainee);
});
```

예제에서 알 수 있듯이, API 응답을 위해 엘로퀀트 모델을 반환하듯 이메일의 렌더링 결과를 확인하기 위해서 메일러블 클래스를 반환하면 된다.

라라벨 5.8 이상에서는 알림도 브라우저에서 미리보기할 수 있다.

```
Route::get('preview-notification', function () {
    $trainer = Trainer::first();
    $trainee = Trainee::first();

    return (new App\Notifications\AssignmentCreated($trainer, $trainee))
        ->toMail($trainee);
});
```

15.1.7 큐

애플리케이션에서 이메일을 전송하는 기능은 응답 시간을 느리게 만들 수 있는 작업이다. 따라서 이를 사용자의 요청/응답 과정에서 처리하지 않고, 별도의 백그라운드 큐로 옮겨 비동기로 처리하는 것이 일반적이다. 사실 너무 일반적이어서 라라벨은 각각의 이메일 전송을 위한 큐 잡을 작성하지 않고도 바로 큐를 사용하여 메시지를 쉽게 처리할 수 있는 기능을 제공한다.

- queue()
  즉시 전송하는 대신 메일 객체를 큐에 넣는다. 간단하게 메일러블 객체를 Mail::send() 대신 Mail::queue()에 넘겨준다.

  ```
  Mail::queue(new AssignmentCreated($trainer, $trainee));
  ```

- later()

   Mail::later()는 Mail::queue()와 똑같이 작동하지만 이메일을 언제 큐에서 가져와서 보낼지 정하고 지연하게 해준다. 몇 분 지연할지 지정할 수도 있고 DateTime이나 Carbon 인스턴스를 이용해서 특정 시각을 지정할 수도 있다.

   ```
   $when = now()->addMinutes(30);
   Mail::later($when, new AssignmentCreated($trainer, $trainee));
   ```

TIP 큐 설정하기

   큐 메서드가 정상적으로 작동하기 위해서는 큐가 제대로 설정되어 있어야 한다. 큐의 작동 방식 및 애플리케이션에 큐를 사용하는 방법에 관해서는 16장을 참조하자.

queue()와 later() 둘 다 메일이 추가될 큐나 큐 커넥션을 지정하고 싶으면 메일러블 객체에서 onConnection()과 onQueue() 메서드를 사용한다.

```
$message = (new AssignmentCreated($trainer, $trainee))
    ->onConnection('sqs')
    ->onQueue('emails');

Mail::to($user)->queue($message);
```

지정된 메일러블을 언제나 큐로 처리하고 싶으면 메일러블이 Illuminate\Contracts\Queue\ShouldQueue 인터페이스를 구현하게 한다.

15.1.8 로컬 개발

프로덕션 환경에서는 이메일 전송이 아무런 문제가 없지만, 테스트 과정에서 이메일이 전송된다면 어떻게 될까? 의도하지 않은 이메일이 애플리케이션의 사용자에게 전달되는 것은 누구도 원하지 않을 것이다. 이를 방지하기 위해 라라벨에서는 세 가지 도구를 고려해볼 수 있다. 라라벨 log 드라이버, 메일트랩이라는 서비스형 소프트웨어software as a service (SaaS) 애플리케이션, 수신자 고정universal to이라는 설정 기능이다.

log 드라이버

라라벨은 여러분이 전송하는 모든 이메일을 로컬 `laravel.log`(storage/logs가 기본 위치다) 파일에 로그로 남기는 log 드라이버를 제공한다.

log 드라이버를 사용하고 싶으면 `.env`의 `MAIL_MAILER`를 log로 수정한다. 이렇게 설정하고 `storage/logs/laravel.log` 파일을 열어보거나 `tail` 명령어를 실행하고 이메일을 전송해보자. 아래와 같은 내용이 기록되는 걸 볼 수 있을 것이다.

```
Message-ID: <04ee2e97289c68f0c9191f4b04fc0de1@localhost>
Date: Tue, 17 May 2016 02:52:46 +0000
Subject: 우리 앱에 온 걸 환영합니다!
From: Matt Stauffer <matt@mattstauffer.com>
To: freja@jensen.no
MIME-Version: 1.0
Content-Type: text/html; charset=utf-8
Content-Transfer-Encoding: quoted-printable

우리 앱에 온 걸 환영합니다!
```

라라벨 5.7부터는 메일용 로그를 다른 로그와 분리할 수 있다. `config/mail.php`를 수정하거나 `.env` 파일의 `MAIL_LOG_CHANNEL` 변수를 존재하는 로그 채널로 설정한다.

Mailtrap.io

메일트랩(`https://mailtrap.io`)은 개발 환경에서 이메일을 대신 수신하고 검사하는 데 사용하는 서비스다. 실제 수신자에게 이메일을 바로 보내는 대신 SMTP를 통해 메일트랩 서버로 보내면, to 항목에 어떤 이메일이 설정됐는지에 관계없이 메일트랩이 모두 중간에서 가로채고, 이들을 검사할 수 있게 웹 기반의 이메일 클라이언트를 제공한다.

메일트랩을 설정하려면 무료 계정으로 가입한 후 기본 대시보드로 가서 사용자명과 비밀번호를 복사하고 SMTP 열에 붙여 넣는다.

그런 다음 애플리케이션의 `.env` 파일을 열어 아래의 값을 mail 부분에 설정한다.

```
MAIL_DRIVER=smtp
MAIL_HOST=mailtrap.io
```

```
MAIL_PORT=2525
MAIL_USERNAME=메일트랩에서 가져온 사용자명
MAIL_PASSWORD=메일트랩에서 가져온 비밀번호
MAIL_ENCRYPTION=null
```

이렇게 하면 보내는 모든 메일이 메일트랩 메일함으로 전달된다.

수신자 고정

여러분이 선호히는 클라이언트에서 이메일을 검사하고 싶으면, 각 메시지의 to 항목을 '통합 수신자' 설정으로 덮어 쓸 수 있다. 통합 수신자를 설정하기 위해서는 config/mail.php 파일에 다음과 같은 내용을 추가한다.

```
'to' => [
    'address' => 'matt@mattstauffer.com',
    'name' => 'Matt Testing My Application'
],
```

이렇게 설정하면 실제 전송되는 모든 이메일이 설정한 사용자에게 전달되도록 덮어 써진다. 이 방식을 사용하기 위해서는 실제로 전송 가능한 이메일 드라이버가 설정되어 있어야 한다.

15.2 알림

웹 애플리케이션에서 발송된 대부분의 메일은 실제로 사용자에게 어떤 일이 발생했거나 어떤 조치가 필요하다고 알려주기 위한 것이다. 사용자가 선호하는 커뮤니케이션 도구가 점점 더 다양해짐에 따라 슬랙, 문자 메시지 등 커뮤니케이션을 위한 패키지가 많아졌다.

라라벨은 이런 **알림**notification을 위한 기능을 제공하는데 알림은 메일러블 클래스와 같이 사용자에게 보내고자 하는 하나의 커뮤니케이션을 표현하는 PHP 클래스다. 예시로 여러분이 헬스 트레이닝 애플리케이션을 서비스하는데, 사용자에게 새로운 운동이 가능해졌음을 알린다고 생각해보자.

각 클래스는 하나 혹은 여러 채널로 사용자에게 알림을 보내는 데 필요한 모든 정보를 가지고 있다. 알림 하나로 이메일을 보내고, Vonage로 문자 메시지를 보내고, 웹소켓 핑^{ping}을 보내고, 데이터베이스에 기록을 추가하고, 슬랙에 메시지를 보내고, 그 외 더 많은 채널로 보낼 수도 있다.

먼저 알림 클래스를 생성해보자.

```
php artisan make:notification WorkoutAvailable
```

이 명령어로 만들어진 알림 클래스는 다음 예제와 같다.

예제 15-12 자동 생성된 알림 클래스

```php
<?php

namespace App\Notifications;

use Illuminate\Bus\Queueable;
use Illuminate\Notifications\Notification;
use Illuminate\Contracts\Queue\ShouldQueue;
use Illuminate\Notifications\Messages\MailMessage;

class WorkoutAvailable extends Notification
{
    use Queueable;

    /**
     * 새로운 알림 인스턴스 생성하기
     *
     * @return void
     */
    public function __construct()
    {
        //
    }

    /**
     * 알림을 조회할 채널 가져오기
     *
     * @param  mixed  $notifiable
     * @return array
     */
```

```
    public function via($notifiable)
    {
        return ['mail'];
    }

    /**
     * 알림을 메일 형식으로 가져오기
     *
     * @param  mixed  $notifiable
     * @return \Illuminate\Notifications\Messages\MailMessage
     */
    public function toMail($notifiable)
    {
        return (new MailMessage)
                    ->line('알림 안내')
                    ->action('알림 실행', url('/'))
                    ->line('우리 앱을 사용해주셔서 감사합니다!');
    }

    /**
     * 알림을 배열 형식으로 가져오기
     *
     * @param  mixed  $notifiable
     * @return array
     */
    public function toArray($notifiable)
    {
        return [
            //
        ];
    }
}
```

이 파일에서 몇 가지를 알 수 있는데, 첫째, 알림에서 필요한 데이터는 생성자로 전달한다. 둘째, via() 메서드로 어떤 알림 채널을 사용할지 정한다($notifiable은 시스템에서 알림을 보내고자 하는 대상을 나타낸다. 대부분의 애플리케이션에서 $notifiable은 사용자이지만 항상 그런 것은 아니다). 셋째, 각 알림 채널별 메서드가 있다. 이 메서드에서 각 채널로 알림을 어떻게 전달할지 구체적으로 정의한다.

TIP **$notifiable이 사용자가 아닌 경우는 언제일까?**

사용자에게 알림을 보내는 게 가장 일반적이긴 하지만, 사용자가 아닌 다른 대상에게도 알림을 보낼 수 있다. 간단한 예로 애플리케이션의 사용자 유형이 여러 개일 수 있다. 우리 예제에서는 트레이너와 수강생 모두에게 알림을 발송할 수 있어야 한다. 또한 그룹이나 회사 서버에도 알림을 보내고 싶을 수 있다.

그럼 이제 위의 클래스를 WorkoutAvailable로 바꿔보자. 다음 예제를 보자.

예제 15-13 WorkoutAvailable 알림 클래스

```
...
class WorkoutAvailable extends Notification
{
    use Queueable;

    public $workout;

    public function __construct($workout)
    {
        $this->workout = $workout;
    }

    public function via($notifiable)
    {
        // 이 메서드는 User에 존재하지 않는다... 곧 만들 것이다.
        return $notifiable->preferredNotificationChannels();
    }

    public function toMail($notifiable)
    {
        return (new MailMessage)
            ->line('새 운동이 할당되었습니다!')
            ->action('지금 확인하세요.', route('workout.show', [$this->workout]))
            ->line('함께 운동하게 되어 기쁩니다.');
    }

    public function toArray($notifiable)
    {
        return [];
    }
}
```

15.2.1 알림 가능한 대상을 위한 via() 메서드 정의하기

[예제 15-13]에서 보듯이 각 알림과 알림 가능한notifiable 대상을 위해 어떤 알림 채널을 사용할지 결정해야 한다. 간단하게 전부 메일로 보내거나 전부 문자 메시지(예제 15-14)로 보낼 수 있다.

예제 15-14 가장 간단하게 사용 가능한 via() 메서드

```php
public function via($notifiable)
{
    return 'nexmo';
}
```

각 사용자가 선호하는 방식을 정하고 User에 저장하게 할 수도 있다(예제 15-15).

예제 15-15 사용자마다 via() 메서드 맞춤 설정하기

```php
public function via($notifiable)
{
    return $notifiable->preferred_notification_channel;
}
```

[예제 15-15]는 notifiable 인터페이스를 구현한 객체의 속성값으로 어떤 알림 채널을 사용할 것인지 알려준다. 만약 이보다 더 복잡한 로직이 필요할 때는 [예제 15-13]과 같이 추가 메서드를 생성하여 어떤 알림 채널을 사용할 것인지 결정할 수 있다. 예를 들어 근무 시간과 저녁에 각각 다른 채널을 이용해 알림을 보내야 한다면, 이런 로직을 처리하는 추가 메서드를 만드는 것이 더 효과적일 수 있다. 중요한 것은 via() 메서드가 PHP 클래스 메서드이므로 어떤 복잡한 로직이든 수행할 수 있다는 점이다.

15.2.2 알림 보내기

알림은 두 가지 방법으로 보낼 수 있다. 엘로퀀트 클래스(예를 들어 User 클래스)에 Notifiable 트레이트를 추가해서 사용하거나 Notification 퍼사드를 사용하는 것이다.

Notifiable 트레이트를 이용해서 알림 보내기

Laravel\Notifications\Notifiable 트레이트를 가져다 쓰는 모든 모델은 알림을 파라미터로 받는 notify() 메서드를 사용할 수 있다. 다음 예제를 보자.

예제 15-16 Notifiable 트레이트를 사용해서 알림 보내기

```
use App\Notifications\WorkoutAvailable;
...
$user->notify(new WorkoutAvailable($workout));
```

Notification 퍼사드를 이용해서 알림 보내기

Notification 퍼사드는 Notifiable 트레이트를 이용하는 것보다 조금 더 다루기 어렵다. 알림 가능 대상과 알림을 모두 파라미터로 지정하기 때문이다. 그러나 [예제 15-17]처럼 한 번에 여러 대상에게 알림을 보낼 때는 더 유용하다.

예제 15-17 Notification 퍼사드를 이용해서 알림 보내기

```
use App\Notifications\WorkoutAvailable;
...
Notification::send($users, new WorkoutAvailable($workout));
```

15.2.3 알림을 큐로 처리하기

대부분의 알림 드라이버가 알림을 전송하기 위해 HTTP 요청을 필요로 하는데, 이는 애플리케이션의 응답 시간을 느리게 하여 사용자 경험을 저해한다. 여러분은 아마 큐를 이용해서 알림을 처리하고 싶을 것이다. 모든 알림은 기본적으로 Queuable 트레이트를 가져와 사용한다. 따라서 여러분은 알림에 ShouldQueue 인터페이스 구현을 추가하기만 하면 된다.

다른 큐 관련 기능과 마찬가지로 큐가 제대로 설정되어야 하고, 큐 워커가 작동 중이어야 한다.

알림 전달을 지연하고 싶으면 알림에서 delay() 메서드를 실행한다.

```
$delayUntil = now()->addMinutes(15);

$user->notify((new WorkoutAvailable($workout))->delay($delayUntil));
```

15.2.4 기본으로 제공되는 알림 유형

라라벨은 알림 드라이버로 이메일, 데이터베이스, Yonage 문자 메시지, 슬랙을 기본적으로 지원한다. 여기서 간단하게 소개하지만 되도록 매뉴얼(https://laravel.kr/docs/notifications)에서 자세한 내용을 참고하기 바란다.

필요한 경우 직접 알림 드라이버를 만들 수도 있고, 이미 많은 이들이 자체적인 드라이버를 만들어두었다. 라라벨 알림 채널 웹사이트(https://laravel-notification-channels.com)에 가면 다른 사람들이 만든 드라이버를 찾을 수 있다.

이메일 알림

[예제 15-13]에서 만들었던 이메일 알림을 살펴보자.

```
public function toMail($notifiable)
{
        return (new MailMessage)
            ->line('새 운동이 할당되었습니다!')
            ->action('지금 확인하세요.', route('workout.show', [$this->workout]))
            ->line('함께 운동하게 되어 기쁩니다.');
}
```

결과는 [그림 15-1]에서 볼 수 있다. 이메일 알림 시스템은 이메일 상단에 애플리케이션명을 넣는다. 애플리케이션명은 config/app.php의 name 키로 변경할 수 있다.

이메일은 자동으로 알림 가능 대상의 email 속성으로 전송된다. 하지만 알림 가능 대상 클래스에 routeNotificationForMail() 메서드를 추가해서 이메일을 어디로 보낼지 바꿀 수 있다.

이메일 제목은 알림 클래스명을 분석해서 단어로 바꾸어 설정한다. 그래서 WorkoutAvailable 알림은 이메일 제목이 'Workout Available'이 된다. toMail() 메서드 안에서 MailMessage

에 subject() 메서드를 사용해서 제목을 바꿀 수 있다.

그림 15-1 기본 알림 템플릿으로 보낸 이메일

템플릿을 수정하고 싶으면 애플리케이션으로 가져와서 수정한다.

```
php artisan vendor:publish --tag=laravel-notifications
```

마크다운 메일 알림

마크다운 알림을 사용하고 싶으면 다음 예제처럼 알림에서 markdown() 메서드를 사용한다.

예제 15-18 알림에 markdown() 메서드 사용하기

```
public function toMail($notifiable)
{
    return (new MailMessage)
        ->subject('Workout Available')
        ->markdown('emails.workout-available', ['workout' => $this->workout]);
}
```

기본 템플릿을 멘트와 버튼 색이 다른 '에러' 메시지 템플릿으로 바꿀 수도 있다. toMail() 메서드 내에서 MailMessage 호출한 것에 error() 메서드를 연결하면 된다.

데이터베이스 알림

database 알림 채널을 이용해서 알림을 데이터베이스로 보낼 수도 있다. 우선 php artisan notifications:table을 이용해서 테이블을 만든다. 그런 다음 알림에 toDatabase() 메서드를 만들고 거기에서 데이터 배열을 반환한다. 이 데이터는 JSON으로 인코딩되고 데이터베이스 테이블의 data 칼럼에 저장된다.

모델에 Notifiable 트레이트를 추가하면 notifications 관계가 추가되어 notifications 테이블에 있는 레코드에 쉽게 접근할 수 있게 된다. 그래서 데이터베이스 알림을 사용하고 있으면 다음 예제처럼 할 수 있다.

예제 15-19 사용자의 데이터베이스 알림 순회하기

```
User::first()->notifications->each(function ($notification) {
    // 무엇인가 한다.
});
```

database 알림 채널은 읽은 알림이라는 개념을 가지고 있다. 아래 예제처럼 하면 '읽지 않은' 알림만 가져올 수 있다.

예제 15-20 사용자가 읽지 않은 데이터베이스 알림 순회하기

```
User::first()->unreadNotifications->each(function ($notification) {
    // 무엇인가 한다.
});
```

그리고 하나 또는 전체 알림을 읽은 것으로 표시할 수 있다. 다음 예제를 보자.

예제 15-21 데이터베이스 알림을 읽은 것으로 표시하기

```
// 개별
User::first()->unreadNotifications->each(function ($notification) {
    if ($condition) {
```

```
        $notification->markAsRead();
    }
});

// 전체
User::first()->unreadNotifications->markAsRead();
```

브로드캐스트 알림

broadcast 채널은 웹소켓이 제공하는 라라벨의 이벤트 브로드캐스팅 기능을 이용해서 알림을 보낸다(16.4절 '웹소켓과 라라벨 에코를 이용한 이벤트 브로드캐스팅' 참고).

이벤트 브로드캐스팅 설정을 제대로 해두고 알림에 toBroadcast() 메서드를 만들어 데이터 배열을 반환하면 그 데이터가 notifiable.id라는 이름의 비공개 채널로 브로드캐스트될 것이다. id는 알림 가능 대상의 ID이고, notifiable은 슬래시를 점으로 대체한 알림 가능 대상의 정규화된 클래스명이다. 예를 들어 ID가 1인 App\Models\User의 비공개 채널은 App.Models.User.1 이다.

문자 메시지 알림

문자 메시지 알림은 Vonage(https://www.vonage.com)를 통해 전송된다. 문자 메시지 알림을 보내고 싶으면 Vonage에 가입하고 매뉴얼(https://laravel.kr/docs/notifications)의 안내를 따르자. 다른 채널과 마찬가지로 toNexmo() 메서드를 만들고 거기에서 문자 메시지를 맞춤 설정하면 된다.

> **TIP** **라라벨 5.8부터 분리된 문자 메시지 알림 패키지**
>
> 라라벨 5.8부터 문자 메시지 알림 채널은 라라벨이 직접 관리하는 독립 패키지로 분리됐다. Vonage 문자 메시지 알림을 사용하고 싶으면 컴포저로 간단히 가져다 쓰면 된다.
>
> ```
> composer require laravel/nexmo-notification-channel
> ```

슬랙 알림

slack 알림은 알림의 외형을 원하는 형태로 변경하게 해줄 뿐 아니라, 파일도 첨부할 수 있게 한다. 다른 채널과 마찬가지로 toSlack() 메서드를 만들고 거기에서 메시지를 설정하면 된다.

> **TIP** **라라벨 5.8부터 분리된 슬랙 알림 패키지**
>
> 라라벨 5.8부터 슬랙 알림 채널은 라라벨이 직접 관리하는 독립 패키지로 분리됐다. 슬랙 알림을 사용하고 싶
> 으면 컴포저로 간단히 가져다 쓰면 된다.
>
> ```
> composer require laravel/slack-notification-channel
> ```

기타 알림

기본 제공 채널 외 다른 곳으로 알림을 보내는 방법을 찾고 있다면, 라라벨 알림 채널 웹사이
트에서 어떤 것들이 제공되는지 확인해보자(https://laravel-notification-channels.
com). 커뮤니티에서 많은 이들이 다양한 알림 채널을 제공하기 위해 노력한다.

15.3 테스트

메일과 알림을 테스트하는 방법을 알아보자.

15.3.1 메일

라라벨에서는 메일을 테스트하는 방법이 두 가지 있다. 전통적인 메일 문법을 사용한다면 애덤
워선이 만든 메일시프^{MailThief}(http://bit.ly/2CCJ4K6)라는 도구를 추천한다. 메일시프를 컴
포저를 이용해서 애플리케이션에 포함하기만 하면 테스트에서 MailThief::hijack()을 사용
해서 모든 Mail 퍼사드와 메일러 클래스의 호출을 가로챌 수 있다.

메일시프는 발송자, 수신자, 참조, 숨은 참조, 내용과 첨부 파일을 확인하는 어서션도 제공한
다. 깃허브 저장소에서 더 자세히 알아보거나 메일시프를 애플리케이션에 설치해보자.

```
composer require tightenco/mailthief --dev
```

메일러블을 사용한다면 간단한 문법으로 어서션을 작성할 수 있다.

```php
public function test_signup_triggers_welcome_email()
{
    Mail::fake();

    Mail::assertSent(WelcomeEmail::class, function ($mail) {
        return $mail->subject == 'Welcome!';
    });

    // assertSentTo()로 수신자도 테스트할 수 있고
    // assertNotSent()로 메일이 보내지지 않았는지 테스트할 수 있다.
}
```

15.3.2 알림

라라벨은 알림을 테스트할 수 있는 어서션을 내장한다. 다음 예제를 보자.

예제 15-23 알림이 발송됐는지 테스트하기

```php
public function test_new_signups_triggers_admin_notification()
{
    Notification::fake();

    Notification::assertSentTo($user, NewUsersSignedup::class,
        function ($notification, $channels) {
            return $notification->user->email == 'user-who-signed-up@gmail.com'
            && $channels == ['mail'];
    });

    // 지정된 사용자에게 이메일이 발송됐는지 확인
    Notification::assertSentTo(
        [$user],
        NewUsersSignedup::class
    );

    // assertNotSentTo()도 사용 가능
    Notification::assertNotSentTo(
        [$userDidntSignUp], NewUsersSignedup::class
    );
}
```

15.4 마치며

라라벨의 메일과 알림 기능은 다양한 메시지 시스템에 간단하고 일관된 인터페이스를 제공한다. 라라벨의 메일 시스템은 이메일을 표현하는 PHP 클래스인 '메일러블'을 사용해서 서로 다른 메일 드라이버에 대한 일관된 문법을 제공한다. 알림 시스템을 사용하면 서로 다른 여러 미디어(이메일부터 문자 메시지, 실제 엽서까지)로 전송할 수 있는 알림을 쉽게 만들 수 있다.

## CHAPTER 16

큐, 잡, 이벤트, 브로드캐스팅, 스케줄러

지금까지 살펴본 기능들은 대부분의 애플리케이션과 프레임워크에서 공통적으로 다루는 데이터베이스, 메일, 파일 시스템 등 기본적인 웹 애플리케이션 기능이었다. 이번 장에서는 라라벨의 큐, 큐 잡, 이벤트, 웹소켓을 위한 브로드캐스팅 기능들을 살펴본다. 그리고 크론 스케줄링을 대체하는 라라벨의 스케줄러 기능도 살펴본다.

16.1 큐

큐queue란 무엇일까? 큐에 대해서 이야기하기 위해서 먼저 은행을 예로 들어보자. 은행에 가서 업무를 처리하기 위해서 대기표를 받았다고 생각해보자. 각 창구에서는 한 번에 한 명씩 서비스를 받고 업무를 처리한다. 그리고 대기 중인 사람들은 먼저 온 고객이 서비스를 받고 나면 그 다음에 서비스를 받을 수 있다. 대기 줄이 하나인 경우도 있지만, 업무 유형에 따라 (일반 예금 또는 대출 등 구분되어) 대기 줄이 각각 다를 수도 있다. 또는 긴급하게 누군가가 먼저 은행 업무를 처리하거나, 먼저 호출되기도 한다. 그리고 또 어떤 사람은 차례가 와도 제대로 서비스를 받지 못하고 잠시 대기했다가 나중에 다시 처리될 수도 있다.

프로그래밍에서의 큐도 매우 비슷하다. 여러분의 애플리케이션은 '잡job'을 큐에 추가한다. 잡은 어떻게 특정한 행동을 수행하는지 애플리케이션에 알려주는 일련의 코드다. 큐에 애플리케이션의 잡이 추가되면 일반적으로 큐 워커queue worker라는 물리적으로 구분된 애플리케이션 코드가 실행되어 큐에서 한 번에 하나씩 잡을 가져와서 필요한 동작을 수행하는 역할을 맡는다. 큐 워커는 큐에 등록된 잡을 삭제하거나, 지연시킨 뒤에 다시 큐로 돌려보내거나, 동작을 완료하고 성공적으로 처리했다고 표시할 수 있다.

라라벨은 큐 기능을 사용하기 위해서 레디스, **빈스토크**beanstalkd, 아마존 심플 큐 서비스Simple Queue Service(SQS), 데이터베이스 테이블을 이용한 드라이버를 지원한다. sync 드라이버를 선택하면 큐를 사용하지 않고(비동기 처리하지 않고) 바로 잡을 실행하고, null 드라이버를 선택하면 큐 처리가 비활성화된다. sync와 null은 로컬 개발 환경이나 테스트 환경에서 주로 사용된다.

16.1.1 큐를 사용하는 이유

큐를 사용하면 동기 호출에서 비용이 많이 들거나 느린 프로세스를 비동기적으로 처리할 수 있다. 가장 일반적인 사용 예는 메일 전송에서 큐를 사용하는 것이다. 회원가입을 위해서 인증 메일을 발송하는 경우를 생각해보자. 사용자가 회원가입 완료 버튼을 눌렀을 때 데이터베이스에 새로운 사용자를 등록하고 인증용 이메일을 곧바로 전송한다면, 응답 속도가 느려질 수 있다. 여러분은 사용자가 버튼을 누르고 이메일이 전송될 때까지 기다리는 걸 원치 않을 것이다. 메일 발송을 큐로 처리하게 되면 사용자가 메일이 발송될 때까지 기다릴 필요가 없다. 응답은 즉시 전달하고, 메일 발송은 큐를 통해서 비동기적으로 처리가 가능하다.

비동기 실행을 통한 시간 절약의 경우가 아니라도 상관없다. 한 번에 많은 일을 처리하는 크론 잡cron job이나 웹훅 호출을 받았을 때, 여러 작업을 연속으로 처리해야 할 때에도 큐를 사용할 수 있다. 모든 작업을 한 번에 실행하는(프로세스 실행 시간 제한에 걸릴 가능성이 있다) 대신 개별 작업을 큐에 넣고 큐 워커가 한 번에 하나씩 처리하게 할 수 있다.

또한 하나의 서버가 처리할 수 있는 처리량보다 처리해야 할 작업의 양이 훨씬 더 많은 경우, 일반 애플리케이션 서버 자체적으로 작업을 처리하기보다 큐에 작업을 넣어두고 2개 이상의 큐 워커를 사용하여 처리 속도를 높일 수도 있다.

16.1.2 큐 기본 설정

라라벨의 다른 기능들처럼 큐도 여러 드라이버를 미리 정의해놓고 어떤 드라이버를 기본 드라이버로 사용할지 결정할 수 있다. `config/queue.php` 설정 파일에서 사용 가능한 드라이버들을 살펴볼 수 있는데 이 파일에는 SQS, 레디스, 빈스토크 드라이버를 확인할 수 있다.

> **TIP** **라라벨 포지에 있는 간단한 레디스 큐**
>
> 라라벨 포지^{Forge}는 라라벨의 창시자인 테일러 오트웰이 제공하는 호스팅 관리 서비스로 레디스를 이용한 큐를 제공한다. 생성하는 모든 서버에 자동으로 레디스가 설정되므로, 사이트의 포지 콘솔의 큐 탭으로 이동해서 워커 시작(Start Worker)을 클릭하기만 하면 레디스를 큐 드라이버로 사용할 준비가 끝난다. 기본 설정을 그대로 두면 되고 다른 작업은 필요하지 않다.

16.1.3 큐 잡

은행 비유를 프로그래밍 용어로 표현해보자. 대기줄은 큐로 기다리는 사람은 잡으로 표현할 수 있다. 큐에 들어 있는 잡은 환경에 따라 데이터 배열이나 단순 문자열같이 여러 형태를 가질 수 있다. 라라벨에서 잡은 잡의 이름, 데이터 페이로드, 잡을 실행하기까지 시도한 횟수, 기타 메타데이터를 포함하는 정보 모음이다.

라라벨에서 이런 정보를 어떻게 다뤄야 할지 걱정할 필요는 없다. 라라벨은 작업 하나(애플리케이션에 시킬 수 있는 행위 하나)를 캡슐화하고, 이를 큐에 넣고 뺄 수 있게 하는 Job이라는 클래스를 사용할 수 있다.

사용자가 여러분의 SaaS 애플리케이션에서 요금제를 바꿀 때마다 전체적인 혜택을 다시 계산하는 예제로 이야기를 시작해보자.

잡 클래스 생성하기

늘 그렇듯 아티즌 명령어를 사용할 수 있다.

```
php artisan make:job CrunchReports
```

다음 예제에서 위의 명령어를 실행하고 생성되는 잡 클래스의 기본적인 코드를 확인하자.

```php
<?php

namespace App\Jobs;

use Illuminate\Bus\Queueable;
use Illuminate\Contracts\Queue\ShouldQueue;
use Illuminate\Foundation\Bus\Dispatchable;
use Illuminate\Queue\InteractsWithQueue;
use Illuminate\Queue\SerializesModels;

class CrunchReports implements ShouldQueue
{
    use Dispatchable, InteractsWithQueue, Queueable, SerializesModels;

    /**
     * 새로운 잡 인스턴스 생성하기
     *
     * @return void
     */
    public function __construct()
    {
        //
    }

    /**
     * 잡 실행
     *
     * @return void
     */
    public function handle()
    {
        //
    }
}
```

이 예제에서 CrunchReports 클래스는 Dispatchable, Queueable, InteractsWithQueue, SerializesModels 트레이트를 사용하고 ShouldQueue 인터페이스를 구현한다.

이 클래스에는 메서드가 2개 존재하는데, 하나는 작업을 처리하는 데 사용할 데이터를 받을 수 있는 생성자이고, 다른 하나는 이 잡의 주요 로직이 작성되는(그리고 의존성 주입에 사용할 메서드 시그니처가 있는) handle() 메서드다.

언급한 트레이트와 인터페이스는 잡 클래스가 큐에 추가될 수 있다는 것과 큐를 사용하여 처리될 수 있다는 것을 나타낸다. Dispatchable은 자기 자신을 큐에서 빼내는 메서드를 제공한다. Queueable은 라라벨이 이 잡을 큐에 넣는 방법을 지정하게 하고, InteractWithQueue는 각 잡이 처리되는 동안 큐에서 해당 잡을 삭제하거나 다시 큐에 넣는 등 큐와의 관계를 제어할 수 있게 한다. SerializesModels는 엘로퀀트 모델을 직렬화, 역직렬화하는 기능을 제공한다.

모델 직렬화

> SerializesModels 트레이트는 잡의 handle() 메서드가 주입된 모델에 접근할 수 있도록 모델을 직렬화하는 기능을 제공한다(엘로퀀트 모델이 데이터베이스나 큐 시스템 같은 데이터 저장소에 저장할 수 있도록 더 평평한flat 형태로 변환한다). 그렇지만 엘로퀀트 객체를 정확하게 직렬화하기가 너무 어렵기 때문에 잡 클래스가 큐에 추가될 때에는 엘로퀀트 객체의 기본 키 값(주로 ID)만 직렬화되고, 역직렬화 처리될 때 기본 키를 기반으로 데이터베이스에서 새로운 엘로퀀트 모델 인스턴스를 조회해오는 방식으로 처리된다. 즉, 잡이 실제로 처리될 때 모델의 새로운 인스턴스를 가져오는 것이지 큐에 넣는 시점의 상태를 재현해 사용하는 것이 아니라는 점을 주의해야 한다.

이제 다음 예제처럼 클래스의 메서드에 내용을 채워 넣어보자.

예제 16-2 잡 클래스 예제

```
...
use App\ReportGenerator;

class CrunchReports implements ShouldQueue
{
    use Dispatchable, InteractsWithQueue, Queueable, SerializesModels;

    protected $user;

    public function __construct($user)
    {
        $this->user = $user;
    }

    public function handle(ReportGenerator $generator)
    {
        $generator->generateReportsForUser($this->user);
```

```
        Log::info('보고서가 생성됐습니다.'');
    }
}
```

잡을 생성할 때 생성자를 통해 User 인스턴스를 주입받고, 이후 잡이 처리될 때 작동하는 handle() 메서드에는 ReportGenerator(이 클래스는 사전에 따로 작성했다고 가정했다)를 타입힌트했다. 잡의 handle() 메서드에 작성한 타입힌트는 라라벨이 자동으로 의존성을 주입한다.

큐에 잡 추가하기

잡을 큐로 보내는 방법은 많지만, 가장 선호하는 방법은 잡 클래스의 dispatch() 메서드를 호출하는 방법이다. 이 메서드 외에도 컨트롤러에서 사용 가능한 몇몇 메서드와 글로벌 dispatch() 헬퍼를 호출하는 방법이 있다. 다음과 같이 잡을 큐로 보내려면 잡 클래스의 스태틱 dispatch() 메서드를 호출하면 된다. 잡 클래스의 인스턴스를 만들기 위해서 필요한 데이터는 dispatch() 메서드에 인자로 전달한다. 다음 예제를 살펴보자.

예제 16-3 큐에 잡 추가하기

```
$user = auth()->user();
\App\Jobs\CrunchReports::dispatch($user);
```

잡을 추가할 때에는 추가적으로 커넥션, 큐, 지연과 관련된 사항을 조절할 수 있다.

커넥션 설정하기

큐 커넥션 여러 개를 동시에 사용한다면 dispatch() 메서드 다음에 onConnection()을 체이닝하여 어느 커넥션으로 연결할지 설정할 수 있다.

```
DoThingJob::dispatch()->onConnection('redis');
```

큐 맞춤 설정하기

잡을 어떤 큐에 넣을지 이름을 지정할 수 있다. 예를 들어 low와 high라는 이름으로 큐를 만들고 중요도에 따라 큐를 구분할 수 있다.

잡을 큐에 넣을 때에 onQueue() 메서드를 체이닝하면 된다.

```
DoThingJob::dispatch()->onQueue('high');
```

지연 시간 설정하기

delay() 메서드를 이용해서 잡을 처리하기 전에 큐 워커가 얼마나 기다려야 하는지 설정할 수 있다. 몇 초를 지연할지를 나타내는 정수를 넘겨줘도 되고 DateTime/Carbon 인스턴스를 이용해서 특정 시각을 정할 수도 있다.

```
// 잡을 큐 워커로 처리하기 전에 5분간 지연한 뒤에 처리한다.
$delay = now()->addMinutes(5);
DoThingJob::dispatch()->delay($delay);
```

SQS를 이용할 때는 최대 15분까지만 지연시킬 수 있다는 점을 유의하자.

잡 일괄 처리

라라벨 8부터 여러 잡을 한 번에 처리하는 기능이 추가됐다. 여러 잡이 모두 처리 된 후에 특정 행동을 해야할 때 유용하게 사용할 수 있다.

잡 일괄 처리는 Bus 퍼사드의 batch() 메서드를 이용해서 수행한다. 이 batch() 메서드에 then(), catch(), finally() 완료 콜백을 연결해서 일괄 처리가 완료되거나 실패하는 상황에 적절한 행동을 취할 수 있다.

예제 16-4 Bus 퍼사드의 batch() 메서드로 잡 일괄 처리하기

```
use App\Jobs\ProcessPodcast;
use App\Models\Podcast;
use Illuminate\Bus\Batch;
use Illuminate\Support\Facades\Batch;
```

```
use Throwable;

$batch = Bus::batch([
    new ProcessPodcast(Podcast::find(1)),
    new ProcessPodcast(Podcast::find(2)),
    new ProcessPodcast(Podcast::find(3)),
    new ProcessPodcast(Podcast::find(4)),
    new ProcessPodcast(Podcast::find(5)),
])->then(function (Batch $batch) {
    // 모든 잡이 성공적으로 완수된 경우
})->catch(function (Batch $batch, Throwable $e) {
    // 실패한 잡이 최초로 나타난 경우
})->finally(function (Batch $batch) {
    // 일괄 처리가 끝난 후
})->dispatch();

return $batch->id;
```

잡 일괄 처리 기능을 사용하려면 우선 다음의 명령을 이용하여 일괄 처리 정보를 저장하는 테이블을 만들어야 한다.

```
php artisan queue:batches-table
php artisan migrate
```

NOTE_ 이전 버전을 사용하다가 라라벨 8 이상으로 업그레이드했다면 잡 일괄 처리 기능을 사용하기 위해 failed_jobs 테이블에 uuid 칼럼을 추가하고 queue 설정 파일의 failed.driver 값을 database-uuids로 변경해야 한다. uuid 칼럼 추가 마이그레이션 파일은 다음과 같은 형태가 될 수 있다.

```
use Illuminate\Database\Schema\Blueprint;
use Illuminate\Support\Facades\Schema;

Schema::table('failed_jobs', function (Blueprint $table) {
    $table->string('uuid')->after('id')->nullable()->unique();
});
```

그리고 일괄 처리할 잡에 Illuminate\Bus\Batchable 트레이트를 추가해야 한다. 다음은 일괄 처리할 잡의 기본 형태다.

```php
<?php

namespace App\Jobs;

use App\Models\Podcast;
use App\Services\AudioProcessor;
use Illuminate\Bus\Batchable;
use Illuminate\Bus\Queueable;
use Illuminate\Contracts\Queue\ShouldQueue;
use Illuminate\Foundation\Bus\Dispatchable;
use Illuminate\Queue\InteractsWithQueue;
use Illuminate\Queue\SerializesModels;

class ProcessPodcast implements ShouldQueue
{
    use Batchable, Dispatchable, InteractsWithQueue, Queueable, SerializesModels;

    /**
     * 잡 실행
     *
     * @return void
     */
    public function handle()
    {
        if ($this->batch()->cancelled()) {
            // 일괄 처리가 취소된 경우

            return;
        }

        // 잡 실행
    }
}
```

`Batchable` 트레이트를 사용하면 `batch()` 메서드를 사용할 수 있다. `batch()` 메서드로 현재 처리되는 잡의 일괄 처리에 접근할 수 있다. 위 예제에서 `$this->batch()->cancelled()`는 일괄 처리가 취소됐는지를 확인한다.

일괄 처리에 접근해서 사용할 수 있는 정보와 메서드는 다음과 같다.

- id: 일괄 처리의 UUID

- name: 일괄 처리의 이름

- totalJobs: 일괄 처리에 포함된 전체 잡의 수

- pendingJobs: 아직 처리되지 않은 잡의 수

- failedJobs: 실패한 잡의 수

- processedJobs(): 처리된 잡의 수

- progress(): 완료된 비율

- finished(): 일괄 처리가 끝났는지 여부

- cancel(): 일괄 처리 취소

- cancelled(): 일괄 처리가 취소됐는지 여부

- add(): 일괄 처리할 잡 추가

일괄 처리에 프로그래밍 방식으로 잡 추가하기

일괄 처리할 잡이 너무 많으면 일일이 지정하기 어렵다. 이럴 땐 프로그래밍 방식으로 잡을 추가할 수 있다. 실제 처리할 잡을 불러들여 활용하는 방식이다. 다음 예를 보자.

```
$batch = Bus::batch([
    new LoadImportBatch,
    new LoadImportBatch,
    new LoadImportBatch
])->then(function (Batch $batch) {
    // 모든 잡을 성공적으로 처리되면 이곳의 코드가 실행됨
})->dispatch()
```

위 예제에서는 3개의 LoadImportBatch라는 잡을 일괄 처리한다. LoadImportBatch에서 add() 메서드를 이용해서 일괄 처리에 잡을 추가한다.

```
public function handle()
{
    if ($this->batch()->cancelled()) {
        return;
    }

    $this->batch()->add(Collection::times(1000, function () {
```

```
        return new ImportContacts();
    }));
}
```

결과적으로 총 3000개의 `ImportContracts` 잡을 일괄 처리한다.

16.1.4 큐 워커 실행하기

큐 워커는 무엇이고 어떻게 작동하는 걸까? 라라벨에서 큐 워커는 큐에 들어 있는 잡을 가져와서 실행하는 프로세스다. 다음의 아티즌 명령어를 입력하면 큐 워커가 시작되고 따로 멈추지 않는한 계속 실행된다.

```
php artisan queue:work
```

이 명령어는 큐를 수신하는 워커 데몬을 실행한다. 이 데몬은 큐에 잡이 있으면 첫 번째 잡을 가져와서 처리하고 삭제한 후 다음 잡을 처리하는 작업을 무한 반복한다. 큐에 잡이 남아 있지 않으면 대기sleep 상태로 있다가 일정 시간이 지난 후 다시 처리할 잡이 있는지 확인한다. 대기 상태의 지속 시간은 원하는 대로 설정할 수 있다.

큐 데몬이 멈추기 전까지 잡을 얼마나 오랫동안(초) 실행할 수 있는지(`--timeout`), 잡이 없을 때 리스너가 얼마나 오랫동안(초) 대기 상태로 있을지(`--sleep`), 잡을 지우기 전에 얼마나 여러 번 실행을 시도할지(`--tries`), 어떤 큐 커넥션을 사용할지(`queue:work` 이후 적어주는 첫 파라미터), 어떤 큐를 수신할지(`--queue`) 정의할 수 있다.

```
php artisan queue:work redis --timeout=60 --sleep=15 --tries=3 --queue=high,medium
```

`php artisan queue:work --once` 명령어를 실행하면 큐에 들어 있는 잡을 하나만 처리한다.

16.1.5 에러 다루기

잡을 처리하다가 에러가 발생하면 어떻게 해야 할까?

예외 발생 시

예외가 발생하면 큐 리스너는 잡을 다시 큐로 돌려보낸다. 큐로 되돌려진 잡은 성공 처리될 때까지 계속해서 다시 시도되는데, 큐 리스너에 설정한 최대 재시도 횟수에 도달할 때까지 재시도된다.

재시도 횟수 제한 하기

최대 재시도 횟수는 queue:listen이나 queue:work 아티즌 명령어에 --tries로 설정한다.

> **TIP** **무한 재시도의 위험성**
>
> --tries를 설정하지 않거나 0으로 설정하면 큐 리스너가 끊임없이 재시도를 한다. 이때 잡이 완료되지 못하는 상황이 하나라도 생기면(예를 들어, 잡이 이미 삭제된 트윗을 조회하는 로직이 있어 예외가 계속 발생한다면) 무한 재시도 때문에 애플리케이션이 중단될 수도 있다.
>
> 매뉴얼과 라라벨 포지는 최대 재시도 횟수로 3을 권한다. 얼마로 설정해야 할지 잘 모르겠다면 일단 최대 재시도 횟수는 3으로 시작하고 상황에 맞게 조정하자.
>
> ```
> php artisan queue:work --tries=3
> ```

코드에서 해당 잡이 몇 번 시도됐는지 확인하고 싶을 때는 [예제 16-6]처럼 잡 클래스 내부에서 attempts() 메서드를 사용한다.

예제 16-6 잡이 이전에 몇 차례 시도됐는지 확인하기

```
public function handle()
{
    ...
    if ($this->attempts() > 3) {
        //
    }
}
```

잡 클래스 자체에서 $tries 속성에 최대 시도 횟수를 지정할 수도 있다. php artisan queue:work --tries=5처럼 아티즌 명령어를 호출할 때 지정하는 횟수가 $tries 속성에 설정한 값보다 크더라도 $tries 속성에 설정한 값 만큼만 시도한다.

```
public $tries = 3;
```

라라벨 5.8부터는 잡에 시간 제한을 걸 수도 있다. 잡의 `retryUntil()` 메서드에 Carbon/DateTime 인스턴스를 반환하는 형태로 지정한다.

```
public function retryUntil()
{
    return now()->addSeconds(30);
}
```

재시도 대기 시간 지정

실패한 잡을 얼마나 오래 기다렸다가 재시도할지 잡 클래스의 $backoff 속성에 분 단위로 지정할 수 있다. 좀 더 복잡한 계산이 필요하면 backoff() 메서드에 정의한다.

```
public $backoff = 10;
public function backoff {...}}
```

> **NOTE_** 재시도 대기 시간 지정 기능은 라라벨 5.8부터 제공되었다. 5.8~7 버전까지는 $backoff 속성와 backoff() 메서드대신 $retryAfter, retryAfter()를 사용한다.

잡 미들웨어

라라벨 6부터는 HTTP를 미들웨어를 통해 실행하는 것과 마찬가지로 잡도 미들웨어를 통해 실행할 수 있다. 권한을 확인하거나 유효성을 검증하는 등 잡이 실행될 수 있는지를 확인하는 로직을 미들웨어로 분리하여 유용하게 활용할 수 있다.

```
<?php

namespace App\Jobs\Middleware;

class MyMiddleware
{
```

```
    public function handle($job, $next)
    {
        if ($something) {
            $next($job);
        } else {
            $job->release(5);
        }
    }
}
```

잡에 미들웨어를 지정하려면 잡 클래스의 middleware 메서드에서 지정하려는 미들웨어 인스턴스의 배열을 반환한다.

```
...
use App\Jobs\Middleware\MyMiddleware;

...
public function middleware()
{
    return [new MyMiddleware()];
}
```

잡을 큐에 전송할 때 미들웨어를 지정하려면 through 메서드를 이용한다.

```
"DoThingJob::dispatch()->through([new MyMiddleware()]);
```

최대 예외 횟수 지정하기

라라벨 7부터는 최대 재시도 횟수에 도달하지 않았더라도 예외가 특정 횟수 이상 발생하면 잡을 실패 처리할 수 있다. 잡 클래스의 $maxException 속성에 최대 예외 횟수를 지정할 수 있다.

실패한 잡 다루기

최대 재시도 횟수나 최대 예외 횟수를 초과하면 '실패한' 잡이 된다. 먼저 데이터베이스에 실패한 작업을 기록하기 위한 'failed_jobs' 테이블부터 만들어야 한다. 다른 과정 없이 단지 최대 재시도 횟수를 제한하고 싶을 뿐이어도 마찬가지다.

마이그레이션을 생성하는 아티즌 명령어다.

```
php artisan queue:failed-table
php artisan migrate
```

최대 재시도 횟수를 초과하는 모든 잡은 이 테이블에 저장된다. 실패한 잡인 경우 추가적으로 조치할 수 있는 작업이 몇 가지 있다.

첫째, 잡이 실패할 때 클래스에 failed() 메서드가 존재한다면 이 메서드가 호출된다. 여기서는 시스템 관리자에게 알림을 보내는 등의 작업을 수행할 수 있다. 다음 예제를 살펴보자.

예제 16-7 잡이 실패할 때 실행할 메서드 정의하기

```
...
class CrunchReports implements ShouldQueue
{
    ...

    public function failed()
    {
        // 관리자에게 알림을 보내는 등 원하는 모든 작업을 수행한다.
    }
}
```

둘째, 실패한 잡을 위한 글로벌 핸들러를 등록할 수 있다. [예제 16-8]에 있는 리스너를 정의하는 코드를 애플리케이션을 부트스트랩하는 코드 어딘가에 추가한다(어디에 추가해야 할지 잘 모르겠으면 AppServiceProvider의 boot() 메서드에 추가하자).

예제 16-8 실패한 잡을 처리하기 위한 글로벌 핸들러 등록하기

```
// 어떤 서비스 프로바이더
use Illuminate\Support\Facades\Queue;
use Illuminate\Queue\Events\JobFailed;
...
    public function boot()
    {
        Queue::failing(function (JobFailed $event) {
            // $event->connectionName
```

```
            // $event->job
            // $event->exception
        });
    }
```

실패한 잡 테이블과 관련된 작업을 처리하는 아티즌 명령어도 있다. `queue:failed`는 실패한 잡의 목록을 보여준다. 실행하면 아래와 같은 내용을 볼 수 있다.

```
+----+------------+---------+--------------------+---------------------+
| ID | Connection | Queue   | Class              | Failed At           |
+----+------------+---------+--------------------+---------------------+
| 9  | database   | default | App\Jobs\AlwaysFails | 2018-08-26 03:42:55 |
+----+------------+---------+--------------------+---------------------+
```

여기서 실패한 잡의 ID를 확인하고 재시도해볼 수 있다.

```
php artisan queue:retry 9
```

실패한 잡을 모두 재시도하고 싶으면 ID 대신 **all**을 넘긴다.

```
php artisan queue:retry all
```

queue:forget을 이용해서 실패한 잡을 삭제할 수 있다.

```
php artisan queue:forget 5
```

그리고 **queue:flush**를 이용해서 실패한 잡을 모두 삭제할 수 있다.

```
php artisan queue:flush
```

16.1.6 큐 제어하기

가끔은 잡을 처리할 때 조건에 따라 잡을 나중에 처리하거나, 영원히 삭제하고 싶을 수 있다. 잡을 큐로 돌려보내고 싶으면 다음 예제와 같이 **release()** 메서드를 사용한다.

```php
public function handle()
{
    ...
    if (condition) {
        $this->release($numberOfSecondsToDelayBeforeRetrying);
    }
}
```

잡을 처리하는 중에 삭제하고 싶으면 다음 예제와 같이 return한다. 이렇게 하면 큐에게 잡이 적절히 처리됐으며 큐로 되돌아갈 필요가 없다고 알려준다.

예제 16-10 잡 삭제하기

```php
public function handle()
{
    ...
    if ($jobShouldBeDeleted) {
        return;
    }
}
```

16.1.7 다른 기능을 지원하는 큐

큐의 주 용도는 잡을 큐에 넣는 것이지만 `Mail::queue` 기능을 이용해서 메일에도 큐를 활용할 수 있다. 이에 대해 더 알고 싶으면 15.1.7절 '큐'를 참고하자. 8장에서 살펴보았듯이 아티즌 명령어에도 큐를 활용할 수 있다.

16.2 라라벨 호라이즌

라라벨 호라이즌Horizon은 앞서 살펴본 다른 도구(스카우트, 패스포트 등)와 마찬가지로 라라벨이 직접 제공하는 서비스지만 라라벨 프레임워크를 설치할 때 함께 제공되지는 않는 별도 패키지다.

호라이즌은 레디스 큐의 처리 현황을 보여준다. 어떤 잡이 실패했는지, 얼마나 많은 잡이 대기 중이고 얼마나 빨리 처리되는지 볼 수 있다. 큐에 과부하가 걸리거나 실패하면 알림을 받을 수도 있다. 호라이즌 대시보드는 [그림 16-1]처럼 생겼다.

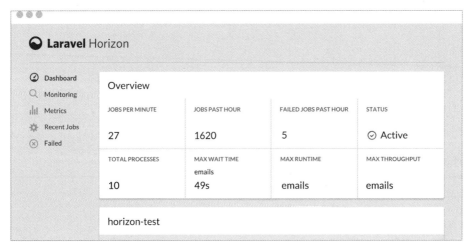

그림 16-1 호라이즌 대시보드

호라이즌은 설치와 실행이 매우 쉽고, 매뉴얼이 잘 준비되어 있으므로 관심 있다면 호라이즌 공식 매뉴얼(`https://laravel.kr/docs/horizon`)을 보고 설치, 설정, 배포 방법을 익히기 바란다.

16.3 이벤트

잡을 이용할 때는 호출된 코드가 애플리케이션에게 어떤 일(`CrunchReports`나 `NotifyAdminOf NewSignup`)을 해야 한다고 알려준다.

반면 이벤트를 이용하면 호출된 코드가 애플리케이션에게 어떤 일이 일어났다고 알려준다. 예를 들어 사용자가 구독했다든지(`UserSubscribed`) 회원가입을 했다든지(`UserSignedUp`), 연락처가 추가됐다(`ContactWasAdded`)는 것들이다. 이벤트는 발생한 어떤 일에 대한 시스템의 알림이다.

일부 이벤트는 라라벨 프레임워크가 스스로 일으킨다. 예를 들어, 엘로퀀트 모델이 저장, 생성, 삭제될 때 이벤트가 발생한다. 이외의 이벤트는 애플리케이션 코드를 작성하여 직접 발생시킬 수 있다.

이벤트가 발생하는 것만으로는 아무 일도 일어나지 않는다. 이 이벤트를 수신하는 **이벤트 리스너**를 생성해야 한다. 리스너의 목적은 특정 이벤트가 발생하는 걸 감지하고 이에 대응해 필요한 동작을 처리하는 것이다. 모든 이벤트는 이벤트 리스너를 하나도 안 가질 수도 있고 여러 개 가질 수도 있다.

라라벨의 이벤트는 관찰자observer 혹은 발행/구독(pub/sub) 패턴과 같은 구조를 갖는다. 애플리케이션에서 많은 이벤트가 발생하지만 어떤 이벤트는 리스너가 하나도 없는 반면, 어떤 이벤트는 리스너 수십 개를 가질 수도 있다. 이벤트는 리스너가 있는지 없는지 신경 쓰지 않는다.

16.3.1 이벤트 발생시키기

이벤트를 발생시키는 방법은 총 세 가지다. [예제 16-11]과 같이 Event 퍼사드를 사용하거나, Dispatcher를 주입하거나 event() 글로벌 헬퍼를 사용할 수 있다.

예제 16-11 이벤트를 발생시키는 세 가지 방법

```
Event::fire(new UserSubscribed($user, $plan));
// 또는
$dispatcher = app(Illuminate\Contracts\Events\Dispatcher::class);
$dispatcher->fire(new UserSubscribed($user, $plan));
// 또는
event(new UserSubscribed($user, $plan));
```

어떤 방법을 사용해야 할지 모르겠다면 글로벌 헬퍼 함수를 먼저 사용해보길 바란다.

새로운 이벤트 클래스를 생성하려면 make:event 아티즌 명령어를 사용한다.

```
php artisan make:event UserSubscribed
```

위의 명령어는 다음 예제와 같은 파일을 만들어준다.

```php
<?php

namespace App\Events;

use Illuminate\Broadcasting\Channel;
use Illuminate\Queue\SerializesModels;
use Illuminate\Broadcasting\PrivateChannel;
use Illuminate\Broadcasting\PresenceChannel;
use Illuminate\Foundation\Events\Dispatchable;
use Illuminate\Broadcasting\InteractsWithSockets;
use Illuminate\Contracts\Broadcasting\ShouldBroadcast;

class UserSubscribed
{
    use Dispatchable, InteractsWithSockets, SerializesModels;

    /**
     * 새로운 이벤트 인스턴스 생성하기
     *
     * @return void
     */
    public function __construct()
    {
        //
    }

    /**
     * 이벤트가 브로드캐스트될 채널 가져오기
     *
     * @return \Illuminate\Broadcasting\Channel|array
     */
    public function broadcastOn()
    {
        return new PrivateChannel('channel-name');
    }
}
```

파일 내용을 살펴보자. SerializesModels는 잡에서 살펴본 것과 동일하게 엘로퀀트 모델의 직렬화를 처리한다. 이 트레이트는 엘로퀀트 모델을 파라미터로 받을 수 있게 한다. InteractsWithSockets 트레이트, 위쪽에 사용 선언된 ShouldBroadcast 인터페이스 그리고 broadcastOn() 메서드는 WebSockets을 이용해서 이벤트를 브로드캐스트하는 데 필요한 기능을 제공한다.

handle()이나 fire() 메서드가 보이지 않는다는 점이 다소 의아해 보일 수도 있다. 하지만 이 객체는 특정 로직을 처리하기 위해서가 아니라 단순히 어떤 데이터를 캡슐화하기 위해 존재한다는 점을 기억하자. 먼저 클래스명 UserSubscribed는 사용자의 구독이라는 이벤트가 발생했다는 것을 알려준다. 그리고 생성자 메서드에는 이 이벤트가 나타내고자 하는 데이터와 연결되는 정보를 담는 변수가 정의될 수 있다.

다음은 UserSubscribed 이벤트 클래스에 어떤 데이터를 추가할 수 있는지에 대한 예다.

예제 16-13 이벤트의 생성자에 데이터 주입하기

```
...
class UserSubscribed
{
    use InteractsWithSockets, SerializesModels;

    public $user;
    public $plan;

    public function __construct($user, $plan)
    {
        $this->user = $user;
        $this->plan = $plan;
    }
}
```

이제 발생한 이벤트를 적절히 표현하는 객체를 갖게 됐다. $event->user가 $event->plan 요금제를 구독한 것이다. event(new UserSubscribed($user, $plan))로 이 이벤트를 발생시킬 수 있다.

16.3.2 이벤트 수신하기

이벤트 클래스도 작성했고, 이벤트를 발생시키는 방법도 알게 됐다면, 이제 이벤트를 수신하는 방법을 알아보자.

우선 이벤트 리스너 클래스를 만들어보자. 새로운 구독자가 있을 때마다 애플리케이션 운영자에게 이메일을 보낸다고 가정하자.

```
php artisan make:listener EmailOwnerAboutSubscription --event=UserSubscribed
```

앞의 명령어를 실행하면 다음 예제와 같은 파일이 만들어진다.

예제 16-14 라라벨 이벤트 리스너 기본 템플릿

```php
<?php

namespace App\Listeners;

use App\Events\UserSubscribed;
use Illuminate\Queue\InteractsWithQueue;
use Illuminate\Contracts\Queue\ShouldQueue;

class EmailOwnerAboutSubscription
{
    /**
     * 이벤트 리스너 생성하기
     *
     * @return void
     */
    public function __construct()
    {
        //
    }

    /**
     * 이벤트 처리하기
     *
     * @param  UserSubscribed  $event
     * @return void
     */
    public function handle(UserSubscribed $event)
    {
        //
    }
}
```

모든 일은 handle() 메서드에서 일어난다. 이 메서드는 UserSubscribed 타입의 이벤트를 넘겨받고 이 이벤트에 들어 있는 데이터를 사용하여 필요한 동작을 처리한다. 다음 예제에서 이벤트를 수신하여 이메일을 보내는 코드를 살펴보자.

예제 16-15 이벤트 리스너의 예

```
...
use App\Mail\UserSubscribed as UserSubscribedMessage;

class EmailOwnerAboutSubscription
{
    public function handle(UserSubscribed $event)
    {
        Log::info('새로운 사용자에 대한 이메일을 운영자에게 발송했다: ' . $event-
>user->email);

        Mail::to(config('app.owner-email'))
            ->send(new UserSubscribedMessage($event->user, $event->plan));
    }
}
```

이제 이 리스너가 UserSubscribed 이벤트를 수신할 수 있도록 설정하는 일만 남았다. EventServiceProvider 클래스의 $listen 속성에 다음과 같이 설정한다.

예제 16-16 EventServiceProvider에서 이벤트와 리스너 연결하기

```
class EventServiceProvider extends ServiceProvider
{
    protected $listen = [
        \App\Events\UserSubscribed::class => [
            \App\Listeners\EmailOwnerAboutSubscription::class,
        ],
    ];
```

보다시피 각 배열 항목의 키는 이벤트의 클래스명이고, 값은 리스너 클래스명의 배열이다. UserSubscribed 키에 필요한 클래스명을 추가할 수 있고, UserSubscribed 이벤트가 발생하면 여기에 추가한 모든 리스너가 이 이벤트를 수신하고 반응할 것이다.

이벤트 자동 발견

라라벨 5.8부터는 EventServiceProvider에서 직접 이벤트와 리스너를 연결하지 않아도 이벤트와 리스너를 자동으로 연결하게 설정할 수 있다. 이 기능은 기본적으로 비활성화되어 있다. 활성화하려면 EventServiceProvider의 shouldDiscoverEvents 메서드가 true를 반환하도록 설정한다.

```
 * 이벤트와 리스너를 자동으로 연결할지 설정
 *
 * @return bool
 */
public function shouldDiscoverEvents()
{
    return true;
}
```

이 기능을 활성화하면 리스너에 타입힌트된 것을 기반으로 이벤트와 리스너를 매칭한다. 매 요청마다 매칭을 실행하므로 전체적으로 애플리케이션의 성능이 조금 안 좋아진다. 하지만 php artisan event:cache 명령어를 사용해 이벤트 캐시 기능을 사용하면 성능 저하를 방지할 수 있다. 이벤트 캐시를 제거할 때는 php artisan event:clear를 사용한다.

이벤트 구독자

이벤트와 이를 처리하는 리스너의 관계를 정의하는 또 다른 구조가 있다. 라라벨은 **이벤트 구독자**event subscriber라는 개념을 가지고 있는데, 이는 여러 이벤트에 대해 각각의 리스너로 작동하는 메서드 여러 개를 가진 클래스다. 또한 어떤 이벤트를 어떤 메서드가 처리할지 매핑하는 클래스다. 이건 말로 하는 것보다 직접 코드를 보면 이해하기 더 쉬우니 다음 예제를 살펴보자.

예제 16-17 이벤트 구독자의 예

```php
<?php

namespace App\Listeners;

class UserEventSubscriber
{
    public function onUserSubscription($event)
```

```
    {
        // UserSubscribed 이벤트를 처리한다.
    }

    public function onUserCancellation($event)
    {
        // UserCanceled 이벤트를 처리한다.
    }

    public function subscribe($events)
    {
        $events->listen(
            \App\Events\UserSubscribed::class,
            'App\Listeners\UserEventSubscriber@onUserSubscription'
        );

        $events->listen(
            \App\Events\UserCanceled::class,
            'App\Listeners\UserEventSubscriber@onUserCancellation'
        );
    }
}
```

구독자 클래스는 subscribe() 메서드를 가지고 있어야 한다. subscribe() 메서드는 이벤트 디스패처 객체 인스턴스를 인자로 전달받는다. 이 디스패처를 이용해서 어떤 이벤트가 어떤 리스너를 통해서 처리될지 알려주어야 한다. 여기서는 별도의 리스너 클래스 대신 구독자 클래스의 메서드와 연결했다.

복습 차원에서 이야기하자면, 예제에서 보는 것같이 @가 인라인으로 표시되면 @의 왼쪽은 클래스명, 오른쪽은 메서드명을 뜻한다. 따라서 [예제 16-17]에서는 UserSubscribed 이벤트가 발생하면 UserEventSubscriber 구독자 클래스의 onUserSubscription() 메서드가 실행되도록 정의한다. 끝으로 다음 예제처럼 구독자 클래스명을 App\Providers\EventServiceProvider의 $subscribe 속성에 추가해야 한다.

예제 16-18 이벤트 구독자 등록하기

```
...
class EventServiceProvider extends ServiceProvider
{
```

```
    ...
    protected $subscribe = [
        \App\Listeners\UserEventSubscriber::class
    ];
}
```

16.4 웹소켓과 라라벨 에코를 이용한 이벤트 브로드캐스팅

웹소켓이란 HTTP와는 다른 별개의 프로토콜을 의미한다. 우리가 흔히 사용하는 HTTP 또는 HTTPS 접속은 서버와 클라이언트(일반적으로는 브라우저)의 연결이 한 번 데이터를 전송 받은 뒤에는 끊어지지만 웹소켓은 이 연결을 계속 유지한다. 따라서 푸셔Pusher(웹소켓 SaaS)와 같은 서비스를 이용하면 거의 실시간으로 웹 디바이스간 커뮤니케이션을 제공할 수 있다. 지메일이나 페이스북에서의 채팅 기능은 실시간처럼 보이지만 웹소켓이 아닌 자바스크립트 Ajax를 기반으로 하는 기능이기 때문에, 브라우저 내부에서 지속적으로 데이터를 요청하는 동작이 필요하다. 웹소켓 라이브러리는 HTTP 요청을 사용하여 데이터를 전달받는 대신 클라이언트와 서버 간 직접 연결을 주고받는다. 그래서 기다릴 필요가 없고 실시간으로 데이터를 주고받을 수 있다.

앞서 설명한 라라벨의 이벤트 발행/구독 기능을 구현할 때 웹소켓은 작업 데이터를 주고받기에 적합하다. 이를 위해 라라벨은 웹소켓 서버로 이벤트를 브로드캐스트할 수 있는 기능을 내장한다. 예를 들어 메시지가 애플리케이션에 들어오는 즉시 특정 사용자나 사용자 그룹을 대상으로 알림이 수신됐다는 `MessageWasReceived` 이벤트를 간단하게 만들 수 있다.

라라벨 에코

복잡한 이벤트 브로드캐스팅을 위해서 라라벨은 에코Echo라는 도구를 제공한다. 현재 상태 알림이 필요하거나 백엔드 코드와 자바스크립트 코드가 동일한 모델을 사용하도록 하려면 16.4.4절 '고급 브로드캐스팅 도구'에서 설명하는 라라벨 에코를 살펴보자. 에코가 제공하는 대부분의 기능은 라라벨 코어에 내장되어 있지만, 16.4.5절 '라라벨 에코(자바스크립트 측면)'에서 살펴볼 일부 프런트엔드 기능은 외부 라이브러리에서 가져와 사용해야 한다.

16.4.1 설정

이벤트 브로드캐스팅 설정은 config/broadcasting.php에서 확인할 수 있다. 라라벨은 세 가지 브로드캐스팅 드라이버를 지원한다. 첫 번째는 유료 서비스인 푸셔, 두 번째는 레디스, 세 번째는 로컬 개발과 디버깅을 위한 로그 드라이버다(추가적으로 브로드캐스팅을 사용하지 않도록 정의하는 null 드라이버도 있지만 여기서는 설명하지 않는다).

> **TIP** **큐 리스너**
>
> 라라벨은 이벤트 브로드캐스팅을 더 빨리 처리하기 위해 큐를 활용한다. 따라서 브로드캐스팅을 제대로 사용하려면 큐 워커가 작동하고 있어야 한다(로컬 개발을 위해서라면 sync 큐 드라이버를 사용해야 한다). 큐 워커를 실행하는 방법에 대해서는 16.1.4절 '큐 워커 실행하기'를 살펴보자.
>
> 라라벨은 큐 워커가 새로운 잡을 조회하기 전에 3초간 대기하도록 기본 설정되어 있다. 하지만 이벤트 브로드캐스팅에 있어서는 일부 이벤트가 브로드캐스트되는 데 1~2초가 걸릴 수 있다. 이 속도를 더 빠르게 하고 싶으면 새로운 잡을 조회하기 전 대기 시간을 1초만 유지하도록 큐 설정을 바꾸길 바란다.

16.4.2 이벤트 브로드캐스트하기

이벤트를 브로드캐스트하려면 브로드캐스트할 이벤트 클래스가 Illuminate\Contracts\Broadcasting\ShouldBroadcast 인터페이스를 구현해야 한다. 이 인터페이스를 구현하려면 broadcastOn() 메서드를 추가해야 하는데 이 메서드는 웹소켓 채널을 나타내는 문자열이나 Channel 객체의 배열을 반환한다.

웹소켓 이벤트의 구조

웹소켓으로 보내는 모든 이벤트는 이름, 채널, 데이터 세 가지로 구성된다.

이벤트명은 user-was-subscribed 같은 형태로 쓸 수도 있지만 기본적으로 라라벨은 App\Events\UserSubscribed 같이 이벤트의 정규화된 클래스명을 사용한다. 이벤트 클래스에서 broadcastAs() 메서드를 정의한다면, 이 메서드가 반환하는 문자열을 이벤트의 이름으로 사용하고 그렇지 않다면 클래스명을 사용한다.

채널은 메시지를 수신할 클라이언트가 누구인지 나타내는 것이다. 개별 사용자를 위한 채널(예를 들어 users.1, users.2 등)과 전체 사용자를 위한 채널(예를 들어 users)을 사용할 수 있다.

그리고 특정 유형에 소속된 사용자들을 위한 채널(예를 들어 accounts.1)을 만들 수도 있다.

브로드캐스트하려는 대상이 비공개 채널이면 채널명 앞에 private-을 붙이고, 프레젠스^{presence} 채널이면 presence-를 붙인다. 따라서 비공개 groups.5로 이름 지은 푸셔 채널은 private-groups.5가 되어야 한다. broadcastOn() 메서드에서 라라벨의 PrivateChannel과 PresenceChannel 객체를 사용하면 채널명 접두어는 이들이 알아서 처리할 것이다.

공개, 비공개, 프레젠스 채널을 잘 모르면 16.4.4절에서 '브로드캐스트 서비스 프로바이더'를 참고하자.

데이터는 이벤트와 관련된 정보의 페이로드로 보통 JSON을 사용한다. 이벤트가 브로드캐스트하는 데이터는 채팅 메시지일 수도 있고, 사용자 정보일 수도 있고, 이를 소비하는 자바스크립트를 위한 참조 데이터일 수도 있다.

[예제 16-19]는 두 채널로 브로드캐스트하도록 변경한 UserSubscribed 이벤트다. 채널 중 하나는 사용자(사용자의 구독을 확인하는 용도)를 위한 것이고, 다른 하나는 관리자(새로운 구독을 알리기 위한 용도)를 위한 것이다.

예제 16-19 여러 채널로 브로드캐스트하는 이벤트

```
...
use Illuminate\Contracts\Broadcasting\ShouldBroadcast;

class UserSubscribed implements ShouldBroadcast
{
    use Dispatchable, InteractsWithSockets, SerializesModels;

    public $user;
    public $plan;

    public function __construct($user, $plan)
    {
        $this->user = $user;
        $this->plan = $plan;
    }

    public function broadcastOn()
    {
```

```
// 문자열을 사용하는 문법
return [
    'users.' . $this->user->id,
    'admins'
];

// Channel 객체를 사용하는 문법
return [
    new Channel('users.' . $this->user->id),
    new Channel('admins'),
    // 비공개 채널인 경우: new PrivateChannel('admins'),
    // 프레젠스 채널인 경우: new PresenceChannel('admins'),
];
    }
}
```

기본적으로 이벤트의 모든 공개 속성은 JSON으로 직렬화되어 브로드캐스트 이벤트의 데이터로 전송된다. 즉 UserSubscribed 이벤트 브로드캐스트 데이터는 다음 예제처럼 보일 것이다.

예제 16-20 브로드캐스트 이벤트 데이터 샘플

```
{
    'user': {
        'id': 5,
        'name': 'Fred McFeely',
        ...
    },
    'plan': 'silver'
}
```

다음 예제처럼 이벤트의 broadcastWith() 메서드에서 데이터 배열을 반환해서 오버라이드할 수 있다.

예제 16-21 브로드캐스트 이벤트 데이터를 원하는 대로 변경하기

```
public function broadcastWith()
{
    return [
        'userId' => $this->user->id,
        'plan' => $this->plan
```

```
    ];
}
```

이벤트 클래스의 $broadcastQueue 속성을 이용해서 이벤트를 밀어 넣을 큐를 변경할 수 있다.

```
public $broadcastQueue = 'websockets-for-faster-processing';
```

다른 큐 항목이 이벤트 브로드캐스트 속도를 늦추는 걸 방지하기 위해 위와 같이 큐를 따로 지정해서 사용하는 것이 좋다. 오래 걸리는 작업이 대기열 앞에 있어서 이벤트가 제때 전달되지 않으면 실시간 웹소켓의 의미가 퇴색된다.

다음 예제처럼 ShouldBroadcastNow 컨트랙트를 구현해서 아예 큐를 사용하지 않게 할 수도 있다(현재 PHP 스레드에 의해 처리되는 sync 큐 드라이버를 사용한다).

예제 16-22 브로드캐스트 큐를 사용하지 않게 하기

```
use Illuminate\Contracts\Broadcasting\ShouldBroadcastNow;

class UserSubscribed implements ShouldBroadcastNow
{
    //
}
```

마지막으로 broadcastWhen() 메서드를 이용해서 브로드캐스트하는 조건을 정할 수 있다.

예제 16-23 이벤트를 브로드캐스트하는 조건 정의하기

```
public function broadcastWhen()
{
    // 백악관에서 회원가입한 경우에만 알리기
    return Str::contains($this->user->email, 'whitehouse.gov');
}
```

16.4.3 메시지 수신하기

레디스를 웹소켓 서버로 사용할 때 socket.io와 ioredis를 이용해서 설정하는 방법이 라라벨 공식 매뉴얼(https://laravel.kr/docs/broadcasting#Socket.IO)에 잘 나와 있다.

이 책의 집필 시점에 라라벨 개발자들이 가장 많이 사용하는 방법은 푸셔를 활용하는 것이다. 푸셔는 일정 규모 이상이 되면 비용이 발생하지만 무료로도 쓸 수 있다. 푸셔를 이용하면 웹소켓 서버를 쉽게 만들 수 있다. 푸셔의 자바스크립트 SDK가 인증과 채널 관리 등을 모두 처리해서 직접 손댈 부분이 거의 없다. SDK는 iOS, 안드로이드, 그 외 아주 많은 플랫폼, 언어, 프레임워크를 지원한다.

무료로 쓸 수 있는 라라벨 웹소켓(https://github.com/beyondcode/laravel-websockets) 이라는 프로젝트도 있다. 이 프로젝트를 사용하면 라라벨 기반의 푸셔와 호환되는 웹소켓 서버를 운영할 수 있다. 사용 중인 라라벨 애플리케이션에 패키지로 설치할 수도 있고(메시지를 보내는 애플리케이션에 설치), 독립적인 마이크로 서비스로 설치할 수도 있다.

라라벨 웹소켓 서버를 사용하기로 했다면 이 책의 푸셔 이용자용 안내를 따르면 되는데, 설정은 조금 달라질 수 있다.

푸셔를 이용한 간단한 웹소켓 수신

에코를 사용하더라도, 에코를 쓰지 않고 브로드캐스트 이벤트를 수신하는 방법을 이해하면 도움이 된다. 하지만 에코를 사용한다면 여기에서 보여주는 대부분의 코드는 불필요할 것이다. 이 절을 읽고 어떤 것도 구현하지 말고 곧장 16.4.5절 '라라벨 에코(자바스크립트 측면)'를 읽기를 권한다. 그러면 여러분이 어떤 방식을 선호하는지 알게 될 것이고 그때부터 코드를 작성하면 된다.

시작에 앞서 푸셔 라이브러리를 설치하고, 푸셔 계정에서 API 키를 확인한 다음 아래 예제와 같은 코드를 이용해 어떤 채널로든 아무 이벤트나 구독해보자.

예제 16-24 기본적인 푸셔의 사용법

```
...
<script src="https://js.pusher.com/7.0/pusher.min.js"></script>
<script>
```

```javascript
// 푸셔 로그 활성화 - 프로덕션 환경에서는 사용하지 말 것
Pusher.logToConsole = true;

// 글로벌로. 그저 데이터를 가져오는 방법에 대한 예시다.
var App = {
    'userId': {{ auth()->id() }},
    'pusherKey': '{{ config('broadcasting.connections.pusher.key') }}'
};

// 로컬로
var pusher = new Pusher(App.pusherKey, {
    cluster: '{{ config('broadcasting.connections.pusher.options.cluster') }}',
    encrypted: {{ config('broadcasting.connections.pusher.options.encrypted') }}
});

var pusherChannel = pusher.subscribe('users.' + App.userId);

pusherChannel.bind('App\\Events\\UserSubscribed', (data) => {
    console.log(data.user, data.plan);
});
</script>
```

TIP **자바스크립트에서 역슬래시 이스케이프하기**

자바스크립트에서 \는 제어 문자이므로 문자열에서 역슬래시를 표현하려면 \\를 써야 한다. [예제 16-24]에서 네임스페이스 구분자에 역슬래시가 두 번씩 들어간 이유가 바로 이 때문이다.

라라벨에서 푸셔를 사용하기 위해서는 푸셔 계정 대시보드에서 푸셔 키, 비밀번호, 클러스터, 애플리케이션 ID를 확인하고 .env 파일의 PUSHER_KEY, PUSHER_SECRET, PUSHER_APP_CLUSTER, PUSHER_APP_ID에 설정한다.

큐 워커가 정상적으로 작동하고 있거나, sync 큐 드라이버를 사용하도록 큐가 준비됐다면, 모든 푸셔 인증 정보가 제대로 설정된 상태에서 브라우저 하나는 [예제 16-24]의 자바스크립트가 포함된 페이지를 방문한다. 다른 브라우저 혹은 터미널에서 브로드캐스트 이벤트를 발생시키면, 자바스크립트 윈도우 콘솔에 거의 실시간으로 이벤트 로그가 나타나는 걸 확인할 수 있다.

이런 방식으로 사용자가 애플리케이션을 사용하는 동안 언제든 어떤 일이 발생하는지 쉽게 알려줄 수 있다. 다른 사용자들의 특정 행동, 처리가 오래 걸리는 프로세스가 완료됐다는 메시지, 이메일이나 웹훅 같은 외부에서 유입되는 정보에 대한 애플리케이션의 반응 등을 사용자에게

알려줄 수 있다. 어떻게 사용할지는 마음대로 정할 수 있다.

16.4.4 고급 브로드캐스팅 도구

라라벨은 이벤트 브로드캐스팅을 지원할 때 조금 더 복잡한 작업을 처리할 수 있는 도구를 가지고 있다. **라라벨 에코**라는 이 도구는 라라벨 프레임워크의 백엔드 기능과 프런트엔드 자바스크립트 라이브러리의 조합으로 이루어져 있다.

여기서 언급하는 프레임워크 기능은 자바스크립트 프런트엔드에서 라라벨 에코를 사용할 때 가장 잘 작동하지만 자바스크립트 컴포넌트를 사용하지 않아도 에코가 제공하는 장점을 어느 정도는 누릴 수 있다. 에코는 푸셔나 레디스나 모두 사용할 수 있지만 여기서는 푸셔를 사용해서 설명한다.

브로드캐스트 이벤트에서 현재 사용자 제외하기

푸셔에 대한 모든 연결에는 해당 소켓 연결을 식별하는 고유의 '소켓 ID'가 할당된다. 그리고 간단하게 특정 소켓(사용자)을 특정 브로드캐스트 이벤트에서 제외하도록 설정할 수 있다.

이 기능을 이용하면 이벤트를 발생시킨 사용자에게는 이벤트를 브로드캐스트하지 않도록 설정할 수 있다. 어떤 사용자가 할 일을 생성하고 모든 팀원이 알림을 받는 경우를 생각해보자. 여러분이라면 방금 생성한 할 일에 대한 알림을 받고 싶은가? 그렇지 않을 것이다. 그래서 toOthers() 메서드가 존재한다.

브로드캐스트에서 현재 사용자를 제외하는 기능을 구현하기 위해서는 두 단계 절차를 따르면 된다. 먼저, 웹소켓이 처음 연결될 때 /broadcasting/socket으로 특정 POST 요청을 보내도록 자바스크립트를 설정해야 한다. 이를 통해 라라벨 세션에 socket_id가 추가된다. 에코가 이를 처리해주지만, 여러분이 직접 처리할 수도 있다. 어떻게 작동하는지 더 자세히 알고 싶다면 에코 소스(https://github.com/laravel/echo)를 참고하자.

다음으로 자바스크립트가 만드는 모든 요청이 socket_id 값을 갖는 X-Socket-ID 헤더를 포함하도록 변경해야 한다. [예제 16-25]에 엑시오스Axios나 제이쿼리로 이를 처리하는 방법이 나와 있다. toOthers() 메서드를 호출하기 위해 이벤트에서 Illuminate\Broadcasting\InteractsWithSockets 트레이트를 사용해야 한다는 것에 주의하자.

예제 16-25 엑시오스나 제이쿼리로 소켓 ID를 Ajax 요청마다 함께 전송하기

```
// 에코를 초기화한 후 실행할 것
// Axios를 사용하는 방법
window.axios.defaults.headers.common['X-Socket-Id'] = Echo.socketId();

// 제이쿼리를 사용하는 방법
$.ajaxSetup({
    headers: {
        'X-Socket-Id': Echo.socketId()
    }
});
```

이렇게 한 번 처리해두고 나면, event() 글로벌 헬퍼 대신 broadcast() 글로벌 헬퍼를 사용하고 toOthers()를 연결해서 이벤트를 발생시킨 사용자를 브로드캐스트 대상에서 제외할 수 있다.

```
broadcast(new UserSubscribed($user, $plan))->toOthers();
```

브로드캐스트 서비스 프로바이더

에코가 제공하는 모든 기능을 제대로 사용하려면 config/app.php에서 App\Providers\BroadcastServiceProvider::class 줄의 주석을 해제해야 한다.

이 서비스 프로바이더가 하는 역할은 브로드캐스팅에서 비공개 채널과 프레젠스 채널에 접근하기 위한 사용자의 인증 처리용 라우트와 채널용 라우트를 등록하는 일이다.

만약 라라벨 에코를 사용하지 않고 브로드캐스팅 기능을 사용하려면 CSRF 토큰을 인증 요청과 함께 보내도록 직접 처리하거나, VerifyCsrfToken 미들웨어의 $except 속성에 /broadcasting/auth와 /broadcasting/socket 라우트 URL을 추가해서 CSRF 보호에서

제외하는 작업이 필요할 수도 있다.

웹소켓 채널과 인가 정의 연결하기

비공개 채널과 프레젠스 채널은 현재 사용자가 해당 채널에 대한 권한이 있는지 확인하기 위해 애플리케이션에 콜백를 반환할 수 있어야 한다. routes/channels.php 파일에서 Broadcast::channel() 메서드를 사용해서 인가 규칙을 정의한다.

> **NOTE_ 채널의 세 가지 종류 공개, 비공개, 프레젠스 채널**
>
> 웹소켓에는 공개, 비공개, 프레젠스라는 세 종류의 채널이 있다.
>
> - **공개**public 채널은 인증 여부에 관계없이 모든 사용자가 구독할 수 있다.
>
> - **비공개**private 채널은 사용자가 인증되어 있고 이 채널에 참여할 권한이 있다는 것을 증명하기 위해 최종 사용자의 자바스크립트를 애플리케이션에 인증받아야 한다.
>
> - **프레젠스**presence 채널은 일종의 비공개 채널인데, 메시지를 전달하는 대신 단순히 어떤 사용자가 채널에 들어오고 나가는지만 추적해서 현재 상태를 애플리케이션의 프런트엔드에서 사용할 수 있게 한다.

routes/channel.php 파일에서 Broadcast::channel()은 두 파라미터를 받는다. 첫 번째 파라미터는 연결할 채널(들)을 나타내는 문자열이고, 두 번째 파라미터는 사용자를 인가하는 방법을 정의하는 클로저다. 이 클로저는 첫 번째 파라미터로 엘로퀀트 모델을 받고, 일치하는 모든 variableNameHere 세그먼트를 추가적인 파라미터로 받는다. (이런 형태가 흡사 라우트 파라미터와 비슷하다는 것을 알 수 있다) 예를 들어, 채널 인가 정의가 teams.teamId라는 문자열로 되어 있고, teams.5가 들어오면 클로저의 첫 번째 파라미터로는 $user가, 두 번째 파라미터로는 5가 전달된다.

비공개 채널을 위한 규칙을 정의할 때는 Broadcast::channel() 클로저가 해당 채널에 대한 사용자의 인가 여부를 불리언 값으로 반환해야 한다. 프레젠스 채널을 위한 규칙을 정의할 때는 클로저가 채널에서 사용하고자 하는 사용자 관련 데이터의 배열을 반환해야 한다. [예제 16-26]은 이 두 채널에 대한 규칙을 정의하는 예시다.

```
...
// routes/channels.php

// 비공개 채널 인증 방법 정의
Broadcast::channel('teams.{teamId}', function ($user, $teamId) {
    return (int) $user->team_id === (int) $teamId;
});

// 프레젠스 채널 인증 방법 정의
// 사용자와 관련해 채널에서 사용하고자 하는 데이터 반환
Broadcast::channel('rooms.{roomId}', function ($user, $roomId) {
    if ($user->rooms->contains($roomId)) {
        return [
            'name' => $user->name
        ];
    }
});
```

이 정보를 어떻게 라라벨 애플리케이션에서 자바스크립트 프런트엔드로 가져오는지 궁금할 것이다. 푸셔의 자바스크립트 라이브러리가 애플리케이션에 POST 요청을 보내서 정보를 가져온다. 기본적으로 **/pusher/auth**로 요청을 보내게 되어 있지만 라라벨의 인증 라우트인 **/broadcasting/auth**로 변경할 수 있다(에코를 사용하면 자동으로 처리해준다).

```
var pusher = new Pusher(App.pusherKey, {
    authEndpoint: '/broadcasting/auth'
});
```

[예제 16-27]은 에코의 프런트엔드 컴포넌트를 사용하지 않고 [예제 16-24]를 비공개 채널과 프레젠스 채널을 사용하도록 변경해본 것이다.

예제 16-27 비공개 채널과 프레젠스 채널에 대한 푸셔 기본 사용법

```
...
<script src="https://js.pusher.com/4.3/pusher.min.js"></script>
<script>
    // 푸셔 로그 활성화 - 프로덕션 환경에서는 사용하지 말 것
    Pusher.logToConsole = true;
```

```
// 글로벌로. 그저 데이터를 가져오는 방법에 대한 예시임
var App = {
    'userId': {{ auth()->id() }},
    'pusherKey': '{{ config('broadcasting.connections.pusher.key') }}'
};

// 로컬로
var pusher = new Pusher(App.pusherKey, {
    cluster: '{{ config('broadcasting.connections.pusher.options.cluster') }}',
    encrypted: {{ config('broadcasting.connections.pusher.options.encrypted') }},
    authEndpoint: '/broadcasting/auth'
});

// 비공개 채널
var privateChannel = pusher.subscribe('private-teams.1');

privateChannel.bind('App\\Events\\UserSubscribed', (data) => {
    console.log(data.user, data.plan);
});

// 프레젠스 채널
var presenceChannel = pusher.subscribe('presence-rooms.5');

console.log(presenceChannel.members);
</script>
```

이제 특정 채널의 인가 규칙을 통과하는지 여부에 따라 웹소켓 메시지를 보낼 수 있게 됐다. 또한 특정 그룹이나 특정 웹사이트 섹션에서 활동 중인 사용자를 추적할 수 있고, 같은 그룹에 있는 다른 사용자에 대한 정보를 각 사용자에게 표시할 수 있다.

16.4.5 라라벨 에코(자바스크립트 측면)

라라벨 에코는 두 부분으로 구성되어 있다. 앞서 살펴본 고급 브로드캐스팅 기능과 웹소켓 기반의 프런트엔드 코드를 작성하는 데 필요한 시간과 노력을 최소화해주는 자바스크립트 패키지다. 에코 자바스크립트 패키지를 이용하면 인증과 인가 그리고 비공개 채널과 프레젠스 채널 구독을 손쉽게 처리할 수 있다. 에코는 푸셔용(푸셔나 커스텀 푸셔 호환 서버) SDK와 socket.io용 SDK 어떤 것과도 함께 사용할 수 있다.

프로젝트에서 에코를 사용할 수 있게 설정하기

프로젝트의 자바스크립트에서 에코를 사용하려면 `npm install --save`를 이용해서 `package.json`에 추가한다(적절한 푸셔나 `socket.io` SDK도 함께 추가한다).

```
npm install pusher-js laravel-echo --save
```

다음 예제와 같이 웹팩으로 `app.js` 파일을 컴파일하는 기본 라라벨 믹스 파일이 있다고 가정해보자.

예제 16-28 라라벨 믹스로 app.js 컴파일하기

```
let mix = require('laravel-mix');

mix.js('resources/assets/js/app.js', 'public/js');
```

라라벨의 기본 `resources/js/app.js` 구조에는 에코를 초기화하는 가장 좋은 예가 포함되어 있다. `resources/js/app.js`와 `resources/js/bootstrap.js` 파일에서 어떻게 초기화하는지 다음 예제에서 확인해보자.

예제 16-29 app.js와 bootstrap.js에서 에코 초기화하기

```
// app.js
require('./bootstrap');

// ... 다수의 Vue 관련 코드 ...

// 여기에 에코 바인딩을 추가

// bootstrap.js
import Echo from "laravel-echo";

window.Echo = new Echo({
    broadcaster: 'pusher',
    key: process.env.MIX_PUSHER_APP_KEY,
    cluster: process.env.MIX_PUSHER_APP_CLUSTER
});
```

CSRF 공격을 방어하기 위해 HTML 템플릿에 `csrf-token` `<meta>` 태그를 추가해야 한다.

```
<meta name="csrf-token" content="{{ csrf_token() }}">
```

그리고 물론 HTML 템플릿에 컴파일 된 `app.js` 파일을 연결하는 것도 잊어선 안 된다.

```
<script src="{{ asset('js/app.js') }}"></script>
```

이제 에코를 사용할 준비가 됐다.

> **TIP** **라라벨 웹소켓 서버 패키지를 사용시 설정 변경**
>
> 만일 라라벨 웹소켓 서버(16.4.3절 '메시지 수신하기'에서 살펴본 패키지 사용)를 사용한다면 [예제 16-29]
> 의 상세 설정이 다소 달라질 것이다. 자세한 정보는 라라벨 웹소켓 패키지 문서(http://bit.ly/2Txh2Wv)를
> 확인하자.

기본 이벤트 브로드캐스팅에 에코 사용하기

푸셔를 사용했던 것과 다를 건 없다. 다음은 기본 이벤트 정보용 공개 채널을 수신에 에코를 사용하는 방법을 보여주는 간단한 코드 예제다.

예제 16-30 에코를 이용해서 공개 채널 수신하기

```
var currentTeamId = 5; // 다른 곳에서 설정할 수 있음

Echo.channel('teams.${currentTeamId}')
    .listen('UserSubscribed', (data) => {
        console.log(data);
    });
```

에코는 다양한 유형의 채널을 구독하는 데 사용하는 메서드를 제공한다. `channel()`은 공개 채널을 구독한다. 에코를 이용해서 이벤트를 수신하는 경우에는 네임스페이스는 무시하고 고유의 클래스명만 사용할 수도 있다는 점을 알아두자.

이제 `data` 객체로 표현되어 이벤트와 함께 전달된 공개 데이터에 접근할 수 있게 됐다. 다음 예제에서 보는 것처럼 `listen()` 핸들러를 연결할 수도 있다.

예제 16-31 에코에서 여러 이벤트 리스너 연결하기

```
Echo.channel('teams.${currentTeamId}')
    .listen('UserSubscribed', (data) => {
        console.log(data);
    })
    .listen('UserCanceled', (data) => {
        console.log(data);
    });
```

> **TIP** **컴파일하고 포함하는 것 잊지 말기!**
>
> 예제 코드를 따라해봤는데 브라우저에 아무것도 표현되지 않는가? npm run dev(한 번만 실행할 때)나 npm
> run watch(리스너를 실행할 때)로 코드를 컴파일했는지 확인해보라. 그리고 실제로 app.js를 템플릿 어디
> 에 추가했는지 확인해보라.

비공개 채널과 기본 인증

에코는 비공개 채널을 구독하는 private() 메서드도 가지고 있다. 이 메서드는 channel()과
똑같이 작동하지만 앞서 살펴본 바와 같이 routes/channel.php에 채널 인증 정의를 설정해
야 한다. SDK를 사용할 때와 달리 채널명 앞에 private-를 넣지 않아도 된다.

다음은 private-teams.5라는 이름의 비공개 채널을 수신하는 코드 예제다.

예제 16-32 에코를 이용해서 비공개 채널 수신하기

```
var currentTeamId = 5; // 다른 곳에서 설정할 수 있음

Echo.private('teams.${currentTeamId}')
    .listen('UserSubscribed', (data) => {
        console.log(data);
    });
```

프레즌스 채널

에코를 이용하면 쉽게 프레즌스 채널에 참여하고 이벤트를 수신할 수 있다. 이번에는 join()
메서드를 사용해서 채널에 바인딩해보자.

```
var currentTeamId = 5; // 다른 곳에서 설정할 수 있음

Echo.join('teams.${currentTeamId}')
    .here((members) => {
        console.log(members);
    });
```

join()은 프레젠스 채널을 구독하고 here()은 사용자나 다른 사용자가 프레젠스 채널에 들어오고 나갈 때 취할 행동을 정의한다.

프레젠스 채널은 채팅방 사이드바의 '현재 참여자' 같은 것이라고 생각하면 된다. 프레젠스 채널에 참여하면 here() 콜백이 호출되어 그 시점의 모든 참여자 목록이 제공된다. 채널에 누군가 참여하거나 채널을 떠날 때마다 갱신된 목록으로 콜백이 호출된다. 여기서는 아무 메시지도 전달되지 않지만 소리를 재생하거나, 페이지상의 참여자 목록을 갱신하는 등 원하는 모든 작업을 할 수 있다.

참여할 때와 떠날 때 각각에 대한 메서드도 있다. 이 두 메서드는 개별로 사용할 수도 있고 연결해서 사용할 수도 있다. 다음 예제를 보자.

예제 16-34 특정 프렌젠스 이벤트 수신하기

```
var currentTeamId = 5; // 다른 곳에서 설정할 수 있음

Echo.join('teams.' + currentTeamId)
    .here((members) => {
        // 여러분이 채널에 참여할 때 실행
        console.table(members);
    })
    .joining((joiningMember, members) => {
        // 다른 멤버가 참여할 때 실행
        console.table(joiningMember);
    })
    .leaving((leavingMember, members) => {
        // 다른 멤버가 떠날 때 실행
        console.table(leavingMember);
    });
```

현재 사용자 제외하기

앞서 살펴봤지만 현재 사용자를 제외하려면 event() 글로벌 헬퍼 대신 broadcast() 글로벌 헬퍼를 사용하고 toOthers() 메서드를 연결하면 된다. 하지만 에코를 사용하면 자바스크립트 측에서 알아서 처리해준다.

에코 자바스크립트 라이브러리는 추가적인 기능을 제공하는 건 아니지만 많은 공통 작업을 훨씬 간단하게 만들어주고, 일반적인 웹소켓 작업을 위한 더 명확하고 표현력 있는 문법을 제공한다.

에코를 이용해서 알림 구독하기

라라벨의 알림은 알림을 브로드캐스트 이벤트로 내보내는 브로드캐스트 드라이버와 함께 제공된다. 다음 예제에서와 같이 Echo.notification()을 이용해서 에코로 알림을 구독할 수 있다.

예제 16-35 에코를 이용해서 알림 수신하기

```
Echo.private('App.User.${userId}')
    .notification((notification) => {
        console.log(notification.type);
    });
```

클라이언트 이벤트

예를 들어, '입력 중…'이라고 알림을 보내는 것같이 라라벨 애플리케이션을 거치지 않고 사용자 간에 빠르고 성능 좋은 메시지를 보내고 싶으면 아래 예제처럼 에코의 whisper() 메서드를 사용한다.

예제 16-36 에코의 whisper() 메서드를 사용해서 라라벨 서버를 거치지 않고 메시지 보내기

```
Echo.private('room')
    .whisper('typing', {
        name: this.user.name
    });
```

메시지를 수신할 때는 아래처럼 listenForWhisper()를 사용한다.

예제 16-37 에코를 사용해서 whisper 수신하기

```
Echo.private('room')
    .listenForWhisper('typing', (e) => {
        console.log(e.name);
    });
```

16.5 스케줄러

배치 작업 등을 처리하기 위해서 크론 잡을 사용해본 경험이 있는가? 크론을 사용해서 예약 작업을 처리해본 경험이 있다면 아마도 '크론 말고 더 나은 방법이 있었으면...' 하고 생각해보았을 것이다. 크론은 문법이 어렵고 기억하기 힘들 뿐 아니라 버전 관리가 불가능하다는 단점이 있기 때문이다.

라라벨 스케줄러를 이용하면 크론을 대신해서 예약 작업을 더 쉽게 처리할 수 있다. 스케줄링이 필요한 작업을 코드에 작성하고 1분마다 php artisan schedule:run을 실행하는 크론 잡 하나만 등록해놓으면 된다. 1분마다 아티즌 명령이 실행될 때 라라벨이 그 시간에 실행해야 할 예약된 작업이 있는지 확인하고 필요한 작업을 실행한다.

아래는 라라벨 스케줄러를 실행하는 크론 잡을 등록한 예시다.

```
* * * * * cd /home/myapp.com && php artisan schedule:run >> /dev/null 2>&1
```

라라벨 스케줄러는 크론보다 다양한 시간 단위를 지원하며 작업의 유형도 다양하게 등록할 수 있다.

app/Console/Kernel.php에 정의된 schedule() 메서드를 이용해서 예약 작업을 등록할 수 있다.

16.5.1 예약 작업의 유형

첫 번째로 클로저를 사용해 라라벨 스케줄러에 작업을 등록할 수 있다. [예제 16-38]에서 1분마다 실행되는 클로저를 살펴보자. 크론 잡이 1분마다 schedule:run 명령어를 실행하면 이클로저를 호출한다.

예제 16-38 1분마다 한 번씩 실행되도록 클로저 예약하기

```
// app/Console/Kernel.php
public function schedule(Schedule $schedule)
{
    $schedule->call(function () {
        CalculateTotals::dispatch();
    })->everyMinute();
}
```

클로저 외에 등록 가능한 작업 유형은 아티즌 명령어와 셸 명령어다.

아티즌 명령어는 명령줄에서 호출하는 것과 동일한 구문을 이용해서 예약할 수 있다.

```
$schedule->command('scores:tally --reset-cache')->everyMinute();
```

그리고 PHP의 exec() 메서드를 이용해서 셸 명령어도 실행할 수 있다.

```
$schedule->exec('/home/myapp.com/bin/build.sh')->everyMinute();
```

16.5.2 예약 작업의 시간 단위

라라벨 스케줄러를 사용하면 코드로 예약 작업을 등록할 수 있는 것뿐만 아니라 얼마나 자주 예약 작업이 실행되어야 할지도 코드로 등록할 수 있다. 라라벨은 현재의 시각을 확인하고 해당 시각에 어떤 작업이 실행되어야 하는지 판단한다. everyMinute() 메서드는 작업이 1분마다 실행되어야 한다는 것을 알려준다. 그리고 이보다 복잡한 상황도 쉽게 처리할 수 있다.

다음의 스케줄링 시간 예약은 크론으로는 처리하기 어렵지만 라라벨에서는 쉽게 처리할 수 있다.

```
$schedule->call(function () {
    // 매주 일요일 23:50분에 실행한다.
})->weekly()->sundays()->at('23:50');
```

여러 옵션을 연결해서 함께 사용할 수 있다는 것을 눈여겨보자. 빈도, 요일, 시간은 물론 더 많은 것을 함께 사용할 수 있다. [표 16-1]은 작업을 예약할 때 사용할 수 있는 날짜/시간 메서드 목록이다.

표 16-1 스케줄러에 사용하는 날짜/시간

명령어	설명
->timezone('America/Detroit')	스케줄러를 위한 표준 시간대 설정
->cron('* * * * * *')	전통적인 크론 표기법으로 스케줄 설정
->everyMinute()	1분마다 실행
->everyFiveMinutes()	5분마다 실행
->everyTenMinutes()	10분마다 실행
->everyThirtyMinutes()	30분마다 실행
->hourly()	1시간마다 실행
->daily()	매일 자정에 실행
->dailyAt('14:00')	매일 14:00에 실행
->twiceDaily(1, 14)	매일 1:00와 14:00에 실행
->weekly()	매주 실행(일요일 자정)
->weeklyOn(5, '10:00')	매주 금요일 10:00에 실행
->monthly()	매월 실행(1일 자정)
->monthlyOn(15, '23:00')	매월 15일 23:00에 실행
->quarterly()	분기마다 실행(1월, 4월, 7월, 10월 1일 자정)
->yearly()	매년 실행 (1월 1일 자정)
->when(closure)	클로저가 참을 반환하는 경우로 제한
->skip(closure)	클로저가 거짓을 반환하는 경우로 제한
->between('8:00', '12:00')	주어진 시간 사이의 작업으로 제한
->unlessBetween('8:00', '12:00')	주어진 시간 이외의 작업으로 제한
->weekdays()	주중으로 제한
->sundays()	일요일로 제한
->mondays()	월요일로 제한
->tuesdays()	화요일로 제한
->wednesdays()	수요일로 제한
->thursdays()	목요일로 제한

`->fridays()`	금요일로 제한
`->saturdays()`	토요일로 제한
`->everyTwoHours()`	2시간마다 실행(2, 4, 6, …, 24시 정각 실행) 라라벨 7.19 이상에서 사용 가능
`->everyThreeHours()`	3시간마다 실행(3, 6, 9, …, 24시 정각 실행) 라라벨 7.19 이상에서 사용 가능
`->everyFourHours()`	4시간마다 실행(4, 8, 12, …, 24시 정각 실행) 라라벨 7.19 이상에서 사용 가능
`->everySixHours()`	6시간마다 실행(6, 12, 18, 24시 정각 실행) 라라벨 7.19 이상에서 사용 가능

대부분 다른 메서드에 체이닝하여 사용할 수 있다. 물론 논리적으로 가능한 조합만 가능하다. 다음 예제는 몇 가지 생각해볼 수 있는 조합을 보여준다.

예제 16-39 몇 가지 예약 이벤드 샘플

```
// 둘 다 매주 일요일 23:50에 실행한다.
$schedule->command('do:thing')->weeklyOn(0, '23:50');
$schedule->command('do:thing')->weekly()->sundays()->at('23:50');

// 주중 아침 8시에서 오후 5시 사이에 한 시간 간격으로 실행한다.
$schedule->command('do:thing')->weekdays()->hourly()->when(function () {
    return date('H') >= 8 && date('H') <= 17;
});

// between 메서드를 사용해서 주중 아침 8시에서 오후 5시 사이에 한 시간 간격으로 실
행한다.
$schedule->command('do:thing')->weekdays()->hourly()->between('8:00', '17:00');

// 매 30분마다 실행하되 SkipDetector가 하지 말라고 할 때는 건너뛴다.
$schedule->command('do:thing')->everyThirtyMinutes()->skip(function () {
    return app('SkipDetector')->shouldSkip();
});
```

16.5.3 표준 시간대 정의하기

`timezone()` 메서드를 사용하면 특정 예약 작업을 실행할 시간대를 설정할 수 있다.

```
$schedule->command('do:it')->weeklyOn(0, '23:50')->timezone('America/Chicago');
```

라라벨 5.8 이후부터는 애플리케이션이 구동되는 서버의 시간대와는 별도로 전체 예약 작업이 실행되는 표준 시간대를 설정할 수 있다. App\Console\Kernel에서 scheduleTimezone() 메서드를 사용할 수 있다.

```
protected function scheduleTimezone()
{
    return 'America/Chicago';
}
```

16.5.4 중복 실행 차단

예약 작업을 실행하다 보면, 특정 동작을 수행하는 이전의 예약 작업이 끝나기 전에 다음 예약 작업이 실행되는 경우가 발생하기도 한다. 특히 1분마다 특정한 작업을 실행하도록 등록했는데, 이 예약 작업의 실행 시간이 1분 이상 걸린다면 일정 시간 동안 이 예약 작업은 프로세스 2개가 동시에 실행되는 것처럼 보인다. 이런 현상을 오버랩overlap이라고 하는데, 예약 작업의 성격에 따라 이런 오버랩을 허용할 수도 있고 그렇지 않을 수도 있다. 라라벨 스케줄링을 등록할 때 이런 오버랩을 차단하려면 예약 작업 등록 메서드의 마지막에 withoutOverlapping() 메서드를 체이닝한다. 이 메서드를 사용하면 이전 시간에 예약 작업이 끝나지 않았을 땐 새로운 예약 작업을 실행하지 않는다.

```
$schedule->command('do:thing')->everyMinute()->withoutOverlapping();
```

16.5.5 작업의 결과 처리하기

예약 작업이 실행될 때 로그를 남기거나 알림을 보내거나 단순히 작업이 정상적으로 실행됐는지 확인하는 등의 작업 결과를 처리하고자 할 때가 있다.

작업이 실행될 때 발생하는 출력 결과를 파일에 작성하고 싶으면 sendOutputTo()를 사용한다.

```
$schedule->command('do:thing')->daily()->sendOutputTo($filePath);
```

출력 결과를 파일에 저장할 때 매번 새로운 파일로 저장하지 않고, 기존에 있는 파일의 뒤에 내용을 추가하려면 appendOutputTo()를 사용한다.

```
$schedule->command('do:thing')->daily()->appendOutputTo($filePath);
```

출력 결과를 특정 이메일로 전달하려면 먼저 출력 결과를 파일로 작성한 후 emailOutputTo()를 실행한다.

```
$schedule->command('do:thing')
    ->daily()
    ->sendOutputTo($filePath)
    ->emailOutputTo('me@myapp.com');
```

이메일로 전달하려고 할 때에는 라라벨의 이메일 기능 설정이 제대로 됐는지 확인하자.

> **NOTE_ 클로저 예약 작업은 출력 결과를 별도로 저장할 수 없다.**
>
> sendOutputTo(), appendOutputTo(), emailOutputTo() 메서드는 command()- 예약 작업에서만 작동한다. 예약 작업을 클로저로 등록한 경우에는 아쉽게도 사용할 수 없다.

작업이 제대로 실행됐는지 확인하기 위해 출력 결과를 별도의 외부 서비스 웹훅으로 전송하고 싶을 수 있다. 이런 스케줄링 기능이 작동하는 것을 모니터링하는 서비스가 몇 가지 있다. 라라벨 엔보이어(https://envoyer.io)는 라라벨 무중단 배포 서비스로 알려져 있지만 크론의 실행 결과 모니터링 기능도 제공한다. 데드 맨스 스니치[Dead Man's Snitch](https://deadmanssnitch.com)는 크론 잡의 실행 결과를 모니터링하는 서비스다.

이러한 서비스들은 이메일이 아니라 HTTP를 사용하는 접근(이런 요청을 '핑'이라고 한다)을 기대하므로 라라벨은 이를 쉽게 처리할 수 있도록 pingBefore()와 thenPing() 메서드를 제공한다.

```
$schedule->command('do:thing')
    ->daily()
    ->pingBefore($beforeUrl)
    ->thenPing($afterUrl);
```

핑 기능을 사용하려면 컴포저로 Guzzle을 설치해야 한다.

```
composer require guzzlehttp/guzzle
```

16.5.6 작업 훅

예약 작업이 실행되기 **전후**에 무엇인가 추가적인 작업을 하려면 before(), after() 훅 기능을 사용한다.

```
$schedule->command('do_thing')
    ->daily()
    ->before(function () {
        // 준비
    })
    ->after(function () {
        // 정리
    });
```

16.6 테스트

큐에 넣은 잡(또는 큐에 있는 어떤 것이든)을 테스트하기는 어렵지 않다. 테스트용 설정 파일인 phpunit.xml에 QUEUE_DRIVER 환경 변수는 기본적으로 sync로 설정되어 있다. 이는 테스트가 잡이나 큐 처리된 작업을 별도의 큐 시스템에 의존하지 않고 동기적으로(코드 내에서 직접) 실행한다는 것을 의미한다. 따라서 잡을 다른 코드와 마찬가지로 테스트할 수 있다.

테스트에서 잡이 실행됐는지 확인하려면 expectsJobs() 메서드를 사용할 수 있다.

예제 16-40 특정 클래스의 잡이 전달됐는지 확인

```php
public function test_changing_number_of_subscriptions_crunches_reports()
{
    $this->expectsJobs(\App\Jobs\CrunchReports::class);

    ...
}
```

다음과 같이 이벤트 Bus 페이크 기능을 사용할 수도 있다.

예제 16-41 전달된 잡이 특정 기준을 충족하는지 확인하기 위해 클로저 사용하기

```php
use Illuminate\Support\Facades\Bus;
...
public function test_changing_subscriptions_triggers_crunch_job()
{
    ...
    Bus::fake();

    Bus::assertDispatched(CrunchReports::class, function ($job) {
        return $job->subscriptions->contains(5);
    });

    // assertNotDispatched()도 사용할 수 있다.
}
```

테스트에서 이벤트가 발생했는지 확인하기 위해서는 세 가지 방법을 사용할 수 있다. 첫째, 이벤트 자체에 대해 신경 쓰지 않고 기대했던 행위가 발생했는지만 테스트할 수 있다. 둘째, 다음 예제처럼 이벤트가 발생했는지 명시적으로 확인할 수 있다.

예제 16-42 특정 클래스의 이벤트가 발생했는지 확인

```php
public function test_usersubscribed_event_fires()
{
    $this->expectsEvents(\App\Events\UserSubscribed::class);

    ...
}
```

마지막으로 다음 예제에서처럼 발생할 이벤트를 대상으로 테스트를 실행할 수 있다.

예제 16-43 발생한 이벤트가 특정 기준을 충족하는지 확인하기 위해 클로저 사용하기

```
use Illuminate\Support\Facades\Event;
...
public function test_usersubscribed_event_fires()
{
    Event::fake();

    ...

    Event::assertDispatched(UserSubscribed::class, function ($e) {
        return $e->user->email = 'user-who-subscribed@mail.com';
    });

    // assertNotDispatched()를 사용할 수도 있다.
}
```

또 다른 경우에는 부가적으로 이벤트를 발생시키는 코드를 테스트하는 것이다. 이 경우 테스트를 진행하는 동안 이벤트 리스너를 비활성화할 필요가 있다. [예제 16-44]에서처럼 withoutEvents() 메서드를 이용해서 이벤트 시스템을 비활성화할 수 있다.

예제 16-44 테스트하는 동안 이벤트 리스너 비활성화하기

```
public function test_something_subscription_related()
{
    $this->withoutEvents();

    ...
}
```

16.7 마치며

큐를 사용하면 애플리케이션 코드 일부를 사용자가 애플리케이션과 요청, 응답하는 시점에 실행하지 않고, 별도로 실행하여 비동기적으로 큐 워커가 처리하도록 분리할 수 있다. 이를 통해 시

간이 오래걸리는 이메일 전송과 같은 작업이 사용자 응답에 영향을 주지 못하도록 할 수 있다.

잡은 애플리케이션 작동 일부를 캡슐화해서 큐에 넣을 수 있도록 구조화된 클래스다.

라라벨의 이벤트 시스템은 발행/구독 혹은 옵저버 패턴을 따른다. 이를 이용하면 애플리케이션의 한 부분에서 이벤트가 발생했을 때 알림을 보내고, 다른 곳에서 이 알림에 대한 리스너를 연결해서 어떻게 대응할지 정의할 수 있다. 웹소켓을 사용하면 이벤트를 프런트엔드 클라이언트로 브로드캐스트할 수 있다.

라라벨의 스케줄러를 이용하면 예약 작업을 간단하게 할 수 있다. `php artisan schedule:run`을 1분마다 실행하도록 크론 잡을 설정하고 스케줄러를 이용해서 작업을 예약하면 아무리 복잡한 시간 설정을 하더라도 라라벨이 알아서 처리해줄 것이다.

## CHAPTER 17

헬퍼와 컬렉션

지금까지 여러 가지 글로벌 헬퍼 함수를 살펴보았다. 이 함수들은 잡을 처리하는 dispatch(), 이벤트에서 사용하는 event(), 의존성 해결에 사용하는 app()같이 다양한 작업을 쉽게 처리할 수 있게 도와주는 헬퍼 기능들이다.

이번 장에서는 좀 더 일반적이고 강력한 헬퍼 함수와 앞서 5장에서 살펴보았던 라라벨 컬렉션을 이용하는 방법을 알아본다.

17.1 헬퍼

라라벨이 매뉴얼(https://laravel.kr/docs/helpers)에서 전체 헬퍼 목록을 찾아볼 수 있다. 여기서는 가장 유용한 함수 몇 가지만 소개한다.

> **ATTENTION_** 라라벨 6.0부터 array_나 str_로 시작하는 모든 글로벌 헬퍼가 Arr와 Str 클래스 메서드로 대체됐다. 프로젝트를 5.x 버전에서 생성한 뒤에 6.x 이상으로 업그레이드했다면 하위 호환성을 위해 laravel/helpers 패키지를 이용하면 이전 방식으로도 헬퍼 함수를 사용할 수 있다.

17.1.1 배열

PHP가 제공하는 내장된 배열 조작 함수는 강력하지만 종종 기본 함수만으로는 다루기 어려운 반복문이나 논리적인 검사가 필요할 때가 있다. 라라벨 배열 헬퍼는 이런 일반적인 배열 조작을 훨씬 쉽게 만든다.

Arr::first($array, $callback, $default = null)

콜백 클로저에 정의된 테스트를 통과하는 첫 번째 배열 값을 반환한다. 선택적으로 세 번째 파라미터에 기본값을 설정할 수 있다. 다음 예제를 보자.

```php
$people = [
    [
        'email' => 'm@me.com',
        'name' => 'Malcolm Me'
    ],
    [
        'email' => 'j@jo.com',
        'name' => 'James Jo'
    ],
];

$value = Arr::first($people, function ($person, $key) {
    return $person['email'] == 'j@jo.com';
});
```

Arr::get($array, $key, $default = null)

존재하지 않는 키를 요청해도 에러가 나지 않고(세 번째 파라미터로 기본값을 줄 수도 있음), 중첩 배열에 점 표기법을 사용할 수 있는 두 가지 편의가 더해져 배열에서 값을 가져오기 더욱 편리하다. 예를 들면 다음과 같다.

```php
$array = ['owner' => ['address' => ['line1' => '123 Main St.']]];

$line1 = Arr::get($array, 'owner.address.line1', 'No address');
$line2 = Arr::get($array, 'owner.address.line2');
```

Arr::has($array, $keys)

중첩 배열을 가로지르는 점 표기법을 사용해서 배열이 특정 키에 값을 가지고 있는지 쉽게 확인할 수 있다. $key 파라미터는 단일 항목이 될 수도 있고, 여러 항목으로 구성된 배열이 될 수도 있다. 배열을 사용할 때는 모든 항목이 존재하는지 확인한다.

```
$array = ['owner' => ['address' => ['line1' => '123 Main St.']]];

if (Arr::has($array, 'owner.address.line2')) {
    // 무엇인가 한다.
}
```

Arr::pluck($array, $value, $key = null)

지정된 키에 해당하는 값의 배열을 반환한다.

```
$array = [
    ['owner' => ['id' => 4, 'name' => 'Tricia']],
    ['owner' => ['id' => 7, 'name' => 'Kimberly']],
];

$array = Arr::pluck($array, 'owner.name');

// ['Tricia', 'Kimberly']가 반환됨
```

반환하는 배열의 키를 원천 배열의 다른 값으로 지정하고 싶으면 세 번째 파라미터에 점 표기법으로 참조를 전달한다.

```
$array = Arr::pluck($array, 'owner.name', 'owner.id');

// [4 => 'Tricia', 7 => 'Kimberly']가 반환됨
```

Arr::random($array, $num = null)

배열에서 임의의 아이템을 반환한다. $num 파라미터를 전달하면 그 값에 해당하는 개수의 아이템을 배열로 만들어 반환한다.

```
$array = [
    ['owner' => ['id' => 4, 'name' => 'Tricia']],
    ['owner' => ['id' => 7, 'name' => 'Kimberly']],
];

$randomOwner = Arr::random($array);
```

17.1.2 문자열

배열과 마찬가지로 문자열을 조작하거나 확인하는 네이티브 PHP 함수가 있지만 사용하기 불편한 경우가 있다. 라라벨 헬퍼는 몇몇 일반적인 문자열 작업을 더 빠르고 간단하게 만들어준다.

e($string)

`htmlentities()`의 별칭이다. HTML 페이지에서 안전하게 출력되도록 문자열을 바꿔준다.

```
e('<script>나쁜 짓을 하는 코드</script>');

// &lt;script&gt;나쁜 짓을 하는 코드&lt;/script&gt;를 반환한다.
```

Str::startsWith($haystack, $needle), Str::endsWith($haystack, $needle), Str::contains($haystack, $needle)

제공된 $haystack 문자열이 $needle로 시작하는지 끝나는지, $needle을 포함하는지를 불리언 값으로 반환한다.

```
if (Str::startsWith($url, 'https')) {
    // 무엇인가 한다.
}

if (Str::endsWith($abstract, '...')) {
    // 무엇인가 한다.
}
```

```
if (Str::contains($description, '1337 h4x0r')) {
    // 무엇인가 한다.
}
```

Str::limit($value, $limit = 100, $end = '...')

문자열을 주어진 길이의 문자로 제한한다. 문자열의 길이가 제한 길이보다 짧으면 원래 문자열을 반환하고, 길면 주어진 길이로 잘라낸 후 '...' 혹은 제공된 $end 문자열을 뒤에 붙인다.

```
$abstract = Str::limit($loremIpsum, 30);

// "Lorem ipsum dolor sit amet, co..."를 반환한다.

$abstract = Str::limit($loremIpsum, 30, "&hellip;");

// "Lorem ipsum dolor sit amet, co&hellip;"를 반환한다.
```

Str::is($pattern, $value)

주어진 문자열이 주어진 패턴과 일치하는지 여부를 불리언 값으로 반환한다. 패턴은 정규 표현식 패턴을 사용할 수도 있고 와일드카드를 나타내는 별표(*)를 사용할 수도 있다.

```
Str::is('*.dev', 'myapp.dev');          // true
Str::is('*.dev', 'myapp.dev.co.uk');    // false
Str::is('*dev*', 'myapp.dev');          // true
Str::is('*myapp*', 'www.myapp.dev');    // true
Str::is('my*app', 'myfantasticapp');    // true
Str::is('my*app', 'myapp');             // true
```

> **TIP** **Str::is()에 정규 표현식을 사용하는 방법**
>
> Str::is()에 어떤 정규 표현식 패턴을 넘겨줄 수 있는지 궁금하다면 작동 원리를 파악하기 위해 메서드 정의를 살펴보자.
>
> ```
> public function is($pattern, $value)
> {
>     if ($pattern == $value) return true;
> ```

```
            $pattern = preg_quote($pattern, '#');
            $pattern = Str::replace('\*', '.*', $pattern);
            if (preg_match('#^'.$pattern.'\z#u', $value) === 1) {
                return true;
            }

            return false;
        }
```

Str::random($length = n)

지정된 길이의 대소문자가 혼합된 영숫자alphanumeric 문자로 이뤄진 임의의 문자열을 반환한다.

```
$hash = Str::random(64);

// 샘플: J40uNWAvY60wE4BPEWxu7BZFQEmxEHmGiLmQncj0ThMGJK7O5Kfgptyb9ulwspmh
```

Str::slug($title, $separator = '-', $language = 'en')

문자열로부터 URL 친화적인 슬러그를 반환한다. 주로 이름이나 제목용 URL 세그먼트를 만들 때 사용된다.

```
Str::slug('How to Win Friends and Influence People');

// 'how-to-win-friends-and-influence-people'을 반환한다.
```

Str::plural($value, $count = n)

문자열을 복수형으로 변경한다. 현재는 영어만 지원한다.

```
Str::plural('book');

// books를 반환

Str::plural('person');
```

```
// people을 반환

Str::plural('person', 1);

// person을 반환
```

__($key, $replace = [], $locale = null)

주어진 번역 문자열이나 현지화^{localization} 파일에서 사용하는 번역 키를 번역한다.

```
echo __('Welcome to your dashboard');

echo __('messages.welcome');
```

Str::of($string)

라라벨 7.0에 좀 더 향상된 문자열 연산 기능이 추가됐다. Str::of() 메서드로 Illuminate\
Support\Stringable 객체를 만들어 문자열 헬퍼 함수를 체이닝하여 호출할 수 있다(헬퍼 함수의 전체 목록은 https://laravel.kr/docs/helpers#fluent-strings에서 확인하자).

```
return (string) Str::of(' Laravel Framework 6.x ')
    ->trim()
    ->replace('6.x', '7.x')
    ->slug();
```

17.1.3 애플리케이션 경로

파일 시스템을 다룰 때 파일을 저장하거나 가져오기 위해 특정 디렉터리 링크를 만들기 귀찮을 때가 많다. 이 헬퍼들은 애플리케이션에서 가장 중요한 디렉터리들의 전체 경로를 빠르게 찾아 접근할 수 있게 돕는다.

여기서 언급하는 헬퍼들은 파라미터 없이 호출하지만, 파라미터를 전달하면 이를 뒤로 붙여서 반환한다.

app_path($append = '')

app 디렉터리 경로를 반환한다.

```
app_path();

// /home/forge/myapp.com/app을 반환
```

base_path($path = '')

애플리케이션의 루트 디렉터리 경로를 반환한다.

```
base_path();

// /home/forge/myapp.com을 반환
```

config_path($path = '')

설정 파일들이 있는 경로를 반환한다.

```
config_path();

// /home/forge/myapp.com/config를 반환
```

database_path($path = '')

데이터베이스 파일들이 있는 경로를 반환한다.

```
database_path();

// /home/forge/myapp.com/database를 반환
```

storage_path($path = '')

storage 디렉터리 경로를 반환

```
storage_path();

// /home/forge/myapp.com/storage를 반환
```

17.1.4 URL

일부 프런트엔드 파일의 경로는 일관성이 있는 편이지만, 애셋 경로처럼 입력하기 번거로운 것도 있다. 여기서 소개하는 기능이 도움이 될 것이다. 하지만 라우트 정의가 이동하거나 믹스로 새 버전의 파일을 생성한 경우에는 경로가 달라질 수도 있으므로, 이런 헬퍼는 링크와 애셋이 제대로 작동하는지 확인하는 게 중요하다.

action($action, $parameters = [], $absolute = true)

컨트롤러 메서드가 하나의 URL에 매핑되어 있다고 가정하고, 컨트롤러와 메서드를 튜플 표기법으로 입력하면 주어진 값에 대한 정확한 URL을 반환한다.

```
<a href=
"{{ action([App\Http\Controllers\PersonController::class, 'index']) }}">
See all People
</a>

// <a href="http://myapp.com/people">See all People</a>를 반환
```

컨트롤러 메서드가 라우트 파라미터를 필요로 하면, 두 번째 파라미터로 넘겨줄 수 있다(파라미터가 둘 이상인 경우엔 배열로 전달한다).

명확하게 표시하기 위해 키를 사용해도 되지만 순서를 맞추는 것이 가장 중요하다.

```
<a href="{{ action([App\Http\Controllers\PersonController::class, 'show'], ['id' =>
3] }}">See Person #3</a>

// 또는
<a href="{{ action([App\Http\Controllers\PersonController::class, 'show'], [3]
}}">See Person #3</a>
// <a href="http://myapp.com/people/3">See Person #3</a>를 반환
```

route($name, $parameters = [], $absolute = true)

라우트가 이름을 가지고 있는 경우, 해당 라우트에 대한 URL을 반환한다.

```
// routes/web.php
Route::get('people', 'PersonController@index')->name('people.index');

// 뷰 어딘가에서
<a href="{{ route('people.index') }}">See all People</a>

// <a href="http://myapp.com/people">See all People</a>를 반환
```

라우트 정의가 파라미터를 필요로 하면, 두 번째 파라미터로 넘겨줄 수 있다(파라미터가 둘 이상인 경우엔 배열로). 다시 이야기하지만, 명확하게 표시하기 위해 키를 사용해도 되지만 순서를 맞추는 게 가장 중요하다.

```
<a href="{{ route('people.show', ['id' => 3]) }}">See Person #3</a>
// 또는
<a href="{{ route('people.show', [3]) }}">See Person #3</a>

// <a href="http://myapp.com/people/3">See Person #3</a>를 반환
```

url($string)과 secure_url($string)

주어진 경로 문자열을 정규화된 URL로 변환한다(secure_url()은 url()과 같지만 HTTPS를 쓰도록 강제한다).

```
url('people/3');

// http://myapp.com/people/3을 반환
```

파라미터로 값을 넘겨주지 않으면 경로를 반환하는 대신 메서드 체이닝이 가능한 Illuminate \Routing\UrlGenerator 인스턴스를 반환한다.

```
url()->current();
// http://myapp.com/abc를 반환

url()->full();
```

```
// http://myapp.com/abc?order=reverse를 반환

url()->previous();
// http://myapp.com/login을 반환

// 이외에도 UrlGenerator에 많은 메서드가 있다...
```

mix($path, $manifestDirectory = '')

애셋이 엘릭서의 버저닝 시스템으로 버전이 지정된 경우, 버전을 지정하지 않은 경로명을 제공하면 버전이 지정된 파일의 정규화된 URL을 반환한다.

```
<link rel="stylesheet" href="{{ mix('css/app.css') }}">

// /build/css/app-eb555e38.css와 유사한 것을 반환
```

17.1.5 기타

추천할 만한 글로벌 헬퍼가 몇 개 더 있다. 물론 매뉴얼에서(https://laravel.kr/docs/helpers) 전체 목록을 살펴볼 수도 있지만 여기서 언급하는 것들은 확실히 살펴볼 만한 가치가 있다.

abort($code, $message, $headers)
abort_unless($boolean, $code, $message, $headers)
abort_if($boolean, $code, $message, $headers)

HTTP 예외를 던진다. abort()는 정의된 예외를 던지고, abort_unless()는 첫 번째 파라미터가 false일 때, abort_if()는 첫 번째 파라미터가 true일 때 던진다.

```
public function controllerMethod(Request $request)
{
    abort(403, '통과할 수 없습니다.');
    abort_unless(request()->filled('magicToken'), 403);
    abort_if(request()->user()->isBanned, 403);
}
```

auth()

라라벨 인증 객체를 반환한다. Auth 퍼사드와 마찬가지로 이 객체는 현재 사용자를 얻거나 로그인 상태를 확인하는 일 등에 사용할 수 있다.

```
$user = auth()->user();
$userId = auth()->id();

if (auth()->check()) {
    // 무엇인가 한다.
}
```

back()

사용자를 이전 위치로 보내는 되돌아가기^{redirect back} 응답을 생성한다.

```
Route::get('post', function () {
    ...

    if ($condition) {
        return back();
    }
});
```

collect($array)

배열을 받아서 컬렉션으로 변환 후 반환한다.

```
$collection = collect(['Rachel', 'Hototo']);
```

컬렉션에 대해서는 곧 살펴볼 것이다.

config($key)

점 표기법으로 작성된 설정 항목 값을 반환한다.

```
$defaultDbConnection = config('database.default');
```

`csrf_field()`와 `csrf_token()`

폼을 전송할 때 CSRF 검증 데이터를 추가하기 위해 전체 HTML 숨김 입력 항목을 반환하거나 (`csrf_field()`), 적절한 토큰 값을 반환한다(`csrf_token()`).

```
<form>
    {{ csrf_field() }}
</form>

// 또는

<form>
    <input type="hidden" name="_token" value="{{ csrf_token() }}">
</form>
```

`dd($variable...)`

'dump and die'를 줄여서 표현한 것. 전달받은 모든 파라미터에 대해 `var_dump()`를 실행한 후 `exit()`을 실행해 애플리케이션을 종료한다(주로 디버깅에 사용한다).

```
...
dd($var1, $var2, $state); // 왜 작동하지 않지???
```

`ddd($variable...)`

'dump, die, debug'를 줄여서 표현한 것. 원래 이그니션이라는 독립 패키지에서 제공하던 헬퍼 함수였는데, 라라벨 6.0부터 기본으로 사용할 수 있다(이그니션이 라라벨에 내장되었다). `dd()`보다 훨씬 풍부한 정보를 제공한다. 파라미터로 넘긴 값들뿐 아니라 스택 트레이스, 요청, 사용자, 컨텍스트, 기타 디버깅용 정보를 함께 제공한다. 또한 널리 알려진 문제에 대해서는 해결책을 제시해주기도 하고, 플러그인을 추가해 스택오버플로 검색 결과를 함께 볼 수도 있다.

> **NOTE_** 패키지가 제공하는 헬퍼라 라라벨 매뉴얼에는 사용법이 안내되어 있지 않다. 관심 있는 사람은 이그니션 매뉴얼(https://flareapp.io/docs/ignition-for-laravel/installation)나 1일 1식 라라벨 67호 'dd는 이제 그만, 이제는 ddd!(https://xly.kr/posts/67)'를 참고하자.

env($key, $default = null)

키에 해당하는 환경 변수를 반환한다.

```
$key = env('API_KEY', '');
```

설정 파일이 아닌 곳에서는 env()를 사용하면 안 된다.

dispatch($job)

잡을 전달한다.

```
dispatch(new EmailAdminAboutNewUser($user));
```

event($event)

이벤트를 일으킨다.

```
event(new ContactAdded($contact));
```

old($key = null, $default = null)

사용자가 마지막으로 전송한 폼에 $key에 해당하는 과거 값이 있으면 반환한다.

```
<input name="name" value="{{ old('value', 'Your name here') }}"
```

redirect($path)

$path에 해당하는 리다이렉트 응답을 반환한다.

```
Route::get('post', function () {
    ...

    return redirect('home');
});
```

파라미터 없이 실행하면 Illuminate\Routing\Redirector 클래스 인스턴스를 생성한다.

response($content, $status = 200, $headers)

파라미터가 있으면 사전 빌드된 **Response** 인스턴스를 반환하고, 파라미터가 없으면 **Response** 팩토리의 인스턴스를 반환한다.

```
return response('OK', 200, ['X-Header-Greatness' => 'Super great']);

return response()->json(['status' => 'success']);
```

tap($value, $callback = null)

첫 번째 인자를 전달해서 클로저(두 번째 인자)를 호출한 다음 첫 번째 인자를 반환한다(클로저의 산출물을 반환하는 게 아님).

```
return tap(Contact::first(), function ($contact) {
    $contact->name = 'Aheahe';
    $contact->save();
});
```

view($viewPath)

뷰 인스턴스를 반환한다.

```
Route::get('home', function () {
    return view('home'); // Gets /resources/views/home.blade.php
});
```

17.2 컬렉션

컬렉션은 라라벨이 제공하는 매우 강력한 기능이지만, 컬렉션이 가진 다양한 기능은 잘 알지 못하는 경우가 많다. 5.5.7절 '엘로퀀트 컬렉션'에서 조금 살펴본 바 있지만 다시 한번 간단히 요약해보자.

컬렉션은 매우 강력한 기능을 가진 배열이다. PHP의 배열 탐색 메서드(`array_walk()`, `array_map()`, `array_reduce()` 등)는 혼란스럽고 일관성 없는 메서드 시그니처를 가지고 있다. 컬렉션을 사용하면 일관성 있고 깔끔하고 연결 가능한 배열 탐색 메서드를 사용할 수 있다. 코드를 깔끔하게 만들기 위해 함수형 프로그래밍, 맵, 리듀스, 필터를 입맛에 맞게 쓰면 된다.

이 책에서는 라라벨의 컬렉션과 컬렉션 파이프라인 프로그래밍의 기초를 알아본다. 더 깊게 학습하고 싶은 사람은 애덤 워선의 『Refactoring to Collections』(Gumroad, 2016)를 읽어보길 권한다.

17.2.1 기초

컬렉션은 라라벨에서 만든 개념은 아니다. 많은 프로그래밍 언어가 기본적으로 배열에 컬렉션 스타일의 프로그래밍을 할 수 있게 하는 데 반해 PHP는 그렇지 않았다.

PHP의 `array*()` 함수를 사용하면 [예제 17-1]의 너저분한 코드를 [예제 17-2]처럼 조금 덜 너저분하게 바꿀 수 있다.

예제 17-1 일반적인 너저분한 foreach 반복문

```
$users = [...];

$admins = [];

foreach ($users as $user) {
    if ($user['status'] == 'admin') {
        $user['name'] = $user['first'] . ' ' . $user['last'];
        $admins[] = $user;
    }
}

return $admins;
```

```
$users = [...];

return array_map(function ($user) {
    $user['name'] = $user['first'] . ' ' . $user['last'];
    return $user;
}, array_filter($users, function ($user) {
    return $user['status'] == 'admin';
}));
```

임시 변수($admin)를 제거하고 하나의 복잡한 **foreach** 반복문을 맵과 필터라는 두 작동으로 바꾸었다.

문제는 PHP의 배열 조작 함수는 사용하기 어렵고 혼란스럽다는 것이다. 예를 들면 **array_map()**은 첫 번째 파라미터에 클로저를 받고 두 번째에 배열을 받는다. 반면 **array_filter()**는 배열이 첫 번째이고 클로저가 두 번째다. 게다가 조금 더 복잡해지면 함수가 함수를 감싸고 또 함수를 감싸는 일이 벌어진다. 이렇게 PHP 배열 함수는 일관된 시그니처를 가지고 있지 않다.

라라벨의 컬렉션은 PHP의 배열 조작 함수의 기능은 살리되, 더 깔끔하고 쓰기 편한 문법을 제공한다. 그리고 PHP에는 없는 메서드도 여럿 제공한다. 배열을 라라벨의 컬렉션으로 바꿔주는 **collect** 헬퍼 함수를 쓰면 [예제 17-3]과 같이 할 수 있다.

예제 17-3 라라벨의 컬렉션을 이용한 foreach 반복문 리팩터링

```
$users = collect([...]);

return $users->filter(function ($user) {
    return $user['status'] == 'admin';
})->map(function ($user) {
    $user['name'] = $user['first'] . ' ' . $user['last'];
    return $user;
});
```

위에 보여준 코드는 극단적인 예가 아니다. 코드 양을 줄이고 단순성을 향상하는 훨씬 강력한 사례도 많다. 여기에서 보여준 건 상당히 일반적인 예다.

리팩터링 이전의 원본 예제가 얼마나 엉망진창인지 보라. 특정 코드가 왜 거기에 있는지 전체

코드를 이해하기 전까지는 명확하게 알기 어렵다.

다른 무엇보다도 컬렉션이 제공하는 가장 큰 혜택은 배열을 조작하기 위해 해야 하는 동작을 단순하고 개별적이고 이해하기 쉬운 작업으로 나눈다는 것이다. 컬렉션을 사용하면 다음과 같은 동작도 할 수 있다.

```
$users = [...]
$countAdmins = collect($users)->filter(function ($user) {
    return $user['status'] == 'admin';
})->count();
```

또는 이런 것도 가능하다.

```
$users = [...];
$greenTeamPoints = collect($users)->filter(function ($user) {
    return $user['team'] == 'green';
})->sum('points');
```

이 장의 나머지 부분에서 살펴볼 많은 예들은 방금 살펴본 가공의 $users 컬렉션을 이용한다. $users 배열의 각 항목은 한 사람을 나타내고 배열 접근할 수 있다. 각 사용자가 가질 특정 속성은 예제에 따라 달라질 수 있다. 하지만 $users 변수가 나타나면 지금 막 다뤘던 $users 컬렉션이라고 생각하면 된다.

17.2.2 주요 메서드

지금까지 알아본 것보다 훨씬 더 많은 기능이 있다. 라라벨 컬렉션(https://laravel.kr/docs/collections) 매뉴얼을 보고 어떤 메서드를 사용할 수 있는지 더 학습하길 권한다. 이번 절에서는 핵심 메서드 몇 가지만 소개한다.

all()과 toArray()
컬렉션을 배열로 변환하고 싶으면 all()이나 toArray()를 사용하자. toArray()는 컬렉션뿐 아니라 그 하위의 모든 엘로퀀트 객체도 배열로 바꾼다. all()은 컬렉션만 배열로 바꾸고 컬렉션에 담긴 엘로퀀트 객체는 그대로 유지된다. 다음은 몇 가지 예다.

```
$users = User::all();

$users->toArray();

/* 결과
    [
        ['id' => '1', 'name' => 'Agouhanna'],
        ...
    ]
*/

$users->all();

/* 결과
    [
        Eloquent object { id : 1, name: 'Agouhanna' },
        ...
    ]
*/
```

filter()와 reject()

클로저로 각 아이템을 확인해서 원본 컬렉션의 일부만 얻고 싶을 때에는 filter()(클로저가 true를 반환하는 아이템을 유지)나 reject()(클로저가 false를 반환하는 아이템을 유지)를 사용한다.

```
$users = collect([...]);
$admins = $users->filter(function ($user) {
    return $user->isAdmin;
});

$paidUsers = $user->reject(function ($user) {
    return $user->isTrial;
});
```

where()

where()를 사용하면 특정 키가 특정 값인 하위 집합을 얻을 수 있다. where()로 할 수 있는 건

filter()로도 할 수 있다. 하지만 대개 where()가 더 사용하기 쉽다.

```
$users = collect([...]);
$admins = $users->where('role', 'admin');
```

first()와 last()

컬렉션에서 아이템 하나만 가져오고 싶은 경우 앞에서 가져올 땐 first()를, 뒤에서 가져올 땐 last()를 쓴다. first()나 last()를 파라미터 없이 호출하면 각각 컬렉션의 첫 번째 아이템과 마지막 아이템을 가져온다. 하지만 파라미터로 클로저를 넘겨주면 클로저가 true를 반환하는 아이템 중에서 가져온다.

실제로 첫 번째 또는 마지막 아이템을 가져오기 위해 사용하지만, 아이템이 하나밖에 없을 때도 사용한다.

```
$users = collect([...]);
$owner = $users->first(function ($user) {
    return $user->isOwner;
});

$firstUser = $users->first();
$lastUser = $users->last();
```

두 메서드 모두 두 번째 파라미터를 넘겨줄 수 있다. 이는 기본값으로 클로저가 아무 결과도 제공하지 않으면 이 값으로 대체한다.

each()

컬렉션이나 각 아이템 자체를 변경하지 않으면서 각 아이템으로 뭔가 하고 싶으면 each()를 사용한다.

```
$users = collect([...]);
$users->each(function ($user) {
    EmailUserAThing::dispatch($user);
});
```

map()

컬렉션의 모든 아이템을 순회하면서 변경한 후 변경된 새로운 컬렉션을 반환하려면 map()을
사용한다.

```
$users = collect([...]);
$users = $users->map(function ($user) {
    return [
        'name' => $user['first'] . ' ' . $user['last'],
        'email' => $user['email'],
    ];
});
```

reduce()

컬렉션의 모든 아이템에 특정 작업을 수행하여 하나의 결과 값으로 만들려면 reduce()를 사용
한다. 이 메서드는 초깃값(캐리carry라 부름)을 취하고 컬렉션의 각 아이템이 이를 변경하는 식
으로 작동한다. 캐리의 현재 상태와 각 아이템을 파라미터로 받는 클로저와 캐리의 초깃값을
정의한다.

```
$users = collect([...]);

$points = $users->reduce(function ($carry, $user) {
    return $carry + $user['points'];
}, 0); // 캐리를 0부터 시작함
```

pluck()

컬렉션에 있는 각 아이템의 특정 키에 해당하는 값만 뽑아내고 싶으면 pluck()를 사용
한다.

```
$users = collect([...]);

$emails = $users->pluck('email')->toArray();
```

chunk()와 take()

chunk()를 사용하면 미리 정한 크기의 그룹으로 컬렉션을 분리할 수 있다. take()는 지정한 숫자만큼의 아이템을 가져온다.

```
$users = collect([...]);

$rowsOfUsers = $users->chunk(3); // 3개가 한 그룹이 되도록 분리한다.

$topThree = $users->take(3); // 첫 3개를 가져온다.
```

groupBy()

컬렉션에 있는 모든 아이템을 하나의 속성값으로 그룹지으려면 groupBy()를 사용한다.

```
$users = collect([...]);

$usersByRole = $users->groupBy('role');

/* Returns:
    [
        'member' => [...],
        'admin' => [...],
    ]
*/
```

클로저를 넘겨줄 수도 있으며 클로저에서 반환하는 값이 레코드가 포함될 그룹명이 된다.

```
$heroes = collect([...]);

$heroesByAbilityType = $heroes->groupBy(function ($hero) {
    if ($hero->canFly() && $hero->isInvulnerable()) {
        return 'Kryptonian';
    }

    if ($hero->bitByARadioactiveSpider()) {
        return 'Spidermanesque';
    }

    if ($hero->color === 'green' && $hero->likesSmashing()) {
```

```
        return 'Hulk-like';
    }

    return 'Generic';
});
```

reverse()와 shuffle()

reverse()는 컬렉션에 있는 아이템 순서를 반대로 바꾸고 shuffle()은 순서를 섞는다.

```
$numbers = collect([1, 2, 3]);

$numbers->reverse()->toArray(); // [3, 2, 1]
$numbers->shuffle()->toArray(); // [2, 3, 1]
```

sort(), sortBy(), sortByDesc()

아이템이 단순 문자열이나 정수면 sort()로 정렬할 수 있다.

```
$sortedNumbers = collect([1, 7, 6])->sort()->toArray(); // [1, 6, 7]
```

단순 문자열이나 정수가 아니라 조금 더 복잡한 경우에는 sortBy()나 sortByDesc()에 문자열(속성)이나 클로저를 전달해서 정렬을 정의할 수 있다.

```
$users = collect([...]);

// 'email' 속성으로 사용자 배열을 정렬한다.
$users->sort('email');

// 'email' 속성으로 사용자 배열을 정렬한다.
$users->sortBy(function ($user, $key) {
    return $user['email'];
});
```

countBy()

countBy는 컬렉션 내에 같은 값이 몇 개 있는지 세어준다.

```
$collection = collect([10, 10, 20, 20, 20, 30]);

$collection->countBy()->all();

// [10 => 2, 20 => 3, 30 => 1]
```

결과로 나온 컬렉션의 각 키는 원본 컬렉션의 값 중 하나다. 그리고 키에 해당하는 값은 원본 컬렉션에서 키에 해당하는 값이 나타나는 횟수다.

countBy 메서드는 컬렉션에서 아이템을 세는 데 사용할 값을 커스터마이징하는 콜백을 파라미터로 받을 수도 있다.

```
$collection = collect(['laravel.com', 'tighten.co']);

$collection->countBy(function ($address) {
    return Str::after($address, '.');
})->all();

// all: ["com" => 1, "co" => 1]

count(), isEmpty(), and isNotEmpty()
```

컬렉션에 아이템이 몇 개 있는지 count(), isEmpty(), isNotEmpty()로 확인할 수 있다.

```
$numbers = collect([1, 2, 3]);

$numbers->count();   // 3
$numbers->isEmpty(); // false
$numbers->isNotEmpty() // true
```

avg()와 sum()

숫자로 이뤄진 컬렉션을 다룰 때 avg()와 sum()은 그 이름에 해당하는 동작을 한다. 파라미터는 요구하지 않는다.

```
collect([1, 2, 3])->sum(); // 6
collect([1, 2, 3])->avg(); // 2
```

하지만 아이템이 배열인 경우에는 각각의 아이템 배열에서 처리하고자 하는 속성에 해당하는 키를 파라미터로 전달할 수 있다.

```
$users = collect([...]);

$sumPoints = $users->sum('points');
$avgPoints = $users->avg('points');
```

join()

join()은 컬렉션 값을 하나의 문자열로 합쳐준다. PHP의 join() 메서드처럼 각각의 값을 합칠 때마다 주어진 문자열을 더해서 합친다. 필요시 마지막 연결 문자열을 별도로 정의할 수도 있다.

```
$collection = collect(['a', 'b', 'c', 'd', 'e']);
$collection->join(', ', ', and ');

// 'a, b, c, d, and e'
```

> **TIP** **라라벨 외부에서 컬렉션 사용하기**
>
> 컬렉션의 유용한 기능을 라라벨을 사용하지 않는 프로젝트에서도 사용하고 싶을 수도 있다. 이런 경우를 위해서 필자가 라라벨에서 컬렉션 기능만 분리한 'Collect'(http://bit.ly/2f1It7n)라는 프로젝트를 만들었다. 이 프로젝트는 필자의 회사 개발자들이 라라벨 버전에 맞추어 정기적으로 기능을 업데이트한다.
>
> composer require tightenco/collect 명령을 실행하기만 하면 Illuminate\Support\Collection 클래스와 collect() 헬퍼를 여러분의 코드에서 사용할 수 있다.

17.3 레이지 컬렉션

라라벨 6에 LazyCollection 클래스가 새로 추가됐다. 레이지 컬렉션(https://laravel.kr/docs/collections#lazy-collections)은 매우 큰 데이터도 아주 낮은 메모리 사용량을 유지하며 처리할 수 있도록 PHP의 제너레이터 기능을 활용한다.

데이터베이스에 있는 100,000개가 넘는 연락처를 하나씩 순회하며 처리해야 한다고 생각해보자. 컬렉션을 사용하면 100,000개의 레코드가 메모리에 로드되면서 메모리 부족 문제가 발생할 가능성이 높다.

```
$verifiedContacts = App\Models\Contact::all()->filter(function ($contact) {
    return $contact->isVerified();
});
```

엘로퀀트 모델에서 라라벨 6에서 추가된 레이지 컬렉션의 강력한 기능을 쉽게 사용할 수 있다. cursor 메서드가 기본 Collection 클래스 대신 LazyCollection 인스턴스를 반환한다. 레이지 컬렉션을 사용하면 한 번에 하나의 레코드만 메모리에 로드된다.

```
$verifiedContacts = App\Models\Contact::cursor()->filter(function ($contact) {
    return $contact->isVerified();
});
```

17.4 마치며

라라벨은 모든 종류의 작업을 더 쉽게 수행하게 하는 글로벌 헬퍼 함수 모음을 제공한다. 이를 이용하면 배열과 문자열을 쉽게 조작 및 검사하고, 경로와 URL를 손쉽게 만들며, 일관성 있고 중요한 일부 기능에 쉽게 접근할 수 있다. 라라벨 컬렉션은 PHP에서 컬렉션 파이프라인을 사용하게 하는 강력한 도구다.

CHAPTER 18

라라벨 생태계

라라벨 프레임워크가 성장하며 창시자이자 주 개발자인 테일러는 라라벨 개발자에게 유용한 도구를 많이 만들었다. 새 도구는 대부분 바로 코어에 추가됐지만, 별도의 패키지로 분리되거나 SaaS로 제공하는 기능도 생겨났다. 그뿐만 아니라 라라벨 커뮤니티에서 관리하고 제공하는 도구들도 애플리케이션 개발을 더 쉽고 효율적으로 할 수 있게 돕는다. 도구를 잘 이해하고 활용하는 일은 라라벨 기반 프로젝트의 상당한 부분을 차지한다.

라라벨의 생태계에서 사용되는 많은 도구를 이미 살펴보았지만 한 번 더 정리해보자. 이미 살펴본 것은 책의 어느 부분을 찾아야 하는지 알 수 있게 정리하고, 다루지 않은 도구는 간단한 설명과 관련 웹사이트를 소개한다.

18.1 이 책에서 다룬 도구

18.1.1 발렛

발렛은 주로 맥OS 환경에서 사용하는 로컬 개발 서버다. 아주 적은 노력으로도 프로젝트를 브라우저에서 확인하도록 개발 환경을 설정할 수 있다. 발렛은 컴포저를 이용해서 로컬 개발 머신에 글로벌로 설치한다.

몇 가지 명령어를 사용하면 로컬의 모든 라라벨 애플리케이션 프로젝트를 .test 도메인으로 사용할 수 있게 엔진엑스, MySQL, 레디스 등이 준비된다. 발렛은 2.3.1절 '라라벨 발렛'에서 살펴봤다.

18.1.2 홈스테드

홈스테드는 가상 환경을 사용한 베이그런트를 쉽게 사용하도록 만든 도구다. 이를 이용하면 라라벨에 최적화된 베이그런트 설정을 이용하여 간단하게 가상 머신 기반의 라라벨 애플리케이션을 실행할 수 있다. 2.3.2절 '라라벨 홈스테드'에서 간략하게 소개했다.

18.1.3 라라벨 인스톨러

라라벨 인스톨러는 로컬 개발 머신에 글로벌로 설치되는 패키지로, 인스톨러를 이용하면 새로운 라라벨 프로젝트를 생성할 때 쉽고 빠르게 라라벨을 설치할 수 있다. 2.4.1절 '라라벨 인스톨러를 사용해서 라라벨 프로젝트 설치하기'에서 다뤘다.

18.1.4 믹스

믹스는 웹팩 기반의 프런트엔드 빌드 시스템이다. 바벨Babel, 브라우저싱크, CSS 전처리, 후처리를 쉽게 실행하게 하고, 핫 모듈 교체, 코드 분리, 버저닝 등을 제공한다. 라라벨에서는 믹스 이전엔 걸프Gulp 기반인 엘릭서를 사용했다. 6.1절 '라라벨 믹스'에서 다뤘다.

18.1.5 더스크

더스크는 자바스크립트를 포함한 전체 애플리케이션을 테스트하기 위해 만들어진 프런트엔드 테스팅 프레임워크다. 더스크는 컴포저로 설치하고 크롬 드라이버를 사용하여 실제 브라우저를 기반으로 테스팅을 수행하는 패키지다. 12.12.2절 '더스크를 이용해 테스트하기'에서 다뤘다.

18.1.6 패스포트

패스포트는 OAuth2 방식을 지원하는 API를 만들 때 사용하는 도구다. 간단한 설정으로 프로젝트가 OAuth2를 지원하게 만든다. 설치는 컴포저를 사용한다. 13.7절 '라라벨 패스포트를 이용한 API 인증'에서 다뤘다.

18.1.7 호라이즌

호라이즌은 큐 모니터링 패키지다. 각 애플리케이션에 컴포저로 설치한다. 레디스 큐 잡의 현재 상태, 성능, 실패, 내역을 모니터링하는 사용자 인터페이스를 제공한다. 16.2절 '라라벨 호라이즌'에서 간단히 소개했다.

18.1.8 에코

에코는 라라벨 애플리케이션으로부터 웹소켓을 통해 브로드캐스트되는 이벤트와 채널을 구독하기 쉽게 만드는 자바스크립트 라이브러리다(라라벨 알림 시스템을 향상시키는 일련의 과정에 도입된다). 16.4.5절 '라라벨 에코(자바스크립트 측면)'에서 다뤘다.

18.1.9 젯스트림

젯스트림은 웹 애플리케이션을 만들 때 공통적으로 필요한 기능들을 제공하는 패키지다. 왜 스캐폴딩을 지원하지 않느냐는 커뮤니티의 지속적인 의견을 반영하여 개발됐으며 라라벨 8부터 사용할 수 있다. 젯스트림을 이용하면 명령어 하나로 로그인, 회원가입, 이메일 인증, 2단계 인증, 세션 관리, 생텀을 이용한 API 지원, 팀 관리 기능 등을 만들 수 있다. 젯스트림이 제공하는 기능과 화면은 모두 입맛에 맞게 바꿀 수 있으므로 애플리케이션을 만들기 시작할 때 활용하면 좋다. 기존의 `artisan auth:ui` 스캐폴딩이 더욱 확장된 형태라고 생각하면 된다. 2.4.1절 '라라벨 인스톨러를 사용해서 라라벨 프로젝트 설치하기'에서 다뤘다.

18.2 이 책에서 다루지 않은 도구

라라벨과 관련된 도구 중에서 이 책에서 다루지 않은 도구도 많다. 구독 기능을 포함한 결제와 같이 특정 목적을 위해서 사용되는 캐셔, 소셜 로그인을 위해서 사용하는 소셜라이트, 배포를 위한 포지 같은 것이다. 각각에 대해 실무에서 접하기 쉬운 예를 들어 간단히 설명한다. 참, 여기서 추가로 소개하지 않는 도구가 더 많음을 기억하자.

18.2.1 포지

포지(https://forge.laravel.com)는 디지털오션^{DigitalOcean}, 리노드^{Linode}, AWS 등과 같은 호스팅 서비스에 가상 서버를 만들고 관리하는 데 사용하는 유료 SaaS 도구다. 큐에서부터 SSL 인증서에 이르기까지 라라벨 애플리케이션을 실행하는 데 필요한 모든 도구를 갖춘 서버 (및 서버에 해당하는 개별 사이트)를 구축한다. 포지는 깃허브나 비트버킷^{Bitbucket}에 새로운 코드를 푸시할 때 사이트에 자동 배포를 하는 간단한 셸 스크립트도 제공한다.

포지를 사용하면 웹사이트를 쉽고 빠르게 시작할 수 있을 뿐 아니라, 큰 사이트를 장기간 운용하는 데 필요한 기능을 사용할 수 있다. 오토스케일링을 통해 서버 전체 규모를 늘리거나, 로드밸런서를 추가하거나, 서버 간 비공개 네트워크를 관리하는 기능 등 필요한 모든 일을 포지 안에서 처리할 수 있다.

18.2.2 베이퍼

베이퍼^{Vapor}(https://vapor.laravel.com)는 서버리스^{serverless} 개념을 이용해서 라라벨 애플리케이션을 AWS 람다로 배포하는 유료 SaaS 도구다. 캐시, 큐, 데이터베이스, 애셋 빌딩, 도메인 디렉션, 오토스케일링, CDN, 환경 관리 등 라라벨 애플리케이션을 서버리스로 옮기는 데 필요한 모든 것을 관리한다.

18.2.3 엔보이어

엔보이어는 무중단 PHP 배포를 내세우는 유료 SaaS 도구다. 포지와 달리 엔보이어는 서버를 구축하거나 관리하지 않는다. 엔보이어의 주된 작업은 신호(주로 새로운 코드를 푸시했을 때지만, 직접 신호를 보내거나 웹훅을 이용해서 신호를 보낼 수도 있다)를 기다렸다가 신호가 오면 배포 절차를 수행하는 것이다.

포지의 배포용 푸시[push-to-deploy] 도구나 여타 배포용 푸시 솔루션과 달리 엔보이어가 갖는 장점세 가지다.

1 단순하지만 강력한 다단계 프로세스로 배포 파이프라인을 만드는 강력한 도구 모음을 갖는다.
2 캐피스트라노[Capistrano] 스타일의 무중단 배포 방식을 사용한다. 즉 각 배포는 개별 폴더에서 빌드되고, 모든 빌드 절차가 성공적으로 마무리되면 그 폴더를 실제 웹 루트로써 심링크[symlink]로 연결한다. 이런 방식을 사용하므로 컴포저로 패키지를 설치하거나 NPM을 빌드하는 동안에도 서버가 중단되지 않는다.
3 폴더 기반 시스템 덕분에 이전 버전으로 쉽고 빠르게 롤백할 수 있다. 엔보이어는 이전 배포 폴더로 심링크를 되돌리면 그와 동시에 과거 빌드로 돌아간다.

주기적인 상태 검사(200 HTTP 응답을 되돌려주지 않으면 오류를 보고하는 서버 통신 상태 확인), 크론 잡을 이용한 주기적인 엔보이어 통신 상태 확인, 중요한 이벤트에 대한 채팅 기반 알림도 설정할 수 있다.

엔보이어는 포지보다 사용하는 사람이 적다. 필자 주변에는 포지를 안 쓰는 개발자가 별로 없다. 엔보이어를 유료로 사용하는 사람은 즉각적으로 롤백하지 못하거나 10초 이상의 다운타임이 발생하면 큰 문제가 되는 웹사이트를 가진 사람일 가능성이 높다. 여러분의 사이트가 이런 범주에 속한다면 엔보이어가 마법처럼 느껴질 것이다.

18.2.4 캐셔

캐셔(https://laravel.com/docs/8.x/billing)는 스트라이프[Stripe]와 브레인트리[Braintree][1]의 구독 결제 서비스 앞단에서 간단한 인터페이스를 제공하는 무료 패키지다. 사용자의 구독, 요금제 변경, 청구서 조회, 결제 서비스에서 보내는 웹훅 콜백 처리, 취소 유예 기간 관리 등 기본 기능을 대부분 처리한다. 스트라이프나 브레인트리를 사용해서 정기 결제를 받을 때 캐셔를 쓰면, 결제 기능 연동을 위한 복잡한 작업을 하지 않아도 된다.

----

1 옮긴이_ 안타깝게도 캐셔 기반의 스트라이프나 브레인트리는 국내에서 사용하기에는 부족한 부분이 있다.

18.2.5 소셜라이트

소셜라이트(https://laravel.kr/docs/socialite)는 애플리케이션에 소셜 로그인(예를 들어, 카카오톡이나 페이스북을 통한 로그인)을 쉽게 추가하는 무료 패키지다.

18.2.6 노바

노바(https://nova.laravel.com)는 관리자 패널 구축용 유료 패키지다. 라라벨 프로젝트를 진행할 때 일반적인 웹사이트라면 보통은 고객이 보는 화면, 핵심 데이터, 고객 목록을 변경하기 위한 관리자 영역, API 중 몇 가지를 가지고 있을 것이다.

노바를 이용하면 Vue와 라라벨 API를 사용해 관리자 패널을 쉽게 만들 수 있다. 모든 리소스에 대한 CRUD 페이지와 조금 더 복잡한 커스텀 뷰, 각 리소스에 대한 커스텀 액션과 연관관계, CRUD 도구를 추가하기 위한 커스텀 기능까지 같은 관리자 페이지에 쉽게 추가할 수 있다.

18.2.7 스파크

스파크(https://spark.laravel.com)는 사용자에게서 결제를 받을 수 있는 SaaS를 만들고 사용자, 팀, 구독을 편히 관리하게 하는 유료 패키지다. 스트라이프 통합, 청구서, 2단계 인증, 사용자용 프로필 사진, 팀 관리, 결제, 비밀번호 재설정, 공지, API 토큰 인증 등을 제공한다.

스파크는 기능을 처리하기 위한 일련의 라우트와 Vue 컴포넌트로 구성된다. 스파크는 새 프로젝트의 기초를 스캐폴딩하는 데 사용하는 것이므로 기존 애플리케이션에는 추가하지 않도록 한다.

18.2.8 루멘

루멘(https://lumen.laravel.com)은 라라벨 일부를 활용하여 만든 API에 초점을 맞춘 마이크로 프레임워크다. API용이므로 API 호출이 아닌 것을 대상으로 라라벨이 제공하는 편의 기능(예를 들어, 블레이드 템플릿)이 다수 빠져 있다. 기능을 줄인 대신 속도가 빠르다.

보통 루멘보다는 라라벨을 사용하는 게 좋다. 라라벨로 API를 구축했는데 애플리케이션이 너무 느리거나, 라라벨이 제공하는 기능이나 뷰가 아예 필요하지 않은 마이크로서비스 스타일의 API를 구축할 때가 아니라면 말이다. 하지만 마이크로서비스 스타일의 API를 개발하고 아주 조금이라도 더 빠른 속도가 필요할 때는 루멘이 좋다.

18.2.9 엔보이

엔보이^{Envoy}(`https://laravel.kr/docs/envoy`)는 원격 서버에서 실행할 일반적인 작업을 정의하고, 그 정의의 버전을 관리하고, 간단하고 예측 가능한 방식으로 실행하기 쉽게 하는 로컬 작업 실행기^{task runner}다. 다음 예제를 보면 일반적인 엔보이 작업이 어떻게 생겼는지 감을 잡을 수 있을 것이다.

예제 18-1 일반적인 엔보이 작업

```
@servers(['web-1' => '192.168.1.1', 'web-2' => '192.168.1.2'])

@task('deploy', ['on' => ['web-1', 'web-2']])
    cd mysite.com
    git pull origin {{ $branch }}
    php artisan migrate
    php artisan route:cache
@endtask
```

위 예제를 실행하려면 로컬 터미널에서 아래 명령을 실행하면 된다.

```
envoy run deploy --branch=master
```

18.2.10 텔레스코프

텔레스코프^{Telescope}(`https://laravel.kr/docs/telescope`)는 라라벨 5.7.7 이상에서 사용할 수 있는 디버깅 도구 패키지다. 잡, 큐 워커, HTTP 요청, 데이터베이스 쿼리 등의 현재 상태를 확인할 수 있는 대시보드를 생성해준다.

18.2.11 라라벨 HTTP 클라이언트

라라벨 7.0에 추가된 HTTP 클라이언트다(https://laravel.kr/docs/http-client). 주로 외부에 HTTP 요청을 할 때 사용한다. Guzzle HTTP(http://docs.guzzlephp.org/en/stable)를 기반으로 하되 자주 쓰는 기능만 추려 쓰기 편하다.

18.2.12 브리즈

브리즈Breeze(https://github.com/laravel/breeze)는 셋스트림이 너무 어렵다는 의견을 반영해서 만든, 블레이드와 테일윈드만으로 구성된 간단한 인증 스캐폴드 패키지다.

18.3 기타 자료

다음은 사람들이 라라벨을 배울 때 많이 보는 자료 목록이다.

- 라라벨 뉴스: https://laravel-news.com
- 라라캐스트: https://laracasts.com
- 트위터의 테일러 오트웰 계정(https://twitter.com/taylorotwell)과 라라벨PHP 계정(https://twitter.com/laravelphp)
- 애덤 워선의 강좌: https://adamwathan.me
- 크리스 피다오의 강좌: https://fideloper.com
- 라라벨 팟캐스트: http://www.laravelpodcast.com
- 여러 라라벨 채팅 채널들: 이 책을 쓰는 시점에는 라라벨 디스코드 서버(https://laravel.com/discord)가 테일러와 다른 기여자들이 접속하는 주된 채널이지만, 슬랙(https://larachat.co)과 IRC(Freenode의 #laravel)에도 비공식 채널이 있다.
- 그리고 한국어 매뉴얼 사이트(https://laravel.kr)와 페이스북에 한국어 모던 PHP 유저 그룹(https://www.facebook.com/groups/655071604594451)이 있다.

블로그 운영자,[2] 트위터 계정, 훌륭한 패키지 저자 등 목록에 딱 어울리는 존경할 만한 라라벨 개발자가 많다. 라라벨 커뮤니티는 배운 것을 나누길 좋아하는 개발자로 가득 한 풍성하고 다

---

2 맷 스타우퍼는 https://mattstauffer.com을 타이튼은 https://tighten.co를 운영한다.

양성 있는 좋은 커뮤니티다. 좋은 콘텐츠를 찾는 것보다 이를 소화할 시간을 마련하기가 더 어렵다.

여러분이 라라벨 개발자로서 여정을 떠나며 봐야 할 모든 인물과 자료를 다 적을 순 없지만, 여기에 나열한 인물과 자료로 시작하면 라라벨을 시작하고 운영하는 데 큰 도움이 될 것이다.

용어 정리

객체 관계 매핑(objectrelational mapping, ORM)
관계형 데이터베이스에서 데이터와 데이터의 관계를 나타내기 위해 프로그래밍 언어로 객체를 사용하는 데 중점을 둔 디자인 패턴이다.

걸프(Gulp)
자바스크립트 기반 빌드 툴이다.

교차 사이트 요청 위조(cross-site request forgery, CSRF)
사용자가 사이트에 로그인되어 있는 동안 브라우저의 정보를 가로채(자바스크립트를 사용하는 경우가 많음) 외부 사이트에서 애플리케이션으로 요청을 보내는 악의적인 공격이다. 웹사이트의 모든 폼 입력에 토큰을 추가해서(그리고 POST로 전송된 토큰을 확인해서) 공격을 방어할 수 있다.

기본 키(primary key)
대부분의 데이터베이스 테이블은 개별 레코드를 대표하는 칼럼을 가진다. 이 칼럼을 기본 키라고 부르고 일반적으로 id라고 이름 붙인다.

노바(Nova)
라라벨 애플리케이션용 관리자 패널을 만드는 데 사용하는 유료 패키지다.

다형성(polymorphic)
데이터베이스 용어로는 비슷한 특성을 가진 여러 데이터베이스 테이블과 상호작용할 수 있음을 뜻한다. 다형성 연관관계를 사용하면 여러 모델의 엔티티를 같은 방식으로 연결할 수 있다. 예를 들면 좋아요(Like) 같은 모델은 글(Post)과 연관관계를 맺을 수도 있고, 댓글(Comment)과도 연관관계를 맺을 수도 있다.

대량 할당(mass assignment)
엘로퀀트 모델을 생성하거나 업데이트할 때 키를 지정한 배열을 이용해서 여러 파라미터를 한 번에 전달하는 것을 뜻한다.

더스크(Dusk)

크롬 드라이버를 사용하여 자바스크립트(주로 Vue)와 DOM 인터렉션을 테스트할 수 있는 라라벨의 프런트엔드 테스팅 패키지다.

라우트(route)

사용자가 웹 애플리케이션에 방문하는 경로를 정의한 것이다. 라우트는 패턴을 정의하는 것으로 /users/5나 /users 또는 /users/id와 같이 정의할 수 있다.

레디스(Redis)

멤캐시와 비슷하게 다른 관계형 데이터베이스보다 단순하지만 강력하고 빠른 데이터 저장소다. 레디스는 매우 한정적인 구조와 데이터 유형을 지원하지만 속도와 확장성이 뛰어나다.

리액트(React)

자바스크립트 프레임워크다. 페이스북이 만들고 관리한다.

마이그레이션(migration)

코드로 저장되고 실행되는 데이터베이스 상태 조작을 뜻한다.

마크다운(Markdown)

일반 텍스트에 서식을 지정하고 여러 형태로 출력하도록 설계된 서식 언어formatting language다. 스크립트에 의해 처리되거나, 사람이 원시 형태로 읽을 가능성이 높은 텍스트(예를 들어, Git README)에 서식을 지정할 때 흔히 사용된다.

멀티테넌시(multitenancy)

각각 고객을 갖는 여러 클라이언트에게 서비스를 제공하는 단일 애플리케이션이다. 멀티테넌시는 종종 서로 다른 클라이언트의 사용자가 혼란을 겪지 않도록 애플리케이션의 각 클라이언트가 각자의 테마와 도메인 이름을 갖게 한다. 티스토리 블로그 서비스를 예로 들 수 있다.

메일러블(Mailable)

전송할 메일의 기능을 하나의 '전송 가능한sendable' 클래스에 포함되도록 설계한 아키텍처 패턴이다.

멤캐시(Memcache)

단순하지만 빠른 데이터 저장소를 제공하기 위해 고안된 인메모리 데이터 스토어다. 멤캐시는 기본적인 키/값 저장소만 지원한다.

명령어(command)

커스텀 아티즌 콘솔 작업 이름

모델(Model)

시스템의 특정 데이터베이스 테이블을 나타내는 클래스다. 라라벨의 엘로퀀트와 같은 액티브 레코드 ORM에서는 이 클래스를 단일 레코드를 표현하는 데에도 사용하고, 데이터베이스 테이블과 상호작용하는 데에도 사용한다.

모델 팩토리(Model Factory)

테스트나 시딩에 필요할 때 모델의 인스턴스를 생성하는 방법을 정의하는 도구다. 일반적으로 페이커와 같은 가짜 데이터 생성기와 함께 사용한다.

목커리(Mockery)

테스트에서 PHP 클래스를 손쉽게 목킹하는(모의 객체를 생성하는) 라이브러리로 라라벨에 기본적으로 포함되어 있다.

미들웨어(middleware)

애플리케이션을 감싸는 일련의 래퍼로 유입된 요청 객체를 조작하거나, 응답 객체의 내용을 조정한다.

믹스(Mix)

웹팩 기반의 프런트엔드 빌드 도구다. 라라벨 5.4 이전에 존재하던 엘릭서를 대체했다. 프런트엔드 애셋의 병합, 최소화, 전처리 등에 사용한다.

발렛(Valet)

베이그런트나 가상 머신을 사용하지 않고 선택한 디렉터리에 있는 애플리케이션을 손쉽게 브라우저에서 확인하게 하는 라라벨 패키지다. 맥 OS에서 사용 가능하지만 윈도우 사용자를 위한 포크 버전도 있다. 윈도우 버전은 공식 지원대상은 아니다.

베이그런트(Vagrant)
사전 정의된 가상 머신 이미지를 이용해서 로컬 컴퓨터에 가상 머신을 손쉽게 빌드하게 하는 명령줄 도구다.

변경자(mutator)
엘로퀀트에서 지원하는 기능으로 데이터베이스에 저장되기 전에 모델 속성에 저장되는 데이터를 조작하게 해준다.

뷰(view)
백엔드 시스템이나 프레임워크에서 데이터를 가져와서 HTML로 전환하는 개별 파일이다.

뷰 컴포저(view composer)
특정 뷰가 로딩될 때마다 사전에 정의한 특정 데이터를 제공하는 기능을 말한다.

브라우저킷(BrowserKit)
라라벨 5.4 이전까지 사용되던 DOM 기반의 사용자 인터렉션을 모방할 수 있는 프런트엔드 테스트 도구다. 라라벨 5.4 이상에서 사용하기 위해서는 컴포저로 별도로 설치해야 한다.

블레이드(blade)
라라벨의 템플릿 엔진의 이름이다.

빈스토크 데몬(beanstalkd demon)
작업 큐를 위해서 사용되는 별도의 애플리케이션이다. 라라벨 애플리케이션에서 비동기 작업을 수행하기 위해서 별도의 큐 서버가 필요하다면 좋은 선택지다.

서비스 프로바이더(service provider)
클래스와 컨테이너 바인딩을 등록하고 부팅하는 라라벨 클래스다.

서비스형 소프트웨어(software as a service, SaaS)
주로 유료 서비스 형태로 사용하는 웹 기반 애플리케이션이다.

소셜라이트(Socialite)
라라벨 애플리케이션에 소셜 인증(예를 들어, 페이스북으로 로그인)을 손쉽게 추가하는 라라벨 패키지다.

소프트 삭제(soft delete)
데이터베이스의 레코드를 실제로 삭제하지 않고 `deleted_at`과 같은 칼럼을 사용하여 '삭제된' 상태로 표시한다. 보통 '삭제된' 행은 일반적인 쿼리 결과에 포함되지 않노록 설정되어 있다.

스카우트(Scout)
엘로퀀트 모델 풀 텍스트 검색을 지원하는 라라벨 패키지다.

스코프(Scope)
엘로퀀트에서 일관성 있고 단순하게 쿼리 범위를 좁히는 방법을 정의하는 도구다.

스파크(Spark)
구독 기반 SaaS 애플리케이션을 만들어주는 라라벨 도구다.

실시간 퍼사드(real-time facade)
퍼사드와 비슷한데 별도의 클래스가 없다. 클래스를 임포트할 때 네임스페이스 앞에 Facades\만 붙여주면 어떠한 클래스의 메서드도 정적 메서드로 호출할 수 있다.

심포니(Symfony)
우수한 컴포넌트를 만들고 다른 사람도 사용하게 하는 데 초점을 맞춘 PHP 프레임워크다. 심포니의 HTTP Foundation은 라라벨 및 다른 최신 PHP 프레임워크의 핵심 컴포넌트로 활용된다.

아티즌(artisan)
명령줄에서 라라벨 애플리케이션을 조작하는 도구다.

알림(notification)

하나의 메시지를 여러 알림 채널(예를 들어 이메일, 슬랙, 문자 메시지)을 통해 하나 이상의 수신자에게 보내는 라라벨 프레임워크 도구다.

애플리케이션 테스트(application test)

종종 인수 테스트나 기능 테스트라고도 부른다. 애플리케이션의 전체 동작을 테스트하는 데 사용한다. 마치 외부(엔드포인트나 사용자 인터페이스 등)에서 접근하는 DOM 크롤러처럼 동작한다.

액티브레코드(activerecord)

많이 사용되는 데이터베이스 ORM 패턴이다. 라라벨의 엘로퀀트도 이 패턴을 사용한다. 액티브레코드 패턴에서는 하나의 모델 클래스에서 데이터베이스 레코드를 조회하고 저장하는 방법과 표현하는 방법을 모두 정의한다. 그리고 각 데이터베이스 레코드는 애플리케이션 내의 엔티티 하나를 나타내고, 애플리케이션 내의 각 엔티티는 데이터베이스 레코드 하나에 매핑된다.

어서션(assertion)

어서션은 테스트의 핵심이다. 테스트하고자 하는 대상이 특정한 값과 같은지 큰지 작은지 혹은 특정한 형태여야 하는지 확인한다.

에코(Echo)

웹소켓 인증과 데이터 동기화를 도와주는 도구다.

엔보이(Envoy)

원격 서버에 공통 작업을 실행하기 위한 스크립트를 작성하는 데 사용하는 라라벨 패키지다. 엔보이는 작업과 서버를 정의하는 데 사용하는 문법과 작업을 실행하는 데 사용하는 명령줄 도구를 제공한다.

엔보이어(Envoyer)

무중단 배포, 다중 서버 배포, 서버와 크론의 상태를 확인하는 용도의 라라벨 SaaS 제품이다.

엔진엑스(Nginx)
아파치와 유사한 웹 서버다.

엘로퀀트(Eloquent)
라라벨의 액티브레코드 ORM이다. User 모델 클래스를 정의하고 이를 사용하여 테이블과 레코드 작업을 처리할 수 있다.

엘릭서(Elixir)
라라벨이 믹스 이전에 사용하던 빌드 도구다. 걸프 기반으로 동작한다.

오토와이어링(autowiring)
개발자가 어떤 클래스의 인스턴스를 어떻게 만들지 명시적으로 알려주지 않아도 의존성 주입 컨테이너가 이를 알아서 해결해 주입하는 동작을 말한다. 오토와이어링 기능을 지원하지 않는 컨테이너를 사용하면 아무 의존성도 갖고 있지 않은 단순 PHP 객체일지라도 컨테이너에 명시적으로 바인딩하기 전까지는 이 객체를 주입할 수 없다. 오토와이어링 기능을 지원하는 컨테이너라면 의존성이 아주 복잡하거나 모호한 경우에만 컨테이너가 이를 해결할 수 있도록 명시적으로 바인딩한다. 나머지 경우에는 자동으로 의존성이 해결된다.

옵션(option, 아티즌)
인자와 마찬가지로 옵션도 아티즌 명령에 전달할 수 있는 파라미터다. --가 앞에 붙으며, 플래그로 사용하거나(--force) 데이터를 제공할 수 있다(--userId=5).

웹팩(Webpack)
기술적으로 이야기하면 '모듈 번들러'다. 웹팩은 프런트엔드 빌드 작업을 실행할 때 흔히 사용되는 도구다. 특히 CSS, 자바스크립트, 다른 프런트엔드 소스 파일을 처리하고 좀 더 출시하기 적합한production-ready 형태로 출력하는 작업을 포함한다.

유닛 테스트(unit test)
유닛 테스트는 작고 상대적으로 격리된 단위(주로 클래스나 메서드)를 대상으로 한다.

유효성 검증(validation)
사용자의 입력 값이 유효한 형태인지 확인하는 동작을 말한다.

의존성 주입(dependency injection)
의존성 또는 의존 객체를 클래스 내부에서 인스턴스화하는 대신 외부로부터 주입하는(주로 생성자를 통해) 개발 패턴이다. 하나의 클래스가 인스턴스화되어서 동작을 수행하려 할 때 필요한 다른 클래스의 인스턴스, 즉 의존성을 주입받는다는 뜻이다.

이벤트(event)
발행/구독 혹은 관찰자 패턴을 구현하는 라라벨의 기능이다. 각 이벤트는 이벤트가 발생했음을 나타낸다. 이벤트의 이름은 어떤 일이 일어났는지를 설명하고(예를 들어 UserSubscribed), 페이로드로 관련 정보를 첨부할 수 있다. 이벤트가 발생된 후 이 이벤트를 수신하는 클래스에 전달되도록(또는 이벤트가 발행된 후 이를 처리하는 클래스가 구독하도록) 설계되었다.

인가(authorization)
인증된 사용자가 특정 상황에서 어떤 액션을 할 수 있는지를 정의한다. 인가는 접근과 제어에 관한 확인을 위해서 사용된다.

인자(argument, 아티즌)
인자는 아티즌 콘솔 명령어에 전달할 수 있는 파라미터다. 인자는 앞에 --나 뒤에 =를 붙이지 않고 단일 값만 허용한다.

인증(authentication)
애플리케이션의 이용자가 자신을 등록된 멤버/사용자임을 올바르게 입증하는 행위다. 인증은 무엇을 할 수 있는지가 아니라 단순히 누구인지를 묻는 것이다.

일루미네이트(Illuminate)
라라벨 컴포넌트의 최상위 네임스페이스다.

잡(Job)

하나의 작업을 캡슐화하기 위한 클래스다. 잡은 큐에 밀어 넣고 비동기적으로 실행될 수 있도록 고안되었다.

전처리기(preprocessor)

특수한 형태의 언어(CSS의 경우 LESS가 특수한 형태 중 하나)를 이용해서 일반 언어(CSS)로 된 코드를 생성하는 빌드 도구다. 전처리기는 핵심 언어가 갖지 않은 기능과 도구를 갖고 있다.

점 표기법(dot notation)

점(.)을 이용해서 한 단계 아래의 데이터를 침조히는 상속 트리 탐색 방식이다. `['owner' =>` `['address' => ['line1' => '123 Main St.']]]`라는 배열은 3단계로 중첩되어 있다. 점 표기법을 사용하면 `123 Main St.`를 `owner.address.line1`으로 표현할 수 있다.

접근자(accessor)

엘로퀀트 모델에 정의된 메서드다. 특정 속성을 반환하는 방법을 바꾼다. 접근자를 이용하면 특정 속성에 접근해서 값을 가져올 때 데이터베이스에 저장된 값과 다른 값(조금 더 정확하게는 다른 형태의 값으로)을 반환하도록 정의할 수 있다.

정규화된 클래스명(fully qualified class name, FQCN)

전체 네임스페이스를 포함한 클래스, 트레이트, 인터페이스 이름이다. 예를 들어 `Controller`는 클래스명이고 `Illuminate\Routing\Controller`는 정규화된 클래스명이다.

제어의 역전(inversion of control, IoC)

특정 클래스에서 기능 작동에 필요한 다른 클래스의 인스턴스가 필요할 때 직접 어떤 인스턴스를 만들지 결정하지 않고 상위 코드에서 결정하는 방식을 말한다. 인터페이스를 구현하는 클래스의 인스턴스를 생성하는 제어권의 방향이 반대로 되어 있어 제어의 역전이라고 한다. 제어의 역전을 사용하지 않으면 각 컨트롤러와 클래스마다 어떤 `Mailer` 인스턴스를 만들 건지 결정해야 한다. 제어 역전을 이용하면 하위 수준 코드(컨트롤러와 클래스)에서는 단순히 `Mailer`를 요청하게 하고, 상위 수준에서 이 요청에 대해 어떤 인스턴스를 제공할 건지 애플리케이션마다 한 번씩만 정의하면 된다.

지시어(directive)
@if, @unless와 같이 블레이드에서 특정한 기능을 수행하는 문법이다.

직렬화(serialization)
복잡한 데이터(주로 엘로퀀트 모델)를 단순한 형태(라라벨에서는 주로 배열이나 JSON)로 전환하는 절차다.

카본(Carbon)
시간과 관련된 작업을 처리하기 위해서 쉽고 편리한 메서드를 제공하는 PHP 패키지다.

캐셔(Cashier)
결제를 처리하기 위한 라라벨 패키지다. 결제는 스트라이프나 브레인트리 등의 결제를 지원하며 정기 구독과 같은 결제에 특화되어 있다. 국내 환경에서는 사용하기 쉽지 않다.

컨테이너(container)
컨테이너는 라라벨 프레임워크 외에도 광범위하게 쓰는 용어이지만 라라벨에서는 의존성 주입을 책임지는 애플리케이션 컨테이너를 의미한다. app() 헬퍼 함수를 사용하면 컨테이너에 접근하고 컨트롤러, 이벤트, 잡, 커맨드를 호출할 때 자동으로 의존성을 해결하는 역할도 담당한다. 컨테이너는 라라벨 애플리케이션을 하나로 엮어주는 접착제 역할을 한다.

컨트랙트(contract)
인터페이스가 필수적으로 구현해야 할 기능을 포함하는 약속이라는 뜻에서 컨트랙트(혹은 계약)라고 부른다.

컨트롤러(controller)
MVC 패턴에서 사용자 요청을 애플리케이션의 주요 서비스로 전달하여 처리하고 필요한 데이터를 보내고, 결과로 반환된 응답 객체를 사용자에게 돌려주는 역할을 하는 클래스다. 말 그대로 일련의 사용자 요청/응답의 흐름을 제어한다.

컬렉션(collection)

개발 패턴의 일종이면서 이 패턴을 구현한 라라벨의 기능 중 하나다. PHP 기본 배열처럼 사용할 수 있으면서 그보다 훨씬 다양하고 강력한 기능을 제공한다. PHP의 내장 배열 함수보다 일관되고 내장 함수로 처리하지 못하는 기능을 제공한다.

컴포저(composer)

PHP의 의존성 관리자 도구로 루비 젬이나 node.js의 NPM 같은 도구다.

코드이그나이터(CodeIgniter)

라라벨 이전에 많이 사용하던 PHP 프레임워크다. 라라벨의 탄생에 영향을 주었다.

큐(queue)

잡이 추가될 수 있는 곳이다. 보통은 큐에서 한 번에 하나의 잡을 가져와 처리하고 제거하는 큐워커와 함께 사용한다.

클로저(closure)

클로저는 PHP에서 익명 함수를 부르는 명칭이다. PHP의 클로저는 객체로 전달할 수도 있고, 변수에 할당할 수도 있다. 또한 다른 함수와 메서드의 파라미터로 전달할 수도 있고, 심지어 직렬화할 수도 있는 함수다.

타입힌트(typehint)

메서드 시그니처에서 변수명 앞에 클래스나 인터페이스명을 적어주는 것이다. PHP에 해당 파라미터는 그 클래스나 인터페이스의 객체만 받을 수 있다고 전하는 것이다(물론 라라벨과 다른 개발자에게도 그렇다).

텔레스코프(Telescope)

라라벨 애플리케이션에 디버깅 보조 도구를 추가하는 라라벨 패키지다.

통합 테스트(integration test)

통합 테스트는 개별 단위들이 함께 작동하고 메시지를 전달하는 방식을 테스트한다.

팅커(Tinker)

라라벨의 REPL[read-evaluate-print loop]이다. 명령줄에서 전체 애플리케이션에 적용할 복잡한 PHP 작업을 수행하는 도구다.

패스포트(Passport)

라라벨 애플리케이션에 OAuth 인증 서버를 쉽게 추가하는 라라벨 패키지다.

퍼사드(facade)

라라벨에서 복잡한 도구에 쉽게 접근하게 돕는 기능이다. 퍼사드는 라라벨 코어 서비스에 대한 정적 메서드 접근을 제공한다. 모든 퍼사드는 컨테이너에 있는 클래스를 기반으로 하므로 Cache::put() 같은 것을 $cache = app('cache'); $cache->put() 같은 두 줄짜리 코드로 대체할 수 있다.

페이커(Faker)

무작위의 가짜 데이터를 쉽게 생성하는 PHP 패키지다. 이름, 주소, 타임스탬프 등 다양한 형태의 데이터를 생성할 수 있다.

포지(Forge)

디지털오션이나 AWS 같은 주요 클라우드 서비스의 가상 서버를 생성하고 쉽게 관리하는 라라벨 제품이다.

플라이시스템(Flysystem)

로컬 및 클라우드 파일에 쉽게 접근하기 위해 라라벨이 사용하는 패키지다.

플래그(flag)

켜고[on] 끄는[off] 파라미터(불리언)다.

플루언트(fluent)

다른 메서드에 연결하는 방식으로 메서드를 호출하는 형태를 '플루언트하다'고 한다. 플루언트한 구문을 제공하기 위해서는 각 메서드가 다시 연결될 수 있도록 인스턴스를 반환해야 한다.

이 방식을 이용하면 People::where('age', '>', 14)->orderBy('name')->get()과 같이 메서드를 호출할 수 있다.

핫 모듈 교체(hot module replacement, HMR)

전체 파일을 다시 로드하지 않고도 활성화되어 있는 웹사이트의 프런트엔드 종속성 일부만 다시 로드하는 기술이다.

헬퍼 함수(Helper)

어디서나 접근 가능한 PHP 함수다. 다른 기능들을 더 쉽게 쓰게 도와준다.

호라이즌(Horizon)

라라벨이 기본으로 제공하는 것보다 더 나은 큐 관리 도구를 제공하고 큐 워커와 잡의 현재 및 과거 운용 상태에 대한 정보를 제공한다.

홈스테드(Homestead)

가상 머신을 기반으로 하는 머신 관리 도구인 베이그런트 위에서 동작하는 로컬 개발 환경 지원용 도구다.

환경 변수(environment variable)

.env 파일에 정의된 변수다. 대개 .env 파일은 버전 관리에서 제외한다. 이는 여러 환경 간에 파일이 동기화되지 않고 안전하게 유지된다는 것을 의미한다.

API

기술적으로는 애플리케이션 프로그래밍 인터페이스application programming interface이지만, 보통은 시스템 외부에서 데이터를 읽거나 변경하기 위해 HTTP 기반 호출로 사용할 수 있는 일련의 엔드포인트(및 이에 대한 사용 방법 안내)를 일컫는다. API라는 용어는 사용자에게 노출되는 패키지나 라이브러리 또는 클래스의 인터페이스나 행동 유도성affordance 모음을 표현하는 데 사용되기도 한다.

eager 로딩(eager loading)

엘로퀀트 모델의 목록을 조회할 때 연관관계에 있는 모델을 가져오려면 매번 추가 쿼리를 실행해야 해서 성능상 문제가 발생한다. 이러한 문제를 N+1 문제라고 한다. 이를 회피하기 위해서 목록을 조회하는 쿼리와 연관관계에 있는 모델들을 조회하는 쿼리, 총 두 번의 쿼리를 실행하는 방식으로 동작하는 것을 eager 로딩이라고 한다. 굳이 번역하자면 '즉시 로딩'이라는 뜻인데, 연관관계에 있는 모델이 목록을 조회할 때 즉시 로딩되므로 이렇게 부르기도 한다. 이와 대비되는 개념으로 지연 로딩이 있다.

JSON(Javascript object notation)

데이터 표현용 문법의 일종이다.

JSON 웹 토큰(JSON Web Token, JWT)

사용자의 인증 상태와 접속 권한을 판단하는 데 필요한 모든 정보를 담은 JSON 객체다. 이 JSON 객체는 HMAC이나 RSA를 이용해서 디지털 서명된다. 일반적으로 헤더로 전달한다.

NPM(node package manager)

npmjs.org에 있는 노드 패키지용 중앙 웹 기반 저장소다. 또한 로컬 머신에서 pakcage.json의 명세를 기반으로 프런트엔드 의존성을 node_modules로 설치하는 데 사용하는 도구이기도 하다.

OAuth

가장 흔하게 사용되는 API 인증 방식이다. OAuth는 여러 인증 유형을 지원하고, 각 유형은 초기 인증 핸드셰이크 이후 사용자가 토큰을 조회하고 사용하고 갱신하는 방법이 다르다.

PHPSpec

PHP 테스팅 프레임워크다.

PHPUnit

PHP 테스팅 프레임워크다. 가장 일반적이며 라라벨의 테스트 코드 대부분과 연결되어 있다.

REST(representational state transfer)

가장 많이 쓰이는 API 형식이다. REST는 일반적으로 API 요청을 각각 개별로 인증해야 하고, 상태를 갖지 않아야 하며, 요청을 구별하는 기본 방식으로 HTTP 메서드를 사용할 것을 제안한다.

S3(Simple Storage Service)

아마존의 '오브젝트 저장소object storage' 서비스다. 파일을 저장하고 제공하는 데 AWS의 강력한 컴퓨팅 파워를 쉽게 활용하게 돕는다.

Vue

자바스크립트 프레임워크다. 라라벨 프레임워크의 다양한 기능들에서 많이 사용된다. 제작자는 에반 유Evan You로 라라벨 콘퍼런스에서 발표를 하기도 했다. 우리말 발음이 뷰(view)와 동일하므로, 이 책에서는 영문으로 표기했다.

INDEX

INDEX

INDEX

INDEX

INDEX

INDEX